普通高等教育案例版系列教材

案例版

供预防医学类、卫生管理类、临床医学类、护理、基础、口腔等专业用

健康教育学

第2版

主　　编　郑振佺　王　宏

副 主 编　马　莉　李荣梅　李　晶　巴特尔

编　　委　（按姓氏拼音为序）

巴特尔	内蒙古医科大学	林　英	牡丹江医学院
曹建平	福建医科大学	马　莉	大连医科大学
关明杰	包头医学院	王　宏	重庆医科大学
韩　颖	山西医科大学	王丽敏	哈尔滨医科大学
江巧瑜	福建医科大学	薛　玲	华北理工大学
李　晶	济宁医学院	薛海峰	齐齐哈尔医学院
李　伟	潍坊医学院	杨　佳	首都医科大学
李荣梅	沈阳医学院	郑振佺	福建医科大学
李晓枫	大连医科大学	周　令	大连医科大学

科学出版社

北　京

郑 重 声 明

为顺应教学改革潮流和改进现有的教学模式，适应目前高等医学院校的教育现状，提高医学教学质量，培养具有创新精神和创新能力的医学人才，科学出版社在充分调研的基础上，首创案例与教学内容相结合的编写形式，组织编写了案例版系列教材。案例教学在医学教育中，是培养高素质、创新型和实用型医学人才的有效途径。

图书在版编目（CIP）数据

健康教育学 / 郑振佺，王宏主编. —2 版. —北京：科学出版社，2016.7

ISBN 978-7-03-049380-4

Ⅰ. ①健… Ⅱ. ①郑… ②王… Ⅲ. ①健康教育学-医学院校-教材
Ⅳ. ①R193

中国版本图书馆 CIP 数据核字（2016）第 160922 号

责任编辑：胡治国 / 责任校对：桂伟利
责任印制：赵 博 / 封面设计：陈 敬

科学出版社 出版
北京东黄城根北街 16 号
邮政编码：100717
http://www.sciencep.com
北京市密东印刷有限公司 印刷
科学出版社发行 各地新华书店经销
*
2008 年 6 月第 一 版 开本：787×1092 1/16
2016 年 7 月第 二 版 印张：25 1/2
2024 年 1 月第十三次印刷 字数：725 000

定价：79.80 元

（如有印装质量问题，我社负责调换）

第 2 版前言

本书是为了适应教学改革潮流和改进现有的教学模式，由科学出版社采用先进教学模式组织编写的国内首部《健康教育学（案例版）》第一版的基础上修改完善的教材。全书共十八章，分总论和各论两部分，总论部分六章，包括绪论、人类健康相关行为、健康传播理论、健康教育学研究方法、自我保健、健康教育基本工作方法及程序；各论部分十二章，主要包括社区、医院、工作场所、学校、家庭等不同场所的健康教育，高血压、糖尿病、恶性肿瘤等常见慢性非传染性疾病和传染性疾病的健康教育以及艾滋病、心理问题、控烟等重点健康问题的健康教育。全书编写注重创新性、适用性，反映了国内外相关领域的新进展。本教材缩短了教学与实际工作的距离，调动了学生学习的积极性。它适用于不同年制预防医学、临床医学、护理学和卫生管理专业学生使用，能够满足教育部制定的教学大纲以及公共卫生执业医师资格考试的需求。本书可作为相关专业人员从事科研、教学和公共卫生专业人员、卫生管理人员、社区卫生服务工作者等开展健康教育活动的参考用书。本书还可作为社会公众开展家庭健康教育和提高自我保健能力的指导用书。

本书是在科学出版社的领导和编辑们策划与组织下完成的，在本教材的编写过程中，各位编委不仅贡献了多年的经验和智慧结晶，还为之耗费了大量时间和精力。在此对指导、关心、帮助、支持和参与本书的编写与出版的所有领导和同志们表示衷心的感谢!

郑振佺　王　宏

2016 年 5 月

第 1 版前言

本书是为了适应教学改革潮流和改进现有的教学模式，由科学出版社采用先进教学模式组织编写的国内首部案例版《健康教育学》教材。本教材组织我国 8 所多年从事“健康教育学”课程教学与研究的有经验的高等医药院校十几位教师参与编写。全书共 18 章，分总论和各论两篇，总论篇 6 章，包括绪论、人类健康相关行为、健康传播理论、健康教育学研究方法、自我保健、健康教育基本工作方法及程序；各论篇 12 章，主要包括社区、医院、学校、工作场所、家庭等不同场所的健康教育；常见慢性非传染性疾病和传染性疾病的健康教育以及重点健康问题的健康教育。全书编写注重创新性、适用性，反映了国内外相关领域的新进展。本教材以实际案例为切入点，缩短了教学与实际工作的距离，调动了学生学习的积极性。它适用于五年制预防医学、卫生管理、临床医学、护理学、基础医学、口腔医学等专业学生使用，能够满足教育部制定的教学大纲以及公共卫生执业医生资格考试的需求。本书可作为相关专业人员从事科研、教学和公共卫生专业人员、卫生管理人员、社区卫生服务工作者等开展健康教育活动的参考用书。本书还可作为社会公众开展家庭健康教育和提高自我保健能力的指导用书。

本书是在科学出版社的领导和编辑们策划与组织下完成的，在本教材的编写过程中，各位编委不仅贡献了多年的经验和智慧结晶，还为之耗费了大量时间和精力。在此对指导、关心、帮助、支持和参与本书的编写与出版的所有领导和同志们表示衷心的感谢！

郑振佺　霍建勋

2008 年 3 月

目　　录

第一篇　总　　论

第二篇　各　　论

第一篇　总　论

第一章　绪　论

案例 1-1：我国健康教育人才培养现状

2013 年底，全国（大陆地区）3231 个行政区划中已设置健康教育机构的行政区数为 2679 个，全国健康教育机构设置率为 82.92%；其中，省级机构设置率为 100%，地市级机构设置率为 94.22%，区县级机构设置率为 81.38%。独立机构 326 个（占 12.01%），非独立机构 2389 个（占 87.99%）。全国共有健康教育编制人员 9092 名，现有人员学历以本科最多，占 40.52%，硕士/博士学历只占 4.92%；职称以初级和中级为主，分别占 32.96%和 32.72%，高级职称只占 11.74%；人员专业构成以医学相关专业为主，共占 61.62%，其中预防医学专业居多，占 27.23%，其次是临床医学专业，占 15.65%。平均每个机构专业技术人员参加健康教育理论和技能培训班 23.34 人次。

根据国家卫生部、爱国卫生运动委员会建议：健康教育工作者应达到当地人口万分之一的编制，全国应有 13 万健康教育工作者。《全民健康素养促进行动规划（2014～2020 年）》提出：加强健康教育专业人员能力建设，大力开展培训，每三年轮训一次。优化人员结构，到 2020 年，省级健康教育专业机构本科学历以上专业人员比例达到 65%，市级达到 50%，县级达到 35%。

所以，我国健康教育人才在数量、质量、结构、分布及人才资源的管理等方面，远远不能满足人民群众日益增长的医疗保健知识需求，更不能满足国际化发展的需要；而且，我国大多数高等医学院校还没有设立健康教育专业，只以选修课或必修课的形式在部分专业开设“健康教育学”理论课，健康教育作为重要的现代医疗卫生服务技能尚未受到普遍的关注与重视。

问题：

1. 你认为我国健康教育人才现状如何？造成这种现状的原因有哪些？
2. 你认为作为医学院校的学生是否应该学习健康教育学课程？
3. 就上述我国的健康教育人才现状，请提出相应的建议与对策。

在第十三届世界健康教育大会上，健康教育被描述为：“是一门研究以传播保健知识和技术，影响个体和群体行为，消除危险因素，预防疾病，促进健康的科学。”它注重研究知识传播和行为改变的理论、规律和方法，以及组织、规划和评价的理论与实践。

健康教育作为一门学科，或称健康教育学，它是研究健康教育与健康促进的基本理论和方法的一门科学，是医学与行为科学相结合的边缘学科。它是现代医学的重要组成部分，而且贯穿于现代医学各个学科的实践中，并配合它们实现维护和提高全体人群健康水平的宗旨。健康教育学研究领域非常广泛，从不同角度分类可衍生特定的研究领域，如按照场所及对应人群的不同可分为：社区健康教育、学校健康教育、家庭健康教育、医院健康教育、职业场所健康教育等；按照特定疾病或健康问题的不同可分为：高血压的健康教育、糖尿病的健康教育、恶性肿瘤的健康教育、艾滋病的健康教育、传染病的健康教育、心理问题的健康教育、控制吸烟的健康教育等；按照业务技术或责任的不同可分为：健康教育的计划设计、健康教育的组织实施、健康教育的评价、健康教育的行政管理、健康教育人才培训等。

第 1 节　健康与影响健康的相关因素

一、健康的概念

在人类历史的相当长时间里，健康一直是相对于疾病而言，以往认为没有疾病，就是健康。直至 20 世纪中叶，世界卫生组织（WHO）成立时才提出三维的健康观，认为健康不仅是没有疾病或不虚弱，而是身体的、精神的健康和社会幸福的完好状态。现代健康观认为人与所有生物体一样都会生病，都要经历生长、老化、死亡的过程。因此，要把健康与疾病看作是人在躯体、心理、社会适应能力等多个“维度”上的一个连续的统一体或是分度尺，健康的成分与不健康的成分是共存的，疾病中包含有健康的因素，健康人也存在疾病的成分。绝对的健康意味着健康的完好状态，最差的健康意味着死亡，健康与疾病之间是一个连续变化的过程，这个过程构成了个体不同的健康状态。如图 1-1 所示，三条连接健康完好状态与死亡的连线代表人的躯体、心理和社会适应能力三个“维度”，健康是指在这些连线上的任何点，个体的健康状态在这“三维”上都在不断变化。“S”表示医学历史发展中，人们一直想寻找的判断健康与疾病的分界线，现在认为这个分界线越来越模糊，真正各维度都非常健康的人和非常不健康的严重疾病患者都很少，介于健康与疾病之间的人，或称为“亚健康”的人越来越多，有资料表明这类人在人群中占 70%～75%。

所谓亚健康状态，是指人的机体虽然无明显的疾病，但呈现出活力降低，适应力呈不同程度减退的一种状态，是由机体各系统的生理功能和代谢过程低下所导致，是介于健康与疾病之间的一种生理功能降低的状态。由于人们习惯上把健康称作是第一种状态，患病称为第二种状态，因此把这种非患病、非健康的中间状态又称为“第三状态”，也称灰色状态、病前状态、亚临床期、临床前期、潜病期等。

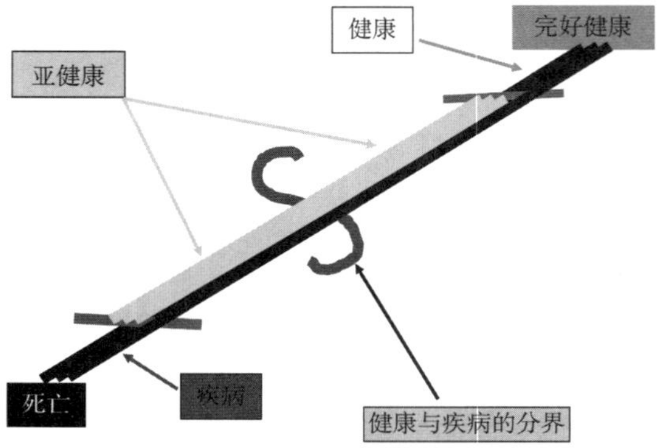

图 1-1　健康概念图

下面分别从不同维度描述健康的概念。

（一）生理（躯体）健康

确定躯体是否健康的主要测量途径有：医学模型、功能模型和躯体健康状况自测。医学模型认为躯体健康是没有躯体疾病的剩余部分，躯体疾病可以根据病人的症状、体格检查资料、实验室提供的信息来确定。功能模型主要用迁移、自理能力、执行角色的能力和残疾等内容测量躯体功能正常与否。躯体健康的自测是对躯体结构和功能状况的自测，反映个体的健康状况是否处于完好状态。世界卫生组织最近把人体的躯体自测健康通俗概括为“五快”，即“吃得快”（胃口好、不挑食），“便得快”（大小便通畅），“睡得快”（不失眠、醒后精神饱满），“说得快”（说话流利、表达正确、思维敏捷），“走得快”（行动迅速、活动灵敏）。

（二）心理健康

现代医学所指的心理健康是指个体内心世界丰富充实与和谐安宁的状态，个体能够正确认识自己，及时调整自己的心态，使心理处于完好状态，以适应外界的变化。其内涵包括健康的情绪和情感、健康而坚定的意志、良好统一协调的行为和正常的智力。综合而言，衡量个体心理是否健康可用下列标准：

1. 智力正常 智力是人的观察力、注意力、想象力、思维力和实践活动能力等的综合。智力正常是人正常生活最基本的心理条件，是心理健康的首要标准。

2. 情绪协调 情绪稳定性好，具有调节控制自己的情绪以保持与周围环境动态平衡的能力。

3. 具备健康的意志品质 即目的明确合理，自觉性高；善于分析情况，意志果断；既有现实目标的坚定性，又能克制干扰目标实现的愿望、动机、情绪和行为。

4. 人际关系和谐 即乐于与人交往，在交往中保持独立而完整的人格，且积极态度多于消极态度；能客观评价别人，与人友好相处，乐于助人。

5. 能动地适应环境 有积极的处世态度，社会适应自如，对社会现状有较清晰正确的认识。

6. 保持人格完整 心理健康的最终目标是使人保持人格的完整性，培养健全人格。

7. 行为表现符合年龄特征 心理健康者的心理行为特征经常与同年龄多数人相符合。

8. 有自知之明，生活的目标切合实际 了解自己的行为动机与目的，并能对自己的能力做出适当的估计。

9. 心理活动与周围环境保持一致 个人所从事的多为实际的、可能完成的工作，个人生活目的中宜含利己与利人两种成分。

10. 不背离社会行为规范 了解自己所处的时代和环境对人的行为规范要求，并在大多数情况下遵守这些规范。

（三）社会健康

社会健康也称社会适应能力，是指个体生活在一定的社会环境中，需要承担一定的社会责任和义务，这就要求个体应该具备参与某些必要社会活动的能力。一个完全健康的人不仅是自身客观上拥有健康，而且应该懂得基本的健康知识，具有追求健康的信念和意识，具备健康的生活方式，同时对他人和社会承担健康责任。从群体讲，就是营造一种健康文明的社会风尚，包括适应当前的社会生活方式、道德准则和行为规范等。

可按下列标准评价社会健康：

1. 社会功能良好 能过着为社会贡献的生活，能与客观现实环境保持广泛接触，能顺应社会文化的进步趋势，勇于改造现实环境，以达到自我实现与对社会奉献的协调统一。

2. 积极劳动实践 能够认识到自己的存在价值，积极参加力所能及的劳动实践，并获得一定程度的认可。

3. 基本生活有一定的保障 除了基本的生存条件外，要有一定的职业和收入，满足社会经济需求。

（四）道德健康

道德健康是指能够按照社会道德行为规范准则约束自己，并支配自己的思想和行为，有辨别真与伪、善与恶、美与丑、荣与辱的是非观念和能力。

道德健康要求个体具备健康道德。健康道德是人们在保护和增进健康的实践中形成的道德思想、原则和规范的总和，主要内涵是完好健康的人应该是对自己的健康和对周围人的健康负责。它是调整人与人、人与自然、人与环境以及人与社会之间的关系，使之适应人类健康需要的行为准则与规范，它可以属于心理健康和社会健康的范畴。道德健康要求人们对健康的概念有正确全面的认识，强调健康既是一项基本人权，又是每个人应尽的社会责任，每个人都应对自己的健康负责，珍惜健康，健康的真正主人是自己。健康道德要求如下：

（1）世界各国都应遵守健康道德，为人类健康服务。

（2）各国各级政府要努力维护人民的健康，树立健康道德观念，消除一切危害健康的因素。

（3）各行各业都应把健康道德作为其职业道德的重要内容，严格遵守。

（4）公共场所应把健康道德作为人们必须遵守的重要行为规范。

（5）每个家庭及其成员都应把健康道德视为自己的行为规范，并自觉执行。

二、健康观念的发展

人们对健康的理解与其所处的时代环境和外部条件密切相关。随着医学模式的转变和人类疾病谱的改变，人们对健康的认识也在不断发展。

在古代，人类由于对人体生命活动本质和规律的认识极为肤浅，加上受到宗教桎梏的束缚，对健康和疾病的判断全凭直觉，甚至认为健康是天神的赐予，疾病的发生是由于对天神有邪念，是鬼魔缠身，是犯有罪孽而受到的应有惩罚，那时人们把赎罪作为治疗疾病的主要手段。

在近代，随着医学科学的进步，解剖学、生理学、细胞病理学和生物化学等理论的形成以及各种理化检查项目的开展，人们开始从人体结构和功能方面认识健康，认为健康应该是："人体各器官系统发育良好，体质健壮，功能正常，精力充沛，具有良好的劳动效能的状态。"并能用人体测量、体格检查和各种生理生化指标来衡量健康。但是，这种建立在人体生理功能基础上的"生物医学模式"的健康观忽视了人的心理性和社会性。

随着生物医学模式逐渐向生物-心理-社会医学模式转变，出现了将躯体、精神和社会统一起来的健康观。1948 年 4 月 7 日 WHO 成立时提出健康新定义："健康是躯体上、精神上和社会适应方面的完好状态，而不单是没有疾病或虚弱。"认为健康不仅是在生理上没有疾病、躯体健全和不虚弱，还应该是心理和精神方面的平衡状态，以及人与社会的良好适应。同时，世界卫生组织还从生理、心理、社会角度，提出了健康的参考标准：①足够充沛的精力，能从容不迫地应付日常生活和工作的压力而不感到过分的紧张；②处事乐观，态度积极，敢于承担责任；③睡眠良好；④应变能力强，能适应环境的各种变化；⑤抵抗力强，能抵抗一般性感冒和传染病；⑥体重得当，身体匀称，站立时头、肩、臂位置协调；⑦眼睛明亮，反应锐敏，眼睑不发炎；⑧牙齿清洁，无空洞，无痛感，齿龈颜色正常，无出血现象；⑨头发有光泽；⑩肌肉、皮肤富有弹性，走路轻松。

此后，人们的健康观发展迅速，世界卫生组织在 1978 年阿拉木图世界卫生年会上重申："健康不仅是没有疾病或不虚弱，而是身体的、精神的健康和社会幸福的完美状态"。并提出多维健康观，健康被理解为是生物学、心理学和社会学的三维组合。从生物学角度看，个体是否健康主要是检查器官功能和各项指标是否正常；从心理、精神角度看，个体是否健康主要视其有无自我控制能力、能否正确对待外界影响、是否处于内心平衡的状态；从社会学角度看，个体是否健康主要视其社会适应性，包括是否养成良好的工作和生活习惯、能否建立良好的人际关系以及是否具备应付各种突发事件的能力。

1998 年 5 月举行的 WHO 总会创建 50 周年纪念会上，WHO 对健康宪章进行了修改，重新把健康定义为："健康是身体、智力、精神和社会完好的一种不断变动的状态，而不是指没有患病或身体虚弱。"

三、健康的价值

健康是社会最珍贵的资源和财富，也是人类最基本的权益。健康是人人都需要的，它既是人们的最低需要，也是人们的最高需要。通俗地说，健康不是一切，有了健康才有一切。

古希腊伟大的哲学家苏格拉底曾说过："健康是人生最为可贵的。"人人希望健康，健康是人人都希望拥有的最大财富。健康的价值观可概括为：健康是人类社会存在和发展的基本条件，健康是一切财富中最宝贵的财富，一切需要中的第一需要，健康投资是一切经济、社会投资中社会效益最大的投资，健康是使人类生活体现价值的基本潜能之一。

从经济学角度分析，健康的价值是社会用于健康的资源消耗所换来的新价值以及使人们免于疾病痛苦和使民族优质定向繁衍的无形价值。下列是健康价值的表现形式。

（一）健康的物质价值

这是指国民生产总值和国民收入中健康投资所产生的价值和新价值。经济的发展需要人力资本作为坚实的后盾。投资健康，就是投资于未来的经济增长。健康是劳动生产力的基础，是学习能力的基础，也是智力、体力和情感发育能力的基础。对个人和家庭而言，健康是个人发展和获得经济保障的重要条件。从经济学角度看，健康和教育是人类资本的两大基石，也是个人经济生产力的基础。卫生工作在整个社会生活中的地位越来越高，影响越来越大。世界银行测算，过去40年世界经济增长的8%～10%归因于健康人群。

（二）健康的精神价值

一定的寿命、反应灵敏的头脑、良好的记忆力和思维能力是健康的表现，也是社会精神财富的必需条件。经济发展的目的是为了社会进步与发展，而只有当社会的进步与发展最终实现人的发展时，才算是真正的发展。随着人类社会的进步与发展，对人的发展提出了更高的要求，对人的生命质量及生活质量也有了高标准要求。人们把个人行为、个人健康作为一个国家、社会现代文明综合素质的一个表现。因此，在很多情况下，一个国家的人民健康状况成为衡量这个国家精神文明的标志。

（三）健康的社会幸福价值

健康是人类创造物质财富和精神财富的前提条件，健康也是保障人的生存质量和生活质量的条件。家庭成员的健康状况是家庭幸福的重要组成成分，社会成员的健康状况是社会和谐幸福价值的体现。

1981年5月第34届世界医学大会通过的《2000年人人健康全球策略》进一步提出："健康是一项基本人权，是全世界的一项目标。"认为健康是人类最珍贵的财富，它既属于个人，又属于社会。健康问题不单是一种个体行为，更重要的是一种社会行为，健康不仅是个人的幸福，而且还是家庭欢乐、民族繁荣和国家昌盛的重要保证。

（四）健康保证人类自身进化

社会人口优质化需要采取措施促使人的优质基因的发展，阻断不良基因的传递和繁殖，使人类成为掌握自己命运的主人，这是优生优育，促进人类全面健康的价值表现。

四、影响健康的相关因素

生物-心理-社会医学模式表明，影响人群健康的因素可归纳为以下四个方面，如图1-2。

（一）生物遗传因素

1. 生物特征 人类是一种生物，必然遵循生物的基本规律，即"出生—生长发育—成熟—老化—死亡"的规律。在生命的不同阶段，健康状况有其阶段性特征，一般情况下，生命的早期比

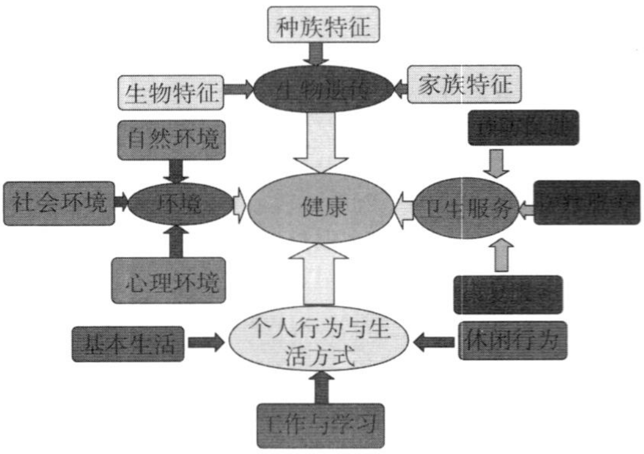

图 1-2 影响健康因素简图

较脆弱，容易受外界有害因素的损害；在生命的成熟阶段比较强壮，健康状态较好；到了生命的老化时期，健康状态又逐渐变差，最后难以避免地走向死亡。人类的生物特征受到复杂的机体内部系统的调控。

2. 种族特征 人类在遗传基因和长期环境作用下，形成了不同的种族，不同的种族呈现出不同的健康特征，有的种族容易得一些疾病，有的种族具有抵抗某些疾病的遗传特质。

3. 家族特征 人类的不同家族遗传特征使得人们具有明显的个体差异，在健康方面可表现为遗传性疾病，如血友病、白化病等；有遗传倾向性疾病，如糖尿病、近视眼等；还有家族遗传特征使个体对外界影响因素的敏感性表现出一定的差异等。

（二）环境因素

1. 自然环境因素 包括气候情况、空气质量、地理条件、水质、土壤和食物所含元素情况、磁场与射线等人类赖以生存的物质基础，是人类健康的根本。可以分类为生物环境因素，包括动物、植物、微生物；化学环境因素，包括各种化学元素和化合物；物理环境因素，包括光、热、辐射等。各类环境因素均有对人类健康有利和有害两面性。

2. 社会环境因素 包括政治制度、社会稳定状况（战争或和平）、法律、教育、人口状况、经济状况、社区服务、人际关系、文化风俗等等。社会政治制度和稳定状况影响特定人群的健康相关的政策和资源保障状况；法律、法规影响人们健康权利的维护及保护健康的管理措施；人口和经济状况影响人们维持健康的生活条件，如居住条件、食品和饮水供应情况等；教育、文化风俗、社区服务、人际关系等影响人们的健康观念和维护健康的能力。

3. 心理环境因素 工作紧张、人际关系、生活压力等心理因素可直接或间接地影响健康，例如长期的心理紧张可能导致高血压，突然的情绪激动可能引发心脑血管疾病。

（三）医疗卫生服务因素

医疗卫生服务因素包括医疗卫生机构的布局、医疗卫生服务水平和质量、群众就医的方式、便利、费用、保障制度、医疗卫生保健方式以及开展社区卫生服务和健康教育与健康促进活动等。

1. 预防保健服务 推广预防接种、改善环境卫生和供应清洁用水以及减少职业有害因素引起的健康损害等预防保健服务，可大大降低急性传染性疾病的发病率和死亡率；三级预防服务和健康促进是有效降低慢性病对健康危害的主要措施。

2. 医疗服务 及时、有效的临床医疗服务是保证人们治疗疾病、恢复健康的重要手段，也是影响人们健康的重要因素。

3. 康复服务 现代康复服务是解决目前不可治愈性疾病的重要措施，是提高许多慢性非传染性疾病病人健康状况的主要影响因素。

（四）个人行为与生活方式因素

1. 基本行为 人们必需的生活行为及方式，如饮食的营养与习惯、居住条件、穿衣条件与习惯、交通条件与习惯、休息与睡眠习惯等都是影响人们健康的基本因素。

2. 工作与学习行为方式 工作与学习是绝大多数人都要经历的过程，工作学习条件与环境以及工作学习行为，如努力程度、工作学习压力等，都是影响人们健康的重要因素。

3. 休闲行为 除了上述基本行为与工作学习行为，人类的其他行为与习惯都可认为是休闲行为或业余活动行为及方式，如吸烟、饮酒、体育活动、娱乐方式、社会交往等都被研究证明是越来越重要的人体的健康影响因素。

科学研究表明，在上述影响健康的诸多因素中，人类所患疾病的 45%与个人行为与生活方式有关，而死亡的因素中有 60%跟个人与生活方式有关。在美国，不健康个人行为与生活方式占总死因的 48.9%，在我国占 37.3%，这说明人类的行为因素对自身健康的影响极大。通过有效的健康教育与健康促进措施可以使大多数个人行为与生活方式向有利于健康的方向转变。

第 2 节 健康教育与健康促进概述

一、健康教育与健康促进的概念与发展

（一）健康教育与健康促进的概念

1. 健康教育的概念 健康教育（health education）是指通过有计划、有组织、有评价的社会和教育活动，促使人们自觉地采纳有益健康的行为和生活方式，消除或减轻影响健康的危险因素，以达到预防疾病、促进健康和提高生活质量的目的。

健康教育的实质是一种有计划、有组织、有评价的社会和教育活动，其核心是通过信息传播和行为干预等方式帮助人们形成有益于健康的行为和生活方式，其目的和重点是改变不良行为，降低或消除影响健康的危险因素，从而预防疾病的发生，促进健康水平和生活质量的提高。健康教育的职能是改善健康知识、技能和行为，维护健康。行为改善是健康教育的目标职能，增加知识或提高技能水平是为了促进行为的改善。行为改善与否的标准是健康危险因素是否降低或消除。

健康教育活动可以是社会活动，也可以是教育活动，但必须是针对不同健康教育项目的教育对象的情况，采取有计划、有组织、有评价的社会和教育活动。所以真正的健康教育应该是有完整的计划，有具体的组织设施步骤，有掌握是否达到健康教育目的的评价手段的项目活动。

健康教育的社会活动主要是争取领导和社会支持，逐步形成健康促进的氛围，充分发动群众的广泛参与，唤起群众同自身不健康、不科学的行为作斗争。

健康教育的教育活动是按一定的目的要求，对受教育者施以影响的有计划的教育活动，其形式有学校的教学和非学校的教育、培训与行为干预等。

2. 健康促进的概念 WHO 的定义："健康促进（health promotion）是促进人们维护和提高他们自身健康的过程，是协调人类与环境之间的战略，规定个人与社会对健康各自所负有的责任。"其基本内涵包括个人行为改变、政府行为（社会环境）改变两个方面，并重视发挥个人、家庭、社会的健康潜能。

美国健康教育学家劳伦斯·格林（Lawrence W. Green）的定义："健康促进是指一切能促使行为和生活条件向有益于健康改变的教育与环境支持的综合体。"其中环境包括社会、政治、经济和自然环境，而支持是指政策、立法、财政、组织、社会开发等各个系统。

我国学者结合我国的实践经验和文化背景，把健康促进定义为"充分利用行政手段，广泛动员和协调个人、家庭、社区及社会各相关部门履行各自对健康的责任，共同维护和促进健康的一种社会行为。"健康促进以健康教育为基础，但与健康教育相比更侧重社会性，着重于发挥社会功能。

（二）卫生宣教、健康教育与健康促进三者的关系

人们常常把健康教育、健康促进与卫生宣教等同看待。其实，健康教育、健康促进与卫生宣

教有着重要的区别。卫生宣教、健康教育、健康促进是健康教育发展过程的三个阶段。它们的关系是：后者包容前者，后者是前者的发展。用类似公式可把三者描述为：

卫生宣教=卫生知识普及+宣传鼓动

健康教育=知（知识）+信（信念）+行（行为）

健康促进=健康教育+社会支持

1. 卫生宣教 卫生宣教主要是指卫生宣教机构或工作人员利用宣传栏、宣传单和现代媒体，把医疗卫生保健知识传播给广大群众的工作。它重在卫生知识的传播，尽管卫生宣教也希望人们改变不利于健康的行为，但由于其相对忽视信息反馈和效果评价，实践证明单纯的卫生宣教难以达到改变行为的目的。当前卫生宣教多作为健康教育的一种重要手段被广泛应用。卫生宣教的主要特征是宣传对象广泛，目标定位以知为主，信息传播形式多为大众化的单向传播，对是否产生行为改变并不清楚。

2. 健康教育 健康教育是在卫生宣教的基础上发展起来的，在教育对象上更注重针对性，强调信与行，强调教育效果。健康教育的着眼点是促进个人或群体改变不良的行为与生活方式。行为改变、养成有利于健康的习惯和生活方式是健康教育的重要基础。健康教育的基本特征如下：

（1）健康教育追求的是使教育对象实现知识、观念和行为改变的统一，其核心是提倡有益健康的行为生活方式。知、信、行是表述健康教育最基本内涵的“三字经”，这三者的关系表现为：知是基础，信是动力，行是目标。追求三者的统一，是健康教育与卫生宣教的根本区别。

（2）健康教育活动是从计划、实施到评价的一个完整的工作过程。其关键是针对特定人群中需优先解决的健康问题，提出预期的目标和相应的健康教育策略与方法，并对活动实施的效果做出科学、客观的评价。

（3）健康教育的基本策略是信息传播、行为干预和社区组织。因此，健康教育不仅是教育活动，而且是社会活动，需要全社会的参与和支持。

3. 健康促进 健康促进是指以健康教育、组织立法、政策和经济等综合手段对健康有害的行为和生活方式进行干预，创造良好的社会和生态环境，以促进人类的健康。经过了几十年的发展，健康促进已显现出如下基本特征：

（1）健康促进对行为的改变作用比较持久，有时带有一定的约束性。健康促进不仅仅强调通过教育来增加个人技能，改变不利于健康的行为生活方式，而且强调政策、立法对于创造支持性环境和规范、约束人们行为的作用，在兼顾改变内、外因素的情况导致的行为改变更具有可持续性。

（2）健康促进涉及整个人群和人们社会生活的各个方面。健康促进旨在全面改善和增进整个国民健康，而不仅限于某一部分人群或仅针对某一疾病的危险因素。

（3）健康促进强调疾病三级预防中的一级预防甚至更早阶段。在健康促进中，不仅要改变人们不利于健康的行为生活方式，减少和消除对健康不利的各种危险因素，实现一级预防，而且要帮助人们建立有益于健康的行为生活方式，全面增进健康素质，促进健康。

（4）健康教育是健康促进的先导和基础。健康教育以信息传播和行为干预为主要手段，而健康教育如不向健康促进发展，其作用就会受到极大限制。

（5）健康促进不仅涵盖了健康教育信息传播和行为干预的内容，同时强调行为改变所需的组织支持、政策支持、经济支持等环境改变的各项策略。因此，在行为改变过程中，健康教育比较强调自愿，而健康促进则带有约束性。

综上所述，卫生宣教是健康教育的重要手段。健康教育是卫生宣教在内容上的深化，范围上的拓展和功能上的扩充。健康教育必须以健康促进战略思想为指导和支持，通过健康教育改变个体、群体的认识水平，使其采纳有益于健康行为的建议，同时还须借助健康促进中政策、资源、环境等提供的支持，最终促进人们行为生活方式的改变。健康促进需要健康教育和卫生宣教来推动和落实，即通过传播与教育活动，促进各部门对健康教育的关注与参与，促进政策制定者、社会领导群体观念与行为的改变，实现对健康相关事业与活动的支持。从这个意义上讲，健康教育是健康促进的基础，健康促进是健康教育的保证。因此，为了强化概念，二者经常被一起提到称之为“健康教育与健康促进”。当前世界范围内的健康教育与健康促进均在不断地发展，有关它的内涵、特征、研究领域等诸多问题正处于不断地探讨、发展和完善之中。

二、健康教育与健康促进的发展

（一）世界健康教育与健康促进的发展

1. 健康促进概念的提出 20 世纪 70 年代前，健康教育的任务是对人群进行健康信息的传播。在美国，卫生教育曾作为公立学校体育课的一部分而开始实施，前苏联在 1920 年开设了健康教育馆，WHO 于 20 世纪 60 年代初设立了健康教育部门，这些实践都仅停留在一个以传播健康信息为基础的阶段，即卫生宣教阶段。第二次世界大战结束后，健康教育由欧洲学校卫生教育，逐步发展成为社会各种人群的卫生知识补偿教育，后者是借助传播的手段和采取一系列有计划、有目的的健康教育活动来改变人群的不良行为和生活方式，并巩固传播和教育（行为干预）的效果。此后，人们注意到行为与生活方式的改善很大程度上取决于社会与自然环境因素的制约，由此产生了一种新的概念——健康促进。1979 年美国卫生总署关于健康促进和疾病预防的报告——《健康的人民》的发布，标志着健康促进的开始。

2. 八次全球健康促进大会 全球健康促进大会是由世界卫生组织发起、健康促进领域最高级别的官方会议，旨在通过发展健康促进理论和实践，改善各国人民的健康和健康公平。大会每隔 3-4 年召开一次，从 1986 年到 2013 年，WHO 组织召开了八次世界（全球）健康促进大会，每次大会都标志着相应时期健康促进的发展。

1986 年，在加拿大渥太华举行第一届世界健康促进大会，并在发表的《渥太华宪章》中指出：“健康的必要条件和前景不可能仅由卫生部门承诺，更为重要的是健康促进需要协调所有相关部门的行动，包括政府、卫生和其他社会经济部门、非政府与志愿者组织、地区行政机关、工矿企业和新闻媒体部门。社会各界人士作为个人、家庭和社区参与。各专业与社会团体以及卫生人员的主要责任在于协调社会不同部门共同参与卫生工作。”并明确指出了健康促进的行动领域：①制定能促进健康的公共政策：通过有效地促进、影响行政领导和决策层，以制定足以促进健康的各项政策，并明确要求非卫生部门参与健康促进的决策，实行广泛的部门合作，把健康问题提到各个部门、各级政府和组织的决策者的议事日程上；②创造支持的环境：创造安全的、满意的和愉快的生活和工作的社会环境和自然环境；③加强社区的行动：充分发挥社区力量，使其积极有效地参与卫生保健计划的制订和执行，同时，挖掘社区资源，帮助他们认识自己的健康问题，并提出解决问题的办法；④发展个人技能：通过提供健康信息，开展认知教育和保健技能培训，帮助人们树立健康观念和提高作出健康行为选择的能力；⑤促进调整卫生服务方向：通过多部门的协作和社区的参与，对卫生服务项目进行优化选择，把卫生服务的重点从医疗服务调整到预防保健和健康促进方面来。

1988 年，在澳大利亚的阿德莱德召开第二届世界健康促进大会，通过会议大家达成共识，对健康的公共政策行动提出以下建议：健康的公共政策的特点是明确所有政策领域必须考虑到健康和平等，并对健康负有责任。健康公共政策的主要目的是创造支持性环境以使人们能够健康地生活。健康公共政策应使民众对健康有选择权和较容易达到，并创造增进健康的社会环境和自然环境。为达到这一境界，农业、贸易、教育、工业、交通等有关政府部门有必要把健康作为政策形成过程中的重要因素加以研究。这些政府部门应对他们制订的政策决定所带来的健康后果负责。他们应对健康和经济给予同等重视。

1991 年，在瑞典的松兹瓦尔召开了第三届世界健康促进大会。《松兹瓦尔宣言》把健康和环境两大主题紧密联系起来，会议号召全世界的人民积极行动起来，创造一种对健康更为支持的环境，并指出了四种关键性的公共卫生行动策略，以促进在社区水平创建的支持性环境：①通过社会活动，特别是通过妇女组织活动加强对纲领的拥护；②通过教育和授权，使社区和个人采取有利于他们自己健康和环境的行动；③建立健康和支持环境的联盟，加强卫生和环境部门在开展运动和实施行动策略上的协调；④为了保证创建健康支持环境中的平等性，协调社会各部门的利益冲突。

1997 年，在印度尼西亚的雅加达举行了第四届健康促进大会，主题是“新时期的新角色：将健康促进带进 21 世纪”，并发表了《雅加达宣言》，确定在 21 世纪为达到促进健康这个目标所需的策略和指导方向：①提高社会对健康的责任感；②增加健康发展的投入；③巩固和发展有利于健康的合作关系；④增强社区能力建设；⑤保证健康促进的基础设施；⑥行动起来，建立全球健康促进联盟。

2000 年，在墨西哥召开了第五届世界健康促进大会，主题是健康促进——建立公平的桥梁，目的是展示健康促进如何改善人们的健康状况和生活质量，尤其是那些生存环境较为恶劣的脆弱人群；在国际、国家和地区的发展议程中，把健康促进置于优先地位；促进社会不同部门及各个阶层间建立密切的合作关系。同时提出了面向 21 世纪健康促进的 6 个技术性的优先领域：①强化健康促进的证据；②强调社会对健康的责任；③加强社区和个人的能力建设；④增加健康促进的投入；⑤发展健康促进工作的基础体系；⑥重新调整卫生系统和卫生服务。

2005 年，在泰国曼谷召开了第六届世界健康促进大会，并在大会通过的《健康促进曼谷宪章》中号召人们承诺：①使促进健康列为全球发展议程的中心地位；②使促进健康作为所有政府部门的基本责任；③使促进健康作为社区和民间社会的重要关注点；④使促进健康成为一项良好合作实践的要求。从而达到健康为人人的目标。

2009 年，在肯尼亚内罗毕召开了第七届全球健康促进大会，本次会议的相关主题为：①社区权力；②健康知识和健康行为；③加强卫生系统；④伙伴关系和跨部门行动；⑤能力建设促进健康。

2013 年，在芬兰赫尔辛基召开了第八届全球健康促进大会，中心议题是“将卫生纳入所有政策”，重点是讨论如何开展落实工作。会议共有六项议题：①促进交流经验教训，指导如何建立有效机制以推动采取跨部门行动；②审查如何消除障碍和开展能力建设，以便将卫生纳入所有政策；③确定可以利用何种机会，通过将卫生纳入所有政策，落实健康问题社会决定因素委员会提出的各项建议；④阐明并审查为了将卫生纳入所有政策而进行投资的经济、发展和社会因素；⑤阐述健康促进工作对重振和改革初级卫生保健服务的贡献；⑥审查自渥太华会议以来健康促进工作产生的积极影响以及取得的进展和成就。

（二）我国健康教育与健康促进的发展

20 世纪初，随着西方医学知识的传入，健康教育理论开始引进我国。我国西医界人士曾组织开展一些卫生宣教活动，但这些活动是分散的、自发的民间活动。专业机构和学术团体的出现是健康教育事业兴起的重要标志。1929 年冬北平市成立“学校卫生委员会”，这是我国最早的市级学校健康教育行政机构。1931 年中央大学设立“卫生教育科”，并提供学士学位。1951 年，国家卫生部设立卫生宣传处，作为领导全国健康教育和宣传工作的职能机构。1959 年，上海成立卫生教育馆。1986 年中国健康教育研究所正式建立，标志着一个比较完整的健康教育组织体系的形成。到 20 世纪 90 年代，全国有省级健康教育所 26 个，市地级健康教育所 150 多个。2002 年各级健康教育专业机构与同级其他预防医学、公共卫生机构组成疾病预防控制中心，使健康教育与疾病预防和健康促进其他方面的工作机构整合为一体，健康教育事业得到迅速发展。

1924 年我国最早的健康教育期刊《卫生》创刊。1931 年，《健康》（《健康报》的前身）在江西瑞金创刊。1936 年“中华健康教育学会”在南京成立。1979 年 7 月《健康报》复刊出版。1982 年《上海大众卫生报》从原来的《卫生宣传》小报发展成为全国大量发行的群众健康教育刊物。

1984 年“中国健康教育协会”在北京成立。1985 年专业学术期刊《中国健康教育》创刊。1986 年，原上海医科大学开设健康教育专业，率先通过后期分化培养的方式培养本科学历“健康教育专业”学生。此后，原北京医科大学、原同济医科大学、华西医科大学等先后成立了健康教育教研室，开设了“健康教育”课程。

1997 年 1 月，中共中央、国务院作出了《关于卫生工作改革和发展的决定》，提出了“健康教育是全民素质教育的重要内容，要十分重视健康教育。”全国爱国卫生运动委员会、卫生部根据《决定》精神，制定了《中国健康教育 2000 年工作目标和 2010 年远景规划》。从此，我国健康教育工作领域得到了进一步拓展，健康教育在卫生工作中的先导和基础作用得到有效发挥，健康教育的工作模式发生了深刻的变化。2007 年的中共十七大报告把“人人享有基本医疗卫生服务”确定为我国全面建设小康社会奋斗目标新的要求之一，已经纳入中国特色社会主义经济建设、政治建设、文化建设、社会建设的基本政策之中。健康教育与健康促进工作是实现“人人享有基本医疗卫生服务”目标不可或缺的重要内容。

2014 年启动健康促进县（区）、健康促进场所和健康家庭建设活动。要求各级卫生计生行政部门要充分发挥国家基本公共卫生服务项目和中央健康素养促进行动项目，落实基本健康教育服务。每年建设约 90 个健康促进县（区），健康促进医院、健康促进学校、健康促进机关、健康促进企业、健康社区各 200 个，每个县（区）建设 100 个健康家庭。

2015 年 10 月，中共中央会议提出推进健康中国建设，从此，“健康中国”上升为国家战略，医疗卫生行业以及大健康产业将进入蓬勃发展期。

视窗 1-1:《中国公民健康素养——基本知识与技能（2015 年版）》

基本知识和理念

1. 健康不仅仅是没有疾病或虚弱，而是身体、心理和社会适应的完好状态。

2. 每个人都有维护自身和他人健康的责任，健康的生活方式能够维护和促进自身健康。

3. 环境与健康息息相关，保护环境，促进健康。

4. 无偿献血，助人利己。

5. 每个人都应当关爱、帮助、不歧视病残人员。

6. 定期进行健康体检。

7. 成年人的正常血压为收缩压≥90mmHg 且＜140mmHg，舒张压≥60mmHg 且＜90mmHg；腋下体温 36℃～37℃；平静呼吸 16～20 次/分；心率 60～100 次/分。

8. 接种疫苗是预防一些传染病最有效、最经济的措施，儿童出生后应当按照免疫程序接种疫苗。

9. 在流感流行季节前接种流感疫苗可减少患流感的机会或减轻患流感后的症状。

10. 艾滋病、乙肝和丙肝通过血液、性接触和母婴三种途径传播，日常生活和工作接触不会传播。

11. 肺结核主要通过病人咳嗽、打喷嚏、大声说话等产生的飞沫传播；出现咳嗽、咳痰 2 周以上，或痰中带血，应当及时检查是否得了肺结核。

12. 坚持规范治疗，大部分肺结核病人能够治愈，并能有效预防耐药结核的产生。

13. 在血吸虫病流行区，应当尽量避免接触疫水；接触疫水后，应当及时进行检查或接受预防性治疗。

14. 家养犬、猫应当接种兽用狂犬病疫苗；人被犬、猫抓伤、咬伤后，应当立即冲洗伤口，并尽快注射抗狂犬病免疫球蛋白（或血清）和人用狂犬病疫苗。

15. 蚊子、苍蝇、老鼠、蟑螂等会传播疾病。

16. 发现病死禽畜要报告，不加工、不食用病死禽畜，不食用野生动物。

17. 关注血压变化，控制高血压危险因素，高血压患者要学会自我健康管理。

18. 关注血糖变化，控制糖尿病危险因素，糖尿病患者应当加强自我健康管理。

19. 积极参加癌症筛查，及早发现癌症和癌前病变。

20. 每个人都可能出现抑郁和焦虑情绪，正确认识抑郁症和焦虑症。

21. 关爱老年人，预防老年人跌倒，识别老年期痴呆。

22. 选择安全、高效的避孕措施，减少人工流产，关爱妇女生殖健康。

23. 保健食品不是药品，正确选用保健食品。

24. 劳动者要了解工作岗位和工作环境中存在的危害因素，遵守操作规程，注意个人防护，避免职业伤害。

25. 从事有毒有害工种的劳动者享有职业保护的权利。

健康生活方式与行为

26. 健康生活方式主要包括合理膳食、适量运动、戒烟限酒、心理平衡四个方面。

27. 保持正常体重，避免超重与肥胖。

28. 膳食应当以谷类为主，多吃蔬菜、水果和薯类，注意荤素、粗细搭配。

29. 提倡每天食用奶类、豆类及其制品。

30. 膳食要清淡，要少油、少盐、少糖，食用合格碘盐。

31. 讲究饮水卫生，每天适量饮水。

32. 生、熟食品要分开存放和加工，生吃蔬菜水果要洗净，不吃变质、超过保质期的食品。

33. 成年人每日应当进行6～10千步当量的身体活动，动则有益，贵在坚持。

34. 吸烟和二手烟暴露会导致癌症、心血管疾病、呼吸系统疾病等多种疾病。

35. “低焦油卷烟”、“中草药卷烟”不能降低吸烟带来的危害。

36. 任何年龄戒烟均可获益，戒烟越早越好，戒烟门诊可提供专业戒烟服务。

37. 少饮酒，不酗酒。

38. 遵医嘱使用镇静催眠药和镇痛药等成瘾性药物，预防药物依赖。

39. 拒绝毒品。

40. 劳逸结合，每天保证7～8小时睡眠。

41. 重视和维护心理健康，遇到心理问题时应当主动寻求帮助。

42. 勤洗手、常洗澡、早晚刷牙、饭后漱口，不共用毛巾和洗漱用品。

43. 根据天气变化和空气质量，适时开窗通风，保持室内空气流通。

44. 不在公共场所吸烟、吐痰，咳嗽、打喷嚏时遮掩口鼻。

45. 农村使用卫生厕所，管理好人畜粪便。

46. 科学就医，及时就诊，遵医嘱治疗，理性对待诊疗结果。

47. 合理用药，能口服不肌注，能肌注不输液，在医生指导下使用抗生素。

48. 戴头盔、系安全带，不超速、不酒驾、不疲劳驾驶，减少道路交通伤害。

49. 加强看护和教育，避免儿童接近危险水域，预防溺水。

50. 冬季取暖注意通风，谨防煤气中毒。

51. 主动接受婚前和孕前保健，孕期应当至少接受5次产前检查并住院分娩。

52. 孩子出生后应当尽早开始母乳喂养，满6个月时合理添加辅食。

53. 通过亲子交流、玩耍促进儿童早期发展，发现心理行为发育问题要尽早干预。

54. 青少年处于身心发展的关键时期，要培养健康的行为生活方式，预防近视、超重与肥胖，避免网络成瘾和过早性行为。

基本技能

55. 关注健康信息，能够获取、理解、甄别、应用健康信息。

56. 能看懂食品、药品、保健品的标签和说明书。

57. 会识别常见的危险标识，如高压、易燃、易爆、剧毒、放射性、生物安全等，远离危险物。

58. 会测量脉搏和腋下体温。

59. 会正确使用安全套，减少感染艾滋病、性病的危险，防止意外怀孕。

60. 妥善存放和正确使用农药等有毒物品，谨防儿童接触。

61. 寻求紧急医疗救助时拨打120，寻求健康咨询服务时拨打12320。

62. 发生创伤出血量较多时，应当立即止血、包扎；对怀疑骨折的伤员不要轻易搬动。

63. 遇到呼吸、心跳骤停的伤病员，会进行心肺复苏。

64. 抢救触电者时，要首先切断电源，不要直接接触触电者。

65. 发生火灾时，用湿毛巾捂住口鼻、低姿逃生；拨打火警电话119。

66. 发生地震时，选择正确避震方式，震后立即开展自救互救。

三、健康教育与健康促进的目的与意义

健康教育与健康促进的对象涉及全体人群，因为，在日常生活中，影响自身健康的重要决定，大部分是由个人或家庭自己做出的，而不是由医疗卫生人员做出的。为了使这些决定更加明智，医务人员应了解人们对健康做出决定的依据，并通过健康教育与健康促进活动，帮助人们掌握必要的健康知识和技能，以便明智地行使个人或家庭的责任，提高人们健康水平。

（一）健康教育与健康促进的目的

1. 帮助人们树立正确的健康观 通过健康教育与健康促进活动，让人们了解健康不仅仅是没有疾病或虚弱，而是人体在躯体、心理和社会等多维度的完好状态，帮助人们树立正确的健康观，个体健康不仅对自己非常重要，而且是关系家庭幸福、社会和谐的重要因素，所以，促进健康是每个人的社会责任，人们应该履行自己的健康职责。

2. 帮助人们掌握影响健康的相关因素 通过健康教育与健康促进活动，促使人们了解社会生活的各个环节与健康有关的影响因素，并在生活、学习、工作、休闲以及突发性事件中尽可能减少受到各种致病因素的侵害，降低急性传染性疾病、慢性非传染性疾病和各种伤害的发生率，提高社会健康水平。

3. 帮助人们合理利用医疗卫生资源 通过健康教育与健康促进活动，让人们了解医学科学技术的基本原理及其局限性，了解相关疾病产生的原因、治疗方法、护理、康复等方面的知识，做到积极配合治疗，合理利用医疗资源，理解疾病正常转归。

4. 帮助人们建立健康的生活方式 通过健康教育与健康促进活动，提高人们预防保健知识和道德健康水平，促使人们正确认识现代社会因素迅速变化对自身的影响，帮助人们建立健康的生活方式，改变不利于健康的个人行为习惯，自觉地采纳有利于健康的行为习惯，促进家庭社会和谐，提高健康水平和生活质量。

5. 帮助人们树立健康投资意识 通过健康教育与健康促进活动，让人们了解健康每时每刻都受到各种各样因素的影响，人们不能仅在生病的时候关心健康，而是要经常关心健康。为了维护和增进健康，人们需要在人生的各个阶段对健康给予时间、资金、精力等各种资源的投入。

6. 帮助人们提高自我保健能力 通过健康教育与健康促进活动，使人们能够更好地控制自己的健康和环境，不断地从生活中学习健康知识，并掌握一定程度的自我预防、自我诊断和自我治疗能力，有准备地应付人生各个阶段可能出现的健康问题。

7. 帮助人们达成“健康为人人，人人为健康”的共识 通过健康教育与健康促进活动，让全社会都认识到健康是每个人都需要的，同时每个人都要为健康付出努力。社会经济发展的最终目的是为了人类的全面健康，医疗卫生部门在为人们健康服务的过程中，需要相关部门和服务对象的配合。

（二）健康教育与健康促进的意义

1. 健康教育与健康促进是公民素质教育的重要内容 1997 年《中共中央、国务院关于卫生改革与发展的决定》指出：“健康教育是公民素质教育的重要内容，要十分重视健康教育，提高广大人民群众的健康意识和自我保健能力，积极推进‘九亿农民健康教育行动’。要普及医药科学知识，教育和引导人民群众破除迷信，摒弃陋习，积极参与全民健身活动，促进合理营养，养成良好的卫生习惯和文明的生活方式，培养健康的心理素质。”健康素质是公民素质的基本要素，是经济建设和社会发展的重要保证。健康教育与健康促进作为医学科学与公民素质教育相结合的产物，在提高公民素质方面具有不可替代的作用。

2. 健康教育与健康促进作为解决卫生问题的主要战略措施，已得到世界公认 WHO 把健康教育与健康促进作为当前预防和控制疾病的三大措施之一，列为 21 世纪前 20 年全世界减轻疾病负担的重要策略。当今世界各国面临主要卫生问题是日益沉重的传染病和慢性非传染病的双重负担。一方面一些老的传染病，如结核病、血吸虫病还没有得到有效控制，艾滋病、人感染高致病性禽流感等新的传染病不断出现，给人们健康造成严重威胁。另一方面，不健康生活方式引起的糖尿病、高血压、心脑血管病、恶性肿瘤等慢性非传染性疾病患病率呈显著上升趋势，给社会和家庭带来沉重负担，严重影响人们的生活质量。精神疾病患病率和意外伤害发生率增加，烟草危害、职业病危害仍较严重。这些重大的社会卫生问题需要通过采取健康教育与健康促进这个战略措施才能解决。

健康教育与健康促进作为一种先进的公共卫生观念，是综合性和应用性的科学理论，它必将成为高效率的卫生干预策略。当今国际社会已经把健康教育与健康促进提高到前所未有的地位，加强和发展健康教育与健康促进是医学模式改变后提高健康水平的重要措施，也是“人人参与、共创健康世界”主旋律下最有效的途径。目前，全球正面临着人口老龄化，慢性非传染性疾病患病率上升等挑战，这一切对健康教育与健康促进提出了更高的要求，同时也为健康教育与健康促进提供了更多的发展机遇。

3. 健康教育与健康促进是一项低投入、高产出、高效益的保健措施 健康教育引导人们自愿放弃不良的行为和生活方式，减少自身制造的危险，追求健康的目标，从成本-效益的角度看是一项投入少、产出高、效益大的保健措施。健康教育与健康促进是发掘最大卫生资源的金钥匙，健康教育与健康促进是缓和社会群体健康需求日益增强与社会卫生保障相对滞后矛盾的首选策略，是最大的卫生资源。一方面，健康教育能使卫生服务的使用者变成自我保健的执行者，自觉、主动地进行健康投资；另一方面，通过健康教育进行社会动员，可使政府、部门、团体、单位等决策者，改善关于卫生工作的态度，作出有利于卫生工作的决策，这也是不可估量的卫生资源。有效的健康教育与健康促进可减少疾病的发生，节省高额疾病治疗费用，从而创造巨大的经济效益。美国疾病控制中心研究指出，通过健康教育与健康促进活动如果能够促使美国男性公民不吸烟，不过量饮酒，采用合理饮食和进行经常的有规律的身体锻炼，那么美国国民的期望寿命可望延长 10 人年，而他们每年动用几千亿美元在提高临床医疗技术上也难以做到增加 1 人年的平均期望寿命。

4. 健康教育与健康促进是提高广大群众自我保健意识的重要渠道 自我保健是指人为维护和增进健康，为预防、发现和治疗疾病，自己做出的与健康有关的决定以及采取的卫生行为，包括个人、家庭、邻里、同事、团体和单位开展的以自助/互助为特征的保健活动。它是保健模式从“依赖型”向“自助型”发展的体现。它能发挥自身的健康潜能和个人的主观能动作用，提高人们对健康的责任感。自我保健意识和能力不能自发产生和拥有，只有通过健康教育和健康促进才能提高居民自我保健意识和能力，增强其自觉性和主动性，促使人们实行躯体上的自我保护，心理上的自我调节，行为生活方式上的自我控制和人际关系上的自我调整，提高整体医学文化水平，提高医疗卫生资源的利用效率，提高全体人群健康水平。

5. 健康教育与健康促进是建设社会主义精神文明、构建和谐社会的重要任务 建设社会主义精神文明、构建和谐社会的重要任务之一，就是要提高全民族的科学文化水平，提倡文明、健康、科学的生活方式，改变社会风俗习惯中存在的愚昧落后的东西，这都属于健康教育与健康促进的范畴。通过健康教育，普及健康知识，倡导科学、文明、健康的生活方式，培养人们健康的心理素质和自我保健能力，提高维护自己和维护全社会健康的意识与责任感，是促进社会文明，提高国民素质，加快社会经济发展的保证。从健康道德概念理解，每个公民不仅要对自己的健康承担责任，而且要对他人、对社会承担责任，这不仅是一个健康道德问题，也是社会主义精神文明建设、构建和谐社会的必然要求。

6. 健康教育与健康促进是医务人员和健康管理师提高工作效率的重要工具、方法与策略 在临床诊疗护理过程中，通过健康教育与健康促进工作，使患者及其家属了解他们所患疾病的发病机制和医务人员诊疗的医学科学道理，减少医患间的信息不对称，增加医患间的信任。这既是医院和医务人员的责任，又可提高患者的依从性和配合治疗护理程度，提高医疗服务各个环节的工作效率。在健康管理工作领域，健康管理师了解、掌握和运用健康教育与健康促进的基本策略、核心策略、行为干预的理论方法、健康传播的方法技巧，包括社区健康诊断在内的计划设计的基本步骤，以及健康效果的评价方法，均有助于实现其健康管理工作的目标。

四、健康教育与健康促进的策略

（一）《渥太华宣言》中确定的健康促进三大基本策略

1. 倡导 倡导是一种有组织的个体及社会的联合行动。为了创造有利于健康的社会、经济、文化和环境条件，要倡导政策支持，开发领导，争取获得政治承诺；倡导社会对各项健康举措的认同，激发社会对健康的关注以及群众的参与意识；倡导卫生及相关部门提供全方位的支持，最大限度地满足群众对健康的愿望和需求。

2. 赋权 赋权与权利和政治密切相连。健康是基本人权，健康促进的重点在于实施健康方面的平等，缩小目前存在的资源分配和健康状况的差异，保障人人都有享受卫生保健的机会与资源。为使人们最充分的发挥各自健康的潜能，应授予群众正确的观念、科学的知识和可行的技能，获得控制那些影响自己健康的有关决策和行动的能力。把健康权牢牢地掌握在群众自己手里，这是实现卫生服务、资源分配平等合理的基础。

3. 协调 健康促进涉及卫生部门、社会其他经济部门、政府、非政府组织、社会各行各业和社会各界人士、社区、家庭和个人。在改善和保护健康的健康促进活动中，必须使个体、社区及相关部门等各利益相关者之间协调一致，组成强大的联盟和社会支持体系，共同协作实现健康目标。

（二）我国实施健康教育与健康促进的策略

1. 必须改变领导阶层的健康观 健康是基本人权之一，是社会进步和经济发展的基础。领导阶层是决策者，应该深刻领会其精神，关心人民的健康，成为健康教育与健康促进的先导。因此，要促进各级领导健康观的转变，在他们各自所从事的工作岗位上，对健康需求和健康活动予以最大的支持，并制定有利于健康促进的各项政策。

2. 确立健康教育与健康促进的公共政策 健康教育与健康促进的公共政策并非是单一的卫生政策，也不是卫生部门单独所能解决的，它涉及很多部门，如财政、税收、环保、福利等。这些部门政策的出台，应体现消除污染、改善住房、食品卫生、医疗保健，创造良好的生活环境，并对人类的健康产生重大影响。因此，各个部门、各个组织的领导必须予以重视，制定健康相关政策。

3. 推动医疗卫生部门观念和职能的转变 医疗卫生部门在实践健康教育与健康促进时，理应成为这场伟大变革的先驱。必须明确医疗方向转向健康教育与健康促进的意义，并以实际行动去实践这项工作。

4. 营造良好的健康外环境 健康教育与健康促进活动是一项社会活动，应由全社会参与，包括卫生系统和非卫生部门，如教育、财政、交通等许多涉及卫生问题的各部门经过通力协作，共同努力，创造良好的生活环境和工作环境，确保健康教育与健康促进的实践。

5. 调整卫生服务方向，强化社区行动 改变既往以医院医疗为中心的服务模式，建立以社区为基础，健康为中心，由个人、社区、卫生专业人员、卫生行政部门共同协调的卫生服务体系。加强社区工作，动员社区力量，挖掘社区资源，建立组织，制定和实施健康教育与健康促进计划，开展各种健康教育与健康促进活动，使人人都能有均等的机会享受基本医疗保健服务。

6. 提高人群对健康的认识，发展个人健康行为 倡导全社会都能积极参与到健康教育与健康促进中去，激发人群的健康责任感，提高广大人民群众对健康的认识，增强自控能力，努力改变不良生活方式，消除各种危害健康的行为，同时要促进社区居民、各部门和卫生专业人员共同参与社区卫生决策活动，实践健康教育与健康促进。

7. 创造健康教育与健康促进的氛围 创造舒适而安全的社会环境，人人平等，互助互爱，有着民主和谐的政治氛围、良好的生活情趣、丰富的文体活动、无污染的食物、便捷的交通。保证社会和自然环境有利于健康的发展，这也是健康促进的目标之一。

8. 促进社会主义精神文明建设 提高全民族的思想道德素质和科学文化素养，建立起与社会主义市场经济相适应、与社会主义法律法规相协调、与中华民族传统美德相承接的社会主义思想道德体系，树立正确的世界观、人生观和价值观。克服日常生活中的陋习，移风易俗，倡导健康、文明、科学的生活方式。

第 3 节 健康教育学的相关学科

健康教育学的理论依据和专业技术主要来源于医学、社会学、教育学、心理学、行为科学、传播学、科普学、统计学和美学等。它通过大众传播和教育手段，向社会、家庭和个人传播卫生保健知识，提高人们自我保健能力，养成健康行为，纠正不良习惯，消除危险因素，防止疾病发生，促进人类健康和幸福。所以，健康教育学不仅与医学相关学科关系密切，还与许多社会科学的相关学科有关。健康教育学是一个跨领域的综合性学科，它的研究范围非常广泛，不但渗透到诸多医学领域，而且还渗透到医学相关领域。健康教育学理论与各个学科的融合不但使自身有了发展和提高，而且促进相应医学学科在理论体系和研究方法上有了长足的进展。

一、健康教育学与现代医学的关系

广义的医学包括医学科研、医学教育、医学实践、医疗卫生服务产品的生产流通环节、医疗卫生各个环节的管理等。它是为增进人体健康，预防疾病，改善和创造合乎生理要求的生产环境、生活条件所采取的个人和社会措施。它可分为三个基本环节：一是使人体在出生前后便有一个比较强健的体质，即优生优育；二是促使人体在生活和劳动过程中增强体质，能够避免和抵御外部环境对人体的不良影响，并保持完满的精神状态和良好的社会适应能力，即预防保健、健康促进；三是对已患病的人体进行治疗，使之恢复健康，即治疗、康复。不管是医学的理论发展，还是实践应用，其宗旨总是维护和提高全体人群的健康水平。

随着社会经济的发展，人们生活水平和文化水平逐渐提高，人们对健康价值的认识和对健康服务的需求也随之提高。同时，现代医学模式从单纯生物医学模式向生物-心理-社会医学模式转化，医疗卫生行业的服务对象也从单纯为明确诊断的病人扩大到所有的人群，现代医学也发展分化出如图 1-3 所示的以研究和服务生物医学的疾病前期的广大健康和亚健康人群为主的预防医学和保健医学、以研究和服务生物医学的疾病期病人的临床治疗医学（即传统医学内容）、以研究和服务生物医学的疾病后期无法治愈者的康复医学和临终关怀。而健康教育与健康促进的研究和服务对象是人生进程的各个阶段。医疗卫生行业的专业人员队伍也从传统医学的各个专科医师和护理人员扩大到为各种健康状况人群服务的公共卫生医师、保健医师、康复医师、优生优育（计划生育）指导师、健康管理师、心理咨询师、营养指导师、健身运动指导师等。健康教育学作为现代医学的重要组成部分，它贯穿于医学的各类专业，是研究各类医学专业服务对象应该如何配合专业人员做好服务的知、信、行。因此，健康教育学的知识和技术是各类医学专业人员必须掌握和应用的主要技能内容。而各类医学专业的知识又是健康教育学的基础知识，因此，健康教育学是随着现代医学的发展而发展的。

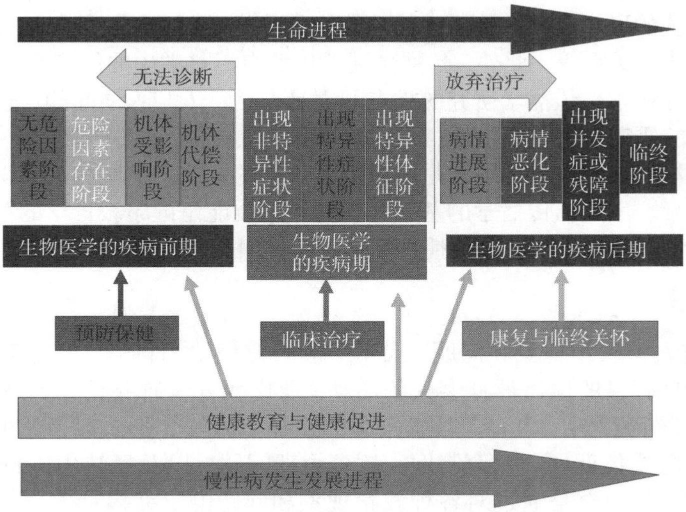

图 1-3　健康教育与健康促进对健康的作用

二、与健康教育学关系密切的相关学科

（一）行为科学

行为科学是研究人的行为或人类集合体的行为，在心理学、人类学、社会学、经济学、政治学和语言学等的边缘领域协作的一门科学。其研究对象涉及思考过程、交往、消费者行为、经营行为、社会的和文化的变革等广泛的课题。行为科学的基本内容包括：①个体行为研究：是行为科学分析研究人们行为的基本单元。在个体行为这个层次中，行为科学主要是用心理学的理论和方法研究两大类问题，一类是影响个体行为的各种心理因素；另一类是关于个性的人性假说。

②动机与激励理论：社会心理学家和行为科学家认为人的行为都是由动机引起的，而动机是由于人们本身内在的需要而产生的，能满足人的需求的活动本身就是一种激励。③群体行为研究：群体行为在组织行为学中是一个重要的问题，它主要探讨群体是一种非正式组织、群体的特征、群体的内聚力等。④组织行为：一个人的一生大部分时间是在组织环境中度过的。人们在组织中的行为即称为组织行为，它建立在个体行为和群体行为的基础上。通过研究人的本性和需要，行为动机及在生产组织中人与人之间的关系，总结出人类在生产中行为的规律。

健康教育的目的和重点是改变不良行为，减轻和消除影响健康的危险因素，从而预防疾病的发生，促进健康水平和生活质量的提高。所以，健康教育必须以行为科学为基础，研究人们对健康价值的认可情况和对改变行为的健康效应和为改变行为付出代价的评判标准。根据群体行为和组织行为理论，研究通过群体组织措施改变人们不良行为的方法等。

（二）传播学

传播学是研究人类一切传播行为和传播过程发生、发展的规律以及传播与人和社会的关系的学科。传播学和其他社会科学学科有密切的联系，处在多种学科的边缘。由于传播是人的一种基本社会功能，所以凡是研究人与人之间的关系的科学，如政治学、经济学、人类学、社会学、心理学、哲学、语言学、语义学、神经病学等等，都与传播学相关。它运用社会学、心理学、政治学、新闻学、人类学等许多学科的理论观点和研究方法来研究传播的本质和概念；传播过程中各基本要素的相互联系与制约；信息的产生与获得、加工与传递、效能与反馈，信息与对象的交互作用；各种符号系统的形成及其在传播中的功能；各种传播媒介的功能与地位；传播制度、结构与社会各领域各系统的关系等。此外，传播学还要借鉴自然科学中的信息论、控制论、系统论等，所以人们称它为边缘科学。传播学研究的重点和立足点是：人与人之间如何借助传播的作用而建立一定的关系。它的研究范围主要包括：人际传播和大众传播。

健康教育的基本策略是信息传播，是通过信息传播的方式把健康相关知识、信息、技能、理念等传播给受教育者。因此，传播学的基础知识与一般技能是健康教育学的基础理论，健康教育学也可认为是传播学的分支学科，是传播特定信息（健康相关信息）的学科。

（三）教育学

教育学是研究人类教育现象和问题、揭示一般教育规律的科学。教育是广泛存在于人类生活中的社会现象，是有目的地培养社会人的活动。现代教育学研究教育本质问题，教育、社会、人三者关系问题，教育目的、内容、教育实施的途径、方法、形式以及它们的相互关系问题，教育过程问题，教育主体问题，教育制度、教育管理问题，以及反映中国特色的各种教育理论和教育实践问题等。教育学是通过对各种教育现象和问题的研究揭示教育的一般规律。教育规律是教育、社会、人之间和教育内部各因素之间内在的本质的联系和关系，具有客观性、必然性、稳定性、重复性。如教育与社会的政治、生产、经济、文化、人口之间的关系，教育活动与人的发展之间的关系，教育内部的学校教育、社会教育、家庭教育之间的关系，小学教育、中学教育、大学教育之间的关系，中学教育中教育目标与教学、课外教育之间的关系，教育、教学活动中智育与德、体、美、劳诸育之间的关系，智育中教育者的施教与受教育者的受教之间的关系，学生学习活动中学习动机、学习态度、学习方法与学习成绩之间的关系等等都存在着规律性联系。教育学的任务就是要探讨、揭示种种教育的规律，阐明各种教育问题，建立教育学理论体系。

健康教育学是属于教育学范畴，它既包括传统的学校教育，又包括广义的社会教育，而且是一种终身教育，它贯穿于人的一生。教育形式包括语言教育、文字教育、形象化教育等。健康教育的主要内涵是：知、信、行。即是使教育对象知识、观念、行为改变的统一。这三者之间的关系表现为：知是基础，信是动力，行是目标。作为健康教育者要把健康的知识灌输给教育对象，帮助他们掌握卫生保健知识和怎样维持健康的技术，了解影响健康的相关因素，并让他们信任这些科学知识，树立健康观念，且自愿采纳有利于健康的行为和生活方式。这些工作都需要教育学的基础理论和方法。

第 4 节 健康教育者

我国《宪法》明确规定：维护全体公民的健康，提高各族人民的健康水平，是社会主义建设的重要任务之一。帮助人民获得健康是每一个卫生工作者的职责，更是每一个健康教育工作者的神圣使命。

广义而言，从事健康教育与健康促进工作的人员，不仅有健康教育机构的专业工作者，而且每个社会成员都在一定程度上充当健康教育者角色，承担健康教育与健康促进工作，特别是广大医务工作者和教育工作者。为了明确不同性质健康教育工作对健康教育者的要求，一般情况下，可以把健康教育工作分为：①科学研究机构与高等医学院校的健康教育专业工作者承担的健康教育工作；②健康教育专业机构（如健康教育所、医疗卫生机构的健康教育科等）的专业人员承担的健康教育工作；③综合性大医院和专科医院的医务人员承担的健康教育工作；④社区卫生服务机构的医务人员承担的健康教育工作；⑤学校教师承担的健康教育工作；⑥各类工作场所的有关人员承担的健康教育工作；⑦家庭成员承担的健康教育工作等。不同层次、不同性质的健康教育工作对健康教育者的能力要求是不同的。对①、②类健康教育工作要求最高，最好是健康教育专业本科以上学历人员承担；对③、④类健康教育工作要求中等，主要强调各类医务人员加强健康教育相关知识的培训；对⑤、⑥、⑦类的健康教育工作，只要求他们参加短期健康教育知识技能培训。通常我们所指健康教育工作者是第②类健康教育工作的承担者。

一、健康教育工作者的职责与伦理准则

（一）健康教育者的职责

1999 年美国健康教育协会、美国健康教育资格鉴定委员会和美国公众健康教育协会共同颁布《健康教育工作者的职责和能力》，明确提出初级和高级健康教育工作者的职责和能力要求。

《健康教育工作者的职责和能力》的内容分为 3 个层次，即职责、执行每一项职责应具备的能力和对能力的具体要求。它全面、系统地阐述了健康教育工作者的职责和能力要求，是健康教育工作者从业前如何进行专业准备、从业后能力建设和发展以及继续教育和培训的指导方针。

初级健康教育工作者承担 7 项职责：①评估个人和社区健康教育需求；②制订有效的健康教育计划；③实施健康教育计划；④评价健康教育项目的效果；⑤协调健康教育服务；⑥提供健康教育信息和资料；⑦对健康和健康教育的需求情况、焦点问题和资料进行交流。

高级健康教育工作者的职责是在初级的 7 项职责中增加了 3 项新的职责：⑧在健康教育中运用适当的研究原理和方法；⑨管理健康教育项目；⑩发展健康教育专业。

（二）健康教育者伦理准则

具备一定的能力是执行职责的必要条件，但如果没有良好的职业道德作保证，健康教育不但不能取得令人满意的效果，还可能在群众中产生不良影响。健康教育是向群众传播健康知识，与群众的健康和生命息息相关。因此，在健康教育工作中遵循伦理准则和职业道德尤为重要。

1999 年美国全国健康教育组织联盟（CNHEO）颁布第一个统一的《健康教育专业伦理准则》。

伦理准则描述了健康教育工作者最低行为标准和健康教育活动应遵循的原则，如无伤害原则、效益原则、自主原则和公正原则，是健康教育工作者实施健康教育活动的行为规范。

《健康教育专业的伦理准则》包括前言及健康教育工作者对公众、专业、雇主、实施健康教育、研究和评价、专业准备等6方面的责任。前言明确指出：健康教育工作者负有维护专业尊严和专业伦理的责任；健康教育工作者尊重所有人的价值、尊严、潜能和独特个性；伦理准则提供了健康教育工作的伦理要求，在所有卫生保健服务中健康教育工作者要遵循尊重自主、促进社会公正、积极创造有利条件、避免伤害的基本伦理原则；不管工作职务、业务关系、工作场所或服务对象如何，在进行健康教育专业决策时，健康教育工作者须遵守健康教育专业的伦理准则。伦理准则描述了健康教育工作者6方面的责任：①对公众的责任：最终职责是为了促进、维护、改善个人、家庭和社区的健康而教育人民。当个人、团体、组织、机构或机关间发生冲突时，必须考虑所有的因素，并优先考虑促进健康和生活质量的因素。②对专业的责任：对专业行为负责，对专业名誉负责，在同事中推动伦理行为。③对雇主的责任：了解自身专业能力的边缘范围，对专业活动和行为负责。④在健康教育工作中的责任：诚实正直，为了尊重所有人的权力、尊严、隐私和价值观，采用满足不同人群和社区需要的策略和方法。⑤在研究和评价中的责任：通过研究和评价活动为人群的健康和专业做贡献。在计划研究和评价及进行研究和评价时，遵守联邦和州的法律和规章、组织和机构的政策、专业的标准。⑥在专业培训中的责任：有义务通过提供有利于专业和公众的优质教育，让所培训的学员获得与其他学员同样的尊重和对待。

《健康教育专业的伦理准则》特别重视对公众进行健康教育时的伦理要求，提出9条具体要求：①支持个人在了解情况后做出有关健康的决定，但要求这个决定不威胁他人的健康；②支持那些让受影响者获得最大利益的行动和社会政策；③准确告知与服务和项目有关的潜在好处和结果；④承担处理严重损害个人、家庭和社区健康问题的职责；⑤忠实于他们专业技能的资格和限制，并根据他们的能力提供服务；⑥保护个人的隐私和尊严；⑦积极地把个人、团体和社区纳入整个教育过程，让受影响的人了解全过程；⑧尊重和理解持有不同价值观、态度和意见的人；⑨向所有的人提供平等的服务。伦理准则特别强调对服务对象的尊重，强调自主决策、知情同意和保护隐私。

二、健康教育工作者的素质与知识结构

（一）健康教育工作者的素质

健康教育工作者与其他医疗卫生服务工作者一样，需要具备医务工作者的基本素质：对人们的疾病痛苦具有同情心；对从事健康服务工作具有高度责任感；对工作中遇到的问题具有科学探索精神。同时，健康教育工作者还应具备其专业的特殊素质：

1. 具备良好的工作素质 健康教育工作者要热爱本职工作，自觉培养自己的职业素质和修养水平。健康教育工作者的仪表、行为在工作中显得尤为重要，整洁的仪表、健康的行为在向群众传播预防疾病知识，强调改变不利于健康的危险行为时能对他们起到较好的示范作用。良好的精神面貌和具有亲和力的语言能使服务对象感到亲切，消除陌生感，便于接近，更好地实现良好沟通。目前，我国不良环境因素和众多的不良行为习惯仍直接影响着人们的身心健康。所以改变环境，纠正不良的行为习惯，提高人们自我保健意识与能力是降低发病率、减轻疾病危害、增进健康的关键，健康教育工作者必须具备高度的社会责任感，才能切实做好健康教育与健康促进工作。

2. 具备良好的业务素质 健康教育工作者应利用一切机会不断提高自己的业务水平，不断更新知识结构。除了要掌握一定的专业知识，还要具备按照服务对象的需求从事专业工作的能力。健康教育计划的设计通过到社区和人群调查，对健康问题进行分析，确定特定社区的主要健康问

题和健康教育项目，并根据当地可利用的资源情况选择健康教育与健康促进的具体措施。所以，健康教育工作者要因人而异，因地制宜，根据服务对象的年龄、受教育程度、文化背景、性别等差异制订不同的教育计划。教育内容既要科学、准确，又要贴近群众、喜闻乐见、通俗易懂。此外，还要掌握好说话、非语言传播、观察、倾听、提问等等人际传播的技巧，良好的沟通可达到事半功倍的效果。

3. 具备良好的心理素质 健康教育工作者要具备良好的心理素质，在进行健康教育与健康促进工作时，要用严谨的科学态度面对危机，机智果断、沉着冷静、临危不乱。尽量不把社会、家庭、人际关系中的烦恼带到工作中，要善于控制自己的情绪。同时，应该具有良好的个人思想道德品质、组织管理能力和团队合作精神。

健康教育工作者的素质高低是健康教育工作能否顺利进行的关键，只有不断提高健康教育工作者的整体素质，才能适应不断发展的新形势、新要求，为人民的健康事业做出更大的贡献。

（二）健康教育工作者的知识结构

1. 医学科学相关知识 现代医学各学科的知识是健康教育者的基础知识。

（1）基础医学知识：人体的胚胎发育、结构与功能，如解剖学、组织胚胎学、医学生物学、生理学、生物化学，免疫学等。

（2）预防医学知识：环境与健康关系知识，如劳动卫生学、环境卫生学、食品卫生学等；保健医学知识，如：医学营养学、儿少卫生学，妇幼卫生学等以及流行病学、卫生统计学、卫生毒理学等预防医学基础理论。

（3）临床医学知识：临床医学各科基本理论与方法，如内、外、妇、儿等常见病、急症的基本理论知识和处理技能。

（4）护理学知识：临床各科疾病的护理基本理论与技能知识、护理心理学知识、临终关怀的有关理论与技能的知识等。

2. 医学人文社会科学与相关社会科学知识 现代医学越来越重视医学人文科学的发展，对于健康教育工作者来说，这类知识更加重要。包括医学哲学、社会医学、社区医学、初级卫生保健、医学社会学、卫生法学、卫生经济学、卫生管理学和医学心理学等。同时，还要学习相关的基础社会科学知识，如公共关系学、教育学、心理学、行为科学、传播学、人类学和社会学等。

三、健康教育工作者的能力

健康教育与健康促进工作是一项涉及面广，技术要求高，工作难度大的活动。特别是目前我国社会各界，包括医疗卫生系统，对健康教育与健康促进工作还不够重视，这就要求我国健康教育工作者要有更高的能力，根据实际情况制订健康教育与健康促进工作规划，最大限度地合理利用资源，广泛动员社会力量参与，寻求多方合作与支持，实现健康教育与健康促进活动的目标。

从事健康教育与健康促进工作的基本能力主要包括收集资料、需求评估、制订规划、组织实施、效果评价。但是，在健康教育与健康促进活动的实践中，对健康教育工作者能力的要求非常全面、具体，强调能力的均衡性和全面性，尤其强调实际工作能力。作为从事健康教育与健康促进的专业工作者应具备的能力包括下列几条：

（一）获取和处理健康教育与健康促进项目相关信息的能力

获得有关信息对许多工作人员来说，都是基本的能力要求。作为健康教育工作者也一样，应具备从各种文献资料中获得有用的信息；利用现代科学技术收集原始信息的能力，如摄像、录音等；能够运用合适的定性和定量调查研究方法获得信息；建立信息系统科学的收集、存储、整理、分析、提取有关信息的能力，为健康教育与健康促进项目的各个环节工作提供基础资料。

（二）评估个人和社区对健康教育与健康促进的需求的能力

健康教育工作者应具备评估不同服务对象的健康状况及其影响健康因素的能力，并能提出不同服务对象的生活方式与个人习惯中存在的危险因素，以及需要改变的内容，为健康教育与健康促进项目的提出做好前期工作。

（三）健康教育与健康促进项目的规划设计的能力

健康教育与健康促进项目规划是指要完成的项目在哪里开展、什么时候开始到什么时候结束、由谁负责完成、项目的服务对象是谁、项目要达到的目标是什么、项目开展所需的各种资源（资金）的预算、要准备采取什么实施手段以及如何评价各个阶段完成的情况等的全部过程。作为健康教育工作者应具备做好各类健康教育与健康促进项目的规划设计能力。

（四）健康教育与健康促进规划的组织和实施的能力

规划设计只是完成项目的基础，作为健康教育工作者应根据规划的要求组织和实施每一个环节的具体工作，包括确定项目实施区域和具体运行时间；组织实施各个相关步骤的工作人员，提供必要的培训和分配具体任务；动员项目执行的服务对象，通过宣传教育，使他们积极配合开展项目；各类资源消耗的控制工作；以及各环节的评价工作的实施等内容。这些具体工作都需要健康教育工作者具有一定水平的组织协调能力。

（五）健康教育与健康促进规划实施的效果评估的能力

健康教育与健康促进项目规划实施的效果评价工作包括：制订评价项目效果的计划；执行评价计划；解释项目效果评价的结果和预测项目效果评价的结果对未来项目设计的指导意义。采用与评价目标相适宜的资料收集方法，分析所获得的评价资料，采用合适的、定性或定量的评价方法，运用合适的评价技术；将评价标准运用到所获得的项目结果中，把评价结果转换成其他人容易理解的说法，报告健康教育与健康促进项目完成预定目标的情况；探讨重要评价结果的可能解释，推荐实施评价结果的策略等都是健康教育工作者必须具备的能力。

（六）组织与协调能力

健康教育与健康促进活动是一项社会系统工程。作为健康教育工作者，不仅要自己做好本职工作，还要想方设法争取社会各界的支持，特别是当地政府决策部门和领导的支持，促使他们结合当地实际情况，把健康教育与健康促进活动纳入社会发展规划，纳入干部任期考核目标，纳入日常工作计划，作好统筹安排。因此，健康教育工作者应该努力培养和提高的一项重要能力是善于同各级领导对话，成为各个层次有效的鼓动者，开发好各级领导的健康意识，使他们转变观念，这样才能获得政策上、经济上和舆论上的支持，才能把健康教育与健康促进工作做好。

（七）健康教育信息传播能力

科学、准确、有效地传播健康有关信息和理念是健康教育工作者的基本技能，这要求健康教育工作者具备以下能力：根据不同的传播对象收集相应的信息和拟定合适的传播方式的能力；制作各种健康教育与健康促进活动必要的材料的能力，包括影像材料、图片材料、书面材料以及道具等；评价健康教育传播效果的技术能力。

（八）促进健康教育专业发展的能力

对于高级健康教育工作者，还应具备一定的科研工作能力、管理工作能力和教育培训工作能力，并促使研究成果能够影响决策、指导实践。同时，能够利用各级健康教育学会或协会开展学术交流、活跃学术气氛、调动相关专业人员积极参与，这样才能不断促进健康教育专业的发展，不断提高健康教育专业的影响力。

四、我国现阶段健康教育人才培养的建议与对策

（一）更新观念，提高认识

WHO 把对疾病的监测、计划免疫、健康教育与健康促进，作为 21 世纪卫生三大发展战略。健康教育与健康促进是所有疾病预防与控制的基础性工作，是一项复杂的社会工程，需要政府和全社会的参与，更需要大量专业人员的奋斗，不能因为效益滞后而轻视，也不能与简单的卫生知识宣传划等号。健康教育与临床医学、预防医学一样，是一个专业。因此，“大医学教育”要从国家的长远利益和发展着想，更要为人民的健康和生命质量负责，敢于打破一些旧观念和旧框架，大胆地创立健康教育专业。

（二）设置专业，加强专业人才培养

为了充分发挥健康教育在提高国民健康素质方面的巨大功效，国家应尽快论证健康教育专业的设置问题，整合高级人力资源，在有条件的院校先设置本科健康教育专业，发展成熟后再推广至其他医学院校，继而有计划、有步骤地培养健康教育硕士、博士，为国家、省级健康教育机构培养专业人才，解决国家各级健康教育人力资源严重短缺的问题。

（三）把健康教育学列为必修课，渗透所有医学专业

医学院校应将健康教育学列为各专业的必修课，特别是预防医学、卫生事业管理、临床医学、护理、口腔等专业，一方面要让学生确立正确的社会大卫生观、医学观和健康观，明确医学目的，把握医学宗旨；另一方面在学习本专业技术技能的同时，对健康教育有所了解，形成科学的健康观念和意识，并体现在任职工作中。

（四）有效培训，加强现有人员培养

根据我国健康教育专业设置及人才现状，目前有效的解决办法仍要以继续教育为主。应根据培训人员的岗位和职能确定培训时间，至少是 3～6 个月或一年。选择相应的专业教材，辅以相关学科，加强实践和操作能力培养，高层次专业人员培训可以借鉴“中国现场流行病学培训项目”模式。

（五）结合实际，大力开展应用性研究

健康教育与健康促进专业的发展只有与公共卫生、疾病控制工作相结合，才更有生命力和活力。当前公共卫生、健康教育与健康促进工作中的许多问题（政策、体制、人才培养、实施细则、健康传播、效果评价等），需要开展科学研究，需要尽快给出答案。健康教育与健康促进是应用性学科，需要不断研究提高水平。研究的内容既要包括政策、机制、管理等宏观研究，也要包括健康教育理论、传播方式、效果评价、专题教育等微观研究。

总之，目前我国健康教育事业正处于蓬勃发展的阶段，所面临的问题和困难非常多，需要全国上下集成合力研究解决。上至国家的机构设置、政策支持、体系建设，中到学术研究、国际合作、专业设置、人才培养模式，下至医务人员社会大卫生观、医学观和健康观的确立或转变，都需要共同努力，积极探索。医学教育领域设置健康教育专业培养人才，在储备可持续发展的人力资源、提高健康教育与健康促进的工作水平、保障社会经济发展和保障人民健康方面将发挥重要作用。

视窗 1-2：美国职业健康教育工作者执业资格认证简介

（一）美国职业健康教育工作者执业资格认证机构

美国国家健康教育认证委员会（national commission for health education credentialing，NCHEC）的目标是提高健康教育专业的实践水平，通过认证健康教育工作者，向公众和健康教育专业领域提供服务，以促进健康教育专业的发展，加强健康教育的职业准备和实践能力。NCHEC 的职责为：建立一套以能力为基础的考试系统；建立职业准备的标准；通过进修项目使专业能力不断发展。

（二）经认可的健康教育工作者

经认可的健康教育工作者（certified health education specialist，CHES）是能够设计、执行和评价促进全人群健康项目的专业人员。这些促进健康的项目可以在不同的场所开展，包括学校、社区、卫生保健机构、企业以及政府机构等。以“职业健康教育工作者”命名，意味着在该领域的不断发展中他们要具备专业能力和承担一定义务。

CHES 是符合 NCHEC 制定的标准并且通过了 NCHEC 考试的专业技术人员，可以担任多种工作，如病人教育员、健康教育教师、培训员、社区组织员以及健康项目管理员等。

（三）健康教育工作者需要执业资格认证

资格认证是由非政府组织或团体认可某个人已经符合既定资格标准的过程。典型的资格标准包括：完成一项公开承认的、经审核批准的学习课程；在资格考试或一套考试体系中取得合格的成绩。

NCHEC 的执业资格认证程序为健康教育工作者制定了一套国家标准。它不同于美国的州内认证或其他地方性认证，它的注册制度在美国都是统一的。国家认证对于健康教育工作者和公众都有益处：证明了健康教育工作者具有在该领域实践所必需的知识和能力，帮助用人单位确认其健康教育专业资格条件；确保消费者获得的服务是由达到了国家标准的专业人士提供的。健康教育专业选择用证书作为证明个人取得执业资格的手段。健康教育执业资格证书是一项适用广泛的、综合性的证书。它证明持有者已达到或超出了国家规定的标准，目前美国许多健康教育相关的科研型职位的招聘广告中都注明“CHES 优先”。

（四）执业资格认证申请的基本要求

申请者要有在以下七种职责方面的专门准备：评估个人和社区的健康教育需求；制定有效的健康教育项目工作程序；按程序实施健康教育项目；评价健康教育项目的效率；协调健康教育服务的提供；在健康教育领域中担当人力资源的角色；促进健康和健康教育需求的资源交流。申请参加 CHES 的考试者必须持有正式的学习证明文件（包括所修过的课程名称）的复印件，能够明确证明曾经修满 25 个学分以上的健康教育类专业课程，如健康教育、社区健康教育、公共健康教育、学校健康教育等。

（五）CHES 认证考试

CHES 认证考试用来衡量和评估健康教育工作者在上述七种职责方面的能力。这七种职责在《健康教育工作者专业能力发展框架》（简称《框架》，New York，NY：NCHEC，1996）中有详细叙述。

CHES 认证考试是“参考标准考试”。标准是一套由 NCHEC 制定的考试合格分数，NCHEC 依据修订的 Angoff 方法，这是在专业认证领域最常用的参考标准技术：依据能让专家满意的考生最起码表现而制定的评判标准。与之相对，传统的理论知识分数体系用的是“参考原则考试”方法：把每个考生与考生总体作比较，及格分数的确定基于所有考生在考试中的表现（如规定的考生通过率）。

CEHS 认证考试的及格分数是 96 分。NCHEC 根据多次的考试统计分析来确定考试的信度（可靠性）和效度（真实性），包括对 CHES 考试中每道题所进行的分析。

（六）“三个月（90 日）合格”的认证方案和初筛考试

“三个月（90 日）合格”的认证方案针对那些离考试时间在三个月内就要毕业的本科生而提供。而如果申请人对能否达到 CHES 认证的合格标准无把握，则可以选择初筛考试，这种方式特别适合那些没有健康教育专业学位、但为了达到 CHES 认证标准，且已经积累了充足的健康教育课程学分的申请人。两种方式的申请资格有所不同。

（七）延续认证和继续教育

由于健康教育专业的不断发展，所有的 CHES 每年都必须通过“延续认证”（renewal and recertification），以保证完成最新的继续教育学分（continuing education contact hours，CECH）及补充个人和职业等方面的资料。延续认证的资料会在延续认证日期前 6～8 周寄给 CHES。这些资料包括延续认证的最近政策变化及其说明，延续认证申请费的发票单，以及累积的 CECH 成绩复印件。为了保持专业水平和执业资格，CHES 必须在 5 年的认证期间至少积累 75 个继续教育学分。

CECH 的内容有助于提高 CHES 知识和技能，这些知识和技能与前述七种职责以及个人的专业职位有着密切的联系。NCHEC 鼓励 CHES 参加所有七种职责的培训，因为对于成功的健康教育实践来说，在各个领域内都能胜任是非常重要的。

Ⅰ类 CECH 指那些已经被 NCHEC 承认了的继续教育形式。在 5 年认证期间内所要求的 75 个学分中至少要有 45 个学分是来自于Ⅰ类 CECH 继续教育。

Ⅱ类 CECH 是没有被 NCHEC 承认的继续教育活动。最多可以有 30 个学分来自参加虽没有被 NCHEC 承认但又与 CHES 七种职责相关的高质量项目。例外：如果申请者不在美洲大陆，可以完全在 NCHEC 没有承认的活动中取得 75 学分。继续教育学分可以以不同的方式获得，例如：参加会议、研讨会和现场活动；完成指定的自修项目，可以采用录像、期刊以及函授课程等方式；在相关同行评审刊上发表文章。

思 考 题

1. 试述影响人类健康的因素中健康教育起主要作用的因素，并说明理由。
2. 试述卫生宣教、健康教育与健康促进的关系。
3. 试述健康教育与健康促进的意义。
4. 试述健康教育工作者的素质与能力。
5. 案例题：某医学院校现设临床医学、口腔医学、预防医学、康复医学、护理学、药学、卫生事业管理、医学社会工作等专业，每年招收各类专业学生 3000 多人。十几年前就开设《健康教育学》课程。但是，近年来为了减少学生课堂学时数，把《健康教育学》改为选修课，学生自愿报名参加学习，由于学习负担较重，大部分学生没有选修这门课。许多专业的毕业生从来没有学习过这个课程，对健康教育与健康促进的基本知识和技能没有掌握，即使参加选修的学生也因为不是主干课而不重视，所以，目前该医学院校的毕业生中，能够很好运用健康教育与健康促进知识和技能做好本专业工作的较少。学校有关部门认为《健康教育学》的知识，学生毕业后在工作中可以自然而然的掌握，以前根本就没有《健康教育学》学科，却依然出现许多有成就的医学专家。

根据本案例分析：

（1）这种现象符合医学发展的趋势吗？

（2）这种现象与现阶段我国医疗卫生事业发展中存在的问题有哪些联系？

（3）你认为该医学院校的哪些专业须必修《健康教育学》，哪些专业可以选修，说明理由。

（福建医科大学　郑振佺）

第二章 健康相关行为

案例 2-1：

张某，男性，1959 年生，16 岁参加工作，就职东北野外勘探队。野外作业条件十分艰苦，一般是一个馒头就白水过一天，慢慢地每位队员都喜欢嗜咸饮食。那时东北的冬天特别冷，气温达到零下 40 度，为做好充分的御寒，当时野外作业队员最常用的方法就是饮用白酒抵御寒冷。此外，勘探队枯燥的生活让张某学会了吸烟，以消遣业余生活。数年后，张某调动工作回城，当起了长途货车司机，每天奔波各地，不分白昼，运动量骤减。没过多久，又转为领导开车，常有应酬，体重开始增加。此时的张某继续保持的自己的口味，且烟酒不忌。

40 多岁时，张某开始时常感觉自己有头晕症状，只是偶尔发作，因此并未注意。几年后，单位的一次体检，才发现血压已达到 200/100mmHg，被医生确诊为高血压病，开始吃药控制，医生建议其健康饮食，多运动，且戒烟酒，张某每日按时吃药，但对于烟酒及饮食基本照常，血压始终居高不下。58 岁后的张某在一次体检中发现，肺叶有阴影，经诊断为中期肺癌，并很快手术切除。术后张某意识到正是自己的积习才导致自己肺癌发病，于是开始戒烟戒酒，尽量锻炼身体。张某于肺癌术后 2 年，癌症复发病逝。

问题：

1. 张某出现一系列健康问题的原因是什么？
2. 通过以上案例，思考行为与健康的关系。
3. 如果你作为一名医务工作者，面对此类问题，你将如何处理？

健康是人类生命存在的正常状态，人类健康受多种因素的影响，众多研究结果提示：不良行为与生活方式对健康的影响占据主要地位。据联合国统计，主要由生活方式引发的慢性疾患正在成为当今世界的“头号杀手”，每年造成近 3600 万人死亡，占全球死亡总人数的 60%以上，其中近八成的死亡都发生在中低收入国家。2015 年，世界卫生组织（WHO）称：与生活方式选择有关的疾病，包括糖尿病和某些癌症，每年导致 1600 万人过早死亡。健康教育的主要目的就是教育人们树立健康意识，培养、建立和巩固有益于健康的行为和生活方式。人的行为虽然具有可塑性，但行为的表现又千差万别。为此，人们有必要了解健康相关行为的产生和发展规律以及行为改变的相关理论，以便通过有效的健康教育手段，更好地预测、控制、干预人类的行为。

第 1 节　行为概述

一、行为的概念

行为（behavior）是有机体在内外界环境刺激下所产生的反应，既包括完整有机体的外显活动，又包括其内在的生理和心理变化。根据此定义，美国心理学家 Woodworth 提出了著名的 S-O-R 行为表达式：

S → O → R

刺激 (stimulation) → 有机体 (organization) → 行为反应 (reaction)

人的行为是指具有认知、思维能力、情感、意志等心理活动的人，对内外环境因素作出的能动反应。这种反应可能是外显的，能被他人直接观察到的行为，如言谈举止、表情；也可能是内隐的，不能被直接观察的行为，如心理活动。一般情况下，可以通过观察人的外显行为，进一步通过测量和观察来推测其内在行为。

人类行为受多种因素影响和支配，实际上行为反应的发生比 S-O-R 行为表达式复杂得多，美国健康教育学家 W.H.Greene 认为 S-O-R 模式过分强调刺激因素在行为过程中的作用是不全面的，人的行为是一个极为复杂的现象，正是人类头脑中的知识、信念、价值观、态度和掌握有关的技能及其间复杂关系的相互影响和作用，才能解释人类行为的多样性。所以，他将 S-O-R 模式加以补充成图 2-1 所示模式：

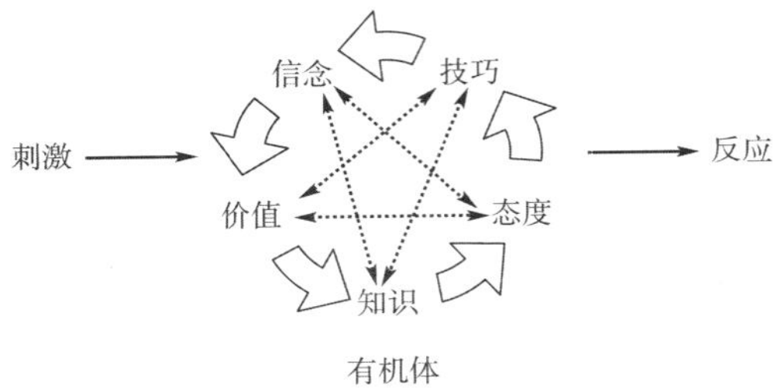

图 2-1　S-O-R 模式，强调生物体：头脑中的复杂内因
据 W. H. Greene 等，1984 年

人类行为主要由如下五个基本要素构成：行为主体、行为客体、行为环境、行为手段和行为结果。

行为主体：人；

行为客体：人的行为所指向的目标；

行为环境：行为主体与行为客体发生联系的客观环境；

行为手段：行为主体作用于行为客体时所应用的工具或使用的方法；

行为结果：行为主体预期的行为与实际完成的行为之间相符合的程度。

人类的行为表现错综复杂，体现为同一个体在不同环境条件下的行为表现不同，不同个体在相同环境条件下的行为表现亦有所差异，即使同一个体在同样的环境条件下，由于其生理、心理等因素的影响，行为表现也不尽相同。然而，人类需要维持自身生存和种族延续，需要适应复杂的、变化发展的环境，其行为特征仍有一定的规律性。

二、行为的特征

（一）人的行为既有生物性，又有社会性

人类行为与动物行为的主要区别在于人的行为既有生物性，又有社会性，即人的行为除了受本能支配外，还受社会生活的支配和制约。

首先，人的生物性决定其行为的生物性，其表现于：

（1）一切行为反应都以生理形态和功能作为基础和前提，受生理机能的限制和调控。如外显行为以人体运动系统的结构和功能为基础得以表现；内隐行为则以人体的神经系统及大脑的结构和功能为基础。

（2）行为表现特征与遗传有关。排除其他因素影响后，亲代和子代、孪生子之间行为的相似性，则证实了行为与遗传有关。19 世纪 80 年代英国人类学家 F.高尔顿曾研究过一些名人的家谱，发现天资和能力在近亲之间有一定的相似性，可能与遗传的秉赋有关。

（3）人的本能行为。人的本能行为由人的生物属性所决定，是人的生物遗传信息作用的结果，而非后天习得，人的生理需要是这些行为的原始动力。如：与基本生存有关的本能行为，如摄食行为和睡眠行为；与种族保存有关的本能行为，典型的表现是性行为；攻击与自我防御行为，这种本能行为广泛存在于低等动物乃至人类，表现为对外来威胁的反抗、妥协和逃避。

其次，人的社会性决定人的社会行为，人的社会行为的促成和发展都来自社会环境。人的社

会性行为是通过社会化过程确立的，人类在进行物质生产的同时逐渐形成了各种文化形态，还产生各种关系，这些因素调节影响身处其中的人的行为，使之符合社会的要求和愿望。人类个体通过与他人的交往、模仿、学习、教育、工作等就形成了得到社会承认、符合社会道德准则、行为规范和价值观念的人类社会行为。社会行为的涵盖面非常广，如职业技能、社会角色行为、娱乐行为等。

人是生物性与社会性的统一体，人无论何种行为都带有一定的社会性，包括人的摄食行为与性行为。健康教育就是通过社会化，使每个社会成员养成有益于自身、他人和社会健康的行为和生活方式。

（二）人的行为的目的性

人类行为有明显的目的性。动物多出于本能的驱使，被动地适应自然环境；人的绝大多数行为是有目的性和计划性的，人类不仅能够适应环境，更能通过劳动按照自己的愿望改造和维护环境，包括自然环境和社会环境，以适应人类的发展。人类行为的目的性是健康教育的前提。

（三）人的行为的可塑性及可控制性

人的行为不是千篇一律、一成不变的，不同个体、个体的不同时期，其行为都是在不断变化的，这与其所接受的教育、生活的环境均有很大关系。尤其是当某些行为反应有相对冲突的结果导致正负两方面的强化时，个体常常对自己的部分行为进行控制，以达到社会适应。行为的可塑性特点是实施培养的前提。年纪小者可塑性较大，健康教育应抓住人们社会化的关键期进行教育训练，帮助人们改变不良行为，培养文明、健康的行为。

（四）人的行为的差异性

个体遗传素质不同，其反应存在差异性；行为受个体心理特征的支配，对同一刺激反应不同；受外部环境条件，如：地理环境、时代特点的影响，个体行为有较大的差异。这就决定了健康教育的实施必须因人而异，因势利导。

（五）人的行为的适应性

适应是指人为了在社会更好生存而进行的心理上、生理上以及行为上的各种适应性的改变，与社会达到和谐状态的一种执行适应能力。机体通过不断调整自身的行为合乎环境的要求，并满足本身的需要。

（六）人的行为的发展性

人的行为是一个连续发展，不断完善的过程。一般认为，在行为主体和客体相互作用的过程中，社会和实践向行为主体提出的要求所引起的新的需要与其他已有的心理水平之间的矛盾，是行为发展的内因与动力。当个体生理、心理发展到某一阶段，某些主导性的行为就由量变发生质变，使得行为处于不断发展变化过程中。

三、行为的分类

人类行为的种类很多，可以从不同角度对其分类。

（一）根据行为的生物性与社会性分类

将行为分为本能行为和社会行为。本能行为包括生存本能、种族保存本能、自我防御本能；社会行为包括社会生活基本技能、社会生活行为规范、社会角色、社会地位等。

（二）根据行为是否符合常模分类

将行为分为正常行为和偏差行为。正常行为包括符合社会和文化所赞许的标准的行为、个人行为与大多数人的行为相似或一致的行为、行为发展符合个人生理或心理发展的行为、个人生理—心理—社会适应良好及平衡的行为。偏差行为则恰与正常行为相反。

（三）根据行为是否需要训练分类

将行为分为反应行为和操作行为。反应行为是指不需要训练就具备的行为，也称为不随意反应或无条件反射，如进食时分泌唾液、针刺手时手会立即缩回；操作行为指人出生以后通过后天学习习得的行为，也称目的反应或条件反射，如生活方式、赌博行为。

（四）根据对行为的理解分类

将行为分为狭义的和广义的。狭义的行为是指表现于外的、可直接观察或可记录、可测量的行为；广义行为指各种外显行为和不能被人直接观察到的思想、意识、情感、态度及动机等内在的潜在行为。

四、行为的发展与适应

（一）行为的发展

行为发展是指个体在其生命周期中行为形成和发展的过程，即在个体出生以后，随着生理的发育、心理的成熟以及社会交往的不断扩大和学习的深入，个体行为不断变化、发展和完善的过程。在这个过程中，个体行为由于遗传因素与后天学习的作用，从偶然的、非系统的行为逐渐发展为连续而系统的行为，行为内容也越来越复杂。社会和实践向行为主体提出的要求所引起的新的需要与其已有的心理水平之间的矛盾是行为发展的内因与动力。

人的行为的发展通过量的累积而表现出质的变化，且随着生长发育，日臻完善和复杂化，行为发展的特点主要体现在以下几个方面：

1. 个体认识活动的深刻化和复杂化 个体通过社会实践活动，认知由具体的、表面的、零碎的感性认识到理性认识并向概括高度发展。

2. 个体行为日臻完善 随着生长发育及社会化过程，人的内在心理活动和外在行为表现均日趋成熟；此外，还表现在个体与环境的协调与适应关系上。

3. 个体行为发展的连续性 连续性意味着在每一个人的整个一生中其行为是发展变化的：旧的行为反应不断被打破与新的行为反应建立，现在的行为是过去行为的延续，而将来的行为又必然是现在行为的延续，不可能跳过其中的某一阶段而进入下一阶段。

4. 个体行为发展的阶段性 阶段性意味着人的行为在不间断发展过程中呈现出阶段特点。个体行为发展在某一阶段内呈量变，这种量变累积到一定程度后发展为质变，进入行为发展的下一阶段，呈现出阶段性特征。不同年龄阶段，行为特征与规律有其不同的表现。

5. 个体行为发展的不平衡性 尽管人类行为的发展按照一定的模式进行，但在个体行为的发展过程中存在个体差异和发展的不均衡性。

根据行为发展自身的特征，可将人整个生命周期的行为发展分成四个阶段：

被动发展阶段（0～3 岁）：通过遗传、本能力量的驱使，以及无意识的模仿来发展行为，多种动作、简单语言、基本情绪及部分社会行为初步形成。这个阶段的行为虽大都是被动发展的，但它们是人的社会化最基本的准备时期，而且很容易被训练，培养出一些基本行为。

主动发展阶段（3～12 岁）：开始主动模仿、探究，行为发展带有明显的主动性，对本能冲动的克制能力迅速提高，婴幼儿期形成的行为进一步发展。由于主动发展受环境的影响很大，人与人之间这种克制能力的差异很大。

自主发展阶段（12 岁～成年）：人们开始通过对自己、他人、环境、社会进行综合认识，调整自己的行为发展。本阶段有两大关键性特征：一是这种自我行为调控主要是通过个体的社会化进程和不断地适应，逐步实现；二是在自己的成长过程中发展起来的行为，大都已经定型。

巩固发展阶段（成年以后）：人的行为定式已经形成，且与周围环境相适应。但是，时代、环境、社会和个人状况（如年龄、身体状况、社会地位、家庭角色等）都在不断改变，人的行为还须不停地加以调整、完善、充实和提高。因此对过去建立的不正确行为要改正，对过去从没有过的行为则要新建。通过对行为的不断调整实现对自己和周围环境的最佳适应。

在医学实践中，行为发展的动力和发展的连续性为改善服务对象与健康和疾病有关的行为提供了可能性，行为发展的不平衡性则提示要帮助服务对象形成有益健康的行为就必须注意利用与该行为有关的关键发展阶段。例如，过去人们通常认为吸烟是成人和青年的问题，但调查发现半数以上的吸烟者的首次试吸烟发生在小学高年级或初中。而且，从小学到大学，每一次升学前后都伴随着该人群吸烟率的一次明显升高。这意味着：①多数吸烟者的吸烟行为起始于少年，形成于青年阶段；②从少年到成年早期，吸烟率随年龄增长持续升高，但并非是一条平滑曲线，而是表现出不平衡性和阶段特点；③多数吸烟者形成吸烟行为的时期也正是形成自己价值观体系的时期。此外，就总体而言，在吸烟者未形成稳定的吸烟行为前，有针对性地开展预防活动来降低吸烟率的效率和效益，应该比劝吸烟者放弃吸烟要高。因此，控制吸烟的预防医学重点活动应从对象人群的成年期往前推至青少年期，并且控烟活动应与其他教育活动相结合。慢性非传染性疾病的预防控制及健康教育活动的开展与控烟的健康教育相似。

（二）行为的适应

行为的适应是指个体与环境之间保持动态平衡的过程。人类个体为了适应环境，就需要认识环境、与其他个体交流，从而发展了语言、感知觉、思维与智力，这种发展反过来又提高了人类适应环境的能力。

行为的适应形式有：

1. 反射 人体通过“反射弧”对外界刺激做出反应，如：与本能行为相联系的基本反射，这为人类适应社会奠定了基础。而且，许多适应性较强的行为方式被作为种族生存与繁衍的基础传承下来，如：觅食行为、抚幼行为、自我防御行为。

2. 自我控制 当某种行为反应可导致正反两方面结果时，个体就会对自己的部分行为进行控制，增加奖励性后果发生的概率和频率，减低惩罚性后果发生的概率和频率，以达到社会适应。

3. 调试 在人际交往过程中，人与人之间相互配合、相互适应、协调矛盾、解决冲突，以达到社会适应。

4. 顺应 个体不断接受新的经验改变自己的行为以适应客观环境的变化。

5. 应对 为使行为适合目前或长远的需要，个体决定是否做或如何做某件事情。个体不断修正自身的行为以适应环境。

6. 应激 个体对紧张刺激的一种非特异性反应，是有益的，可以提高人们的警戒水平，动员机体的内部潜能，以应付各种变化。但过分强烈的应激状态可导致机体功能失调，反而有害于身心健康。

第 2 节 人类行为的影响因素

健康行为学认为，人的健康相关行为是一系列自然和社会因素共同作用的产物。健康教育要有效地干预对象人群的行为，就必须对健康相关行为的影响因素进行研究。人类的行为由内因和外因共同决定，即同时受到自身因素和外界环境因素的双重影响。

一、自身因素

（一）遗传因素

许多动物实验和跨文化人类学研究都证实，人的行为是有遗传基础的。基因除了影响行为，还能决定人的一系列行为性状和趋势。人类通过遗传物质把一些生物特征传递给后代，如性别、相貌、气质特征及某些动作特点等，其中包括某些能影响行为的潜能在内，如素质的潜能、气质的潜能等。研究证明，不少先天愚型的病态行为与遗传有密切关系，同卵双生者之间在生理指数，如血压、心率、呼吸脑电波图形及一些动作特征都相似。不难理解，子代的生长发育、生活习惯、行为特点无不受到亲代遗传素质的影响。行为的遗传机制体现在以下几个方面：

1. 行为遗传的物质基础 一般认为，遗传因素对行为的控制和影响表现为基因的原发效应。其作用途径为：来自机体内外环境的刺激信息，通过各种感觉器官，传入神经系统，在内分泌腺的参与和大脑的控制调节下，经过综合分析，做出反应，产生行为。即：刺激→感受器→改变输入信号，作用于调控系统（神经系统和内分泌腺），改变协调和理解能力，作用于效应器，产生反应。

（1）每一种动物行为都是相对稳定的。不同种类的动物，即使形态相似，而且生活在同一个环境中，它们的行为也会有很大差别，这些行为是由遗传因素决定的。基因上的遗传密码，包含使细胞生长、分裂、分化的各种信息和决定整个动物形体和行为习性的全部信息。

（2）由于控制一个个体发育的遗传密码由亲代的生殖细胞传给子代，这种传递在某些情况下可能会出现误差，使子代接受到的基因与亲代的不完全相同。同时，每种动物都具有许多基因，而且动物个体的数量极多，后代的再组合过程中也会发生基因的改变，从而导致某些行为上的差异。

2. 基因突变与行为的改变 基因对行为的影响主要是通过影响某些酶的作用，而酶的改变又间接地影响到神经生化、肌肉发育等情况。研究表明，单个基因的突变即可改变行为。

此外，大量研究资料表明，所有的行为包括学习行为的能力都是能够遗传的。基因的传递，使人类在长期进化中获得的优点得以继承，而基因的复杂性导致人类行为的多样性。因为遗传基因具有相当大的稳定性，所以行为能代代延续；遗传基因又在不断地突变、选择和整合，所以人类的行为得以不断地发展和延伸。

（二）心理因素

人的行为是心理活动的外在表现，个性心理特征在个体选择行为目标时起很大作用。心理因素可以从不同的方面、不同程度影响人的行为：

1. 需要、动机与健康相关行为 人的一生中，时时会出现对有关身体健康的行为做出选择，在决定选择的因素中，首要因素是人的需要和动机。需求（need）和需要（demand）是人的能动性源泉，是人类活动的推动者和积极性的根源。需求是客观的，不以人的意志为转移的。需求既包括生理需求和社会需求。被意识到的需求即为需要，需要是客观需求的主观反映。如胃肠的空虚和血糖浓度的降低产生进食的需求，这种客观情况通过感受器反映到大脑皮层，人意识到这一需求即出现需要。需要并非被动、消极地反映客观需求，需要是在人与环境相互作用的积极过程中发生的。健康是人的客观需求，但许多情况下由于种种原因人并未意识到健康需求。健康教育活动应激发对象的健康需要，这是健康教育活动的重要内容。

人在需要的基础上产生动机。动机（motivation）是推动人行动的内在力量、导向某一目标的愿望或意念。它以需要为活动基础，为满足一定的需要服务的。当需要停留在某种紧张或不适状态，且与需要的具体对象及获得这种对象的途径相联系时，需要就转化为从事活动的动机。动机是人的行为的直接发动者，对人的行为起着发动、调节、维持和终止的作用。健康动机是推动人们健康行为的内部动力。一种健康相关行为可以由几种动机引起，一种动机也可以产生不同的行为。如青少年吸烟可能有好奇、模仿、交朋友、烦闷、无聊等多种动机；青年女性保持身材苗条的动机可引发节制饮食、参加健美活动训练、吃减肥药等多种行为。

动机不但在实施行为的客观条件具备时满足需求，也可推动人去创造行为条件，最终实现行为。旧的需求满足了，新的需求又会产生，推动人去从事新的行为，如图 2-2 所示。任何改善健康相关行为的工作如忽视对象的需求和需要，必定失败。

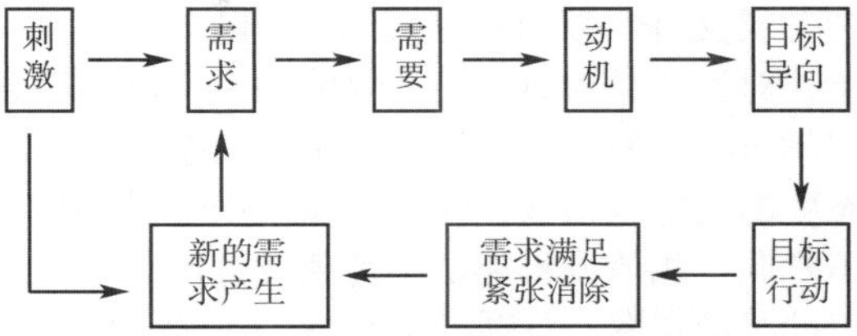

图 2-2　需要、动机与行为的关系

人在同一时间常常是多种需要并存，由此产生的不同动机可能相互矛盾竞争，形成动机冲突（motivation conflict）。冲突的结果是产生出优势动机，决定着发生相应的行为。动机冲突中何种动机成为优势动机，受各种主客观因素的影响。其中，认知因素起着举足轻重的作用。

2. 认知　人的认知过程是一个非常复杂的过程，是指人认识客观事物的过程，即是对信息进行加工处理的过程，是人由表及里，由现象到本质反映客观事物特征与内在联系的心理活动。心理学家 Neisser 认为：认知（cognition）指“人们获得和利用信息的全部过程和活动”。认知由人的感觉、知觉、记忆、思维和想象等认知要素组成。认知过程可简单概括为图 2-3：

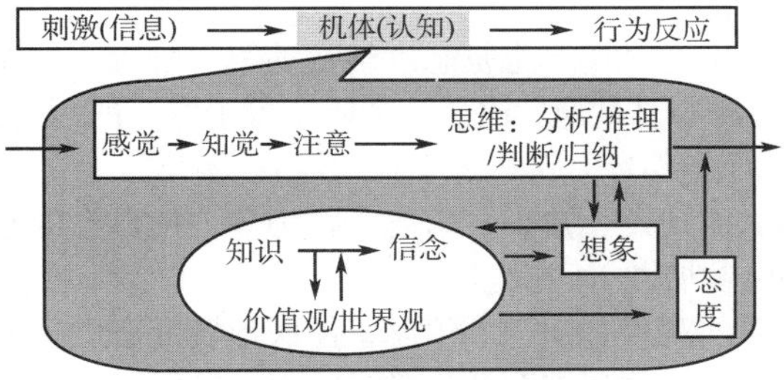

图 2-3　认识过程示意图

认知过程的第一步，注意到传来的刺激、信号；第二步把传来的信号、刺激转化为某种信息，并做出解释；第三步采取适当的行为，对信息做出反应。机体内外部刺激信号很多，大脑往往把无关的刺激都过滤掉了，而从无数信号中选择了感兴趣的有特殊意义的信号。例如当一个人一边看书一边在候车室里等车，广播员的播音声音他并不很关注，突然当听到他要乘的火车的车次时，他会立即警觉起来。所以认知过程对具体信号的刺激是选择性的注意，然后将信号转化为信息（赋予意义）并做出适当反应，产生行为，或修改行为。同样道理，人们在获得有关健康的信息时，也是一个选择性“拾取信息”的过程。因此健康教育所提供的健康信息应该清晰、鲜明、适合对象与环境，从而能尽快引起对象注意。这种对信号的选择与人们的兴趣有关。如果人们关心自己的某一健康问题，往往力图获得这方面的知识。这种选择也与人们的恐惧有关，如某些人非常害怕某种严重疾病而自己又估计已经染上该病，就会有意回避有关的信息。

人们对健康知识有了一定的认知，并不一定有与之一致的行为，这种情况称为“认知不协调”（cognitive dissonance）。例如我国高达半数的男性外科医生吸烟，而他们中绝大多数认为吸烟是有害的。认知不协调的发生可能有多种原因：

（1）同一时间存在不同需要及相应的动机冲突，冲突的结果是人们选择了自认较重要者或较急迫需应付者，而使另一方表现为认知不协调，如外科医生可能因疲劳或紧张而选择吸烟。

（2）行为条件不具备，如我们提倡食前便后用流水洗手，但在严重缺水的地区没有足够的水，尽管有知识也无法做到食前便后洗手。

（3）从众行为，如一个小群体中占主导地位的人都吸烟，个别成员尽管有吸烟危害健康的知识但为了取得他人的认同也吸烟。

（4）在获得正确的知识之前已形成某种不利健康的行为，后来虽然有了正确知识，但改变行为的代价是行为者不愿付出的或行为者一时还不能改正行为。

（5）虽然人们都力求认知的一致性，但认知元素之间常常发生矛盾，即知识、信念、态度、价值观、能力等发生矛盾，于是不协调便发生了。

认知不协调是一种不愉快的心理感觉，具有动机作用，会驱使个体设法减轻或消除失调的状态，使关联的认知与行为变得协调起来。

总之，认知是行为转变的前提。促使人们理解健康、幸福和生活质量的提高，很大程度上将取决于对行为和生活方式的选择。人们对健康的关注越大，就更容易做出健康的选择。

3. 态度 态度（attitude）是个体对某种事物或对象所持有的一种肯定或否定、接近或背离、拥护或反对的心理和行为的反应倾向，这是一种内部准备状态。态度包括人对对象的某种情感体验，对该对象与自己的需要的关系，以及社会意义的认识和评价。其主要特征是评价性，态度必定具有特定的对象，即评价指向的东西。态度是较稳定的倾向，是跨越时间和情境的。一般认为态度的结构包括 3 部分：认知成分、情感成分和意向成分。认知成分反映出个人对对象的赞同或不赞同、相信或不相信；情感成分反映出个人对对象的喜欢或不喜欢；意向成分反映着个人对对象的行动意图、行动准备状态。

态度产生常导致某种与之相符合的行动。态度在心理活动中有各种不同的表现，一个人已形成的个性倾向性、世界观等是最概括的态度体系。态度对人有指导性和动力性作用，人们在不同的条件下形成不同的态度，不同的态度决定人的不同行为和生活方式。如怀孕期妇女为生健康宝宝，保持充足营养、适当活动、足够休息、定期产检，保证胎儿正常发育。带儿童进行预防接种的母亲，表现出关心儿童健康、防止疾病传播的社会态度。

有人认为态度改变可能经历三个阶段：服从、同化、内化。

（1）服从阶段，这是从表面上转变自己看法和态度的时期，也是态度转变的第一阶段。处在此阶段的人们只是被迫表现出一些顺从行为，内心并非心甘情愿，比如一个职工慑于群体的压力，才去参加每天的工间操，做操时也是应付了事。

（2）同化阶段，人们不是被迫而是自愿接受他人的观点、知识、信念、行为等，使自己的态度自觉自愿地顺从他人。比如那个职员每天很愉快地参加做工间操。

（3）内化阶段，真正从内心深处相信和接受他人的观点、知识、信念，彻底地转变态度，成为内在的行为倾向行为。如那个职员越来越感到做工间操使精力充沛，舒筋活血，能促进健康，其会发自内心地去做。

对严重危害社会的行为可依法采取强制手段促其态度转变，如：在戒毒所，吸毒者开始是被迫服从，内心并不心甘情愿（“服从”）；一段时间后他开始自愿自觉地服从帮教人员，对和其他戒毒同伴的共同生活感到愉快（“同化”）；以后，他从内心深处接受“吸毒有害”的信念，彻底改变态度，并把这一新观点纳入自己的价值观体系，成为动机的内在行为标准（“内化”）。

态度概念从一开始就是用来说明社会行为的。既然态度是行为倾向，那么态度就要引导或决定行为。一般而言，积极态度可以预期引起赞同行为，消极态度引起不赞同行为。但是，态度与行为的关系并不只是单向的，二者可以相互影响。例如禁止在公共场所吸烟，大家都接受此规定而不在公共场所吸烟，这样的行为也会使相应态度发生变化。

虽然通常态度与行为有密切联系，但态度与行为也可能不一致。例如调查对象回答真心愿意参加关怀照料艾滋病病人的活动，但实际上在活动开展时并未参加。这种情况如同上述认知不协调，可能有种种原因。有人认为，人具有两种态度：一是对客体的态度，一是对“情境”的态度。在回答问题时表示的是对客体的态度，而行为中表示的是对情境的态度。这种解释强调了情境因素的作用。态度理论在健康教育实践中有广泛的应用。

4. 情感 人们在认识客观事物的过程中，产生的不同性质的体验和内心感受，这种有人对客观事物是否符合其需要而产生的态度体验，就是情绪和情感（emotion and feeling）。情绪和情感也是一种心理过程，但有别于认知，它具有特殊的主观体验、显著的生理变化和外部表情。

情绪常指短暂而强烈的具有情景性的感情反应，如愤怒、恐惧、狂喜等；情感相比于情绪更内涵化，多指稳定而持久的、深刻的、具有深沉体验的感情反应，如自尊心、责任感、热情、亲人之间的爱等。情感是情绪的内在体现，而情绪则是情感的外在表现。

在情感和情绪-认知-行为的相互作用中，情感和情绪可以是认知发展的契机，它激发人去认识、去行动；也可以强烈影响认知过程发展和行为表现，例如痛苦、愤怒或紧张情绪使认知活动变得刻板和狭窄，限制知觉和思维，干扰信息解释利用和做出反应。

情感和情绪在一定环境中发生发展，在人的健康相关行为中有重要作用。积极情绪有益于身心健康，消极情绪有害于身心健康。保持愉快稳定的情绪，要提高道德修养；保持健康的心理状态，还要学会适应外部环境的变化，自觉运用积极情绪克服消极情绪，是促进健康的有效途径。

5. 意志 意志（volition）是人有意识、有目的、有计划地调节和支配自己行为的心理过程。人的行为由动机决定，动机在需要的基础上产生。当一个人在动机驱动下有意识地拟定计划、采取行动，这种行动是自觉的、指向目标并与努力克服障碍相联系的，它所涉及的心理过程就是意志。意志行为属于受意识发动和调节的高级活动，不同于生来具有的本能活动和不随意行为。人的生活、学习和劳动都体现了人类所特有的意志行为。

人的意志品质主要表现在：①自觉性，表现为自觉地、有意识地确定行为目标和选择达到目标的方法，并积极主动地执行计划，它的反面是行为的盲目性；②果断性，表现为遇到问题时能经过周密考虑而采取果断决定，毅然决然地去完成的意志品质，其对立面是优柔寡断、动摇不定；③坚持性，表现在为达到目标而长时间坚持不懈，不因困难而退缩，不因挫折而灰心；④自制力，即克制个人情感、控制自己行为、使行为服从于目标的实现的能力，是一种善于控制自我的意志品质。

改善健康相关行为也涉及意志活动。例如戒除吸烟行为，在确定目标、制订行动计划和实施戒烟的过程中可能会遇到动机冲突和实际困难，能否最终成功实现戒烟即需要一定的意志力量。

人的心理是认知、情感、意志的统一体，三者相互促进、相互影响、相互渗透。意志以认识为基础并随认识的发展而发展。人只有认识客观事物的变化规律，才能有意识地确定行为目标和实施行为，所以意志自由以正确认识客观现实为前提。此外，许多情况下意志过程与人的情感密切联系，高尚的情感可以成为意志的动力，而消极的情感往往成为意志的阻力。

二、环境因素

人的行为是个体心理特征和外部环境相互作用的反应。个体所处的环境是人在遗传基础上作为行为主体的条件和其行为的对象。行为的发生发展，不可能离开环境因素的影响。著名德国心理学家 K.Lewin 认为人的行为是作为行为主体的人与环境相互作用的函数或结果，且“个人”和“环境”不是相互独立的，而是相互关联的两个变量：

$$B=F(P\times E)$$

式中 B 表示行为，P 表示作为行为主体的人自身，E 表示环境。实际工作中 P 的内涵多指人的心理活动及其规律，E 的内涵多指社会环境因素。

正如前述 S-O-R 行为表现式所示，人的一切行为均诱发于某种环境刺激；反过来，这些行为都发生在环境中，并对环境造成影响。所以，环境既是行为的激发者，又是其接受者。同样环境下，不同个体会做出不同的行为反应；而同一个体在不同的环境中也会产生不同的行为。人的行为环境就是围绕在个体周围的客观世界，包括自然环境和社会环境。

（一）自然环境对行为的影响

自然环境指与人类生活和行为相互关联、相互影响的自然条件的总和，是人类赖以生存的自然条件，是人类一切活动的场所，是人类取得各种生活资料的源泉，包括人类生活于其中的一定地理环境、生物环境和地下资源环境等。

不同的自然环境对人的生活和行为有不同的影响，对健康相关行为而言，同一自然环境又总是既存在有利的因素，也存在不利的因素。人类行为是对环境适应的结果，这种适应首先是对自然环境的适应。我国北方和南方、东部与西部、山区与平原、沿海和内地，由于气温、降雨量、地貌、生物种类、地下资源等条件的不同，以及社会经济条件的差异，使人的行为形成一些不同的特点，所以自然环境对健康相关行为的影响首先体现在相应的风俗习惯上。其次，自然环境对健康相关行为的影响还表现在与人类行为有关的可得资源上。其三，自然环境不同，经济活动的内容不同，居民的性格特点往往也不同，性格特点必然影响到行为取向。

因此，健康教育工作者在对某一地区的具体对象的目标行为进行分析时必须注意物理、化学、地理、气象等自然环境因素的影响。

（二）社会环境对行为的影响

社会环境是指人们所处的社会条件，包括社会的政治、经济、文化、风俗习惯、生活方式等，这些条件对人的行为，尤其是健康相关行为有极大的影响。健康教育发生于一定社会中，所以，社会对个体的人的行为的影响无所不在。

1. 经济发展对行为的影响 经济发展是人类社会发展的主要形式，是社会进步和社会生活的基础，它的发展是人类生存和健康得以保障、人群健康水平得以提高的决定力量，它的发展也必须以人群为前提条件。

（1）经济发展对行为的积极影响：经济的发展，创造出越来越丰富的物质财富，为人们采取维护和增进健康的行为提供了最重要的物质基础。从历史来看，经济发展水平与居民健康水平间呈正相关，经济发达的国家和地区，能为其居民提供更丰富的食品、安全的饮水、清洁的居室和劳动场所、良好的教育和卫生服务等；社会经济发展，改善了人们的生产和生活环境；经济发展为人们提供了受教育的机会，有利于提高人们的知识水平，促其采取健康行为。因此，经济是影响人类健康不可忽视的重要因素。根据 WHO 发布《2013 世界卫生统计报告》显示，高收入国家的平均寿命为 80 岁，中高收入国家为 74 岁。其提供的数字显示：日本、瑞士、圣马力诺三国人均寿命最高，为 83 岁；其次为澳大利亚、冰岛、芬兰、以色列、新加坡等国，为 82 岁；非洲的布隆迪、喀麦隆、中非、莱索托等国，人均寿命则只有 50 岁左右。我国属于发展中国家，随着社会主义市场经济的蓬勃发展，人民的生活水平迅速提高，各种传染病、地方病的发病率大幅度下降，相应地健康水平也不断提高，预期寿命大大提高，不但可以减轻疾病负担，还可以提高生活质量。报告结果显示：中国人的人均寿命为 76 岁，高于同等发展水平的国家。中国人口的预期寿命的提高，是由于中国经济增长和生活条件改善的结果。

（2）经济发展对行为的消极影响：社会经济的发展提高了人们健康水平，但也导致一些不利健康的因素发生发展。生活水平的提高，使人们进食过多高热量、高脂、高胆固醇精制食品，天然食品摄入减少，营养素失去平衡，肥胖者所占比重增加，心脑血管疾病和某些肿瘤发病上升，社会疾病经济负担加重；由于劳动条件和生活条件的改善，体力劳动的时间减少，强度减轻，越来越多的人久坐不动，特别是电视的普及，不少人一连数小时的观看电视，带来生理机能退化，这也是心脑血管疾病增多的原因之一；使一部分人追求刺激性消费，吸烟、酗酒、嫖娼、吸毒、赌博等成瘾行为增加；经济发展、社会生活节奏加快，生活紧张使不良适应行为增多。

经济发展带来的具体经济活动的变化导致人们的健康相关为发生相应变化，并对健康教育提出新的要求。如城市流动人口文化程度低、保健意识差、健康相关知识不足、缺乏医疗卫生帮助和社会网络支持、劳动和生活条件差，所以健康问题较多，易受到疾病的威胁。所以，通过健康教育，要全面提高人们的健康意识和行为水平，促进健康，延长寿命，以降低由健康问题带来的经济上的巨大损失，对社会和个人造成严重影响。反之，健康也可促进经济发展。

2. 社会制度对行为的影响 社会制度是一定历史条件下一定组织在某种活动领域中各种基本行为规范的综合系统。社会制度从本质上说是为了限制、制约人们的社会行为，是一定的组织控制其成员行为的重要手段，目的在于保证群体的共同利益。它包括就社会形态而言的社会制度，建立于不同经济形态下的各种具体制度的总和，以区别人类社会的不同发展阶段和不同性质，这一层次的社会制度制约着人的一切行为，对人们的健康相关行为有着根本的影响，如奴隶制度、封建制度、社会主义制度等；就某一特定的社会活动领域而言的社会制度，如政治、经济、教育、法律、文化制度等；就某一特定的社会活动而言的社会制度，如作息制度、学习制度、安全制度、清洁制度、服务制度等。如奴隶制度下，奴隶没有做人的资格，因而从根本上被剥夺了寻求健康信息、采取促进健康行为的权力；又如教育制度决定了社会成员系统地接受健康信息的可能性，进而对其有关态度和行为发生影响；再如学校的作息制度、清洁制度等直接制约着儿童、少年的健康相关行为。社会制度对人的健康的影响有双向性、普遍性或稳定性、变异性、强制性等特点。

社会制度主要通过以下几个方面影响人的行为：

（1）分配制度影响人的行为及健康：Wilkinson 指出，并不是收入的绝对水平，而是一个社会中收入的公平性决定了社会经济状况对健康的影响程度。他对平均期望寿命与社会分配制度之间的研究发现，人均国民生产总值总体水平不高但是分配制度平等程度高、贫富差距小的国家平均期望寿命最高。此外，卫生资源分配不合理是影响人群健康水平的主要原因之一。

（2）社会制度对卫生政策的导向作用影响人的行为及健康：人群健康水平的提高，经济是基础，政策导向是决定因素，社会制度对卫生政策及人群健康影响最广泛、最深远的是政治制度。如卫生保健应面向大众，卫生政策和方针必须坚持这个基本原则，才能有效提高居民的健康水平。我国经济水平低，但居民健康水平较高，主要原因之一就是社会制度优越。

（3）社会制度对人的行为的约束和影响：社会制度是一种社会规范体系，对人的行为具有广泛的导向和调适作用。它通过规定行为模式，提倡或禁止某些行为，保持和促进社会的协调发展。社会制度的健康效应是显而易见的：禁毒、控烟等对维护和促进人群健康具有深远意义。

3. 社会人口　人口是一定区域内的全体居民。这些居民整体所呈现的状态与特征——人口分布、人口构成和人口流动都可能对人们健康相关行为产生影响。

（1）人口密度（人口分布）：人们所有的行为都是在一定地域空间进行的。大多数情况下，单位土地面积上的人口负荷越大，则居住、交通、消费品供应、文化教育和医疗保健等活动的压力相应地越大。

人口密度过大对健康相关行为的积极影响：人口密度较大的地区，人们主动参与竞争的精神也较强，容易产生人口聚集的积极效应。加上这些地区的社会组织程度较高、传播媒介效率较高等条件，因而方便健康教育工作的开展。

人口密度过大对健康相关行为的消极影响：人口密度过大会加重社会、教育及卫生事业负担，导致人们平均消费水平下降，使人们缺乏适当资源，以致不能或不愿采取促进健康行为，影响人群的健康和生活质量。例如，医疗服务供应不足，医务人员因工作紧张而服务质量下降，人们在选择适当的就医行为时可能因害怕排长队，害怕医务人员态度不好而放弃就医。又如，住房拥挤，连最起码的居住面积都不能保证的情况下，人们难以选择居所或采取改善居住条件的行为；人口密度过大使人均教育投资不足，造成人群教育水平难以提高、文化素质低下，从而缺少健康知识，不利于采取促进健康的行为；人口密度过大，拥挤，以及因人口过剩带来的失业等，造成人们的心理紧张、焦虑、失去生活信心，滋长不满情绪，因此某些人的行为取向可能朝酗酒、吸毒、犯罪等违规行为发展。

（2）人口构成：包括年龄、性别等自然构成，文化、职业等社会构成。人口构成不同，人们在健康相关行为方面的情况会有所不同。例如，社区人口中青少年比重较大，较易接受新的知识和行为准则，有利于新的促进健康行为的建立，但青少年比重过大也可能对社会稳定带来不利的影响。又如，社区人口的平均文化水平较高，则可能人们的健康认知水平和促进健康行为的水平也较高。

（3）人口流动：人口流动是任何社会都经常发生和普遍存在的一种社会现象，人口在地理空间位置上的变动和阶层职业上的变动，给经济和社会的发展带来了积极的影响。但是在某种程度上，人口流动也对人的身心健康带来了不利影响。由于人口的流动，很容易在医疗保健及疾病控制管理上出现盲区，使这个群体成员的保健意识不强，出现不健康或不安全的行为，危害健康。

4. 社会文化 文化是一种思考和行动的范型，广义的文化指社会物质财富和精神财富的总和；狭义的文化即精神文化，包括思想意识、宗教信仰、文学艺术、道德规范、风俗习惯、教育、科学技术和知识等。文化对行为的影响有无形性、本原性、软约束、稳定性等特征。社会文化对人的行为及健康的影响体现在以下几个方面：

（1）思想意识对行为的影响：思想意识是人们对客观世界认识的理性化产物，表现为观点、信念等。思想意识的核心是世界观。社会思想意识对人的健康相关行为影响的作用机制在于：通过认知过程作用于个体的意识倾向，进而影响需要、动机和行为。因此，健康教育不但要传播健康信息，而且应该在传播健康信息和行为干预过程中，提倡进步、乐观、健康、积极的思想意识，促进良好的社会风尚和健康行为的形成。由此也说明健康教育是精神文明建设的重要组成部分。

（2）法规对行为的影响：法规是国家制定认可，并由国家强制力保证其实施的社会行为规范。法规首先规定了行为模式，即人们在一定的条件可以做什么事情、必须做什么事情和不准做什么事情；其次规定了行为后果，即人们的行为在符合行为模式时的肯定性后果，以及违反行为模式时的否定性后果。法规通过教育、威慑、惩罚作用来制约人的行为，因此它是调节和控制人们行为的最强有力的手段。如我国的卫生法规对于我国人民采取促进健康的行为、维护和提高健康水平已经发挥了积极而重要的作用。尽管健康教育强调通过信息传播、培训、行为矫正等方式促使对象人群自愿采取促进健康行为，但是对影响范围较大的危害健康的行为还需通过法规手段解决——宣传法规，普及法律知识，培养守法意识。健康教育是宣传执行法规的手段，同时，其工作的开展也需法律给予保障。

（3）道德舆论对行为的影响：道德是以善恶和荣辱观念来评价和调节人们的社会行为的一种社会规范。作为一种行为规范，道德的社会作用主要通过对人的行为提出善与恶、正义与非正义、公正与偏私、诚实与虚伪的社会评价舆论而对社会成员的行为发生导向和制约功能。道德舆论将一定的社会行为准则推荐给社会成员，经过个体的认知过程在其内心树立起某种初步的道德信念，并逐步使其道德认识深化。通过舆论的褒扬、贬抑、谴责而产生作用力，控制和影响个人的需要、动机和行为。如在公共场所禁止吸烟就是通过道德舆论作用约束人的吸烟行为。道德对行为的调节范围比法规制度为广，其作用程度比风俗习惯为强。健康教育必须重视在健康知识基础上强有力的社会道德的力量，推动道德的进步，积极运用道德舆论来影响人们的健康认知，促使人们的行为有利于健康。

（4）宗教对行为的影响：宗教是人类在自然和社会压迫的条件下产生的信仰体系和实践体系，以对超自然力的崇拜为根本特征。宗教伦理及教规教义以观念意识注入人的思想，强烈影响人的心理过程和行为。最近美国的一项研究表明，信仰任何一种主流宗教的人，其平均寿命、免疫系统功能、某些生理指标均好于其他人，某些疾病的患病率及自杀率也低于其他人。宗教对健康相关行为的影响具有双面性。

积极影响：城市的扩大、设施的高科技化、生活节奏日益加快等，使现代都市人彼此疏远，孤独、空虚、焦虑和精神变态是钢筋水泥丛林中的真切状况，此时宗教作为一种有很大亲和力的特殊组织为人们提供了群体归属和认同感。这种认同和归属的感觉有助于教徒实现心理的平衡和安宁，从而有助于健康；此外，宗教信仰常常使人对自己难以解决或难以回答的问题有一定的归宿，把自己的人生曲折或难题归于天命，从而达到心理平衡；教规教义广泛吸收当地社会的民情、风俗、道德，教导教徒以善、诚为本，且形成强有力的社会支持系统，与社会道德相结合，在一定条件下有利于形成促进健康的行为。

消极影响：宗教一般是保守的，它信奉超自然的力，与人类的唯物主义认识和探索自然的活动相悖，因而本质上宗教理义与科学是相冲突的，由于教徒的盲目信仰，使得信徒在接受科学的健康信息方面有妨碍，甚至危及生命。

（5）风俗对行为的影响：风俗是特定地域的特定人群在长期日常生产生活中自然形成的、世代沿袭与传承的习惯性行为模式，是一种最普遍、最广泛的行为规范。风俗是一种社会传统，是历史形成的，在人的幼年就对其产生影响，对其有强烈的制约作用，是社会道德和法律的基础和相辅部分。其作用是潜移默化的，然而却又是很强大的。风俗体现于人之行为，影响人之思维，且与环境相关。风俗具有四个特征：广泛性、地域性、约束性、稳定性。习俗对健康相关行为有正反两方面的影响。如我国古代女性缠足，使得其走路的姿势发生了改变，导致胸部畸形；缅甸地区妇女以长颈为美，在脖子上带了很多沉重的钢圈，使颈部肌肉萎缩；美洲土著人视纹身为美，用石头、贝壳割破皮肤，涂上泥土形成瘢痕，导致皮肤感染等。风俗习惯对行为的影响还体现在饮食上。由于习俗是人们在千百年的生活实践中逐渐形成的，因而包括大量有利于健康的成分。但习俗中有部分行为因时代的局限，是不利于身心健康的。

（6）教育对行为的影响：广义的教育指一切增进人们知识技能、身体健康以及形成和改变人们思想意识的活动，即人们社会化的过程和手段。从根本上讲，教育的基本职能可以归纳为二：一是传授知识和技能，二是传播思想意识和社会行为规范。其目的都是为了把个人转变成为社会中合格的一员，即社会化。在经济水平比较一致的情况下，受教育水平不同的人可能会采用不同的行为与生活方式，由此对健康产生的影响也是不一样的。一般说来，一个人受教育的程度越高，其理性化也会越高，由于其获取信息的渠道多，相比较而言获取健康知识的能力就强，可能会更偏重于生活、工作条件的改善及精神生活的丰富，把闲暇时间作为增长知识的机会，能采用比较健康合理的方式安排其生活。

教育对健康相关行为的影响：教育通过传授知识的活动，增进教育对象的科学知识和技能，提高其接受和理解应用健康信息与保健设施的能力；教育通过传授知识的活动，直接为教育对象提供健康信息；教育通过传播社会行为规范，使教育对象了解掌握与健康相关行为有关的法规制度、道德标准等，系统地按社会的需要培养出符合社会行为规范的相应角色行为。

5. 社会关系　社会关系是指社会中人与人之间关系的总称。人生活在由一定社会关系构成的社会群体之中，包括家庭、邻里、朋友、工作团体等，这些基本的社会群体编制成社会网络。人在社会网络中的相互关系如何将直接或间接影响人的行为。

（1）社会网络和社会支持：社会支持（social support）是指一个人从社会网络中所获得的情感、物质和生活上的帮助。社会支持存在于人与人之间相互关心、相互信任、彼此尊重的基础上。支持是人的基本社会需要。社会支持对行为的影响主要体现在人际关系、社会网络和社会凝聚力三个方面。社会支持是各种生理、心理、信息、工具或物质的协助与帮助，可以使个人更能适应压力，维持心理健康并促进适应。融洽的人际关系不仅可以获得情感上的支持，也是获得社会支持的基础；完善的社会网络，强大的社会凝聚力均可以促使人们采取健康的行为或完成行为的转变。如妇女妊娠期的社会支持和陪伴可减少并发症，缩短分娩时间，分娩结局也更好；艾滋病感染者或艾滋病病人能获得良好的社会支持，也可以使他们以平和的心态去面对生活，避免极端行为的出现，大大提高他们的生活质量。

（2）家庭对行为的影响：家庭是以婚姻和血缘关系为基础的人类社会生活的基本群体。家庭与其每个成员的发育成长、事业爱好、生老病死息息相关。几种重要的健康相关行为（吸烟、饮食习惯、体育锻炼等）都存在家庭聚集现象，因此，家庭与健康有着密切的关系。

模仿是人社会化的首要一步，家庭内部错综复杂的关系提示每个家庭成员都可能模仿其他成员的行为，并提供“行为前件”和“行为后件”而影响其他成员的行为。行为前件是可以引发某种行为的提示事件。人们的生活环境中充满了这种提示，如符号、规则、提醒等，在家庭环境中，物质提示是行为强有力的影响因素。行为后件是紧接行为反应之后发生的，对该行为重复发生的频率或趋势发生影响的事件。行为反应后的继发事件如要成为能对该行为发生影响的行为后件，则必须是与行为者的某种需求有关联的条件性事件。

积极的、有利于建立和巩固促进健康行为的行为前件和行为后件都可视为社会支持的组成部分。家庭成员间通过赞扬有利于健康的饮食行为，批评错过了体育锻炼的时间，或者给以戒烟者以有计划的鼓励等形式来相互支持，也可能采取抱怨在锻炼上浪费时间，抱怨戒烟太难受，或者拒绝吃有益健康的食物的方式来不支持和反对采取促进健康的行为。

此外，因现代工业的发展，使科学技术密集和都市化进程加快，如生活节奏变快、生活质量改变、都市噪音、交通事故等都在潜移默化地影响人的行为。在知识经济时代，过分膨胀的信息资源给人们健康发展提供有力保障的同时，也严重影响着人的健康，如信息污染综合征。1998 年，在瑞士达沃斯举行的世界经济论坛上，对信息污染综合征的预防和控制已成为信息技术界和心理学界的一大热点。

第 3 节　健康相关行为

一、行为与健康的关系

人的行为既是健康状态的反映。同时又对人的健康产生重要的影响。许多环境中的有害因素以及卫生保健服务常常都需要通过人自身的行为作为中介来作用于人体。行为可以加强、减弱或避免对环境有害因素的接触，人的行为也影响着对卫生保健服务的接受、利用或排斥。不良的行为方式不仅与慢性病有关，也是传染病和伤害的重要危险因素。

随着人类社会的进步与发展，可供人们保护和促进健康的资源越来越丰富，如抗菌素的问世、各种疫苗的发现、医疗技术与设备的发展、卫生服务网络的建立等，为人类健康水平的提高奠定了坚实的基础。但是仅仅有健康资源是不够的，这是因为：第一，已有的卫生服务与资源需要人们采取行动去利用；第二，大量的流行病学研究证实人类的行为生活方式与绝大多数慢性非传染性疾病关系极为密切，改善行为可以预防这些疾病的发生并有利于疾病的治疗；第三，感染性疾病、意外伤害和职业危害的预防、控制也与人们的行为密切相关。

世界卫生组织经研究提示影响个人健康和寿命有四大因素：生物学因素占 15%、环境因素占 17%、卫生保健服务因素占 8%和行为生活方式占 60%。对于不同的健康问题，各类因素所发挥的作用不同。我国 20 世纪 80 年代时，行为生活方式占各类健康影响因素的 50%以上，且随着年代的发展，该比例有上升趋势。

行为与健康的关系已经被大量事实所证实，影响健康的行为也多种多样。我们可以将良好的行为生活方式归纳为：积极休息与适量睡眠；合理营养与平衡膳食；适度的运动锻炼；戒除不良嗜好；预防意外事故；合理利用卫生服务等。

二、健康相关行为

良好的行为与生活方式是促进健康的重要手段。健康相关行为（health-related behavior）指的是人类个体和群体与健康和疾病有关的行为。包括任何与疾病预防、增进健康、维护健康及恢复健康相关的行动。基于行为与生活方式因素同疾病发生发展的关系及它的可改变性，采取措施改善服务对象人群的健康相关行为，无疑是当前临床医学和预防医学共同的任务。按行为对行为者自身和他人健康状况的影响，健康相关行为可分为促进健康的行为和危害健康的行为两种。

（一）促进健康的行为

促进健康的行为（healthy-promoted behavior）指个体或团体表现出的、客观上有利于自身和他人健康的行为。主要特点有：

1. 有利性　行为表现有益于自身、他人和整个社会的健康，如不抽烟。

2. 规律性　行为表现保持恒常的有序重复，不是偶然行为，如定时定量进餐。

3. 和谐性　个体行为表现出有自己的鲜明个性，如选择运动项目，但又能根据环境调整自身行为使之与其所处的环境和谐。

4. 一致性　个体外显行为与其内在的心理情绪一致，无矛盾、无冲突。

5. 适宜性　行为的强度能理性地控制，无明显冲突表现，且该强度是有利于健康的。

6. 行为动力定型　也称为“自动化”，即一些经常重复的健康行为已成惯性，无需投入多少精力就能较好地完成。

促进健康的行为可分为五大类：

1. 基本健康行为　指日常生活中一系列有益于健康的基本行为，如合理营养、平衡膳食、积极锻炼、积极的休息、充足的睡眠和良好的卫生习惯等。

2. 预警行为　指预防事故发生和事故发生以后正确处置的行为，如使用安全带，溺水、车祸、火灾等意外事故发生后的自救和他救行为。

3. 保健行为　也称合理利用卫生服务行为，指正确、合理地利用卫生保健服务，以维护自身身心健康的行为。包括保健行为、求医行为、遵医行为、病人角色行为等，如定期体格检查、预防接种、发现患病后及时就诊、咨询、遵从医嘱、配合治疗、积极康复等。

4. 避开环境危害　这里的环境危害是广义的，包括了人们生活和工作的自然环境与心理社会环境中对健康有害的各种因素。主动地以积极或消极的方式避开这些环境危害也属于健康行为，如离开污染的环境、采取措施减轻环境污染、不接触疫水、积极应对那些引起人们心理应激的紧张生活事件等都属此类行为。

5. 戒除不良嗜好　在这里不良嗜好指的是日常生活中对健康有危害的个人偏好，如吸烟、酗酒与滥用药品等。戒烟、不酗酒与不滥用药品就属于戒除不良嗜好这类健康的行为。

（二）危害健康的行为

危害健康的行为（health-risky behavior）是指偏离个人、他人乃至社会的健康期望，即不利于自身和他人健康的一组行为。主要特点有：

1. 危害性　行为对人、对己、对社会健康有直接或间接的、明显或潜在的危害作用，例如吸烟行为，不仅对吸烟者本人的健康产生危害作用，而且对他人（造成被动吸烟）和社会（影响与吸烟有关的疾病的发病率及死亡率水平）健康带来不利影响。

2. 潜伏期长　行为形成以后，一般要经过相当长的时间才能对健康产生影响，出现明显的致病作用。

3. 特异性差　行为与疾病之间没有明确的对应关系，表现为一种行为与多种疾病和健康有关，而一种疾病或健康又与多种行为有关。

4. 协同作用强　当多种行为同时存在时，各因素之间能协同作用、互相加强，这种协同作用最终产生的危害，将大于每一种行为单独作用之和。

5. 变易性大　行为对健康的危害大小、发生时间早晚存在明显的个体差异。

6. 广泛存在　行为广泛存在于人们的日常生活中，且具不良行为的人为数较多，其对健康的危害是广泛的。

7. 习得性　危害健康的行为都是个体在后天的生活经历中学会的，故又称“自我制造的危险因素”。

危害健康的行为可分为四类：

1. 不良生活方式与习惯　持续的定势化的行为称为习惯。日常生活和职业活动中的行为习惯及其特征称为生活方式。不良生活方式是一组习以为常的、对健康有害的行为习惯，包括能导致各种成年期慢性退行性病变的生活方式，如吸烟、酗酒、不良饮食习惯（饮食过度、高脂高糖低纤维素饮食、偏食、挑食、好吃零食、嗜好长时间高温加热或烟熏火烤食品、进食过快、过热、过硬、过酸等）、缺乏体育锻炼等。不良生活方式与肥胖、心脑血管疾病、早衰、癌症等的发生有非常密切的关系。

2. 致病行为模式 致病行为模式是导致特异性疾病发生的行为模式，国内外研究较多的是A型行为模式和C型行为模式。

A型行为模式，是一种与冠心病的发生密切相关的行为模式。A型行为又称为“冠心病易发性行为”，其行为表现为做事动作快，想在尽可能短的时间内完成尽可能多的工作（具有时间紧迫感），大声和爆发性的讲话，喜欢竞争，对人怀有潜在的敌意和戒心。其核心行为表现为不耐烦和敌意。A型行为者的冠心病发病率、复发率和病死率均比非A型行为者高出2～4倍。

C型行为模式，是一种与肿瘤的发生有关的行为模式。C型行为又称“肿瘤易发性行为”。其核心行为表现是情绪好压抑，性格好自我克制，表面上处处依顺、谦和善忍、回避矛盾，内心却是强压怒火，爱生闷气。研究表明C型行为可促进癌前病变恶化。C型行为者宫颈癌、胃癌、食管癌、结肠癌和恶性黑色素瘤的发生率比非C型行为者高3倍左右，并易发生癌的转移。

3. 不良疾病行为 疾病行为指个体从感知到自身有病到疾病康复全过程所表现出来的一系列行为。不良疾病行为可能发生在上述过程的任何阶段，常见的行为表现形式有：疑病、恐病、讳疾忌医、不及时就诊、不遵从医嘱、迷信、乃至自暴自弃等。

4. 违规行为 指违反法律法规、道德规范并危害健康的行为，如药物滥用、性乱、非婚性行为等。违规行为既直接危害行为者个人健康，又严重影响社会健康与正常的社会秩序。如吸毒可直接产生成瘾行为，导致吸毒者身体的极度衰竭；静脉注射毒品，还可能感染乙型肝炎和艾滋病；而混乱的性行为可能导致意外怀孕、性传播疾病和艾滋病。

第4节 健康教育与行为改变

一、健康相关行为改变理论

健康相关行为是一种复杂的活动，受遗传、心理、自然与社会环境等因素的影响，相对来说，健康相关行为的改变也比较复杂。健康教育的核心是改变目标人群的不良生活方式和行为习惯，鼓励并引导人们养成促进健康的行为，进而达到预防疾病、增进健康、提高生活质量的目的。但是并不是所有的健康教育活动都能有效实现，行为的发生发展是有一过程的，而且在这一链条上受很多因素的影响，所以我们有必要对行为改变涉及的各个环节进行了解，以便抓住关键步骤，进行有效的健康干预。各国学者、专家提出多种改变行为的理论，以期改变人们的健康相关行为，促进人类健康。

（一）知信行模式

知-信-行理论（知识、信念和行为的简称），也称为KAP（knowledge，attitude，belief and practice，KABP或KAP）理论，是一种应用于个体水平的行为改变理论，是西方学者20世纪60年代提出的行为理论模式。知-信-行理论认为：卫生保健知识和信息是建立积极、正确的信念与态度，进而改变健康相关行为的基础，而信念和态度则是行为改变的动力。只有当人们了解了有关的健康知识，建立起积极、正确的信念与态度，才有可能主动地形成有益于健康的行为，改变危害健康的行为。

知-信-行理论可以简单地表示为：

信息→知识→信念→行为→增进健康

“知”指知识和学习，是基础；“信”指信念和态度，是动力、是关键，它常与感情、信念一起支配人的行动；“行”包括产生促进健康行为，消除危害健康行为等行为改变过程，是目标。

知识、信念与态度、行为三者之间存在着因果关系，卫生保健知识和积极的态度是改变不利于健康行为中必不可少的要素，但有了前者并不是一定导致后者的产生。例如人们接收到信息，了解了知识，但感到这些知识与自身的健康需求无关，或对信息来源不信任，都不能促使人们行为发生相应的改变，这也是知-信-行理论在预测和解释健康相关行为时的不足之处。因此，健康教育实践中，只有全面掌握知、信、行转变的复杂过程（见图 2-4），才能及时、有效地消除或减弱不利影响，促进形成有利环境，进而达到改变行为的目的。

从图 2-4 可以看出，知-信-行三者间只存在因果关系，没有必然性。在信念确立以后，如果没有坚决转变态度的前提，实现行为转变的目标照样会招致失败。要使人们接受知识转化到改变行为是一个非常复杂的过程，在行为改变的过程中，任何一个环节或因素都可能影响到知识到行为的顺利转化，其中有两个关键步骤：确立信念和改变态度。

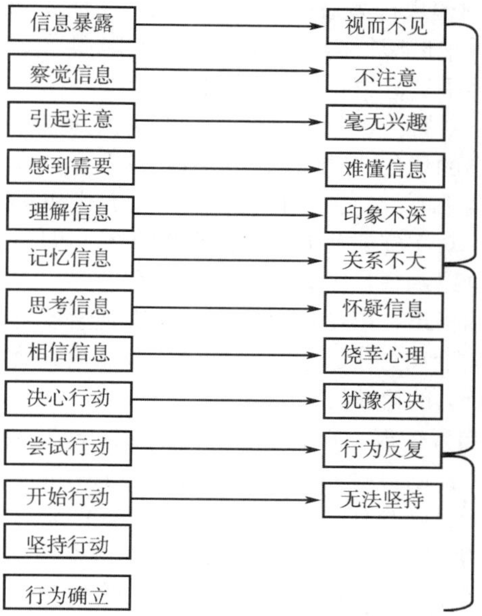

图 2-4　接受信息和改变行为的过程

通常可采用下列促进态度转变的方法：

（1）利用促进信念建立的方法，如增加信息的权威性、增强传播效能、利用恐惧等因素等，只要适时、适当，也有助于态度的转化。

（2）针对明知故犯、知而不行者的具体原因，有针对性地强化干预措施。如吸烟难戒，有些人是难以割舍嗜好；有些人是缺乏毅力和信心；有些人担心招致团体的排斥；有些人是心存侥幸。所以针对不同类型者除分别采取干预措施外，借助外力如政策法律、经济和组织手段、公众场合秩序、公众舆论等，也能加速态度和行为的改变。

（3）根据“服从、同化、内化”态度改变三阶段理论，对严重危害社会的行为可依法采取强制手段促其态度转化。

但在行为改变过程中，由于认知不协调、认知元素间存在矛盾使得人们从接受知识到改变行为是一个非常复杂的过程，对行为及其影响因素的分析也难以进行，所以该模式指导健康教育实际工作作用有限。

（二）健康信念模式

健康信念模式（health belief model，HBM）在 20 世纪 50 年代由美国公共卫生领域的一些社会心理学家提出来，用于解释人们的体检和预防保健行为。不久之后便用于病人的求医和医疗依从行为的研究，是目前用以解释和干预健康相关行为的重要理论模式。该模式是用社会心理学方法解释健康相关行为的重要理论模式，以心理学为基础，由刺激理论和认知理论综合而成。HBM 遵照认知理论原则，首先强调个体的主观心理过程，即：期望、思维、推理、信念等对行为的主导作用。它阐述了行为改变的过程，指出个体的行为是受个人信念强度的影响。也就是说，要预测个体是否接受或实践健康行为或在何种情况下个体会执行建议性健康行为受个体信念强度的影响，即个体对疾病易感性及对疾病严重性的认知。因此，健康信念是人们接受劝导，改变不良行为，采纳健康行为的关键。

在健康信念模式中，健康信念的形成主要涉及以下几个方面：

1. 对疾病威胁的认知

（1）对疾病易感性的认知：指个体在对疾病的发病率、流行情况有一定的了解之后，对自身患此疾病概率大小所做出的判断，其尺度取决于个人对健康和疾病的主观知觉。如：某些疾病发病率高，流行范围广，易感性就大，人们往往对遥远的、可能性不大的危害不予关注，年轻人认为肺癌要到六七十岁才发生，所以不予重视。如何使他们通过事实做出主观判断，形成疾病易感性的信念是健康教育成败的关键。

（2）对疾病严重性的认知：指个体所认识到的疾病后果，如疼痛、伤残、死亡的严重性和对疾病所引起的社会后果，如工作烦恼、家庭生活、失业、社会关系的严重性的认识，由此产生害怕情绪。

2. 对健康行为益处和障碍的认知 前者指个体相信采纳健康行为确实有好处，后者是指个体认识到采纳健康行为中还面临着一些障碍。对健康行为益处的信念越强，采纳健康行为的障碍越小，个体采纳健康行为的可能性越大。

（1）对行为有效性的认知：仅认识到危害和严重性还不够，只有意识到自己在放弃危险行为上所付出的代价，如时间、负担、毅力等，确实能取得预防结果，如降低发病、减轻疾病后果，人们才会采取行动，并有明确的行为方式和路线。

（2）对实施或放弃行为障碍的认知：即对采取行为是否有困难的认识。如花费大、痛苦、个人爱好难以割舍、与日常生活安排有冲突等，对这些都应有个清醒的认识，在健康教育过程中，都应明确指出，以帮助克服。美国心理学家罗森托斯克指出“知觉到易感性和严重性，确为行为提供了能量和力量；但只有当让公众知觉到效益，并能先了解困难再决心克服之，他才算是真正找到了行为的道路”。

3. 自我效能 自我效能（self-efficacy）是个体对自己能力的正确评价和判断，即是否相信自己有能力控制自身与外在因素而成功采纳健康行为，并取得期望结果。自我效能高的人，更有可能采纳所建议的有益于健康的行为。

4. 社会人口学因素 社会人口学因素包括个体特征，如年龄、性别、民族、人格特点、社会阶层、同伴影响，以及个体所具有的疾病与健康知识。具有卫生保健知识的人更容易采纳健康行为。对不同类型的健康行为而言，不同年龄、性别、个性特征的个体采纳行为的可能性相异。

5. 提示因素 提示因素（cues to action）是指诱发健康行为发生的因素，如健康宣传教育、医生建议采纳健康行为、家庭成员和团体的帮助和鼓励等。要善于寻找这些可借助的力量，以间接帮助实现效果期望和效能期望等，完成行为的改变。提示因素越多，个体采纳健康行为的可能性越大。

而信念和个体认知又受“修正因素”，如人口特征、社会、心理变量及结构因素及大众传播媒体、医护人员、家人或朋友等的影响。当个体认为自己容易感染某些疾病或损伤，且意识到疾病或损伤的严重性，而执行该健康行为的障碍很低，个体容易顺从所建议的健康促进行为。但是在实际生活中有些行为及其影响因素的联系确实很复杂，单靠这些行为模式理论有些解释不通，有些行为的发生与行为收益有关，但与健康相关行为的改善背道而驰。在这其中，存在着行为的内部回报和外部回报，即实施有害健康行为带来的主观愉快感受，和某种客观好处，有了这两个因素的补充，可更好的解释和预测健康相关行为。另外，在健康教育实践过程中应通过有针对性的工作，帮助对象人群了解相关信息，即做出正确的威胁评估（建立在掌握充分信息基础上的理性思考）又消除恐惧（感知到威胁严重而又不明情况，不知如何应对而产生出的带逃避愿望的情绪反应），以利于疾病防治，保护人的健康和权益（图 2-5）。

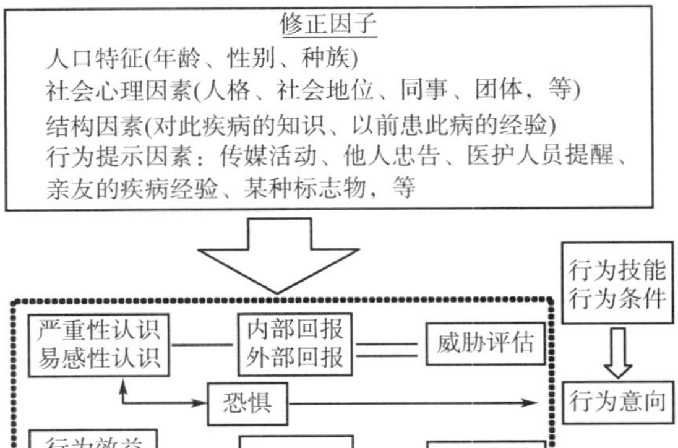

图 2-5 健康信念模式

（三）行为改变阶段模式

以往人们把行为变化简单理解为是一个事件，但是八十年代初有学者对吸烟者戒烟行为研究发现人的行为变化实际上是一个连续、动态的过程，人们采取和放弃某种行为时实质是一个决策过程，并由此提出了行为改变的阶段模式（stage of change model，SCM），并广泛应用于健康教育领域，进行行为干预。该模式以变化发展的观点看待健康行为。

1.行为变化阶段 该理论认为，人的行为变化通常需要经过以下 5 个阶段：

（1）无转变打算阶段：在这一阶段的人们在未来 6 个月内没有改变自己行为的打算。这些人属于无动机群体，他们常常会提出一些理由来对行为干预进行抵触、不愿意参加健康促进或治疗。

（2）打算转变阶段：处在该阶段的人们打算在未来 6 个月内采取行动，改变健康危险行为。他们已经意识到行为改变的益处，但同时意识到行为改变的代价。利益与代价之间的均衡常常使人们处于极度矛盾之中，导致他们停留在此阶段，不再继续前进。

（3）转变准备阶段：进入“准备阶段”的人们将在未来一个月内改变行为。这种人在过去已经有所行动，并对所采取的行动已有计划，如参加一些有关的课程培训或购买相关的资料等。

（4）转变行为阶段：在此阶段的人们，在过去的 6 个月里已做出了行为改变。但不是所有的行动都可以看成行为改变。他们行为的改变必须符合科学家或专家的判断已达到足以降低疾病风险的程度。如吸烟者减少吸烟量并未处于转变行为阶段，只有完全不吸烟才是处于此阶段。

（5）行为维持阶段：处于此阶段的人们保持已改变了的行为状态长达 6 个月以上，已达到预期目的。他们努力防止复发，但其已经比较自信，不易再受到诱惑而复发旧行为。

行为改变阶段模式从个体水平的角度将人的行为改变分为 5 个阶段，但行为改变并不是单向移动的，一种行为的形成不是一件容易的事，往往经过多次重复尝试才能形成。行为改变阶段模式中行为的改变往往不是以线性的模式来移动，而是以螺旋的模式（spiral model）来改变。举例来说，处于准备期的戒烟者下定决心来参加戒烟门诊，并且对其亲友宣告开始戒烟，就可以算进入行为转变阶段，如果戒烟成功持续 6 个月，就称为行为维持阶段，但是如果参与戒烟门诊失败，可能又回到打算转变阶段和转变准备阶段，一段时间后可能又想再度戒烟，进入行动期。螺旋的模式比较能够真实地反映戒烟者的行为改变，虽然行为改变有五个阶段，大部分的戒烟者，都处在打算转变阶段和转变准备阶段来回摆荡，真正进入行为转变阶段的只有少数。而会来戒烟门诊的戒烟者，多半也是处在打算转变阶段、转变准备阶段和行为转变阶段。以行为改变的阶段模式来解释戒烟有个好处，它可以让戒烟者自我了解本身处于哪一个阶段，帮助医师和戒烟者了解每个阶段所应该面对和处理的问题，当戒烟者成功进入了下一个阶段之后，医师可以给予心理上的正面鼓励，这样能帮助戒烟者维持戒烟成功，直到完全终止戒烟行为为止。

2. 行为变化过程 主要是心理活动，包括认知层面和行为层面。

（1）认知层面

1）提高认识：发现和学习科学、健康的事实、思想、知识等，奠定向健康行为转变的理论基础。

2）情感唤起：知觉到如果采取适当的行动，可减低不良行为给个人和社会带来的负面影响。

3）自我再评价：在认知和情感上通过对自己的健康风险行为的自我评价，认识到行为改变得重要性。

4）环境再评价；在认知和情感上通过对自己的健康风险行为对环境（自然和社会）产生的影响进行评价，如评估自己吸烟对他人健康的影响。

5）自我解放：在建立行动信念的基础上做出要改变行为的承诺。

6）社会解放：社会支持，意识到有一个尊重个人和有利于健康的社会环境的支持。

（2）行为层面

1）反思习惯：对自身不良行为进行反思，认知到它的危害，有建立健康行为的愿望，并学习一种健康的行为取代它。

2）强化管理：增加对健康行为的鼓励和奖赏，以保证该行为继续坚持下去。

3）控制刺激：消除诱使不良健康行为发生的因素，增加健康行为建立的有利提示。

4）求助关系：在健康行为形成过程中，向社会网络寻求支持。

在健康教育过程中，了解人们的心理活动，有助于人们清楚其行为发展到哪一阶段，有何需要，以便有针对性地采取措施，帮助对象进入下一阶段，最终改善健康行为。每一阶段发生的心理变化见图 2-6。

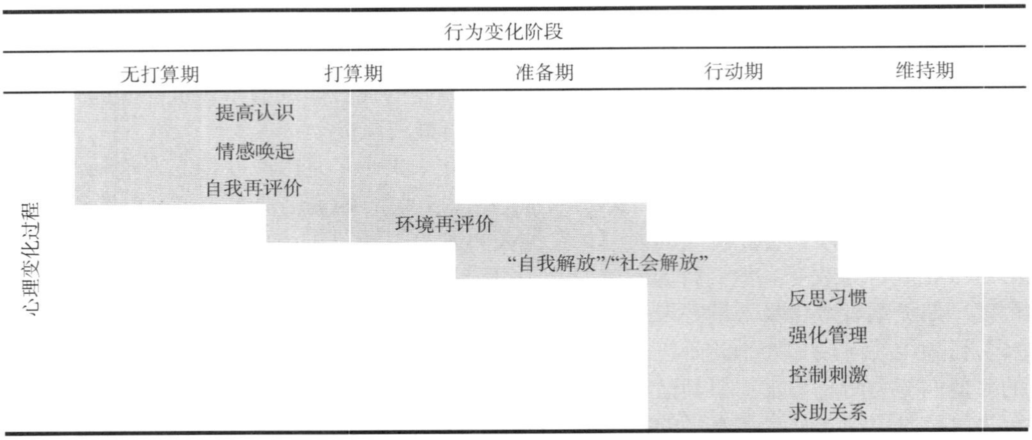

资料来源：K. Glanz，et al. Health Behavior and Health Education. Jossey-Bass，2002

图 2-6 各行为转变阶段中的心理活动

该模式局限性体现在：对环境影响作用考虑较少；对行为变化是描述性解释，而非原因性解释；行为变化各阶段划分和相互关系不清。在实际工作中，健康教育工作必须建立在调查研究基础上，清楚了解目标人群行为的实际情况，及不同阶段对象的实际需要，然后设计干预措施和方案，方能发挥其实际价值。

（四）计划行为理论

计划行为理论（the theory of planed behavior，TPB）是在理性行为理论的基础上发展起来的。由于理性行为理论假设行为的发生，皆能够由个人的意志所控制；可是实际的情况下，个人对行为意志控制往往受到许多其他的因素所干扰，而大大地降低了理性行为理论中对个人行为的解释力。因此，Ajzen（1985，1991）便将理性行为理论加以延伸，提出了计划行为理论，期望能够对个人行为的预测及解释更具适当性。Ajzen 认为所有可能影响行为的因素都是经由行为意向来间接影响行为的表现。而行为意向受到三项相关因素的影响，其一是源自于个人本身的“态度”，即对于采行某项特定行为所抱持的“态度”；其二是源自于外在的“主观规范”，即会影响个人采取某项特定行为的“主观规范”；最后是源自于“知觉行为控制”。

在英国的一项关于控烟研究中发现，戒烟意向主要由感知到的行为控制和感知到的健康问题的易感性决定的，意向可以对未来 6 个月的戒烟尝试进行预测；另有研究发现孕妇关于吸烟对胎儿危害的认识决定了孕妇的吸烟状态，此外，孕妇对自己控制吸烟能力的信念也对孕妇的吸烟状态有显著影响。尽管计划行为理论已经在健康领域得到大量应用，并证实了该理论在健康领域的适用性，但由于健康相关行为特点各异，所以该理论对不同健康相关行为的预测能力也不尽相同，在运用计划行为理论时，还需要与行为本身的特点相结合，从而彻底理解人们健康相关行为的发生与变化。

（五）社会认知理论

社会认知理论（social cognitive theory，SCT）是 1986 年，Bandura 提出的，社会认知理论的主要观点认为：个体在特定的社会情境中，并不是简单地接受刺激，而是把外界刺激组织成简要的、有意义的形式，并把已有的经验运用于要加以解释的对象，在此基础上才决定行为方式。该理论认为个体的行为是由认知因素、环境因素和行为因素三者交互作用决定的，而非内部或外部因素单独驱动或控制的（图 2-7）。如饮酒，在不同的场合，饮酒的数量、气氛、人的心情等都不一样，这与饮酒对象的背景信息、意图有关。这三种因素不一定同时出现，三种因素对人的行为的影响因人而异，有的因素作用可能强些，有的可能弱些，这主要由特定行为和行为发生的特定情况决定。该理论多用于理解健康相关行为，进而设计促使有利健康的行为形成的干预活动。社会认知理论的主要内容有：

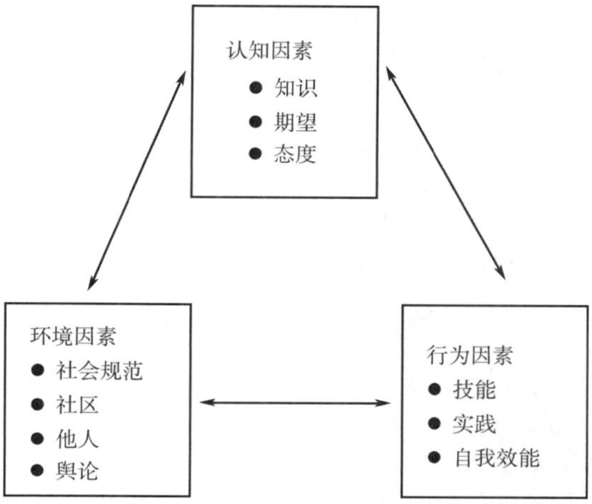

图 2-7　个人-行为-环境交互作用示意图

1. 交互作用　行为的影响因素之间及影响因素与行为之间的作用是双向的，他们之间相互作用、相互影响。如行为与环境之间，环境塑造、影响人的行为，反过来，人的行为又无时无刻不在影响、改变着环境（人与自然）。环境和个人特征也存在双向作用。

2. 观察学习　大量心理研究结果显示，人类的多数行为都是通过观察学会的。人通过观察来了解社会，解读他人行为，进而形成自己的行为。如模仿，人的行为很多都是由模仿来的。那么健康教育就可通过榜样的示范作用，通过模仿，诱导人们建立有利于健康的行为。行为的调节和维持由刺激、强化、认知来决定：特定的刺激可以决定某些行为在适宜的时间、地点出现；可以通过奖励手段强化人的行为，使之一旦形成便可持续下去；把行为与内在标准比较，提供自我强化或惩罚，从而指导行为。

观察学习需具备以下条件：

第一，首先引起对象的注意，才能使其接受有关的外界刺激加以学习；

第二，对象要将观察的行为保持在记忆中，以便在一定的情景中加以模仿；

第三，对象具有言语和动作能力，才能模仿一定的行为；

第四，对象要有适当的动机，才会促进学习的效率；

第五，实施正确行为之后应加以强化。

3. 自我效能　即相信自己能在特定环境中恰当而有效地实施行为，不同于一般意义上的自信，是对能力的自我认识，是一种信念，是社会认知理论的核心内容，对行为的形成和改变很重要。它以多种方式影响着人的行为。自我效能不是与生俱来的，它在行为实践过程中不断增强。

4. 情绪　在行为形成和改变过程中，不可避免出现一些情感性问题，如不愿改变旧行为、感到紧张、否定新行为等。不同的人，不同的环境下，人们的情感反应不同，这些情感反应直接、间接影响人的行为，所以，情绪的控制是行为形成和改变的重要因素，健康教育过程中对情绪的控制不可忽略。

5. 环境　环境通过人的主观意识（情境）在行为形成过程中起重要作用。当人们意识到环境提供了行为改变的有利机会时，人们就会努力克服障碍，促进行为形成。当人们未意识到环境提供的机会时，环境的影响力也会受到限制。

6. 强化　强化有助于行为的巩固或中断。行为发生与否或发生的频度与行为前件和行为后件相关，尤其是行为后件，其作用强度更大些。强化可分为外部强化和内部强化。外部强化，通过他人的反应或其他环境因素来实现。人们通过观察了解到周围的人对某些行为的正面或负面的反应，因而自己的行为受到强化，既可是自己的，也可是他人的。内部强化，来自于个人的经验或自身的价值观。结果预期和结果期望是两个重要成分。结果预期是通过在类似情境中的经验，或观察其他人在该情境的情况，使人相信这样做会达到某种预期的结果。结果期望是对行为结果的价值判断，有助于进一步加强内部强化作用。

社会认知理论为解释、预测健康相关行为和制定健康教育干预策略提供了有用的理论工具。由于该理论内容广泛、结构复杂，应用该理论需要更广泛的知识、经验和训练。

（六）社会网络和支持理论

社会网络和支持理论（social network and support theory）是一种较新的健康促进理论模式，包括社会网络和社会支持两部分内容。

社会网络指围绕个人的社会关系网。可能有或没有社会支持的存在，也可能提供其他社会功能。

社会支持是社会关系的重要功能。通过以人为中心的社会关系网，利用其社会关系和人际交往来实现人与人之间的相互帮助。提供社会支持的一方始终坚持从以下四个方面提供正向性援助：①情感性支持，如爱、信任、关照等；②物质性支持，如资金；③信息支持，如用以解决问题的咨询、建议和信息等；④评价支持，如表扬、肯定等。

（七）紧张和应对互动模式

紧张可以通过心理过程和适应不良的健康相关行为影响健康。紧张和应对互动模式（transactional model of stress and coping）是一种应用于人际水平的行为改变理论，该模式为解释个体应对紧张事件提供了一个框架。紧张经历是人与环境的互动，行为者对外部的导致紧张的因素进行评估，并受其心理、社会和文化特征的调节。

紧张和应对互动模式的基本内容包括：

1. 一级评估 对紧张事件和形势进行评估，当某个事发生时评估它对自己的影响。对事件/威胁的易感性和严重性的理解和感知是最基础的两个评估。

2. 二级评估 对自己的应对能力和选择的评估。包括处理问题的能力和控制相应情绪的能力；也包括对应对资源的有效性的评估。

3. 应对策略 对问题的处理和对情绪的调节。情况可改变，应对策略重点放在解决问题和寻求信息；情况不易改变，应对策略主要是控制由问题引起的情绪。积极的应对可能使行为者情绪稳定，保持功能状态，采纳医生建议。

4. 应对风格 指行为者对待问题和采纳应对策略的稳定特征，能够影响人们对紧张时的情绪和功能状态的行为方式，经过一定时期后相对稳定。三种典型的应对风格：乐观主义、寻求信息、集中控制。

5. 应对结果 代表一个人对紧张性刺激的适应状况。应对结果的三个主要表现：情绪稳定、保持功能良好、采取有利健康的行为。

（八）创新扩散理论

创新扩散理论（diffusion of innovation，DI）是指一项新事物通过一定的传播渠道在整个社区或某个人群内扩散，逐渐为社区成员或该人群成员所了解与采用的过程，是一种应用于人群和社区水平的行为改变理论。

1. 创新扩散过程

（1）创新形成：新事物从产生、发展到成型的全部活动和过程。

（2）传播：将新事物从发源地向使用者积极传送的活动。

（3）采用：目标人群对创新的接受。

（4）实施：创新开始扩散，开始被接受或实际应用。

（5）维持：创新得以持续的实际应用或实施。

2. 面对创新人们的反应 根据人们对创新事物的接受时间，Rogers 将人群分为五类：先驱者、早期接受者、相对较早的大多数接受者、相对较晚的大多数接受者和迟缓者。面对创新事物，人们的反应如下：

先驱者：是采用创新的先锋，他们对于创新积极接受，约占 2.5%

早期接受者：较易接受新观念，但持有一定的慎重态度，他们常具有领导能力，对后续接受者有决定性影响，约占 13.5%，对于这部分人群，应提高其对创新事物的认识，以便认同。

相对较早的多数接受者：该部分人群对创新事物持有慎重态度，深思熟虑，约占 34%，通过典型范例激发其动机，达到对创新事物的认同。

相对较晚的多数接受者：该部分人群约占 34%，对创新持怀疑态度，等大多数人接受并认同后，他们才会成为接受者。所以，应克服其在接受新事物过程中遇到的心理和客观障碍，激发其对创新的认知。

迟缓者：观念比较守旧，旧习成性，不到万不得已不去接受新生事物，这部分人群占最后的 16%。

所以，健康教育活动应根据不同人群对创新事物的不同反应，有针对性地开展干预活动，以改变人们的不良行为和生活方式，促进其健康行为和生活方式的建立，促进健康。

3. 影响创新扩散过程的新事物特性 不同的新事物在同一人群中，或同一新事物在不同人群中其扩散速度会有很大差别。一个创新若在人群中扩散取决于三方面的变量：新事物本身的特性；目标人群的特点；传播策略、渠道和方法。

新事物能否被接受取决于其特性：相对优势、适应性、复杂性、可试用性、可观察性、对社会的影响、可逆性、传播可能性、时间、风险和不确定性、承诺、可更改性。

如要促使一项新事物迅速在人群中传播并被接受、采纳，必须：

（1）相对优势和适应性：该新事物具有先进性并能适合于目标人群和当地情况；

（2）对目标人群和当地实际情况进行仔细分析，找出其特点，发现“先驱者”和潜在的“早期使用者”，并通过基层工作人员与之密切合作；

（3）根据实际情况选择正确的传播策略、渠道和方法，并注意向目标人群示范新事物的先进性、使用方便、易学、所付代价很小或在适当范围内等。

（九）社区组织和社区建设理论

社区组织和社区建设理论（community organization and community building theory）来源于生态学、社会系统论、社会网络和社会支持等理论，强调社区组织和社区建设对识别、评估和解决人群健康问题的作用，动员资源、发展和实现目标。

该理论模式可分为四种类型：

（1）以需求，即以问题为中心开展工作，强调协作和一致是社区发展类型，强调社会冲突和分歧的解决是社会行动类型。

（2）以能力为中心开展工作，强调能力发展是社区建设类型，强调授权是另一种类型。

（3）强调协作的活动类型，主要工作策略是通过不同层次、不同部门的努力使社区成员在问题的选择、目标的确定、策略和措施等方面形成一致，采取共同行动。

（4）强调冲突的活动类型，主要工作策略是通过倡导动员各部门、各组织达成共识，解决分歧，协调行动。

二、健康相关行为的干预与矫正

要使人们的行为向着有利于健康的方向转变，需要通过教育者和受教育者两方面的共同努力，行为转变成功的主要因素有：认知、知识、动机、技能和管理技术、社会支持、评估与监测、责任感。

行为转变成功的步骤包括：第一，教育者和受教育者对健康行为、危害健康的行为有明确的认识，即明确意识到哪些行为有益于健康，哪些行为对健康有害；第二，教育者和受教育者了解健康行为对健康有哪些好处，益处有多大；危险行为对健康有哪些害处，危害程度如何；第三，教育者提倡、鼓励人们采纳健康行为、改变危险行为；受教育者有采纳健康行为、改变危险行为的愿望，并决心采取行动；第四，教育者帮助受教育者掌握行为改变的方法；受教育者明确目标，按照行为改变的方法去做；第五，教育者加强对健康行为的强化和督促；受教育者巩固和发展有益于健康的行为。

（一）个体行为的矫正

行为矫正（behavior modification）指的是按照一定的期望，在一定条件下采取特定的措施，促使矫正对象改变自身的特定行为的行为转变过程。它更注重人们在行为改变过程中的自觉投入。矫正对象是行为改变的参与者、核心，而不是消极的行为受限者。行为矫正和行为干预并没有严格的区分。行为矫正首先必须明确问题的所在、起源和程度，分析维持不健康行为的社会和自然环境以及心理因素，据此选用适当的矫正方法并制定矫正计划和监测过程。行为矫正是长期的过程，而不是一次性的，因此需要制订长期矫正计划，并适时地进行评估，监测矫正的全过程，直至完全矫正成功，不可半途而废，功亏一篑。

行为矫正由 3 方面要素构成：行为矫正对象、行为矫正环境和行为矫正过程。行为矫正环境包括行为指导者、矫正场所和矫正时机。矫正场所可以不固定，但大多数行为矫正的场所是固定的，便于对行为矫正效果进行观察、记录和评价；选择行为矫正的时机也很重要，在易诱发行为改变的特定时机进行行为矫正，容易取得最佳的效果。行为矫正过程就是行为矫正技术的选择和实施过程，其核心是针对矫正对象的具体行为来选择矫正技术。

行为矫正技术是从 20 世纪 50 年代末发展起来的，到目前为止，在健康教育领域内运用较为广泛的行为矫正技术有脱敏疗法、厌恶疗法、示范疗法和强化疗法等。

1. 脱敏疗法 脱敏疗法又可分为系统脱敏疗法、接触脱敏疗法和自身脱敏疗法等。主要用于消除个体因对某种因素过于敏感而产生的不良行为表现，如恐惧症、焦虑症和紧张症等。焦虑与放松是互相拮抗的生理过程，系统脱敏法就是运用交叉抑制原理，系统地训练病人放松，用放松来矫正焦虑。该方法以认知原理为基础，在治疗中有目的地、循序渐进地主动提供这一刺激因素，适时修正个体对刺激因素的错误认知，再通过反复的操作、强化，就可以达到消除这种过于敏感行为的目的。脱敏疗法的成功依赖于矫治过程的系统性、有专业人员指导，和合适的矫正环境。

2. 厌恶疗法 厌恶疗法又称去条件反射法，其基本做法是每当矫正对象出现目标行为或出现该行为的欲望冲动时，就给予一个能引起负性心理效应的恶性刺激。反复作用后，在矫正对象的内心就会建立起该行为与恶性刺激间的条件反射，引起内心的由衷厌恶，直至消除该目标行为。厌恶疗法常用于矫正各种成瘾行为、强迫症、恐惧症和异常癖好等，如吸毒、酗酒、吸烟。厌恶疗法在使用时应注意持续性，否则无法建立条件反射；二要注意强度的适宜性，使用不当可能引发新的紧张刺激；三要注意治疗原则的保密性，以防矫正对象产生对抗心理，无法实施行为矫正。

3. 示范疗法 示范疗法在应用时，将所要形成的健康行为或所要改变的危险行为分解成不同阶段或不同表现，设计相应的模拟场景，让行为矫正对象扮演其中角色或观察角色行为，身临其境模仿角色的示范，从而形成自己的行为。以现实生活中克服不利于健康行为的人为示范典型，鼓励和帮助矫正对象改变自身行为。

4. 强化疗法　强化疗法是一种在行为发生后通过正面强化或负面强化来矫正行为的方法。通常的做法是当矫正对象表现出有益于健康的行为时，对矫正对象施以正面强化，以肯定和巩固健康行为。正面强化的形式有口头表扬、奖状、物质、货币奖励等。反之，当矫正对象表现出对健康有危害的行为时，对其施以负面强化，使矫正对象由于逃避负面强化而放弃不利于健康的行为。本方法是迄今为止在帮助个体矫正危险行为、建立健康行为方面最有前途的行为矫正手段。但在使用该方法时，专业人员应注意选择正确的强化因素，安排适宜的强化活动，并随时听取反馈信息，以确保行为矫正的效果。

（二）群体行为的干预

群体行为干预通常是以行政单位（社区、学校、工厂、医院等）为基础，运用行为团体干预法进行群体行为干预。团体（单位）不仅是社会的细胞，也是社会与个体相互作用的桥梁，是个体成员行为形成的微观环境。个体的行为、习惯、道德、价值观多是通过团体来实现的。另外，人际关系、社会关系以及社会态度的形成与改变等，也都受社会团体的影响。因此，团体可以显著地影响和改变个人的观念和行为。

1. 群体行为干预的优点

（1）是一种有组织的行为，以团体决策层为核心，得到组织、政策和资源的保证，全体成员或绝大多数成员的积极支持和参与；

（2）行为干预有明确的目标和目的，这种目标和目的是由决策层所确立，并成为团体内全体成员的行为指向；

（3）是一种有组织、有计划、有系统的教育活动，并得到政策支持，其实施过程处于严密控制之中，有专人负责、进行监测、信息反馈和调节，并对效果进行科学评价；

（4）组织对其个别或少量的个体给予更多的关注，所以团体促进不健康行为的转变，一旦获得成功，效果将更显著、更持久。

2. 群体行为干预的机制　在促使某一特定人群形成健康行为、改变危险行为的过程中，群体行为的综合干预是通常使用的手段，具体的干预机制包括：

（1）开发领导：领导对健康相关行为干预目的、意义的理解与支持是目标人群行为干预的重要环节之一，其作用不仅在于领导自身的行为可以成为人群的榜样，更重要的是领导具有决策倾向性。领导对健康相关行为干预的理解和赞同，会使行为干预得到组织、资源、舆论等方面的支持。可见，开发领导，转变领导的思想观念，使其认识和理解健康教育与健康促进的必要性、重要性和可行性，对在人群中开展健康教育与健康促进，实施群体行为综合干预非常重要。

（2）目标人群行为干预：目标人群行为的改变是健康教育与健康促进中行为干预的落脚点，因此通过各种方法促使目标人群中的每一个个体采纳健康行为、改变危险行为是健康相关行为干预的根本所在。通常采用的人群干预方法有：

1）传播健康信息，提高群体的健康意识：利用大众媒体、培训与讲座、分发宣传材料等方法，向目标人群传播有关疾病与健康、如何改变行为等信息，提高群众的健康意识为行为转变奠定基础。

2）心理支持与压力：群体成员之间往往具有亲密的关系，每个成员有群体归属感和集体荣誉感。在这样的群体环境下，率先改变行为的个体可能成为群体中的骨干，起到示范与带动他人共同行动的作用。另一方面，由于归属感和集体荣誉感的存在，群体成员会受到群体规范的制约，形成群体压力。这种支持与压力的联合作用，能有效地促使群体中的个体形成健康行为，改变危险行为。

3）竞争与评价：在群体间引入竞争与评价机制，利用群体凝聚力，激发群体的强大力量，促使群体成员健康行为的形成与巩固。评价可以总结成功的经验，发现存在的问题，激励行为干预取得良好效果的群体，督促还存在差距的群体，最终达到增进健康的目的。

（3）创造支持性环境：既包括物质环境条件，又包括社会环境。

1）改善环境条件：环境条件的改善是行为干预中必须考虑的因素之一，如果没有环境条件的支持，即使人们已经做出了改变行为的决定，也会由于环境条件的制约而无法实施。例如，当人们了解了患病后及时就诊的意义，打算采取行动时，医院离家却特别远，给就诊带来了极大的不便，人们就可能放弃及时就诊这样一种健康行为。

2）社会支持与制约：通过社会舆论的倡导，支持促进健康的行为，反对危害健康的行为。通过有关法规的制定，约束既不利于自身健康，又对他人健康造成损害的行为。

三、健康相关行为的评估

促使目标人群形成或巩固有益于健康的行为、改变危害健康的行为是健康教育的目的，而对目标人群健康相关行为的完整了解则是实施群体行为干预和个体行为矫正的基础，为此有必要掌握健康相关行为在人群中的分布及其影响因素，即进行健康相关行为的评估。

健康相关行为评估的方法很多，每种方法各有优缺点。归纳起来，健康相关行为评估方法也与其他社会学研究方法相同，可分为定性研究方法和定量研究方法两大类。在现实生活中，为准确地对健康相关行为进行评估，一般都采用综合的评估方法。

（一）定量评估方法

定量评估方法是进行健康社会学研究最常用的一类方法。通过定量调查，研究者可以对研究对象的健康相关行为进行量化了解，如了解目标人群的吸烟率、出现健康问题后不能及时就诊者占被调查对象的百分比等，从而评估健康相关行为在人群中的发生率，评估与该行为相关的健康问题对人群的危害，为制定健康教育策略与行为目标提供科学依据。在行为干预前后对目标人群的健康相关行为进行定量调查，可以使研究者或健康教育者明确行为干预的效果，检查健康教育目标的实现程度。由于行为发生频度和强度也关系到其对健康的影响，因此进行定量调查还可以确定该行为对健康的危害程度。

定量评估方法通过事先设计好的问卷、量表对调查对象进行行为调查与测量。在调查实施中，可采用面对面访谈、电话问询、个人自填问卷、团体自填问卷等方法进行调查。这些定量调查法可在较短的时间内，以完全相同的提问方式对众多调查对象进行调查，广泛获取资料。既节约了时间和调研费用，又减少了系统误差。

定量评估法不利的方面在于：①判定行为的有无以自我报告为依据，缺乏对行为的实际观察，若调查对象有意或无意隐瞒实际情况，调查者则无法获取真实资料；②定量评估法可以了解目标人群健康相关行为的发生情况，但往往无法对为什么人们有这样的行为、或无这样的行为做出解释，也无法解释目标人群行为改变程度的原因。

（二）定性评估方法

定性评估方法与定量评估方法相对应，侧重于对目标人群健康相关行为的发生、发展、改变、影响因素等进行较为深入的探究。例如，通过定性评估，可以了解目标人群患病后未就诊的原因；了解性活跃人群使用安全套这一行为的障碍以及使用方法是否正确等。了解这些信息，有助于选择适宜的行为干预方法，以达到更好的干预效果。

定性评估可采用专题小组讨论、深入访谈、行为观察等方法进行。

1. 专题小组讨论 专题小组讨论是一种较为常见的定性研究方法，是指一个小组的成员在小组主持人的带领下，根据行为评估的目的，围绕某健康问题涉及的行为及其相关因素进行讨论，自由、自愿地解释自己的行为，描述他人的行为，探讨行为的影响因素。该方法经济、易行，能在相对短的时间内直接听取目标人群的意见，反馈及时。

2. 深入访谈　深入访谈一般以一对一、面对面的方式进行，由调查员就调查的相关行为、行为成因、影响因素等问题进行访问式交谈，以评估目标人群的健康相关行为。该方法更适用于有个人隐私的相关行为的调查。

3. 行为观察　行为观察指调查者深入目标人群生活的环境，观察其在日常生活中的健康相关行为，判别行为影响因素。通过行为观察获得的第一手材料更具客观性。在进行观察前，观察者应明确行为判定标准；在观察时，应严格依据标准判定行为的有无，避免主观意志对观察结果的影响。

运用定性评估的方法，无法确定行为发生率。由于调查对象不是经过随机抽样得到的，因此定性评估的结果不具有代表性。

由于定量和定性评估方法各自具有优势与不足，所以在实际应用时通常是定量评估与定性评估方法同时使用，结合两者的优势，互相弥补不足，以全面评估目标人群的健康相关行为及其影响因素。

思　考　题

1. 行为的要素及其特征有哪些特点?
2. 什么是健康相关行为，健康相关行为分为哪几类?
3. 影响行为产生和发展的心理因素及社会因素有哪些?
4. 行为改变理论有哪些? 简述健康信念模式?
5. 请具体描述健康相关行为的评估方法有哪些?
6. 案例题：小李，女，20 岁，高中毕业，身高 169cm，一直认为自己很漂亮，想从事影视行业，可青春期后就觉得自己过胖（体重 50kg）。从 18 岁开始减肥，早上不吃早餐，中午与晚上仅进食少量米饭，动物类食物几乎不吃。很快体重降至 35kg，可是人渐渐出现头晕，月经也不正常，到医院就诊发现，人血白蛋白、性激素等水平低于正常，外形也相当消瘦。

根据本案例分析：

（1）请你谈谈导致该结果的原因是什么?

（2）作为医务工作者，面对此情况你应如何处理?

（华北理工大学　薛　玲）

第三章 健康传播与传播技巧

案例 3-1：谁是成功的社区医生

刘大爷，74 岁，退休工人，小学文化程度，患高血压病。两位社区医生（张医生和于医生）先后到其家中进行高血压病人饮食指导，不同的交谈方式导致了不同的效果。

[对白一]

张医生：大爷！我来了解一下你的饮食情况。

刘：我吃得挺好，孩子们挺孝顺。

张：你是不是坚持吃低钠盐饮食？

刘：（有些迟疑）嗯，是，小卖部卖什么盐我就吃什么盐。

张：你常吃高胆固醇食物吗？

刘：什么？高胆固醇食物？不吃，那东西太苦。

张：（有些急躁）哎，我问你是不是爱吃鸡蛋、大油、猪肉、肥肠一类的食物？

刘：（生气）我是回民，不吃大油大肉。

张：你这人怎么一点都不配合工作呢？好了，我们下次再谈吧。

[对白二]

于医生：您早，刘大爷。忙什么呢？能和我谈谈您近来的身体情况吗？

刘：我最近身体还行，孩子们挺孝顺，照顾得挺好。

于：这很好。我想了解一下您的饮食情况。您吃饭口味重吗？

刘：不重，爱吃清淡的。

于：那很好。高血压病人应该少吃盐。您每天主要吃哪些食物呢？

刘：白面、大米、青菜，有时吃点水果……

于：不吃肉类吗？

刘：不敢吃。

于：为什么？

刘：听说吃肉对心脏不好，容易得动脉硬化。

于：您注意饮食这挺好。其实，老年人每天吃些鱼类、海味、瘦肉和一个鸡蛋，对身体是有好处的，注意别吃肥肉、肝脏、腰子一类的内脏就可以了。

刘：谢谢你，大夫。

问题：

1. 你认为在张医生和刘大爷的交谈中，存在哪些问题？
2. 你认为于医生在谈话中运用了哪些沟通技巧？
3. 人际交流中应注意哪些技巧？

20 世纪 40 年代后期，随着社会进步和现代信息技术的发展，一门新兴的边缘学科——传播学迅速兴起。传播是社会性传递信息的行为，是人类生存与发展的一种基本方式。从 20 世纪 60 年代起美国学者将传播学引入公共卫生与健康教育领域，丰富和发展了健康教育学科的理论和方法。20 世纪 70 年代中期，诞生了一个新的公共卫生术语：健康传播。中国学者自 20 世纪 90 年代初期确立了健康传播的概念，将健康传播学研究纳入健康教育学科体系。进入 21 世纪，医学科学已从单纯的技术服务发展为技术服务与知识服务并重。作为卫生知识的重要服务领域，健康教育与健康促进已被确立为卫生事业发展的战略措施，在医疗预防保健中的作用愈加凸现出来。健康传播作为健康教育与健康促进的基本策略和重要手段，是健康教育方法学研究的重要内容，发挥着更大的社会作用。因此，学习和运用健康传播的基本理论、方法和技巧是健康教育工作者的一项基本功。

第 1 节　人际交往的基本理论

人类的交往活动是一个复杂的过程，只有全面、深入地分析人际关系和人际交往的过程，才能为健康信息的传播奠定良好的基础。

一、人 际 关 系

（一）人际关系的概念

人际关系（interpersonal relationships），简单讲就是指人与人之间的关系。是指人们在社会实践活动中，通过相互认知、情感互动和交往行为所形成和发展起来的人与人之间在心理上的吸引与排斥关系，反映人与人之间心理上的亲近和疏远。人们在社会实践活动中，为了满足相互的需要，彼此交往而结成关系。由于需要满足的程度不同，将产生不同的情感体验。良好的人际关系，可以使人心情舒畅、精神愉快；而不好的人际关系，则会使人心情忧郁、情绪压抑。例如，两个经常一起打球的人，由于共同的爱好使他们具有共同语言，容易产生共鸣，彼此的情感得到满足，两人之间就可能产生亲密的关系；相反，两个人相处，一方总是想方设法利用、控制对方，处处斤斤计较，甚至经常发生利益冲突，则两人之间不但难以形成友好关系，而且可能会格格不入、关系冷淡而形成疏远关系。

（二）人际关系的分类

人际关系的类型可从多种角度来划分。

1. 按结成人际关系的主体划分　可分为个人与个人之间的关系、个人与群体之间的关系以及群体与群体之间的关系。

2. 按人际交往的密切程度划分　可分为初级关系与次级关系。初级关系亦称首属关系，是建立在情感基础上的人际关系，如夫妻关系、朋友关系等。次级关系亦称次属关系，是以事缘为基础的人际关系，如同行关系、上下级关系等。

3. 按人际交往双方关系的强弱划分　可分为强-强关系和强-弱关系。强-强关系适用于同为下级，但兴趣一致的人之间，这种关系的维系更需要理解、信任和宽容大度。强-弱关系又可划分为主属型和互补型，前者适用于上下级（领导与被领导之间）、家庭（父母与子女之间）；后者适用于同级（同事、朋友、恋人之间）、家庭（夫妻之间）。

4. 按人际关系规范化程度划分　可分为正式关系与非正式关系。前者是指已经制度化、比较稳定、有一定程序、受一定原则制约的关系，如组织关系、婚姻关系等。后者是指未制度化、没有固定模式、不受原则制约的关系，如恋爱关系、朋友关系等。

5. 按人际关系形成的原因划分　可分为血缘关系、地缘关系、业缘关系和网缘关系等。

（1）血缘关系：是指以血缘或生理联系为基础而形成的人际关系，是人类最早形成的人际关系。比较重要的血缘关系包括种族、氏族、宗族、家族、家庭等。

（2）地缘关系：是指人类社会的区位结构关系或空间与地理位置关系，即直接建立在人们空间与地理位置关系基础上的人际关系。

（3）业缘关系：是指以人们广泛的社会分工为基础而形成的复杂的社会人际关系，是随着阶级的产生而形成的，是在血缘与地缘关系的基础上发展起来的一种关系。

（4）网缘关系：是一种通过网络虚拟空间建立起来的新型人际关系。它同传统的血缘关系、地缘关系和业缘关系既有密切的联系，又有很大的不同。网络交往主要是通过电子邮件、网上聊天、网络电话、电子公告、游戏娱乐和上网学习等方式进行。它具有虚拟性、开放性、超地域性和软约束性等特征。

（三）人际关系的特点

1. 社会性 马克思曾说过“人是社会的动物”。社会性是人的本质属性，是人际关系的基本特点，每个人都不能离开社会而单独存在。

2. 复杂性 由于人际关系具有高度个性化，人际交往活动受多种因素影响，因而交往的结果可出现亲近与疏远、赞同与反对、满意与不满意等复杂现象。

3. 多重性 是指人际关系具有多角色特点，每个人在社会交往中都扮演着不同的角色。如一个人在工作时是教师，回到家中就变为丈夫或妻子，在领导面前是下属，而在下级面前又成为领导等，这种多角色状况使得人际关系具有多重性特点。

4. 多变性 人际关系的发展过程与人类社会的发展过程相似，具有不断发展变化的特性。一个人从出生开始，要经过婴儿期、幼儿期、童年期、青春期、青年期、成年期和老年期等不同发育阶段，每一阶段，无论是人的身体还是人际关系都将随着年龄、环境、条件的变化而变化。

5. 目的性 随着市场经济的推进，经济的全球化，构建人际关系的目的性变得越来越强，每个人都希望实现自身利益最大化，而与各利益主体建立良好的人际关系，则可促使交易与合作，降低交易成本，减少交易风险。

二、人际认知

（一）人际认知的概念及特点

人际认知（interpersonal consciousness）是指个体与他人交往时，根据他人的外显行为，对他人的心理状态、行为动机和意向作出理性分析与判断的过程，包括感知、判断、推测和评价等一系列的心理活动过程。它是人们社会行为的基础，是进行有效交往的前提。人际认知具有知觉信息的选择性、认知行为的互动性和印象形成的片面性等特征。

（二）人际认知的内容

从结构上说，人际认知主要包括三个方面的内容：

1. 对自我的认知 是指人们在社会实践中，对自己的生理、心理、社会活动以及对自己与周围事物的关系进行认知。包括自我观察、自我体验、自我感知、自我评价等。

2. 对他人的认知 是指对交往对象的正确认识。包括对他人情感的认知，对他人情绪的认知，对他人能力的认知，对个人倾向的认知，对他人个性特征的认知等。

3. 对人与人之间相互关系的认知 是指对自身交往的小环境、小空间进行有目的的观察，包括自己与他人的关系以及他人之间的关系的认知，以此判断了解自我和他人在共同生活空间群体中的整合性、选择性。

三、人际吸引

（一）人际吸引的概念

人际吸引（interpersonal attraction）又称人际魅力，是指人与人之间在交往过程中所产生的相互亲近的心理倾向。人际吸引是人际关系的一种积极心理状态，有助于满足个人的人际需求。人际关系的亲密程度与人际吸引之间呈正相关联。交际美学认为，人际吸引是交际审美主体对其对象的一种美的体验。

（二）人际吸引的过程

1. 注意（notice）　是指对某一交往对象有了人际感知后，感觉到对方的存在，对其产生了一定的兴趣和专注，并将其从人群中选择出来给予关注。通常情况下，只有那些能够激起人们兴趣的人，才会引起人们的注意。

2. 认同（approval）　是指与选择出来的对象进行进一步的深入交往，接纳交往对象的行为及表现，并给予积极和正面的评价。其目的是探索与对方在哪些方面可以建立真实的情感联系，缩短与交往对象的心理距离。

3. 接纳（acceptance）　是指情感上与对方相容，常以喜欢、关心、有好感等形式来表达与对方的情感联系。此时，人们会相互提供真实的、评价性的反馈信息，提出建议，彼此进行真诚的赞赏和批评。

4. 交往（association）　交往互动是在吸引后的必然行动，它不仅反映了人际吸引已经形成，而且可以使人际吸引进一步发展。交往初期，双方尽力约束自己，并努力通过行动显示自己的诚意，证明自己愿意与对方真诚相处。随着交往水平的提高，双方的关系便发展到心理上相互依赖的高级阶段，相互间的吸引力进一步增加。此后，双方开始将对方视为知己，愿意与对方分享信息、意见和感情。

四、人 际 交 往

（一）人际交往的动机

动机是在需要和刺激作用下，激发、维持和调节人们从事某种活动，并引导活动朝向某一目标的一种心理过程，是指引人们进行活动以达到一定目的的内在动力。

动机是人类行为发起的原动力。动机一旦产生，就会发起行为，指引行为向既定目标始终不渝地前进。多数情况下，人们的行为往往不是由一个动机左右，而是同时存在几个动机。这些动机对行为都起着一定的作用，但它们的力量不是均等的，其中总是有一个动机的强度最大，对人的行为起着支配的作用，决定着行为的性质，这种在全部动机机构中最强有力的动机，叫做优势动机。掌握每个人各个时期的优势动机，是改变其行为的关键。

由于每个人的需要不同，人际交往动机呈多样性。主要包括：

1. 亲和动机　是指个体希望与他人或群体接触交往，并渴望相互关爱的内在需要。形成人普遍具有亲和动机的因素主要有：①人的自然属性，即人类共生关系中的相互依存性，规定了脱离社会的单个人是无法生存的；②归属情感，即人都希望自己成为群体中的一员，能得到情感交流和理解。亲和交往的动机是促成良好人际关系的催化剂。

2. 成就动机　是指对经认定通过施展自己才干能做好的重要工作或有意义的事，并愿意全心把它做好的心理倾向。它是推动个人向外界展示才华的一种内在动力，使其在实施的过程中，充分挖掘自己生物学潜能，并积极地寻求对实现目标有帮助的合作者进行交往。

3. 赞许动机　指在人际交往中得到对方的鼓励和称赞后所呈现的心理上的满足。赞许动机对于人际交往行为有直接的影响。一般情况是受到表彰，人的潜能得以充分发挥和挖掘，工作业绩会节节上升；如果一个人被组织集体忽视，容易产生自卑感。

4. 包容动机　指对人际交往过程中所存在的个性、处世等方面差异能够豁达容忍的心理。是解除交往矛盾、使人际交往顺利开展的必备心态。

（二）人际交往的需求

美国心理学家马斯洛曾指出，如果一个人被别人抛弃或拒绝于团体之外，他便会产生孤独感，精神就会受到压抑，严重者还会产生无助、绝望的情绪，甚至走上自杀的道路。而他的学生舒茨则在《人际行为三维理论》一书中提出，人们对人际关系需求的三个向度，即包容的需求、控制的需求和感情上的需求，同时呈现两种行为方式，即主动型人格特质和被动型人格特质的行为表现。舒茨还根据人们的三种需求和两种行为表现，把人际交往行为分为六种基本类型。

1. 包容的需求 是指希望和别人交往，建立和谐的关系。具有积极交往、参与、融合、相属的行为特点。舒茨把人际包容心理需求倾向的行为表现，按人格特质分为主动包容型与被动包容型两个方面。

（1）主动包容型：具有主动包容行为类型的人能主动与他人交往，坦然共处于群体之中，热情参与人与人之间的交锋或合作性工作。在交往中能主动定位于某一角色，灵活地随群体的动态变化而变换自己的角色，能容纳不同层次、不同性格的人。交往态度是合群附众，求同存异。

（2）被动包容型：具有被动包容行为类型的人期待别人接纳自己。主要原因是成长过程中过于以自我为中心，成长环境中人际关系过于单一。没有机会接受与不同人的交往训练，常常表现为少言寡语。

2. 控制的需求 是指希望在权力上与别人建立和维持良好的人际关系。具有运用权力和权威去积极地影响、支配和超越他人的行为特点。

（1）主动控制型：主要表现为大胆、主动支配他人，爱发号施令，喜欢运用权力、权威来领导、控制、影响和支配他人等行为特征。

（2）被动控制型：被动控制型的人期待被他人领导，常常根据情境的要求使内在标准向外在标准妥协。主要表现为等待、模仿、追随他人，服从他人支配，愿意与他人携手合作等行为特征。

3. 感情上的需求 是指希望在感情上与别人建立良好的关系。具有对他人表示亲密、友好、热心、照顾等行为特征。

（1）主动型：这种类型的人希望以友情或爱情为纽带与他人建立并维持良好的关系。主动对他人表示亲密。主要表现为热情、主动、大胆，与人表示亲密、友情、同情和照顾等行为特征。

（2）被动型：这种类型的人也希望以友情和爱情为纽带维持良好的人际关系，但主要表现为期待他人对自己表示亲密，而不能主动大胆地表达自己的感情等行为特征。

第 2 节 人际传播及传播模式

传播是一种普遍的社会行为，传播活动伴随人类的产生而出现，人们从远古时代最简单的打手势、记刻符号、面对面的交谈，发展到如今通过广播、电视、互联网等现代化传播手段来交流信息和情感，极大地丰富了人类的生活，推动了社会的发展。人们每天都在不停地以各种各样的方式传递各种信息，同时也在通过各种渠道接受各种信息，这些信息交流活动，便是传播。

视窗 3-1：三次传播革命

第一次传播革命：在人类早期社会传播就已存在，人类在创造自身特有的符号之前，使用的是与其他动物相似的符号进行传播，包括视觉、听觉符号等，例如用手势、刻木、结绳等原始方法来传递信息。直到约 300 万年前，开始第一次传播革命，即由非语言传播转变为语言传播。语言的出现，丰富了人类交往，使传播活动有了一个明显的飞跃。但语言传播有其局限性：一是空间限制，即只能局限在人际传播的范围内；二是时间限制，即口头语言转瞬即逝，有关信息只能靠个人记忆保持。

第二次传播革命：是以文字出现和造纸、印刷术的发明为特征。最早出现的文字都是图形文字，这是比口头声音语言更适宜保持与理解的形象语言。公元105年，中国人蔡伦发明了造纸术，使得手写传播空间大大增加。到1045年，我国宋朝毕昇在世界上首次用胶泥活字印刷书籍，突破了手写传播体系没有复制或复制率低下的局限性。

第三次传播革命：以电子为媒介的传播革命。传播工具和技术的高速发展，使讯息载体插上翅膀，飞越时间和空间，将分散在地球四方，延续了几千年的人类精神文化构成一个容纳无限知识内容的大系统。从1925年第一个实验电视的出现迅速发展到闭路电视，从数字计算机到电子计算机，从电话到通信卫星，从1957年人类发射第一颗人造地球卫星到现代社会最新的传播媒介"信息高速公路"，把人类带进了信息时代，使传播活动产生了前所未有的高速性和准确性，人类已进入了信息时代和"现代传播"的时代。

一、传播及传播因素

（一）传播的概念

传播（communication），又可译为交流、交往、沟通、通讯。communication 一词由拉丁文 communis（分享）派生而来，含有通讯、通知、交流、口信、通报、传达、交通、联络、疫病传染等不同的含义。

1988年出版的我国第一部《新闻学字典》将传播定义为"传播是一种社会性传递信息的行为，是个人之间、集体之间以及个人与集体之间交换、传递新闻、事实、意见的信息过程"。1993年全国爱国卫生运动委员会办公室组织专家编写的健康教育专业系列教材之一《健康传播学》中采用了这一定义："传播是遵循一系列共同规则互通信息的过程"。1999年郭庆光在主编的《传播学教程》中提出："传播是人类通过符号和媒介交流信息，以期发生相应变化的活动"；在2011年《传播学教程》再版中提出："传播，即社会信息的传递或社会信息系统的运行"。上述有关传播的定义从不同角度反映了人类社会的信息传播所具有的社会性、普遍性、互动性、共享性、符号性、目的性等基本特性。

（二）传播要素

一次完整的传播活动过程，主要由以下要素构成：

1. 传播者（communicator）　又称传者，是在传播过程中信息的主动发出者。传者可以是人，也可以是一个群体、组织或机构，例如电视台、广播电台、报社、出版社、杂志社、影剧院以及各级宣传部门和教育机构等，都属于传者范畴。因此，我们不能把传者仅仅理解为一个人，它也包括了一切传播机构。

健康教育工作者都是从事"传者"工作的。作为健康知识、健康信息的传播者，传者具有以下职能：

（1）收集信息：即从繁多的信息源中发现、选择并取得那些对受者有价值的信息的过程。信息的采集、整理与积累是传播研究与传播实践的基础和必要前提。

（2）加工制作讯息：根据传播目的，将收集到的信息进行加工处理，优选信息内容，用适当的传播符号和传播媒介表现出来，使其形成讯息。讯息质量的优劣，直接影响到传播的效果。因此，讯息的加工制作要力求做到准确、鲜明、生动、易懂、适用。

（3）发出讯息：将加工制作好的讯息通过相应的传播渠道传递出去。作为一个传者，他把一种讯息制作出来并传出去，都是出于个人的需要或群体的需要，其目的是通过讯息的传递与沟通，使受者建立起与自己一致的情感和认识，采取相同的态度或行动。

（4）收集与处理反馈信息：信息反馈是指传者获知受者接受信息后的心理或行为反应。为实现传播目的，传者必须了解受者对信息的反应，了解传播效果，以便不断调整其传播行为，不断拓深双方的交流和沟通。如果我们发出的健康信息不能被受者所理解、所采纳，那我们的传播工作就没有达到目的，就是一次失败的健康传播活动。

2. 信息（information）**与讯息**（message） 信息泛指人类社会传播的一切内容。而讯息则是由一组相关联的有完整意义的信息符号所构成的一则具体的信息。讯息是一种信息，信息必须转化为讯息，才能传播出去。

健康信息（health information）是指与人的健康有关的信息，泛指一切有关人的身体、心理、社会适应能力的知识、技术、观念和行为模式。作为健康信息应具有以下特点：

（1）符号通用：即信息传递过程中所使用的符号必须是通用的，以避免传而不通。如果用受者不懂或难懂的语言、文字等来传播健康信息，受者将难于理解、接受健康信息，从而达不到健康教育的目的。

（2）科学性：科学性是健康信息的生命，是取得健康传播效果的根本保证。不正确、不科学的信息不仅不会促进人们的健康，甚至会草菅人命。

（3）针对性：根据受者的需要，因时、因地、因人有针对性地制作、传递有关健康的信息。

（4）适用性：应保证所传播的健康信息不被错误理解，并能在现有的社会经济水平上加以应用。

（5）指导性：健康信息应具有较强的现实指导意义，告诉人们如何运用健康知识、技能，规劝人们采纳健康的行为方式。

（6）通俗性：力求用受者易于接受的符号来传递信息，少用专业术语。

3. 受传者（audience） 又称受者，是指讯息的接受者和反应者，是传播者的作用对象。同样，受者可以是个人、群体或组织。大量的受者称为受众。

（1）受者的心理特点

1）求新心理：心理学反射原理证明，越是新鲜的东西，越能激发人的愉快心理，越能引起人对外界刺激物的注意。对于一些新鲜事物人们都有一种先睹为快的共同心态。这就要求传播者的信息制作要立意新、角度新、技巧新，这样才能最大限度地调动人们去接受、理解信息的热情和兴趣。

2）求真心理：真实性也就是客观性，是信息的基本属性之一，是信息取信于广大受众的根本保证。特别是进行健康传播活动时，只有保证信息内容的科学性、真实性，才能更好地指导人们选择健康的生活方式，赢得人们的信赖与爱戴，否则将会起到误导作用或导致逆反心理，给人们的生命和健康带来极大的危害。

3）求近心理：即指受者总是喜欢知道发生在自己周围的、同自己有关的事情，这也是受者自身直接或间接的需要，影响着他们对信息的选择。这种求近包括生活、地域、情感、认识、知识等方面的接近，是和他们的日常生活息息相关的。

4）求短心理：人们普遍喜欢接受那些短小精悍、一目了然的信息，而对那些文字表述冗长单调、内容重复啰唆的信息则大多持排斥态度。“长话短说”正是这种求短心理的表现。

5）求情厌教心理：指受者喜欢与传播者进行情感交流，讨厌过多的居高临下的说教。

除了上述一些心理因素外，还包括求奇、求乐、自尊等。传播者应能够较为客观、全面地收集受者反馈、掌握受者心理，以达到最佳传播效果。

（2）受者对信息的选择性

1）选择性接受：选择与自己固有观念一致、自己需要、自己关心的信息，回避那些与自己固有观念相反或自己不感兴趣的信息。如想买电脑的人会注意电脑广告，想买房的人会注意房产信息，这就是选择性接受。

2）选择性理解：同一信息，不同的人可有不同的理解，它受到人们固有态度和信仰的制约，正所谓“仁者见仁，智者见智”。

3）选择性记忆：记忆是人脑对过去经验的反映，它具有选择性。人们易记住自己愿意记的事物，易忘记自己不喜欢的事物。

（3）受者的动机

1）消遣：它是受者利用媒介最重要的原因之一，包括看电视、听音乐、读报纸等。

2）填充时间：如开汽车、做家务时听听音乐，候车时看报纸、杂志等。

3）社交需要：通过从各种媒介获取的信息作为与别人交谈的话题。

4）心理需要：不同受者有不同的心理需要。如与别人闹别扭时，收看电视以求得安慰；自信心受挫时，阅读小说以求解脱。

5）寻找情报：为了消除疑虑、证实问题而寻找情报。如要写一篇综述，需要查阅大量的文献资料；要做某一个课题，先参阅他人的研究成果。

6）解决疑难：当有疑难问题时，除向他人请教外，还可求助于传媒。如不了解某一个字的正确拼写方法去查字典，搞不清某一种药的具体功效去查阅说明书等。

4. 传播媒介（communication media） 又称传播渠道，是讯息的载体，是传播信息的中间渠道，也是将传播过程中各种要素相互联系起来的纽带，如收音机、书刊、报纸、宣传画等。在传播活动中可采纳的传播途径是多种多样的，通常可以分为口头传播、文字传播、形象化传播、电子媒介传播、综合传播等方式。

5. 传播效果（communication effect） 是传播对人的心理和行为产生的有效结果。具体讲，指受传者接受信息后，在知识、情感、态度、行为等方面发生的变化，通常意味着传播活动在多大程度上实现了传播者的意图或目的。

传播活动是否成功，效果如何，主要从受者身上反映出来。根据健康传播的目的，健康传播的效果可分为以下 4 个层次：

（1）知晓健康信息：是传播效果中的最低层次，是仅作用于受传者的感觉、知觉的浅层传播效果。只要受众或受者感知这些信息就行，一般不要求他们动脑筋思考。这一层次传播效果的取得，主要取决于传播信息的强度、对比度、重复率、新鲜度、定位点和创意性等信息的结构性因素。健康传播者通过多种渠道向受众传递医疗卫生保健信息，就是要使受者在维护自身及他人健康、控制疾病危险因素、疾病与伤残防治和康复等方面与其共享信息。通过这类信息的共享，使公众的医药卫生知识水平不断提高，为其自身保健技能的提高打下良好的基础。

（2）健康信念认同：传播活动不仅作用于受众的感知觉，还进一步影响其思维、情感的中层次传播效果。受者接受所传播的健康信息，并对信息中倡导的健康信念认同一致。这是由认知进而形成一个人的价值观念的基础和先导。只有以受传者个人自己为中心所形成的价值观念才能真正地影响其态度和行为。受传者就会自觉或不自觉地依照这样的信念对自我在健康方面的态度、行为和客观环境进行分析判断，有利于受者的态度、行为的转变以及对健康环境的追求与选择。

（3）态度转变：“态度”是指人们对特定对象的认知、情感和意向的比较持久的内在结构。受众的态度是其行为改变的先导，先有态度转变，才会有行为的改变。健康传播者通过健康信息的传播，使受者获得健康知识，促进态度从不利于健康的方面向有利于健康的方向转变。态度一旦形成就具有固定性，成为一种心理定势，一般不会轻易改变。

（4）采纳健康的行为：这是传播效果中的最高层次。受者接受健康信息后，在知识增加、信念认同、态度转变的基础上，改变其原有的不利于健康的行为和生活方式，采纳有利于健康的行为和生活方式，这是健康传播的最终目标。只有实现了这一层次的传播效果，才能彻底改变人类的健康状况，实现人人享有健康的宏伟目标。

二、传播分类

人类的传播活动形式多样，可从多种角度进行分类。从传播的符号分，可分为语言传播和非语言传播；从使用的媒介分，可分为印刷传播和电子传播；从传播的效果分，可分为告知传播、说服传播、教育传播……；按照传播的规模，可将人类传播活动分为五种类型：自我传播、人际传播、群体传播、组织传播和大众传播。

（一）自我传播

自我传播（intra-personnel communication）又称人的内向传播、人内传播，指个人接受外界信息后，在头脑中进行信息加工处理的过程，如独立思考，自言自语等。自我传播是人最基本的传播活动，是一切社会传播活动的前提和生物学基础。一般讲，自我传播属于认知心理学的研究范畴。任何传播活动必须经过个人的认知过程，才能引起心理-行为变化的反应。

（二）人际传播

1. 人际传播的概念 人际传播（inter-personnel communication）又称人际交流、亲身传播，是指个人与个人之间（包括两人或多人之间）直接的信息交流，是一种双向交流活动。人际传播是最典型的社会传播活动，是人际关系得以建立的基础，也是人与人之间社会关系的直接体现。

2. 人际传播的社会功能 人际传播的主要社会功能表现在：①信息沟通，即获得与个人有关的信息；②思想沟通，即建立与他人的社会协作关系；③情感沟通，即通过人际传播，达到认知他人和自我认知。

3. 人际传播的特点 人际传播是进行说服教育、劝导他人改变态度的良好手段。与其他传播形式相比，人际传播具有以下特点：

（1）全身心传播：即传播双方要用视、听、说、触等多种感官来传递和接受信息。因此，有人称之为真正意义上的“多媒体传播”。

（2）全息传播：即信息交流比较全面、完整、接近事实。人际传播是面对面的、多媒体的，可以通过形体语言、情感表达来传递用语言和文字难以传达的信息，这种表达往往是无意识的流露。可以说，人际传播是最真实的传播，这一点是其他任何传播形式无法代替的。

（3）以个体化信息为主：情感信息、非语言信息的交流在人际传播中占了很大部分。

（4）交流充分，反馈及时：人际传播过程中，交流双方互为传者和受者，可及时了解对方对信息的理解和接受程度，从而根据对方的反应来随时调整传播策略、交流方式和内容。

（5）与其他传播形式比较，人际传播的信息量较小，传播的范围较小，速度较慢。

4. 健康教育中的人际传播形式 人际传播是进行说服教育、劝导他人改变态度的重要策略。健康教育中常用的人际传播形式包括：咨询、交谈或个别访谈、劝服、指导等。

（1）咨询：健康教育或医务工作者为来询者答疑解难，面对生活中的各种健康问题，帮助其澄清观念，作出行为决策。

（2）交谈或个别访谈：通过面对面的直接交流，传递健康信息，帮助教育对象学习健康知识，改变相关态度。

（3）劝服：指健康教育工作者在健康教育干预工作中针对教育对象存在的具体问题，通过传播健康知识，传授健康技能，说服其改变不利健康的态度、信念或行为习惯。

（4）指导：通过传授知识和技术，帮助教育对象学习和掌握自我保健的技能。

（三）群体传播

群体传播（group communication）又称小组传播，每一个人都生活在一定的群体中，群体是将个人与社会相连接的桥梁和纽带。群体传播是指组织以外的小群体（非组织群体）的传播活动。群体传播具有如下特点：①信息传播在小群体成员之间进行，这是一种双向性的直接传播；②群体传播在群体意识的形成中起重要作用；③在群体交流中形成的群体倾向，能够改变群体中个别人的不同意见，产生从众行为；④群体中的“舆论领袖”对人们的认知和行为改变具有引导作用。

群体传播在健康教育与健康促进中的应用：以专题小组形式收集或传递健康相关信息；利用群体的力量来帮助人们学习自我保健技能，改变健康相关态度和行为；利用家人、同伴、朋友的强化因素，为促进个人改变不良行为习惯，采纳和保持新行为提供良好的社会心理环境。目前国内常用的群体传播方法有专题小组讨论、自我导向学习、同伴教育等。

（四）组织传播

组织是人类社会协作的群体形态之一，是一个结构顺序严密、有明确的目标、制度，有严格分工和统一指挥的管理体系的社会结合体。组织传播（organizational communication）是以组织为主体的信息传播活动，现代社会中，组织传播已发展成为一个独立的研究领域，即公共关系。

健康教育与健康促进“社会动员”和“社区参与”目标的实现，健康促进“促成、赋权、协调”三大策略的实施，无不与组织传播息息相关。组织传播的常用方法有：公共关系活动、公益广告、健康教育标识系统宣传等。

（五）大众传播

1. 大众传播的概念　大众传播（mass communication）是指职业性传播机构和人员通过报刊、广播、电视、书籍、电影、互联网等大众传播媒介向范围广泛、为数众多的社会大众传播社会信息的过程。

2. 大众传播的特点

（1）大众传播者是职业性的传播机构和人员，控制着信息传播的过程和内容。

（2）大众传播的信息是公开的，公共的，面向全社会人群，且传播速度快，扩散距离远，覆盖区域广泛。

（3）大众传播的对象是社会上的一般大众，它是以满足社会上大多数人的信息需求为目的的大面积传播活动。受众的广泛性，意味着大众传播具有广泛的社会影响。

（4）大众传播属于单向性很强的传播活动，信息反馈间接延缓，且缺乏主动性。

（5）大众传播媒介是以先进技术为基础的分发系统和设备，决定着信息的物理形式、时空范围、速度和数量。传播材料的统一成批生产和重复利用，可保证信息的标准化和规范化。

（6）大众传播是一种制度化的社会传播，在维护特定的社会秩序方面发挥着作用。

3. 大众传播媒介的选择原则　随着科技的发展，大众传播是当今社会最为发达、发展最为迅速的事业。恰当地选择传播媒介是取得预期传播效果的重要保证。在选择传播媒介时，应遵循以下原则：

（1）针对性原则：针对目标人群状况，选择传播媒介。如对低文化层次人群，不宜使用文字材料；对需唤起公众意识，引起普遍关注的讯息如关于预防艾滋病的宣传教育，宜选择大众媒介；而开展青春期健康教育，采用人际传播手段效果会更好。

（2）速度快原则：力求将健康信息以最快的速度、最通畅的渠道传递给目标人群。

（3）可及性原则：根据媒介在当地的覆盖情况、受众对媒介的拥有情况和使用习惯来选择媒介。

（4）经济性原则：从经济实用的角度考虑媒介的选择，如有无足够的经费和技术能力来制作、发放某种材料或使用某种媒介。

（5）综合性原则：采用多种媒介渠道的组合策略，达到优势互补，保证传播目标的实现。

三、传播模式

为了研究传播现象，传播学者采用简化而具体的图解模式对复杂的传播现象进行描述，以解释和揭示传播的本质，从而形成了不同的传播过程模式。

（一）拉斯韦尔五因素传播模式

1948 年，美国著名社会学家、政治学家哈罗德·拉斯韦尔（H.D.Lasswell）在一篇题为《社会传播的构造和功能》的论文中，提出了一个被誉为传播学研究经典的传播过程文字模式，即“5W”模式，又称“五因素模式”（图 3-1）。就是一个传播行为要回答下列 5 个问题：①谁（who）？②说了什么（says what）？③通过什么渠道（through what channel）？④对谁（to whom）？⑤取得什么效果（with what effect）？

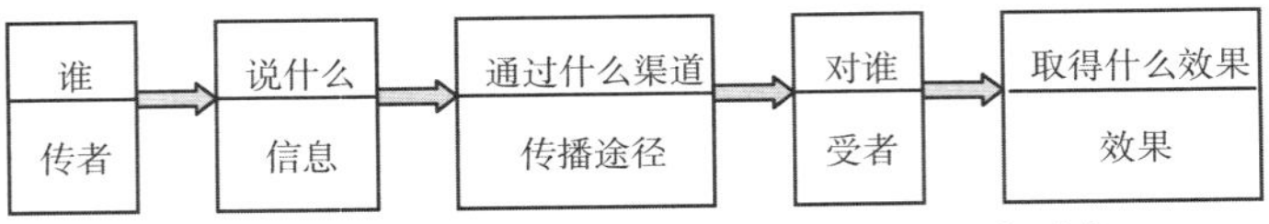

图 3-1　拉斯韦尔公式及其相应的传播过程诸要素

拉斯韦尔五因素传播模式在传播学史上第一次把复杂的传播现象用五个部分高度概括，虽然这是一个单向性的传播过程，不能解释传播的全部内涵，但已抓住了问题的主要方面。该模式的提出为传播学研究奠定了理论基础，并在此基础上形成了传播学研究的五大领域（图 3-2）。研究谁构成传者研究或控制研究；研究说了什么构成传播内容研究；研究通过什么渠道属于媒介分析的范畴；研究对谁即受众研究；研究取得了什么效果即效果研究。

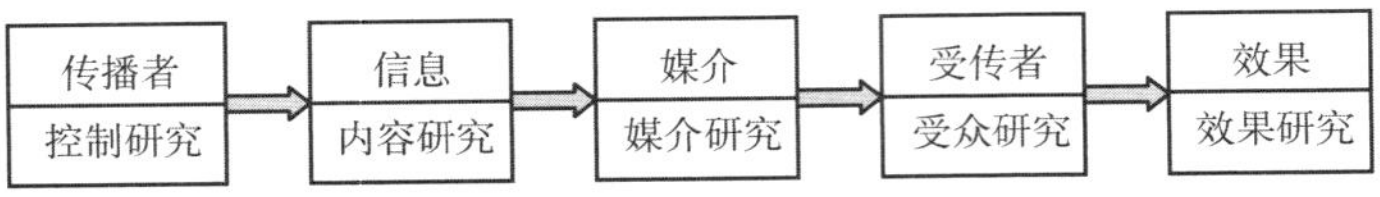

图 3-2　拉斯韦尔五因素传播模式

（二）施拉姆双向传播模式

1954 年，美国传播学者威尔伯 • 施拉姆（Wilbur Schram）将传播过程描述为一种有反馈的信息交流过程，对人际传播的研究做出了杰出贡献。双向传播模式强调传播双方都是传播的主体，在传播过程中，传受双方的角色并不是固定不变的，一个人在发出讯息时是传播者，而在接受讯息时则又在扮演受传者的角色（图 3-3）。

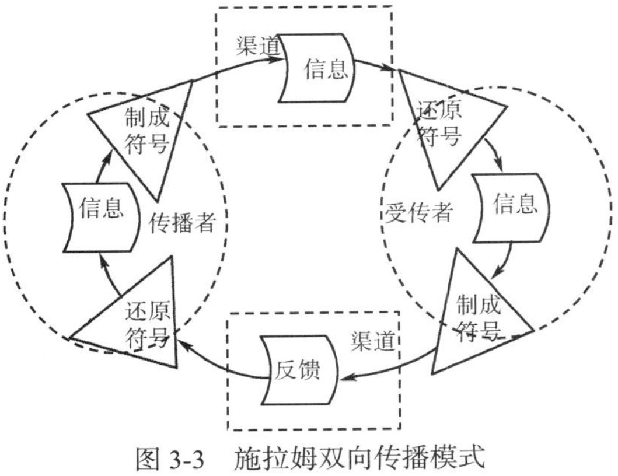

图 3-3　施拉姆双向传播模式

在施氏模式中，引进了两个重要的传播要素：

（1）传播符号：符号（symbol）是信息的载体，即人们在进行传播之际，将自己的意思转换成语言、文字、图画、动作或其他形式的感知觉符号。符号具有形式和意义两方面的属性。人们进行信息交流的过程，实质上是符号往来的过程，作为传播者，编码制作和传递符号；作为受传者，接受和还原符号，做出自己的理解和解释。传播者和受传者之间的沟通必须以对符号含义的共通理解为基础。例如，在就诊过程中，医生和病人之间不断地进行着这样的沟通和互动。如果一个医生用生疏晦涩的专业术语和病人交谈，不难想象病人是难以理解和接受的，这样的交谈是无法继续下去的。

（2）反馈：反馈（feedback）指传播者获知受传者接受信息后的心理和行为反应。反馈是体现信息交流的重要机制，其速度和质量依媒介不同而不同，但反馈是传播过程中不可缺少的要素。在交流活动中反馈可能存在，也可能不存在；可能是直接的，也可能是间接的；可能是受传者主动的反馈，也可能是传播者主动的收集。

第 3 节　健康传播及其影响因素

健康信息的传播是一个十分复杂的过程，在其每个环节上，都有许多因素能直接或间接地影响传播效果。因此，加强对影响健康传播效果的因素的研究，并提出相应对策，是健康传播学的重要内容。

一、健康传播及其特点与意义

（一）健康传播的概念

健康传播（health communication）是指通过各种渠道，运用各种传播媒介和方法，为维护和促进人类健康而收集、制作、传播、分享健康信息的过程。是健康教育和健康促进的重要手段和策略。

健康传播活动是应用传播策略来告之、影响、激励公众、社区、组织机构人士（政府、非政府机构、社会团体、私人机构）、专业人员及领导，促使相关个人及组织掌握知识与信息、转变态度、做出决定并采纳有利于健康的行为的活动。

（二）健康传播的特点

健康传播是一般传播行为在卫生保健领域的具体和深化，它具有一切传播行为共有的基本特性，同时，有着其独自的特点和规律。

1. 健康传播活动具有公共性和公益性　这种公共性和公益性表现在：①健康传播活动是现代社会不可缺少的健康信息的提供者，在满足社会和公众的健康信息需求方面起着公共服务的作用；②健康传播是健康教育与健康促进的基本策略和方法，而健康教育与健康促进作为公共卫生服务的重要内容，有着明确的社会公益性。

2. 健康传播对传播者有特殊的素质要求　从传播的一般意义讲，人人都具有传播的本能，人人都可以作传播者。但健康传播者是专门的技术人员，有特定的素质要求。担负有健康传播职能的机构和人员是健康传播的主体。

3. 健康传播传递的是健康信息　健康信息是一种宝贵的卫生资源，泛指一切有关人的健康的知识、观念、技术、技能和行为模式。例如，医生告诉患者吸烟有害健康，是在传递卫生知识；给准备戒烟的冠心病患者进行戒烟方法指导，这是在传授技术；同时，医生以自己不吸烟或拒绝他人敬烟的行为，为人们树立了榜样，这是用行为模式所传递的健康信息。

4. 健康传播具有明确的目的性　以健康为中心，健康传播力图达到改变个人和群体的知识、态度、行为，使之向有利于健康方向转化的目的。依据健康传播对人的心理、行为的作用，可按达到传播目的的难度层次，由低到高将健康传播的效果可分为 4 个层次：知晓健康信息，健康信念认同，形成健康态度，采纳健康行为。

以预防青少年吸烟行为为例。采纳健康信息的步骤：通过各种教学活动，小学生获得“吸烟有害健康”的知识（知晓信息）；相信吸烟是有害健康的行为（信念形成）；不喜欢他人吸烟（态度转变）；学会拒绝吸第一支烟（行为形成）；最终，养成不吸烟的良好生活习惯。

5. 健康传播过程具有复合性 在健康传播活动中，从信息来源，到最终目标人群，健康信息的传播往往经历了数次乃至十数次的中间环节。例如，1990～1999 年 10 年间，中国-联合国儿童基金会健康教育合作项目——《生命知识》（Facts For Life）的传播，采取层层培训的方法，从中央到地方，最后由受过培训的乡村医生和村妇女干部把保护母婴健康的 12 条健康信息传递给广大农村育龄妇女。

复合性传播的特点为：①多级传播；②多种传播途径；③多次传播。在健康传播计划设计、实施与评价过程中，传播双方多次进行信息交流。

6. 健康传播强调互动性 健康传播不仅要把健康信息传递出去，还要考虑如何改变人们不利健康的态度与行为习惯。因此，健康传播注重健康传播过程中的前馈和反馈。在开展健康传播活动之前，注重受众需求评估和健康教育计划和健康教育材料的成形研究；健康传播活动过程中，注重传播双方的双向交流；健康传播活动之后还应收集反馈信息，以便及时修正传播计划，改进传播工作。

（三）健康传播的意义

1. 健康传播是健康教育的基本策略和手段，贯穿于健康教育与健康促进的各项任务

（1）收集信息：进行健康教育需求调研。

（2）开发领导：影响决策者制定健康促进政策。

（3）社会动员：激发各社会团体和群众关注、支持和参与健康教育与健康促进。

（4）传播干预：针对不同目标人群开展多种形式的健康教育与健康促进活动，可以有效地促进行为改变、疾病的早期发现与治疗，从而降低危害公众健康疾病的严重性和危害性。

（5）收集反馈信息：以监测、评价、改进和完善健康促进计划。

实践证明，充分应用健康传播的原理，可为健康教育与健康促进决策提供科学依据；有效运用其方法与技巧，有助于挖掘健康教育与健康促进资源，减少盲目性，提高效率，以最有效的投入获取最大的产出。

2. 健康传播是促进公众健康的手段之一，对目标人群产生多层次的影响

（1）个体水平：个人的行为直接对个体健康发生影响，因此，健康传播的最主要目标人群是个人。健康传播可以作用于影响个人行为改变的倾向因素，即健康行为相关的知识、信念、态度、技能与自我效能；而其他水平的健康传播活动的最终目标是影响和支持个体水平的知-信-行改变。

（2）群体水平：个人所归属的社会网络和社会关系对个人及其健康状况会产生重大影响。健康传播活动可以通过家庭、朋友、班级等小群体内部的特定传播形式传递健康信息，影响群体行为。

（3）组织水平：通过有确定结构的正式团体如协会、俱乐部、妇联、工作场所、学校、基层卫生保健机构等，可以向其成员提供健康信息、行为支持及开发促进行为改变的政策。

（4）社区水平：通过信息传播，倡导和促进社区来创建支持健康生活方式的政策或社区组织，减少有害健康的社会或物质环境因素，从而促进社区整体健康水平的提高。

（5）社会水平：主要通过大众传播手段，促使社会作为一个整体环境对个人和群体的行为发生影响，包括社会习俗、观念、价值取向、法律和政策，以及经济、文化、物质与信息环境等方面。

视窗 3-2：新媒体

新媒体（new media）概念是 1967 年由美国哥伦比亚广播电视网（CBS）技术研究所所长戈尔德马克（P.Goldmark）率先提出的。

新媒体是在新的技术支撑体系下，利用数字技术、网络技术、移动技术，通过互联网、无线通信网、卫星等渠道以及电脑、手机、数字电视机等终端，向用户提供信息和娱乐服务的传播形态和媒体形态，如数字杂志、数字报纸、数字广播、手机短信、移动电视、网络、桌面视窗、数字电视、数字电影、触摸媒体等。相对于报刊、户外、广播、电视四大传统意义上的媒体，新媒体被形象地称为“第五媒体”。

较之于传统媒体，新媒体具有交互性与即时性，海量性与共享性，多媒体与超文本，个性化与社群化等特点。它必须具备价值（value）、原创性（originality）、效应（effect）和生命力（life）四个必备要素，因此真正意义上的新媒体又可简称为“VOEL 媒体”。

当前，可用于健康信息传播的新媒体主要包括互联网新媒体（如互联网、博客、播客、维客、网络电视、网络广播、网络报刊、微博等），手机媒体（如手机报、手机电视等），电视新媒体（如数字电视、交互式网络电视、移动电视与户外新媒体等）。

二、健康传播的影响因素

依据传播对受传者的心理行为变化的作用，可将健康传播效果分为三个层面：外部信息作用于人的知觉和记忆系统，引起人的知识量的变化和知识结构的变化，属于认知层面的效果；作用于人的观念或价值体系而引起情感、信念或态度的变化，属于心理层面的效果；这些变化通过人的行为表现出来，即形成行为层面的效果。从认知到态度再到行为改变，正是健康教育所追求的“知-信-行”改变的统一。研究影响健康传播效果的因素，目的在于探索干扰因素产生的原因与影响，注意防止和排除干扰因素的影响，才能使健康传播活动达到传得快，传即通，传有效。

（一）传者因素

健康传播者是健康传播的主体，既要具有健康教育意识和以“人人健康”为传播的出发点，又要具有医学科学知识和必要的传播与教育技能，还要具有收集、制作与传递健康信息，处理反馈信息，评价传播效果等多项职能。因此，健康传播者的素质直接影响到传播效果。

1. 作好健康信息的把关人　把关人（gate-keeper）是有关传播者理论的一个重要概念，指在采集、制作、发放信息对各个环节乃至决策发生影响的人，由他们决定着信息的取舍和流向。

在健康传播过程中，主管部门、社区的决策人和健康教育工作者是健康信息的把关人。提高“把关质量”的对策有：

（1）不断更新知识，更新观念，更新技术，提高自身的业务水平，避免传递错误或陈旧的信息，误导群众。

（2）加强业务指导和管理，尤其对基层专业人员加强培训和业务指导，帮助他们不断提高健康教育基本理论和技能水平。

（3）要有精品意识，制作和使用内容科学、通俗易懂、符合受众需要的健康传播材料。

（4）加强媒介管理，建立监督和评价机制，对信息流通渠道和传递过程进行质量控制，防止内容陈旧或有损害健康、违背科学内容的传播材料进入传播渠道，发放到群众手中。

2. 树立良好的传播者形象　研究与实践均表明，传播者的信誉和威望越高，传播效果就越好。传播者的信誉主要是由传播者的专业知识水平、态度以及信息的准确性、可信性决定的。只有建立起权威性的健康信息网，不断提高健康教育机构和人员的业务水平，加强自身修养，树立言行一致、健康向上的良好形象，使健康教育与健康促进活动贴近群众，贴近生活，才能不断提高我们在人民群众中的威望。

3. 加强传播双方共通的意义空间　传播双方共通的意义空间又称共同经验范围，是指交流双方大体接近的生活经验和文化背景，及对传播中所使用语言、文字等符号含义的共通的理解。传

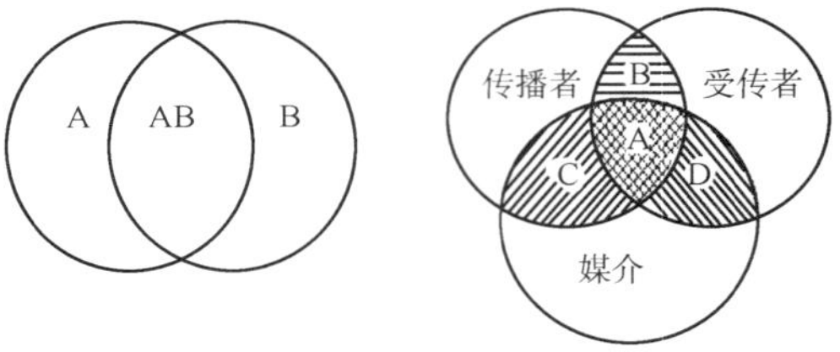

图 3-4　人际传播与大众传播的共同经验范围

A. 传受双方对信息和媒介的共同经验域；B. 传者与受者对信息的共同经验域；C. 传者对媒介的经验域；D. 受者对媒介的经验域

播双方的共通意义空间越大，传播效果就会越好。健康传播的成功，有赖于传播者有能力引出受传者的共同意识和情感共鸣。从认知上讲，要注意传播对象的价值观念、知识结构、文化程度和接受能力；从语言、文字等传播符号的使用上，要注意准确、通用，能够被对方理解和接受；从态度上讲，要获得传播对象的好感，争取成为他们的“知心朋友”、“自己人”。健康传播者应努力寻找和扩大与受传者之间的共同语言，并以此为切入点，传播新知识、新观念，就会使双方的共通意义空间越大，传播效果就会越好（图 3-4）。

（二）信息因素

健康传播就是用健康信息的刺激，来刺激受传者的健康需求、动机和行为。依据传播目的和受众需要适当地取舍信息内容，科学地设计健康讯息，是取得良好传播效果的重要环节。

1. 提高健康信息的针对性、科学性和指导性　健康传播活动传播的是有关“人的健康”的知识、技术、观念和行为模式的健康信息。一个意义完整的健康信息应能有效地指导人们的健康行为。因此，完整的健康信息内容不仅要包括“是什么”、“为什么”，还要告诉人们“如何做”。要提高信息内容的针对性和指导性，应做到：信息内容要单一，行为目标要明确，实现目标的方法要具体、简便、易行而且可行。

2. 结合目标人群需求，选择热点话题　只有根据目标人群的需求选择信息内容，才能获得较好的传播效果。如根据社区中老年人健康状况，选择防治高血压、糖尿病、肥胖、缺钙与补钙等话题；结合疾病的季节特点，选择热点话题，如冬春季讲预防小儿肺炎，夏秋季讲预防婴儿腹泻；结合重大的卫生宣传日，选择热点话题，如 4 月 7 日“世界卫生日”、5 月 20 日“中国学生营养日”、5 月 31 日“世界无烟日”、6 月 6 日“全国爱眼日”、12 月 1 日“世界艾滋病宣传日”等。

3. 同一信息，反复强化　研究表明，简短、反复出现的讯息可使受传者加强记忆。一则好的电视公益广告用语能让人记住不忘，就在于其生动形象，短小精悍，朗朗上口，反复播放。

4. 注重信息反馈　健康传播机构应建立健全信息反馈机制，不断了解受众反应，分析传播工作状况，找出存在问题，从而提高健康传播质量。

（三）受者因素

健康传播的受众是社会人群，他们存在着各种个人差异和群体特征，有着多样性的健康需求和信息需求。建立信息反馈机制，收集、分析和研究受众的需求，根据受众的个体差异和群体心理特点制定健康传播策略，是提高健康传播效果的重要途径。

1. 受传者的选择性心理　人们每时每刻都在通过感官接受来自周围的大量信息刺激，同时也在对这些刺激作出选择。选择性心理主要表现为选择性接触、选择性注意、选择性理解和选择性记忆，人们倾向于接触、注意、理解、记忆和自己的观念、经验、个性、需求等因素相一致的信息。

2. 受传者对信息需求的共同心理特征　除了 4 种选择性心理因素外，受传者在接触信息时还普遍存在着“5 求”心理，即求真（真实可信）；求新（新鲜新奇吸引人）；求短（短小精悍，简单明了）；求近（与受传者在知识、生活经验、环境空间及需求欲望方面接近）；求情厌教（要求与传播者情感交流，讨厌过多居高临下的说教）。

3. 受传者接受新信息的心理行为发展过程　受传者在接受一种新信息或采纳一种新行为时，要经历一个心理行为发展过程，这一过程可大致分为知晓、决策、采纳、巩固几个阶段。如果按受众的心理行为发展阶段制订干预计划，决定信息内容，选择传播渠道，那么，就会取得更佳效果。其基本策略是：

（1）无知阶段（当人们尚处于无知状态时）：宣传发动，使其知晓；

（2）知晓阶段（当人们已经知晓该信息时）：提供知识，进行劝服；

（3）决策阶段（对信息已形成积极态度，准备尝试）：提供方法，鼓励尝试；

（4）采纳阶段（已经尝试新行为）：支持鼓励，加以强化；

（5）巩固阶段（已经采纳新行为）：继续支持，不断强化。

4. 受传者对信息的寻求与使用　人们不仅选择性地接受信息，还会主动地寻求和使用信息。人们寻求信息的一般动机主要是为了消遣、填充时间、社会交往、咨询解疑等等。具体到健康传播领域，人们的健康状况和对健康问题的关注，会直接影响其对健康信息的需求、选择和迫切程度。主要表现为：①处于特定生理阶段，产生特定信息需求。如青少年对青春期性知识的渴求，老年人对老年保健知识的关注，当自己或家人处于患病阶段，产生强烈的健康信息需求，常常表现为寻医问药，这正是为其提供健康信息，引导从医行为的最佳时机。②潜在健康需求。每个人都有接受健康信息的客观需求，但往往缺乏主观意识，这就要求我们运用强有力的传播手段，激发群众的健康需求，实现疾病预防和健康促进。

（四）媒介因素

在健康传播活动中，充分利用媒介资源，注意媒介渠道的选择与综合运用，使用两种或两种以上的传播媒介，使之达到优势互补，保证传播目标的实现，可起到减少投入，扩大产出的效益。在健康教育与健康促进活动中，常采用的综合手段是：

（1）以大众传播为主，辅以对重点目标人群的人际传播和群体传播；

（2）以人际传播或群体传播为主，辅以健康教育材料如幻灯片、画册、录像片、挂图等作为口头教育的辅助手段；

（3）人际、群体、组织、大众传播等多种传播形式并用，开展综合性的健康教育与健康促进活动。

（五）环境因素

传播活动赖以发生的自然环境和社会环境是影响健康传播效果的重要因素。具体讲，创造良好的传播环境，主要从以下三方面着手：

1. 合理利用自然环境和物质条件　传播活动的时间、天气、地点、场所、距离、环境布置、座位排列等，这些环境因素的处理与安排，对营造交流氛围有着积极的影响。因地制宜，合理利用现有的自然环境和物质条件，可以减少许多因环境因素带来的传播阻力。如，选择适当的活动场所，进行必要的布置和美化，可以起到使传播对象保持愉快心境，减少干扰，强化信息的作用，从而取得较好的传播效果。

2. 创造健康的社会环境　宏观社会环境，如特定目标人群的社会经济状况、文化习俗、社会规范；政府决策、政策法规、社区支持力度等都是影响健康信息传播的社会因素。运用健康促进的原则，通过规章制度、组织领导、经济奖罚等行政管理手段，创造一种有利于健康传播的社会大环境。近年来传播学的研究热点围绕着政府、大众媒介和健康信息三者之间的关系。基于传播学基础的健康传播研究认为，健康信息的发布和控制是拥有决定性影响的环节。而影响健康信息传播过程的两种主要力量来自于政府和媒介机构。国外研究者强调要想有效地预防疾病，则政府有责任提供真实准确的信息。

3. 充分利用群体心理环境　对受传者有重要影响的周围人对其态度和行为的影响等，是影响健康传播效果的微观社会环境。健康传播工作者要事先研究，深入了解，并在健康传播计划设计和实施时加以考虑。以提倡母乳喂养为例，我们不仅向年轻母亲作宣传教育，而且要说服她们的丈夫、母亲、婆母及亲朋好友等关键人群。

第 4 节 健康传播常用技巧

传播技巧（communication skills）指的是为唤起受传者注目、引起他们特定的心理和行为反应，从而有效地实现健康传播的预期目的而采取的策略方法。

现实生活中，健康教育工作者和卫生人员在为服务对象提供服务时可以显示出他们对本职工作的热爱和专业知识的精通，但是往往由于缺乏交流技巧而达不到为他们提供最佳服务的效果。社区医护人员由于缺乏有效的沟通、交流技巧，不能通过语言交谈、观察等手段了解服务对象的态度，不能及时、准确地为服务对象提供所需要的信息，帮助服务对象改变态度、提高遵医行为，是影响医患关系、甚至产生医患纠纷的常见原因之一。例如，妇幼卫生人员向产妇讲解母乳喂养的方法时，如何讲解清楚，使产妇能够理解；对服务对象提出的问题或表示出的某种态度，做出何种反应；怎样使他们讲出心里话并能接受建议等，都需要好的交流技巧才能取得满意的效果。

案例 3-2：

有一位乡下老农到某医学院附属医院求诊，当他问明挂号有 3 个价位之后，就径直挂了一个最贵的号。当天坐诊的专家正好是该院老院长，老院长看见老农衣衫简朴，便问其何故。老农说：“挂最便宜的号医生不让我说话；挂中档价位的号医生不听我说话；只有挂最贵的号，医生既让我说话，也听我说话。”

问题：

你认为从老农的话里说明了什么问题？

一、基本沟通技巧

人际传播的基本沟通技巧包括建立人际关系技巧和交谈的技巧。

日常生活中，传播健康信息最便捷、最常用的方法就是人际传播，门诊交谈或咨询、家访、送医送药进社区等等，只要有和群众面对面接触的机会，就有进行信息交流的机会。学习和掌握基本的人际沟通技巧是每一个健康教育工作者和基层卫生工作人员应具备的基本功。

（一）建立人际关系技巧

社区医护人员与病人及其家属、社区群众建立良好的人际关系是进行健康信息传播的必要前提。这种良好人际关系的特征是医护人员与服务对象之间相互接纳、信任、了解和支持。

那么，如何与群众建立良好的人际关系？

1. 建立良好的“第一印象” 良好的第一印象可以大大缩短建立信任关系的时间，起到事半功倍的作用。其基本方法是：用适当的称谓称呼对方，并且主动做自我介绍，使对方消除紧张、焦虑的心情，做好交谈的心理准备。

2. 以微笑、礼貌待人 微笑是人际关系的润滑剂，是解除生疏和紧张感的第一要诀。无论对方的身份如何，均应礼貌待人、平易近人，表示对对方的尊重。

3. 寻找“共同语言” 即寻找与教育对象交流上的共同基础，努力扩大共同经验范围。在内容上注意对方的文化水平、知识结构、理解能力；在态度上，努力获得对方的好感，争取成为教育对象的“知心朋友”、“自己人”。

4. 树立自身良好形象 以庄重的仪表、整洁的服饰、通俗易懂的语言、和蔼的态度赢得对方的信任。一般来说，健康传播者的信誉和威望越高，传播效果越好。健康传播者的信誉来自工作态度、专业知识水平、信息的可信性和准确性。

5. 尊重对方的隐私和拒绝回答的权利　在交谈中避免使用批评、讥笑、讽刺、威胁或其他影响交流的语言和手段。

（二）交谈的技巧

“交谈”是通过语言和非语言交流来影响或改变教育对象的知识结构、态度和行为的一个双向交流的过程，富有成效的交谈融汇了一系列包括说、倾听、提问、反馈和非语言交流在内的技巧。

1. 说的技巧　掌握谈话的技巧，就是要使用对方能够理解的语言和能够接受的方式，向教育对象提供适合个人需要的信息。

（1）谈话的内容明确，重点突出：一次谈话紧紧围绕一个主题，避免涉及内容过广。

（2）语调平稳，语速适中：避免过快和过慢，谈话过程中适当停顿，给对方以提问和思考的机会，避免长时间自己一个人说话。

（3）把握谈话内容的深度，语言通俗易懂：应根据谈话对象的身份、文化层次以及对健康问题的了解程度把握谈话内容的深度。用听者熟悉、能懂的语言，尽量避免使用专业词汇，最好使用当地语言和老百姓的习惯用语。

（4）适当重复重要的概念：一般在一次交谈过程中，重要的和不易理解的内容应重复两三次，以加强理解和记忆。

（5）注意观察，及时取得反馈：交谈过程中对方常常不自觉地以表情、动作等非语言形式表达自己的感受，要注意观察其情感变化及其内在涵义，这将有助于谈话的深入。

（6）恰当结束交谈：结束交谈前，需征求对方对本次交谈的看法，应再次强调本次交谈的要点，积极鼓励和肯定教育对象的表现，为下一次交流打下良好的基础。

（7）防止出现不良的交谈方式：①交谈中突然改变话题；②不适当的保证和不负责任的承诺；③过分表述自己的意见，主导交谈过程，在交谈中唱“独角戏”；④连珠炮式提问，使人难以接受；⑤对交谈对象的问题所答非所问；⑥对对方表现出不耐烦、轻蔑的态度或使用生硬、命令、教训式的语言；⑦过早下结论。

2. 倾听技巧　有效地听取对方讲话是人际交往的基本技能之一。倾听是通过有意识地听清每一个字句，观察和了解每一个字句的表达方式，借以洞察说话人的真正含义和感情。倾听不仅仅是认真和专心地听，还包括从听到的信息中了解对方的意图和情感，概括所听到和所理解的要点。只有了解了教育对象存在的问题，对问题的想法及其产生的根源，才能有效地进行健康教育工作。倾听时应注意以下一些问题：

（1）主动参与，给以积极的反馈：在听的过程中，采取稳重的姿势倾听，力求与说话者保持同一高度，始终保持友好和礼貌，利用各种语言和非语言的方式表示在认真听，使对方感到轻松和受到尊重。如双目注视对方，不断地用点头、发出“嗯、嗯”等赞同/理解语言、或重复关键词语的方法，表明对对方的理解和关注。

（2）集中精力，克服干扰：环境噪声、突然有人来访，以及听者的主观心理因素如分心、产生联想、急于表态等，都会给倾听带来干扰。健康教育工作者要有意识地克服和排除各种干扰，不应在听对方讲话时被其他事情干扰，如接电话、看文件、看表等；也不要急于表达自己的观点；更不要轻易地对对方的话作出评论等。

（3）充分听取对方的讲话：尽可能地多听，留意地听，努力发现对方对某一问题的了解程度和看法。不轻易做出判断，也不要急于做出回答。在倾听的过程中，不断进行分析，抓住要点，对敏感的问题，更要善于听出话外音，以捕捉真实的信息。不轻易打断对方的讲话，耐心地等对方讲完，但对于离题过远者、不善言表者，可给予适当的引导。

下面是有关倾听技巧的测验，也是一种自我评价的方法（表 3-1）。在所列的 10 种听的习惯中，给自己打分，统计总分，看看自己的倾听技巧怎么样。

表 3-1 倾听技巧自我评价表

听的习惯	出现的频率					
	几乎总是	常常	有时	罕见	没有	评分
1. 不能专心于别人的讲话内容，很容易由于别人讲错或特殊讲话方式而分散注意力						
2. 轻易打断别人的讲话						
3. 急于表达自己的意见						
4. 因外界干扰而中断谈话						
5. 听别人讲话时做其他事（如看别处，翻报纸等）						
6. 不能与对方用眼神交流						
7. 没有听懂也假装懂了						
8. 急于给对方作结论						
9. 不听其他声音如叹息、咳嗽						
10. 不注意别人的讲话内容，而着重于考虑自己将说什么或怎么做						

评分方法："几乎总是"2 分；"常常"4 分；"有时"6 分；"罕见"8 分；"没有"10 分。

评价标准：

● 总分等于或低于 50 分，你需要努力克服坏的倾听习惯，加强练习，锻炼倾听的技巧。

● 总分在 51 到 85 分之间，你的倾听习惯一般。通过实践可以有效改进听的技巧。

● 总分在 86 到 100 分之间，你有较好的倾听习惯，要保持下去，并进一步发扬和提高。

3. 提问技巧 有技巧的发问，可以鼓励对方倾谈，可以探究出问题的根源和获取深层次的信息。

（1）问题类型：提问的方式可大致分为 5 种类型，每种提问都会产生不同的谈话效果。

1）封闭式提问：对于简明的事实性信息，要求对方简短而准确的回答"是"或"不是"。例如，问："你抽烟吗？"答："抽"或"不抽"。封闭式提问不能获得较多的信息。

2）开放式提问：给回答一方以思考、判断和发挥的余地，问者可从对方的回答中获得较多的信息。例如，问："你中饭吃的什么菜呀？"答："芹菜、鸡蛋、鱼等。"

3）探索式提问：为进一步了解对方存在某种认识、信念、行为现象的产生原因。例如，问："你为什么不去医院做产前检查呀？"在人际交流中有时常用此类问题打破僵局，开始双方的交流。

4）诱导式提问：即偏向式提问，提问者把自己的观点加在问话中，有暗示对方的倾向。例如，问："你今天感觉好点了吧？"在了解病情、收集信息为主要目的时，应避免使用这类提问方法。但是，在有意提示对方注意某件事情的情况下，可以使用，如"你该去做产检了吧？"

5）复合式提问：在一句问话中包括了两个和两个以上的问题。如"你有抽烟喝酒的习惯吗？"此类问题使回答者感到困惑，应避免使用。

（2）提问技巧

1）提问时要注意对方的表情和感受，应创造轻松愉快的交流气氛，不要一个紧接一个问题地问。

2）要设法使服务对象感到所提问题与自己利益相关，才能吸引对方注意和回答问题。

3）对敏感问题的提问形式尤要注意，可以先问一般性问题，再逐步深入询问，不要单刀直入，还要注意选择适宜的交谈环境、时间和地点。

4）要了解对方知、信、行方面信息，应该使用开放式提问，避免使用封闭式提问。

5）探索式提问可以帮助打破僵局，促进交流，也适用于了解敏感信息。

6）要想收集真实信息，不能用诱导式提问。

7）问题尽量简练、明确，不提复合式问题。

4. 反馈技巧 反馈技巧（feedback skills）是指对对方表达出来的情感或言行作出恰当的反应，可使谈话进一步深入，也可使对方得到激励和指导。

（1）三种方式的反馈

1）语言反馈：就是用语言来表达反馈信息。运用语言给以反馈，较为准确、直接和及时。

2）“体语”反馈：用动作、表情等“身体语言”给予反馈。

3）书面反馈：利用书面上的文字或符号做出反应。在不宜用语言和体语进行反馈的情况下，可以用文字或符号来传递反馈信息。

（2）三种性质的反馈：即常用的反馈方法。

1）肯定性反馈：是对谈话对方的正确言行表示赞同和支持。肯定性反馈会使对方感到愉快，受到鼓舞而易于接受。在技能训练、健康咨询、行为干预时，运用肯定性反馈尤为重要。除了语言外，也可用点头、微笑等非语言形式予以肯定。

2）否定性反馈：是对对方不正确的言行、或存在的问题提出否定性意见。否定性反馈应注意两个原则：首先肯定对方值得肯定的一面，力求心理上的接近；同时用建议的方式指出问题所在。否定性反馈的意义在于，使谈话对方保持心理上的平衡，易于接受批评意见和建议，敢于正视自己存在的问题。

3）模糊性反馈：向对方做出表示没有明确态度和立场的反应。适用于暂时回避对方某些敏感问题或难以回答的问题。

（3）恰当运用反馈技巧

1）在听对方的陈述时，要集中注意力，并随时用表情、体语来表示自己对对方谈话的兴趣，如微笑、点头等，以支持对方把交流进行下去；

2）恰当运用体语，如与同性别服务对象交流时可以适当将座位靠近，以表示亲近，拍拍对方肩膀表示鼓励等；

3）支持对方的正确观点和行为要态度鲜明；

4）纠正对方错误观点和行为要和缓、婉转、耐心；

5）对有些敏感问题和难于回答的问题可以暂时回避，不作正面回答；

6）对于知识性问题或决策性问题，不要给对方似是而非、含糊不清的回答；

7）搞清对方问题的核心，不要答非所问；

8）了解对方的意图，针对问题的实质，给予解答；

9）对于不同的人提出同样的问题，回答可以因人而异。根据当事人的背景、性别、年龄、文化程度、宗教信仰、性格等情况，给予恰当的回答；

10）反馈时要根据场景和问题的特点，选择适当的反馈方式，有时可以用语言反馈，有时需要用体语作反馈。

5. 非语言传播技巧　非语言传播技巧指以动作、姿态等非语言形式传递信息的过程。美国学者雷·伯德惠斯特尔（L. Birdwhistell）认为，人际交流中大约65%的信息是通过非语言形式传播的。非语言传播，常常是人的心理活动的自然反应，是无意识的。因此，表情、眼神、语音、语调等都有着丰富而真实的信息内涵。不注意非语言传播的作用，有时会对沟通带来有害影响。如临床工作中，医务人员不耐烦的表情、不客气的训斥、衣帽不整的装束等，都会给病人带来紧张、焦虑甚至逆反心理。

非语言传播形式融会贯通在说话、倾听、反馈、提问等技巧之中。下列是在交谈过程中应注意的非语言传播技巧：

（1）注意运用动态体语：即通过无言的动作来传情达意。如用手势来强调某事的重要性；以皱眉、点头的表情来表示对病人的理解和同情；以注视对方的眼神表明在认真地听，表明对对方的重视和尊重。

（2）注意个人的仪表形象：仪表服饰、体态、姿势等属于静态体语，与行为举止一样，它能够显示人的身份、气质、态度及文化修养，有着丰富的信息功能。在与群众接触时，衣着整洁大方，举止稳重，使人易于信任，易于接近。

（3）恰当运用类语言：指说话时的语音、语调、节奏以及鼻音、喉音等辅助性发音。在交谈中适时适度地改变声调、音量和节奏，可有效地引起注意，调节气氛。

（4）创造适宜的时空语：首先，安排适宜的交谈环境，安静整洁的环境给人以安全感和轻松感；其次，与交流对象保持适当的距离。此外，谈话双方的相对高度也是创造交流气氛的一个要素。一般来讲，人们处于同一高度时，较易建立融洽的交流关系。

二、劝服技巧

劝服（persuasion）就是通过种种传播手段，劝说那些身处高度危害健康因素威胁下的人们“弃旧迎新”，自觉地改变多年形成的不良生活习惯，努力学习并养成有利于促进健康的生活方式。简言之，劝服就是传播者试图通过信息交流来改变他人态度和行为的一种努力。

（一）劝服成功的基础

1. 作有威望、令人信赖的劝服者 大量实践证明，劝服者的威望与信誉，是劝服成功的重要条件。劝服者的威望，是在被劝服者心目中形成的对劝服者的信服和尊重，它对人有一种无形的影响力。劝服者的威望越高，其讲出的道理就越能令人信服，劝服效果就越好。

2. 争取被劝服者的积极参与 如果劝服对象持有抵触情绪或缺乏自信心，其理智分析能力往往下降，不能正确认识和评价自己的言行与观点，关闭了接受新信息的大门，使思想交流堵塞，便增加了劝服的困难。

3. 有针对性的劝服内容与方法 在劝服工作中必须首先了解劝服对象的社会背景、文化程度，了解其不同的健康状况与健康需求；了解其不同的心理特点与认知能力，对行为改变的影响因素作认真分析。进而明确劝服目的，确定相应的劝服内容，因人制宜选择劝服方法和步骤，制定最佳的劝服方案。

4. 创建融洽畅通的劝服气氛 劝服的成功，必须是在劝服者与被劝服者心灵相融、信息交流畅通的基础上才能实现。如果环境嘈杂，外界干扰因素多，或者双方话不投机，互相不信任，劝服信息就只能当耳旁风。因此，劝服者应努力去接近对方，以和善的态度，宽松的环境，促进心理沟通，创造出一个轻松融洽的劝服气氛。

（二）劝服的常用方法

1. 恐惧唤醒法 健康信息的传播，大量地运用恐惧唤醒的方法来激发人们的危机意识和紧张心理，促成他们的态度和行为发生改变。如“吸烟有害，可致肺癌”。在一定条件下，通过“敲警钟”来刺激人们的恐惧心理，可以产生健康动机，是一种必要、有效的劝服手段。

心理学认为，恐惧信息可使人产生两种反应：第一、恐惧控制反应，即受威胁者想控制由威胁引起的恐惧和动机冲突，他或是回避威胁，逃离情境，或是做出“合理化解释”，自圆其说，以解除心理矛盾；第二、抗衡反应，即正视威胁存在，接受避免威胁的方法，探讨消除原因的根本办法，这是一种理智的反应。

研究表明，强烈的恐惧心理能导致人的态度发生更大变化，因为它能增加激动，激发更强的注意，因而接受健康信息的动力也会有所增加。但是，过度的情绪紧张会导致自发的心理防御反应，并使受传者曲解讯息内容。1953 年 I.L.贾尼斯与 H.H.凯利以牙齿保健为命题，在几组中学生中给以不同强度的表现口腔疾病的信息，其结果，轻度和中度恐惧组接受劝告者较多。还有人以“吸烟与肺癌”为命题，对吸烟者作了类似的研究，得出相似的结论。在实验中，中等恐惧组只看到肺癌的 X 线片子以及对症状的口述报告，高度恐惧组观看一部肺癌手术过程的彩色纪录片，被试者可以清晰地看到胸腔内糜烂的肺叶被切除。其结果，中等恐惧组改变吸烟态度者反而比高度恐惧组多。

在健康教育工作中，应用恐惧唤醒法，可通过提供反面信息来引发人们对疾病威胁的认识，但在实际应用中，应注意：

（1）当人们对某一健康问题尚处无知或知之不多的状态，采用恐惧唤醒方式，可以引起警觉，提高反应能力和思考能力，促进态度改变，从而收到良好的劝服效果。

（2）在运用反面材料时要注意，一是要实事求是，不能夸大事实，失去科学性；二是在说明危害时，要指出这类危害是可以预防和避免的。

（3）如果某人对某健康问题已高度恐惧（如恐癌症），再给他以恐吓性信息，反而会使他采取回避态度，降低理智思考、采取正确行为的能力。在这种情况下，应代之以提供积极性信息，让劝服对象了解危害因素的可控性和可预防性；提供指导性信息，提出解决问题的方法，从而降低其恐惧心理，激发保健行为。

2. 论证法　为使对方改变态度，劝服者必须以一定的理由为论据，对劝服的问题进行论证，向对方说明其真实性、正确性或必要性，即所谓“晓之以理”。

理由充足的论据必须具备以下三个特点：一是真实确凿；二是全面充分；三是和所论证的问题有内在联系，三个特点缺一不可。

论证的方法主要有：

（1）直接证明：运用事实和道理作依据，证明某个观点的正确性和真实性。如用父母吸烟导致儿童呼吸系统疾病患病率高的数据资料来论证被动吸烟有害。

（2）间接证明：又称反证法，即用反驳的方法证实某观点是不对的，从而间接证明自己的论点是正确和真实的。例如，对声称“不干不净，吃了没病”的人，列举周围人因食用不洁食物导致疾病的事实，指出其观点的错误，从而证实注重饮食卫生的必要性。

（3）归谬法：即不直接反对对方的错误观点，而是假设对方的观点持之有理，然后引出一个对方也不得不承认是荒谬的结论来，甘心情愿地放弃原有的错误观点，从而接受劝告。对固执己见的人，在直接反驳无效的情况下，可采用这种方法。

3. 人际效应法　在人际交往中，有许多可以用来转变个人态度的心理效应。比如，如果谈话双方感到有共同点（爱好、性格、语言表达等），就会促使相互认同，从而增强相互影响力，易于接受劝导和说服。如果被劝服者对劝服者比较信任、抱有好感，就容易接受劝服者的观点。因此，应该适当运用这些心理效应提高劝服的效果。这也就是常说的“动之以情”。

（1）名片效应：名片效应是指一个人在与他人谈话时，在谈出自己的基本观点之前，先谈论自己与对方一致性的意见。例如，“我理解你的处境。要是我，当时也会那样。”先亮出这种“名片”，使对方形成一种印象，感到双方有共同点，从而减少对方的防御心理，易于接受劝导和说服。

（2）表同效应：在社会交往中，人与人之间的相似之处会促使人相互认同。如两个人在志趣、爱好、气质、性格、职业、语言表达等方面具有相似之处，会使二人产生一种同一性知觉，产生人际吸引力，从而增强相互影响力，容易接受对方的观点、态度以至行为方式。

（3）情感效应：如果被劝服者对劝服者抱有好感，他就容易接受劝服者的观点；反之，如果劝服对象对劝服者感到讨厌、反感，他就会对劝服者的观点持挑剔的态度。这种现象就是情感效应。一个人对他人的好感来自几个方面：一是仪表，美的仪表给人以美的感受，使人对其谈话内容也易产生好感，从而接受之；二是共同语言，劝服者与劝服对象之间谈话越投机，越易产生好感，劝服者的谈话也就越易被接受。善于寻找共同语言者，会使劝服更为有效；三是人际接触的次数和范围，如果一个人对某人的接触越广泛，次数越多，则态度转变的可能性越大，反感可能会转化为好感。因此，采用一定方式使劝服者与劝服对象保持经常性的接触，是促使劝服对象态度改变的一种方式。

（4）首因效应：又叫优先效应，在进行正反两方面的论证时，如果两种材料连续提供，应当先叙述正面、后提出反面的材料，使正面意见“先入为主”，形成深刻印象，从而使人易于接受。

三、健 康 咨 询

健康咨询（health consultation）是健康教育人员解答来询者提出的各种健康问题，帮助个人避免或消除不良心理因素，做出健康行为决策，以增进身心健康的过程。健康咨询有个别咨询、集体咨询、门诊咨询、电话咨询、街头咨询等多种形式。随着社会的健康需求不断增长，健康咨询在基层健康教育中越来越显得重要。

（一）健康咨询的基本原则

1. 建立良好的关系 健康咨询者要和蔼可亲，以诚待人，努力与咨询对象建立良好的咨询关系，使来询者感到咨询者是可以依赖的、诚恳的和有能力的，乐于与他信任的人谈自己的问题。

2. 针对性原则 由于存在个体差异，在心理困扰方面的表现也不尽相同。即使是同一类问题，其表现形式也不一样。因此，咨询者应了解问题的特殊性及其背景，有针对性地运用不同的咨询方法。

3. 中立情感的原则 咨询者应当站在当事人的角度去看待问题，理解和接受对方的情感，但又不能使自己的情感随着来询者的情绪变化而转移。咨询者在情绪方面保持中立状态，才能对事物做出客观判断和客观分析。

4. 保密性原则 尊重来询者的权利和隐私，是咨询人员最基本的职业道德。保密性原则包括如下内容：

（1）不能在任何场合谈论来询者隐私，包括与专业人员或非专业人员谈话。

（2）不能向来询者的亲属、朋友、同事、领导等谈及来询者的隐私，除非争得来询者本人的同意。

（3）除本部门确定的专业人员外，不允许任何人查阅咨询档案。

（4）除来询者触犯法律，并经公检法机关认定出具证明外，任何机构和个人不得借阅心理咨询档案。

（二）健康咨询的常用技巧

1. 交谈技巧 交谈是个双向交流的过程，咨询者要使用对方能够理解的语言和能够接受的方式，向教育对象提供适合个人需要的信息。

（1）提供的信息应尽量做到清楚、具体而又谨慎。所谓谨慎是指咨询者在讲话时，注意语言表达方式，而不至于使对方感到恐惧或威胁。

（2）把握谈话分寸，避免把话说得太绝对。当对来询者进行信息反馈时，不能把话说得十分绝对。较好的方法通常是从肯定开始，然后以指出弱点或问题症结结束；如果反过来做，来访者可能会变得充满戒心，情绪低落，以致听不进对问题讨论的重要部分。

（3）使用建议性语言。咨询者应使用建议性语言，不是命令或者劝告的语言。例如，咨询者不能说“你不要太担忧”一类的话。人们对问题自然会产生担忧和恐惧心理，出色的咨询者要理解和接受对方的情感，要帮助人们正确地意识自己的感情，并且善于克服心理压力，寻找解决问题的途径。

（4）注意观察，及时取得反馈。交谈过程中对方常常不自觉地以表情、动作等非语言形式表达他的感受，要注意观察其情感变化及其内在含义，这将有助于对其谈话的深入。

（5）交谈过程适当停顿。交谈过程中作适当停顿，给对方以提问和思考的机会。

（6）充分听取对方的讲话。倾诉与倾听，构成了咨询交流的基础。听的过程中，不断进行分析，抓住要点。不轻易打断对方的讲话，不轻易做出判断，也不要急于做出回答，但对讲话离题过远或不善言表者，可给以适当的引导。

（7）采用开放式和探索式提问。在咨询开始时，可运用开放式、探索式提问技巧提出问题，以收集到预期想要了解的信息。

2. 强化技巧 在咨询对象认识到问题所在，选择行为决策，实现咨询目标后，给以积极性强化是巩固咨询成果的一种重要手段。积极性强化是通过语言和非语言反应来表扬、激励他人的过程。在结束交谈前，除再次强调本次交谈的要点，征求教育对象对本次交谈的看法外，还应用积极的语言对教育对象的表现加以鼓励和肯定，为下一次交流打下良好的基础。

（1）语言性强化：是用语言激励咨询对象保持某一行为。语言性强化大致可分为四种类型：

1）自然性强化：指用词汇或短句来表示同意对方的言论或行为。如“好”、“对”、“是的”。这一类不太强烈的强化技巧，有时知识礼节性的表达，但它是讲话人所期望的反应。

2）评价性强化：对当事人做出的努力给以正面评价，这是一种强有力的强化手段。例如：“你已经尽了力”；“说得好”；“这是个成功的尝试”。评价性强化通常由咨询人员用来激励当事人继续努力。

3）支持性强化：用于表达对对方的理解和鼓励，表明咨询者是在公正客观地考虑和感受当事人的处境。例如，“我十分理解你的感受”，支持性强化适用于咨询对象需要同情和理解的情境，在咨询过程中，广泛应用。

4）个人性强化：与评价性强化不同，个人性强化着眼于对人身体的某些方面进行评价，而不是针对他的行为表现。例如：“你今天看来气色很好”，或“你的新发型很适合你”。面对情绪正在好转的当事人、康复期病人、下定决心的戒烟者，适时的几句“奉承”，无疑是对他最好的行为强化剂。

（2）非语言性强化：用微笑、点头、目光注视对方是常用的非语言强化手段。某些身体接触，如用手拍拍对方肩膀；某些手势，如竖起拇指都是用来表示支持、鼓励、赞赏的非语言强化技巧。

3. 自我开放技巧 相互了解是建立融洽人际关系的基础，也是开展咨询的必要前提。在人际交流过程中，相互了解在很大程度上取决于双方的自我开放。

自我开放（self-disclosure），亦称自我暴露，即向他人揭示自我内心世界，使他人了解自己的愿望、感觉和行为。自我开放是激发更深层次交流的必要手段。在咨询过程中，自我开放的一个重要作用就是通过鼓励咨询对象自我开放，不仅使咨询人员获得有价值的信息，而且使当事人更多地了解自己，发现自己，从而更全面地认识自身存在的问题。

关于自我开放的基本理论，可通过由心理学家约瑟夫·鲁夫特（Joseph luft）和哈里·莫厄姆（Harry Ingram）二人提出的“约哈瑞窗”作一浅析。如图 3-5 所示，一个人的自我包含有四个方面：①开放区域，关于自我的自知，他人亦知的信息，如个人的相貌、身材、社会背景等；②盲目区域，关于自我的他知而自不知的信息，如一个人具有的某些缺点，旁观者清，而自己却浑然不觉；③隐秘区域，关于自我的自知，而他不知的信息，如个人的某些隐私，内心的愿望等；④未知区域，关于自我的自不知、他人亦不知的信息，如人的潜在意识、潜在才能。

以上几个区域的大小，在实际交流过程中会发生相对变化。其基本原理是，通过双方的自我暴露，把个人的思想情况告知他人，使自我信息由隐私区向开放区转化，从而扩大了自我了解和相互了解。

	自知	自不知
他知	1 开放	2 盲目
他不知	3 隐秘	4 未知

图 3-5 约哈瑞窗（Johari Window）

4. 克服不良的咨询行为

（1）说教：以教育者自居，用教训人的口吻进行交谈，过分责备，这样做不能促进深入的交谈，只能使咨询停滞。

（2）不成熟的劝告：见于在问题尚未了解清楚或需要咨询对象自己做出行为决策时，急于提出建议或劝告，其结果是咨询对象服从了健康教育者的观点，但却没有满足来询者的真正需要。

（3）刺探：用刺探的口吻询问咨询对象不愿说出或不可能说出的信息，容易导致病人的不信任感或防备心理。

（4）轻率的保证：不负责任的承诺，事后又不能落实，实际上不能帮助咨询对象解决问题，只会增加群众对基层健康教育人员的不信任感。

（5）轻视的态度：以轻视的态度对待咨询对象，如认为“这么点小事你就受不了”，这样容易导致与来询者的关系不融洽，阻碍有效的交谈和深入讨论。

四、健康传播材料的制作与使用技巧

案例 3-3：

2003 年“非典”暴发期间，全国各地疾病预防控制中心开展了形式多样的群众性健康教育活动。编印健康教育材料在公共场所张贴或分发到群众手中，是普遍采用的形式之一。为了评价各种材料的传播效果，选择了广东省疾病预防控制中心制作的“传染性非典型肺炎基本知识与预防措施”宣传海报和折页进行研究。二者传播内容完全相同，仅制作形式不同。其核心信息包括：“非典”是一种传染病，“非典”的主要症状有发烧、咳嗽，“非典”病人是传染源，“非典”主要通过空气飞沫和与病人接触传，不要接触“非典”病人，出现发烧、咳嗽要尽快到医院看病和不要接触可疑动物等共 7 条。核心信息相同时，材料的效果评分取决于制作形式。在制作海报类健康教育材料时要注意文字、配图和色彩的普遍接受性，在制作折页类材料时，要充分考虑受众的年龄和文化程度等人口学特征。设计制作针对不同目标人群的折页材料，可以达到更好的传播效果。

问题：

你认为在健康教育项目中，如何选用合适的健康教育材料？

健康传播材料（health communication materials）是指配合健康教育与健康促进活动使用的印刷材料与声像材料。在制订健康传播计划时首先应考虑从现有的传播材料中选择可利用的传播材料，以便节约时间和资源。但是，在现有的信息或材料不充足时，则需要制作新的传播材料，以满足传播活动和受众的需要。

作为健康教育与健康促进的重要干预策略，有效的健康传播活动必须致力于倡导健康的生活方式，改变目标人群不良的行为和习惯。这就要求健康教育工作者强化以受众为中心的思想，在健康传播项目中加强受众研究，制定适宜的传播策略，研制适用的传播材料。

（一）健康传播材料制作程序

本着“以受众为中心”的指导思想，健康传播材料的制作应遵循如下程序：

1. 分析需求和确定信息 以查阅文献、受众调查等方法对有关政策、组织机构能力、媒介资源、受众特征及其需求进行调查分析，为制作健康传播材料掌握第一手资料，初步确定健康传播材料的信息内容。

2. 制订计划 在需求分析基础之上，根据信息内容和其他条件制订材料制作计划，计划应包括确定目标人群、材料的种类、使用范围、发放渠道、使用方法、预试验与评价方法、经费预算等。

3. 形成初稿 初稿的设计过程就是讯息的研究与形成过程。要根据确定的信息内容和制作计划，设计出材料初稿，形成核心信息，根据目标人群的文化程度和接受能力决定信息复杂程度和信息量的大小。

4. 预试验 传播材料预试验（pre-testing）是指在材料最终定稿和投入生产之前，在目标人群的典型代表中进行试验性使用，系统收集目标人群对该讯息的反应，并根据反馈意见对材料进行反复修改的过程。

5. 生产发放与使用　预试验结束后，将材料终稿交付有关负责人员审阅批准，按照计划安排制作和生产。确定和落实材料的发放渠道，以保证将足够的材料发放到目标人群手中，同时对材料的使用人员（社区积极分子、专兼职健康教育人员）进行必要的培训，使他们懂得如何有效地使用这些材料。

6. 监测与评价　在材料使用过程中，认真监测材料的发放和使用情况，在实际条件下对材料的制作质量、发放与使用情况、传播效果作出评价，以便总结经验，发现不足，用以指导新的传播材料的制作计划。如此循环往复，形成健康传播材料制作的不断循环发展的过程（图 3-6）。

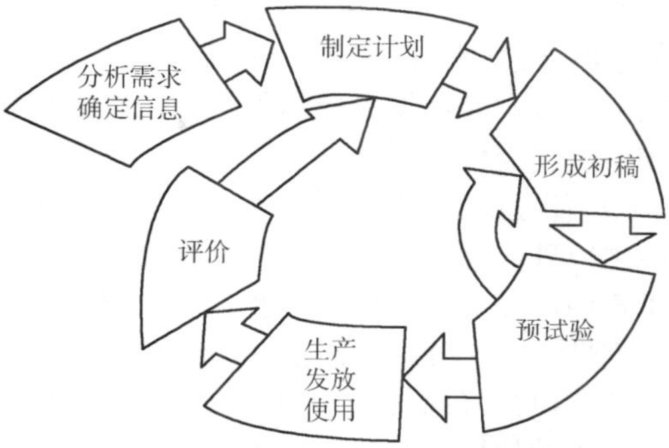

图 3-6　健康传播材料制作程序

（二）讯息形成与材料设计

研究目标人群的需求信息，并据此以适宜的形式将信息内容表达出来，便是讯息形成的过程。

在健康讯息设计过程中应避免单纯从传播者的主观意志出发，应遵循讯息设计的基本原则，根据目标人群特征及其信息需求设计健康讯息。

1. 针对目标人群，分析讯息需求

（1）政策制定者：需要权威性的、条理清晰的信息，这种信息应是客观的且宏观的，并且避免使用过多的技术性语言。

（2）项目管理者：他们要在决策者、医务人员和社区群众之间迅速而准确地传递信息，因此，他们需要较为具体的信息，需要有关方法学方面的技术性信息，如开展某活动的实施方案。

（3）临床医护人员：为了向群众提供科学、准确的健康信息，他们需要详尽的技术性信息，为了提高交流效果，他们还需要接受人际传播技能的培训。

（4）基层工作者：包括乡村医生、兼职健康教育员、居委会（村）妇女干部、志愿者等。他们需要简单实用、具有标准化信息的健康教育材料，以支持他们开展面对面的传播活动，如《基层妇幼健康教育指导手册》。

（5）群众/患者：他们是健康传播的最终目标人群。他们需要了解基本的健康知识，掌握具体的操作技能，需要受到鼓励和支持，以便采纳所提倡的健康行为。因此，应针对目标人群特点，设计和制作适用传播材料。

2. 根据传播主题，形成核心信息　任何健康传播项目，都有其传播主题。根据传播项目中所要强调的传播主题，在受众研究的基础上形成核心信息，是进行健康讯息设计的重要环节。核心信息是传播干预的行为焦点，是设计健康讯息和传播材料的依据。如围绕“安全注射”这一传播主题，便可相应形成“儿童除了打疫苗，减少注射最安全”、“能吃药就不用打针，能打针就不输液”、“不安全注射可以传播乙肝、艾滋病”等核心信息。

3. 讯息表达形式的设计　在实践中，许多健康传播活动未能取得预期的成功，其原因之一是由于健康传播者仅仅在用枯燥无味的文字强调干巴巴的医学事实。他们忽略了这一点：健康传播者感兴趣的命题并不都会引起他人的注意和共鸣。因此，我们应探索多条途径，使健康讯息充满吸引力，激发人们的学习兴趣。这就涉及讯息设计的问题。

（1）引人注目的讯息特征：研究表明，如果所传递的讯息具有某些特征，就容易作用于受传者的感官，引起受传者的注意和兴趣。了解了这些特征，掌握和利用这些特征为讯息设计服务，就有助于提高健康传播的效果。概括讲，易引起受传者注意的讯息特征分为物理性和心理性两大类。

1）物理性特征包括：①大小：同一类讯息中，讯息表现形式越大越易引起受传者注意；②强度：同类讯息，强度较强者，较易引起受传者注意；③色彩：暖色调较冷色调更引人注目；④图画：与一般文字印刷材料相比较，有插图或图片的材料易受到注意。

2）心理性特征包括：①新鲜感：使受传者感到异常的、不熟悉或意外的物体或事物，较易引起他们的注意；②需求欲：受传者认为自己需要，或与己有关的事物，易引起兴趣；③深层次的动机：可激发起生物本能的讯息，较易引起受传者注意；④娱乐：凡幽默、轻松、有刺激性的讯息较易引起受传者注意。

（2）讯息的表达形式：根据传播目的和受众的人群特征来设计具体的健康讯息。用说理性讯息晓之以理，还是用情感性讯息动之以情；以积极肯定的语言或形象施以正面教育，还是以恐惧性讯息引起警觉，施以反面教育；以幽默性讯息引人在发笑后深思，还是用严肃性讯息告之问题的严重性；以一面性讯息强化人们的固有观念，还是提供正反两方面的讯息使人做出自己的抉择；以大众化讯息广而告之，如“保护环境，从你我做起”，还是以个人性讯息给以个别指导，“你想倾诉心中的烦恼吗？请到社区阳光聊天室来”。讯息表达方式不同，传播效果也会各异。

在健康传播中，一则好的文字讯息具有如下特点：①紧扣预期目标和传播主题；②内容准确、具体、清楚、易懂；③语言生动，对受众有吸引力，有说服力；④切合实际，符合目标人群的心理、社会、经济、生活、能力等状况；⑤适用于所选择的媒介；⑥实用性强，具有行为指导性。

同样，图画讯息除符合上述要求外，还应符合下列讯息表达的原则：①注意非语言符号与语言符号的协调一致；②真实地再现生活，避免过度夸张；③主题突出，一个画面表示一种信息内容；④色彩协调，符合人们的欣赏习惯。

（三）健康传播材料的使用技巧

在健康教育活动中适当地使用健康教育材料，可以起到如下作用：①吸引受众的注意；②提高教育对象对卫生保健知识的理解和记忆；③有助于解释抽象的或敏感性问题，如女性生殖器官的解剖部位；④有助于教育对象学习和掌握操作技能，如成年妇女如何进行乳癌自检；⑤有助于传播者准确、完整地在不同场合向不同教育对象提供标准化信息，从而保证健康传播的效果。

根据对象不同，健康教育材料的使用技巧可分为：

1. 使用面向个体的材料 一般来说，发放给个人或家庭中使用的健康教育处方、图片、折页、小册子等健康教育材料，应当对材料的使用方法给以具体指导。主要技巧有：

（1）向教育对象强调学习和使用材料的重要性，引起对方的重视；

（2）提示材料中的重点内容，引导教育对象加强学习和记忆；

（3）讲解具体的使用或操作方法，使教育对象能够遵照有关步骤自行操作；

（4）在病人复诊或再次进行家访时，了解材料的保管和使用情况，必要时再次给以辅导。

2. 使用面向群体的材料 在组织健康教育培训、专题讲座或小组讨论时，常常需用挂图、幻灯、投影片、模型等辅助性教材。在使用这些面向群体的健康教育材料时，主要技巧是：

（1）距离适中，向教育对象显示的文字、图画要让他们看得见，看得清；

（2）面向大家，身体站在一侧，避免挡住部分与会者的视线；

（3）重点讲解材料中的主要内容，边讲解边指示；

（4）有计划地提出问题或让大家提问题，对不清楚的地方作进一步的解释；

（5）活动结束时，总结要点，以加强印象。

3. 使用面向大众的材料 在公共场所或单位张贴的宣传画、卫生报刊、布置的宣传栏等属于此类。使用时应注意：

（1）地点便利，选择目标人群经常通过且易于驻足的地方；

（2）位置适宜，挂贴的高度应以成人看阅时不必过于仰头为宜；

（3）定期更换，一种材料不宜留置过久，应适时更换，使读者保持新鲜感；

（4）注意维护和保管，发现有损坏者应及时修补或更换。

思　考　题

1. 简述人际关系的概念及特点。

2. 请运用拉斯韦尔五因素传播模式，就如何有效地开展学校控烟项目进行阐述。

3. 以肥胖防治为例，阐述影响其健康信息传播效果的因素及对策。

4. 举例说明，作为医务工作者在实际工作中如何灵活运用健康传播技巧？

5. 案例题：一位由家人陪伴的孕妇来到病房，医护人员热情迎接，主动将其搀扶到病床休息，和蔼地与孕妇进行沟通。

医生："李大姐，您好！欢迎您来到我科住院分娩，感谢您对我们的信任，您有什么要求尽管对我们说，我会帮助您的。"

孕妇："好的，说心里话，来到医院的心情既高兴又有些担忧，我害怕分娩时的疼痛不适，腹中孩子能否顺利娩出……"

医生："分娩是一个自然的生理过程，分娩期疼痛与许多因素有关，您可能听到一些来自社会上对分娩的不正确的传言，加上对分娩缺乏科学的认识，因此觉得分娩比想象的痛苦，其实，确保分娩安全、无痛苦也是医生、护士关注的问题，我们会选择安全、迅速、有效的镇痛方式，还会教您一些应对技巧来减轻分娩的不适感。这需要您保持良好的心态，积极配合。"

孕妇："我有一个朋友生小孩时难产，我担心自己能不能顺产？"

医生："大姐，您在产前做了一系列的检查，您的胎位正，整个妊娠过程较顺利，没有发生高血压、水肿或其他不适，您身体健康，对自己分娩要有信心啊！并且产房有医生、助产士守护在您身边，在分娩过程中能正确指导您如何很好地配合产程的进展，她们的技术也是一流的，如果有什么特殊情况，能及时与您及家人取得联系，您不必过分担心。"

孕妇微笑着点点头，说："我信任你们，我会积极配合好的。"

根据本案例分析：

（1）医生与孕妇的沟通是否成功？在传播知识过程中运用了哪些技巧？

（2）在与孕妇沟通时，医生除了具备良好的专业素质外，还应注意哪些问题？

（重庆医科大学　王　宏）

第四章 健康教育与自我保健

案例 4-1：程书钧院士与自我保健

程书钧，我国著名的肿瘤学家，全国政协委员，中国工程院院士，国家“937”肿瘤项目首席科学家。在《长寿》杂志2006年第6期文章中，他曾说：“我是研究癌症防治的，所以，我自己必须‘以身作则’，注重防癌，注意保健。”

他告诉记者说：“我非常喜好运动，平时最常做的运动就是散步。我每天散步5公里，为了保证散步的数量，我自备有计步器，走得够不够数计步器上都有显示。能走路是一种福气，人到老年只有能够走路，才能保证大脑正常工作，生命质量才不会下降。因此，无论是外出开会，还是去办事，只要距离允许，我都是步行去。在单位，我的工作地点在医院的八楼，我通常不乘电梯，而是直接步行上楼梯至办公室，我已经有20年这样做了，自我感觉体力还是可行的。同时，我买了质量较好的鞋子，以保护膝关节，使关节在走路时不受损伤。经常走路使我身轻体健，感觉浑身充满了活力。”他继续说：“在饮食上，我很注重营养的均衡，蛋白质、维生素等每天都要摄入。我比较喜欢吃鱼、豆腐、新鲜蔬菜和水果。鱼和豆腐主要保证供应优质蛋白质，新鲜蔬菜和水果主要保证维生素的供应。其他有益健康的食物，我也不拒绝，经常摄入。我这几十年一直坚持。生活习惯上，不吸烟，不饮酒。我的社会活动较多，相应地，出席各种宴会的机会也多。对于宴会，我很少参加，总是托词避开，主要是没有时间和精力去应酬，同时也是想远离酒肉等膏粱厚味的诱惑。通过运动和饮食调理，二三十年来，我的体重始终保持在65公斤左右，相对于我的身高来说是比较协调的，应该属于标准体型。过胖过瘦都对身体健康不利。”

对于保持良好的心理状态，程院士认为这非常重要：“良好的心理因素是预防疾病包括癌症的重要因素。对工作保持一个充分的热情和合理的心态，我觉得这是预防疾病一个比较可行的办法。‘充分的热情’指的是对国家交给的工作任务要全身心地投入，加快工作步伐，争取早出成果。‘合理的心态’就是指的要用科学的精神去搞科研，做到劳逸结合，有张有弛，既要完成工作任务，又要保证自己的健康。我觉得，这是比较正确、合理的心态。”

问题：

1. 谈谈如何进行自我保健。
2. 试述提高人们自我保健水平的重要性。

随着国民经济的发展和人民群众生活水平、教育水平的提高，人们对医疗保健的要求也越来越高，从有病能够获得治疗到要求好效果，尽量减少痛苦，进而要求能够预防疾病，使身体免患疾病，并能解决精神和心理方面的问题。

在生物-心理-社会医学模式的影响下，人们已逐渐认识到必须依靠自己来保护自己的健康。也就是说，要靠自己的主观能动性去改变生理、心理和人类生存环境，从而使人们得到健康。因此，可以说自我保健是医学发展的必然趋势，是医学模式转变的必然结果。有很多疾病是可以通过改变不良环境，转变不讲卫生习惯行为或自我保健达到预防、控制疾病或取得良好的康复效果。因此，要大力普及卫生防病知识，提高广大人民群众个人卫生、环境卫生以及衣食住行等多方面的卫生知识水平，增强自我保健意识和能力，改变不良的习惯。这是提高群体和个体预防保健水平的一个重要方面。

第1节　自我保健的概述

一、自我保健的概念

自我保健（self health care）是指在发病前期为增强人群健康状况总体水平所采取的健康行为和干预措施，使之具有健全的体魄和行为心态。实行自我保健是一种为适应疾病谱、死因谱改变，医学模式的转变，人们对健康观念认识的深化所采取的保持健康的重要手段；实行自我保健是实现“人人享有卫生保健”目标，实行世界卫生组织（WHO）倡导的“健康为人人，人人为健康”的重要标志。自我保健侧重于提高个人、家庭的自我心理调适，提高社会心理素质和社会适应能力，建立身体、心理、行为和社会的全面健康意识和健康行为；侧重于临床前的病因预防，即三级预防中的第一级预防，以推动个人、家庭及社区消除不良个人卫生习惯和生活方式。

狭义的自我保健是个人的自我保健。通过个人对生理、心理及行为的调控，达到保持健康的目的。个人自我保健必须包括保护环境促进社会文明，否则，个人再怎么自我保健也无法抵御生态破坏和社会环境恶劣带来的侵害。

广义的自我保健是人类的自我保健，通过每个人保护环境、促进社会文明、自我完善，达到人与自然、人与社会、个人心身的和谐。

WHO认为，自我保健是指由个人、家庭、邻里、亲友和同事自发的卫生活动，并做出与卫生有关的决策。具体包括维护和促进健康、预防疾病、自我诊断、自我治疗（包括自我用药）以及在医疗机构诊治后的继续自我卫生保健等。在自我保健中一个突出的特点就是要“多依靠自己，少依赖医生”。要自己负起责任来，改进自己的卫生习惯、生活行为方式和环境条件，从身心两个方面进行自我调节，安排好个人的健康及医疗保健问题。然而，自我保健并非单纯指自己对自己的医学照顾，而是从健康的角度出发，在社会与医学部门的支持下，利用多种形式，采取一切有利于健康的措施，运用自助、互助的方式，达到卫生保健的目的。自我保健是人们为自身的健康利益，自我发现、自我保护、自我处理或协同医生自我治疗的一种保健行为方式。自我保健服务属于非职业性的卫生保健服务，自己来保护自己的健康，利用自己所掌握的医学知识和养生保健手段，依靠自己和家庭的力量对身体进行自我观察、诊断、治疗、护理和预防的活动，可以使自己养成一种良好的生活习惯，建立一套适合自己身体健康状况的养生方法，以达到健身祛病，延年益寿的目的。

自我保健强调在发病前期就进行干预，以增强人们健康状况的总体水平，并能使人有健全的体魄，能出色地工作，其目的是促进健康。一般说，自我保健是个人为自己或自己家庭利益所采取的大量有利于健康的行为，诸如不吸烟、不酗酒、注意合理营养和饮食卫生、加强体育锻炼、减少紧张等。自我保健医学，被称为是新兴的第五医学，与第一医学（临床医学）、第二医学（预防医学）、第三医学（康复医学）、第四医学（保健医学）相比较，其理论和实践方法的最大不同点是：它不仅仅以疾病和病人为对象，而是更加强调自我保护，倡导科学的自我保健，包括自我保健医学方法的应用。自我保健是人们为了自身的健康，自我发现、自我保护、自我处理、自我治疗的一种保健行为方式。

WHO要求所有的人“在其可能范围内开展自我保健”，其原则就是贯彻自我观察、自我治疗和自我预防。

自我观察（self observation）就是要观察自觉症状和自己的体征，如食欲、睡眠、体温、脉搏、呼吸、血压情况以及全身出现的某些异样反应和不适，然后，根据自己掌握的医学知识做出初步的判断和处理。如果自己难以判断，可及时向医务人员咨询或通过必要的检查以明确诊断。

自我治疗（self treatment）就是明确诊断后，可以采用物理疗法、饮食疗法、体育疗法、行为疗法、生活调理、心理疏导等手段，也可以采取药物疗法，达到祛病健身的目的。

自我预防（self prevition）就是建立良好的生活方式，戒除各种恶习，同时注意心理卫生、合理营养、劳逸结合。要合理调节饮食，做到膳食平衡，安排饭后适当的休息。心情要愉快，要多做好事，要善于静坐冥想。要适当安排户外活动，接受适度的日晒和雨淋，享受大自然的温馨和快乐，做到工作、娱乐、休息三不误。要定期进行体格检查，做到无病早防，有病早治，尽量防患于未然。

自我保健与疾病预防（disease prevention）含义不同。自我保健是在致病因子或机理尚不明确或尚未出现之前，使人尽可能地具有健全体魄而采取的各种措施，是对健康的人而言；而疾病预防则是为阻断致病因子或环境因素对人体发生作用的机会所采取的各种措施。所以自我保健具有更积极的意义，贯彻在三级预防中，它是第一级预防的核心。

自我保健是一个系统工程，需要通过普及有益身心健康的知识，增加保健意识，掌握基础卫生知识、方法和技巧，把适合自己的方法融合到日常的衣食住行中去。只有加强疾病的预防和保健，才能有的放矢地控制各种疾病的发生和发展，共同创建21世纪的健康新世界。随着医学模式的转变，我国卫生工作体制将会转向“以预防为主、防治结合的自我保健型卫生体制”，这是从宏观上强调自我保健的重要性。

二、自我保健有关理论

自我保健医学的基础理论，既涉及医学等有关的自然科学，又涉及社会科学。包括自我保健医学社会学、自我保健医学心理学、人体科学与自我保健医学、卫生经济学与自我保健医学、自我保健机体机制与精神神经免疫学，以及其他基础医学的实验研究。

自我保健医学是建立在交叉学科高度发展的基础上，尤其是建立在医学与心理学、行为科学和社会学等交叉学科的理论和技术基础之上。它的基本方法论为辩证唯物主义的“系统整体论”；其科学理论是建立在“大系统论”基础之上的模糊学理论、中介理论、耗散结构论与稳态学说、心理神经免疫学、控制论、信息论、协同论、突变论以及行为科学等现代科学理论的交叉和综合。下面着重介绍四种理论及其对自我保健医学的主要支持点。

（一）模糊学理论

世界上的事物可分为两类：一类是可进行精确测量和计算，称为精确事物；另一类是不能用精确方法进行测量和计算，称为模糊事物（例如中年、优质、高频、大国、高山、大河等）。模糊方法是用精确的数学来描述事物本身的模糊性的，而不是使数学变得模模糊糊，模糊性也是科学的概念。它能使人们对客观世界的认识更加完整而全面。

模糊性（fuzziness）总是伴随着复杂性而出现的，复杂性意味着因素的多样性、联系的多样性。生命现象及社会历史就是复杂性的典型。因素越多，联系越复杂，越难于精确化。大量可以进行精确描述的单因素交织在一起，必然产生具有新质的属性，即模糊性。生命是超巨系统，多因素、多层次纵横交错在一起，难于一刀切，难于作出精确描述的。事物的普遍联系性造成了事物复杂性和模糊性，这种情况在生命现象中尤其明显。人体是最复杂的生命有机体，正常的生命活动已万分复杂，再加上各种致病因素引起的各种生理活动的程度不同的异常，就使问题变得更加复杂化。另一方面，模糊性的根源还在于事物的发展变化性，这又恰是生命现象的特点，生命现象无时无刻不在变化发展中。变化性就是不确定性，变化就是对固定界限的否定。经验表明：对事物作分析研究时，容易看到清晰性，例如，现代医学侧重于分析，从而得到对人体的一些清晰概念；对事物作综合研究时，则容易见到模糊性，例如传统中医的特点在于运用整体概念，所以对人体得出的模糊概念较多。因为“分析”的着眼点是单因素，把大量其他因素暂时撇开，在纯粹状态下来考察某一因素，这易于作出清晰的结论；而“综合”的着眼点是众多因素的相互联系、相互作用和整体效应。模糊性是把事物放在普遍联系和普遍发展变化中观察时所呈现出来的一种关于事物整体性的特性，是反映诸多因素共同影响的综合性特性。过去，曾有过许多关于健康、疾病单因子的定义，都未获得公认。这是因为没有遵循普遍联系和普遍发展的客观事实，因而不能反映人体的本质属性的缘故。对于超巨系统的人体需作细致的考察，过分简单的公式不适用于复杂而变化的人体。自我保健医学是整体综合医学，它的许多概念、观点、理论以及技术方法都离不开模糊学理论的指导。

（二）中介理论

“中介”（intermediary）是辩证哲学的重要范畴。辩证法认为：一切两极对立都有中介。对立的两极通过中介而互相联系、相互转化。“一切差异都在中间阶段融合，一切对立都经过中间环节而转化过渡”。在不同的两极斗争中，这种中介过渡性又有区别。中介可大致分为两类：一类是中介不发达（不明显）的两极对立，在这种情况下，可略去中介，在非此即彼的意义上来考察两极的对立，这便称为清晰事物；另一类是对立的两极互相渗透、互相贯通，由一极到另一极之间呈现出一系列中介过渡的状态、环节或阶段。在医学界，过去一直存在着“非病即健康”、“健康即非病”的观点。其实，健康与疾病是对立的两极，两极之间存在着过渡中介状态。但长期以来对两者之间的中介过渡缺乏研究，这一局面因近几年来提出的“第三状态”论才被打破。

恩格斯关于一切差别和对立都是相对的、有条件的、可以相互转化的观点，也同样适用于医学中关于健康、疾病和第三状态的研究。它使人们从长期的绝对观念的影响中解放出来，认识到对事物的看法不能绝对化、机械化，从而为医学开辟了一个更为广阔的研究领域。自我保健医学的研究领域也正基于此。非病人群（健康与第三状态）的健康维护与促进就是自我保健医学的研究重点。

（三）耗散结构理论和稳态学说

由普里戈津（Progogine）1969年首创的耗散结构理论（dissipative structure theory）认为：生命是一种“远离平衡的适度稳态（homoeostasis）”，或者说健康的生命是一种“平衡稳态”。并认为机体作为一个系统，存在着组织程度降低的趋势。“组织程度”是机体的有序性。有序性越高，机体的活力越强；有序性降低，即混乱程度增加，则活力减弱。衡量机体混乱程度可用一物理量——熵（entropy）来表示。熵愈大，说明机体混乱程度愈高，有序性愈低。任何一个系统都有熵增的趋势。但人体是个开放系统，开放系统的特点是可与环境进行交换，向环境排出熵（即生物熵具有耗散性），而吸进负熵以维持稳态，即维持健康。

健康机体维持的是稳态，它是在常阈空间的一种节律波动。机体在生活过程中，受到内、外因各种因素干扰，从而使稳态紊乱（熵增），这就是潜在的病理信息，是疾病的开端。机体对于轻度的“失稳”具有调节能力，若这种自身调节能力强，可以纠正“失稳”，则可使机体回复到健康状态。若干扰因素大于机体自身的调节能力，则“失稳”就向疾病方向发展，逐渐显出各种症状。从稳态到轻度失稳到严重失稳也是一个连续的过程。自我保健医学的任务，在于增强机体自身调节与纠正“失稳”的能力，并尽早发现和调治早期的轻度失稳，使机体向健康转化，而不使这种“失稳态”加重而向疾病方向发展。

（四）心理神经免疫学

心理神经免疫学（psychoneuroimmunology）是免疫学的一个新的分支。“心理”指认识与情绪过程和精神状态，“神经”指神经系统和神经内分泌系统的联络与分泌物，“免疫”指细胞与体液免疫系统。心理神经免疫学以上述三方作为一个整体进行研究。

情绪状态不仅是一种心理上的困扰，而且是一种伴有中枢神经系统生物化学改变的状态，后者可影响内分泌与免疫系统。研究表明，神经系统、内分泌系统、免疫系统和消化系统的细胞之间通过某些生化物质与细胞膜表面的受体而相互“通报信息”。这些细胞具有多种接受不同信息作用的分子的受体，这些分子包括各种神经肽、神经递质和内分泌物等。在理论上，当某种分子与细胞膜某一受体相接合时，该细胞就接收到一种可能影响其生理作用的信息。例如，脑组织所产生的天然止痛分子（如β-内啡肽）可与脑循环中的免疫细胞相接合而使免疫细胞获得一种特殊信息，从而使免疫细胞获得一种更大的免疫活性或使它们聚集在体内某一局部。十二指肠分泌的一种激素——缩胆囊素（CCK）能促进胆囊收缩和胰酶分泌。研究表明，下丘脑细胞具有接受 CCK 的受体，当两者相接合时，就产生一种食欲满足的身心状态。

在严重的急性应激状态下，T 淋巴细胞接受儿茶酚胺、ACTH 和可的松的受体与这些分子相接合处于饱和状态时，T 淋巴细胞的增殖与分泌功能受到妨碍，从而使免疫功能减退。如处于抑郁与忧虑状态中的哺乳母亲，其乳液中 IgA 水平降低，这表明不良的精神状态可以影响母婴两者的健康。

研究表明，情绪的改善能加强免疫系统的功能。通过提高人们自我情绪调节与改善的能力，可以增强人体免疫系统的功能，从而收到防病、治病的功效，这正是自我保健医学的主要目标之一。

三、自我保健的发展

自我保健自古有之。医学的产生，最初是从自我保健经验的积累开始的，而医疗保健成为一种服务行业之后，医学的任务就侧重于被动型医疗预防技术服务，从而形成了医学的概念。人类保健的客观需要证明，每个人不仅需要在特定情况下接受和依赖于被动型医疗预防技术服务，而且在更多的情况下更加需要进行自我保健。

在现代社会中，人们的患病行为已从寻找医生帮助转向自我保健，其主要原因有：①人类的疾病谱从急性病为主变为慢性病为主；②不断增长的公众对非人性化的医疗保健服务的不满；③人们认识到现代医疗治疗疾病的局限性；④出现了越来越多的可供人们选择的治疗方法；⑤人们越来越关注生活方式对健康的影响；⑥人们希望履行与健康有关问题上的责任。

自我保健医学是医学的新发展，世界卫生组织按照医学的发展历程，把医学的发展依次排列为：临床医学、预防医学、康复医学、保健医学、自我保健医学。按排列顺序，自我保健医学属于第五医学，它是在前四门医学的基础上发展出来的。医学的发展，说明了人类对健康的进步，由被动就医到主动医病；由他人治疗到自我救治；由不懂医学或少数人懂医学到人人都要学会一定的医学知识和能力，这是人类走向更加文明时代的标志。

从目前医疗发展水平来说，现代医学正向更高层次的“自我保健医学”过渡。人们已由过去的被动求医、被动治疗到主动求医、主动参与自身的医疗决策，并自觉地寻找自我保健方法，这也是 21 世纪医疗保健发展的必然趋势。可以断言在未来几十年内，最经济、最宜普及、最宜操作、最有效的提高整体健康寿命的方法是自我保健。自我保健绝不是否定近代医学，而是在近代医学基础上的更广义的现代医学。可以说 21 世纪是物质延寿、医疗延寿、保健延寿的时代，自我保健知识是人生知识结构中的重要组成部分，是人生不可缺少的生存知识、生活知识、基本知识，也是个人全面发展和个性充分发展的必要知识。自我保健也是对真、善、美的追求。

自我保健的发展概况经历了以下过程：

（一）原始的自我保健启蒙

远古时代，自我保健是人们自我防卫的天然本能。那时，人们穴居野外，赤身裸体，生食野餐。在生存的斗争中，人们逐渐加强了自我的保健，不断改善自己的生活。从定居到建房，从裸体到穿衣，从生食到熟食，逐步开始讲究卫生，不断改善和促进了人类的身体健康，提高了人们的平均寿命。

中华民族自我保健传统源远流长。据考古研究发现，在我国的石窟、壁画中频频出现人体经络的冷光特征；在距今近千年的某石窟中，有描绘古人用齿木刷牙的画石；在敦煌石窟和榆林石窟中，还有表现洗发、剃头、沐浴、刮脸和打扫卫生的画面。以后，随着人类在遇到外伤出血时，学会了用手压迫止血；用抚摸缓和患部的疼痛；用石器、骨器刺激机体以止痛；用草根、树皮以治病等自我保健方法，便逐步产生了最初的医疗技术。随着时间的推移，自我保健逐步也由养生保健的自然行为，上升到由一定理论指导的医学行为，逐步认识到：饮食不节、起居失常、劳逸过度、气候变化以及情绪反常等都是发病的重要因素，从而在诊断方面，也要求重视整体分析；在治疗上，则重视运用自然疗法。《唐六典》还将按摩、推拿推介为可除风、寒、暑、湿、饥、饱、劳、逸等八疾。针灸疗法则更是我国人民独创的有效治疗方法，其他如拔火罐、刮痧、气功、太极拳等也都是民间的宝贵传统治疗方法。在疾病的预防方面，古人也提出了“不治已病，治未病”、“不治已乱，治未乱”的指导思想，并称“病已成而后药之，乱已成而后治之，犹如渴而凿井，斗而铸锥，不亦晚乎”，并认为好的医生应做到“见微知著，防患于未然”，还提出了“以毒攻毒”的概念。到 14 世纪我们的祖先便发明了接种牛痘以预防天花，此法还先后传至俄、日、韩、土耳其和欧洲，比英国人琴纳发明牛痘接种还要早 200 多年。这一切都体现了古人主动维护健康、预防疾病的自我保健思想。

在国外，古代埃及、巴比伦、希腊、罗马等文明古国也曾使用按摩、冷敷、热敷、灌肠及绷带包扎法，并提出：不饱食、限肉类、重视新鲜蔬菜的饮食规律和瑜伽术的身心锻炼法。在 2380 多年前的古希腊更有希波克拉底的“自然疗能”，提出：每个人都有与生俱来的抗病能力，医生的责任就是要帮助和适应这种自然疗能，从而广泛运用强壮疗法、饮食疗法、体育疗法、精神疗法、日光和空气疗法、沐浴和按摩疗法等自我保健机制。然而，自从西方工业革命后，出现了生物医学模式，把医学视为以攻克疾病为目的的科学技术，从而着重研究人体的形态、结构和功能以及正常和异常状态下的各种生命现象，把人的精神和躯体分割开来，忽略了心理行为和社会环境因素对健康和疾病的影响，忽视了对自我保健科学理论的系统研究，使自我保健在失去了与现代医学的紧密联系，直至被弃之于医学门外。

（二）自我保健的起源和兴起

把自我保健作为一个理论概念提出来的是 1825 年出版的美国汤姆逊的《健康新指导》一书，该书出版时畅销 10 万册。此后各种强调自我保健的活动在美国普遍开展。到 20 世纪 70 年代以后，自我保健已热遍了全球，人们开始逐渐克服了对医生的迷信，开始自己负起对健康的责任，让个人、家庭、邻里、亲友和同事之间自己进行预防疾病、诊断疾病、治疗疾病以及康复医疗。

在我国的困难年代里，自我保健只能成为“天方夜谭”。改革开放以后，群众不仅吃得饱，而且过得好，生活质量显著提高，人们对身体健康、益寿延年的期望便自然而然地萌发出来。

随着信息时代的到来和电脑的广泛应用，如今的社会处在迅速变化的状态之中，人们的竞争意识日益增加，社会生活的节奏明显加快。同时，由于市场经济的发展和劳动人事制度的深化改革，捧着铁饭碗、稳坐铁交椅的日子已成为过去，特别是医疗制度的改革、公费医疗制度的取消，使许多人加强了“预防为主”的概念，注重自身机体的平衡，提高自我保健意识，执意将健康掌握到自己的手里。

当今，尽管估计人的预期寿命可达 120 岁，甚至 150 岁，但却有大约五分之三的人却因生活方式不当而未老先衰或未老先死。所以世界卫生组织声称：生活方式不当带来的疾病将成为世界头号杀手。为此，自我保健医学已在临床医学、预防医学、康复医学、保健医学的基础上被列为第五医学。目前，美国人在改变生活后已出现了新趋向——特别强调依靠自己对自己的卫生习惯、环境保护和生活方式负责。他们不再为一点小毛病就去看医生，而且尽量减少用药。要靠全民自身把握健康，利用医学知识和简便易行的治疗、康复手段，不断调整心理和机体平衡，努力改变不利于身心健康的生活方式和习惯，达到延年益寿的目的。

（三）未来保健的新趋势

科学家认为，未来的保健医疗将强调整体医疗、信念医疗、顺势医疗和科学的生活方式、良好的卫生习惯、合理的营养、适宜的体格锻炼和平衡的心理状态。

1. 整体医疗（integrating medicine） 即不要只重视药物的作用，应该充分利用一些有效的非药物治疗来提高人体各方面的功能水平，包括躯体的健康、心理的稳定、社会适应能力的健全以及伦理道德的完美，从而达到增进健康、加速康复、减少疾病和延年益寿的目的。

2. 信念医疗（belief in medical treatment） 即通过自身的意念和想象力，消除心理对疾病的恐惧，增强战胜疾病的信心，战胜死亡的威胁，改变体内的生理生化功能，使心跳平稳、呼吸均匀、血耗氧量降低、肌肉紧张度下降、免疫功能加强，以达到减少病痛、延长生命的目的。

3. 顺势医疗（homeopathy） 就是利用微剂量的药物去激发人体的整体免疫功能，来改善人体的健康，以减免药物的毒副作用。

4. 科学的生活方式 建立合理的生活、饮食习惯；保证足够的休息和睡眠；参加适宜的体格锻炼；摆脱各种对健康不利的因素，避免环境、气候、噪音、有毒物质的侵害；保持良好的心理状态和乐观情绪，是防病、康复、益寿的关键所在。

5. 良好的卫生习惯 不良的卫生习惯可造成环境的污染，如随地吐痰、乱抛污物或任公厕的苍蝇乱舞、粪水横流、住宅楼的垃圾成堆，家中的小煤炉煤气乱冒，共用毛巾、合用洗脚盆或用干布擦窗、抹灰、扫地，居室不开窗通气等均不利于健康。吸烟、酗酒、嫖、赌等更是对人体有害。

6. 合理的营养 日常生活中，应力求做到营养均衡，不偏食，多吃杂粮和新鲜水果蔬菜，力争做到低盐、低糖、低脂肪。

7. 适宜的体格锻炼 锻炼是增强体质的重要途径，要从自己的实际情况出发，做到持之以恒，坚持每周不少于 4 次，每次不少于 30 分钟。

8. 平衡的心理状态 应确立豁达乐观的人生态度，做到心胸开朗、通情达理，要学会在各种逆境、烦恼、困难中善待自己。

视窗 4-1：国际自我保健日

为了面向公众普及“自我保健”、“负责任的自我药疗”的理念、知识和技能，教育公众正确认知、科学使用 OTC 药品，增进公众健康，经世界自我药疗产业协会（WSMI）倡议，中国非处方药物协会、中国医药卫生事业发展基金会、中国药学会和北京市健康促进工作委员会率先于 2011 年 7 月 24 日在中国发起设立“国际自我保健日”。7 月 24 日寓意每周七天，每天 24 小时，人们时时刻刻都要关注自己和家人的健康。

国际自我保健日所倡导的自我健康管理，包括：健康生活方式、适度锻炼、平衡饮食、科学合理使用健康产品和服务的综合体系，对一个国家的健康保障系统、医疗费用节省及经济发展更具有不可忽视的价值。

美国第 113 届国会参议院 515 号决议案通过了设立每年 7 月 24 日为国际自我保健日，国际自我保健日成为美国国会法定认定的纪念日。515 号决议达成多项促进自我保健的共识，包括：①认定 7 月 24 日为国际自我保健日；②认同增强自我保健意识的重要性，及自我保健之于美国民众的重要价值；③鼓励患者、政府官员、健康专家、药品生产商及供应商、与媒体使用“国际自我保健日”，以强调、突出自我保健的意义与价值；④承认“国际自我保健日”是由健康组织与相关团体认证、在世界范围的自我健康管理方面具有重要的意义与价值。

第 2 节　自我保健的意义

一、自我保健的目的

自我保健并不是指单纯对自己的医学照顾，而是从健康的角度出发，利用各种形式，采取一切有利于健康的自我保健措施。这种保健措施主要体现为社会与医学部门支持下的卫生、医学和保健方面的自助和互助。归纳起来，自我保健可以达到以下目的：

（一）得到最充分的健康

在各种保健中，应该承认自我保健是一种最为充分的保健，由于自我保健能充分发挥人们的主观能动性，使人们学会自己照顾自己，并主动控制与改变影响人们健康的各种环境因素（生态环境、社会环境、心理环境等）。随着健康观的变化，人们越来越多地知道自己在促进自身健康中的地位，正在实现从依赖医疗保健组织帮助的医疗模式到自助医疗模式的实质性转变，使人们的健康潜能得到充分的发掘，使人们的健康得到充分保证。

在发展中国家，由于医疗供求矛盾，自我保健还可减轻医疗人员压力，更为重要的是可提高人们健康意识水平。

（二）促进新型医患关系的建立

通过正确的自我保健活动，人们能了解和掌握更多的自我保健方面的知识，从过去单一的把自己的健康交给医生和医疗机构变为还给自己；从过去单一地被动接受医疗转变为主动、积极地参与决策自己的保健行为。有研究认为，在就医的疾病中有 65%～85%可由病人自己处理，通过正确的自我保健活动，人们能主动、积极地参与决策自己的保健活动。自我保健促进医患关系的加强，医生由过去单纯地看病、开处方、写医嘱，逐步转变为指导、咨询、教育和共同参与的新型医患关系。

（三）促进身心健康

自我保健促进身心健康，现代健康观意味着把身心、社会活动与交往当作一个整体来对待，新的全面保健观念在寻求健康和强健方面打开了一个新的领域，即重视人的精神与社会化。而防治一些慢性病如高血压、糖尿病、癌症和精神病等，都与增进身心健康有着密切的联系。个人生活方式是新的保健计划的重要因素，个人对健康负有决定性作用。良好的行为和生活方式是自我保健的重要因素，如坚持体育锻炼、良好的饮食习惯、合理的营养、规律的生活方式、调节与控制心理紧张等，将大大促进人类的身心健康。

自我保健不仅适用于发达国家，亦应是发展中国家的重要保健形式。但是在文盲众多的农村，合理地运用自我保健是很困难的。自我医疗易造成药物滥用，这些都应当引起注意。

（四）产生明显的经济效益

我国医学专家认为，加强自我保健，提高人们的身心健康水平，医疗保健的重点逐步从医疗单位转移到家中，其医疗、护理费用可大大减少。在发展中国家，由于卫生资源不足，更应加强自我保健的开展和加强。因此，积极开展自我保健，对于提高我国人民的健康水平和精神素质来说，是一种良好措施。

二、自我保健的意义

人们的健康维护和疾病防治不能单纯依赖被动的医疗技术服务，而应强调自身的能动作用，进行自我保健。自我保健是以现代医学、社会学、心理学和行为科学等学科为理论基础，研究自我保健的规律与方法；是以新健康观为指导，研究在现代条件下，自然和社会对人的心身健康的影响。它研究的是所有人群，尤其重视非病人的健康保护与促进，综合运用医学和相关学科的研究成果来发展自我保健的理论与技术方法。

自我保健是一种自发的群众性保健活动，目的是防止疾病、促进身心健康。进行的方式是运用医学知识（可在专业医务人员指导下）去改进个人卫生习惯、生活方式和生活环境，并进行自我诊断、治疗和康复。从预防医学三级结构来讲，自我保健包括了以第一级预防为主的三级预防全过程。所以说，广泛开展自我保健活动对增进群体健康、延长寿命具有更积极的意义。

（一）自我保健为新医学模式提供了方法论基础

尽管生物-心理-社会医学模式早已提出，但至今尚未真正普及。自我保健的兴起，是解决这一问题的重要契机。生物-心理-社会医学模式在肯定生物因素作用的同时，强调心理、社会因素对健康的影响，良好的心理状态和社会适应能力需要自我调节和培养。所以，自我保健为新医学模式提供了重要的方法论，为实现医学模式的转变带来了重要进展。

（二）自我保健为建立完整的医学体系提供了新内容

自我保健的研究对象是所有人群，尤其重视被医学长期忽视的绝大多数健康人群的健康保护与促进问题，强调人们要担负起自身健康的责任，要求病人在医疗中与医护人员共同处于主动地位。自我保健是主动医学，拓宽了医学科学的研究领域，使其体系更趋完善。

（三）自我保健为解决卫生资源的供求矛盾提供了新途径

卫生资源的需求是无限的，而卫生资源的提供则是有限的，自我保健的开展能在一定程度上缓解这一矛盾。自我保健把个人既看成卫生资源的消费者，又看作是卫生资源的创造者，随着自我保健的广泛开展，会使保健工作的重点逐步从医疗机构转移到家庭，而家庭自我诊断、治疗、护理费用要比医院低得多。据报道，美国推行自己照料医疗保健者消费指导后，求医人数下降7.5%。美国麻省理工学院学生接受自我保健教育后，2 年内节省 346 320 美元治疗费。据前苏联学者测算，国民收入 20%是靠减少发病率、死亡率和因病、伤缺勤率取得的，自我保健的深入开展，将使上述比例增大。

（四）自我保健为发掘健康潜能和生命价值提供了新方法

自我保健是一种充分的保健，它能发挥人在保健中的主观能动性，改变包括心理和环境因素在内的各种影响健康的因素，尤其是当今危害健康的大敌——不良生活方式和行为，自我保健把维护健康的钥匙交到人们自己的手中，使人人都能成为改变健康状况的动力，从而使人们的健康潜能得到充分的发掘。

总之，自我保健的意义体现了一级预防为主为基础的预防方针，自我保健是一种充分的保健，有助于从“依赖医院”的医疗模式向“自助型”医疗模式的转变，有助于形成“共同决策”的医患关系，自我保健还能节约医疗费用的支出等。

第 3 节　自我保健的内容与方式

一、自我保健的内容

自我保健学的新理念，就是“多依靠自己，少依靠医生”，自己就是“最好的医生”，自己负责改进个人卫生习惯、个人生活方式和个人生活环境，从身体、心理、环境、生活规律、运动、营养、性卫生和人际交往、职业生活方式等全面地进行自我调整，自己掌握健康和医疗保健问题。把健康掌握在自己手中，自己做健康的主人。

随着医学模式的转变和健康观念的更新，人们对自我保健有了深刻的认识。自我保健的内容除了对疾病的自我保健外，还包括从生理、心理和环境等多个角度采取的保护和促进自身健康行为。自我保健的内容具体包括通过生理和心理方面的调节、保持和增进健康的行为；改变有害健康的行为；提高自我诊断能力；提高自我预防能力；提高轻微疾病的自我处理能力等等。

（一）保持良好的生理、心理调节能力

良好的生理调节，可以使自身处于良好状态并促进健康。例如保持正常的生活规律和生活节奏；充分合理的营养，有规律的工作、休息、睡眠、身体锻炼等这些生理性的调节都将在自我保健中产生积极的作用。

正常的心理调节是指健康的心理活动和性格。保持健康的心理状态，以及宽松、乐观积极的情绪与和谐的家庭环境，形成良好的心理环境，能促进健康。相反，紧张、烦躁、消极情绪、压抑感等可以引起人体各系统机能失调，久而久之，可导致一些心身疾病的发生。如高血压、精神病等大多与不良的心理刺激有关。情绪是人的生命指挥棒，良好的心情使人产生愉悦快乐，有利健康，不良情绪使人烦恼，不利健康。“笑一笑，十年少，愁一愁，白了头”。据心理学家统计，婴儿一天笑 400 次左右，成人一天笑 15 次左右。我们应像婴儿那样多笑几次，没乐可以找乐。愉快的心情使人产生脑内吗啡，可以“返老还童”，延缓衰老。许多社会事件如升学、失业、提升、家人生病等会引起心理压抑，需要进行自我素养方面的锻炼，要放下包袱，把压力化解、松弛和淡化，面对困境，知难而上，天下没有人过不去的“鬼门关”。主动培养自己的乐观性格，生活会更有情趣，身体会更健康。

（二）形成良好的生活、工作保健习惯

行为因素与健康有着密切的关系。吸烟、酗酒、不规则的饮食、不良的卫生习惯对于疾病的发生和发展起着重大的作用。有研究表明，良好的生活与行为方式与身心健康的程度、疾病发生、死亡率的高低有着密切的关系。因此，改变不良行为及生活方式，养成良好的保健习惯是十分重要的，是自我保健中最基本、最重要的内容。我国医学家根据我国的具体情况，提出了日常生活中的七个保健习惯：不吸烟，少饮酒；吃保健饮食（即少盐、新鲜、营养合理）；坚持经常运动；每天按时吃早饭；充足的睡眠；维持标准体重。重视对行为的研究和管理，必将大大改善人们的健康水平。

1. 讲究个人卫生是人类生存、获得幸福和美好生活的基本需求　一位医学专家说：“吃一百瓶药，不如洗十遍手。”个人卫生范围很大，前面讲的保持良好的情绪是心理卫生。生理卫生包括有饮食卫生、口腔卫生、居室卫生、呼吸新鲜空气、阳光照射、休息睡眠、饮用清洁水、体育锻炼、环境、性卫生等。讲究个人卫生要有科学理论作指导，要从婴儿抓起，从小养成卫生习惯，这也是一个国家经济、文化和精神文明标志之一。

2. 保持规律的生活作息 人的生物钟应该是相对稳定的、有规律的。例如，按时起床、吃饭、工作、娱乐、体育、运动、睡觉等。这样大脑的条件反射可以衡定和精确，形成自动化调控，才能保证健康，达到“机能节省化”和提高效率的目的，即学习时注意力集中，工作时精力充沛，吃饭时消化快而好，睡觉时入睡快等。这里必须着重提出的是，睡眠是规律生活中最重要的方面。因为睡眠不仅是为了休息和消除疲劳，人的蛋白质、激素、免疫细胞等生命物质的合成多在夜间11点至次日凌晨2点完成，青少年长身高，也是靠夜间深睡后完成的，必须十分重视晚上11点以前入睡。如果经常打乱生物钟，特别是熬夜至1、2点，尽管第二天8、9点钟起床，睡够8小时，那也错过了23点至2点的合成物质的时间，那身体状况肯定会每况愈下，健康也会偷偷溜走了。

3. 学会科学的饮食 科学的饮食需要学习相关的知识和技能。

（1）学习国家公布的《中国居民膳食指南（2016年版）》：①食物多样，谷类为主；②吃动平衡，健康体重；③多吃蔬果、奶类、大豆；④适量吃鱼、禽、蛋、瘦肉；⑤少盐少油，控糖限酒；⑥杜绝浪费，兴新食尚。

（2）掌握营养知识：因为人们对营养的认识在不断深化，旧的概念应更新。比如对西红柿的吃法，过去认为生吃比熟吃好，加热中破坏了维生素C，现在认为生吃熟吃都很好。熟吃西红柿会增加番茄红素，而且煮半小时后，番茄红素会更多，可防止前列腺肥大，每周吃4～5次可减少发病率20%，每周吃10次可减少发病率40%。

（3）学习科学的烹调和进食的知识：例如，油温的学问：当油冒烟时，已热到200℃，就产生致癌物质了；喝汤的学问：“饭前先喝汤，肠胃不受伤，饭后再喝汤，越喝越肥胖”；以及饮水的学问、进食水果的学问等。要自我保健就要学会“吃出健康”的知识。

4. 职业生活方式要符合人体生理规律 职业生活方式是人类生活方式中最重要的组成部分，是生活方式的基础，它决定着人类的社会交往活动方式，决定着人的生活特点和生活习惯，甚至影响着人的仪容、服饰、言行举止等整个形象。作为脑力劳动者，要学会科学用脑，应注意做到：①劳逸结合，工作1～2小时休息10～15分钟；②作业轮换，改变工作形式；③充足的睡眠和适当运动。

作为体力劳动者，注意改进操作方法，合理运用体力，不搞疲劳作业，严格控制加班加点，严格遵守劳动保护制度，活跃业余文化娱乐生活。很多人弯腰提重物，造成腰椎间盘突出或拉伤，平时坐姿不正（如办公室人员、司机等），日久天长也会造成腰肌劳损。学会保护自己，减少不必要的劳累。不同职业的人都应戒烟限酒，养成健康的生活方式。

（三）改善环境因素

自我保健需要良好的健康环境，它包括生理环境、心理环境与社会环境，人类健康是以舒适感、安全感为基础的，因而在自我保健中，强调健康环境对于自我保健工作的开展及自我保健评价有着非常重要的意义。因而要致力创造一个卫生、整洁、舒适、安全、有美感的生活环境和社会环境，使人们能够轻松愉快地工作、学习和生活。

环境包括自然环境和社会环境，与人类健康相关的环境受着社会的影响，人类在一开始作用于自然环境时就不是个人的行动，而是社会劳动，因此，个人不但要适应自然环境也必须适应社会环境。自我保健强调个人在健康中的主导作用，对不断变化的环境，发挥能动作用，采取积极措施，保护有益于健康的环境因素，改造不利于健康的环境因素，使自我与环境相适应。

WHO指出，家庭污染比室外污染严重得多，人人要从自己生活小环境做起。建议大家做到9个注意：

（1）注意保持室内空气新鲜：每日通风30分钟以上。适当养花，吊兰和仙人掌（球）是活的“空气净化器”，它们在夜间释放氧气、能吸收许多有害物质。

（2）注意保持室内湿度：以50%～60%为宜。当湿度小于50%时，感冒病菌易繁殖，当湿度大于80%时，真菌流行，易发生手、足癣。

（3）注意保持室内温度：中老年人的最佳室温是，夏天 22～24℃、冬天 18～20℃。

（4）注意防止空调病：夏季使用空调，室内外温差以 5～7℃为宜，每 2～3 小时应开窗换气一次。

（5）注意防止室内灰尘过多：据调查，单元楼家庭室内空气的主要污染源是可吸入颗粒物，即烟尘和灰尘。烟雾吸附大量苯并芘，可致癌。同时，应防止灰尘直接吸入人体和落入饮食，清洁床、桌、地面时，应改变干扫（掸）的习惯，均采用湿拖拭、清洗或吸尘的方法。

（6）注意防止烹饪器皿损害人体：使用铝锅、铲时，易引发老年痴呆症；陶瓷锅退化后，会引起铅中毒等。

（7）注意防止装修污染：据调查，装修和装饰污染占 80%，主要有四大杀手——甲醛、苯、氨气、氡。低档的油漆、胶中苯超标，是致癌物质，小孩易吸收，患白血病；家具、装饰品、地板、化纤地毯等挥发物含甲醛，主要损害呼吸系统和肝、肾、骨髓等脏器；冬天施工的水泥中如掺了防冻剂，会释放氨气，使人头昏、头痛、免疫力下降；红、绿、紫红色花岗岩含放射物质氡，大理石中也有，会导致肺癌。装修后必须通风至少 1 个月，经检测合格后再入住。

（8）注意消除卫生间的臭气和异味：其中硫化氢等物质也是健康的大敌，下水道口应装地漏防臭气。

（9）注意防止猫、狗、鸽子等宠物损害人体健康。

（四）提高自我诊断能力

自我诊断能力就是对自己健康状况的一种自我评价、自我判断能力。健康和疾病之间不存在一个明显的界线，可以在同一机体内共存。即使是高一级的健康水平，亦可能潜伏有疾病的威胁，亦可能存在某种疾病的客观特征。如各种患症的初期，症状往往不明显，不典型，很容易和一般疾病相混淆，不易引起本人的注意而延误了治疗。所以，自我诊断能力是自我保健不可缺少的一项内容。

（五）提高自我治疗能力

自我治疗能力就是要懂得一些治疗方法和用药常识，对一些常见病和多发病能合理用药治疗，要学会常用非处方药（OTC）的使用方法，并能了解一些慢性病用药的禁忌和应用注意事项，以及应用保健疗法、饮食疗法等配合医务人员进行治疗。

（六）提高自我预防能力

预防疾病是自我保健的内容之一，其具体内容为“有病早治，无病早防”。就是在疾病出现之前，评估健康状况和改善其健康；定期体格检查，早期发现疾病等。例如：按规定实施计划免疫；完善和管理个人健康档案；进行周期性健康检查；早期发现疾病，早期采取适当措施；参加健康保险等。

视窗 4-2：雾霾天如何自我保健

雾霾天，大气中的微尘和有害物质进入人体呼吸道，刺激并破坏气管黏膜，导致气管黏膜杀灭病毒、细菌和抵抗它们进入肺部组织的功能下降，气管黏膜的排毒功能下降。在这种情况下，原本身体健康的人群可能会出现咳嗽、气管炎等症状。患有哮喘、慢性支气管炎、慢性阻塞性肺病等呼吸系统疾病的人群则会造成肺部感染，引起气短、胸闷、喘憋等不适，出现急性加重反应。对心脑血管疾病等慢性病患者更是有较大的破坏力，如会增加心脏病患者的心脏负担，诱发脑梗死等。

那么，在雾霾天如何做好自我保健呢？专家们给我们提出了很好的建议。

一、避免雾天晨练。晨练时人体需要的氧气量增加，随着呼吸的加深，雾中的有害物质会被吸入呼吸道，从而危害健康。可以改在太阳出来后再晨练，也可以改为室内锻炼。从太阳出来的时间推算，冬天室外锻炼比较好的时间段是上午9时。

二、尽量减少外出。当遇到浓雾天气，要尽量减少外出。如果不得不出门时，最好戴上口罩。戴口罩对于过敏性哮喘的人来说更重要，口罩可以防止一些尘螨等过敏物质进入鼻腔，起到一定的防护作用。

三、患者坚持服药。呼吸病患者和心脑血管病患者在雾天更要坚持按时服药，以免发病；并加强自我监察，注意身体的感受和反应，若有不适，及时就医。

四、多喝罗汉果茶。罗汉果茶可以防治雾天吸入污浊空气引起的咽部瘙痒，有润肺的良好功效。尤其是午后喝效果更好。因为清晨的雾气最浓，中午差不多就散去，人在上午吸入的灰尘杂质比较多，午后喝就能及时清肺。

五、注意调节情绪。心理脆弱、患有心理障碍的人在这种天气里会感觉心情异常沉重，精神紧张，情绪低落，这类人群在雾天要注意情绪调节。可以在家看看喜剧类电视剧或听听相声等，要让自己高兴起来。

六、别把窗子关得太严。家里会有厨房油烟污染、家具添加剂污染等，如不通风换气，污浊的室内空气同样会危害健康。可以选择中午阳光较充足、污染物较少的时候短时间开窗换气。

七、尽量远离马路。上下班高峰期和晚上大型汽车进入市区这些时间段，污染物浓度最高。

八、补钙、补维生素D，多吃豆腐、雪梨。鱼和豆腐都是人们日常喜欢的食物，鱼是“密集型”营养物，豆腐食药兼备，益气、补虚，钙含量也相当高。鱼中丰富的维生素D具有一定的生物活性，可将人体对钙的吸收率提高20多倍。雪梨炖百合能够达到润肺抗病毒的效果，雾天可以多食。

资料来源：《老年生活报》2013年01月16日，第4版

二、自我保健的知识和技能的来源

要做好自我保健，首先要获得自我保健的相关知识和技能。21世纪是信息的时代，保健知识的来源途径很多，优化自我保健信息（知识）的来源，形成科学的自我保健知识和技能，对提高国民自我保健能力，促进健康具有重要意义。自我保健知识与技能的主要来源有以下几个途径：

（一）家庭、朋友或同事

人是社会人，人际交往是人的基本需求之一。人们会自觉不自觉地受到经常交往对象潜移默化的影响，家庭成员、朋友与同事是我们社会关系中最常接触的对象，人际传播也是讯息传播的重要方式。如一个孕妇，她可以通过家庭成员、朋友或同事的关心下注意营养的摄取，多吃鸡蛋、多喝牛奶，甚至适当补充营养保健品和改变平时不良的饮食；也可以通过与其他孕妇的交谈得到更多关于孕期反应及保健的知识。人际与人群传播是典型的社会传播活动，是人际关系得以建立的基础，是人与人之间社会关系的直接体现，是自我保健知识与技能的重要来源，因此，提高全社会科学的健康相关知识与技能水平至关重要。

（二）医学保健类出版物及健康教育宣传材料

书籍是人类进步的阶梯。人们通常对自己需要认知的知识除了向别人请教与交流之外就是自

己去查阅书籍与相关材料。近年来，随着人们对生活方式引起的慢性病的不断重视，关于各种人体保健的出版物与材料琳琅满目。如提供人们养生保健类的“中老年心身保健手册、远离亚健康、如何减压”等书籍；提供疾病防护指导的“高血压防治手册、糖尿病防治与各类疾病的饮食保健”等书刊；还有提供如何孕期保健、如何科学育儿及儿童成长保健指导等资料，都是随着人们自我保健意识的提升常用的保健知识来源。随着我国高等教育的大众化，国民素质的日渐提高，自我教育成为丰富自身知识结构的重要途径，人们从保健类出版物及健康教育宣传材料中获得自我保健知识与技能的比例越来越高。

（三）报刊、视听媒介中的节目

报刊、杂志、广播、电视、电影等是人们生活中离不开的大众传播媒介，是社会大众获得信息的主要途径。这些媒介传播知识具有范围广泛、大众化、普及化，易于接受等特点。随着全社会自我保健意识的觉醒，人们每天都可以从报刊、视听媒介中的节目中耳听目视各种保健知识。如：每天的日报都设有保健专栏或小栏目；电视节目会在传染病流行季节或流感季节提醒大众注意保健的知识等等。人们会在生活中通过各种传播媒介选择性地摄取自己感兴趣的、需要的自我保健知识与技能，增加自我保健的能力，促进全身心的健康。报刊、视听媒介中的节目是大众获得自我保健知识的常见途径，也是全社会健康、和谐发展的主要信息来源。

（四）医务人员的健康教育

医院是患者健康指导的重要场所，医务人员健康教育是提高患者自我保健能力的重要途径。医务人员针对医院接受医疗保健服务的患者及其家属实施健康教育活动，提高患者及其家属的保健知识和保健技能，以促进康复，提高生活质量。医务人员是受过专业的学习与训练的专业人员，掌握了丰富的保健知识和技能。以糖尿病为例，有关他的病情、可能的并发症、治疗方法、饮食起居指导尤其是控制饮食的技术对病情控制效果的影响等都主要来源于医务人员。医务人员的健康教育是人们在去门诊、住院接受保健服务时获得自我保健知识与技能的关键来源，医院健康教育是卫生保健工作的重要组成部分，医院健康教育开展情况已经纳入《全国城市卫生检查评比标准》指标内容。

（五）学校的健康教育

学校是青少年儿童在成长发育阶段的重要环境，也是培养他们养成健康的习惯和形成健康的生活方式的重要场地，健康教育容易对在校学生起作用，对他们开展掌握自我保健知识与技能的健康教育具有低投入高效益的特点。而且，他们能作为改变现状的力量，来改善他们的家庭和社会的健康状况。所以，学校健康教育是从小灌输自我保健知识全面提升自我保健能力的重要场所，是影响家庭、社会和整个人群健康习惯的治本措施，是实现全民自我保健的有效途径。

（六）社区的健康教育

社区是人们从事生产和日常生活的基本环境，是社会的基本单位。随着我国卫生改革的深入与发展，大力发展社区卫生服务是我国卫生改革的重要内容。社区健康教育是社区卫生服务六大内容之一，也是其他五项工作内容开展都离不开的重要措施。通过社区健康教育，社区居民的健康知识、健康观念、有关的卫生法律法规、常见病的防治知识、环境保护知识、安全防护知识、自我保健技能等都得到提高，并且形成有利于自身和群体健康的行为，包括日常健康行为、保健及求医行为、避害及自救行为等。

（七）计算机网络

计算机网络的发展使人类社会发生了巨大变化，网络对人们的日常生活、社会的经济、政治等都产生了重大影响，网络对医疗保健也产生重大影响。《纽约时报》曾报导有一名父亲为了抢救因车祸陷入昏迷的孩子，尽管医师宣告无救，他仍不愿放弃。他从网络上不断收集资料，将所有资料带回去和医师讨论，结果医师从众多资料中发现一种新药可能对患者有帮助，并联络进行临床试验的医院，最后孩子竟在用药后奇迹痊愈了。这则网络上“自救”的真实故事，充分反映出网络时代民众资讯取得容易，网络带来大量的资讯，也协助民众得以充实保健知识，让医疗行为从传统“医师说了算”的模式，演变成患者有能力和医师讨论病情，参与自身疾病控制的医疗模式。通过网络，高血压、糖尿病等慢性病患者可在家获得有关任何病情变化的资讯，让患者对自身疾病控制有更多认知及参与感。这种“合作式”的医疗，可促使患者重视病情控制与自我保健，有时会比医护人员苦口婆心的劝说更为有效。网络时代的来临，将使“医患关系”重新定义，让医师和病人成为对抗疾病的伙伴，让病人对自己的身体更有参与感，也是“网络医疗”时代的正面效应。

三、自我保健的形式与方法

（一）自我保健的形式

1. 个人自我保健 个人自我保健是自我保健的核心。个人自我保健措施主要是自我管理，其理论基础是自我调节。具体措施是自我监护、自我评价和自我加强三个方面。自我监护的方法很多，如自我发现疾病的早期征象（如肿瘤约有 75%以上发生在身体的易于查出和易于发现的部位，可以早期自我发现）；定期体格检查；将自我发现的情况，同医生保持联系，取得帮助。自我评价是指对自己的自我保健措施作出分析评价。自我加强是指通过健康教育，掌握一定的保健知识，在心理、生理和行为等方面采取加强的措施，如压抑、紧张的控制，健康心理的训练等。

2. 家庭自我保健 家庭是开展自我保健的基层单位，是促进自我保健开展的一条好途径，是最优规模的自我保健组织团体。家庭自我保健可以提高每一个成员对增进个人健康和增进家庭健康之间关系的认识，以提高大家的自觉性和积极性，共同搞好家庭自我保健工作。家庭自我保健的具体措施有：家庭卫生知识的传播；家庭健康观的树立；以及有关自我监督、评价和加强等方面知识的交流。

3. 社区自我保健 社区自我保健措施是指社区在自我保健中应起组织保证作用。例如，支持自发性、群众性的自我保健小组的建立，如戒烟者的互诫协会、嗜酒者的互诫协会、减肥者的体重监督小组等。社区还可以通过保健档案、信访、随访等方式了解人群自我保健的需求。有条件的还应提供一些简单的医疗保健器械，如体温计、血压计、健身器材等，并指导其操作和使用。

4. 社会自我保健 对有利于自我保健的工作，社会均应给予大力支持。如文化部门应大力宣传和提倡自我保健，改变人们旧的健康观和树立新的健康观；教育部门应在学校中进行有关自我保健方面的教育，使学生从小掌握基本保健知识、养成良好卫生习惯；卫生部门应热情指导、咨询、参与社区自我保健工作。

（二）自我保健的方法

个人是自我保健活动的最基本单位。在自我保健活动中主要通过生理、心理和行为的调节达到自我保健的目的。

1. 生理调节方法 身体状态的好坏与生理调节有较大关系。生理调节的主要方法是：坚持体育锻炼，合理营养；生活规律，充足睡眠（成人每天应睡 7～8h），对于各个方面所致的紧张、疲劳，可用休息和睡眠的方法消除，对将要出现的紧张工作和生活要提前做好准备。

1986 年美国医学家提出了关于生理调节方面的自我保健方法有 10 项内容：①经常运动，每周三次，每次 30 分钟；②保持理想体重，每日一次主餐、两次副食；③摄取均衡营养，减少肉类及动物性脂肪；④多吃鱼、家禽及纤维性食物；⑤经常保持愉快；⑥避免饮酒过量，每周饮酒少于 3 次；⑦避免吸烟或使用低尼古丁香烟；⑧每天喝 3 杯以上开水；⑨多吃钙和钾，少吃盐；⑩驾驶车辆时系安全带。

2. 心理调节方法 身心和谐是身心健康的基础，关键是心理调节作用。实践证明，生活中如何认识、评价和对待紧张刺激，是影响健康的主要因素。一个人的生活方式，所处的心理环境和经历的事件，往往可以扰乱个体内环境的平衡，损害人体免疫机能而导致包括癌症在内的各种疾病的发生。因而，运用心理学的知识与方法，探讨和解决保护健康的心理因素，维持心理平衡的自我保健方法是十分有意义的。

（1）情绪的自我控制和调节方法：情绪在疾病的发生发展中占有重要的地位，与疾病的康复也有密切的关系。在自我保健中，人们应该有愉快的心理环境，任何过分的心理活动都将导致不良的结果。祖国医学认为，喜、怒、忧、思、悲、恐、惊是七情致病的主要原因，喜伤心、怒伤肝、忧思伤脾、悲伤肺、惊恐伤肾在中医基础理论中就有体现，因而如何克服不良情绪是自我保健中的重要内容。例如对压抑、紧张焦虑的控制，首先就要使人们认识到压抑、焦虑对身心健康的损害，同时还要使人们认识到人对自己的情绪、情感、思维等心理活动是可以自觉地能动地加以控制和调节的。因此，平时要不断加强自我修养，树立正确的人生观，学会自我宽慰、自我解脱，如运用情绪转移、改变环境等方法来暂时避免心理上的困扰和减轻心理压力，要正视现实，遇事切莫耿耿于怀，对防治疾病和维持身心健康至关重要。

（2）心理刺激的预防：对于某些心身疾病如高血压、神经病等患者，外界环境对患者产生的心理刺激很可能是复发的诱因，对健康人亦可能是引发某些疾病的诱因，因而要预防疾病的复发和发生，必须避免和减少这种诱因。要不断改变不良的心理环境，消除和改变其失常的心理状态。

（3）健康心理的训练：健康心理是指正常的心理活动。它是对应于异常心理行为而提出来的，一般来说，就是平时注意自我修养方面锻炼，如培养情感表达方面恰如其分，仪态雍容大度，举止得体，动机适宜，易获得需要之满足等良好的心理素质，树立正确的人生观等。

健康的心理状态对维护和增进健康非常重要。心理健康主要指个体的智力正常，情绪健全，行为协调，反应适度等。情绪稳定与心情愉快是心理健康的重要标志。自我心理调控包括：

1）自主控制（autonomous control）：是指个人内心愿望与外界要求一致情况下，所产生的一种心理控制形式。特点是社会对个人的行为要求与个人内心愿望相一致。

2）诱导控制（induction control）：是指通过舆论、教育或他人劝解实现的心理控制。如当个人对不健康生活方式影响健康的危害性认识不清时，可通过多种方式进行宣传教育，去除不良行为。

3）胁迫控制（coercive control）：指通过强迫的办法实现的心理控制。如对吸烟者制定在公共场所不许吸烟的规定，这是利用社会控制手段，给受控者在心理上造成威胁力量，使其接受社会控制。

3. 行为矫正方法 行为矫正方法就是以新的、合乎要求的行为去矫正、取代不良行为的一种方法。行为矫正就是改变不利于人的健康的行为，这是自我保健的关键。个人不良行为的改变是一个递进的过程。一般先有认识改变，再从感情上发生态度改变，最后导致行为改变。

案例 4-2：加强自我保健 预防慢性病低龄化

近年来，心脑血管病、糖尿病、肿瘤等慢性非传染性疾病高发，且不断向中青年人群蔓延，大有低龄化的趋势。《2012 年北京市卫生与人群健康状况报告》显示，居民急性冠心病事件发病率逐年增高，尤其是 35-44 岁男性人群，三年中急性冠心病事件发病率增加了 30.3%，这说明心血管疾病对中青年男性居民健康的威胁不断增大。中青年人群的健康风险从某种意义上来说是一种潜在的社会危机。

问题：

应采取哪些措施加强自我预防和自我保健，控制中青年人群的健康风险。

（三）自我保健方法的发展

自我保健医学的技术和方法，将朝着多样化、综合化与现代化的方向发展。

1. 运用高技术医学的成果，开发自我保健医学的技术方法 现代医学正在运用人体自身的产物（包括激素、抗体、酶和细胞）来防止和治疗疾病，利用这些人体产生的自然免疫作用物来治疗疾病。此方法通常分为蛋白质、基因和细胞疗法，现已在防治心肌梗死、杀灭癌细胞、组织移植、身高控制以及人造器官等方面显示出良好的发展态势。

2. 运用人工智能和专家系统进行自我诊断、自我治疗 今后 20 年内可望研制出生物芯片和生物计算机诊疗疾病。人们将会克隆出各种人体器官，随时更换、替代病变的器官，以恢复机体内在的自我保健机制的正常功能。

3. 自我保健医学的常用技术方法，将朝着中西结合、多样并存和综合互补的方向发展 中医的自我保健医学技术以及日本的禅、印度的瑜伽和西方的“顺势疗法”均会进一步得到发展，从而克服传统西医的某些头痛医头、脚痛医脚，治标不治本的弊病。它能帮助人们恢复机体的自然愈合力，给人们提供一种对自己健康起积极作用的方法。

（四）健康管理的起源与发展

健康管理（health management）是通过对个体和群体的健康状况以及各种健康危险因素进行全面监测、分析、评估及预测，向人们提供有针对性的健康咨询和指导服务，并制订相应的健康管理计划，协调个人、组织和社会的行动，针对各种健康危险因素进行系统干预和管理的过程。

健康管理最早起源于 20 世纪 70 年代美国、加拿大等国家开展的临床预防性服务。人口老化、慢性病和残疾、全国缺乏统一协调的医疗服务，是让美国政府头痛的三大医疗健康难题。每年花费 1.9 万亿美元的美国医疗系统和美国人的健康维护和促进几乎没有什么关系。新药、新手术以及其他新技术的投入成本越来越大，对总体人群疾病的诊断、治疗、对人类的健康长寿的贡献却越来越小。因此，美国保健业提出了健康管理的新概念，即由医生采用健康管理和评价的手段来指导病人自我保健，大大降低了医疗费用，为保险公司控制了风险，也为健康管理事业的发展奠定了基础。与此同时，借鉴美国对慢性病防治的成功的经验，德国、英国、芬兰、日本等国家逐步建立了不同形式的健康管理组织。

健康管理是一个连续的、动态的系统工程，包括个体健康信息采集、健康风险评估和健康干预，真正做到三级预防，减少医疗费用的支出。健康管理的出现，使卫生系统的服务和管理的对象从病人扩展到全体人群。人们的健康需要，除了医疗之外，还需要预防、保健、心理、营养支持、提高生命质量等其他相关健康需要。新的健康管理把这部分也纳入健康管理范畴，通过提供全面的健康管理相关服务，达到改善人们健康状况和提升生活质量的目的。

我国面临传染病和慢性病的双重威胁、未老先富的挑战和人口基数大、健康质量不高的现实。仅北京市每年健康体检人数达 500 多万，体检报告中基本健康的只占 6%左右，大多数存在不同程度的疾病风险因素，但能够主动进行健康管理、自我保健的人群比例不足 10%，与此相应的是主要慢性病的发展呈高发态势。医学研究已经证实，很多慢性病是可防可治的，只要坚持合理膳食、适量运动、戒烟限酒等健康生活方式，人们患慢病的风险就能大大降低，平均寿命至少延长 10 年。《2013 年中国居民健康素养监测报告》结果显示，我国居民具备健康素养的总体水平仅为 9.48%，迫切需要推广实施健康管理战略，应对当前日益增长的健康需求。构建以健康体检为基础的健康管理和促进模式，防控慢性病应是我们的努力方向。

第 4 节　健康教育对自我保健的重要作用

一、健康教育与自我保健的关系

医学是关系到广大群众生、老、病、死的科学。卫生保健工作的实质，就是医学的社会化，从而提高全民族的健康水平。根本问题就是群众成为医学社会化的主体，成为医学的主人。对此，健康教育是一个基本途径。要使群众知道，为了增进健康需要做什么，为什么要做，怎样才能做好。这是改善卫生状况，提高社会生活质量的前提。

自我保健是在发病前期为增强人群健康状况总体水平所采取的健康行为和干预措施，使之具有健全的体魄和行为心态。这是一种为适应疾病谱、死因谱的改变及医学模式的转变，人们对健康认识的深化所采取的健康维护的重要手段。采纳和建立有利于健康的行为，提高自我保健意识，掌握自我保健的方法和技术，有赖于健康教育。

健康教育是一种以健康为中心的全民性教育，旨在通过保健知识和技术的传播，影响人们的认识态度和价值观念，鼓励人们树立正确的健康意识，养成积极的社会心理态度，提高自我保健能力，形成健康的生活方式，终止不健康的行为，消除危险因素，预防疾病，促进健康。这是一种有目的、有计划、有组织、有系统评价的教育活动，是精神文明建设的重要组成部分。健康教育和健康促进是保持和促进人类健康系统工程的重要环节。

自我保健需要通过健康教育的实施，使越来越多的人掌握自我保健知识，自觉主动地对自身健康负责，产生自我保健行为，实现预期的自我保健目标。未来的医疗保健，将着重强调自身负责、自我保健。从卫生保健的现实需要和实现人人健康目标的对策来看，发展自我保健医学，离不开健康教育，而只有使健康教育进一步建立在自我保健医学基础上，才能充分发挥健康教育全新的社会功能。

健康教育是自我保健的重要环节。当前，大力发展健康教育，是一个重要而迫切的问题。医学专家认为：普及健康教育至少可以使医院就诊病人减少 1/3。人们对于疾病的认识不同程度地存在着差异，不良的卫生习惯、卫生行为和卫生知识水平都不同程度地阻碍着自我保健的实施。有健康教育专家提出“千万别死于无知”。据世界卫生组织统计，全世界每年有 250 万人死于与吸烟有关的疾病。根据美国卫生总署的报告，美国死亡人数的 2/3 与不良饮食习惯有关。这些都表明，采取有效的健康教育，改变人们的生活方式和行为方式，是根本的保健措施。

健康教育是实现自我保健的唯一桥梁。自我保健就是个人提高对自己和公共卫生的责任感，积极主动地学习和掌握卫生科普知识，自觉地养成良好的卫生习惯。同时在日常生活中及时消除危害健康的各种因素，尤其是心理因素，使个人的行为有利于健康。自我保健对人们自觉地建立科学、文明、健康的生活方式，合理地运用医疗技术和保健设施，促进集体康复和增进身心健康有着重要的作用，而实现自我保健的唯一桥梁就是经常地、反复地利用多种形式开展健康教育。

自我保健的实施必须由个人、社区和社会来共同承担，为了加强自我保健，社会各界都必须以热情、支持、鼓励和宣传的积极态度支持自我保健活动，各社会团体，如工会、体协、妇联、老年协会、红十字会应积极组织自我保健工作的开展，支持群众性自我保健组织的建立。政府宣传部门如电视、广播、出版部门也必须经常向人们宣传自我保健的重要性和必要性，同时开展健康教育。采用健康教育的方法，依靠群众自己的力量，解决主要的健康问题，与中国卫生事业坚持以预防为主，动员全社会参与的卫生策略是一致的。只有动员全社会力量，才能促进自我保健工作的全面开展，并逐步形成良好的社会风尚。

二、健康教育对自我保健的作用

当人们从依赖医生获得健康，发展到依靠自己去争取健康，需要经历一个过程，而这个过程就是接受健康教育的过程，是学习了解疾病发生、发展的过程。在对疾病认识提高的基础上，要有一个观念的转变的过程，同时还要学习康复医学和保健医学的知识。例如：怎样保持有较高的免疫力，怎样才有强健的体魄，怎样科学运动，怎样合理膳食，怎样改变生活方式等。第一层是学习保健知识从认识上的转变，第二层就要从行动上转变了。要参加和坚持科学的锻炼，要戒烟限酒，要自我心理平衡等。这就是自我保健由认识到实践、由知到行的过程。我们要做“知行统一论”者。所谓“行”，实际是逐渐形成新的生活习惯，要有新的行为，也就是由一般文明向较高文明上迈了一大步。一个人的进步会带动一个家庭，带动亲朋好友，带动一个单位，一个国家政府的重视，会推动整个社会的进步。

随着人们对自我保健的认识和需求日益提高，健康教育在卫生工作中的地位和作用也显得越来越重要。健康教育是三级预防中第一级预防的核心，是预防战略的根本。由于健康教育的开展，在许多国家逐步改变了人们的生活方式，许多不良的生活习惯在逐渐得到改进，从而降低了慢性病的发生率与死亡率。所以，健康教育是提高自我保健意识与行为，是减少疾病发生尤其是减少慢性病、提高健康水平的成功措施。在我国最重要的是对全社会进行健康教育，要把对医生的教育与对公众的教育进行有效结合。

健康教育是卫生保健的重要内容，它关注、提倡群众形成有益于健康的行为。通过健康教育，帮助人们理解自己的行为及其行为对健康的影响，鼓励人们选择有益于健康的生活方式但不是强迫人们改变，而是通过健康教育提高保健知识的认识、树立健康的观念、鼓励形成增进健康、防病治病和有助于康复的行为。健康教育可以通过健康促进的活动和过程，以改善、达到、维持和促进个体和群体的健康素质和社会健康水平。

（一）健康教育提高了群众的保健知识的普及率与卫生行为形成率

健康教育可以建立或促进个人或社会对预防疾病和保持自身健康的责任感；促使人们自愿地采纳健康和行为；帮助个人、家庭和社区理解和认识哪些行为有利于健康，哪些行为有害于健康；帮助人们认识特定的生活方式引起的健康损害；促进和加强人们有助于健康的自觉行为，积极参与自我保健活动。我国2000年研究制订预防保健战略目标时提出：40%～60%的人应了解当地主要疾病的预防保健知识，其中50%的人应开始纠正自己不良的生活行为。通过开展健康教育，提高群众自我保健知识的普及程度，提高群众健康卫生行为的形成率；通过健康教育与健康促进活动，使人们能够更好地了解自己的健康状况和健康相关因素，不断地增加自我保健的知识，掌握一定程度的自我预防、自我诊断和自我治疗的能力，正确认识人生各个阶段可能出现的健康问题并能有准备地应付。所以，健康教育是有效全面提高群众的自我保健能力的途径。

（二）健康教育提高了社会人群参与自我保健活动的参与率

医学专家，尤其是预防医学专家看到了通过改善人们的健康相关行为来防治疾病的重要价值，而改善人们的健康相关行为需要健康教育与健康促进。通过健康教育，动员与组织社会人群参与自我保健活动，促进个人和社会积极主动地参与制订和采用明智的决策，或选择有利于健康的行为，同时创造一个有利于改变某种行为的社会环境和自然环境，这是健康教育走到疾病防治第一线的重要社会意义。

（三）健康教育为各领导阶层或专业人员提供健康教育信息，促进社会的健康、文明、和谐发展

通过健康教育有效地促进各阶层人群从观念上深刻认识和重视自我保健，广泛建立正确的健康意识，提倡科学、健康、文明的生活，纠正不良的生活习惯方式，采取科学的健康行为，全面提高全社会的健康水平。

健康教育对自我保健的作用主要表现在知、信、行三方面：①知，就是普及健康知识，把有关知识传播给群众，使他们知道自我保健、卫生防病等方面的知识；②信，就是使群众相信自我保健、卫生防病等方面的知识改变态度，破除迷信，摒弃不卫生、不文明的旧习俗、旧观念；③行，就是把有关知识变成人们的行为，改变不良行为，革除陈规陋习，逐步养成良好的卫生习惯。

通过健康教育，向人民大众普及卫生保健知识，提高群众的卫生知识水平，启发人们维护健康的自觉性，改变不良的个人生活习惯；通过健康教育，开展有益于健康的社会生活原则与规范的教育，宣传国家有关卫生保健的方针、政策、法令，克服不文明不卫生的陈规陋习；通过健康教育，与政府有关部门及社会团体密切配合，教育群众自觉地参加各种卫生活动，动员群众关心卫生保健事业，支持卫生保健事业的发展，共同承担卫生保健事业的社会责任。最终促使人们全面发展和维护健康的生活方式，保护他们免受有害环境和疾病的困扰，延长富有创造力、健康的、没有伤残的生命。

思　考　题

1. 什么叫自我保健？简述自我保健的发展历史。
2. 自我保健包括哪些内容？如何增加个人的自我保健知识与技能？
3. 试述自我保健对我国当前的医疗卫生状况有哪些重要意义。
4. 试述健康教育与自我保健的关系。健康教育对自我保健有哪些重要作用？
5. 案例题：在《中国青年报》2011 年 09 月 19 日 05 版有一篇文章，题目是“大学生体质下滑为何难遏制”。作者引用国家体育总局和教育部 2011 年 9 月 2 日共同发布的 2010 年国民体质监测结果，结果显示我国中小学生体质连续 20 多年的下滑趋势首次得到遏制，但大学生的体质下滑仍在继续。大学阶段，本是人体发育成熟和身体素质提高的最高峰，但中国的大学生却成了体质虚弱的代名词。

根据本案例分析：

（1）自我保健对个人、家庭、社会、国家有哪些重要意义？

（2）把你的日常生活方式列出来，分析哪些地方是有利于健康的，哪些是有害于健康的？

（3）列出你的自我保健计划。

（沈阳医学院　李荣梅）

第五章　健康教育与健康促进的研究方法

案例 5-1：《中国居民营养与慢性病状况报告（2015 年）》中指出：

1. 重点慢性病患病情况。2012 年全国 18 岁及以上成人高血压患病率为 25.2%，与 2008 年患病率 18.8%相比明显上升，糖尿病患病率为 9.7%，与 2002 年的 2.69%相比患病率呈上升趋势。40 岁及以上人群慢性阻塞性肺病患病率为 9.9%，比 2011 年中国内地 40 岁以上人群该病的患病率为 8.2%的调查结果明显升高。2006 年就有专家指出，如不采取有效防控策略，未来 20 年，40 岁以上中国人罹患该病疾病人数可能增加到现在的 2 倍。另外，根据 2013 年全国肿瘤登记结果分析，我国癌症发病率为 235/10 万，肺癌和乳腺癌分别位居男、女性发病首位，十年来我国癌症发病率呈上升趋势。

2. 重点慢性病死亡情况。2012 年全国居民慢性病死亡率为 533/10 万，占总死亡人数的 86.6%。心脑血管病、癌症和慢性呼吸系统疾病系主要死因，占总死亡的 79.4%，其中心脑血管病死亡率为 271.8/10 万，癌症死亡率为 144.3/10 万（前五位分别是肺癌、肝癌、胃癌、食道癌、结直肠癌），慢性呼吸系统疾病死亡率为 68/10 万。经过标化处理后，除冠心病、肺癌等少数疾病死亡率有所上升外，多数慢性病死亡率呈下降趋势。

3. 慢性病危险因素情况。我国现有吸烟人数超过 3 亿，15 岁以上人群吸烟率为 28.1%，其中男性吸烟率高达 52.9%，非吸烟者中暴露于二手烟的比例为 72.4%。2012 年全国 18 岁及以上成人的人均年酒精摄入量为 3 升，饮酒者中有害饮酒率为 9.3%，其中男性为 11.1%。成人经常锻炼率为 18.7%。吸烟、过量饮酒、身体活动不足和高盐、高脂等不健康饮食是慢性病发生、发展的主要行为危险因素。

问题：

1. 目前我国居民慢性病患病率及占总死亡构成比有哪些发展特点？如何根据这些特点优先选择适合我国目前居民健康状况的健康教育与促进项目（即选题）？
2. 请根据一种慢性病选定干预目标人群和干预方案？
3. 选择哪些效果评价指标？
4. 如果以某种行为或慢性病作为干预危险因素，其干预策略和手段有哪些？

第 1 节　健康教育与健康促进的干预方法

健康教育与健康促进的实质是一种干预活动过程。主要干预方法和手段有传播、教育和干预等形式。

干预并非健康教育的专有名词，其含义是在原有的运行模式和过程中加入特定影响，使原有模式、过程终止或发生改变。健康教育是由一系列有组织、有计划的信息传播和教育活动组成，目的在于帮助个体和群体掌握卫生保健知识，树立健康观念，从而采纳有益于健康的行为和生活方式，实现减少疾病、保护健康，提高生活质量的最终目的，因此，健康教育干预活动就是对人们已有的行为和生活方式施加一定的影响，使原有行为生活方式中不利于健康的部分发生改变，建立/加强有利于健康的部分，向有益于健康的方向转变。因此，健康教育干预即是健康教育项目中为促使目标人群的行为和生活方式向着有利于健康的方向转化而设计的有机组合的一系列活动和过程。

一、健康教育与健康促进干预方法的类型

在健康教育与健康促进活动或项目实施过程中需要使用多种干预方法才能达到预期的目标，所以，其干预方法至今没有统一的分类。

（一）干预方法的分类

综合多数学者对干预方法进行分类，目前常用的有几种分类方法介绍如下：

（1）根据干预对象的多少分为个体干预和群体干预。

（2）根据干预手段不同分为信息传播、政策倡导和社区组织与社区行动。

（3）根据干预方式的不同分为以传播为主的干预、行为干预以及技能培训三种类型。

（4）根据干预场所的不同分为学校健康教育干预、社区健康教育干预、医院健康教育干预、公共场所健康教育干预、家庭健康教育干预、职业场所健康教育干预等类型。

（5）根据干预内容的不同分为疾病干预、健康干预（健康管理）、心理干预、生理（身体）干预、生活方式干预、社会干预等类型。

（6）根据干预范围大小分为个体干预、群体干预、社区干预、社会干预和全球干预。

（7）根据干预对象健康状态分为健康人群干预、亚健康人群干预、疾病人群干预。

（8）根据干预的心理层次分为认知干预、态度干预、信念干预、行为干预等类型。

（9）根据干预措施来源的不同分为他人干预和自我干预。

由于采用的分类标准较多，所以在实际工作中，应根据各自的研究目的选择适宜的干预方法，优化组合方案，以发挥各类方法的优点，达到预期理想的效果。

（二）选择干预方法的依据

选择经济有效的干预方法是健康教育工作必须遵循的工作原则，所以，在选择干预方法时应充分考虑健康问题的特点、健康行为的特点、影响健康行为的各种因素以及对象的具体健康状况、条件等。具体应注意以下问题：

（1）每项健康教育干预活动，尤其是比较大型的活动，往往不能仅仅执行单独的措施，这不仅会影响干预的效果，也可能使活动的对象失去兴趣，产生厌烦情绪。因此，每项活动至少应选择三项以上的干预措施结合使用。

（2）当专项健康教育计划活动的时间延长，所需选择的措施也应该增加。

（3）行为问题原因越复杂，采取的措施越多样化，干预的范围也应相应扩大。

（4）在选择措施时，要注意针对不同阶段采用不同的干预方法。

无论依据什么样的标准选择干预方法，都要以满足干预对象的健康需要，促进其健康为最终目的，且以最少的投入，获得最大的健康效果和效益，给百姓以健康福祉。

二、健康教育与健康促进常用的干预方法

虽然健康教育干预方法分类很多，但以干预方式和干预场所分类最常用。研究者根据自己的偏好和项目的经济资助情况及当地各部门协调、政府支持情况等，可以综合选用不同的干预方法进行优化组合。下面主要介绍几种常用的干预方法的特点及应用范围。

（一）以传播为主的干预方法

21 世纪是一个信息社会、知识社会，也是一个传播的社会。传播是人类认识世界、反映世界

和主宰世界的工具和武器，是真正对人的行为发挥促进作用的重要活动。对传播干预一无所知的人很难成为一个21世纪合格的医疗卫生工作者。

科学、准确的信息和技能是行为转变的基础。通过各种传播方法、渠道和技术媒介传递健康讯息，普及健康保健知识，提高人们的健康意识和知识水平，引导人们采纳健康行为和形成健康的生活方式是健康教育与健康促进工作的基础。在健康教育工作中最常用的信息传播方式有人际传播（健康咨询、心理咨询、家庭咨询、讲课、讨论）和大众传播（报刊、杂志、广播、电视、电影、光盘）及互联网、手机微信、微博等。

1. 常用的基本传播技巧 基本传播技巧主要是指人际传播技巧。在进行个人与个人之间的传播时，健康教育工作者应针对受教育者的具体情况，通过传播所需要的健康知识并传授相应的实践技巧，说服其改变不健康态度和行为。在此过程中，教育者和被教育者往往构成说服与被说服的关系，前者可根据反馈信息及时调整自己的传播内容、方式和速度，使双方能更好地相互了解和相互影响，从而有效地改变对方的知、信、行，达到健康教育的目的。

在健康传播实践中，传播技巧常常发挥着举足轻重的作用。倘若在举行学术报告会、专题讲座以及在对街头集市上的公众宣讲时，传播者能掌握演讲技巧，则一定会收到事半功倍的效果。

2. 传播材料的使用 传播效果的巩固与传播材料的运用密切相关。健康教育传播材料就是指配合健康教育工作所使用的印刷材料（如报刊、小册子、传单、折页、墙报、图片、宣传画等）、声像制品（如幻灯片、录像带、录音带、电影片、光盘影碟等）、实物模具（如人体模型、器官标本等）。传播材料是健康传播不可缺少的工具。因此，科学、合理地使用传播材料将有助于提高传播效果。

（二）以行为为主的干预方法

在影响健康的四大因素中，行为与生活方式因素是最可防控的因素，其中行为干预是一种最强有力的促进健康措施。当前以个人、群体、社会行为和环境改变为着眼点的健康教育与健康促进已成为全球第二次卫生革命的核心策略。

行为干预是健康教育和健康促进的一项重要工作方法，在实际工作中，行为干预是健康教育工作的重点。行为干预可分为行为指导和行为矫正。行为指导是通过语言、文字、声像等材料进行信息传播、教育培训和具体指导来帮助教育对象产生某些健康认知，建立和形成健康的行为和生活方式。如号召人们不要吸烟、告诫人们在呼吸道传染病流行期间不要前往人多拥挤的公共场所。行为矫正则是健康教育工作者按照一定的期望目标，在一定条件下，采用一定的手段，采取相应的措施帮助和促使矫正对象改变自身特定行为的干预过程。如组织戒烟班，帮助吸烟者戒烟；组织家庭主妇培训班，教给家庭主妇们怎样烹制低盐佳肴等都是对某些特定行为的干预过程。

1. 行为干预的手段

（1）行政干预：是指通过政府机构运用行政手段，对社区或团体的不健康行为进行行政措施的干预。行政干预可大可小，大到国家直接干预，小到乡村政府干预。例如北京市政府率先在全市免费向居民发放限盐勺的措施，鼓励居民每日限盐，就是对居民每日食盐量的一种行为干预。

（2）法规干预：法规具有强制性和指令性的特点，以法规条例作为特殊手段，使群体的行为符合社会或社区所提倡的健康规范。如母婴保健法、食品安全法、公共场所卫生管理条例等都是行为干预的法规。

（3）传播干预：主要是用信息传递的方法干预、影响人的行为。大量的反复的信息传播，可以使人的行为发生改变。正如电视公益广告的多次播放，促使居民文明素质提高。

（4）教育干预：教育干预是比行政干预更专业化，比传播干预更具有针对性的一种以培训为主要手段的社会教育活动。如新婚夫妇讲习班、家庭素质教育培训等。不仅提供知识信息，唤起人群的健康意识，而且指导受训者建立健康行为。

（5）技能干预：是使目标人群通过掌握自我保健技能来获取健康。如指导家庭主妇如何识别哪些食物中存在潜在盐，教幼儿家长配制口服补液盐和糖盐水，教家长与青春期孩子沟通技巧等都属技能干预，通常称为技能训练。

人的行为形成是一个非常复杂的漫长过程，改变行为不是一蹴而就的容易事，因此，需要干预者根据需要，综合选用不同的行为干预改变技术才能达到个体或群体干预的预期目的。

2. 行为改变技术　这是健康管理中生活方式管理的重要内容，常用的技术有：

（1）教育：传递知识，确立信念，改变态度，采纳并实践行为，即所谓的知、信、行。

（2）激励：主要通过强化手段来完成，即通过正强化、负强化、反馈促进、惩罚等措施进行行为矫正。

（3）训练：通过一系列参与式训练与体验，培训个体掌握行为矫正技术。

（4）营销：利用社会营销手段和技术推广健康行为，营造健康的大环境，让百姓接受政府等部门提供的公共卫生产品，促进个体改变不健康的行为。

上述这些技术单独或联合应用都能帮助人们走向健康，但是关键在于行为改变必须形成习惯，终生坚持才能促进健康。在这个过程中有利于健康生活方式形成的各种环境条件和支持系统是至关重要的保障。

3. 群体行为干预　人具有合群和从众的心理需要。有些行为的形成与群体风俗、信仰、习惯及从事的行业有关，因此，有些行为干预在群体的环境条件下实施效果更佳，其干预机制包括：

（1）政策倡导：其关键在于开发领导层，使领导群体认识健康教育的重要性、必要性、可行性，并将健康教育工作内容纳入议事议程，出台相应的政策、法规，使群体行为干预得到组织、资源和舆论等方面的支持，这是一个非常有效的干预途径。

（2）动员群众参与：对群体的健康教育，必须通过舆论手段，利用一切可利用的大众媒体和传播技巧，发动团体内每一位成员参与。

（3）培训骨干：树立典型模范，供学习模仿。

（4）利用舆论和规范的力量：利用群体舆论和规范的力量，使群体内全体成员目标、行为一致，又要对群体造成一种外来压力，制约危害健康的行为，形成促进健康的氛围。

（5）建立竞争、激励机制：没有竞争就没有激励。开展评比，总结经验，对已改变的态度和行为给以支持和强化，给予奖励，并推广成功经验。

我国有非常强的行政资源，凭借强大的行政资源加上各方面的努力，通过倡导和推动全民健康生活方式，遏制慢性病的蔓延具有长期、深远的意义。

倡导健康生活方式已被大量的国内外的科学研究所证实，倡导健康生活方式是疾病防控治本措施。我国正处于抗慢性病的关键期，需要有前瞻性目标。中国《公民健康素养》促进行动是最有利的政府推动措施。

4. 行为矫正　这是医学心理学的概念，主要针对个体进行的方法。行为矫正不是被动过程，而是主动投入。常用行为矫正技术有脱敏疗法、厌恶疗法、示范疗法、强化疗法等，如个体戒烟、节食等。

5. 行为干预策略　策略制定应该充分运用前述健康教育行为改变理论。干预策略一般分为教育策略、社会策略、环境策略以及资源策略四类。综合应用各类干预策略才能取得事半功倍的干预结果。策略制定是根据项目目的（目标）、对象人群特征、环境条件和可得资源等情况选择最佳的干预途径、干预方法及其时间、空间和人群组合。这是一项具有高度创造性的工作。

（1）教育策略：健康教育专门策略极其丰富，具有多样性。常将其分为信息交流类（即各种大众传播和人际传播策略手段），技能培训类和组织方法类。

（2）社会策略：即政策、法规、制度、规定及其执行方法等。

（3）环境策略：即旨在改善有关社会文化环境和物理环境的各种策略手段。

（4）资源策略：所谓资源策略即动员、筹集、分配、利用社区中各种有形和无形资源的途径、方法。

6. 健康教育行为干预的步骤 广义讲，健康教育干预是一个完整的过程，应该包括在充分了解目标人群健康问题、健康相关行为、可以利用资源的基础上合理设计干预策略和活动，干预活动实施与质量控制，干预效果评估三大阶段。狭义的健康教育干预侧重于干预活动的实施与质量控制。其主要步骤包括：

（1）健康教育项目目的与目标回顾；

（2）进一步对目标人群细分；

（3）确定健康教育干预场所；

（4）建立健康教育协作组织和工作网络；

（5）将健康教育干预活动整合为实施进度表；

（6）培训各层次健康教育骨干；

（7）制作健康教育传播材料，并预试验；

（8）按计划组织实施干预活动；

（9）过程评价与督导。

（三）以健康教育与健康促进培训为主的干预方法

1. 培训的概念 培训是“教”与“学”两个主体相互作用的活动过程，是培训者与学员有计划、有目的、有组织、有系统地为实现培训目标而完成教学任务的过程。

健康教育培训是对负有健康教育责任的人员进行专门化教育和技能培训的过程。其目的是从工作需要出发，使受训者改变原有的知识、态度和行为，学习和掌握从事某些专门任务所需要的知识和技能，为实现健康教育目标服务。实施一项健康教育计划离不开培训工作，因为没有经过专业培训的健康教育工作者就不可能把健康教育计划转变成行动，也就不能实现计划的目标。同时，培训也是实施传播和干预的一种人际交流方式，是常用的健康教育干预方法。因此，开展培训工作是各级卫生和健康教育专业人员的一项重要工作内容，也是健康教育的重要工作方法之一。受训者通常具有明确的学习动机，使其感兴趣的通常是实用的知识和方法，由于他们各自的背景和年龄、经历、文化程度和分工等不同，他们的知识和能力水平存在着差异，所以对事物的认识也不尽相同。

培训工作需要多层次地开发健康教育人力资源，进行能力建设，提高健康教育人员的数量和专业素质。

2. 培训的过程 培训过程包括学习过程、教学过程、评价和反思过程三个方面。

（1）学习过程：是指学员获得、保持和应用知识、技能和道德规范的过程。

（2）教学过程：是教师把知识、技能、观念以有效的方式传授给学员，并引导他们建构自己知识的过程。

（3）评价和反思过程：是对学习和教学的效果进行评定和反思，以求进一步跟进的过程。

3. 培训原则 健康教育技能培训讲究效率和效果，因此，它的培训工作应该遵循以下基本原则。

（1）按需施训原则：培训时间、培训内容应针对学员的技能需要进行安排。在培训中应针对学员的已有知识结构、学习方式、接受能力、职业性质等安排培训。

（2）学用结合原则：学员接受技能培训后应把所学的知识技能应用到实践中，这样既能检验学员是否真正掌握了所培训的技能，还能在实践中完善提高。

（3）参与原则：培训是一个互动的学习过程，特别强调参与式培训方法的使用，积极参与有助于调动学员学习的积极性，发挥其聪明才智，更好地完成健康教育干预任务。

（4）灵活原则：培训过程是一个教与学的过程，受训对象具有主观能动性，这要求培训者在培训过程具有灵活应对的能力，根据学员的需要采取不同的授课方式，把握培训进程，营造活跃的培训氛围，激发学员学习热情，达到最佳的培训效果。

4. 培训方法 健康教育与健康促进常用技能培训有以下几种方法。

（1）讲授法：通过讲解、板书将预先准备的教学内容有条理地进行传授。它的特点是系统性强，教师在教学中占主导地位。该方法优点是教师可以控制教学时间和速度，缺点是教师不能够充分地与学员进行交流，培训针对性不强。

（2）小组讨论法：这种形式基于学员已具备的工作经验和已掌握的专业知识为基础开展，学员在讨论过程中取长补短，相互受益。这种培训方法能使所有学员都有机会参与讨论，教师和学员、学员和学员之间可以相互交流意见和经验，可以更好地发现和解决问题，并有利于提高学员的认识能力、帮助其阐明态度；但缺点是教师需具有很高的引导和控制讨论的能力，而且相对费时。

（3）快速反应（联想）法：也称为头脑风暴法。是讨论的一种形式，可以针对某一事情或问题各抒己见、开展讨论。通过快速联想可以很快得出解决问题的各种方法、建议或意见。

（4）案例分析法：案例分析方法主要用于学员学习决策技巧，其实质与病案分析相同。案例分析可以个人独立完成，但最好还是分成小组进行，这样参与者之间可以取长补短。

（5）角色扮演法：角色扮演是一种模拟或演示的方法，通常由 2～3 个志愿者为大家再现一个现实生活中的真实场面。

（6）参观法：是教师根据教学目的，组织学员深入现场对实际事物进行观察、研究，从而获得新知识或巩固、验证已学知识技能，提高分析问题和解决问题的能力，形成熟练技巧的一种方法。但参观前要根据教学目的制订出参观计划，事先向学员讲明参观的目的、程序、要求及注意事项，参观中教师要进行具体指导，最后还要进行参观总结。

总之，选择哪种方法进行培训应根据培训的内容和学员条件决定。一般来说，讲授法常用于学习知识，但在学习操作技巧、决策能力及交流技巧或培养态度方面并非很有效，学习操作技巧最有效的方法是示范、现场参观实践，态度培训最好的方法是小组讨论、实习和角色扮演。交流技巧可以通过示范、角色扮演、小组讨论等方式进行。学习决策技巧的最好方法是案例分析、讨论和现场实习。

另外，培训的内容和方法应该注意把握以下几点：①内容要少而精，注重实用；②培训时间要短；③人数要有限制，以 30 人左右为宜；④要以参与培训为主；⑤在技能方面培训要结合实地操练。

（四）介绍两种常用的健康教育与健康促进干预方法

1. 自我导向学习法 是指学习者不管有没有他人协助，都能以个人责任为出发点，主动诊断自己的学习需求，形成学习目标，应用人、物资源，选择、安排、执行适合自己的学习计划，评估自己的学习成果，达到自我实现目标的学习方式。

（1）自我导向学习的类型：主要有集体式学习、小团体式学习、个人式学习、独立式学习等类型。

（2）自我导向学习法的特点：自我导向学习法非常适合成人终身学习。具有以下特点：①以学习者为中心，教师只是督导者；②学习是建立在学习者已有的经验基础上；③学习者参与需求评估、目标制定和结果评价。

（3）健康教育者在自我导向学习中的作用与职能：主要有以下十个方面：①协助学习者确立学习计划的起始点，了解自我导向学习的方式；②鼓励学习者认识自身健康状况；③协助学习者组成小团体，商议学习计划等；④分析学习者的人格特征和学习特点；⑤协助学习者获得确定学习目标、方法、资源、评价的技能；⑥为学习者提供范例和学习指导等适用教材；⑦协助学习者发现和利用学习资源；⑧运用现身说法，经验交流等技巧，使学习者得以发挥其丰富的经验；⑨为学习者提供反馈、交流学习心得的机会；⑩当学习者达到学习目标时，及时给予承认和积极性反馈。

（4）小团体式自我导向学习的步骤：如图 5-1 所示。

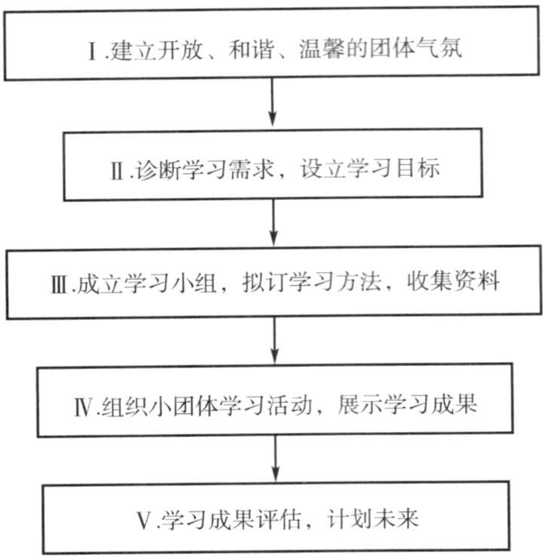

图 5-1 小团体式自我导向学习的步骤

2. 同伴教育 同伴是指年龄相近、性别相同或不同并具有相同背景、共同经验、相似生活状况（如同事、同乡、邻居等），或由于某种原因而有共同语言的人（如参与特定的活动、到特定的场所），也可以是具有同样生理和心理特征的人（如孕妇、吸毒者、某疾病的患者等）。

同伴教育是以同伴关系为基础开展的信息交流和分享。即同伴在一起分享信息，观念和行为技能以实现教育目标的一种教育形式。分正式（目标明确）与非正式（随时）两种。一般由经过培训的同伴教育者向同伴讲述自身经历和体会，或充当积极的榜样角色，通过易于理解和接受的方式和被教育者进行交流，以唤起共鸣，激发情感共同采纳有益健康的行动。

（1）同伴教育的类型：在健康教育中常用的同伴教育有三种类型。第一种是在目标人群中选择一定数量的人，经培训成为同伴教育者，然后再由他们对目标人群进行教育。第二种为召开小组讨论会或座谈会的形式，组织目标人群自由讨论和交流。第三种是以某种形式，在某个指定的合适场所，两人或更多人之间自由地进行信息、观念和技能的分享与交流，如在社区心理健康俱乐部交流心理调节技能。

（2）同伴教育的组织实施过程

1）同伴教育者的选择：这是开展同伴教育的关键步骤，一般采用招募志愿者的方式。同伴教育者应具有 4 方面的特征。一是来自于目标人群；二是自愿接受培训，有高度的责任心；三是具有良好的表达能力和人际交往技巧；四是能以倡导者和联络员的身份在干预对象和研究机构之间建立联系。

2）培训同伴教育者：同伴教育者直接参与项目，所以必须了解项目的目标、干预策略和活动，了解同伴教育在项目中的作用以及与其他干预活动配合的相关事宜。掌握与教育目标有关的卫生保健知识和技能。掌握组织游戏、组织讨论等培训技巧。

3）实施同伴教育：以一定的组织方式在学校、社区、工作场所等地开展同伴教育。要有目的地培训同伴教育者的组织和协调能力。

4）同伴教育评价：为了保证同伴教育活动的质量，需要采用研究者评价、同伴教育对象评价、同伴教育者自我评价等多种评价方式。

（3）同伴教育法的适用范围：同伴教育因其感染力强，经济有效，广泛用于劝阻吸烟、预防和控制药物滥用、艾滋病/性病预防教育等诸多领域。

虽然同伴教育是一种行之有效的教育方法，但对教育者要求较高，对受教育者也有一定的要求，所以，并非在所有的情况下均可使用。在实际工作中，可通过对以下问题的判断来决定是否使用同伴教育方法：①是否有可能吸引并保持社区领导的兴趣和支持；②有无足够合格的同伴教育者；③在目标人群中，人们是否有时间、有兴趣、有能力去担任同伴教育者；④能否为同伴教育的开展提供培训和其他技术支持；⑤同伴教育者能否得到持续的支持、资助、指导和再培训；⑥如果同时运用其他干预策略，如何将同伴教育法结合进去。如果上述问题能给予肯定回答，同伴教育才能被采纳，否则应考虑其他方法。

第 2 节 健康教育与健康促进效果评价方法

1986 年在加拿大渥太华召开了第一届国际健康促进大会，发表了《渥太华宪章》，提出了健康促进概念，并强调健康促进的评价不等于结果的测量，也不只是对一组指标数据的搜集。因此，健康促进评价不但涉及结果的评价，更包括过程评价，不仅限于健康与疾病的测量，还涉及健康政策和组织措施、健康知识、生活方式和条件、社会行动、社会经济、健康环境、社会心理、健康服务、能力建设、社会结果等。对此，WHO 进行了不懈努力，测量技术得到不断完善。目前，健康测量已经逐渐从单一的躯体健康测量走向多维度的躯体、心理、社会的测量；从提高生活质量测量走向环境可持续发展同步测量；从单纯对负性指标的测量向正负性指标两方面测量发展；从对组织器官的客观状况测量向个体主观体验和满意度、幸福度的测量；从以患病或死亡为终点的测量向以患病后个体功能状况和社会适应能力为终点的测量发展。

一、健康测量方法与指标体系

健康测量是将健康概念及与健康有关的事物或现象进行量化的过程，即依据一定的规则，根据被测对象的性质或特征，用数字来表达健康概念及与健康有关的事物或现象。

健康测量的核心与难点在于选择何种指标能准确反映健康的性质或特征以及与健康有关的事物或现象。

（一）健康测量方法

依据测量工具是否能直接取得健康指标，分为直接和间接健康测量方法；依据测量工具是通过主观还是客观的手段而将健康测量分为主观和客观方法等。

（二）健康测量的指标体系与分类

健康与疾病是一个动态的发展过程，受诸多因素的影响，如何对生命活动过程进行测量，通过哪些指标来反映人体生命过程或状态，如何进行分析和评价，是非常复杂的健康促进测量课题。因此，在讨论测量健康促进的指标体系时，必须充分考虑产生健康问题的原因或危险因素的影响，注意体现生物-心理-社会医学模式，使测量指标体系进一步完善，并形成系统化。

根据不同的分类标准可将健康测量指标分为以下几类体系：

1. 根据健康测量的对象分为直接指标和间接指标。

（1）直接指标：是指直接测量个体或群体健康状况的健康指标。常用的直接指标有生长发育状况、症状及功能状况、疾病发生状况、残疾发生状况、死亡发生状况、营养状况、心理及行为状况等指标。

（2）间接指标：是指通过对人的生活环境和人口学特征的测量，间接地反映健康状况的健康指标。由于人的健康水平与其人口学特征及其生存环境密切相关，因而间接指标可以在一定程度上反映人的健康状况。常用的间接健康指标主要包括反映人口学特征的指标（如性别、年龄、职业、文化等）和反映环境的指标（如国内生产总值、人均国民生产总值、就业率、识字率、人均收入、人均住房面积、安全饮水普及率、每千人口医生数、每千人口病床位数等）。

2. 根据健康测量的内容可分为生理学指标、心理学指标和社会学指标　人的健康具有生理、心理和社会 3 个方面的特征，因而反映健康状况的健康测量指标无疑也应包括这 3 个方面。这种划分与 WHO 提出的三维健康观相对应。

3. 根据健康测量的方式可分为客观指标和主观指标。

（1）客观指标：是通过物理检查和实验室检查等手段获得的生理、生化等方面的指标或其他客观存在着的指标。也就是我们通常所说的“硬指标”。虽然这种客观方法能够真实地测量人的健康现象或存在，但却不能很好地反映人们的主观感受和心理活动。

（2）主观指标：是指通过自我报告的形式来反映人们在健康方面的主观感受、心理活动等指标，它可以弥补客观指标在健康测量中的不足。从某种意义上讲，主观健康指标更能够体现人们健康的社会特征。

4. 根据健康测量指标本身的性质可分为指标和指数。

（1）指标：是指对健康现象的具体测量，它能够从某一方面或某一侧面来反映健康状况。在评价健康状况时，常常同时使用多个指标进行评价。

（2）指数（或系数）：是指由多个指标通过某种方法或法则构成的综合指标或量表得分，它更能全面地反映客观现象，如 BMI 指数、恩格尔系数、消费者物价指数（CPI）等。对于主观感受、观点、倾向、心理活动，通常只能用指数形式来测量。

5. 健康状况的综合指标体系 自 WHO 提出“2000 年人人享有卫生保健”战略目标之后，尤其是《渥太华宪章》发表之后，健康促进评价指标体系的研究有了较大的发展。越来越多的国家和地区开始研究并使用一些综合性的评价指标体系。

在 1997 年的第 4 届国际健康促进大会期间，WHO 就提出了如下综合评价指标体系：①人群健康学指标：如生长发育、生育率、健康寿命等；②日常生活质量指标：如无病痛或残疾、情绪愉快、精力旺盛、生活满意度、社会关系等；③临床健康学指标：如发病率、死亡率、病死率等；④社会健康学指标：如失业率、居住条件、空气质量等；⑤生物学和生物医学指标：如 DNA、免疫缺陷等。

此外，还有专家提出以下健康状况的综合指标体系：①生活方式和行为指标，如消费类方面指标、业余活动指标、职业方面指标；②环境指标：自然环境方面、社会环境方面指标；③生物学指标。如生长发育方面、生理方面、心理方面指标；④保健服务指标，如医疗服务方面、预防服务方面指标；⑤生活质量指标，如生活质量指数、社会健康指标。

总之，健康测量指标分类的目的不在于将某个指标归为哪一类，而在于更有效、更合理地选择与使用。其主要目的是为了更清楚地了解各类健康测量指标的功能及健康测量指标之间的联系和区别。在实际工作中，常根据研究工作的实际需要进行不同的分类，并依据研究目的进行组合与归纳使用。

二、评价健康教育与健康促进效果的指标体系

目前用于测量健康教育与健康促进效果评价的指标很多，主要包括反映健康教育过程效果，即知、信、行改变的评价指标及测量，以及反映健康教育与健康促进的终末效果，即目标人群健康状况及生活质量改变的指标及测量。我们应该根据研究目的、资料性质与来源、资料的分析方法等，选择有效、灵敏、可靠和特异的健康指标，以满足不同的研究需要。

（一）如何选择评价指标

1. 评价指标的定义 评价指标是反映评价对象某一方面特征的要素。每个指标只能提供一个特定视角的信息，用于测量评价对象的一个特征。每个指标包括指标名称、指标解释、指标来源。如指标“艾滋病病毒感染者和艾滋病病人安全套使用率”，指标名称为“艾滋病病毒感染者和艾滋病病人安全套使用率”；指标解释为“指艾滋病病毒感染者和艾滋病病人在最近一次性行为中，使用安全套的比例”；指标来源为“在艾滋病病毒感染者和艾滋病病人中进行问卷调查”；问卷调查使用的问题及答案为“在最近一次性行为中，你用安全套了吗？①用了；②没用；③不记得。”常用的指标有知识知晓率、持有某种态度的比例、行为发生率。

如果评价对象具有多种属性特征，就需要采用多种指标的综合测量。这并不意味着每个评价对象都需要采用多指标测量，有时指标的概括性可以简化工作。

2. 选取评价指标的原则 选取评价指标时，首先根据评价的目的和健康教育与健康促进干预活动与效果之间的因果链，确定其干预效果的指标。选取的指标是否合适，直接影响评价的结果。指标数量太多，会出现重复性的指标，相互干扰；指标数量太少，可能难以全面评价健康教育与

健康促进的效果。通常选取评价指标遵循以下的原则：

（1）有效性：指标能够反映项目目标的内容与实现程度，与评价对象和评价内容密切相关；

（2）灵敏性：能及时准确地反映评价对象的特征及变化；

（3）可行性：指标对所要测量的事物可以实际测量，指标容易获得；

（4）特异性：指标具有较强的针对性，只反映评价对象某种特征的变化；

（5）可靠性：能如实稳定地反映评价对象某种特征，不同的研究者对同一评价对象进行测量得出的测量结果一致；

（6）评价指标尽可能量化：尽量采用定量或半定量的指标，定性的指标要进行恰当处理，使其量化，便于计算机处理，可以更确切地反映实际效果，也便于比较和分析；

（7）尽量运用已有的测量指标：寻找类似的项目，从类似的评估中，甚至不同项目的类似问题中进行借鉴和移植。在无法借鉴已有测量指标的情况下，只有建立新的测量指标。不过，一个有效的测量指标需要长时间的积累和发展，才能获得相应的信度和效度。

（二）健康教育与健康促进效果评价的指标体系

健康教育与健康促进效果评价是一项复杂的工作，不但需要周密的设计，而且需要大量的人力、物力、财力支持。那么怎样选择科学、合理、经济、有效的指标进行评价就显得尤为重要。

1. 根据评价不同阶段健康教育与健康促进效果的内容分类

（1）反映影响目标人群健康行为内因的评价指标：目标人群的知识、态度、信念的变化程度。

（2）反映影响目标人群健康行为外因的评价指标：包括项目实施地区的政策、法规、资源、卫生服务等外部条件以及与目标人群关系密切的人与环境对目标人群的支持的变化程度。

（3）反映行为改变的情况的评价指标：包括是否建立有益健康的行为；是否改变或控制不利健康的行为；行为改变的程度如何等。

（4）反映政策、法规制定情况的评价指标：领导及关键人物的思想观念是否转变；是否出台相关的政策、法规等。

（5）反映目标人群健康状况效应的评价指标：包括生理指标，如身高、体重、血压、脉搏等；心理指标，如人格测验结果、智商等；疾病与死亡指标，如发病率、患病率、死亡率等。

（6）反映目标人群生活质量改善的评价指标：包括改善健康状况产生的经济效益和社会效益，如环境的改善、劳动生产率的提高、寿命的延长、人民生活满意度的提高等等。

2. 常用效果评价指标体系

（1）$\text{卫生知识平均分}=\dfrac{\text{被调查者卫生知识得分总和}}{\text{被调查者总人数}}\times 100\%$

（2）$\text{卫生知识知晓率}=\dfrac{\text{正确知晓某知识的人数}}{\text{被调查者总人数}}\times 100\%$

（3）$\text{信念持有率}=\dfrac{\text{持有某种信念的人数}}{\text{被调查者总人数}}\times 100\%$

（4）$\text{行为流行率}=\dfrac{\text{具有某种行为的人数}}{\text{被调查者总人数}}\times 100\%$

（5）$\text{行为改变率}=\dfrac{\text{在干预期间改变某种行为的人数}}{\text{干预前具有该行为的人数}}\times 100\%$

3. 健康促进结果评价指标体系　2000 年，第 5 届国际健康促进大会在墨西哥城召开，参加会议的各国卫生部部长共同签署了《部长宣言》，并制定了《国家健康促进行动规划框架》，指出对于综合性干预措施的健康促进结果评价包括以下 9 个方面。

（1）知、信、行的测量：包括健康相关知识、态度、动机、行为、个人技能的改变和自我效能。

（2）社会行动与影响的测量：包括社区参与、社区赋权、社会规范和公众舆论。

（3）健康政策和组织实践的测量：包括政策制定、立法、规章、资源分配、组织实践、文化和行为。

（4）健康生活方式和条件的测量：包括烟草使用、事物选择和获得、体力活动、饮酒、违法性药物滥用以及社会和物理环境下的安全性因素比值的测量。

（5）有效健康服务的测量：包括提供疾病预防服务、卫生服务的获得以及健康服务在社会文化上的适应性。

（6）健康环境的测量：包括使用烟草、酒类、违法药物，为青年和老人提供健康的环境，远离暴力和药物滥用。

（7）社会结果的测量：包括生活质量、职能独立、社会支持性网络、社会公正和平等。

（8）健康结果的测量：包括发病率、致残率、可避免性死亡率的改变，社会心理适应能力以及生活技能的改变。

（9）能力建设结果测量：包括可持续发展、社区参与和社区赋权。

（三）标准化效应指数

20世纪80年代国外就开始应用标准化效应指数于健康教育的效果评价中，而国内应用不多。标准化效应指数是一种评价教学效果的有效方法，计算简便，可比性好。

1. 计算方法 以净得分分析为基础（t检验），即在干预前、后，干预组得分的差值减去对照组得分的差值，以判定干预的净得分或净效果是否为零。

标准化效应指数=净得分/联合标准差

净得分=干预组得分增长值–对照组得分增长值

联合标准差=（干预组得分增长值标准差+对照组得分增长值标准差）/2

2. 意义 标准化效应指数不但能显示教学效果的改进程度，还可以用于不同研究之间的比较。一般标准化效应指数大于0.25时可认为教学有意义；当标准化效应指数为0.2时，教学效果较小；为0.5时教学效果可视为中等；为0.8时教学效果可视为较大；成功的教育，标准化效应指数大于1.17。

因此，建议我国在今后的研究中，在进行其他分析的同时，采用标准化效应指数评价健康教育的效果，便于验证国外理论在我国的适用性及进行国内、外研究结果的比较。但标准化效应指数在应用中也存在局限性，首先在设计上必须采用实验设计，设立对照组，并进行干预前后两次问卷；其次在分析上，采用计量资料的分析，以计算KA（B）P得分为基础，不能显示具体的知识、态度和行为的改变。此外在应用中还要注意不要将结果绝对化，应与其他统计分析方法联合使用，以互相补充、印证，从多方面评价健康教育的效果。

三、健康教育与健康促进效应的社会经济指标

联合国千年首脑会议通过的《联合国千年宣言》确定了到2015年将世界上极端贫困人口减少一半、普及初等教育等8项发展目标，即“千年发展目标”。这是国际社会为应对全球面临的贫困和饥饿等严峻挑战而采取的重要举措。WHO指出：当前，无论是城市还是农村，成百万的人民挣扎在极端贫困和日益恶化的环境之中，这些对人类的健康和福利极为不利。因此，促进健康与社会经济发展是政府的中心职责。能够反映健康教育与健康促进活动效应的社会经济发展的测量指标有以下几种。

1. 国内生产总值 指衡量一个国家或地区经济发展水平、发展速度、比例和效益的重要指标，是指一个国家或地区内所有经济部门的劳动者在一定时间内（常为1年）所生产的全部最终产品的总量，是社会全部生产活动的最终成果。GDP以货币为单位，不仅反映物质生产部门提供的产品（货物）价值，还比较真实地反映了移动时期国内经济发展水平。

2. 人均居民收入　是反映居民生活水平的重要指标，其中居民收入指一定时期内从国民收入中分配、再分配所得归个人所有的货币形式和实物收入，主要包括以下几部分：①居民所得的劳动报酬或劳动收入，包括职工工资、农民所得劳动报酬、个体经营劳动者的收入及其他劳动收入；②居民从工作单位获得的其他非工资性收入，如差旅补助、生活困难补助、独生子女费、交通费、食品补助金等；③从国家财政和集体经济的公益金中得到的收入，如离退休金、抚恤金、助学金、专业退伍金、五保户生活费等；④其他收入，如利息、红利、租金等财产性收入，赠送等转移性收入，侨汇、出售财物和废品收入等。由于居民的健康水平与其收入水平密切相关，因而该指标是评价健康状况所必不可少的间接健康测量指标。

3. 恩格尔系数　是指家庭总支出中用于食品消费的百分比，系数越低，说明生活水平越高。

4. 人均住房面积（m^2/人）、住房成套率（%）及热量摄入量　这些既是社会经济指标，又是社会卫生指标，反映居民的基本生活条件。其中住房面积指调查时点居民的实际居住面积。食物摄入也是反映国民基本生活条件的指标，常用热量摄入评价，以焦耳为单位。

5. 劳动人口的就业率和失业（待业）率（%）　这是一项综合性指标。它既可以反映国家经济发展水平和工业化程度，又可以反映劳动人口潜在能力、社会安定程度和生活质量。

6. 15 岁以上成人识字率（%）　是反映国民受教育程度的指标，与其相对应的负指标是文盲率。

7. 安全饮水普及率（%）　指某地某一时点使用安全饮用水的户数与总户数之比。它是反映居民生活条件的指标。由于是否饮用安全水与消化系统疾病的发病率密切相关，而消化系统感染又是反映居民健康水平的指标，因而该指标在一定程度上可以间接反映居民的健康状况和卫生保健水平。

此外，还有 5 岁以下低出生体重率（%）、按性别所有儿童完成初等和中等教育的百分比（%）、15 岁以上受教育平均年数，职工养老保险覆盖率（%）、职工工伤保险覆盖率（%）、职工失业保险覆盖率（%）、老人福利床位数（张/千人口）等社会测量指标。

案例 5-2：

糖尿病（DM）对人类健康的危害仅次于恶性肿瘤及心脑血管疾病，是居第三位的慢性疾病。根据国际糖尿病联盟的报告，在过去 20 年中，糖尿病发生率呈逐年增高的趋势。在上海，社区居民 35 岁至 74 岁糖尿病患病率从 2002 年 10.17%上升到 2009 年的 15.6%，防治形势严峻。

上海近 30 年来动物类食物增长了 6 倍，油脂类增长了 3.7 倍，粮食类从 500 克/日下降到 388 克/日，资料还显示营养过剩、运动缺乏、教育不足同样也是 2 型 DM 急剧增长的主要原因。

基线资料表明，社区人群对 DM 防治有关基本知识的知晓率偏低，仅为 55.6%，血糖自我监测水平较低，仅为 30.5%，体育运动参与率为 25.8%，高饱和动物脂肪摄入比例为 31.3%左右，超重比例为 39.9%。

问题：

根据上述案例，请你帮助上海社区进行如下工作。

1. 请你为上海社区选择有效、适宜的控制糖尿病的健康教育与健康促进干预方法。

2. 你认为选择哪些效果评价指标合适？

3. 你认为上海社区糖尿病居民的主要行为危险因素是什么？其干预调查设计的基本步骤有哪些？

第 3 节　健康教育学研究课题的设计

健康教育工作一般分为常规健康教育工作和健康教育项目工作。健康教育是一项科学性、实用性和操作性很强的科学，是以促进健康为目的的系列活动，是一个知、信、行连续信息传播、教育、干预的过程。因此，进行科学、合理的科研设计是每位相关工作者必须掌握的科学思维方式。

其实，健康教育与健康促进工作是一项很完整的科研过程，与其他科研思维方式没有明显的不同，只是研究对象涉及的范围、研究方法、资源的动用等有所不同。其重点是在健康教育活动实践中发现问题，确定研究课题。这要求从事与健康教育有关的人员或未来的医疗卫生工作者应该注意培养这方面的能力，以科研促进实际工作。其基本思路着眼于实际工作、国家各种发展规划和卫生发展报告及世界卫生组织的全球发展目标与健康教育有关的内容，密切关注医疗卫生发展需要和优先领域，有意识地积累经验和资料，学会发现与人民群众息息相关的重大或重要健康问题，培养敏锐的课题捕捉力，提出有一定理论价值或有推广应用意义的研究课题、构想或假设。健康教育课题不但注重解决实际问题，而且更注重理论的运用和完善，只要勤于学习健康教育知识、技能，查阅文献，细心观察、实地考察，走访有关专家等，发现问题并不难。发现问题后，寻找解决问题的方法和途径是关键的一步。脚踏实地，认真了解研究对象的各种环境条件，选择适当的内容、工具和方法，并实施完成课题，收集原始资料，深度挖掘，总结分析，得出结论，验证事先提出的构想，提出合理化建议，完善政策，促进人群健康。

此外，健康教育工作者还要注意创造性思维的培养。创造性思维是一种具有开创意义的思维活动，即开拓人类认识新领域、开创人类认识新成果的思维活动，创造性思维需要人们付出艰苦的脑力劳动。一项创造性思维成果的取得，往往要经过长期的探索、刻苦的钻研、甚至多次的挫折之后才能取得，而创造性思维能力也需要经过长期的知识积累、素质磨砺才能具备，至于创造性思维的过程，则离不开繁多的推理、想象、联想、直觉等思维活动。主要应该在平时的科研工作中注意培养求同思维、求异思维、系统思维、归纳-演绎、想象-验证、直觉-模型等思维模式。创造性思维具有新颖性，其贵在创新，或者在思路选择上、或者在思维方式上，具有前无古人的独到之处，在前人、常人的基础上有新的见解、新的发现、新的突破，从而具有一定范围内的首创性、开拓性。创造性思维还具有极大的灵活性和艺术性。它无现成的思维方法、程序可循，研究者可以自由地发挥想象力。在健康教育工作中合理应用创造性思维具有时代的价值和意义。健康教育与健康促进科研设计一般过程简单表述如下：

发现问题——→考察研究问题的目的与意义——→寻找解决问题方法和途径——→选择适宜对象、方法、内容和指标——→设计研究方案——→论证可行性、预算等

一、健康教育学课题研究的选题

选择研究课题不仅是进行任何一项科学研究工作的起点，而且是决定整个研究工作成败的关键，健康教育与健康促进研究工作也不例外，必须给予高度重视。爱因斯坦曾经说过："提出一个问题往往比解决一个问题更重要，因为解决问题只是一个数学上或实验上的技能而已。而提出新的问题、新的可能性，从新的角度去看旧问题，都需要有创造性的想象力，而且标志着科学的真正进步。"

在健康教育与健康促进研究领域中，需要研究的内容和研究方向很多。对于一名健康教育工作者来讲，并不是所有的研究问题都可以作为自己的研究课题。必须根据自己的主客观条件、工作需要以及人群健康发展的需要选题。无数事实表明，要想获得科研工作的成功，除了必要的科研素质和物质条件外，正确选题是非常关键的一个要素。选好题，选准题，可以事半功倍，迅速取得成果。反之，事倍功半，甚至误入歧途、半途而废，浪费人力、物力、财力。因此，要认真做好选题工作。

（一）选题的程序

1. 课题来源 健康教育与健康促进研究课题来源有多种途径。

（1）国家项目的项目省、市、县、乡镇等，或上级主管部门直接给予的研究项目任务。

（2）根据国家级、省级、市级、校级等科研机构，相关部委，学术团体等下达的课题指南选题申报。也可以向国际的，如WHO、世界银行、联合国儿童基金会（UNICEF）及其他国际基金会等机构申请健康教育项目或课题资助。

（3）在自己健康教育实际工作和理论研究中，发现问题提出课题。

（4）在查阅文献、研究文献的基础上选题。

（5）从本地区急需解决的重大健康问题中选题等。

此外，课题选择还可以从最新研究文献中忽略的问题、文献中相互矛盾的问题、热点问题、理论应用验证实际效果、跨文化研究等边缘交叉学科入手。

2. 选题的原则　做到选好选准课题应当遵循一些基本的原则或标准，概括起来有：重要性、需要性、创新性、科学性、可行性等。

（1）重要性：是指所选课题对学科发展或控制重大健康问题有意义和价值。这种价值可以是理论价值，也可以是实践意义或应用价值。

（2）创新性：也称创造性，是指前人没有解决或没有完全解决的问题，或提出独特的新观点，新见解，对理论创新有价值，对实践工作有现实意义，即课题的创新性所在，它是科研工作的灵魂。

（3）科学性：选题应在一定的科学理论指导下，或遵循一定科学规律，才能保证研究工作获得成果。

（4）可行性：是指研究者是否具有实施或完成课题的主客观条件，即解决问题的可能性。选题时要做到主客观相结合，主观上要根据专业知识、本单位的科研梯队的基本能力以及个人兴趣爱好；客观上要根据项目研究的重要性、先进性、实用性、科学性、发展性和可行性来进行选题。

此外，还要考虑调查因素能否被调查对象所接受，以及还应具有技术、理论、方法、设计上的可行性及内容的可操作性，否则，再具有实用性、科学性和先进性也是纸上谈兵。

3. 选题的程序　选题需在全面了解前人研究的基础上进行，或在查阅资料中，或在健康教育实际工作中将自己发现的问题确定为研究方向。选题不能闭门造车，主观臆断。选题要特别慎重，因为选题是为科研或论文定性、定调、定质、定向，直接影响着科研的成败。

确定选题的基本步骤包括：首先，初步选出研究课题；其次，对选题进行初步探索，深入查阅文献、请教专家、实地考察、对拟研究的课题进行创新性、重要性、科学性及可行性的分析；再次，将选题具体化，即重点要解决的问题；然后，撰写、修改标书或申请书；最后，提交评审。

（二）课题设计

课题设计是根据研究目的制订出实现目的的具体方法和程序。科研课题的设计是一项科研课题顺利完成的前提条件。一个好的课题设计是项目成功的一半。根据被试者是否存在行为危险因素及其是否接受研究者施加干预措施，可将健康教育与健康促进研究分为调查研究和实验研究，相应的设计有调查研究设计和实验研究设计。

本节重点介绍以行为危险因素为主题的调查设计的基本步骤。

（1）选择调查项目。

（2）确定调查设计与研究目的。

（3）阐述调查内容、变量与指标及预期结果。

（4）调查资料计划设计　包括确定研究对象、分组，研究方法的比较选择，观察时间和资料收集次数等。

（5）选择资料收集方法。

（6）确定抽样方法。

（7）编制调查问卷。

（8）调查的实施与质量控制。

（9）资料分析：与研究方法、抽样方法相对应。

（10）撰写研究报告和论文。

一般的课题研究设计原则上是遵循对照、随机、盲法设计，并且严格控制和设计研究因素、对象和效应。健康教育与健康促进项目也不例外。有关研究对象的分组、抽样方法的选择、资料的收集、调查问卷的设计、调查的实施与质量控制等内容参见流行病学或卫生统计学有关章节。

二、健康教育学研究方法的选择

健康教育与健康促进项目涉及目标人群健康需求评估、社区诊断、效果评价等，这些都需要应用科学、合理的研究方法才能保证研究工作的顺利进行。根据研究项目类型与研究目标不同，可以选择不同的研究方法，以提高研究的可靠性和效率与效果。根据研究手段可以将健康教育学研究方法分为调查研究方法、实验研究方法和干预研究方法，其中多用调查研究方法。根据调查研究选择指标的性质，又可将调查研究方法分为定量调查研究方法和定性调查研究方法。下面主要讲述这两种研究方法的应用范围与特征，以便在实际研究工作选择与应用。

（一）定量调查研究方法

定量调查研究方法是进行健康相关研究和社会学研究最常用的一类研究方法。研究者通过定量调查研究方法可以对研究人群的健康相关问题，如健康相关行为、生活满意度、发病与患病情况等进行量化的测量，从而对该人群的主要健康问题、健康相关行为及影响因素在人群中的分布情况进行评价，为制定切实有效的健康教育与健康促进策略和干预目标提供依据。在运用干预研究方法的项目中可以对干预前后的目标人群进行定量测量，可以明确项目研究的效果，评价目标实现的程度，发现没有实现的原因，为下一步的研究工作提供指导方向。

1. 抽样方法与样本量 定量研究的目的是把目标人群和环境的有关信息量化，那么就需要采用适宜的研究方法达到预期的目标。抽样调查就是其中一种常用的有效方法。抽样是一种从所有调查对象（总体）中抽取一部分能代表调查对象总体的程序，抽样调查就是根据一定的原则，抽取部分调查对象作为样本，用以代表总体所进行的调查。因此，样本量大小的估计将成为定量调查研究的重要工作任务。样本量太少，获得的观察指标不稳定，样本代表性不好，不能准确地推断总体的特征；反之，样本量过多，造成人力、物力等资源的浪费，也容易出现各种偏倚，得不偿失。为了使用最少的样本量获得最适宜的精确度和允许误差范围内，抽样方法必须科学、合理。

抽样方法主要分两大类：一类是依据研究任务的要求和调查对象的特点，主观地、有意识地在研究对象的总体中进行选择，称为非概率抽样；另一类是依据概率论理论，按照随机原则选择样本，完全不带调查者的主观性，称为概率抽样。在自然科学中，抽样一般是指采用概率抽样方法抽取样本，但在社会学研究中，人们也常常使用非概率抽样的大样本调查。

（1）概率抽样：概率抽样就是使总体内所有个体具有相同的被抽入样本的概率，这样的样本被称为随机样本。随机抽样是以概率为依据的，避免了抽样过程中的人为误差，保证样本的代表性。在各种抽样方法中随机抽取的样本代表性最高。常用的抽样方法有单纯随机、系统、整群、分层和多阶段抽样。有关这些抽样方法的详细内容见流行病学或卫生统计学。本节主要讲述健康教育与健康促进研究常用的多阶段抽样方法。

多阶段抽样方法是在整群抽样的基础上，当子群数和子群内部个体数目较多，而彼此间的差异性不太大时，常常采用更加经济的方法，即不将样本子群中的所有个体作为样本，而是再从中用随机抽样的方法（如简单随机抽样、分层抽样、等距抽样或再次整群抽样）抽出最终样本，因最终样本的获取经过两次抽样，我们称之为二阶段抽样。同样的，可进行三阶段，四阶段……即多阶段抽样。采用多阶段抽样，通常在第一阶段使用严格的随机抽样方法，而从第二阶段起开始使用概率比例抽样，因为只有这样才能保证总体样本的随机原则。它特别适用于调查范围大、单位多、情况复杂的调查对象。

随机抽样虽然能够排除调查者的主观影响，抽取比较有代表性的样本，还能了解和控制抽样误差大小，通过对样本的分析达到对总体的全面认识和使对总体的推论成为可能。但是在很多情况下，这种严格的随机抽样方法几乎无法实现，且费时费力。

（2）非概率抽样：非概率抽样由于各个个体进入样本的概率是未知的，而且排除不了调查者的主观影响，因而无法说明样本是否体现了总体的特征，用这样的样本推论总体是不可靠的。因此，在实际研究中，将非概率抽样的结论推论到总体时要极其慎重。但非概率抽样操作方便，省钱省力，统计上也远较概率抽样简单，而且能对调查总体和调查对象有较好的了解，抽样也可获得较大的成功，所以，在许多社会科学的大样本研究时常被采用。非概率抽样有以下几种类型。

1）偶遇抽样：又称方便抽样，是指研究者将其在一定时间内、一定环境里所能遇见或接触到的人均选入样本的方法。偶遇抽样的优点是方便省力，但样本的代表性差，偶然性大，所以，一般用于预调查或预试验。

2）目的抽样：根据研究目的需要和研究者的主观判断选定研究对象。具体选择哪些调查对象作为样本，取决于研究者对调查对象能否代表总体的认可程度。例如在问卷设计阶段，为检验问题设计是否合理，常有意识地选择一些观点不同的人作为调查对象。

3）定额抽样：也称配额抽样，它与分层随机抽样相似，根据调查对象的某种属性或特征分成若干类或层，然后根据研究目的在各层中确定相应的定额比例进行抽样。因此，定额抽样前必须对总体的性质有一定的了解，才能保证配额合理和样本的代表性。

4）滚雪球抽样：调查者先从几个符合调查目的样本开始，然后通过他们推荐得到更多符合要求的样本，直到达到研究要求的样本数量，这种类似于滚雪球的抽样方法就是滚雪球抽样。例如要研究城市农民工的健康问题，研究者一开始因缺乏总体信息而无法抽样，这时可先通过各种办法，如家庭服务公司、街道居委会、劳务市场或熟人介绍等，找到几个人员进行调查，并让他们介绍所认识人员参与调查，如此进行。

2. 调查工具的选择与使用　针对不同的调查目的，选择不同的调查工具，以达到预期的研究目标。在健康教育与健康促进的定量调查研究中常用的工具有问卷、心理和行为量表、生理/生化检测仪器等。对人群的健康知、信、行和卫生服务需求与利用的调查和研究过程中，通常使用自编问卷或成型量表进行资料收集。问卷或量表能对众多调查对象进行标准化的调查，以保证资料分析的效率和质量。

（1）调查问卷：也称调查表，是进行健康教育现场调查的一种基本手段。一般可分为访谈问卷、自陈问卷和统计表等几种类型。

1）访谈问卷：访谈问卷的使用者是调查者，由调查员根据问卷上的题目对调查对象提问，再由调查员根据调查对象的回答填写问卷。分为结构式和半结构式访谈问卷。

2）自陈问卷：是由调查对象直接填写问卷，这种方式在健康教育现场调查中最为常用。

3）统计表：是由调查员对收集的资料进行整理时所使用的表格。

（2）调查问卷的基本结构：问卷一般由标题、前言、主体和结语四部分组成。

1）标题部分：标题应该简单明了，准确，无疑义，并且符合调查对象的价值取向。

2）前言部分：包括说明部分与指导语，这两方面内容就是交代说明部分与指导语。即本次调查的目的、意义、简单的内容介绍、关于保密性的保证，以取得调查对象的信任和兴趣，在知情同意的基础上争取合作和支持。指导语部分主要讲明填写的注意事项和要求，如实回答问题，还要对合作者表示感谢，并且要给出调查者的机构或组织名称、联系方式等。

3）主体部分：一般问卷的主体又包括两部分内容，一是被调查者的背景资料，即有关个人的性别、年龄、婚姻状况、收入等问题；另一部分是一组调查问题的有机组合。

4）结语部分：如调查时间、地点、调查员姓名、被调查者的联系方式等信息的记录。最后还要对被调查者的配合再次给予感谢。

（二）定性调查研究的方法

与定量调查研究方法相对应的就是定性调查研究方法，它的特点是探究定量研究所不能深入了解的问题，或不需要确切数据表达的问题。如了解有些农村学校心理健康教育为什么不能按上级要求足课时开展的原因时采用定性研究就非常适合。此外，我们只想了解目标人群的健康需求是什么，哪些最迫切，通过定性方法很容易就能达到目的。常用的定性研究的方法有以下几种。

1. 参与式快速评估 是一种社会学定性研究方法。其核心思想是直接接触目标人群，在运用各种技术对目标人群有了深入了解和理解之后，得出有关人群对某事件的认识、情感和相关问题的描述性结论。该方法比较灵活、省时。

（1）适用范围：主要适用于了解目标人群的健康相关问题现状及其影响环境；了解目标人群对卫生服务的需求，对已开展的卫生服务项目的满意情况；适用于传播材料预试验和问卷的预调查；与定量研究结合，弥补定量研究结果的不足。

（2）关键技术：参与式快速评估法的主要资料收集技术包括小组讨论、个别访谈、观察等，在整个过程中，强调目标人群的参与程度与决策力。

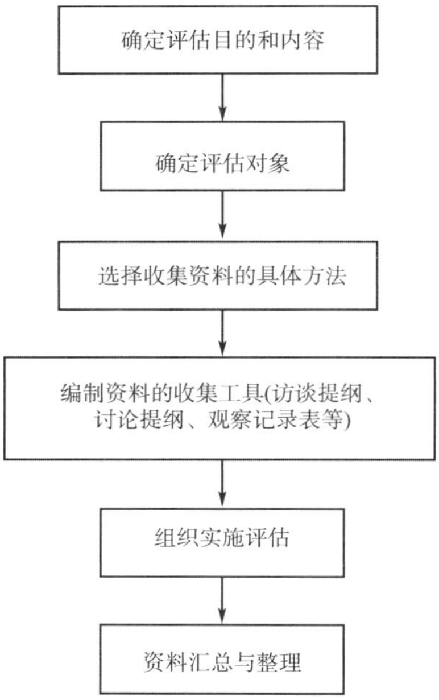

图 5-2 参与式快速评估的基本步骤

（3）基本步骤：如图 5-2 所示。

（4）资料表达：资料表达的方式有如下几种。

1）描绘地图：绘制社区诊所、水源等与人群健康密切相关的事物的地理位置和分布，帮助确定各种资源的覆盖半径和问题影响范围。

2）日常活动及时间：以时间顺序描述目标人群的基本日常活动，从中发现潜在的健康危险因素，什么时间进行健康教育与健康促进干预活动比较合适等。

3）社区大事记：与参与者共同回顾一定时期以来社区发生的重大事件，尤其是与健康相关的事件及这些事件对目标人群健康的影响，帮助理解目标人群健康状况的发展、变化趋势背景等。

4）问题排序：与参与者进行深入细致的交谈讨论，让他们确定社区的主要健康问题、健康教育与健康促进需求，从而确定研究项目的优先领域。

2. 专题小组讨论法 又称专题小组访谈、焦点团体讨论和典型组专题讨论等。也是一种较为常用的定性研究方法。专题小组讨论法是指从某一特定目标人群中选择数人组成小组，一般为 6～12 个具有相似背景和经验的人，在主持人引导下，小组成员就某一研究议题进行深入、自由的讨论。

（1）专题小组讨论法的应用：主要用于探索性研究或需求评估；收集目标人群健康的相关资料；弥补定量研究的不足；评价干预项目的过程与效果等。

（2）主要技术：包括编制讨论提纲；选择小组成员；主持人选拔与培训；资料的收集、整理与分析。

（3）优点与不足：主要优点是专题小组讨论法在较少样本量和花费的情况下，可以获得丰富而深入的资料，同时主持人还能澄清某方面健康问题。主要不足为小组成员不是概率样本，资料收集比较繁琐，且带有明显的主观性。

3. 选题小组工作法 是一种确定优先项目，或选择优先干预活动的方法。其工作步骤包括：

（1）确定研究主持人：研究者明确调研目的后，确定一人担任主持人。

（2）选择小组成员：小组成员通常来自于项目地对健康及其相关问题比较了解的人，选取 8～

10 人参与小组讨论与实际工作。

（3）罗列健康问题：主持人要求每位参与人员根据自己的判断列出 7 项当地主要健康问题。

（4）依次报告：按照小组成员每人一次报告一个问题的原则进行循环报告，主持人公开记录，对重复的报告内容可以做标记。

（5）澄清问题：主持人带领大家澄清问题，目的是让每个小组成员能准确地理解所列问题的含义。

（6）问题排序与赋值：要求每位成员根据自己的判断，从罗列的问题中选出自己认为应该优先解决的 7 个问题，并按优先顺序从 7 到 1 赋分。

（7）统计分析：将每位成员对每个问题的赋分标在问题后，作加法，得到每个健康问题有限程度得分，再排序，最终确定优先问题。

4. 深入访谈法　是指研究者与调查对象以面对面、一对一的方式交谈讨论，获得符合研究目的的资料。同专题小组讨论法一样，在深入访谈之前，研究者应根据研究的目的拟定访谈提纲，在访谈前，要征得被访谈者的同意，并适当地使用录音设备，访谈结束后要进行资料整理分析。

该方法的优点是能从个案中总结规律，发现具有普遍性的问题。比较适用于与个人隐私有关的问题的深入剖析，可作为形成雪球样本的前提。局限性在于有限的时间只能访谈少数人。

5. 观察法　是指研究者通过对调查对象所处环境的现场观察，获得有关研究内容的第一手资料，多用于行为观察。观察法可以获得比较客观、准确、量化的结果，但实施起来比较费时费力。观察法包括参与性观察和非参与性观察。前者为研究者直接参与研究人群的日常生活，通过观察，听取人们对某事件的看法，并采用恰当的提问，真实地获得所需要的资料；后者为研究者不参加被观察者的活动，在非公开的情况下记录观察到的现象和事实。

总之，定性评估方法侧重于对目标人群健康相关行为的发生、发展、改变的影响因素进行深入的探究，为选择适宜的干预方法提供指导。定性与定量研究方法都具有各自的优势与不足，所以，在实际研究工作中要结合使用，以取长补短，才能全面而深入地了解目标人群的健康特征。

第 4 节　健康教育学研究论文的撰写

20 世纪 80 年代开始，我国健康教育与健康促进得到迅速发展，学术研究与交流十分活跃，专业杂志纷纷创刊，为了适应健康教育事业的快速发展，广大健康教育工作者积极开展科研活动，撰写了大量有理论研究和实际应用价值的论文。专业学术期刊是健康教育研究工作成果的载体，是开展学术交流的平台，是进行学术讨论和争鸣的有效途径。研究论文是研究人员长期研究工作智慧的结晶和成果的文字表述。撰写研究论文不仅是将研究新成果、学术思想和观点以科学、规范的方式表达出来，与同行分享、交流，也是现代健康教育工作者的工作技能，对健康教育事业的发展具有积极的促进作用。

一、健康教育学研究论文的格式

撰写健康教育研究论文与其他学科的论文规范和要求没有质的不同。国际医学期刊编辑委员会于 1979 年公布《生物医学期刊投稿的统一要求》，我国于 1987 年颁布的《生物技术报告、学位论文和学术论文的编写格式》是我们书写健康教育论文的指南。各学术期刊既根据国际和国内的学术论文的规范要求，也根据自己期刊的特点规定论文撰写要求。作为健康教育和健康促进的专业学术期刊——《中国健康教育》和《健康教育与健康促进》，承担着传播健康教育学科理论、技术与动态信息，反映我国健康教育与健康促进学术交流的任务。目前，《中国健康教育》杂志是国内外公开发行的国家级健康教育、健康促进专业杂志，杂志以促进国内外健康教育、健康促进学术交流与发展，提高全民健康意识为宗旨。全面反映我国健康教育、健康促进科研成果，快速传递世界前沿信息，交流相关学科的研究成果和经验，已入选中国科技论文统计源期刊，中国科学引文数据库来源期刊，中国核心期刊（遴选）数据库期刊；并在《中国期刊网》可检索到本刊。

（一）健康教育论文的类型

健康教育论文根据其研究内容的不同，可有多种类型。

1. 根据资料来源分类

（1）原著论文：是指作者总结自己的调查研究报告、实验研究、干预等活动的经验和成果，是作者使用第一手资料完成的论文。如论著、理论探讨及议论文、经验交流等。

（2）编著论文：通常是按照作者个人的观点和某个专题将多方面、多角度的资料编排形成新的观点、见解，如文献综述。

2. 根据写作的目的分类 分为学术论文和学位论文两类。

3. 根据论文研究的内容和资料特点分类 包括实验研究、调查研究报告、经验体会和工作研究等。

4. 根据健康教育研究的领域分类 包括社区、医院、学校、职业、公共场所、消费者等健康教育方面的论文。

5. 根据论文体裁分类 健康教育论文常见的体裁有以下几种：

（1）论著：论著分为论著与短篇论著，均为科研论文的发表形式。一般多见于健康教育科研课题、项目研究及效果评价等方面的研究报告。根据研究内容、方法的不同，可分为调查研究报告与实验研究报告。前者多见于人群的知、信、行现状，健康教育需求调查，后者多为健康教育干预效果评价研究。

（2）理论探讨及议论文：此类论文是在对健康教育实践的总结、现状分析及未来预测的基础上进行的现状思考。其格式除前置和附录部分（有关内容见下）外，正文应包括议题、论点、论据和结论等内容。要求：概念清晰、结构严谨、文字精练、分析可靠、逻辑性强，在观点上有新突破，字数可在3000～5000字以内。

（3）经验交流：健康教育学是一门应用性很强的学科，大多数健康教育专职或兼职人员工作在基层第一线，他们进行的健康教育研究主要靠实际工作的实践，其常用方法是观察和基础调查。因此，他们所写论文一般多为议论文、较浅的理论探讨、调查分析及经验体会等。

（4）文献综述：是作者就某一研究领域或专题在大量搜集阅读文献资料的基础上，就国内外在该领域或专题的主要研究成果、最新进展、研究动态、前沿问题等进行综合分析写成的，比较全面地反映相关领域或专题历史背景、前人工作、争论焦点、研究现状和发展趋势等内容的综述性文章。“综”是对文献资料进行综合分析、归纳整理，使材料更精练明确、更有逻辑层次；“述”就是对综合整理后的文献进行比较专门的、全面的、深入的、系统的评述。

（5）调查报告：有重大或较大实用、推广价值，技术上先进、内容完整的调查研究报告。

（二）论文格式与要求

本章节主要讲述论著的格式与要求。根据国家标准GB7713-87的要求，撰写健康教育学术论文应包括：①前置部分：包括题名、作者单位、作者简介、姓名、摘要、关键词；② 主体部分：包括引言、正文、结论、致谢、参考文献；③ 附录部分（必要时）；④ 结尾部分（必要时）等。

1. 前置部分 前置部分亦称前导部分，是论文的总纲，起着提纲挈领的作用，因此在书写这一部分时，要简明精炼。

（1）题名：也称标题、篇名或主题，即论文的题目。题名是一篇健康教育学术论文内容的高度概括，通常是一个完整的句子。题名应该准确、扼要、生动、醒目，切合文章的主题。所以，撰写前，作者要对文题进行反复推敲和提炼。

题名主要由研究对象、论文所解决的问题及其贡献等内容构成。论文题名不可过长，一般 20 个字左右，外文标题也不超过 10 个实词。总之，论文题名要“新颖醒目”、“具体准确”、“简短精悍”。需要注意的是标题不用标点符号，也不用大家没有公认的缩写词。论文题名尽量不用副标题，但确有必要补充说明时，或为系列工作报道或研究课题阶段性成果，可借助于副标题来说明本篇论文的内容。

（2）作者及单位署名：署名有个人署名和集体署名两种。署名不是一个简单劳动荣誉问题，而是表明文责自负。署名应遵循一定的原则，GB7713-87《科学技术报告、学位论文和学术论文的编写格式》规定：署名的个人作者，只限于那些直接参与者（构思、设计、资料收集整理和论文撰写等），可按贡献大小排列名次，第一作者是对论文能负全责的人。

署名应在论文的标题下注明作者姓名，如有多个作者，应在作者姓名的右上角用阿拉伯数字标注，并在文章首页的左下角注明每位作者单位的名称，所在行政区域及邮编。作者单位：包括单位名称，所属地域（省、市）及邮政编码。作者简介：包括姓名、出生年、性别、籍贯、最高学历或学位、职称、主要从事的工作或研究方向。

如果由一个组织机构或数人组成的团体对一篇论文承担责任，可以用该团体（组织）的名字来署名；如由一个或几个人整理执笔的，可以署执笔人姓名。通讯作者也应按劳动量参与署名。

署名必须署真实的全名，避免使用假名、笔名；单位署名需用全称，不用简称、代号、英文缩略名称。署名不宜过多，一般不超过 6 个人。需要外文署名的要按国务院 1978 年的规定，用汉语拼音，姓在前，名在后，姓和名的第一个字母的大写，期间留空格。

（3）摘要：摘要也称文摘，通常是论文高度浓缩的短文，以 200～300 字为宜，要求精炼确切地反映原稿的精华、要点，突出创新和主要发现。摘要应连续写出，不分段落，但要有数据、有结论。《中国健康教育》和《健康教育与健康促进》杂志均采用结构式摘要。主要包括“目的”、“方法”、“结果”、“结论”。虽然摘要有数据、有结论，但是不用图、表表示。摘要中如果有缩略语、简称或代号，必须在首次出现处加以说明。摘要可独立使用，也可引用、推广。按联合国教科文组织的要求，论著要有一份与中文摘要内容一致的英文摘要。

（4）关键词：是论文的信息点和检索点，要求能够反映论文的关键内容。关键词可从论文的标题、摘要、结论中提取。可以说，摘要是正文的浓缩，题名是摘要的浓缩，关键词不是题名的浓缩。关键词要根据文章的实质性内容，从《医学主题词表》、《MeSH》和《医学主题词注释字顺表》中选择最恰当、最专指的主题词标引，当此表中没有某一特定概念的主题词供选择时，可以选择词表以外的自由词作为关键词。关键词可以是名词、词组或短语。要求写原形词而不是缩略词。每篇文章可选用 3～5 个关键词；有英文摘要的，其关键词中要有相应的英文，首字母要大写。各关键词间可用分号隔开，最末一词后不加标点。

2. 主体部分　正文是学术论文的核心部分，主要回答“怎样研究”这个问题。正文应充分阐明论文的观点、原理、方法及具体达到预期目标的整个过程，并且突出一个“新”字，以反映论文的创新或首创性。

（1）引言：亦称前言、序言或导语。它是论文的开场部分，具有承上启下的作用。引言应简短，不宜太长，主要交代：① 本文的研究目的、范围和主要收获；②以往国内外研究现状及存在的问题；③本研究的设想、采用的方法、理论依据、预期结果及其意义。需要注意的问题有：对“首次报道”、“国内首创”、“国内外尚未见报道”或“达到国际水平”等提法要慎重，必须在充分阅读文献基础上才能写出。

（2）对象或材料与方法：本部分主要突出本研究工作的特点，如实写出研究对象、研究方法、研究设计及统计分析方法；包括一些诊断标准，评价指标等。

健康教育课题研究、干预和现场调查中，选择恰当适宜的方法，是完成研究内容和写好一篇论文的基础，也是判断论文的科学性、先进性的主要依据。写“方法”时要按研究涉及的先后顺序依次说明，应写得具体、真实，使他人能重复研究结果。在干预研究中应写明干预对象的数量、性别、年龄、职业，经济状况及分组，疾病发生的情况、危险行为发生的情况以及观察的方法与指标等。还要写明分析研究结果时所用的统计分析的方法。

如果研究所用的方法是公认的方法，只要写明方法名称就可以，如同伴教育方法；引用他人的用法应注明文献出处；对新的或有实质性改进的方法，要有明确的说明，并详述改进的创新部分；对自己创新的方法要详细介绍。

（3）结果：是论文的核心部分，是讨论的依据，是形成观点、提出见解的基础。写好这一部分，首先要将调查、干预、观察得到的原始资料或数据，按研究目的的要求进行有效的统计处理，将有意义、有理论和应用价值的结果有程序地表述，并借助图表和文字加以表达。采用一图或一表说明一个问题的形式；已用文字表达的不再列表或作图，尽量不重复。值得注意的是无论研究结果是阴性结果还是阳性结果，只要是真实的数据都是有价值的，不可随意取舍。此外，要特别注意统计数字计算准确性。

（4）讨论：是论文的精华部分，是将结果上升到理论高度来认识，是对健康教育结果的科学解释和评价，集中体现作者学术理论和思想水平。其主要内容包括：解释结果，说明其意义；指出本文结果的新发现，与他人研究的异同点，突出创新性；对该项研究的不足与局限加以分析和解释，说明有待解决的问题，提出今后研究的方向和问题。讨论要实事求是，不必要面面俱到。字数根据论文的研究课题的价值大小而定。

（5）结论：是结果经过分析与讨论后的认识，是对主题的进一步概括提炼，一般少于 200 字，不用表和图，是整个研究工作的总结概括。主要回答“研究出什么”，与前言呼应。结论有小结和总结之分：“小结”是简洁地将本文的研究主题、方法、重要的阳性结果和阴性结果及其研究的结论，归纳出来，但是不发表作者自己的见解。“总结”是全文内容的高度概括，也就是将正文已论述的问题再扼要概括一遍，还可以发表者自己的见解和观点。发表健康教育方面的论文一般在文章的最后以总结的形式出现，不单独列出。

（6）致谢：是文章必不可少的部分，是作者对本研究工作提供过帮助的单位或个人，在撰写过程中给予指导、帮助的单位或个人表示谢意的一种方式。致谢一般单独成段、放在文章的最后面。有些致谢要征得本人同意。

（7）参考文献：是论文的重要组成部分，放在文章末尾。既是反映作者严谨求实的科学态度，又是对他人研究成果的尊重，同时也有利于读者对该领域的问题进行深入研究。参考文献用以标明论文中某些论点、数据、资料与方法的出处，供读者阅读、查找；按引文在正文中出现的顺序，连续编码；将参考文献序号置于方括号内，在文章的引文处加以脚注。一般要引用公开发表的原著，与论文有关的最新的文献，不超过 10 条（综述为 20 条左右）。具体著录格式见每年本期刊第一期稿约。

3. 附录部分 其不是健康教育论文的必备部分，只有在特别需要对某种专门技术问题做比较、系统的介绍时，才列在参考文献之后。附录有参考性附录和补充性附录两种。前者是提供比正文更重要的内容：①公式的推导或证明过程；②重要仪器、设备的解释；③一些重要的曲线图、照片；④比正文更原始的实验数据；⑤其他不便列入正文的内容。后者则是在论文送达期刊编辑部后，又发现需要补充的内容，或有些结果列入正文会冲淡主题，但是作为附录刊登，也许对同行有帮助。一篇论文可以没有附录，也可以有几个附录。按规定，“附录”要独占一行。附录可分节或分段，用大写阿拉伯字母从 A 起顺序编号，小标题则用 A1、A2、A3，附录中的图和表要单独编号，如图 A1、图 A2 等。

二、健康教育学论文的撰写技巧

（一）拟写标题

拟写一个好标题是撰写论文的一项重要内容。因为标题是论文的眼睛，对文章的主题思想和全篇内容具有高度概括的作用。标题应具有画龙点睛、激发读者兴趣的功能。

1. 标题要有吸引力　也就是读者一看到题目就会有兴趣看下去。要做到这一点，就要搞清楚读者关心什么，注意什么。看健康教育文章，是为了了解健康教育的最新信息，获得一定的启发。

2. 标题要确切、扼要、新颖　题目越简洁、易懂越好　所谓确切，就是标题与文章内容一致。例如："胸部外伤病人护理中的心理健康教育技巧"，读者一看题目，就知道这篇文章的主要内容。

3. 便于检索　健康教育论文的标题要符合规范化要求，用词要符合专业学术要求和规范，利于检索。健康教育的论文标题不应有商业性。

（二）撰写论文应该注意的问题

《中国健康教育》杂志 1985 创刊，逐步成为我国健康教育领域中的具有重要影响力的学术期刊。近几年来，杂志学术水平迅速提高，高质量论文明显增多。但是，在投稿、编辑过程中，仍然发现许多论文存在不规范的地方，本节仅就杂志调查类论文撰写中存在的一些常见问题给以简要说明，以便学生今后撰写论文时加以参考。

具体存在以下问题：标题过大、空泛；不按贡献署名，作者简介缺项；关键词不确切；结构式摘要表达不明确；对象与方法、常见研究方法、诊断标准和分组方法交代混乱不清，"样本量"及"人口学特征"描述不准确；结果不应包括议论和分析；讨论重复结果，缺少对比分析；结论太长，不成熟的论点不应放在结论中；参考文献多见著录格式不规范。所以，在撰写论文的整个过程中，要认真对待每个环节，一定要在投稿前反复检查是否缺项，尽量避免"低级"错误的发生，而且每项是否按要求撰写，是否准确地表达了论文撰写的目的。

（三）投稿发表技巧

作者经过精心的努力成功撰写完论文，其目的是投稿发表，虽然都期盼能被采用，但论文质量是一方面，正确投稿方式和投稿技巧也是不容忽视的重要方面。

稿件从撰写到发表一般要受 3 个因素的制约，即作者本人的因素、读者因素和编辑因素。其中作者最为重要，因为文章能否发表的关键是质量因素，所以，在保证质量的基础上，作者还应掌握一些投稿技巧，以便使稿件能顺利发表。

1. 掌握投稿的相关知识　作者希望把文章发表在哪类学术期刊上，就要积极了解和阅读相关期刊，并认真阅读该刊投稿须知，以便"有的放矢"。

2. 选择期刊　选择健康教育专业期刊，还是选择设有健康教育栏目的期刊，这要根据投稿的目的，如果想要提高自己在健康教育专业领域的知名度，应该把论文投到《中国健康教育》或《健康教育与健康促进》，经常投稿不但会使编辑知道你的研究方向，也熟悉你的个人风格。

3. 投稿方式　投稿的方式主要有两种，一种是通过网络，目前最常用，也最便捷、有效；二是通过邮局邮寄，现在几乎不用。目前网络非常发达，建议最好登陆目标杂志社的网上在线投稿，按要求注册、填写有关信息，同时按要求缴纳稿件处理费及提交或邮寄有关基金的复印件等。通过初审的投稿作者需提交投稿声明，并遵守投稿声明中的有关规定。作者可以直接在线查询稿件的处理情况，并记住杂志社给出的稿号，以方便询问使用。

4. 投稿周期　季刊、双月刊周期相对比月刊长。在了解期刊的同时，应该了解该期刊的投稿周期。有些期刊投出后编辑很快给你答复，有些期刊会告诉你在多长时间接不到采纳通知可以另投。为了缩短投稿刊发周期，你可以通过电话的形式在时效期内询问能否被采纳，缩短刊发时间。

5. 修改稿　收到修改稿并不肯定就能发表，所以，一定要认真阅读编辑提出的修改建议，逐一核对修改，对不合理建议应与编辑商讨，尽快修改返回。

6. 遭遇退稿　退稿很正常，既有论文本身的原因也有杂志方面的原因，概括有以下原因：一是文章漏洞多；二是内容不符合该刊兴趣；三是有类似文章发表过；四是文章的方法不新、理论价值不高等。退稿不是坏事情，不要气馁，要认真总结经验后再投或改投其他期刊。

三、健康教育学研究论文的发表与有关刊物杂志

目前健康教育的专业期刊有《中国健康教育》和《健康教育与健康促进》两本，对各类健康教育论著、调查研究、工作研究、经验总结、综述等文章均有刊登。由于医学的发展和健康教育在多领域的渗透，越来越多的杂志设有健康教育栏目，这为从事各种医疗卫生服务的人员提供了广阔的投稿空间，为此，有必要了解目前哪些杂志设有健康教育栏目，以便选定自己今后的研究工作方向。具体杂志包括：①中国全科医学；②中国艾滋病性病；③中国学校卫生；④中华护理杂志；⑤中国初级卫生保健；⑥中国农村卫生事业管理；⑦中国妇幼保健；⑧中国艾滋病性病；⑨中国行为医学科学；⑩中国医院管理等。

由于上述杂志不是健康教育的专业期刊，所以，在刊登有关健康教育方面的文章时非常挑剔，这要求作者在投稿于某杂志之前，一定要了解所投杂志的重点研究领域和内容，与其相一致的健康教育论文才有可能被刊发，提高自己投稿的命中率。

总之，随着健康教育与健康促进的发展，医疗卫生各个领域都会运用到健康教育的知识、理论和技术方法，会有更多更好的健康教育论文发表，为促进全民健康做出贡献。

思　考　题

1. 健康教育与健康促进的定性研究方法有哪些？各自的用途？
2. 危险因素调查涉及的基本步骤有哪些？
3. 收集调查资料的方法有哪些？
4. 常用的健康教育效果指标与社会经济指标有哪些？
5. 案例题：某大学的一所分院有教职工 205 人参加健康体检，其结果显示：检查指标完全正常的只有 37 人，占 18.05%，不正常比例高达 81.95%。其中男性高血脂、脂肪肝、高尿酸血症、高血压、、超重与肥胖较多；女性胆结石、乳腺增生、甲状腺结节、睡眠问题较多。为此院领导针对这些健康问题，计划开展一项健康促进活动项目，主要围绕着改变不健康生活方式，提高教职工健康水平来进行。

根据案例提供的资料：

（1）你认为该院职工的最主要健康危险因素可能有哪些？

（2）选择哪种定性研究方法能快速了解职工最主要的行为危险因素？

（3）选择什么样干预方法最有效？为什么？

（4）该院的调查设计应包括哪些基本步骤？

（哈尔滨医科大学　王丽敏　尹　慧）

第六章 健康教育与健康促进工作的基本过程

健康教育与健康促进是一项复杂的系统工程，其作用涉及目标人群的生命准备、生命保护和晚年生命质量的各个阶段，主要内容涵盖预防疾病、控制影响健康的各种危险因素、健康促进等。一项完整的健康教育与健康促进工作包括设计、实施及评价三个有机组成部分，且三者之间是相互制约、密不可分的整体。

案例 6-1：某地区糖尿病健康教育项目案例

一、项目的设计

（一）背景

（1）项目地区一般概况：基本环境状况、经济状况、人口构成情况等。

（2）基本数据：目标人群基本情况、受教育情况、糖尿病患病率，糖尿病知识知晓率，是否有并发症等。

（3）在过去开展的糖尿病防治健康教育干预活动中，出现的不利因素和有利因素。

（二）总目标与具体目标

1. 总目标 通过糖尿病危害的健康教育，达到促使人们了解糖尿病防治知识，改变不良生活习惯及饮食习惯，增强自我保健的能力；加强群众对糖尿病的重视程度，增强全社会参与度，提高全民整体健康水平的目的。

2. 具体目标

（1）建立政府、多部门合作和全社会参与的糖尿防治可持续发展机制。

（2）普及糖尿病日常防治知识要点，提高大众对糖尿病防治知识的了解，从生活及饮食习惯上改变，进而降低糖尿病的患病率。

（3）普及糖尿病并发症相关知识，提高糖尿病患者对于此病的重视，改善相应的生活习惯，降低糖尿病并发症的发生。

（4）其他目标。

（三）目标人群

为便于健康教育的实施，将研究对象分为以下几级，以便对不同目标人群采取不同的教育方法与内容，达到预期的效果。

1. 一级目标人群

糖尿病患者：指空腹血糖≥7.0mmol/L，2 小时血糖≥11.1mmol/L，或任何时间的血糖≥11.1mmol/L，可以诊断为糖尿病。确诊的糖尿病患者，是实施健康教育促进计划中重要的目标人群之一。

2. 二级目标人群

（1）病人家属：病人家属对于糖尿病患者接受治疗和管理可以发挥积极的作用；由于糖尿病与家族遗传和饮食习惯相关，家属亦是重点预防疾病发生的目标人群。

（2）医务人员：①医疗保健单位医务人员，他们是糖尿病症状者首先接诊的医生；②基层医疗卫生保健人员，他们是病人最先接触者，是实施糖尿病防治策略的执行人员。

（3）行政主管领导干部：他们是政府行为的执行者。

（4）教师：他们是教育者，特别是卫生课教师，通过课堂讲授的方式将糖尿病防治知识传授给学生，具有特别重要的作用。

3. 三级目标人群 即可以接受传播媒介教育的7岁以上的全体公众。

（四）策略

1. 协调各级政府出台关于糖尿病健康教育相关的政策性文件 结合本地实际情况制定相关政策。

2. 开发领导层，提高认识 建立糖尿病防制领导小组。

3. 确定专门人员负责该项工作 成立相应机构，保证有专项投入和人力、物力资源。明确项目组成员各自的职责、活动时间。

4. 做好部门间的协调 强化各部门的责任感和使命感，使相关部门（包括宣传、教育、财政、民政妇联等）积极主动配合，建立多部门联盟。明确分工，侧重落实。

（五）主要干预内容和方法

1. 糖尿病病人

（1）内容：①正确认识糖尿病，包括糖尿病的防治知识，改善自己生活习惯及饮食习惯，如限制某些水果摄入，减少碳水化合物的摄入等；②遵循医嘱、定期监测血糖变化；③防治并发症，如注重足部保养，穿软而舒适的鞋，预防糖尿病足的发生；④加强体育锻炼，提高自我身体素质，增强抵抗力；⑤增加与相关医务人员交流，提高防治疾病相关知识，同时增加信心，调节心态。

（2）方法和方式：①综合医院、社区医院的门诊候诊健康教育，可采用口头宣讲、黑板报、宣传图片、手册、传单等方式与媒体进行宣传；②医生临诊健康教育，由于医生受病人信赖，病人易于接受医生的忠告，有利于提高病人的顺应性，可采用交谈、发宣传册等形式进行宣传；③住院健康教育，不仅有助于病人在住院期间配合治疗，也有利于病人出院后继续不住院治疗增强接受治疗管理的顺应性，在病人住院期间，可采用口头宣讲、黑板报、宣传图片、宣传单等形式进行宣传。

2. 病人家属

（1）内容：①了解糖尿病防治基本知识，积极配合糖尿病患者饮食模式改变；②督促病人规则服药，按时复查，提醒定期监测血糖；③对于糖尿病患者给予精神上支持，给予信心。

（2）方法与方式：①门诊医生口头向病人和陪同人员宣传，或社区卫生服务人员向病人家属口头宣传；②发放宣传资料与传单。

3. 医务人员

（1）内容：防治糖尿病的先进医疗技术或者药物。

（2）方法：采用培训班、学术讲座等形式进行。

4. 行政领导干部

（1）内容：①掌握糖尿病病流行情况及严重性、危害性；②经费保障。

（2）方法与方式：①医务人员或相关专家向领导通报国家有关糖尿病相关文件，以及呈报有关资料进行请示与汇报；②邀请领导出席有关会议或者相关调研活动。

5. 7岁以上公众

内容：①糖尿病症状是什么?有了症状应怎么办?到何处去就诊？②糖尿病如何预防，日常行为及饮食习惯与糖尿病的关系等。

方法和方式：传单、宣传画、布告、标语、橱窗、报纸、广播、电视等。其中通过小学生以传单入户的形式进行宣传是最经济有效的方式，全国都应推广这一宣传形式。

二、项 目 实 施

（一）系统培训

要求参加糖尿病健康教育促进相关人员要在项目实施前进行统一而系统培训，了解糖尿病防治相关知识，使项目组成员全面了解计划执行的目的、意义，掌握防治糖尿病健康教育的内容、方法和要求。

（二）健康教育

结合当地实际开展糖尿病防治的教育，可以通过大众传媒、宣传画、面对面教育、讲座、知识竞赛等形式开展项目。

（三）全员动员

多渠道进行全员动员。

（四）管理和监督

管理程序、方法，定期督导概要说明。

三、项目的评价指标

（一）健康教育经费使用率

指某年实际使用于健康教育的经费占年度预算健康教育经费的比率，以百分率表示。

（二）糖尿病并发症发生率

指在治疗的糖尿病病人中，发生并发症的病人所占比例，以百分率表示。糖尿病并发症发生率应有所降低。

（三）糖尿病防治知识知晓率

指目标人群中了解糖尿病防治知识人数的比率，以百分率表示。要求两年后糖尿病防治知识知晓率应达到80%以上。

问题：

1. 你认为做好健康教育项目计划与评价的意义何在?

2. 本案例的计划设计是否适合于我国糖尿病防治健康教育工作的需要，请提出你的看法并说明理由。

第 1 节 健康教育与健康促进工作计划设计

健康教育与健康促进作为公共卫生体系建设的组成部分，面临着前所未有的机遇与挑战。许多重大社会卫生问题都要求健康教育与健康促进工作在策略、内容、方法上要有长期规划和良好的设计。

一、健康教育与健康促进项目计划设计的意义与原则

计划是科学管理的体现，有利于根据社会需要和主客观条件选择优先项目，并从一系列可行的策略和措施中做出最优选择，把有限的资源用在刀刃上。计划可以明确目标和作用方向，指导和协调各有关部门和有关人员共同行动。同时，计划是实现目标的行动指南，是协调纲领，也是评价效果、检查工作的标尺。没有好的设计往往事倍功半，不仅不能很好地完成预期任务，也难免产生差错，造成不必要的损失。因此，健康教育的活动无论周期长短都必须有科学的、周密的健康教育计划。周密的健康教育和健康促进计划是实现目标的行动纲领，是完成项目工作的基础。

计划设计是一个组织机构根据实际情况，通过科学的预测和决策，提出解决该问题的目标及实现这些目标所采取的一系列具体方法、步骤和策略。计划是实施的基础，同时又为科学的评价提供量化指标。健康教育与健康促进计划的设计应当遵循以下原则：

（一）目标原则

健康教育与健康促进项目的计划设计应当有明确的总体目标（又称为远期目标）和切实可行的具体目标（又称为近期目标），从而体现计划的整体性和特殊性，保证以最小的投入获得最大的功效。计划设计自始至终必须要坚持以正确的目标为指向，使计划活动紧紧围绕目标开展，以保证计划目标的实现。

（二）整体性原则

健康教育与健康促进是整个卫生事业发展系统中的一个子系统。所以在健康教育与健康促进计划设计的过程中，必须明确卫生保健的总体目标，如“人人享有卫生保健”就是卫生保健的宏伟目标，健康教育与健康促进计划必须服务于此目标，考虑整体性的观念。

（三）前瞻性原则

计划应当是面向未来的，计划的制订和执行都应考虑长远的发展和要求。健康教育与健康促进项目的计划要体现一定的先进性，要预测未来和把握未来。如果计划制订的目标要求过低，将失去计划的激励功能。

（四）弹性原则

在制订计划时要尽可能预见到在实施过程中可能发生的变化，要预先制订应变对策，以确保计划的顺利实施。但也不能随意更改计划，只有经过评价与反馈，有修改计划的指征，认为确有修改的必要时才能由制订者进行修改。

（五）从实际出发原则

坚持实事求是，一切从实际出发的原则。既要借鉴历史的经验与教训，又要做周密细致的调

查研究，因地制宜地进行计划的设计。与此同时，要掌握目标人群的健康问题、知识水平、经济状况、思想观念、风俗民情等一系列客观资料，实行分类指导，提出真正符合实际、有可行性的活动计划。

（六）社区参与原则

鼓励社区干部和群众积极参与健康教育与健康促进项目计划的制订工作，邀请社区群众早期参与社区需求分析，把计划的目标和目标人群所关心的问题紧密结合起来。只有社区群众广泛参与，得到群众支持，才能顺利完成计划并收到预期效果。

二、健康教育与健康促进项目计划设计的程序

制订健康教育与健康促进计划前需要做大量的调查研究，分析相关需求信息，找到需要优先解决的问题，并针对这些问题找寻其相关因素，然后制订出相应的实施、干预计划。健康教育与健康促进项目内容、目标等虽然各不相同，但设计制订健康教育与健康促进计划的方法和步骤大致是相同的。健康教育与健康促进计划的设计程序可遵循以下 7 个步骤（图 6-1）。

在实践中，人们逐渐形成了有关健康教育与健康促进计划设计的思维逻辑和系统工作模式。目前国内外应用最广、最具权威性的首推由美国著名学者劳伦斯·格林（Lawrence W.Green）提出的 PRECEDE-PROCEED 模式（图 6-2）。该模式既是一个应用广泛、发展成熟的规划制订模式，也是一个能综合应用各种行为改变理论来取得最大干预效果的组织框架。

PRECEDE-PROCEED 模式有两个特点：一是从“结果入手”的程序，用演绎的方法进行推理思考，即从最终的结果追溯到最初的起因。也就是说，在制订计划之前先问“为什么”要制订该计划，然后再问“如何去进行”该计划，避免以主观猜测去代替一系列的需求评估；二是考虑了影响健康的多重因素，即影响行为与环境的社会因素。

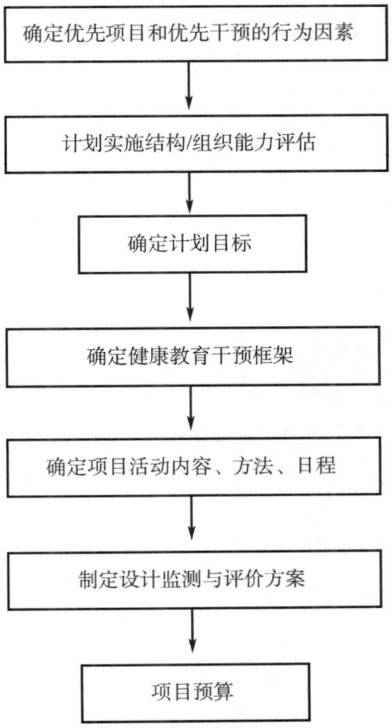

图 6-1　健康教育与健康促进计划设计的基本程序

PRECEDE-PROCEED 模式为计划设计、实施和评价提供了一个连续的步骤或阶段，PRECEDE 着重应用于诊断；PROCEED 侧重于实施过程与评价过程。

根据 PRECEDE-PROCEED 模式，将计划分成社会评估、流行病学评估、行为与环境评估、教育与组织评估、管理与政策评估以及评价阶段 9 个基本步骤（见图 6-2）。除了评价阶段外，其余步骤实际为社区需求评估的内容。社区需求评估是确定健康教育与健康促进计划的实际依据，通过评估来了解社区需要解决的优先问题。

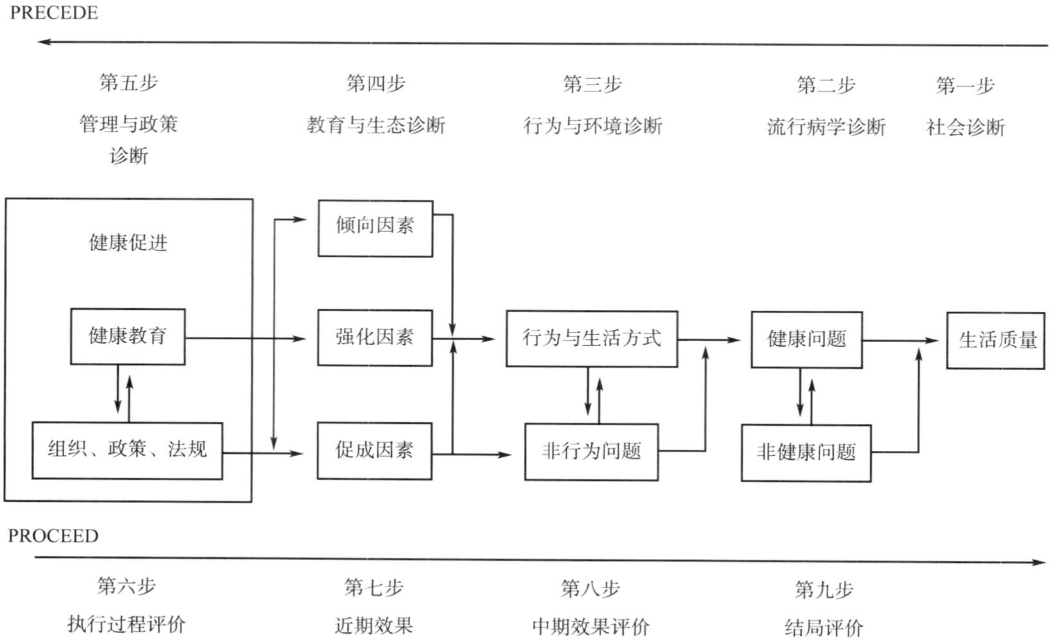

图 6-2 PRECEDE-PROCEED 模式

案例 6-2：

结合当地实际情况，某社区开展了社区卫生服务中心参与监督的高血压健康教育项目，社区卫生人员在 PRECEDE-PROCEED 模式的指导下对社区高血压患者血压进行干预，以观察社区高血压患者血压情况，改善社区高血压患者的生存质量（见图 6-3）。

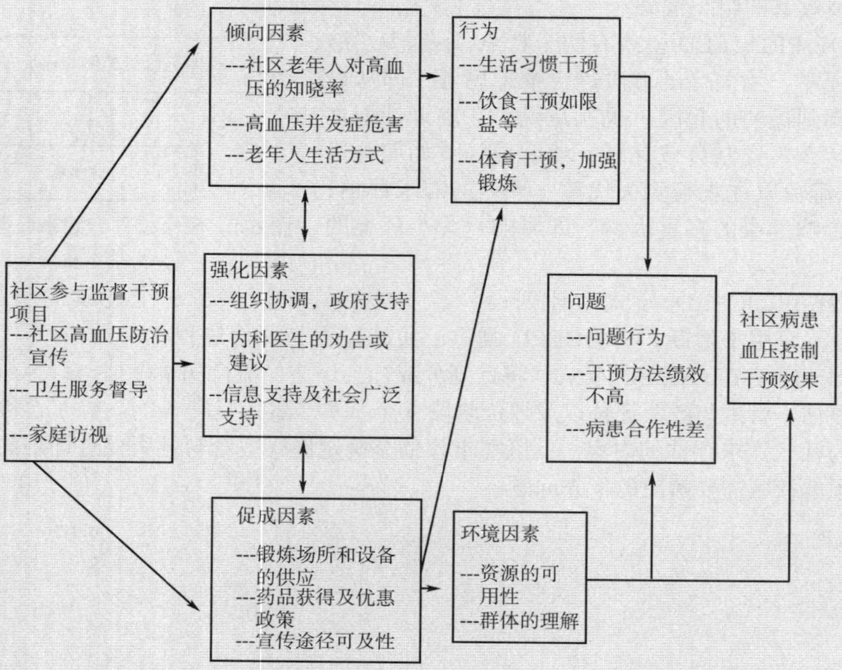

图 6-3 社区参与高血压防治干预的 PRECEDE-PROCEED 模式图

问题：

请写出格林提出的 PRECEDE-PROCEED 模式有哪些步骤并结合本例说明该模式中 PRECEDE-PROCEED 模式的应用。

三、社区需求评估

社区需求的评估是在面对人群健康问题时，运用社会学、流行病学和人类学等研究方法，通过系统地调查、测量来收集各种有关的事实资料，并对这些资料进行分析、归纳、推理、判断或推测与此健康问题有关的行为和行为影响因素，以及健康教育资源可得情况的过程，从而为确定健康教育干预目标、策略和措施提供基本依据。

（一）社区诊断

社区诊断是生物-心理-社会医学模式的具体体现，主要是通过客观的分析方法对社区的主要健康问题和影响因素，以及与这些问题有关的社区内的组织机构、政策、资源现状进行确定的过程。其评估的重点内容是社区人群的人口学特征、人群的生产、社会环境和生活质量。在本阶段，制订计划者需要通过多方面的调查和收集资料来了解目标人群的人口学特征、经济水平、生产类型、经济状况等。例如要在学校开展预防艾滋病的健康教育活动，首先要对该学校及所处社区的特点有全面的了解。

1. 社会环境

（1）社会政策环境：政府部门和领导是否重视并制定了与健康教育计划相一致的政策、法律和制度，组织和管理网络建立情况等。

（2）社会经济环境：社区的教育、就业、交通、住房状况；人口增长率；人均年收入水平；国民人均生产总值；人群对社会问题的关注程度和参与水平等。

（3）社会文化环境：人群的一般文化程度；人群的宗教背景；人群的信念和信仰；与健康行为有关的特殊风俗习惯等。

（4）卫生服务系统特征：卫生机构的数量和特征；有无健康教育的专业机构；卫生发展规划是否纳入了健康教育和健康促进以及有无具体实施单位；卫生服务的覆盖面；人群利用卫生服务的情况；卫生服务提供是否考虑了危险因素及高危人群等。

（5）资源情况：健康教育与健康促进计划可利用的资源情况，包括社会的卫生资源和非卫生资源。要搞清楚哪些资源是可以利用的，哪些资源是尚待开发利用的。

2. 人群生活质量　社区需求评估要重视人群的需求与愿望以及社区人群的生活质量。测量生活质量的指标包括主观指标和客观指标两方面。主观指标用来反映对象人群对生活质量满意程度的主观感受；而客观指标用来反映目标社区和对象人群生活的物理、经济、文化和疾病等状况。健康教育所关心的是影响生活质量的疾病或健康问题的指标，如死因顺位、发病顺位、患病率、孕产妇死亡率、疾病经济负担、期望寿命等。

社区诊断常常采用定性与定量研究相结合的方法，常用的方法有：观察法、深入访谈法、专题小组讨论、选题小组、个人访谈、问卷调查、回顾文献、书面咨询等。

（二）流行病学诊断

流行病学诊断是通过流行病学调查确认目标人群的主要健康问题和哪些行为因素和环境因素引起了这些健康问题。流行病学诊断与社区诊断具有互补性，两者可以结合起来进行。社区诊断的目的是从分析广泛的社会问题入手，了解社会问题与健康问题的相关性。而流行病学诊断的主要任务是客观地确定健康问题及相关因素。

流行病学诊断描述人群的躯体健康问题、心理健康问题、社会健康问题以及相对应的各种危险因素的发生率、分布、频率、强度等。有学者提出具有综合性的“5D”指标：①发病率（disease）；②死亡率（death）；③伤残率（disability）；④不适（discomfort）；⑤不满意（dissatisfaction），以确定健康问题的相对重要性，揭示健康问题随年龄、性别、生活方式、住房条件、种族和其他环境因素变化而变化的规律。

流行病学诊断将回答以下5个问题：

（1）威胁人群生命与健康的疾病（或健康问题）是什么?

（2）对该疾病（或健康问题）有影响的是哪些危险因素?其中最重要的危险因素是什么?

（3）找出该健康问题受累的是哪一类人群，该疾病（或健康问题）在不同人群中的分布是否相同，其中哪一类人群受影响最大?

（4）这些疾病或健康问题在地区、季节、持续时间的分布上是否有规律可循?

（5）对哪些（或哪个）问题进行干预可能最敏感?预期效果和效益可能最好，这些效益能持续多长时间?

（三）行为与环境诊断

行为与环境诊断是了解引起健康问题的行为因素和环境因素，同时了解哪些行为因素和环境因素可变性大。行为危险因素是导致目标健康问题发生和恶化的行为与生活方式。环境因素指的个体之外、非个体所能控制的社会与物质因素。行为因素往往受环境因素的影响。

1. 行为因素分析 健康教育目标的着眼点是行为的改变。因此行为评估就在于：

（1）描述健康问题的行为因素和非行为因素。行为因素是指可直接引起健康问题的某些不当的行为，如性传播疾病的行为因素包括不洁性行为、同性恋、静脉吸毒等。非行为因素是指个人的生物因素和环境因素，如年龄、性别、空气污染等。

（2）建立行为的分类系统，如区分预防性行为和治疗性行为。行为因素中有些属于预防性行为，有些属于治疗性行为。治疗性行为指必须通过使用药物或心理矫治的方法解决的，如高血压、精神紧张等。而酗酒、吸烟、不合理的膳食结构则属于预防性行为。健康教育所面临的问题中，多数是预防性行为。

（3）根据既定的重要性标准评判行为，区分重要行为与不重要行为。区分重要行为与不重要行为的两条原则是：①科学研究证明该行为与健康问题密切相关；②经常发生的行为。如果行为与健康的联系不甚密切或者它们的关系仅仅是间接的，而且行为也很少出现，就可认为是不重要的行为。以心脑血管疾病的相关行为为例，国内外的大量研究已经证实吸烟与心脑血管疾病的相关性极强，而且吸烟者为数众多，因而吸烟就成为心血管疾病重要的危险行为。又如不遵从医嘱的行为，它与心脑血管疾病一级预防关系并不十分密切，与吸烟相比较来说此行为是次要的行为（表6-1）。

表6-1 与心脑血管疾病相关的行为的重要性分级

重要的	行为分级基础
吸烟	极强相关；高发病率
高脂饮食	强相关；高发病率
暴食	中度相关；高发病率
无放松运动	中度相关；高发病率
缺乏锻炼	中度相关；高发病率
不重要的	**行为分级基础**
不检查血压	
不坚持治疗	与初级预防计划的预期结果无关
不遵从医嘱	

（4）根据标准评判行为的可改变性，区分高可变性行为与低可变性行为。高可变性行为是：①还处在发展阶段或行为刚建立不久；②仅表面上与长期形成的风俗习惯或文化传统有联系；③在其他的健康教育计划中得到成功的改变；④社会不赞成的行为。低可变性行为是：①行为在人群中根深蒂固，形成已久；②该行为深深地植根于当地的文化传统或传统的生活方式之中；③在以前的尝试中未得到成功的改变。

2. 环境因素分析　与行为因素分析步骤相似，主要是分析社会环境以及可以通过社会行为和卫生政策改变的环境。同时，要进行环境因素重要程度和可变性大小的分析。

（1）鉴别出可以改变的健康问题的环境决定因素。

（2）根据相对重要性标准来评判各环境因素。可以根据该环境因素与健康和生活质量关系的联系强度，以及该环境因素导致的发病率、患病率和人群罹患的状况而确定其重要性。

（3）根据该环境因素是否可以通过政策、法规等的干预而发生改变，从而确定其可变性。

（4）将重要性与可变性结合分析，确定干预的环境目标。

（四）教育与组织诊断

在规划制订者选择好了拟进行干预的行为和环境因素之后，下一阶段的任务就是鉴定出发起和维持行为和环境因素改变的决定因素和强化因素。任何健康行为都受到三类因素的影响，这三类因素是倾向因素、促成因素和强化因素。

1. 倾向因素（动因因素、前置因素）　倾向因素是为行为改变提供理由或动机的现行因素，是产生某种行为的动机、愿望，或是诱发某行为的因素。倾向因素包括知识、态度、信念和价值观，也包括个人技巧。如产生吸烟行为的倾向因素可能是：①缺乏吸烟危害健康的知识；②赞同吸烟（吸烟的欲望）；③不珍惜健康等。

2. 促成因素（实现因素）　促成因素是指允许行为动机得以实现的现行因素。它是促使某种行为动机或愿望得以实现的因素，即实现某行为所必需的技术和资源，包括保健设施、医务人员、诊所、医疗费用、交通工具、个人保健技术等。如倡导人们饮用安全水，同时给人们提供安全水，这样人们就有饮用安全水的条件，提供安全水就是促成因素。行政的重视与支持、法律政策等也可以被归结为促成因素。

3. 强化因素（加强因素）　强化因素是紧随行为之后，为行为的长期坚持和重复提供奖赏或激励的因素，主要来自社会支持、同辈影响和领导、亲属以及保健人员的劝告，也包括人们对行为后果的感受。这种感受有社会效益型的，如受到了社会的承认与赞扬；生理效益型的，如通过体育锻炼后感到食欲增强，身心舒适；心理效益型的，如改变了精神面貌，增强了自尊等。此外，强化因素也可以是实质性的奖励，如得到经济奖励或节约了开支等。

（五）管理与政策诊断

管理与政策诊断指在前四个阶段诊断结果的基础上，分析一个组织机构内可能促进或干扰健康教育与健康促进项目发展的政策、资源和情景。目的是帮助规划制订者了解并关注一些可能影响项目实施的管理和政策因素。

管理评估的核心内容是组织评估，组织评估包括组织内分析与组织间分析两个方面：组织内分析指的是负责健康教育的组织的内部分析。如有无实施健康教育的机构，该机构是否为健康教育的专业结构，该机构对项目的重视程度如何，有无实践经验和组织应变能力以及优化资源的配置等问题。组织间分析指的是主办健康教育的组织的外部环境分析，分析外部环境对计划执行可能产生的影响。如：该健康教育与健康促进项目与本地区卫生规划的关系、政府卫生部门对健康教育的重视程度和资源投入状况、本社区其他组织机构是否也在开展类似于健康教育的服务、目标社区是否存在与目标相抵触的规章制度或法律法规等。此外，管理评估还包括评估可利用的资源，以预算的形式明确各项活动所需的人力费用和非人力费用，保证有足够的资源实现预期目标。

政策诊断的主要内容是审视社区现有的政策状况。可分为两个步骤：一是评价组织机构的使命、政策、规章制度；二是评估政治力量将如何影响一个健康教育与健康促进项目的规划制订和实施。例如有无与项目计划目标相一致的支持性政策，该政策是否已经比较完善或者尚未制订等。

四、确定优先项目和计划目标

健康教育的需求是多方面、多层次的，如全面出击而资源有限则不可行，必须选择优先项目以求以最少的投入获取最大的效益。在众多可供选择的问题当中选定对目标人群生活质量影响最大、群众最迫切需要解决，而又有较好解决可能性的健康问题是制订健康教育与健康促进计划的第一步骤。

（一）确定健康问题

从分析目标人群的健康状况和生活质量入手，明确该人群面临的问题，并找出该人群当前需要优先解决的健康问题，为健康教育与健康促进计划的设计提供依据。只有发现问题，才有助于确定组织目标及指定计划所要达到的效果。

（二）优先问题的筛选

对目标人群存在的健康问题做出全面的了解，是选择优先解决健康问题的必备条件。在众多的社会需求中，确立优先项目的评价标准有以下几条：

1. 重要性原则 被确定为优先的问题应该是对人群健康威胁严重或对社会经济发展、社区稳定影响较大的问题。如该病发病率高，受累人群比例大；致残、致死率高；与该健康问题相关的危险因素分布广；群众非常关心等。

2. 有效性原则 通过健康教育干预，能有效地促使其发生预期改变的健康问题。如降低发病率、死亡率、直接或间接地增加收益、公众关系的潜在效益、提高精神文明和改善社会环境面貌等。

3. 可行性原则 该项目易为群众所接受，便于执行，有客观的评价指标或定量测定效果的方法，能够系统长期地随访观察。可以通过分析社会以及政策对干预的支持力和有利条件，包括领导的支持，社会相关部门的配合，人力、物力、技术资源的条件，特别是经济资源的可利用情况，来评判可行性。

优选项目时有两个标准可供选择，即重要性和可变性。考虑时可基于问题的相对重要性和可变性来考虑，可采用简便易行的四格表法优选（图 6-4）。

	重要	不重要
可变	Ⅰ 最优选择	Ⅲ 一般不予考虑
不可变	Ⅱ 次优选择	Ⅳ 不予考虑

图 6-4 确定优先项目示意图

（三）确定优先干预的行为因素

健康教育的着眼点在于行为改变。确定优先干预的行为因素，首先需要分析引起健康问题的因素是否为行为因素。行为因素是指某种（些）行为的不当可直接引起健康问题或导致疾病的发生。例如未经控制的高血压、吸烟是导致冠心病的直接行为因素。而非行为因素指的是对健康问题产生作用，但不受行为制约的个体和生物学因素，如年龄、性别、遗传倾向等。还有某些因素，从严格意义上讲不属于行为因素，但又与行为存在一定的关系，称之为相关因素，如肥胖与高血压和冠心病的发生有关。其次是区分重要行为与不重要行为。

（四）确定目标人群

目标人群指的是为了实现总目的需要特别关注的人群，或健康教育与健康促进计划干预的对象或特定群体。那些受疾病和健康问题影响最大、最严重的群体，一般就是健康教育与健康促进干预的特定目标人群。目标人群的确定应根据规划的目标来确定，如目标是预防中小学生意外伤害，教育的主要对象应包括中小学生及其家长、教师、学校及教育系统的领导。

健康教育的目标人群通常可以分为以下三类：

1. 一级目标人群　是指预期接受健康教育后将直接采纳所建议的健康行为的人群，也是项目的直接受益者。目标将最终通过他们的行动来实现。

2. 二级目标人群　是指对一级目标人群有重要影响的人群，或能激发和加强一级目标人群行为和信念的人群。如卫生保健人员、有关行政领导、朋友等。

3. 三级目标人群　是指决策者、经济支持者和权威人士等对计划的执行与成功有重大影响作用的人群。

（五）计划实施结构/组织能力评估

项目实施的机构、组织是项目实施成功与否的关键之一。对项目实施机构/组织的能力评估，找出计划实施的有利条件和不利因素是健康教育与健康促进项目设计程序的第二个环节。其主要内容包括计划执行的可行性；资源是否充足；群众的参与程度及干扰因素分析等。

（六）确定计划目标

当项目确定后，就要把该项目转化为规划的目标。计划目标是计划存在和效果评价的依据。计划目标分为总体目标和具体目标。

1. 总体目标　指在执行某项健康教育项目预期应达到的理想的影响和效果。通常指的是远期的、较为笼统的和不需要量化的效果。

2. 具体目标　是为了实现总目标而要达到的具体结果，要求具体的、明确的、可测量的指标。总体目标可以分解为各方面、各阶段、各层次的具体目标。规划的具体目标一般必须回答 4 个 W 和 2 个 H：Who——对谁？What——实现什么变化？When——在多长限期内实现这种变化？Where——在什么范围内实现这种变化？How much——变化程度？How to measure it——如何测量该变化?如执行阶段的各种工作进度目标。具体目标一般可分为教育目标（为实现行为改变所必备的知识、态度、信念、价值观及个人技巧等）、行为目标和健康目标。具体目标形成目标体系，它反映的是健康教育项目作为一个系统其各个部分之间的结构关系。

3. 指标体系　目标需用相应的指标来加以描述。与各方面、各阶段、各层次的具体目标有关的指标及其权重、预期指标值、指标使用方法等形成指标体系。

案例 6-2 分析：

根据 PRECEDE-PROCEED 模式，社区参与监督干预的 PRECEDE-PROCEED 模式包括以下几个步骤：

社会学和流行病学诊断（1、2 阶段）。根据当地社会环境，运用科学方法对干预对象的人口特征、生活习惯及生存质量进行评估，了解社区高血压患者健康现状及经济状况，根据患者实际情况制订相应干预措施。

行为、环境、生态及组织诊断（3、4 阶段）。通过对当地社区干预方法进行述评，结合社区患者自身行为习惯，发现干预对象存在的问题：①高血压患者自身不注重饮食，高糖高脂高盐，同时家属亦对患者行为没有加以监督；②缺乏体育锻炼，存在不良生活习惯，BMI 偏高；③病人没有做到按时监测血压，其中有些患者是由于生活环境限制、缺少检测设备而不能做到定期监测血压。

管理及政策诊断及实施（5、6 阶段）。充分了解国家及当地政府有关高血压疾病的相关政策，结合社区的实际情况，完善社区卫生服务部门对社区高血压患者的健康教育促进。社区服务人员可增设社区活动中心，提供安全舒适的场所供社区老年人进行日常体育活动；社区卫生服务机构可定期对干预对象进行随访，以电话或者入户形式均可，以监督干预对象，使其做到按时服药、定期监测血压，从而达到健康教育的目的。

过程、影响及结局评价（7、8、9 阶段）。PRECEDE-PROCEED 模式的最后三个阶段用来评估干预过程、直接影响及改变效果。

第 2 节　健康教育与健康促进工作计划的实施

在健康教育与健康促进目标确定之后，就要确定达到目标的方式、方法和途径。根据健康教育与健康促进项目的目标、人群特征、环境条件和可利用资源等情况选择最佳的干预途径、干预方法及其时间、空间和人群组合。也就是将教育活动的各个要素具体化，综合归纳成一个可操作的活动方案。干预策略一般分为教育策略、社会策略、环境策略及资源策略四类。策略的制定应该充分运用健康教育行为改变理论，综合运用各类干预策略方能取得事半功倍的结果。

计划的实施（implement）是在完成一项健康教育与健康促进活动的设计之后，应通过有效的实施使计划中的预期目标得以实现。实施健康教育与健康促进计划是一个复杂的过程，包括的内容多，涉及面广。SCOPE 模式将复杂的实施工作归纳为 5 大环节：制订实施工作时间表（schedule）；控制实施质量（control of quality）；建立实施的组织机构（organization）；组织和培训实施工作人员（person）；配备所需的材料与物品（equipment and material）。这 5 个环节与实施过程紧密相连，同时 5 个环节之间又互相密切关联（图 6-5）。

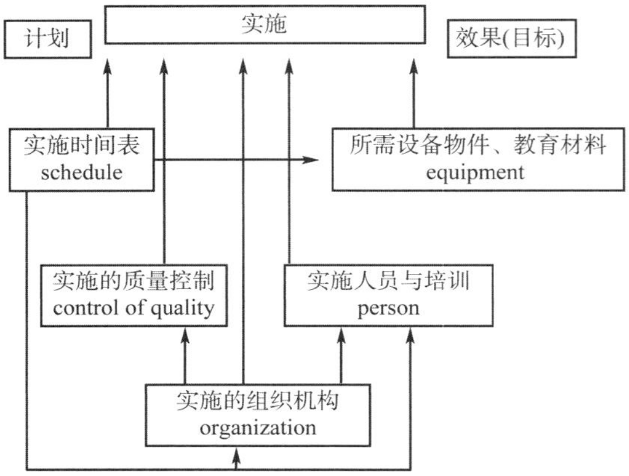

图 6-5　健康教育与健康促进计划实施的 SCOPE 模式图

一、制订实施工作时间表

（一）制订时间表的作用和意义

实施工作时间表是项目管理的有力工具。健康教育与健康促进计划的实施是一项复杂的工作，为了使实施的全过程有比较强的计划性，按时完成各阶段的实施工作，首先要制订一个科学的时间进度表。在项目工作启动以后，各项措施和任务都应以时间表为指导有条不紊地进行，逐渐实现项目目标。这个时间进度表是整个执行计划的核心，也是实现目标管理的依据。

时间表最重要的意义是在时间和空间上将各项措施和活动进行整合。它也是一个对照表，可以用来检查各项工作的进展速度和完成数量。在过程评估时，时间表是一个重要依据。评估人员首先要依据时间表检查每项工作是否按计划执行，有多少项工作滞后于时间表所计划的时间。各项活动的时间表可制成甘特图（图 6-6），让人一目了然。

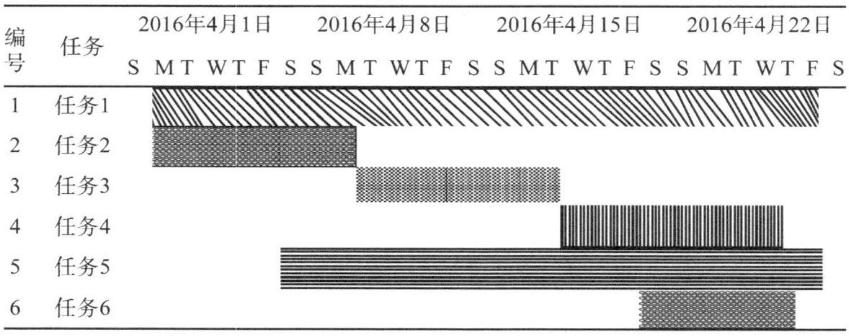

图 6-6　甘特图举例

（二）时间表的制订与内容

实施计划的时间表以时间为主线而排列出各项实施工作的内容、具体负责人、检测指标、经费预算、特殊需求等内容的一个综合执行计划表（如表 6-2）。

表 6-2　某社区冠心病健康教育实施计划活动时间表

实施时间（2016.1-2016.6）						工作项目	对象	要求	负责人	地点	材料设备	经费（元）	备注
1	2	3	4	5	6								
*						人员培训	专、兼职基层健康教育人员	培训率达 100%	XX	社区活动室	多媒体投影仪、扩音设备	1500	聘专家讲学
	*	*	*	*		社会动员（文字、语言、图片）	社区全体居民	参与率达 75%	XX XX XX	社区礼堂	录音、图表等	1500	每月号召相关人员观看、收听宣传内容
	*					发放宣传资料	45 岁以上社区居民	干预对象人手一份	XX XX XX	社区内	科普读物（高血压防治知识问答）	3000	
		*	*	*		防治冠心病专题讲座	45 岁以上社区居民	防治知识知晓率 80% 以上	XX XX	社区礼堂	多媒体投影仪、扩音设备等	1000	每月一次、共计 3 次
					*	效果评价	45 岁以上社区居民	知、信行改变	XX XX XX	社区内	调查表等	1000	

计划实施时间表的主要内容有：

1. 具体工作内容　即各项具体活动，如“社区群众动员会”、“干部培训班”、“材料准备”等，但不必将实施活动分解得过细，只需将大的、主要的活动列出即可。

2. 指定负责人员　列出每项活动的具体负责人。

3. 检测指标　列出检测该项工作是否完成的依据。

4. 经费预算　列出每项活动的估计费用以及整个计划所需的费用。

5. 特殊需求　指该项活动所需的特定设备、资料、场所以及外请人员等。如摄影器材、电教器材、交通工具、健康教育材料、场地、服务人员、教师等。

二、实施的组织机构

健康教育与健康促进项目计划实施的组织机构不同于常设健康教育机构，它通常需广泛包括社区内多种组织成分。在开始实施一项健康教育与健康促进计划时，首要的任务是建立领导实施工作的领导机构和具体承担实施任务的执行机构，并确定协作单位。

（一）社区开发

社区开发是在当地政府的组织领导下，充分发挥社区成员的积极性，利用社区自身的力量和外部资源提高社区的经济社会发展水平，改善社区居民的生活，解决社区存在的问题。社区开发是由联合国倡导的一项促进各国社会进步与经济发展的运动，强调对社区居民进行组织和教育，通过健康教育工作者的工作把社区居民组织起来，促使他们参加改变社区面貌的行动。社区参与需要社区全体居民的参与。

（二）领导机构与执行机构的确定

健康教育与健康促进项目有时只涉及一个单位或一个社区，但有时项目涉及很大的人群和地域范围，如涉及全省甚至数个省区。开发领导机构是为了构筑计划实施的社会支持系统。项目实施的领导机构的组成需根据工作所及的范围和部门来确定。实施的领导机构可由原有的行政机构兼任、替代或另行成立。一般情况下，领导机构包括与该健康教育与健康促进计划实施直接相关的部门领导和主持实施工作的业务负责人。领导机构的职责是审核实施计划和预算、听取项目进展报告，提供政策支持，解决计划执行中的困难和问题等。

执行机构是指具体负责整个项目操作和运行的机构。除某些特殊情况下需要成立专门的执行机构外，一般执行机构往往是设置在某一相关业务单位内，由该单位的某个部门来承担实施工作。实施人员大多由该部门或该单位的专业人员来组成。例如在某县执行一项食管癌早诊早治的健康教育计划，其执行机构一般可设在县肿瘤医院。在某省开展地区性预防性病艾滋病的健康教育计划，执行机构则设在该省疾病预防控制中心或者是皮肤病防治所，如果该地区设有独立的健康教育所，也可以设在健康教育所。

执行机构人员的数量和专业构成可根据计划内容确定，原则是既要满足工作需要，又要避免过于庞杂。同时，执行人员的相对稳定也十分重要，特别是执行时间较长的项目，在选定执行人员时就要考虑到主要执行人员能否自始至终地参加该项工作，完成实施任务。

执行机构的职责主要是分解计划中的每项活动，将计划的意图付诸实践，组织计划活动的顺利开展。同时，执行机构有责任向领导机构汇报工作进展情况，听取和接受领导机构的意见和指导。

（三）组织协调与合作

计划的实施是一项复杂的社会工程，需要多个部门的协调与合作。相关的组织、机构、团体是否被发动并参与到计划实施中来，建立相应的工作网络并充分合作，是关系到计划能否顺利实施、实施工作能否获得预期效果的另一个关键。例如在某地区实施一项预防碘缺乏病、推广加碘盐的健康教育计划，除了卫生部门的积极努力之外，必须得到盐业、商业、文化、大众传媒等部门以及工会、妇联等社会团体的支持。大众传媒和文化、妇联、工会等部门协助做好健康信息的传播工作，盐业部门配合大量生产合格的加碘盐，商业部门配合使货运渠道通畅，向群众销售碘盐，只有通过多部门的通力合作，该健康教育的计划才能实施并取得成效。

（四）政策支持

政策指的是政府部门就某些方面的内容制定发布的相关条例、方针或规章制度。政府部门的支持性政策对于健康教育与健康促进项目的实施工作具有很大的影响。这类支持性政策可以动员当地资源（包括财力、人力、物力、信息）的投入；开创多部门协调合作的局面；也可以影响当地群众参与的态度；创建有利于实施工作的环境；实施的领导机构可以通过多种途径影响当地政府，促进支持性政策的出台。

项目成功的标志是工作不因为项目的结束而停止运转，而是可持续性的发展。一切项目工作中的重要条件之一就是政策的支持，因此在项目实施期间应选择重点进行政策开发和制定。

三、健康教育与健康促进项目培训

健康教育与健康促进规划的各项活动都必须由人去完成。项目培训是为达到项目的既定目标而建立和维持一支有能力、高效工作的队伍。

（一）实施工作人员的选定及其知识结构

健康教育与健康促进计划能否顺利实施，与是否拥有合格的人员密切相关。项目实施人员的选定要根据规划的具体内容来确定，既要考虑到人员的数量，又要考虑到人员的专业能力。一项复杂的健康教育与健康促进规划执行的过程中，不仅要有专职的健康教育人员，同时也要有兼职人员的参与，有时还需要临时聘用辅助人员。人员的数量以每个部分工作均有人负责和操作为准。实施人员主要来源是从执行机构中选定，必要时可以从相应业务部门聘请人员共同工作。在挑选具体工作人员时需要有专业基础和实践经验的人员，以前参与过某些项目特别是类似项目的实施工作或者接受过相关培训的人员更能适合工作的需要，可以能较快地进入角色。

项目实施人员应该掌握与实施该项规划有关的知识与技能。而目前无论是健康教育的理论还是实践，或是有关人类对健康和疾病的认识都有极大的发展，对健康教育与健康促进执行人员的要求越来越高，健康教育培训除了对健康教育专业人员所进行的系统的培养和训练外，更多的是针对特定任务所进行的培训，旨在促使他们能够具有胜任健康教育任务所需的知识和技能。

1. 管理知识　项目的实施特别是大型健康教育与健康促进项目的实施往往需要有较多的人力和时间放在管理工作上。这就需要项目实施人员懂得和熟悉有关的管理规章和知识，如年度计划的制订，年度和阶段总结，报告的书写，人、财、物的管理和调配以及与上级领导部门和相关协作单位的联络等。

2. 专业知识　根据所执行项目的要求，实施人员需要掌握的专业知识除了有关的健康信息（核心信息、主要信息）外，还应包括调查方法、行为干预方法、传播知识与技巧以及资料收集方法与报告书写方法等。

3. 专业技能　项目实施人员必须掌握与实施内容相关的专业技能才能适应实施工作的需要。

（二）人员培训

1. 人员培训的重要性及原则　人员的培训是为达到项目的目标而建立与维持一支有能力、有效率的工作队伍的活动。健康教育与健康促进项目的培训除了对健康教育专业及相关人员所进行的系统培训和训练外，还包括选用工作人员、组织工作队伍以及协调组织监督机制等活动。在培训项目中重要的活动是对在职人员的培训，即根据特定项目的目的、执行手段、教育策略和其他要求而对项目有关人员所进行的一种培训，旨在促使他们能够具有胜任健康教育任务所需的知识和技能。

健康教育与健康促进项目的人员培训应遵循以下原则：

（1）培训目的明确：项目的培训工作必须强调紧紧围绕具体项目的中心展开，体现项目的目的和原则。培训应根据项目的要求，确定学员应掌握的知识和技能。

（2）重视技能训练：整个培训过程应当十分重视技能的训练，使得学员能学习和掌握具体的技术和方法，理论联系实际，如指导糖尿病病人自测尿糖或血糖。培训的内容和方法要根据健康教育项目的要求来选定，同时也要适合学员的具体实际。

（3）及时评估：在整个培训工作过程中，应该及时地、不断地收集各种反馈信息，随时注意培训过程中遇到的新情况、新问题，及时调整教学内容和教学方法。

2. 培训的准备和实施　培训的准备工作通常包括：制订培训计划；学员的确定；落实师资；准备教材、教学场所和设施；设计培训方法；落实后勤服务工作等。

3. 培训的内容　培训的内容应视项目的具体内容而定，不同的项目内容有不同的专业知识需要培训。培训时应该根据项目的内容对实施人员有选择地进行专业知识培训，以下是大多数项目都需要的内容。

（1）项目管理知识：项目管理方案、计划的分解落实、人员组织和调配、资源的筹集与分配、工作进展的监测、对内对外的协调与联络等；

（2）专业知识：项目的调查方法、干预方法、资料与数据的收集及处理方法、文档处理方法等；

（3）专业技能：设备使用及维护、传播材料的制作等。

4. 培训方法 健康教育与健康促进项目的目的非常明确，是为了完成某项特定任务，开展某项工作，解决某个现实问题而开展的。这种培训有别于学校对学生的系统教学或基础训练，学员的学习也不像学校的教育系统、全面。因此，这种培训活动所采用的方法不同于学校中的常用教学方法，多采用参与式教学方法。参与式教学方法以培训对象为中心，要求教师能够调动学员的积极性，鼓励学员积极参与并回答提问、讨论、游戏、角色扮演、现场实习、模拟练习等教学活动，使培训对象不再是被动的接受者，而是主动的参与者，可以大大提高学习的积极性和热情。同时，参与式教学可以帮助学员理解和记忆。这里介绍几种参与式教学方法：

（1）"头脑风暴"（brain storm）法：又称为快速反应法。头脑风暴是为了克服阻碍产生创造性方案的、遵从压力的一种相对简单的方法。

在典型的头脑风暴会议中，一些人围桌而坐。群体领导以一种明确的方式向所有参与者阐明问题，然后成员在一定的时间内"自由"提出尽可能的方案，不允许任何批评，并且所有的方案都当场记录下来，留待稍后再做讨论和分析。

在健康教育与健康促进项目培训中，教师在没有预先给学员任何准备的情况下提出问题，培训对象立即把头脑中出现的有关这个议题的联想表达出来。这种方法能够集中学员的注意力，促使学员开动脑筋，参与到教学活动中去。

（2）角色扮演（role play）法：角色扮演就是在培训者的指导下，根据培训的内容，要求培训对象用表演的方式将生活中或实际工作中可能会遇到的、有代表性的场景或情境表现出来。它是一种以有效开发角色行动能力为目标的训练方法。角色对白的语言可以由教师预先设计安排，也可以由教师规定情景，学员临场发挥。通过角色扮演，扮演者可以亲身体验某种概念或情景，学习从不同角度观察问题，寻求解决问题的方法；而且角色扮演法生动活泼，饶有趣味，能够激发学员的学习热情。在表演结束后应立即组织讨论，学员可以自由发言，指出表演者对内容的理解有哪些差距，表演有何不足。学员可以在讨论中学到教师仅仅用讲课不能传播的知识和技能。

（3）小组讨论法（group discussion）：是参与式培训中最常用的方法之一。教师在将理论知识介绍完毕以后，将学员以几个人或一群人为单位分成小组，给每个小组分一个题目（或者是讨论同一个题目），指定一个组长。要求小组长主持小组成员针对老师提出的题目开展深入的讨论，并综合小组意见。在讨论结束后各组分别向全班介绍讨论结果。这种方法有利于学员相互交流、相互探讨，充分调动学习积极性，分享经验，扩大视野。

（4）案例分析（case study）法：就是给出一个真实的事件或假象的意境，提出一些需要解决的问题让培训对象讨论，鼓励学员积极参与，研究案例提供的信息，并根据具体情况做出适当的决策。这种方法可以提高学员的主动性和分析能力，也有利于交流。在教师的指导下，学员可以从实际案例分析中提高决策技能和分析问题、解决实际问题的综合能力。

下面列举 16 种教学方法及其使用范围（表 6-3）：

表 6-3 16 种教学方法及其适用范围

教学方法	适用范围				
	知识	态度	决策技能	沟通技能	操作技能
1. 板书/投影/幻灯/挂图	√				
2. 电影/录像	√			√	√
3. 活页资料	√		√		√
4. 手册	√		√		√
5. 自习	√				

续表

教学方法	适用范围				
	知识	态度	决策技能	沟通技能	操作技能
6. 演示				√	√
7. 讨论		√	√	√	
8. 头脑风暴（快速反应）			√	√	
9. 滚雪球（逻辑推理）		√	√		
10. 游戏	√	√	√	√	
11. 角色扮演		√	√	√	
12. 案例分析			√		
13. 书面作业/课题设计	√		√	√	
14. 现场实习/见习		√	√	√	√
15. 模拟训练			√	√	√
16. 配对练习				√	√

资料来源：吕姿之.健康教育与健康促进.北京：北京医科大学、协和医科大学联合出版社，1998：95.略加修改.

5. 培训评价 评价是培训工作的一个重要组成部分。制订培训计划时应该有明确的评价内容、评价方法和评价指标。培训评价包括 3 个层次：

（1）过程评价：是在健康教育与健康促进项目的培训过程中测量所实施的各种活动的进展，了解并确定各项活动能按原定计划的程序发展，即各项培训活动的跟踪过程。例如：教学进度是否按计划进行，教材、教学设施是否合适，学员听课的出勤率，在培训过程中学员的各种反馈意见等等。过程评价贯穿于培训过程的每一个阶段之中，它可以了解是否按计划的程序进行，培训活动中存在什么缺陷及应如何改进等，对及时有效地了解培训的进展，以保证培训的成功是非常重要的。

（2）近期效果评价：主要评价培训后学员对知识、技能的掌握情况。

（3）远期效果评价：主要评价学员是否能将所学到的知识和技能运用于实际工作中并产生明显的效果。

四、以社区为基础的干预

健康的获得可以从个体、社区和政府 3 个层面去理解。对于个体层面，需要健康教育来实现；对于社区层面，是多种干预活动的整合，领导机构的建立、政策的支持、多部门的参与、干预管理人员的培训都是干预活动的重要因素，也是社区干预成功的前提。社区干预的场所包括学校、工作场所、医院和社区居民。以块为主、条块结合，统一在地方政府组织下开展工作。在干预人群上，应将高危人群、重点人群与一般人群分别对待，不可千篇一律。

案例 6-3：

2009 年 4 月我国甲型 H1N1 流感爆发，各地疾控中心开展了形式多样的群众性健康教育活动。健康教育材料的编印并在公共场所张贴或分发到群众手中，是普遍采用的形式之一。为了评价各种材料的传播效果选择了某省疾病预防控制中心制作的“甲型 H1N1 流感知识要点”宣传海报和折页进行研究。二者传播内容基本统一，仅仅形式不同。主要包括 6 个板块：正确认识甲型 H1N1 流感病毒、甲型 H1N1 流感的传播途径、感染甲型 H1N1 流感的症状、甲型 H1N1 流感病例密切接触者、治疗甲型 H1N1 流感的药物和如何预防甲型 H1N1 流感。核心信息基本一致的同时，材料的效果评分取决于制作的形式。在制作海报类健康教育材料时要注意文字、配图和色彩的普遍接受性，在制作折页类材料时，要充分考虑受众的年龄和文化程度等人口学特征，设计制作针对不同目标人群的折页材料，以达到更好的传播效果。

问题：

你认为在健康教育与健康促进项目中，如何选用合适的健康材料。

案例分析：

在健康教育与健康促进项目工作中，选用合适的健康教育材料是项目成功的关键步骤。需要哪种教育材料，要根据具体情况和需要来确定。我们可以在现有的材料中寻找适合的材料；也可以根据具体目标和内容来制作新的材料。如果需要自行制作教育材料，要根据教材制作和预试验结果，将教材反复修改至内容准确、通俗易懂、方法适用，才能正式投入印制、发放和使用。

五、健康教育与健康促进项目实施的物品管理

（一）实施所需的设备物品

健康教育与健康促进项目的实施过程离不开设备物品的支持。这里的设备是指计划实施过程中所使用的各种办公设备、仪器和工具等。

1. 设备物品的种类

（1）交通工具类：面包车、吉普车、摩托车、自行车等代步工具。

（2）办公设备类：计算机、打印机、复印机、传真机、电话机、订书机及纸笔等办公用品。

（3）医疗仪器类：身高体重计、血压计、温度计、视力表等。

（4）音像设备类：照相机、摄像机、录音机、录像机、电视机、VCD 及 DVD 等。

（5）印刷设备类：复印机、速印机、胶印机等。

（6）教学设备类：多媒体投影仪、笔记本电脑、幻灯机、黑（白）板等。

2. 设备的来源 相关设备可以来源于多种渠道，如项目的执行机构、项目经费购置或从合作单位借用，甚至从有关单位租用。总之，为了健康教育与健康促进项目计划的全面实施，所需设备物品应满足工作的需要，同时应尽量节约开支。

3. 设备物品的使用与管理 项目的设备物品必须设有专人管理，特别是一些特殊设备，如车辆、速印机、摄像机等大型物品或贵重物品，若无专人管理则容易丢失或损坏。这些特殊设备的使用者必须要进行专门的培训，使其掌握设备的使用和保养方法，这对保证工作的顺利开展和延长设备的使用寿命非常重要。设备的管理还应在各分项目中做好协调，使各种设备能够在分项目中循环使用，提高设备的使用率。

（二）健康教育与健康促进项目实施的材料

计划确定以后，如何选择合适的教育材料（传播材料）是执行计划时所面临的一项关键性的工作。选择好的教育材料是保证项目成功的必要物质基础。在一项健康教育与健康促进项目工作中，需要购买或制作哪种教育材料，要根据具体情况和需要来确定。一个大型的项目可以在现有的材料中寻找可以利用的、基本适合该项目的材料，这样可以节省时间和费用；也可以根据具体目标和内容来制作新的材料，来满足项目的需要，也可对现有材料加以修改。如果确定需要自行制作教育材料，要根据教材制作和预试验结果，将教材反复修改至内容准确、通俗易懂、方法适用，才能正式投入印制、发放和使用。

在有了材料以后，必须考虑将健康教育材料通过何种渠道到达使用单位和目标人群的手中。只有选择了正确的传播渠道才能保证材料的可得性、可接受性并防止信息失真。同时还要有调查、有准备、有计划地发放和使用各种材料，应尽量避免材料的制而不发、发而不用，不分对象乱发

乱用的浪费现象。

六、项目执行的监测与质量控制

质量控制是保证所进行活动产生应有效果的关键，是与健康教育实施相伴而行的技术保障和监督，其核心任务是使得实施活动按照计划进度和质量运行，并在运行过程中及时发现存在的问题，及时沟通、协调，妥善解决，顺利实现预定的目标。

（一）质量控制的内容

1. 监测工作进度 监测健康教育与健康促进工作计划内的各项活动是否按照时间表的要求按时完成。如果出现了延误，应尽快找出延误的原因，并提出补救的措施。符合质量要求的干预项目应该能严格执行项目进度表上的进程，以保障按时完成整个项目。如有特殊情况需要调整项目活动的时间安排，应及时与项目管理者沟通，统一部署，避免延误其他活动或影响整个项目的进程。

2. 监测工作内容 健康教育与健康促进项目的各项活动都有特定的质量要求。对活动内容的监测主要是检查实际开展的活动在内容上、数量上是否符合计划设计的要求。例如一项学校健康教育活动，对其活动的监测主要看内容是否能符合计划，课程数量、教学时数、教材和教师是否符合要求等。

3. 监测项目工作人员的能力 主要考察健康教育与健康促进工作的执行人员是否按计划接受了培训，培训后知识和技术的运用情况，是否有必要进行再培训，是否有调整工作人员的需要等。

4. 监测人群知、信、行水平的提高及有关危险因素的改善 健康教育与健康促进的主要目的在于提高人群的知、信、行水平，改善危险因素尤其是行为危险因素。对人群知、信、行及有关危险因素的监测主要考察目标人群在项目执行前后知识、态度、信念以及行为危险因素的变化。

5. 监测经费开支 主要监测经费使用与预算的符合程度及分析经费开支与预算之间出现差距的原因。

（二）质量控制的方法

1. 系统化的资料收集与保存 项目开始实施时就应该要求各分项目和各部分工作的负责人切实做好实施记录（实施日记），及时记录下实施工作中的重要信息，如某项活动发生的时间、地点、参加活动的人员、活动现场的情况、经费使用、参与人员在活动中的表现及对活动的意见等。目的在于提供项目实施的基本数据，真实地反映干预活动的数量和质量，并通过这些资料数据，揭示干预中存在的问题，为项目活动的必要调整提供依据。要建立工作报告制度，定期或按阶段口头或书面报告计划执行的有关情况。

2. 组织有关人员对现场实地考察和评估 为了监测实施过程和控制实施质量，主管人员或监督小组成员可以对实施活动现场进行考察，或者亲自参与实施活动；也可以组织有关人员考察现场。在考察和参与中了解实施工作情况，发现其中的偏误，进行当面指导，及时解决问题。

3. 加强审计工作 主要用于财务方面的质量控制。大型项目的经费开支必须作好分项目审计、阶段性审计和总体审计。审计的目的是判断是否按要求投入资金，分配是否符合需要（设备、培训及活动经费等），监测经费的管理和使用情况。审计的结果可以用来指导经费的管理和分配，调整预算，保证经费的使用质量。

项目执行情况可以通过调查获得有关数据和资料，对实施过程进行监督，对实施质量进行控制。调查分为定量调查、半定量调查和定性调查。定量调查需要人力、物力和时间较多，主要用于基线调查和效果评价；而计划实施过程中的监测，更多的是使用半定量调查和定性调查。

第3节 健康教育与健康促进工作的效果评价

一、健康教育与健康促进工作评价的概念与目的

（一）评价的概念

评价（evaluation）即比较，是指客观实际与可接受标准进行的比较。健康教育与健康促进工作的评价是采用科学而且可行的方法，系统地收集、分析信息，对健康教育活动的计划、措施、方法、活动效果进行评估，并与某种标准进行比较，描述和解释活动的规划、执行过程和成效，为改善活动的决策提供依据。评价对于评估资源的需求及合理分配、评估项目的效果、评估工作人员的执行项目的情况与能力以及评估规划满足对象需求的切实性，都是极为重要的内容。

（二）健康教育与健康促进工作评价的目的

健康教育与健康促进工作评价的主要目的有以下几点：

（1）健康教育与健康促进工作评价是计划取得成功的必要保障。它可以帮助确定规划的先进性与合理性。

（2）明确健康教育与健康促进工作的数量和质量，以确定活动是否适合目标人群，是否按规划进行及资源的利用情况，科学地说明该项目的价值。

（3）评价是一种改善计划，可以总结项目的成功与不足之处，为决策者提供决策依据的管理工具。

（4）评价结果可以向公众介绍项目结果，扩大健康教育与健康促进项目的影响，向社会争取更广泛的支持与合作。

（5）评价可以提高健康教育专业人员的理论与实践水平。

二、健康教育与健康促进工作评价的种类

完整的计划评价根据评价内容、指标和研究方法的特点可分为以下四种类型：

（一）形成评价

形成评价（formative evaluation）是在规划执行前或执行早期对规划内容所作的评价，以确保所制订的规划是基于各相关人员的需求，所选择的干预策略、措施和干预材料有效且适合所在社区的实际情况；同时，在计划实施过程中及时获取反馈信息，纠正偏差，进一步保障计划的成功。

1. 形成评价的具体内容

（1）了解健康教育与健康促进工作的目标是否符合对象人群的特点；

（2）了解干预策略、活动的可行性；

（3）了解传播材料、测量工具、教育材料发放系统等是否完善；

（4）针对项目执行早期根据出现的新情况、新问题对计划进行适度调整。

2. 形成评价的方法与指标 形成评价可采用多种技术方法，以进行相应内容的评估。但尽可能运用已有的数据或资料，如人口普查资料、流行病学监测资料、专题调查资料等。如果现有的资料不能满足评价的要求，需要进行调查研究补充资料或校对现有的资料。该阶段的调查研究宜采用简洁、快速、有效的方法，而不宜采用复杂、耗时的方法。具体方法有：文献、资料、档案的回顾，专家咨询，专题小组讨论等。如果条件具备也可采用运筹学方法。形成评价的指标包括计划的科学性、技术上的适宜性、政策的支持性、目标人群对计划和活动的接受程度等。形成评

价是项目成功完成的重要环节，它能评估计划目标是否明确合理、指标是否恰当、资源的种类和数量及资料收集方法是否可行等。总之，高质量的形成评价能最大限度地降低计划失败的风险，增加成功的机会。形成评价为项目的正确实施和取得良好效果奠定了基础。

（二）过程评价

过程评价（process evaluation）测评的是投入、活动或产出过程，根据项目目标和计划设计，系统地考察项目的执行过程，并与项目计划进行比较，对项目的执行情况做出结论。通过过程评价能发现项目执行过程中存在的问题，以便修正。过程评价始于健康教育与健康促进计划实施开始之时，贯穿计划执行的全过程，包括对项目的设计、组成、实施过程、管理、工作人员工作情况等进行评价。完善的过程评价资料可以为解释健康教育的结果提供丰富信息。在项目实施阶段，过程评价是监督项目执行的必要措施，可以有效地保障和促进项目的顺利实施，从而促进既定目标的成功实现。

1. 过程评价的内容　过程评价的目的是确保计划目标的真正实现，过程评价内容包括以下几个层面：

（1）针对个体的评价内容：①干预计划是否被目标人群所接受？②目标人群对各项干预活动的参与情况如何?③哪些个体参与了健康教育与健康促进项目?具体接受程度如何？④在项目中都运用了哪些干预策略和活动?⑤这些活动是否按项目计划进行?计划是否做过调整?为什么调整?是如何调整的?⑥项目的资源消耗情况是否与预计相一致?不一致的原因是什么?

（2）针对组织的评价内容：①健康教育与健康促进工作中涉及了哪些组织?②各组织之间是如何沟通的?他们参与项目的程度和决策力量如何?③各组织之间能否为了提高效率而相互协调？④是否有必要对参与的组织进行调整?应该如何进行调整?⑤是否建立了完整的信息反馈机制?项目档案、资料的完整性、准确性如何?

（3）针对政策和环境的评价内容：①健康教育与健康促进项目涉及哪一级政府?具体涉及政府的哪些部门?②在项目执行过程中是否有政策环境方面的变化及这些变化对项目有何影响?③在项目进展过程中是否与决策者保持良好的沟通?

（4）目标人群的满意度：健康教育与健康促进工作中的主要项目活动都应进行目标人群满意度的评价。满意度一般从以下四个方面评估：①对干预活动内容的满意度，如项目培训的内容是否符合项目自身的需要等；②对干预活动形式的满意度，包括对已执行活动的形式是否满意及满意程度，对未来活动形式的建议等；③对干预活动组织的满意度，如干预活动的时间安排是否方便群众的参与，服务设施是否充足，材料的发放途径是否合理等；④对人际关系的满意度，如对项目工作人员的满意度，与其他项目参与人员相处的满意度，参与干预活动心情是否舒畅等。

2. 过程评价方法　有四种定性方法可以用于过程评价，包括：直接观察各项干预活动，对参与人员的个体访谈，焦点小组访谈以及实施记录材料检查。定量调查方法也可用于过程评价，如项目活动进展状况、目标人群参与情况、费用使用情况可以通过查阅资料获得；目标人群的参与情况、满意度等可以通过目标人群的定性、定量调查获得；干预活动执行情况、目标人群参与情况、满意度等还可以通过现场观察来了解。

（三）效应评价

健康教育是通过改变人们的健康相关行为来改善人群健康状况，提高生活质量。效应评价（impact evaluation）正是要评估健康教育活动导致的目标人群健康相关行为及其影响因素的变化。效应评价的焦点在于健康教育与健康促进工作对目标人群知识、态度、行为的直接影响。与健康结局相比，健康相关行为的影响因素及行为本身较早发生改变，故效应评价又称为近中期效果评价。效应评价内容包括：

1. 倾向因素　在健康教育与健康促进项目前后目标人群的卫生保健知识、健康价值观、对健康相关行为或疾病的态度、采纳促进健康行为的动机、行为意向以及自我效能等发生了什么变化。

2. 促成因素 卫生服务或实行健康行为资源的可行性，如有关政策、法规制定情况，领导与关键人物的思想的转变、行政对教育程度的干预程度、效果是强有力的促成因素。

3. 强化因素 包括与目标人群关系密切的人对健康相关行为或疾病的看法，目标人群采纳促进健康行为获得的支持程度及个人采纳该行为后的自身感受等。

4. 健康相关行为的改变情况 在项目实施前后，目标人群与健康相关的行为有无改变?各种变化在人群中的分布如何?例如烟草使用率下降了多少？食盐的摄入量有无减少？疾病是否得到了早期诊断?

（四）结局评价

结局评价（outcome evaluation）着眼于评价健康教育与健康促进项目实施后导致的目标人群健康状况乃至生活质量的变化。对于不同的健康问题，从行为改变到出现健康状况改善所需的时间各异，但均在行为改变之后才可观察到，故结局评价也常被称为远期效果评价。结局评价也可以评价结果与项目成本之间的关系（成本-效果分析、成本-效益分析、成本-效用分析）。结局评价内容主要包括：

1. 健康状况的评价 包括：①生理健康指标，如身高、体重、体质指数（BMI）、血糖、血压、血红蛋白等生理指标在干预后的变化；②心理健康指标，如人格、情绪等方面的变化；③疾病与死亡指标，如疾病的发病率、患病率、死亡率、婴儿死亡率、5 岁以下儿童死亡率、孕产妇死亡率、潜在减寿年数（PYLL）、平均期望寿命等指标在实施健康教育项目后的改变。

2. 生活质量的评价 根据不同项目采用对应的评价工具（量表）。

3. 卫生经济学评价 主要指成本-效益分析（cost-benefit analysis，CBA）和成本-效果分析（cost-effectiveness analysis，CEA），评价规划改变人群健康状况所带来的远期社会效益和经济效益。指标主要是生活质量指标，如智力、福利、劳动生产率、环境改善、长寿、人们精神面貌、降低卫生保健成本等。在制订规划、选择方案、评价效果时，必须要将实施健康教育与健康促进工作所费的资源（费用或成本）与健康收益进行分析比较，目的在于确定以最少的投入产生最大的效果的规划；比较不同规划的成本-效益（效果）以及某决定规划是否有继续实施的必要性，并为领导者提供科学依据。

（五）总结评价

总结评价（summative evaluation）是指综合形成评价、过程评价、效应评价以及各方面资料做出总结性的概括。它能更全面反映健康教育与健康促进工作的成败，为今后的计划制订和项目决策提供依据。

健康教育与健康促进计划评价的种类与内容可概括如下（表 6-4）：

表 6-4 健康教育与健康促进计划评价的种类与内容

	计划设计阶段	计划实施阶段	评价阶段			
			中间目的	行为改变	健康状况	生活质量
评价内容	计划设计的合理性	计划实事情况	健康相关行为的影响因素（倾向因素、促成因素、强化因素）	健康相关行为	健康状况	生活质量
评价指标	科学性 适宜性 可接受性	干预活动次数 参加人数 干预活动暴露率 有效指标	知识知晓率 信念流行率 资源分配 社会支持	行为流行率 行为变化率	生理指标 疾病指标 死亡指标	PQLI 生活满意度
评价种类	形成评价…→过程评价		效应评价		结局评价	
		总结评价				

资料来源：吕姿之.健康教育与健康促进.北京：北京医科大学、协和医科大学联合出版社，1998：105

三、影响评价结果的因素

为确定健康教育与健康促进工作的效果确系归因于项目的干预，要注意防止偏倚与混杂因素的影响。主要影响因素如下：

（一）历史性因素

在健康教育与健康促进工作执行或评价期间发生的干预规划之外的、重大的、可能对目标人群健康相关行为及其影响因素产生影响的因素，如与健康相关的公共政策的出台、重大生活条件的改变、自然灾害等。历史因素虽然是干预计划之外的活动，但却可以对目标人群的行为、健康状况等产生积极或消极影响，以致加强或减弱健康教育与健康促进项目本身的效果。历史性因素也可被称之为自然变化或长期趋势变化。在项目实施的过程中，随着社会的发展，经济、文化等因素的变化，人群的行为、健康状况也会发生相应的改变。因此，当健康教育与健康促进项目周期比较长时，这些历史事件也会作为时间因素影响到对项目真实效果的确认。可通过设立对照组和过程追踪排除这些因素的影响。

（二）测试或观察因素

在对项目实施情况、目标人群健康相关行为、健康状况等进行观察和测量时，测量与观察的真实性、准确性取决于测试观察者、测量工具、测量对象（目标人群）三个方面，如调查者对应答者的指导是否清楚，问卷项目是否简单明了，环境条件是否过于吵闹而分散应答者的注意力等。

1. 测量者因素

（1）观察偏倚：测量者运用测量工具和技术标准不同或项目早期与后期熟练程度不同，从而出现测量偏倚。主要表现为即使是用同样的工具测量相同的内容，不同的工作人员或同一人员在不同时期的测试结果不同。

（2）暗示效应：测量者或调查者的言谈、行为、态度等使目标人群受到暗示，并按照测量者的希望进行表现的现象称为暗示效应。尽管测量者测量到的是被测量对象当时的表现，但其知识、态度、行为等表现并非由于干预所致，而是接受暗示的结果。

（3）评定错误：项目实施后，测量者的主观愿望是项目能取得预期效果、达到预定目标。这种愿望可能导致测试者在效果评价中有意或无意地放松了对评价标准的掌握，使表现出来的项目效果偏离真实情况。

2. 测量工具因素　在确定测定的评价指标后，必须选择和确定测量特定变量的工具，如问卷、仪器、试剂等，其有效性和准确性会直接影响对项目结果的准确评价。

3. 测量对象因素　包括测量对象成熟性和霍桑效应。在项目初始时，目标人群不太了解项目目标，进行过程中，目标人群也在不断成熟，更加了解并关注项目内容，这可能使测量结果好于项目干预的真实结果，称为测量对象成熟性。霍桑效应是指人们感受到自己正在被研究或观察而表现出的行为异乎寻常的现象。在健康教育与健康促进项目评价中，霍桑效应也可能影响对项目效果的客观反映。

（三）回归因素

回归因素指的是由于某个（些）偶然因素，个别被测试对象在测试时的某特征水平过高或过低，在以后的测试中又回复到实际水平的现象。这种现象实际上是一种假象，有时可能被错误地认为是干预的结果。回归因素的影响有时不易被识别，可采用重复测量的方法来减少回归因素对项目效果的影响。

（四）选择偏倚

在评价中设立对照组的目的在于克服时间因素、测量因素、回归因素等对项目效果的影响。但如果对照组的主要特征指标与干预组的特征不一致，则会出现选择偏倚。

（五）失访偏倚

指在计划执行或评价过程中，目标人群由于各种原因不能被干预或评价。当失访比例高或是只是其中有某种特征的人失访时，会影响评价的结果。

四、评价报告的书写与运用

健康教育与健康促进项目结束后，根据评价结果和评价报告的格式撰写评价报告。评价报告应包括以下内容：评价目的；人员组成；评价内容与方法、时间安排；评价结果；项目成功经验与不足之处；改进建议等。评价报告完成后，一方面要向有关领导部门报告结果，使领导部门了解情况，以便于卫生决策部门做出进一步的决策；另一方面，要向被评价单位反馈评价结果，推广项目成功的经验，改进项目设计、实施中的不足之处。

思　考　题

1. 健康教育与健康促进项目计划设计的原则是什么?
2. 简述健康教育与健康促进规划评价的类型和内容。
3. 培训健康教育与健康促进实施人员的方法和原则有哪些?
4. 举例说明如何制订健康教育与健康促进项目实施的时间表。
5. 案例题：中国健康教育杂志的一篇文章报道，为了提高某省贫困地区安全用水与自我保健的意识和技能，在当地开展了农村供水的健康教育活动。项目的总体目标：通过系统的健康教育活动，提高项目地区受益人群的安全用水与自我保健意识和技能，转变受益人与水有关的不利于健康的行为。项目的具体目标：①使项目受益地区的 80%以上骨干人群了解与项目实施有关的基本知识，掌握改善家庭环境卫生状况的基本知识、基本技能与行为方式，并使其成为项目实施的骨干人群；②使项目受益地区的大部分基本人群了解 70%以上供水与环境卫生建设相关的健康知识，掌握改善家庭环境卫生状况的基本内容和行为方式；③使项目受益地区的 90%以上小学三年级以上班级的学生，通过学习水与环境相关的健康知识，掌握与项目相关的健康知识和行为技能；④在所有项目受益地区的大部分基本人群建立起饭前洗手、使用清洁水清洗食物和餐具、使用厕所等三种与水直接相关的健康行为，卫生行为合格率分别为 60%、70%、80%；⑤使所有受益地区的大部分目标人群能够正确使用并维护供水设施和环境卫生设施。

根据本案例分析：健康教育与健康促进项目规划中的总体目标和具体目标有什么区别?

（大连医科大学　马　莉）

第二篇　各　　论

第七章　社区健康教育

案例 7-1：深圳市在全市轰轰烈烈地开展防治 SARS 健康教育

突发公共卫生事件（public health emergency）是指突然发生，成或者可能造成社会公众健康严重损害的重大传染病疫情、群体性不明原因疾病、重大食物和职业中毒以及其他严重影响公众健康的事件。健康教育与健康促进是预防和控制突发公共卫生事件中最有力的武器之一，其核心就是通过健康教育与健康促进，强化政府对健康教育与健康促进的责任，制定相关的健康教育政策，确立卫生部门与非卫生部门在突发事件中的健康教育职能，组织开展一系列社会和教育活动，教育人们树立健康意识，培养健康行为，倡导健康生活方式，从而创造出良好的健康教育氛围。同时，通过开展健康教育与健康促进，让每个人都要知道怎样做才能防止突发事件的流行和传播，每个人都要尽力做好本身或集体应做的努力，积极配合有关部门所采取的预防和控制措施，并知道在必要时如何寻求适当的帮助，以降低或消除突发事件的危险因素，保护健康人群免受突发事件的危害，消除社会恐慌心理和不稳定因素，从而维护社会经济正常发展。

2003 年上半年传染性非典型肺炎（SARS）的爆发流行实际上就是突发公共卫生事件，广东省是此次疫情的重灾区。按照深圳市卫生局的决策，深圳市健康教育研究所统一组织和指导的防治 SARS 健康教育在全市轰轰烈烈地开展起来。在很短的时间里，全市建立起了以市疾病预防控制中心和市健康教育研究所统一编印的防治 SARS 和春夏季常见传染病健康教育资料为主体、以其他各级各类医疗卫生机构的健康教育资料为辅助的防治 SARS 健康教育资料库。在资料发放上，充分发挥健康教育工作网络的强大优势，以社区为中心，以家庭为单位，以外来劳务工为重点，通过各种有效渠道派发到机关、学校、工厂、口岸、外企、军营、公共场所以及每户家庭和流动人员手中。据不完全统计，几个月以来，全市共编印和发放防治 SARS 资料和其他各种健康教育资料 600 多种，近千万份，其中小册子 95 种 94 万多册、折页 275 种 745 万多册、宣传画 232 种 64 万张、VCD影碟近 15 000 张。此外，在闹市街头、社区、医院、企业、大型超市等空旷场地，全市共举行了 680 多场咨询活动，先后抽调有关专家 5000 多人次，接受咨询约 94 多万人次。专家们现场解答市民的各种疑问，指导市民正确认识 SARS 疫情和科学的预防方法，解除人们的恐慌心理。市健康教育研究所、市疾病预防控制中心等还精心组织专家成立防治 SARS 讲师团，携带宣传资料，走进社区、走进大型企业，对于预防疾病、安定人心、稳定生产起到了积极的促进作用。全市 250 多家社区卫生服务中心，肩负起向社区居民发放健康教育资料的重任，做到了每户家庭 1 份防治 SARS 资料、3 份其它健康教育资料；社区卫生服务中心还开设咨询台，指定 1 名医生专门负责防治“非典”健康教育、知识宣传及防治指导工作；全市各级医疗卫生单位以及各社区、街道、居委会都先后共出刊了防治 SARS 知识宣传栏 1623 期。全方位的预防和控制 SARS 健康教育工作促进了深圳市防制 SARS 知识的大普及，根据初步调查统计，全市防治 SARS 和春夏季常见传染病健康教育覆盖率达 100%，深圳市民对 SARS 健康知识知晓率和健康行为形成率达 95%以上。深圳全市在防制 SARS 中总共才花费 565 万元用于健康教育，也就是说，用于全市各类人群开展预防和控制 SARS 健康教育的费用人均只有 0.8 是这区区 565 万元，为深圳的健康人群筑起了健康保护的长城，面对周边地区疫情十分严峻的挑战，深圳疫情却相对平稳，临床确诊病例仅 53 例，更没有出现群体性疫情，这不仅得益于综合防制措施的成功，而且也彰显出健康教育的成效。由此可见，健康教育与健康促进是提高社会公众突发事件相关知识水平的重要手段，是预防和控制突发事件中最基本的工作方法之一，是培养人们健康行为和健康生活方式的有效途径，是投入最少、效益最大的防制突发事件的重要措施，也是维护社会稳定和社会经济发展的有效手段。

问题：

1. 什么是突发公共卫生事件？
2. 健康教育与健康促进在应对 SARS 等突发公共卫生事件中发挥哪些重要作用？
3. 面对突发公共卫生事件，如何开展健康教育与健康促进工作？

健康是一个永恒不变的话题，是人类最宝贵的财富，“人人享有卫生保健”是全球的共同理想和奋斗目标。随着社会经济的不断发展，工业化、城市化、人口老龄化速度的加快，医学模式和疾病谱发生了很大变化，日益广泛的健康需求与不断高涨的医疗费用之间的对立，对世界范围内的卫生保健工作提出了新的、更高的要求，大力发展社区卫生服务已被国家卫生行政部门认识和重视。社区卫生服务已不仅仅局限于疾病的治疗，而是已经发展成为整合治疗、预防、保健、康复、健康教育与计划生育“六位一体”的综合性、连续性服务。社区健康教育是社区卫生服务的主要功能之一，是健康教育工作的一个重要领域。

第 1 节 社区卫生服务与健康教育

社区是相对独立的地域性社会，是社会的“细胞”单位，是宏观社会的缩影。加强社区行动，开发社区资源，动员人人参与，是健康教育和健康促进发展的重要策略。社区健康教育是健康教育工作的一个重要领域，开展社区健康教育，为社区健康目标服务，是我国卫生保健事业的一个重要组成部分。随着对人类健康与社会发展的双向作用的认识不断深化，社区健康教育已向社区健康促进发展。目前，无论发达国家还是发展中国家都在积极开展社区健康教育与健康促进活动。

一、社区及社区健康教育

（一）社区的概述

1. 社区的含义 早在 1881 年德国学者 F.Tonnies 就曾提出：“社区是以家庭为基础的历史性共同体，是血缘共同体和地缘共同体的结合。”WHO 1978 年在关于初级卫生保健国际会议的报告中指出：“所谓社区，它是以某种经济的、文化的、种族的或某种社会的凝聚力，使人们生活在一起的一种社会组织。”我国著名社会学家费孝通教授认为社区（community）是若干社会群体或社会组织聚集在某一个地域里所形成的一个生活上相互关联的大集体。一个有代表性的社区，要具备五个要素：有聚居的一群人；有一定的地域；有一定的生活服务设施；特有的文化背景、生活方式和认同意识；有一定的生活制度和管理机构。社区是一个相对独立的地域性社会，是社会的“细胞”单位，是宏观社会的缩影。

2. 社区的类型　按照经济结构、人口状况和生活方式多元标准分类，我国现阶段存在着城市社区、农村社区和城镇社区三大类型。城市社区经济与文化优势明显，人口密集，人群结构复杂，生活方式多样化，各种社会活动频繁，参与教育的机会较多，信息流动迅速。农村社区以农业经济为主导，人口聚集规模小，密度低，生活方式较为单一，信息流动慢，社区文化富于地方色彩，人际关系相对简单，血缘关系浓厚，家庭在农村生活中发挥着重要作用。城镇社区是农村城市化进程中的产物，具有城市、农村两种社区的双重属性。社区规模的划分，要因地制宜，切实符合社区形态和自身条件。在我国的社区卫生服务中，城市社区是指街道、居委会，农村社区则指乡镇、村。社区卫生服务中心一般以街道办事处（乡、镇）所辖范围设置，服务人口约为3～10万人。

3. 社区的社会作用　社会中的各种现象和特征均可通过社区而反映出来，并通过社区产生社会作用。

（1）社区是人们从事生产和日常生活的基本环境：人群的社会生活多在所属的社区范围内进行，社区内的学校、机关、商店、医院等社会机构有着特定的社会功能，为社区的基本生活需求提供服务，并促进社区的协调发展和稳定。

（2）社区具有管理和制约的作用：社区内的行政管理体系、管理制度、文化习俗、社区群体意识与行为规范在不同方面制约和干预社区人群的生活和行为，发挥着教育和督促人们遵守社会规范，维护社会秩序，提高社会公德及惩罚反社会准则行为的功能。

（3）社区具有凝聚作用，促进社区成员间的协作和支持：通过社区组织动员，激发社区群众的归属感和责任感，实现个人、家庭、社会团体的自助与互助。

（4）社区健康是社区发展的重要目标之一：社区是有组织的社会实体，众多疾病和社会卫生问题通过社区卫生状况反映出来，并且这些问题需要通过具体有效的社区行动才能得以解决。社区领导不仅是社会经济生活的组织者，也是城乡卫生保健事业的组织者和管理者。

（二）社区健康教育与健康促进概念

纵观各国社区健康教育与健康促进的发展历程，无论发达国家还是发展中国家，社区健康教育与健康促进均越来越显示出在卫生工作中的重要地位。早在20世纪20～30年代，中国“乡村教育”与“乡村建设运动”的倡导者们，曾在河北定县等地开创农村健康教育工作，留下宝贵的历史经验。20世纪70年代以来，芬兰北卡利亚、美国斯坦福三社区、我国天津、北京等地的国内外经验已充分证实社区健康教育是预防疾病，促进健康行之有效的策略。1986年首届国际健康促进大会发表的《渥太华宣言》中将加强社区行动列为健康促进五个主要活动领域之一。20世纪80年代以来，随着医学模式的转变和大卫生观的确立，在世界范围内社区健康教育已进入健康促进新阶段。跨入新世纪，随着我国城市化进程及我国卫生服务改革与发展的步伐不断加快，作为社区建设的组成部分，社区健康教育与健康促进面临着新的挑战和机遇。

1. 社区健康教育　社区健康教育（community health education）是指以社区为单位，以社区人群为教育对象，以促进社区居民健康为目标，有组织、有计划、有评价的健康教育活动。其目的是发动和引导社区居民树立健康意识，关心自身、家庭和社区的健康问题，积极参与社区健康教育与健康促进规划的制订和实施，养成良好的卫生行为和生活方式，以提高自我保健能力和群体健康水平。

社区健康教育是全科医生进行社区动员的主要手段，也是与社区居民建立密切联系、对社区居民的健康进行分类管理的基本方法。有效的社区健康教育既可以取得良好的社会效益，也可以通过引导社区居民采取正确的健康消费观念，取得良好的经济效益，是一个投入小而收益大的卫生服务项目。

2. 社区健康促进　社区健康促进（community health promotion）是指通过健康教育和社会支持，改变个体和群体行为、生活方式和环境影响，降低社区的发病率和死亡率，提高社区居民的健康水平和生活质量。社区健康促进的两大构成要素是：健康教育及其他能促使行为和环境有益于健康改变的一切社会支持系统。这就要求各级政府采取行政措施，从组织、政策、制度、立法、经济等多方面对健康教育提供支持，不断完善社区卫生服务，并建立各有关部门参加的社会大联盟，通力合作，为群众创造健康的生活条件、工作条件等生存环境。

3. 社区发展 社区发展（community development）是由联合国倡导的一项世界性运动，其宗旨是加强国家政府同社区的联系，充分发挥社区成员的积极性，利用社区自身的力量，提高社区社会经济发展水平，改善社区居民生活，解决社区存在的社会问题。社区健康教育既是社区发展的重要内容，又与社区发展有相互促进共同发展的作用，社区发展又是社区健康教育的重要策略。

（三）开展社区健康教育与健康促进的目的

1. 宣传社区卫生服务，提高社区卫生服务机构的知名度 通过健康教育与健康促进能够让居民了解社区卫生服务的有关政策、目的、方式、优越性、对居民的作用等。

2. 转变社区居民的健康观念 社区居民往往存在不正确健康观念，如有病先忍，忍不住了买点药吃，吃不好又忍不了再看病，看病要上大医院、找名专家，预防没用，保健只是有钱人和有权人的享受，宁愿花钱去自杀（如喝劣质酒、抽劣质烟），不愿意花钱保健康。如果不彻底改变社区居民的不正确健康观念，社区卫生服务的发展就缺乏群众基础难以生存。

3. 普及自我保健知识 无知是社区居民患病或发生意外的重要原因，应该通过各种途径宣传普及自我保健知识，使居民了解一些基本的保健知识，提高自我保健能力。

4. 激励社区居民为自己的健康负责，改变不良行为和生活习惯 通过身心激励，使社区居民深刻认识到不良行为和生活习惯的危害，并自觉改变不良行为和生活习惯，在社区内提倡健康的生活方式，促进社区居民的健康。

5. 构建和谐健康社区 在社区内开展丰富多彩的健康教育和健康促进活动，丰富社区居民的生活，营造有利于健康的社区环境和社区意识，激发社区居民对卫生服务的需求，鼓励社区居民积极参与健康教育和健康促进活动，构建一个和谐健康的社区。

二、社区卫生服务的功能与发展

（一）社区卫生服务定义

《中共中央国务院关于卫生改革与发展的决定》指出：改革城市卫生服务体系，积极发展社区卫生服务，逐步形成功能合理、方便群众的卫生服务网络，实现预防、保健、临床、康复、健康教育、计划生育技术一体化服务，这为医疗改革指明了方向。我国卫生部等国务院十部委在1999年7月发表的《关于发展城市社区卫生服务的若干意见》中对社区卫生服务的定义是："社区卫生服务（community health service，CHS）是社区建设的重要组成部分，是在政府领导、社会参与、上级卫生机构指导下、以基层卫生机构为主体、全科医师为骨干、合理使用社区资源和适宜技术，以人的健康为中心、家庭为单位、社区为范围、需求为导向，以妇女、儿童、老年人、慢性病人、残疾人等为重点，以解决社区主要卫生问题，满足基本医疗卫生服务需求为目的，融预防、医疗、保健、康复、健康教育、计划生育技术服务等为一体的，有效的、经济的、方便的、综合的、连续的基层卫生服务。"积极发展社区卫生服务，有利于调整城市卫生服务体系的结构、功能、布局，提高效率，降低成本，建立适应社会主义初级阶段国情和社会主义市场经济体制的城市卫生服务体系；有利于将预防保健等公共卫生服务落实到社区、家庭和个人，提高人群健康水平；有利于满足群众日益增长的多样化卫生服务需求。

（二）开展社区卫生服务的意义

WHO 早已指出，社区居民 80%以上的健康问题可以在社区中得到解决。大力发展社区卫生服务具有重要的现实意义和深远的社会影响。

1. 社区卫生服务是我国卫生改革的重点之一　1996 年以前，我国已有部分地区开展了社区卫生服务的试点工作。1997 年在《中共中央国务院关于卫生改革与发展的决定》中明确要求"改革城市卫生服务体系，积极发展社区卫生服务。逐步形成功能合理，方便群众的卫生服务网络。"其后，全国各省市积极开展了城市社区卫生服务试点工作。1999 年 7 月卫生部等十部委联合下发了《关于发展城市社区卫生服务的若干意见》，明确了社区卫生服务的基本概念、总体目标、基本组织体系框架和基本政策。提出"到 2005 年各地基本建成社区卫生服务体系框架，部分城市建成较为完善的社区卫生服务体系的工作目标。"2000 年 2 月，八部委联合下发的《关于城镇医药卫生体制改革的指导意见》明确要求：建立健全以社区卫生服务和大中型医药卫生机构分工合理、相互协作的二级卫生服务体系。2002 年卫生部等十一部委下发了《关于加快发展城市社区卫生服务的若干意见》明确提出了加大政府支持力度和深化社区卫生服务内涵建设的发展战略。到 2006 年的年初，全国 95%的地级以上城市、86%的市辖区和一批县级市开展了城市社区卫生服务，全国已设置社区卫生服务中心 3400 多个、社区卫生服务站将近 12 000 个，创建了 108 个全国社区卫生服务示范区。以社区卫生服务中心为主，社区卫生服务站为辅，医疗诊所、医务室为补充的社区卫生服务体系框架，正在大中型城市逐步形成。同时，国家还建立了全科医师任职资格制度，广泛开展全科医师和社区护士的岗位培训，社区卫生服务机构为居民提供方便、快捷的医疗护理服务，计划免疫、妇幼保健、慢性非传染性疾病管理等预防保健工作有所加强。由于社区卫生服务机构贴近百姓、主动服务、上门服务，深受社区居民尤其是老年人、残疾人、慢性病人的欢迎。2006 年 2 月 8 日，国务院常务会议专题研究社区卫生发展问题，审议并原则通过了《关于发展城市社区卫生服务的指导意见》，明确了发展社区卫生服务的指导思想、基本原则和工作目标，提出了完善发展社区卫生服务的政策措施，并决定成立国务院城市社区卫生工作领导小组，指导协调全国城市社区卫生服务工作。并且要求地方各级政府和有关部门建立相应的领导协调机制，层层明确责任，密切配合，推动社区卫生服务健康持续发展。卫生部按照国务院下发的《关于发展城市社区卫生服务的指导意见》的精神，积极配合有关部门，不断完善配套政策，大力推进社区卫生服务体系的建设。

2. 社区卫生服务是卫生服务体系的重要组成部分，是解决广大群众"看病难，看病贵"的有效途径　社区卫生服务是融预防、医疗、保健、康复、健康教育和健康促进、计划生育技术服务等为一体的卫生服务。发展社区卫生服务可以深化卫生改革，优化卫生资源配置，是建立与社会主义市场经济相适应的卫生服务体系的可靠保证。社区卫生服务实行一定社会福利政策，具有一定的社会公益性，对于构建和谐社区有举足轻重的作用。通过社区卫生人员与广大居民建立起新型的医患关系，有利于加强社会主义精神文明建设，是密切党群关系，维护社会稳定的重要途径。我国政府关于开展社区卫生服务的规划目标是，到 2000 年基本完成社区卫生服务试点和扩大试点，2005 年基本建设成社区卫生服务体系框架，2010 年全国建成较为完善的社区卫生服务体系，成为卫生体系的重要组成部分。社区卫生服务的最终目的是保护居民健康和提高居民生活质量。

3. 社区卫生服务是实现"人人享有卫生保健"的重要基础　通过提供基本的卫生服务，强调预防为主，防治结合的六位一体服务功能，满足人民群众日益增长的卫生服务需求，将广大居民的多数基本健康问题解决在基层。让广大居民在社区卫生服务机构就近诊治一般常见病、多发病、慢性病。既保证基本医疗，又降低了医疗成本，符合"低水平，广覆盖"的原则，对职工、居民基本医疗保险制度长久稳定的运行，具有重要的支撑作用。

（三）社区卫生服务的内容

1. 预防服务　包括两大部分，传染病和非传染病的预防、卫生监督和管理。

2. 医疗服务 除在医院开展门诊服务外，根据社区居民的需要，开展家庭病床、临终关怀等医疗服务。

3. 康复服务 对社区慢性病人进行医院、社区、家庭的康复工作。

4. 保健服务 对社区居民进行保健合同制管理，实施儿童保健、围产期保健等服务。

5. 健康教育服务 是社区卫生服务其他各项内容的基础和先导，贯穿于预防、医疗、保健、康复等各项服务之中。

6. 计划生育技术指导 对社区育龄人群进行生殖健康、计划生育和优生优育指导。

三、社区卫生服务中的健康教育内容

随着医学模式的转变和医院服务功能的扩大，特别是社区卫生服务的开展，社区已成为推行健康教育与健康促进的重要场所。结合社区卫生服务机构的中心任务，对社区居民、患者及其家属开展健康教育与健康促进，是提高人民群众健康意识和自我保健能力、防治疾病、提高医疗质量的重要手段，也是现代医学发展的必然趋势。社区卫生服务是以居民健康为中心，以社区为范围，以家庭为单位，以妇女、儿童、老年人和残疾人为重点人群，适应居民保健需求的综合性的基本卫生服务体系，实行预防、保健、医疗、康复、健康教育与计划生育技术指导“六位”一体，为社区居民提供从“生”到“死”的全程医疗保健。社区卫生服务中的健康教育内容非常广泛，它贯穿于社区卫生服务的所有内容之中。

（一）以疾病或问题为中心的健康教育

针对各类疾病，如高血压、高脂血症、糖尿病、冠心病、癌症、性病艾滋病、传染性非典型性肺炎、精神卫生问题等开展社区健康教育。在慢性病社区防治中，健康教育的主要内容有：①提倡健康的生活方式，控制行为危险因素；②普及慢性病基本防治知识，提高自我保健能力；③增强患者依从性，坚持规范化治疗，提高对社区卫生服务的利用等，做好慢性病社区三级预防的积极参与者和接受者的工作。

（二）以人为中心的健康教育

针对青春期、更年期、孕产妇、老年人等特殊人群开展社区健康教育。通过举办新婚学校，向适龄青年普及优生优育、计划生育、正常性生理，预防生殖系统感染等知识；举办孕妇学校，向孕妇宣传孕期营养，孕期注意事项，母乳喂养知识等；举办家长学校，向家长传授科学育儿知识如婴幼儿的喂养、护理方法，母乳喂养的好处，婴幼儿的常见病、多发病防治知识，儿童卫生习惯的早期训练和培养等。

（三）以社区卫生问题为中心的健康教育

针对环境卫生、食品卫生、饮用水安全、职业卫生、家庭健康等社区卫生问题开展社区健康教育。

（四）以健康促进为目的的健康教育和行为干预

社区健康促进的重要责任在于促使群众对健康的关注，能明智有效地预防和解决个人和集体的健康问题。这样做的目的是使群众能更有效地维护自身的健康和他们生存的环境并做出有利于健康的选择。促成群众终生学习，了解人生各个阶段和处理慢性疾病与伤害是极为重要的。创建良好健康行动始于家庭，个人、家庭和社区对于健康的知情权承诺是改善健康得以实现和维持的最佳保证。通过开展社区健康促进，动员群众积极参与影响他们生活、卫生和健康的决策，促进群众对健康行为与生活方式的培养，这对维护社区居民健康至关重要。

视窗 7-1：中国近十年重大突发公共卫生事件

SARS 疫情：2003 年初，一种不明原因的传染性肺炎疫情由广东蔓延至全国。SARS 疫情共波及中国 24 个省，266 个县和市区，累计报告 5327 例，累计治愈出院 4927 例，死亡 349 例。

高致病性禽流感：2003 年 11 月，我国确诊第一例人感染高致病性禽流感。此病毒尽管只在局部地区出现，但考虑到人类对禽流感病毒普遍缺乏免疫力，以及人类感染 H5N1 型禽流感病毒后的高病死率和可能出现的病毒变异等，世界卫生组织（WHO）认为该疾病可能是对人类存在潜在威胁最大的疾病之一。

四川汶川地震：2008 年 5 月 12 日，四川省汶川县发生里氏 8.0 级的地震，统计死亡人数（含失踪人数）87164 人，受伤 374171 人。面对突发灾害，举国上下同心协力、高效运转，我国应急机制与能力得到快速成长。

三鹿奶粉事件：2008 年 6 月 28 日，解放军第一医院收治了首例肾结石患儿。7 月中旬，甘肃省卫生厅接到病例报告后，随即展开调查，并报告卫生部，之后在各地都有类似案例发生。9 月 11 日卫生部指出，调查发现患儿使用的三鹿牌婴幼儿配方奶粉中含有三聚氰胺，导致人体泌尿系统产生结石。全国累计免费筛查 2243 万人，累计报告患儿近 29.6 万人，其中接受住院的约 5.2 余万人，已有 5.1 万患儿痊愈出院。

甲型 H1N1 流感：2009 年 5 月 11 日，我国内地报告了首例输入性病例，月底以后疫情快速上升，并广泛传播，直至 11 月初至 12 月初达到疫情流行高峰，之后疫情呈下降趋势。

青海玉树地震：2010 年 4 月 14 日，青海玉树发生 7.1 级地震，死亡人数（含失踪人数）2698 人，受伤 12135 人。

甬温线动车追尾事件：2011 年 7 月 23 日，甬温线上两动车追尾，酿成特别重大铁路事故，近 40 人死亡，约 200 人受伤。事故发生后应急办、医政司已带领医疗专家共 13 人前往温州展开救援。温州各级卫生部门立即启动应急响应机制，派出医护人员，开通绿色通道，血液中心做好应急救治的血液供应。心理危机干预专家也于第一时间出现在现场，完成了共 10 家医院 127 名住院伤员的访谈、评估和干预工作，并对重点伤员进行心理辅导和心理治疗。

第 2 节　城市社区健康教育

城市是一个地区的政治、经济、文化中心，社区则是城市最基本的社会结构。随着我国现代化建设的加快，城市不断增多，城市规模不断扩大，城市人口不断增加，由此导致了人口密度过高、交通拥挤、住房紧张、环境污染加重等状况，必然引发了一系列的社会卫生问题。城市社区的卫生状况、居民的健康状况及健康意识和行为是反映一个地区的文化水平和文明程度的重要组成部分，创建健康城市和健康社区已成为新时期卫生体制改革的主题之一。WHO 指出，健康城市（health city）是一个不断创造和改善自然环境和社会环境，并不断扩大社区资源，是人们在享受生活和充分发挥潜能方面能够互相支持的城市。

一、城市社区的特点

（一）城市社区类型

所谓城市社区（city community）是指一定的地域范围大多数从事工商业或其他非农产业的一定规模的人口组成的人类生活共同体。目前城市社区主要有以下三种类型：

1. 法定社区　主要是指具有法定地位，其界限可明确标示在地图上的社区，尤其是指街道办事处、居民委员会两级辖区。

2. 自然社区 是指人们长期共同生产生活或按照自己的意愿选择而形成的聚集区，如各种住宅小区、居民小区和新村以及城市化了的村落等。

3. 功能社区 是指由于人们从事某些专门的活动而在一定地域上形成的聚集区。一所大学、一座军营、一个单位大院等都可以是一种功能社区。这种社区成员职业结构简单，对社区具有明显的归属感和认同感。

（二）城市社区的特点

（1）城市社区人口聚居规模大，密度高。

（2）城市居民以工商业和其他非农产业为主要职业和谋生方式。

（3）城市社区成员的异质性高 由于人口的迁移，职业的多样化，使城市居民在生活、行为方式上都具有明显的差异性。

（4）生活方式多样化 由于城市居民来源、职业、所受教育等不同，其生活方式也不相同。

（5）人际交往中情感色彩淡薄 在人际交往中以事论事的方式占主要地位，邻里之间交往甚少。

（6）城市居民的组织程度高，组织结构复杂 职业、组织结构的多样化，导致城市居民组织复杂。

二、城市社区健康教育的对象及其特点

（一）城市社区健康教育的对象

城市社区健康教育的对象是辖区内常住居民和社区所辖企事业单位、学校、商业及其他服务行业的职业人群。城市社区健康教育的重点人群是妇女、儿童青少年、老年人、残疾人和服务行业从业人员。

（二）城市社区健康教育的特点

城市社区健康教育就其对象、任务而言，具有以下几方面的特点：

1. 教育对象相对集中 城市社区健康教育的对象相对比较集中，尤其是新建的居民小区，居住条件较好，居民的文化水平较高，有利于健康教育的开展。

2. 共同参与 城市社区的居民大多是企事业单位或机关的职工，而且社区范围内也有学校、医院、工厂、机关等单位，他们既是健康教育的对象，又是开展社区健康教育的一支重要力量，必须加强与他们的联系与合作，共同落实健康教育任务。

3. 人口老龄化 城市社会老龄化程度较高，离退休职工较多，他们对老年保健和慢性非传染性疾病防治知识的需求更为迫切。

4. 作为创建卫生城市工作的重要内容 创建卫生城市工作对城市社区健康教育提出了明确的要求，把社区健康教育列入创建工作检查考核的重要内容，有利于城市社区健康教育工作的深入开展。

三、城市社区健康教育的内容与方法

（一）城市社区健康教育的基本内容

健康城市强调政府的承诺，强调社区行动和多部门、多学科的合作以及群众的参与。我国从 1989 年开始创建国家卫生城市活动，对于改善城市卫生面貌、促进城市居民健康产生了积极的影响。

1. 社区健康观念教育　健康观念主要是指个人和群体对健康的认知态度和价值观。健康观念教育的内容主要包括现代健康理念，健康对人类生存和发展的重要性，政府、社区、家庭和个人对维护健康承担的责任等。健康教育是帮助个人和群体树立科学的健康理念，自愿采纳有益于健康的行为和生活方式的教育活动过程。因此，健康观念教育应作为社区健康教育的重要内容之一。

2. 卫生法规普及教育　自新中国成立以来我国颁布了一系列卫生法律、法规，各级政府也颁布了大量地方性卫生法规。大力宣传普及《中华人民共和国环境保护法》、《中华人民共和国食品卫生法》、国务院颁布的《公共场所卫生管理条例》、各级政府颁布的地方性城市卫生管理条例、办法、规定等，使广大居民能了解并据此调整自己的观念和行为，大力提倡良好的卫生道德观念，提倡有益于健康的生活方式，使社区居民自觉地维护社区形象。学习有关的城市卫生管理法规，也有助于社区卫生管理，提高城市居民的法制意识。

3. 社区防病保健知识教育

（1）社区疾病防治知识教育：主要包括社区常见急、慢性传染病如结核病、病毒性肝炎、艾滋病等的临床表现、传染源、传播途径、易感人群和防治方法的宣传教育，慢性非传染性疾病如高血压、心脑血管病、癌症、糖尿病、骨质疏松的预防和保健，触电、溺水、煤气中毒的急救，心脏按压和人工呼吸操作方法，烧伤、烫伤、跌打损伤等意外事故的简单处理等。由于国际间交往的快速增加，城市过分拥挤，缺乏安全的饮用水，处理和加工食品的方式变化，社会人群中思想观念和生活方式多元化，以及滥用抗生素而出现抗药性等诸多因素，造成新出现或重新出现的传染病如艾滋病、性病、乙型肝炎、戊型肝炎、结核病等在人群中流行。这些病已构成对居民健康的极大威胁，应加强对其传染源、传播途径及防治方法的宣传教育。

（2）环境保护知识教育：主要包括环境与健康的基本关系，生活“三废”（垃圾、粪便和生活污水）的处理，噪声、空气、水、土壤和食品污染对人体健康的危害及预防方法，苍蝇、老鼠、蚊子、臭虫、蟑螂等疾病传播媒介的生活习性、对健康的危害、药物和其他防治方法等。

（3）加强安全教育，防止意外伤害：意外伤亡如交通事故、劳动损伤、煤气中毒、溺水、自杀等，是当前造成儿童和青少年死亡和伤残的最常见的原因。通过普及安全教育，提高居民在日常生活和工作中的自我防护意识，加强青少年的安全防护措施，自觉使用安全设备，降低和防止意外伤害的发生。

4. 社区居民健康行为的培养　随着医学模式的转变，当前影响健康的最主要因素是行为与生活方式。人类的行为是维护自身生存过程中，在适应复杂的不断变化的周围环境时所做出的反应。当今，人们已经深刻地意识到，提高全民族健康水平的主要责任是群众而不是医生。正如美国前总统尼克松于 1971 年给国会的咨文中提到，提高美国人民健康水平关键在于美国人民，可是我们的人民还没有这种意识，这是政府的责任。因此，在他的倡导之下建立了健康教育总统委员会，推动了美国健康教育事业的发展。

视窗 7-2：《健康中国行—全民健康素养促进活动方案（2013～2016 年）》

为践行党的群众路线，落实深化医改健康促进工作任务，切实提高群众的健康水平，国家卫生计生委决定在全国范围内开展“健康中国行—全民健康素养促进活动”。活动第一周期为 2013 年 9 月至 2016 年 8 月。每年选择一个严重威胁群众健康的公共卫生问题作为主题，围绕活动主题开展健康促进和科普宣传活动。

2013 年“健康中国行”的主题是“合理用药”。此次活动旨在通过一系列健康教育活动，营造关爱生命、合理用药、人人参与的良好氛围，保障人民群众用药安全。

2014 年“健康中国行”的主题是“科学就医”。众就医知识匮乏、能力不足且存在较多误区，是导致医疗负担过重、医患矛盾突出等诸多问题的重要因素之一。加强科学就医宣传教育，引导公众科学就医，是推进深化医药卫生体制改革的重要内容，也是维护人民群众健康、构建和谐社会的重要举措。

2015年“健康中国行”的主题是“无烟生活”。各地要按照国家的统一部署，充分发挥各部门、各机构和媒体的积极性，实现全国联动一盘棋，做出声势和效果，营造全社会支持控烟的良好氛围，倡导公众养成“无烟生活”方式，为实现“健康中国”目标共同努力奋斗。

（二）城市社区健康教育的策略方法

在开展城市社区健康教育中，要特别树立多部门协作的大卫生观，采用多层次干预和多种干预方法选择并用的综合性策略和方法。即在一项健康教育中，要尽可能多的部门和单位参与；要在促使目标人群知识、信念、行为改变的同时，促使相关的环境和卫生服务状况的改变；要根据目标人群、工作内容等特点，综合采用行之有效的教育干预方法，从而最有效地发挥健康教育的作用，取得最佳的效果。

1. 利用各种传播渠道普及健康知识

（1）积极争取当地报社、电台、电视台等新闻媒体的支持与配合：充分利用报纸、广播、电视及闭路电视、互联网等开辟健康教育专栏节目和公益广告，普及医学科普知识。其特点是覆盖广泛，知识准确系统，居民学习不受时间限制。

（2）建立固定的宣传栏：利用街道、单位的卫生宣传橱窗、黑板报等，结合社区卫生服务中心卫生工作和季节性疾病防治，开办卫生宣传栏，并定期更换宣传内容。编写时注意标题鲜明，内容新颖，文字通俗，字迹清晰，版面灵活。其特点是经济实惠，简便易行，群众喜闻乐见，便于经常更换。

（3）组织文化教育部门开展全民健康教育：组织中小学生开展周末街头宣传活动，利用文化娱乐场所放映卫生科普电影或录像片，举行小型卫生科普展览；组织文艺团体编排卫生宣传节目，组织居民积极参加各种文体和健身活动等，把卫生知识通过通俗化、形象化、艺术化的手段表现出来。

（4）利用老年活动室、文化活动站等社区活动场所开展健康教育活动：针对社区群众关心、与群众健康密切相关的健康问题，如心脑血管疾病防治、糖尿病防治知识等通过讲座的形式进行普及教育。其特点是主题明确，可就一个问题详细阐述，授课人与听众可以进行双向交流。也可举办小型的健康教育展览，如采用标本、照片、模型、录像等媒介，使展览主题明确，内容集中，能配备讲解人员最好。

（5）开展“创建卫生科普一条街”活动：在本社区范围内选择一条繁华街道，组织沿街单位设置卫生宣传栏、宣传牌，各服务性商店、单位结合自身特点，结合商品介绍宣传卫生保健知识，制作公益性灯箱广告和大屏幕电子显示屏，创建无烟商场等向顾客开展有针对性、形式多样的卫生科普宣传活动。这是城市健康教育的一种简便有效的形式，有利于长期坚持，同时也能解决一些经费问题。

2. 大力发展社区卫生服务中的健康教育 社区卫生服务是以社区为范围，以家庭为单位，以老年、妇女、儿童和残疾人为重点服务对象，将预防、保健、医疗、康复、健康教育与计划生育技术指导等内容融为一体，为社区居民提供综合性医疗保健服务的基本健康服务的模式。社区卫生服务机构是进行城市社区居民健康教育的重要基地，全科医生既是社区卫生服务的提供者，也是社区健康教育最直接的实施者，要充分认识到健康教育的重要性，调动一切积极因素开展健康教育，给居民提供健康信息，增强居民的防病意识，改变不良的习俗和行为，建立健康新观念，使个体对自身健康负责，是促进群体健康、提高整体素质的有效途径。

3. 结合爱国卫生运动和创建卫生城市，开展健康教育 开展爱国卫生运动和创建国家卫生城市活动，是我国现代城市管理和城市文明建设的重要内容，以政府行为和行政干预来推动全民健康教育，提高健康教育效果。创建卫生城市（县城）活动，为城镇社区健康教育的发展明确了任务，创建了很好的社会环境。而城市居民健康知识知晓率、健康行为形成率、自我保健水平和公共卫生道德水平，又是衡量城市爱国卫生工作和创建国家卫生城市的重要指标。在部署、检查、总结、评比爱国卫生工作时，应根据城市爱国卫生工作的主要任务和重点，调整、充实健康教育的内容，提高健康教育水平，使二者有机地结合在一起，相互促进，以充分发挥其在推动城市卫生文明建设、增进社区居民健康方面的协同作用。

4. 结合职业卫生和劳动保护开展企业健康促进　随着城市工业化的不断发展，环境保护、职业卫生和劳动保护方面暴露出来的问题日益增多。职业危害因素可引起接触者不同程度的病损，主要是工伤、职业病及与职业有关的疾病。对职业人群进行健康促进活动，是职业卫生服务的一项重要内容。应通过健康教育，大力普及相关健康知识，积极开展企业健康促进，改变职工不良的行为和生产、生活方式，提高个人自我防范意识，减少职业危害和伤残的发生，保护职工健康。

5. 建立健康教育示范小区　抓典型，以点带面，充分发挥先进典型的示范作用，是深入开展城市社区健康教育的成功经验。开展创建示范小区、示范楼、示范院、示范户活动，对营造社区健康教育氛围，促进其水平和效果的提高都会起到积极的作用。选择示范小区要注意具有代表性。试点的目的是为了以“点”带“面”，全面推动工作，因此都应该具有一定区域或范围的代表性，其经验能够被推广和运用。

作为健康教育示范小区须具备以下条件：

（1）社区领导高度重视社区健康教育，把健康教育纳入社区工作重要日程，实现目标管理。

（2）有完善的社区健康教育领导协调组织，有专人负责健康教育工作。有社区卫生政策、健康教育工作制度、各种档案健全，以及有一定的工作经费。

（3）社区内的医院、学校、工厂、商店、居（村）委会等单位的健康教育组织网络健全。

（4）有一支热心健康教育工作、掌握健康教育基本知识与技能的健康教育骨干队伍。

（5）有固定的社区健康教育阵地，开展经常性的健康教育活动，并取得成效。

（6）在基线调查的基础上，找出社区主要健康问题及其影响因素，制订健康教育计划，组织实施并作出评价。

（7）解决影响社区群众健康的主要环境和社会卫生问题，创建文明卫生的社区环境。

（8）社区居民健康知识知晓率、健康行为形成率明显提高，初步形成健康的生活方式，传染病、慢性病患病率下降。

视窗 7-3：卫生宣传日一览表

序号	宣传日期	卫生宣传日名称	序号	宣传日期	卫生宣传日名称
1	1月最后1个星期日	世界防治麻风病日	11	4月的第4周	全国《职业病防治法》宣传周
2	2月4日	世界抗癌日	12	4月25日	全国儿童预防接种宣传日
3	3月3日	中国爱耳日	13	4月26日	全国疟疾日
4	3月第2个星期四	世界肾病日	14	5月的第1个星期二	世界哮喘日
5	3月21日	世界睡眠日	15	5月8日	世界红十字日
6	3月24日	世界防治结核病日	16	5月12日	国际护士节
7	4月	全国爱国卫生月	17	5月15日	全国碘缺乏病宣传日
8	4月7日	世界卫生日	18	5月17日	世界高血压日
9	4月11日	世界帕金森病日	19	5月第3个星期日	全国助残日
10	4月15日到4月21日	全国肿瘤防治宣传周	20	5月20日	中国母乳喂养日

续表

序号	宣传日期	卫生宣传日名称	序号	宣传日期	卫生宣传日名称
21	5月20日	中国学生营养日	36	10月8日	全国高血压日
22	5月31日	世界无烟日	37	10月10日	世界精神卫生日
23	6月5日	世界环境日	38	10月11日	世界镇痛日
24	6月6日	全国爱眼日	39	10月12日	世界关节炎日
25	6月14日	世界献血者日	40	10月15日	国际盲人节
26	6月26日	国际禁毒日	41	10月20日	世界骨质疏松日
27	8月的第1周	世界母乳喂养周	42	10月22日	世界传统医药日
28	9月10日	世界预防自杀日	43	10月28日	全国男性健康日
29	9月20日	全国爱牙日	44	11月的第1周	全国《食品卫生法》宣传周
30	9月21日	世界老年性痴呆病宣传日	45	11月14日	联合国糖尿病日
31	9月最后1个星期日	世界心脏日	46	11月的第3个星期三	世界慢阻肺日
32	9月的最后1个星期日	国际聋人节	47	12月1日	世界艾滋病日
33	9月28日	世界狂犬病日	48	12月3日	世界残疾人日
34	10月1日	国际老人节	49	12月15日	世界强化免疫日
35	10月的第1个星期六	世界造口日			

第3节　农村社区健康教育

农村社区（rural community）也称乡村社区，是相对于传统行政村和现代城市社区而言的，是指聚居在一定地域范围内的农村居民在农业生产方式基础上所组成的社会生活共同体。农村社区是一个比自然村落、社队村组体制更具有弹性的制度平台。它围绕如何形成新型社会生活共同体而构建，注重通过整合资源、完善服务来提升人们的生活质量和凝聚力、认同感。随着社会经济的发展变化，农村社会建设相对滞后、公共服务资源匮乏的问题凸显，农民在解决温饱、基本实现小康之后，对居住条件和生产生活环境、健康服务等方面也提出新的更高的要求。新型农村社区建设，就是要不断满足农村居民的这些要求，逐步打破城乡二元结构，让他们共享经济发展、社会进步所带来的物质和精神文明成果。

一、农村社区的特点

（一）农村社区的类型

当前农村社区主要有以下几种类型：

1. 村庄社区模式　即一个村庄就是一个基层农村社区。它是最初形成的或因特殊地理环境而形成的零散的小村落。这类社区的特点是：一般发展程度低，聚居程度不高，三五家，七八家在一起，非亲即故。居民大多从事种植、养殖业，经济单一，居民往来频繁，相知甚深，守望相助，关系密切。但这类社区一般与外界较隔绝，信息不灵，交通不便，居民传统观念强，比较保守，社区变迁缓慢，社会流动较少。随着社会经济的发展，散村社区一般逐渐向集村社区过渡。

2. 村庄联合社区模式　它是人数较多，规模较大，居住较集中的村庄，一般是几十户甚至几百户聚居在一起，多以平原、沿海、交通沿线、三角洲等地为聚居点。集村社区的人际关系不如散村密切，血缘氏族关系开始淡化，常以一个或数个大姓宗族杂以外来的居民共同聚居。社会组织、社会制度则较散村多。集村多有服务中心，有的集村已有“期集”或集市。

3. 集镇社区模式　这是一种范围较大、结构较为复杂的农村社区模式，是我国很有发展前途的农村基层社区模式。它以集镇为中心，包括周围若干村庄及散居的农户构成；也有单独一个镇构成，多分布于经济发达地区的农村和城市郊区。集镇社区中，经济结构和居民成分比集村更为复杂，人际关系比集村更为疏远，居民间的血缘关系和地缘关系逐步向业缘关系过渡，居民的传统观念也逐步向现代观念转变，社会组织和社会制度则更为健全。随着农村商品化、社会化、现代化的发展，集镇的社会功能日益多样化。

4. 以某一地处农村的较大企业或事业单位为中心的农村社区模式　比如江苏江阴市的一个村和山东泰安市郊区的一个村，它们都是有几亿元产值的企业，企业又办了从幼儿园一直到成人中专班的学校，很自然地就形成了以企业为中心的农村社区。

（二）农村社区的特点

1. 地域大，人口密度低　农村社区地域较大，交通不便，特别是边远山村。一个人口几万的乡镇社区范围一般都达几十公里，有的更大。就是一个只有几百人口的行政村社区，可能也由几个自然村组成，范围也有几十公里。所以，人口密度一般较城市低，人口密度的高低也是长期以来划分农村社区和城市社区的一个重要标志。

2. 经济活动比较简单，商品交换水平较低，经济较落后　农村社区社会经济一般较城市落后，农民收入较低，我国农村社区居民的平均收入是城市居民的 1/3～1/2，生活消费水平也是城市的1/3～1/2。随着农业生产技术的进步和市场经济的发展，农村社区工商业活动大大增加，农业商品化程度大为提高。但是，不同地区农村的经济发展非常不平衡，有的地方农村还处于很落后的状态。

3. 社会结构较简单，居民的阶层分化程度较低　农业生产活动的单位一般是家庭，在一定土地面积的范围内，农业生产的基本过程都可由个体家庭独立完成。因此农村的社会结构中家庭便是最重要的社会单位，它不仅仅是个血缘单位，而且是生产单位、消费单位和保障单位。人们的社会关系比较简单，血缘关系占据着重要地位。农村社会结构简单的另一个重要表现是农村居民的社会阶层分化和职业分化程度较低，社会的阶级和阶层结构较城市简单。由于农业生产劳动的社会分工程度低，农村社区又以农业劳动者为主，而农村居民的社会分工、职业分工较低，直接影响着社会阶层分化的程度。

4. 农村社区设施和文化生活较简单　农业生产过程主要是与自然界进行直接的物质与能量的交换，土地是它最主要的生产资料，它所需的生产设施也较为简单。与农业生产力相应的农村居民生活设施、社区服务设施和文化设施等也比较简单。农村社区很多公共设施不健全，教育、医疗卫生服务设施较差，社区资源较少。农村社区远离社会的政治、经济、文化中心，加上交通设施较差，农村社区居民接受教育的机会和积极性都较低，农民的文化素质一般低于城市居民，所以农村社区的精神文化生活一般都较城市简单。

5. 居民的传统观念较浓厚，社会文化的变迁速度较慢　由于农业自然经济的封闭性，农业生产技术的进步缓慢，加上交通不便，社区居民多数只在本自然村范围活动，对外面世界了解甚少。因此，农村居民的血缘家庭观念浓厚，社会交往面狭窄。社区的社会文化和社会心理形成后，它的变迁频率较低，变化的速度较慢，且往往带有很强的地方色彩和某种保守性，不易接受外来文化观念的影响。随着农村经济的发展，较发达地区的农村生活居住环境有了显著的改善，交通设施明显改观，农村社区居民之间及与外界的交往有所密切，传统的观念也在不断发展。

二、农村社区健康教育的对象及其特点

农村社区健康教育的重点人群是农村中小学生、老人、患者、家庭主妇、乡镇企业就业人群和外出务工的流动人口。

1. 中小学生 中小学生组织性好，接受能力强，可塑性大，青少年时期也是各种行为习惯逐步形成的关键时期。重点抓好学校健康教育不仅是国家培养儿童、青少年在意志品德、智力和体质等方面全面发展的需要，也是农村健康知识普及的突破口。因为中小学生能够迅速把健康知识带入千家万户。同时现代医学研究亦证明，有些中老年慢性疾病如心脑血管病、慢性支气管炎、风湿病等大多在儿童、青少年时期患病后未得到及时、正确的治疗，或者治疗不彻底，或与从小养成不良生活方式有关。因此对农村中小学生实施制度化、规范化的健康教育，有利于造就大批全面发展的新世纪高素质人才。

2. 老人 随着我国逐步进入人口老龄化阶段，老年保健愈来愈成为全社会和每一个家庭突出的卫生问题。老年人是许多疾病，特别是多种慢性病的好发人群。渴望健康长寿，愉快、健康地度过人生的最后阶段是老年人的最大愿望。掌握有关的健康知识和保健技能，纠正不良行为和生活方式，减少或消除各种危害健康的因素，有利于不断地提高老年人的生活质量和生命质量。

3. 患者 对已患病者来说，最容易接受健康教育。他们比健康人更渴求健康知识，他们的家属和亲人也比一般居民更加关注和寻求健康知识，他们是健康教育效果最佳的受众。因此，抓住一切有利时机，对病人及其家属进行有针对性的疾病预防和康复健康教育，不仅可取得事半功倍之效，并能通过他们现身说法，教育别人，使相关健康知识更加深入人心。

4. 家庭主妇 家庭主妇是家庭的重要角色，也是健康教育的重点对象。首先是因为他们承担着家庭生活诸多方面的重担，要经历怀孕、分娩、产褥、哺乳、孩子日常抚养，要扮演家庭生活、农副业生产等多重角色。如果缺乏自我保健常识和科学的身心调节能力，她们的健康就得不到保障，从而危及家庭的安定和幸福。另一方面，家庭主妇的健康知识水平，对家庭具有举足轻重的影响。没有她们的认同，许多家庭保健措施难以落实，势必会直接影响儿童、青少年的健康成长。因此加强家庭主妇的健康教育，也是全社会普及、提高健康教育效果和健康促进的重要举措。

5. 乡镇企业就业人群 乡镇村企业职工是离土不离乡或半工半农在乡村从事工业生产的人群。他们既受农村和家庭的健康危险因素影响，同时又受到工厂车间有毒有害物质的侵害，尤其是有相当一部分乡、镇、村办企业，因多种原因使其劳动保护条件较差，职业危害的防治尚未引起大多数管理者和职工的重视，有的已直接危及职工的身心健康。随着乡、镇、村办工业的快速发展，特别是大批城市劳动密集型工业和有碍城市环保的工业向乡村转移，乡、镇、村办工业就业者的劳动保护和健康问题就更加突出。因此，有针对性地开展乡、镇、村办企业职工的健康教育，是农村健康教育的重要组成部分，也是促进乡、镇、村办工业可持续性发展的必要措施。

6. 流动人口 流动人口是农村健康教育的又一个重点人群。随着改革开放和社会主义市场经济的发展，农村不断有劳动力流入城镇和外省市，也有部分人出国务工。这些离乡离土的外流人口，由于机体免疫水平和生活环境、劳动节奏的差异，成为许多身心疾病的好发人群，其中有的甚至成为某些传染病远距离传播的传染源。因此，不论就其个人，还是故乡或流入地区而言，加强他们的健康教育都是十分必要的。

三、农村社区健康教育的内容与方法

在我国，一般主张农村社区以县、乡（镇）、村为单位，特别是以行政村为基本干预单位，组织实施健康教育计划。在农村社区开展健康教育工作，必须根据当地实际情况，因地制宜，结合

现有的卫生资源，确定健康教育内容。

（一）农村社区健康教育的基本内容

1. 针对常见疾病的健康教育

（1）传染病及寄生虫病的健康教育：为预防这类疾病的发生和流行，必须采取消灭或控制传染源、切断传播途径、保护易感人群这三个环节的综合性防治措施。教育内容包括：免疫；法定传染病报告、隔离与消毒知识；除四害知识与技能；传染病人治疗与家庭护理知识与技能；社区疾病预防与卫生公德教育等，指导积极参与爱国卫生运动。

（2）地方病防治知识：如碘缺乏病、地方性氟中毒、克山病和大骨节病等的防治知识。

（3）慢性非传染性疾病防治知识：这是当前和今后相当长时期内农村健康教育的突出主题。由于老年人口增加和生活方式变化等因素，农村心脑血管疾病、癌症、呼吸系统疾病等亦明显增加，各种慢性疾病的致病因素、预防知识、早期症状、及时就医与合理用药以及家庭护理常识也已成为农村健康教育的重要内容。

（4）农业劳动相关疾病及意外事故的防治知识：包括常用农药种类、保管方法、急性农药中毒的表现及自救、互救知识、预防农药中毒的措施等。中暑、稻田性皮炎等预防、早期症状及发病后治疗和家庭护理。随着农村用电及机械化程度提高，乡镇企业增多、交通事业发展，农村中发生意外伤害增多，机动车事故呈上升趋势，健康教育应着重于提高农村居民尤其是农村青年的安全防护意识和技能，普及有关农村常见意外伤害的原因、预防及救护方面的知识。

2. 针对危害健康的行为和生活方式的健康教育　这不仅是广大农民自我保健的需要，也是他们逐步融入现代社会文明的需要。随着农村经济发展和社会进步，农村居民的健康相关行为与生活方式也发生变化。在已富裕起来走上小康之路的农村地区，要大力普及卫生知识，树立健康观和大卫生观念，消除“没病就是健康”的传统意识，树立自我和群体保健意识，积极参与农村初级卫生保健、参与新型农村合作医疗，坚持有益于健康的文体活动，逐步改变不良卫生习惯和生活习惯，建立文明、健康、科学的生活方式。在那些落后的农村社区，要用科学道理来解释“生”、“老”、“病”、“死”的发生，普及卫生科学知识，揭露封建迷信活动的欺骗性和危害性。健康教育应指导农民科学地安排衣、食、住、行，合理摄取营养，形成农村居民基本健康行为。

3. 环境卫生与卫生法制的健康教育　随着农村乡镇企业的发展，农村环境卫生和环境保护已成为社会普遍关心的问题。在创建卫生镇活动中，要按照全国爱卫会和省爱卫会制定的国家和省卫生镇标准，逐项对照达标。在卫生村建设中，要加强卫生要求和卫生技术指导，重点抓好饮水卫生、农村改厕、垃圾处理、消灭四害、住宅环境卫生、保护环境等方面的健康教育。安全用水不仅方便群众的生产和生活，又是预防和控制介水肠道传染病、水源性地方病、恶性肿瘤等多种严重危害人民健康的疾病的治本措施。改厕有利于控制蚊、蝇滋生，预防粪-口传播疾病。要大力宣传新时期的卫生工作方针政策，大力宣传《食品卫生法》、《环境保护法》、《传染病防治法》、《职业病防治法》等，提高农民的卫生法制观念和遵法守法的自觉性。根据农村经济结构、生产特点、居民文化程度、健康知识水平、卫生条件和疾病流行情况等确定主要健康问题，提出健康教育计划并组织实施。

（二）农村健康教育的策略方法

1. 利用农村各种传播渠道开展健康教育　农村地域广阔，各地生活条件和文化习俗千差万别。健康教育工作应做到因地制宜，除了广播、电视、录像、卫生宣传栏、街头标语等广泛覆盖的传播媒体外，还应采用多种具有农村特色的健康教育方法与手段。20 世纪 80 年代初期，福建省等地创造了以村为单位，实现“四个有”的工作模式，即“天有一条线，村有一个栏，校有一堂课，村里有人管”，曾作为中国农村健康教育典型经验而全国推广。

目前，较广泛使用的形式与方法有：

（1）有线广播：利用农村有线广播网或村内大喇叭，是进行社区动员，宣传卫生知识的一种经济而简便易行的方法。

（2）利用农民喜闻乐见的民间传播渠道：编写三字经、顺口溜；讲故事；编演地方戏曲、民歌；绘年画、壁画等等，均是群众喜爱的教育形式。

（3）利用农民技术学校、文化活动站等设施，开办健康教育学校：在这些场所里设置卫生宣传栏、卫生报刊栏；举办卫生科普讲座；播放卫生科普录像片；设置供人们阅览的卫生读物等，使之“一室多用”，成为农村健康教育的活动中心。

（4）卫生科普赶集：农村的集市活动是进行健康教育的极好机会和场所。在农村集贸市场可通过有线广播、图片展览、现场咨询、小型文艺演出等多种形式开展健康教育活动。还可组织商业部门向群众宣传与商品和药品有关的卫生知识。

（5）利用传统的民族节日和文化体育活动：在农村一些传统节日和农闲期间，可结合当地的风俗习惯，适当地把宣传普及卫生科学知识融入文体活动之中，也能收到良好效果。

（6）培训家庭保健员：农村家庭主妇是家庭卫生和保健活动的主角，是妇幼工作的直接对象，也是农村社会活动的积极参与者。通过农村妇联、计划生育管理网络，把农村家庭妇女组织起来，进行必要的卫生知识培训和行为指导，使其成为家庭中的保健员。

（7）开展“卫生科普入户”活动：我国各地农村健康教育工作中，还广泛采用了“卫生科普入户”这一形式，将健康教育材料如小册子、卫生报刊、卫生传单、张贴画等发到每一户，促进农村卫生状况逐步实现由个人、家庭、邻里到社区的改变。

（8）利用教育、卫生、科技三下乡活动，给农民送医送药送知识：结合送医送药，将卫生保健知识和卫生科普材料送到农民手中。

2. 结合开展创建卫生镇活动开展健康教育 开放以来，我国农村乡镇企业迅速崛起，带来了农村经济的繁荣和城乡文化交流的活动，介于农村社区和城市社区的过渡型居民区——乡镇社区作为一种独立社区形态的社会作用日益突出，乡镇社区具有城市和乡村的双重特征。自 1997 年至 2005 年年底，全国爱卫会已命名 188 个国家卫生县城（镇）。目前农村创建卫生镇的活动来势很好，各地要结合这一创建活动开展健康教育，大力宣传创建活动的重大意义、创建标准、申报条件和考核命名办法。以创建卫生镇为载体，带动农村环境卫生的整治。乡镇社区还应加强生活、行为方式等健康教育。20 世纪 90 年代以来，我国政府实施农村供水与环境卫生工程，强调通过政府组织，部门合作，社区参与，以改水、改厕、健康教育三位一体的策略，将农村供水、环境卫生和个人卫生结合起来，综合治理，改变农民千百年来形成的不卫生习惯，保障农村居民的健康。这是农村初级卫生保健的一项重要任务，也是建设文明小康村镇、造福于民的基础工程。实践证明，健康教育对农民参与改水改厕起着积极的引导和促进作用，而农村生活环境和卫生状况的改善又激发了农民寻求健康信息，加强自我保健的意识，积极参与健康教育与健康促进活动。

3. 积极推进“亿万农民健康促进行动” 农民健康教育行动（以下简称“行动”）是由全国爱卫会、卫生部、广播电视部和农业部于 1994 年 6 月联合发起的全国性农民教育活动。针对农村当前存在的主要卫生问题，结合初级卫生保健各项任务，“行动”以大众传播为基本策略，面向广大农村居民普及卫生保健知识，以增强农民群众的自我保健意识和能力，达到防病、保健、提高健康水平的目的。“行动”受到了党和国家的高度重视，这项“行动”的实施已经对我国农村卫生工作的发展产生了深远的影响。1997 年《中共中央、国务院关于卫生改革与发展的决定》中，将“行动”列为切实做好预防保健工作，深入开展爱国卫生运动的重要内容。1999 年 11 月全国九亿农民健康教育行动领导小组第五次会议在北京召开，领导小组成员单位由原四部委增加了全国妇联、中宣部、国务院扶贫办三个部门，标志着“行动”进入了一个新的发展阶段。根据“行动”规划（2001～2005 年），新时期的“行动”将以健康促进为基本策略，以普及基本卫生知识为突破口，以倡导文明健康生活方式和促进健康生态环境的建设为目标，采用政策导向，部门协调，社区参与，点面结合，强化核心信息，多种形式综合干预，加强科研与合作交流等措施，使“行动”实现可持续发展。

4. 依靠农村卫生机构开展健康教育　农村卫生机构中健康教育可伴随着医疗保健活动来开展，不断扩展、完善农村卫生机构的职能，为农民提供医疗、预防、保健、康复、健康教育等综合服务。乡村医生应利用应诊、治疗、家庭访谈等机会对患者及其家属进行面对面的健康教育和必要的行为指导，普及卫生保健知识。医院可根据条件在诊室设置固定的标语、宣传栏、宣传窗、散发健康教育处方或卫生科普材料，还可以在门诊部、住院部、预防保健中进行健康教育。

5. 抓好城乡结合部——城镇社区和流动人口健康教育　20 世纪 80 年代以来，我国农村改革带来了农村经济的繁荣。随着农村商品经济的迅速发展，乡镇企业的迅速崛起以及活跃的城乡文化交流，乡镇社区作为一种独立的社区形态日益显示出其重要的社会作用。乡镇社区地处城乡之间，是具有城市性质，介于农村社区和城市社区之间的过渡型居民点。

根据其自身特点，开展乡镇社区健康教育与健康促进应注意以下要点：

（1）乡镇社区是农村人口由农业向非农业转移的重要场所，乡镇企业工人和第三产业人员是社区人口的主体，流动人口占有相当大的比例。应将这些人群作为重点教育对象。

（2）乡镇企业的迅速发展使乡镇社区形成以工业为主的产业结构。环境保护与安全生产防护应是乡镇健康教育的一项重要内容。

（3）乡镇社区在城乡联系，促进城乡物质、文化交流方面起着重要桥梁作用。乡镇社区的生活、商业和文化设施已具有城市特征，但人们的社会心理和生活习俗仍保留着浓厚的乡土气息。开展乡镇社区健康教育，应加强生活方式教育，改变传统的不良的卫生习惯。

案例 7-2：

在某镇开展“中国农村社区健康教育模式研究”中，根据当地交通不便，管区、村与村之间距离远，条件简陋，经费有限，大部分村民文化水平较低、卫生意识较差等现状，因陋就简，因地制宜，充分挖掘、利用有限资源，成功地开展了该社区健康教育。在开始阶段，为达到宣传鼓动目的，召开了多场不同层次的、声势浩大的动员大会，由镇领导、健康教育专家分别作动员和健康教育专题报告；赶墟日将大幅横额标语悬挂在大街口及镇政府大楼上，并在主要场所设置多个制作精美、内容简明、版面美观，极具艺术感染力的大型健康教育宣传专栏；同时在镇电视台、有线广播中反复播放，并印制《告村民书》发到各家各户，形成强大的宣传攻势。使有关信息家喻户晓、深入人心。在实施阶段，根据干预目标编印了内容简明、针对性强、图文并茂的《健康教育小报》，由学生带回家中，念给父母家人听，使双方都接受了健康教育。同时还根据农忙时节，村民无闲暇以及妇女们普遍文化低的情况，编写了内容浓缩、简单易记的“健康知识四字歌”及简明扼要的醒目标语，用鲜艳的色彩书写在村里显眼的墙壁上，村民上下工、学生上下学都可经常念诵学习。这些方法联系实际，所花经费不多，却取得了显著的效果。

问题：

从上述案例中，请结合实际谈谈如何在农村社区开展健康教育。

第 4 节　社区健康教育的实施步骤及效果评价

深化社区健康教育，作好社区健康教育项目计划、执行与评价，是每一个社区健康教育工作者应掌握的一项基本技能。开展卫生宣传教育有一套传统的教育方法，但效益往往不大。因此，用传统的办法来指导社区健康教育的实施就有困难。所以，必须用健康教育计划设计理论指导实际，指导编制健康教育设计方案，指导健康教育活动的实施。健康教育的基本要求为：①规划性：为了实现健康教育的目的，要克服盲目性；②决策性：要求把科学的理论与群众实际生活联系起来，把需要与可能结合起来；③效益性：工作要有始有终，善始善终，获得社会效益和经济效益。

社区健康教育的计划设计，包括对社区健康教育整体规划或某个具体项目的设计。计划设计是一个组织机构根据实际情况，通过科学的预测和决策，提出在未来一定时期内所要达到的目标及实现这一目标的方法、途径等所有活动的过程，包括计划、实施、评价的全过程。这是所有健康教育活动中都不可缺少的三个重要组成部分，是相互制约、相互联系、密切结合的整体。

一、社区健康教育工作的计划

计划在整个健康教育活动中起着决定其工作目标、内容、方法和步骤及其发展方向的作用。社区健康教育项目计划，是在全面部署社区健康教育整体规划的基础上，针对社区重点人群中需优先解决的健康问题，科学地制订社区健康教育项目计划，是社区健康教育工作的重要内容。

在制订社区健康教育工作计划之前需要对所服务的人群的需求有一个完整、正确的判断，不是考虑主观上要解决什么问题，而是要了解社区的健康问题及其需求。健康教育诊断其实就是借用临床诊断这个名词，通过召开座谈会、分析文献资料和流行病学调查等方法，找出服务对象最重要、最关心、最急需解决的医疗卫生问题及其影响健康的主要因素，特别是行为危险因素在社区人群中分布的情况，哪一类人群受影响最大等，为制定干预策略提供科学依据。在社区健康教育诊断的基础上，制订出符合该社区实际情况有针对性的健康教育工作计划。一项完整的社区健康教育工作计划必须包括：①明确目标：在多长时间内，在什么地方，由谁来组织，针对哪些人，采用什么方法或手段，通过什么途径，达到什么指标；②确定主要活动和时间进度：在什么时间开展什么活动，主题是什么，多长时间，由谁负责，哪些人参与，场地、设备和经费如何解决；③组织协调：涉及哪些部门和人，由谁出面组织和协调，是否需要成立一个领导小组，可以利用哪些社会资源和社会支持，需要落实什么政策、履行什么职责、采取什么形式，明确街道、居委会、社会团体、组织、社区领袖人物、全科医生以及健康教育机构和专家的作用。

案例 7-3：

某社区卫生服务站成立了一所“社区高血压病友乐园”，采取专家讲座，播放光盘、录音带，病友交流等形式每月定期组织活动。在治疗的同时还给病人提供了一个学习、交流、畅谈的场所，不仅增加了病人的保健知识，还加强了医生与病人之间的交流，使医生对病人更为了解，病人对医生更为信任，大大提高了病人的遵医嘱行为，有效地提高了治疗效果。通过教会病人测量血压、使用盐勺等知识，使病人成为了参与者，直接参加疾病的管理、治疗和疗效评价，使其能深切体会到饮食、运动在治疗方面的重要作用，感到科学就在身边，体会到治疗的艰辛和欢愉，提高病人的科学意识，从而使整个治疗过程变得生机勃勃、充满乐趣，使病人对治疗充满信心，使治疗不再神秘，使病人体会到自己并非无所作为。

问题：

从上述案例中，请结合实际谈谈如何在社区卫生服务机构中开展健康教育。

二、社区健康教育项目计划的执行

在社区开展健康教育，具有其特殊性：一是范围大、单位多；二是对象广，有各种人群；三是可利用资源多，包括人力、物力、财力、场所以及行政支持，并具有社区凝聚作用。这就使社区健康教育既有复杂性和相当的难度，亦为健康教育工作者具备了发挥的空间。社区开展健康教育的内容应当与医院有所不同，社区居民中的健康教育要充分体现广泛性、知识性、指导性、动态性和时间性这五个方面。

社区健康教育项目计划的执行，就是按照计划设计的要求，有序而有效地组织实施社区干预等活动，以保证计划目标得以实现。

（一）建立组织管理网络

由于社区不同于医院，更不同于单位，要动员居民主动参加健康教育讲座，首先必须组建社区健康教育三级网络。

（1）社区居民的健康教育三级网络的第一级是居委会，他们直接面对每个居民和家庭，社区居民的健康教育有他们参加，可以起到事半功倍的作用。

（2）社区居民的健康教育三级网络的第二级是组织成立有社区居民参加的居民健康教育管理委员会，因为健康教育是一项持久而长期的工作，是与居民自身利益密切相关的，只有居民自觉地产生需求，才能主动地为自身的健康而努力，一般居民健康教育管理委员会的人员组成应当包括社区卫生服务机构的负责人、居委会的主任、居委会负责健康教育的副主任和居民代表三部分。而且这个委员会应当定期召开会议，总结前一阶段的健康教育工作，布置下一阶段的工作，同时居民代表负责将居民对健康教育的要求反馈，了解居民对健康教育的要求，这样一来，就能使社区开展的健康教育贴近居民。

（3）社区居民的健康教育三级网络的第三级是发动社会力量，选聘义务健康教育积极分子，各地可根据当地情况，按楼门等选用健康教育积极分子，积极分子的作用是除自己积极参加健康教育活动外，还负责动员他所负责的居民参加健康教育活动，对确实有情况不能参加的，还要负责向他们宣传或动员他们补课，使社区没有死角，全方位覆盖。

（二）做好宣传和动员

要让社区居民充分认识到健康是人生最宝贵的财富，每个人都应该掌握自我保健的知识和方法，应该为自己的健康负责，应该为自己的健康进行合理投资，接受健康教育是维护和促进健康的最基本途径。开展社区宣传和动员时可采取以下策略：

（1）在社区日常门诊服务中各个击破，患者最容易被打动，来一个人就要宣传一个、教育一个、交上一个朋友、打动一个顾客、联系一个对象，通过日积月累，形成一个个服务群体。

（2）让患者成为最佳的宣传员，通过已经成为朋友和固定服务对象的患者动员更多相关的居民积极参与健康教育活动。

（3）与街道、居委会的工作紧密结合，通过各种途径，进行宣传和动员。

（4）抓住有利时机，及时利用身边的典型事例，说服社区居民。

（5）从少到多，从小到大，从小范围扩大到全社区，充分利用少数积极分子或志愿者的积极性，由少数社区居民动员大多数社区居民。

（6）运动式与制度式相结合，在关键时期一定要加大宣传力度，每一年都要设计几个宣传高峰，同时，把健康教育的宣传与动员作为常规性工作来抓，保持其连续性。

（7）利用适时的家访进行宣传和动员。

（8）深入分析影响社区居民参与健康教育活动的各种因素，寻找有效动员社区居民的方式和方法。

（三）研究健康教育的内容

社区健康教育的内容应具备以下特点：

（1）要切中要害，确为居民迫切所需或为关注焦点；

（2）必须科普化，用居民能理解的语言，尽量不用术语，多用比喻，尽可能形象化；

（3）多讲故事，包括有启发作用的寓言故事、发生在居民身边的现实故事、社会上广泛流传的故事、新闻媒体宣传的故事、教育者的亲身经历等；

（4）多教口诀，总结精华，朗朗上口，记得住，用得上，越想越有理；

（5）多用数据、证据和依据，多用形象直观的图片和图形，以理服人，以事实打动人，用效果和效益吸引人；

（6）多收集各方面的资料，从各个不同的角度去说明问题；

（7）既有科学性又有艺术性，既有知识性又有趣味性，既是学习又是享受。

（四）采用生动、活泼的方式和方法

在社区健康教育中，不可能同时采用所有的健康教育方法，而是要根据实际情况，科学地选择和运用其中适宜的健康教育方法，以达到最佳的教育效果。社区健康教育的对象十分复杂，因此应根据社区各类人群的特点，选择不同形式，开展内容不同的健康教育。健康教育活动的目的不同，运用的方式也不同。要大造声势、宣传鼓动，就要利用大众传播方式，而要传播卫生知识、培养行为，进行深入的健康教育，则主要采取人际传播方式，如举办专题讲座、培训班以及个别指导、咨询、家庭访问、行为训练等形式的健康教育。不同的健康教育内容，对采取何种形式有不同的要求。如解决心理问题宜采取咨询的形式；培养青少年的卫生习惯，多采取传播知识、行为训练、表扬激励和制度约束等形式。

1. 声情并茂的演讲 演讲最能直接打动人，全科医生应该专门接受演讲训练，以便为实施健康教育打下良好的基础，演讲的技能包括：安排一个能突出主题和演讲者个性的背景环境，用一个故事开头吸引听众的注意力，在故事之后提出一个鲜明的论点，巧妙地安排各种证据来说明和强化论点，要注意自己的脸部表情、身体动作、语音、语速，要注意观察听众的反应，随时调整内容和进度，快与慢、紧张与舒缓要及时变换，要有强调、重复和总结，最后用一个故事结束，应该在高潮时结束，让听众觉得意犹未尽。

2. 生动活泼的宣传栏 认真设计宣传栏的内容，及时更换，多采用漫画和照片，每一期都留一个悬念，让社区居民期望尽快看到下一期。卫生墙报是设在街头、单位等显眼处的相对固定的健康教育阵地。制作简便，更新内容快，可结合时令和卫生中心工作编排内容，能起到传播信息、宣传鼓动和普及知识的作用。内容应简明精干，并注意版面美观，字体清楚。卫生专栏可以文字为主，图文并茂，或以图片、宣传画为主，直观性强。制作精良，坚固耐用，设在社区居民主要活动区，较具吸引力和教育性。

3. 把宣传资料做成精品 民爱不释手，而且设计一些日常生活必备的功能，如配上日历、记事栏、营养配方、标准体重测算公式等。

4. 深有体会的现身说法 组织社区中比较典型的个案，除了让当事人谈体会和感想外，还可以进行讨论，相互交流经验，全科医生最后进行总结。

5. 丰富多彩的健康教育和健康促进活动 如在社区中组织减肥运动项目、糖尿病患者烹饪比赛、高血压患者松静训练、更年期妇女趣味体育活动等。

（五）采取人群教育与个别辅导相结合

虽然社区健康教育主要是针对特殊人群的，但每个人都有自己的特殊情况，因此，在开展社区健康教育时，一定要分别了解每个对象的具体情况，最好对每个人进行一次全面的健康评价，并建立个人健康档案，以便进行个别辅导。在进行人群健康教育之后再进行个别辅导，其效果将更加突出。

（六）帮助社区居民分析健康教育的效益

要经常替社区居民算算健康投资的账。应该在一个周期结束时，评价每一位参与者取得的效果和效益，详细地告诉他们所取得的每一项进展，让他们知道自己的努力没有白费。应该做前后比较，并与相似的、没有参加健康教育的个人进行比较，还应该做人群的比较，最后为每个人算一笔经济账，感受一下健康投资的价值。

三、社区健康教育项目计划的评价

社区健康教育项目计划的评价是全面监测计划执行情况，控制计划实施质量，确保计划实施成功的关键性措施，也是评估项目计划是否成功，是否达到预期效果的重要手段。社区健康教育评价是对社区健康教育的全过程进行评价，包括对早期计划设计的评价、中期实施过程诸环节的评价和结局的综合评价等三个方面。虽然各时期的评价目的和重点不同，但其工作步骤基本是一致的，就是熟悉社区健康教育方案；设计评价方案；建立评价指标；确定资料收集方法；整理分析资料；制作评价总结。社区健康教育是一项复杂的社会工作，在实施过程中涉及对象、内容、方法、效果等诸多方面的情况，需要对社区受教育前对象（个人、家庭、社区）的基本情况、对健康和疾病的认识及知识需求和来源等进行基线调查，以便掌握社区人群的健康教育需求，确定健康教育的项目，使健康教育工作具有针对性，为健康教育工作效果评价提供依据。

（一）过程评价

过程评价是对计划的全过程进行的评价。包括监测、评估计划执行中的各项活动是否按计划要求进行；计划实施是否取得预期效果；及时发现计划执行中的问题，而有针对性地对计划以及干预方法、策略等进行修订，使之更符合客观实际，保证计划执行的质量和目标的实现。

1. 过程评价的主要内容

（1）教育干预是否适合于教育对象，并为他们所接受；

（2）教育干预是否按照计划方案的方法、时间、频率进行，干预的质量如何；

（3）教育材料是否按计划方案要求发放至目标人群，教育覆盖率是否达到要求；

（4）目标人群是否按计划要求参与健康教育活动，存在的主要问题及原因；

（5）信息反馈系统是否健全，各项监测记录全面、完整、系统、符合质量要求；

（6）计划实施过程有无重大环境变化和干扰因素，对计划执行的影响如何。

2. 过程评价的指标　一年内主动开展社区卫生宣传活动的次数、开办卫生宣传栏的期数、卫生板报或橱窗数、电教片的数量、健康教育处方的种类、健康教育讲座的次数等。

3. 过程评价的方法

（1）观察法：直接现场观察各项健康教育活动，并进行评价。

（2）会议交流法：按阶段召开计划管理人员、执行人员会议，交流、讨论各方面的信息，对计划执行情况进行阶段性评价。

（3）调查法：可采用批质量保证抽样法对目标人群的有关情况进行定量调查，也可进行快速评估法对计划实施情况作定性调查、评估。

（4）追踪调查法：以跟踪工作日志的形式对各项活动进行调查，主要跟踪记录活动的日期、内容、目的要求、活动地点、持续时间、活动组织者、目标人群参与情况等。

（二）效果评价

效果评价是针对健康教育项目活动的作用和效果进行评估，它全面反映计划的成败。评价内容主要针对完成总体目标的情况而进行。它包括：①反映健康教育计划实施的情况和所取得的成效；②社区目标人群对疾病可防可治的认可程度、参与集体防病计划实施的程度、纠正不良生活习惯的程度；③管理机构和网络运作是否正常、是否适合于总体目标的要求；④整个健康教育计划在完成整个防病计划中所起的作用、影响总体效益的程度等。通过评价对各项完成情况、对成本—效益等作出总的判断，以总结经验，吸取教训，为今后计划的决策提供准确的科学依据。社区健康教育的评价方法主要有座谈会、家庭访问、卫生学调查、问卷调查、卫生知识测验、卫生统计指标和综合评分等。

1. 近期效果评价 近期效果评价主要是对知识、信念态度的变化进行评估。主要指标有卫生知识知晓率、卫生知识合格率、卫生知识平均分数、健康信念形成率等。

2. 中期效果评价 中期效果评价主要是指目标人群的行为改变，评价的指标有健康行为形成率、不良行为改变率等。

3. 远期效果评价 远期效果评价是对健康教育项目计划实施后产生的远期效应进行评价。包括目标人群的健康状况、生活质量的变化。主要评价指标有反映健康状况的指标如身高、体重、血压、血清胆固醇、症状自评量表（SCL-90）、发病率、患病率、死亡率、病死率、婴儿死亡率、平均期望寿命等，反映生活质量的指标如生活质量指数（PQLI）、ASHA 指数、功能状态量表（ADL）、生活质量量表（LSI）等。

视窗 7-4：

基本公共卫生服务项目健康教育服务规范

一、服务对象

辖区内居民。

二、服务内容

（一）健康教育内容

（1）宣传普及《中国公民健康素养——基本知识与技能（试行）》。配合有关部门开展公民健康素养促进行动。

（2）对青少年、妇女、老年人、残疾人、0～6 岁儿童家长、农民工等人群进行健康教育。

（3）开展合理膳食、控制体重、适当运动、心理平衡、改善睡眠、限盐、控烟、限酒、控制药物依赖、戒毒等健康生活方式和可干预危险因素的健康教育。

（4）开展高血压、糖尿病、冠心病、哮喘、乳腺癌和宫颈癌、结核病、肝炎、艾滋病、流感、手足口病和狂犬病、布病等重点疾病健康教育。

（5）开展食品安全、职业卫生、放射卫生、环境卫生、饮水卫生、计划生育、学校卫生等公共卫生问题健康教育。

（6）开展应对突发公共卫生事件应急处置、防灾减灾、家庭急救等健康教育。

（7）宣传普及医疗卫生法律法规及相关政策。

（二）服务形式及要求

1. 提供健康教育资料

（1）发放印刷资料：印刷资料包括健康教育折页、健康教育处方和健康手册等。放置在乡镇卫生院、村卫生室、社区卫生服务中心（站）的候诊区、诊室、咨询台等处。每个机构每年提供不少于 12 种内容的印刷资料，并及时更新补充，保障使用。

（2）播放音像资料：音像资料包括录像带、VCD、DVD 等视听传播资料，机构正常应诊的时间内，在乡镇卫生院、社区卫生服务中心门诊候诊区、观察室、健教室等场所或宣传活动现场播放。每个机构每年播放的音像资料不少于 6 种。

2. 设置健康教育宣传栏 乡镇卫生院和社区卫生服务中心宣传栏不少于 2 个，村卫生室和社区卫生服务站宣传栏不少于 1 个，每个宣传栏的面积不少于 2 平方米。宣传栏一般设置在机构的户外、健康教育室、候诊室、输液室或收费大厅的明显位置，宣传栏中心位置距地面 1.5～1.6 米高。每个机构每 2 个月最少更换 1 次健康教育宣传栏内容。

3. 开展公众健康咨询活动 利用各种健康主题日或针对辖区重点健康问题，开展健康咨询活动并发放宣传资料。每个乡镇卫生院、社区卫生服务中心每年至少开展9次公众健康咨询活动。

4. 举办健康知识讲座　定期举办健康知识讲座，引导居民学习、掌握健康知识及必要的健康技能，促进辖区内居民的身心健康。每个乡镇卫生院和社区卫生服务中心每月至少举办1次健康知识讲座，村卫生室和社区卫生服务站每两个月至少举办1次健康知识讲座。

5. 开展个体化健康教育　乡镇卫生院、村卫生室和社区卫生服务中心（站）的医务人员在提供门诊医疗、上门访视等医疗卫生服务时，要开展有针对性的个体化健康知识和健康技能的教育。

三、服务流程

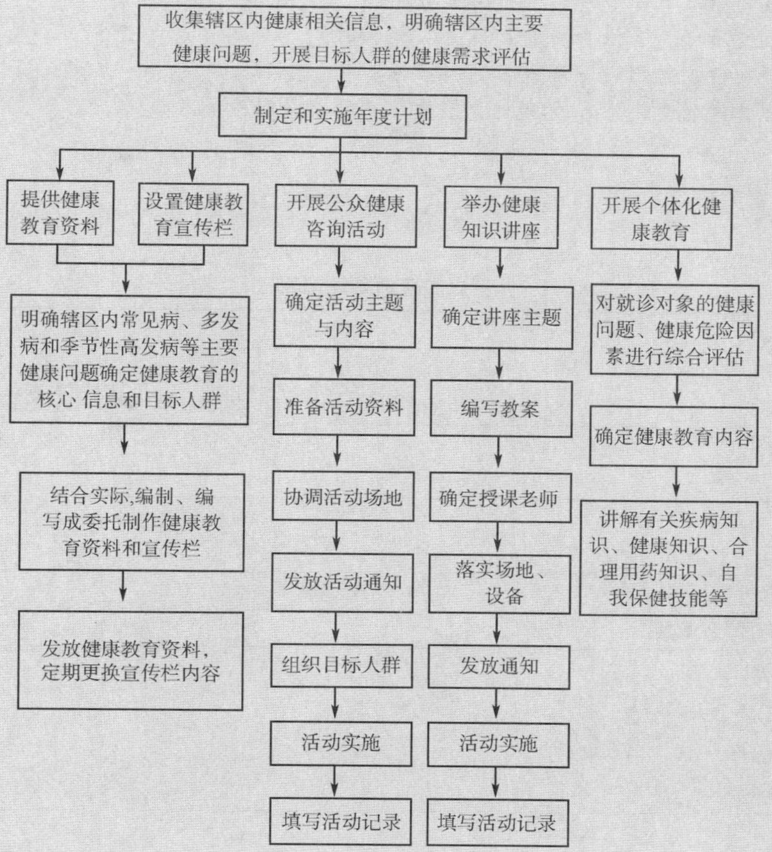

四、服务要求

（一）乡镇卫生院和社区卫生服务中心应配备专（兼）职人员开展健康教育工作，每年接受健康教育专业知识和技能培训不少于8学时。树立全员提供健康教育服务的观念，将健康教育与日常提供的医疗卫生服务结合起来。

（二）具备开展健康教育的场地、设施、设备，并保证设施设备完好，正常使用。

（三）制订健康教育年度工作计划，保证其可操作性和可实施性。健康教育内容要通俗易懂，并确保其科学性、时效性。健康教育材料可委托专业机构统一设计、制作，有条件的地区，可利用互联网、手机短信等新媒体开展健康教育。

（四）有完整的健康教育活动记录和资料，包括文字、图片、影音文件等，并存档保存。每年做好年度健康教育工作的总结评价。

（五）加强与乡镇政府、街道办事处、村（居）委会、社会团体等辖区其他单位的沟通和协作，共同做好健康教育工作。

（六）充分发挥健康教育专业机构的作用，接受健康教育专业机构的技术指导和考核评估。

（七）运用中医理论知识，在饮食起居、情志调摄、食疗药膳、运动锻炼等方面，对城乡居民开展养生保健知识宣教等中医健康教育，在健康教育印刷资料、音像资料的种类、数量、宣传栏更新次数以及讲座、咨询活动次数等方面，应有一定比例的中医药内容。

五、考核指标

（一）发放健康教育印刷资料的种类和数量。

（二）播放健康教育音像资料的种类、次数和时间。

（三）健康教育宣传栏设置和内容更新情况。

（四）举办健康教育讲座和健康教育咨询活动的次数和参加人数。

六、附件

健康教育活动记录表

附件

健康教育活动记录表

活动时间：	活动地点：
活动形式：	
活动主题：	
组织者：	
接受健康教育人员类别：	接受健康教育人数：
健康教育资料发放种类及数量：	
活动内容：	
活动总结评价：	
存档材料请附后 □书面材料 □图片材料 □印刷材料 □影音材料 □签到表 □其他材料	

填表人（签字）：　　　负责人（签字）：

填表时间：　年　月　日

思　考　题

1. 为什么在发展社区卫生服务时要大力开展社区健康教育？

2. 如何针对城市、农村社区的特点采用不同的社区健康教育策略？

3. 试述城市、农村社区健康教育的内容。

4. 如何制订社区健康教育的计划？

5. 案例题：对某社区卫生服务中心开展社区健康教育的状况进行评估考核时发现存在以下问题：没有开展健康教育诊断就制订健康教育计划，导致计划没有针对性，而且每年计划都大同小异；检查其开展社区健康教育活动的记录情况，发现开展健康教育的形式单一，主要为：每月更新一次宣传栏、候诊室电教宣传、配合卫生宣传日上街义诊、专家健康教育讲座等；记录内容仅为健康教育活动的时间与内容、人员签到、现场活动照片，而且活动内容与计划不一致；年终时进行健康教育工作总结，总结与活动内容也不一致，对每次活动过程没有进行评价，更谈不上进行效果评价，说明社区健康教育工作还仅停留在卫生宣传层面上，没有完整的健康教育诊断、计划、实施和评价一系列过程。随机抽查社区居民进行有关卫生知识方面的问卷调查，卫生知识知晓率不高，群众参与社区健康教育活动的积极性不高，社区卫生工作人员常常抱怨居民请都请不来。社区健康教育得不到社区居民响应和认同的原因可能是：①健康教育的内容针对性不强，不是社区居民所期望了解的，对居民的需求了解不够深入和具体；②健康教育的内容科普化程度不够，使用了过多的术语，居民看不懂或听不懂，更记不住，无法产生发自内心的感触，达不到激励居民改变观念和行为的目的；③健康教育的方法和形式过于机械，不够生动，仅仅停留于理论讲解上，缺乏说服力和感召力。④居民参与太少，没有使居民真正体会到参与健康教育活动的益处；⑤全科医生没有在健康教育方面接受过专门的训练，包括成功学、激励学、演讲学、科普写作、传播学、营销学等。要做好健康教育，首先要创新知识体系，要将知识体系科普化、口诀化、操作化、实物化，要有很好的演讲口才、说服能力和沟通技巧。

根据本案例分析：

（1）社区居民不接受社区健康教育的原因可能有哪些？

（2）如何根据这些原因提高社区健康教育的效果？

（福建医科大学　曹建平）

第八章 医院健康教育

随着医学模式的转变、医学社会化的不断发展以及医院服务功能的扩大，医院已经成为健康教育的重要场所。我国正在进行的深化医药卫生体制改革中，已经明确要求医疗卫生机构及机关、学校、社区、企业等要大力开展健康教育，提高广大人民群众的健康意识和自我保健能力。由此可见，健康教育在我国医疗卫生体系中的地位和作用日益受到重视。

随着市场经济的飞速发展，商家的“售后服务”对今天的大多数人来说肯定不会陌生，而今医疗界又出现一个新词“医后服务”。“医后服务”指医护人员对患者的关爱从院内延伸到院外、变一次性服务为长期服务、变医患关系为朋友关系，使患者不仅在就诊、住院时，而且出院后仍可继续得到医生的关注、指导和治疗。医后服务是医院医疗服务的延伸，符合社会进步的趋势和新医改的方向。完善的医后服务有助于医院建立良好的医疗信誉，提高医院的知名度和社会信赖度，构建和谐的医患关系，促进医院的可持续发展。

案例 8-1：以健康的名义发张名片

郑州某医院推出“医后服务”。这种以“为患者发放名片、开具出院指导书和家庭随访”为主要内容的新型服务方式，受到了广大患者好评。医院统一给住院医生印制了名片，在该院住院的患者，出院时都可以得到一张主管医生的名片。为患者开具出院指导书就是在患者出院时，主管医生把患者回家后在用药、饮食、休息、情绪等方面应注意的事项，详细写出指导意见。“家庭随访”是为出院时尚未完全康复的患者送医上门。“医后服务”的开展，使该医院取得了良好的经济效益和社会效益。

成都某医院针对慢性病患者、手术后等待康复的患者等，医生首先要提醒出院后注意的事项。提供一张联系卡，上面详细地印有康复过程中的注意事项，医院及相关科室医生的联系电话等，以便患者出院后遇到困难可以马上找到相关医生。

广州某医院在患者出院时医院为患者办理一本手册，手册上面写明患者的病史、护理时应注意的事项以及专家门诊的时间和科室电话等，方便患者自查和及时联系医生。实行病情回访机制，通过电话和上门的形式，定期收集患者和家人的意见，针对他们出院后遇到的具体问题给予帮助。

济南某医院向 100 多名糖尿病患者赠送了保健卡，上面写着：我有糖尿病，万一不省人事，可能出现了低血糖，请尽快喂我糖水或糖果，并与济南某医院内分泌科联系。后面还印上了医院的联系电话。保健卡受到了患者的热烈欢迎，医院也巩固了相当的患者群体。

重庆某医院正式推出一种以“为患者提供健康信息、心理辅导、上门治疗、定期回访”为主要内容的新型服务方式，在社会上引起强烈反响。医院成立“医后服务科”，主要本着对患者负责任的态度，考虑患者的实际需求，同时借鉴市场经济的通行做法。该院医后服务主要内容有：对出院患者进行电话回访、上门走访，了解患者出院后的健康状况并做相关的指导；通过电话及网络，为患者提供健康信息、心理咨询、卫生常识、医学基础知识等；提供出诊服务，包括上门治疗、护理、送药、接送行动不便的患者出入院等。

问题：

1. 你认为医院的功能发生了怎样的变化？
2. 你认为医院为什么要开展“医后服务”？
3. 你认为医院开展“医后服务”的内容、方式有哪些？

第 1 节　医学模式转变与医院功能多样化

随着科技的发展和医学的进步，医学模式从生物医学模式逐步向生物-心理-社会医学模式转变，生物-心理-社会医学模式重视心理、社会因素对人体的影响，将人视为一个受生物、精神、心理、社会、环境因素影响的整体，这就要求医院要以病人为中心，对病人进行系统的、有计划的、科学的诊疗。医学模式的转变和医学的社会化对医院的功能产生着巨大的影响，对医护人员的技能提出了多方面的要求。

一、医学模式转变及其对医院功能的影响

（一）医学模式及其转变

医学模式（medical model）是人类对自身健康和疾病总体特征及其本质的哲学概括，它产生于医疗卫生的实践活动，又指导着医疗卫生实践活动的进一步发展。它是按照唯物论和辩证法的观点和方法去观察、分析和处理有关人类的健康和疾病问题，反映着人们对人类自身的生命、生理、病理、预防、治疗、保健、美容及养生等问题的基本观点。不同的医学模式反映出不同历史阶段医学发展的特征、水平、趋向和目标。

生物医学模式（biomedical model）是医学模式发展的一个阶段。18 世纪下半叶到 19 世纪初，资本主义的快速发展，城市化进程加快，但同时带来了大量的环境卫生问题，传染病蔓延。针对影响人类健康比较严重的传染性疾病，科学家们都进行了大量的探索。法国化学家、微生物学家巴斯德（Louis Pasteur）和德国生物学家科赫（Robert Koch）等人开创的细菌学的研究，使得在 19 世纪下半叶先后发现了 20 多种致病菌。这些形成了细菌致病的病因学说，由此带动了生物学、生理学、生物化学、解剖学、病理解剖学及免疫学等一批学科的发展。在临床上，抗生素的发明与使用、麻醉药及输血、输液术的广泛应用，克服了疼痛、感染、失血三大难关，有力地推动了外科学的发展。

生物医学模式的形成，其主要原因就是受当时自然科学实证主义的影响，这种思想认为，科学研究的对象必须是可测量、可观察到的客观事物，任何不确定的、无法测量和观察的主观现象（如人的体验、精神活动、潜意识等）都不能作为科学研究的对象。在这种思想的影响下，医生只把目光盯在寻找疾病的客观证据上，而完全忽视患者的主观体验，没有客观证据就不能诊断疾病，而疾病也就成了一种用躯体方面的客观病理证据来确证的概念，与人的主观体验或精神因素完全无关。这不仅造成医生无法理解患者没有客观证据的疾患体验或痛苦，而且，也无法有效地帮助这种患者。另外，这种思想也造就了一种传统，即医生只对有客观证据的躯体疾病负责，患者必须有躯体方面的症状和体征时才能求助于医生。于是，许多精神痛苦的患者就只好夸大躯体方面的症状，以此为借口求助于医生，其结果是出现了大量难以理解的“躯体化患者”（patients with somatization disorder）。据报道，在美国、加拿大等西方发达国家，住院和门诊患者中心身疾病、心理疾病的人数超过 70%；国内综合性医院就诊的初诊患者中，有 1/3 的患者是心身疾病，心身疾病和心理疾病的患者总人数超过 50%。对这些与心理、社会因素有关的疾病，传统的生物医学模式已暴露出其理论与实践的局限性，而将医学与心理学相结合，重视心理、社会及环境因素对健康和疾病的影响，全面、系统地进行临床诊疗正发挥着越来越重要的作用。

20 世纪 40 年代后，由于生物化学、免疫生物学、应激学说等方面的研究成果，特别是信息论、控制论、系统论和耗散结构论等理论的出现，医学的内涵和外延得以不断深入和扩大。自从 1918 年德国精神科医师海恩罗特（Heinroth）首次提出“心身”概念以来，欧美各国对心身医学

（psychosomatic medicine）问题进行了许多研究。1935 年，美国精神分析学家邓巴（Dunbar）出版了心身医学经典著作《情绪与躯体变化》。1944 年，由他倡导成立了美国心身学会。1976 年，德国将心身医学列入医学教学大纲，并将其作为临床医师职称国家考试内容。前苏联的贝柯夫继承巴甫洛夫的条件反射学说，对大脑皮质和内脏功能的关系进行了大量研究，证实大脑皮层与内脏活动密切相关，并由此建立"皮层内脏相关学说"，为心身医学奠定了科学基础。心身医学的兴起是医学界对传统的生物医学模式的反思和医学发展的要求，为现代的生物-心理-社会医学模式的转换奠定了基础。1977 年，美国精神病学家恩格尔（G.L.Engle）出版了《需要新的医学模式——对生物医学模式的挑战》一书，提出了以心身相关思想为主旨的以心身医学为基础的生物-心理-社会医学模式。20 世纪 80 年代，经彭瑞聪教授介绍到我国后，立刻引起了医疗界的支持和拥护。

生物-心理-社会医学模式（biopsychosocial medical model）亦即现代医学模式，是在传统生物医学模式的基础上发展起来的，既继承了传统生物医学模式的合理内核，又具有了新的特征。

（1）提高了健康的标准，强调心理与社会对健康的影响。1948 年，世界卫生组织（WHO）成立的时候对健康的定义为："健康不仅仅是没有疾病和身体的虚弱现象，而是一种在身体上、心理上和社会适应功能上的完好状态。"此定义提高了健康的标准，将疾病概念中传统定义中的"生理、躯体疾病"修改为"心理、心身、生理疾病"，扩展了疾病的范围。

（2）重视心理、社会因素对健康的影响，深化了人类对疾病的认识。将疾病的产生和治疗由生物单一作用深化为心理、社会、生理、环境相互作用的结果。

（3）拓展了治疗方式，强调生物与心理、社会相结合的综合治疗。由单一的医学治疗拓展为医学与心理治疗及环境调节相结合。

（4）改变了医患关系的模式，强调平等合作的医患关系。传统的医患关系强调医生的主导作用，医生和患者之间是一种"命令-服从"型关系；现代医学模式克服了技术主义，倡导以人为本的理念，重建以人为中心的医疗体系，强调患者的参与和社会、环境的支持，医患之间是"平等-合作"型的医疗服务法律关系。

（二）医学模式转变对医院功能的影响

国家卫生部颁布的《全国医院工作条例》中指出，医院以医疗工作为中心，在提高医疗质量的基础上，保证教学和科研任务的完成，并不断提高教学质量和科研水平。同时做好扩大预防、指导基层和计划生育的技术工作。在国外，也有学者将医院功能分为照料病员、培养医师及其他人员、增进大众健康和推进医学研究四个方面。可见，医院的基本功能包括：医疗服务、教育培训医护人员及其他人员、开展医学科学研究、预防和社会医疗服务四个方面。随着社会经济的发展及人民群众生活水平的提高，大家的健康意识及需求更加迫切，医院已从单纯的治疗功能逐步转向治疗、预防、保健、康复等，服务模式将向全面化和综合化发展。《2000 年世界卫生报告》提出卫生系统分别应该具备四个主要功能：①提供卫生服务；②组织卫生人力和物力资源；③卫生保健资金筹集；④管理。以及四个战略方向：①加强卫生系统的绩效；②减少贫困人口及脆弱人群的超额死亡率；③有效地减少危险因素；④将健康作为发展的中心。从这份报告可以看出，保护和改善人们的健康状况是卫生系统的重要目标之一。目前，医院运作的环境有了明显的变化，现代科学技术广泛应用于临床，使医生的诊断与治疗水平有了质的飞跃。但是，随着当前我国疾病谱的变化、人口的老龄化以及环境的变化，再加之人民群众对健康的需求也越来越高，医院正面临着前所未有的机遇与挑战。医院必须根据当前的社会发展形势与群众需求，对自身的功能、任务予以重新定位，确定发展规模和方向。

1. 现代医学模式对医疗服务的影响 现代医学模式的最大特点之一就在于医学的社会化。《渥太华宪章》中指出："健康促进在卫生服务中的责任是要求个人、社区组织、卫生专业人员、卫生服务机构和政府共同承担。卫生部门的作用不仅仅是提供临床与治疗服务……还要开放卫生部门和更广泛的社会、政治、经济和物质环境部门之间的渠道。"它要求医院必须树立大卫生的观念，强调实施初级卫生保健，使医疗服务向社会开放，现代医学模式要求医学实践活动不但要消除疾病的生物学因素，也要改变引起疾病的综合因素。从单纯的治疗服务扩大到治疗-预防-保健一体化的综合性服务；从单纯的生理服务转向生理、心理、社会的全面服务；从单纯的技术服务扩展到社会服务；从为患者个体服务扩展到为社区人群的健康服务，开展社区健康促进服务。因此，医院的服务已不仅仅是单纯的医疗服务，而是向提供诊疗、心理咨询、健康教育、预防保健、环境等的整体和全方位服务迈进。

在国际和国内，许多医院在发展与开拓社会资源方面，采取横向整合与纵向整合，形成医院集团或区域医疗联合体。其目的是通过向病人提供“一站式”服务，来保有一定的医疗消费群。他们可以提供包括门诊病人护理、住院病人护理、长期护理、临终关怀、康复治疗、社区服务、健康咨询、未病门诊，甚至包括病人的接送。纵向整合是指提供各种水平的医疗服务以满足所有人群的需要。小医院为大医院提供医疗市场，大医院为小医院提供资金支持，逐步形成完善的双向医疗预防体系。

2. 现代医学模式对医院管理的影响　我国目前的医院管理模式大多停留在医学专家管理医院的模式上，他们通常只考虑添置更好、更尖端的医疗仪器设备以提高医疗水平，结果导致医疗费用的成倍增长，加重了政府和病人的负担，难以达到人人享有卫生保健的目标。医院服务职能的变化要求医院的管理要愈发科学化、人性化、充实化，要求医院从专家式的经营管理模式向企业化管理模式转变，尽可能地吸收经济、社会、法律和管理人才参与医院管理，在医院经营中重视质量管理，降低成本，增加效益，使医院在尽可能满足人民群众不断增长的医疗卫生服务需求的同时，能够适应社会市场竞争的发展，从而真正满足社会人群的医疗卫生服务需求，真正走出一条可持续发展的道路。

3. 现代医学模式对医院文化的影响　医院文化是随着“生物-心理-社会”医学模式的确立和适应医学科技的进步而孕育、产生和发展起来的，是医院建设和管理的重要组成部分，是医院全体人员在长期的医疗实践活动中所形成的共同价值观、医院精神和行为规范的总和。医院文化建设决定着医院经营管理、领导决策以及全院职工的工作态度和医疗作风，对提高医疗质量、强化医院管理有着十分重要的意义。医院文化是医院赖以生存和发展的精髓，是卫生服务的开发、运作和创新发展的良好基础。通过加强医院文化建设，努力改善医务人员服务态度，文明服务语言，规范服务行为，提供服务质量，从而改善医患关系，提供患者的满意度。

4. 现代医学模式对医院健康教育的影响　随着人们生活水平、生活质量的改善，人们的健康意识、健康需求也由被动接受、层次低且较单一，向主动选择、层次高且多样化方向转变。医院不仅是救死扶伤、增进人民健康的机构，而且还负责向广大群众传播健康知识和技能，开展社会预防工作，帮助群众建立自觉的健康生活方式，建设、维护有益于人体身心健康的社会、生物及医疗环境。医院进行健康教育具有针对性、权威性和便于集中教育的特点。因此，医院多途径开展健康教育既是时代的需要，也是医院的重要职能。

二、医学目的转变及其对医护人员技能的要求

（一）医学目的及其转变

从历史的角度看，医学目的经历了不同的时期：早期医学——简单地以减轻痛苦和挽救生命为目的；近代医学——以人体解剖学和抗生素为代表的生物医学模式，将治病救人，延长生命确定为主要目的；现代医学——以人是社会中的具有复杂的心理变化的生物体为代表的生物-心理-社会医学模式，增加了治疗心理疾病及医学服务于社会的目的。从中不难看出，医学目的随着人类历史的发展而变化。这种变化完全取决于当时对人的认识和人类自身的需求。

长期以来，医学目的主要局限于降低死亡、延长寿命，导致医学服务不适当地把主要精力用

于治疗疾病而忽视对疾病的预防，“不治已病治未病”的“预防为主”的思想始终未能实现，使预防医学与临床医学的脱节局面越来越严重。然而，现代的所谓“文明病”、“富贵病”等慢性疾病最需要的是预防而不是治疗。在现实医疗实践过程中，一部分医务工作者对健康的真正含义以及心理精神因素是致病的重要因素之一，缺乏足够的认识，故在医疗卫生服务中只是药物、手术等的诊断和治疗，而忽视对患者的心理治疗。在组织上只突出大医疗中心的建设，而忽视社区服务和初级卫生保健组织的建设。对促使人人健康、家庭医疗与个人保健也缺乏足够的认识。因此，出现了大医疗中心迅速发展与“人人享有卫生保健”目标背道而驰的现状。

随着新的医学模式的确立，医学目的也应当发生重要转变，即要求医务工作者不能把患者看作是一个单纯的自然生物，而应是自然属性和社会属性相结合的服务对象。即医学目的的基本内涵应当是：防治结合，去除病痛，舒适，延年益寿，改善人生存的物质和精神条件，提高生命质量，维持、恢复和增进健康，使服务对象具备健康的心理和适应社会的良好的道德。

医学的目的实际上就是人类的目的，具有客观性、主观性与社会性三重特点。医学目的的客观性主要反映为医学服务的发展水平，反映为社会、经济、文化不同发展阶段的性质和特点，具有普及性的客观真理性，目的性与客观性是高度统一的。医学目的的主观性主要反映为人们对身心健康状况的追求和渴望，它们通常因为文化、时代、民族、语言、宗教而有所不同。更为重要的是，医学目的具有鲜明社会性，这种社会性主要反映为价值观念性、伦理道德性、社会发展状况、社会结构性特征。现代医学的目的应当是客观性、主观性和社会性的统一，是真、善、美的统一，是国家、社区、家庭、个人利益的统一，是防病治病、维护健康的统一。

在即将面临的老龄社会，医疗费用昂贵、慢性病增加和残疾问题，以致许多不能治愈的慢性病患者和病后余生需要生活、心理和精神照料的人日益增多，目前的医疗服务模式还无法满足社会人群对医疗服务的需求，而且在促进健康方面也显得无能为力。因此，医疗服务也应遵从医学目的转变，把重点放到公共卫生、初级卫生保健、提高生命质量、发展健康教育、培训全科医疗的专门人才方面来。

（二）医学目的转变对医护人员技能的要求

医疗行业是一个特殊的行业，行业的特殊性决定了医护人员素质的特殊性，医院功能的多样化决定了医护人员技能的多样化。医生和护士是医院健康教育的主力军。医生不仅是治病的医生，而且是一个训练有素的心理医生，还要是一个社会工作者。他要面对的不是某一种疾病，而是一个有缺陷的人；他要调节和治疗的也不是一种单纯的病种，而是人的价值观、生活观以及人的行为准则。护士不仅要对病人的疾病提供治疗和护理，帮助病人解除痛苦，还要为病人提供有关护理知识和技能，使其增强自我保健和护理能力，不断提高健康水平。医护人员除了要具备高尚的职业道德外，同时还要具备医疗行业所要求的多样化的技能。

1. 精通预防保健 随着现代医疗科技的发展，危害人类健康的疾病主要以高血压、冠心病、糖尿病、癌症等慢性非传染性疾病为主，这些疾病大都与个体的生活方式、行为习惯、个人嗜好、不良情绪、精神紧张及社会压力有关，在治疗上既要注重医学的手段，也要注重心理、社会支持与训练，进行综合治疗。另外，对许多疾病特别是心身疾病、精神疾病和心理障碍，可以通过心理健康咨询、训练和教育等措施，促进患者人格的健康发展，预防疾病的发生。对此，医护人员必须通过培训和再教育，提高自身的综合素质。

2. 促进临床疗效 “生物-心理-社会医学模式”对医护人员提出了更高的要求，医护人员不仅要精通专业技术，而且还要懂得心理健康、心理治疗、心理护理等方面的知识，将心理、社会支持应用于医疗实践。医疗机构必须对没有系统学习过心理学等相关知识的医护人员进行逐步培训和教育，提高医护人员的专业水平和职业素质，从而获得更好的临床疗效。

3. 改善医患关系 医患关系是患者就医过程中与医护人员（包括所在医疗机构）所形成的特定的社会关系。由于患者是一种无范围界定的群体，有着不确定特性（很难确定某一时期、某一地域、某一阶层的人是患者），又由于患者个体的文化背景、经济待遇、教育素质等等差异显著，因此，在医患关系中，医方处于天然的主导地位。其态度直接影响着患者的心理体验，影响患者疾病的发展与康复。没有经过医学心理学教育的医护人员，往往不了解患者心理，不重视心理、社会因素对健康和疾病的影响，不能正确处理医患关系，导致医患关系紧张、影响疗效。医疗机构和医护人员必须不断提高认识，加强综合素质的提高，以促进疗效，适应现代临床实践的需要。

4. 提高获取信息的能力 医护人员主要是从事疾病的预防、治疗与研究等工作，以解决医疗实践工作中出现的疑难问题，因而其所需信息要求实用、针对性强，主要针对临床中的具体问题、具体环节。网络技术的发展，不仅使信息资源的更新速度越来越快，而且也使各医院数字化建设的步伐大大加快，在此背景下，如果医护人员不提高获取信息的能力，不仅将是个人知识更新的重大损失与障碍，而且也极其不适应医院数字化建设的基本要求。这要求广大医护人员不仅要有利用非网络资源的能力，还要有掌握浩瀚网络资源的能力，只有具备与现代信息技术相适应的技能，才能切实提高医学诊治的准确性和数字技术运用的可靠性，才能更好地服务于临床，造福于患者。

第 2 节 医院健康教育的概念和意义

随着医学模式的转变和医院服务功能的扩大，医院已经成为开展健康教育的一个重要场所。充分发挥医院健康知识与技能资源的优势，把向患者、患者家属乃至社区广大群众提供健康教育纳入医院的服务，已经成为提高医疗质量和控制疾病的重要策略。

视窗 8-1：

近年来，双休日上医院听健康讲座已成为北京市民健康生活的一部分，北京一些大医院的免费“健康大课堂”也因此开办得红红火火。近日，本刊记者就北京各医院开展健康教育工作进行了深入采访。采访中记者了解到，北京大部分三甲医院都在以不同形式开展健康教育活动，如中日友好医院“健康大讲堂”、天坛医院“健康大讲堂”、北京友谊医院“人人健康学校”、朝阳医院的“百姓健康沙龙”等健康教育讲座很受患者欢迎。

有人做过测算，将 1 元钱花在预防上，可以节省 8.59 元。据介绍，中国疾病预防控制中心健康教育所曾对北京、上海、杭州等 9 城市的十几家医院健康教育工作进行调研。结果发现，凡是健康教育工作开展得好的医院，医院品牌和知名度更高，医患关系也更融洽。

——摘自《首都医药》2007 年第 23 期第 17 页。

一、医院健康教育的概念

医院健康教育（hospital health education）这一概念形成于 20 世纪 50 年代，发达国家的死亡率急剧下降后进入了“停滞期”，人们开始认识到仅靠医疗护理行为不能达到健康目的，良好的行为生活方式对促进健康举足轻重。美国医疗保险机构最早提出这一概念，其初衷是减少慢性病患者的医疗费用。

医院健康教育泛指各级各类医疗保健机构和人员在临床与预防保健实践过程中，伴随医疗保健活动而实施的健康教育。这是医院健康教育的狭义概念，在这个概念下，医院健康教育以患者为中心，服务对象为到医院接受医疗保健服务的患者个体及其家属，旨在实现三级预防，促进患者身心健康，又称临床健康教育（clinical health education）或患者健康教育（patient health education）。随着医院结构和服务功能的不断扩大，医院健康教育的内涵也在不断丰富和发展。医院健康教育的范围、对象与内容随之得以扩展。在场所上，由院内扩展到社区；在对象上，由患者扩展到社区人群和医院职工；在内容上，由三级预防扩展到人从“生”到 “死”的生命全过程，由医学知识传播扩展到心理、社会影响因素和行为的干预。因此，健康教育的涵义也由狭义向广义扩展。广义的医院健康教育又称为医院健康促进（hospital health promotion），是指以健康为中心，以医疗保健机构为基础，为改善患者及其家属、社区成员和医院职工的健康相关行为所进行的有组织、有计划、有目的的健康教育活动。医护人员是实施健康教育的主体，同时也是健康教育的接受者，应不断提高自身的保健意识和能力，采取健康行为，促进自身健康。但实践证明，缺乏广泛的环境改变和社会支持，单纯依靠医护人员开展健康教育活动，医院健康教育是难以持续深入发展的。

二、国内外医院健康教育的发展历程

（一）国外医院健康教育的发展历程

事实上，只要有医院和病人关系的存在，就有医院健康教育。同许多学科一样，医院健康教育也是先有实践后有理论。

有关病人健康教育的资料，最早见于 20 世纪 50 年代美国退伍军人行政协会的刊物。该协会与现代的保险公司性质相似，负责退伍军人的医疗照料，因此该协会非常重视病人的健康教育，以减少病人的医疗费用。可以说，健康教育最早是由医疗保险机构提出来的。

20 世纪 60 年代，美国医院协会、美国公共卫生协会相继明确提出健康教育是高标准保健服务不可缺少的组成部分，是医院及其保健机构的重点；患者教育是患者服务的组成部分。由此推动了医院健康教育的蓬勃发展，并逐渐发展为初级卫生保健八大要素之首。

20 世纪 70 年代，美国健康教育总统委员会于 1973 年经调查后提出建议：每一所医院对病人及其家属（不论是门诊或住院病人）都应提供健康教育服务，指出费用应由保险机构支付，并建议对医务工作者应进行职前培训和在职教育，以提高其健康教育服务水平。同时，美国国会制定“健康维护组织法”，把医院健康教育推向一个新的阶段，美国联邦政府将健康教育费用纳入预算之内，正式确定其重要地位。1978 年，美国当时就有 3000 余家医院开展了医院健康教育。

20 世纪 90 年代，在国际范围内医院健康教育进入健康促进的时代。医院健康促进旨在促进医院结构及功能实现由病人为中心向以健康为中心的转变；通过与病人、病人家属和社区共同采取行动，增强人们的自我保健能力，促进和维护健康。1991 年，健康促进医院的概念被写入《布达佩斯宣言》，该宣言明确提出健康促进医院的发展应着重于健康的观点、目标和组织结构。健康促进医院的宗旨是在传统的医院背景中发展健康促进方向，鼓励医院实施降低对环境影响的政策，鼓励为工作人员和病人创造有利健康的支持性的社会和自然环境。

目前，美国的公立和私立医院，全部都有患者教育工作，包括门诊教育、住院教育、出院教育、随访教育及地段教育。各医院均设有健康教育委员会、健康教育网络、健康教育质量控制标准、健康教育科或专职健康教育护士，形成了完善的健康教育管理体系，为健康教育有效的开展提供基本保证。

（二）我国医院健康教育的发展历程

我国医院健康教育虽然起步较晚，但近年来发展很快。随着深化医药卫生体制改革的推进，医院健康促进必将得到极大的发展。

1. 建立医院健康教育组织机构 我国的医院健康教育工作开始于 20 世纪 70 年代末期，是随着医疗保健事业的发展而发展起来的。20 世纪 80 年代开始，各地医疗卫生机构陆续将健康教育工作列入医院的工作内容，并陆续明确了健康教育职能部门，多数医院将健康教育工作纳入预防保健科，设专职或兼职人员负责健康教育工作。也有相当一部分医院成立了健康教育科，有的还组成了医院健康教育领导委员会，有的还成立了医院健康教育咨询中心，开展各方面的健康教育工作。

2. 制订医院健康教育工作规范　20 世纪 80 年代以来，国家制定的有关医院管理的许多法律法规、政策、标准中都有健康教育的内容。《中华人民共和国执业医师法》和卫生部颁发的《护理管理办法》分别明确规定执业医师和护士有对患者进行健康教育的责任和义务。1992 年，全国爱卫会将医院健康教育纳入国家卫生城市考核标准，以政府行为和行政干预来推动医院健康教育的发展。1994 年我国引进系统化整体护理之后，健康教育作为系统化整体护理的重要组成部分也随之开展。目前，各地、各级医院也都制定了《医院健康教育工作规范》，为医院健康教育工作的开展提供了必要的政策、制度和资金保证。

3. 成立医院健康教育学术团体　1997 年，中国健康教育协会医院健康教育专业委员会在海口市成立，标志着我国医院健康教育与健康促进协作网络的形成。大会通过了《中国健康教育协会医院健康教育专业委员会组织条例》，明确了本专业委员会的任务。此后，各省先后成立了本省的医院健康教育协作委员会，每年定期举行学术交流活动。

4. 学术研讨与交流　20 世纪 70～80 年代，各地多以省或协作区为单位举行医院健康教育培训班或学术研讨会，在组织协调、政策倡导、科学管理、干预方法、评价研究方面都取得了丰硕的成果，对于促进我国医院健康教育的深入发展起到了积极作用。

5. 规范医院健康教育工作　20 世纪 90 年代至今，各级政府、卫生行政部门开始在政策上、组织上、资源上支持医院开展健康教育工作。2005 年，卫生部印发了《全国健康教育与健康促进工作规划纲要（2005-2011）》，要求依照《中华人民共和国执业医师法》等有关法律、法规，结合整体护理等工作，各级各类医疗保健机构及其卫生技术人员向患者和家属提供面对面等多种形式的健康教育服务，开展健康促进医院创建活动，并且将健康教育与健康促进纳入了卫生技术人员医学继续教育内容。2009 年，《中共中央、国务院关于深化医药卫生体制改革的意见》明确要求医疗卫生机构及机关、学校、社区、企业等要大力开展健康教育，倡导健康文明的生活方式，利用广播、电视、网络、报纸杂志等媒体，加强健康、医药卫生知识的传播，促进公众合理营养，提高广大人民群众的健康意识和自我保健能力。

2010 年，卫生部印发《全国健康教育专业机构工作规范》，对医疗卫生机构进行健康教育的科室设置、工作内容和经费保障等提出了具体的要求，为进一步规范全国健康促进与健康教育工作，建立健全由各级政府领导、多部门合作、全社会参与的健康促进与健康教育工作体系和网络，提供优质健康教育服务提供了保障。

视窗 8-2：《全国健康教育专业机构工作规范》（卫妇社发〔2010〕42 号）对医疗卫生机构进行健康教育的要求

1. 科室与人员　各级各类医疗机构、公共卫生机构和基层医疗卫生机构应设立健康教育科（室）；暂不具备条件的确定相关科（室）负责健康促进与健康教育工作，接受当地健康教育机构的业务指导和考核评估。每个机构从事健康教育的专（兼）职人员配备不少于 2 人。

2. 职责与工作内容　各级各类医疗机构、公共卫生机构和基层医疗卫生机构与健康教育专业机构紧密配合，结合本单位实际，在健康促进与健康教育工作计划制订、活动开展和效果评估等方面发挥所长，共同探索适宜不同人群的健康促进与健康教育策略和措施，提高健康促进与健康教育工作质量，促进公民健康素养的提高。

医疗机构根据客观条件和自身工作特点，制订健康促进与健康教育年度计划。在医院内设置健康知识宣传栏或电子视频，摆放医学科普资料，开展患者健康教育，强化医患间的健康信息交流，与媒体合作宣传健康知识。

公共卫生机构根据客观条件和自身工作特点，制订健康促进与健康教育计划，在疾病预防和保健过程中，普及卫生防病知识，对公众进行健康指导，协同媒体广泛传播疾病预防控制和保健知识，积极主动地开展有针对性的健康促进与健康教育活动。

基层医疗卫生机构根据客观条件和自身工作特点，制订辖区内健康促进与健康教育计划，针对辖区内重点人群、重点疾病、主要健康问题和健康危险因素等，通过设置健康教育宣传栏、发放健康教育宣传材料、播放医学科普宣传片、开展公众健康咨询和举办健康知识讲座等形式，在辖区内广泛开展健康促进与健康教育活动，提高辖区内居民健康知识水平和健康行为生活方式的普及率。

3. 经费保障 医疗卫生机构承担的健康促进与健康教育项目服务经费，由政府给予专项补助。

政府举办的社区卫生服务中心（站）和乡镇卫生院等基层医疗卫生机构承担的健康促进与健康教育工作通过政府建立的城乡基本公共卫生服务经费保障机制给予补偿。

社会力量举办的各级各类医疗卫生机构承担的政府健康促进与健康教育工作，由政府按规定给予补偿。

三、医院健康教育的意义

医院健康教育是全民健康教育的重要组成部分，是社会发展和医学进步的产物，是健康教育工作多项功能的重要体现。深入持久地开展健康教育，对社会、医院及病人都将产生积极的影响，具有深远的社会意义。

（一）医院健康教育是实现医院功能转变的先导和基础

医院进行健康教育有着得天独厚的优势，医院是患者的集中地，自然也就成了针对性最强的开展健康教育的特殊场所和最佳场地；医院聚集了大量的医学专家和医学专业人员，由他们依据疾病的发生、发展规律编写的健康教育教材、提出的干预方案是最具权威和专业性的，作为一名优秀的医护人员，良好的个人素质和能力是充分履行应尽职责的基础和条件。随着卫生观念的转变和保健医学的兴起，医院的职能已从单纯的医疗型向医疗、预防保健相结合型转变，强调治疗和预防相结合，以预防为主；而患者来院就诊期间是医院指导其建立健康习惯的最佳时间。同时，医院也是教育机构，应对患者及家属提供健康教育。由此可见，健康教育作为医院的重要职能在医疗服务模式转变中发挥着越来越重要的作用。

（二）医院健康教育是改善医患关系和医院的社会公共关系的纽带

在国家倡导建设和谐社会的理念下，医患关系成为当今最重要的社会关系之一。在当前深化医药卫生体制改革的重要时期，改革进程中产生的种种矛盾也导致了医患之间矛盾的激化，各种医疗纠纷和伤医杀医事件时有发生。医学的目的是社会性的，不仅仅是治疗疾病、使患病机体康复，而是使人调整以适应其所处的环境，成为一个有用的社会成员。良好的医患关系不仅有利于患者解除病痛，更有利于提高医院在市场环境中的竞争能力，促进医院的可持续发展。

医院健康教育是医患沟通和医患关系改善的重要手段。医院通过开展对医务人员的健康教育，能增强医护人员的工作责任心，提高他们的传播技能。医护人员在向患者耐心解答问题、传播知识的同时，带给患者一种关心、爱护和温暖，从而能增强患者对医护人员的信赖感。同时，医院通过对患者进行恰当形式的健康教育，普及医学知识，增进患者及其家属的理解，有助于缓解医患矛盾，缓和医疗纠纷，改善医患关系，提高患者及家属对医院的满意度。此外，医院通过广泛开展社会健康教育活动，将医院工作扩展至社会、服务于社会广大健康人群，增加了医院与社会的相互了解与支持，有利于树立医院的良好社会形象，建立良好的社会公共关系。

案例 8-2：

一位退休干部患有冠心病和糖尿病，一直用 2 种西药，很稳定。定期去医院开这 2 种药，医院有 3 种号，5 元的普通门诊号，他可以全部报销；15 元的专家号，他需承担部分费用；100 元的特需专家号，他需全部自费。他每次挂的都是 100 元的特需专家号，每次开的都是相同的药。人们不解地问他，您为什么愿意多付这么多钱？他笑着回答："5 元钱的门诊，医生不让我说，也不和我说；15 元的专家，让我说，却不和我说；100 元的特需专家，让我说，听我说，和我说。"

问题：

你认为这位退休干部的话里说明了什么问题？

（三）医院健康教育是医疗服务的组成部分和有效的治疗手段

1. 提高患者的依从性　信任是和谐医患关系的重要基石，也是病人形成健康信念，产生从医行为的必要前提。通过积极的健康教育，可以增进患者对疾病的正确认识，提高其医疗依从性，促进其早日恢复健康。如在儿童缺铁性贫血的防治工作中，假若父母亲不了解缺铁性贫血对儿童健康、生长发育的影响以及合理喂养、铁剂治疗的有效性，也就不可能很好地执行医嘱。美国的一些调查显示，大约有 15%～95%的医嘱被患者忽视，因为患者不了解这些医嘱的重要性，特别是出院医嘱。因此，在治疗过程中，对各种治疗、检查方法都应进行必要的指导和解释，以取得患者的配合支持，才能有效地医治患者。这些只能通过对患者及其家属的健康教育来实现。

2. 实现对患者的心理保健　人们已经发现，心理、社会因素已成为许多疾病的主要致病因素，如原发性高血压、冠心病、消化性溃疡、自主神经功能失调等。假若患者或家属对疾病一无所知，就会出现恐惧、精神紧张、焦虑、悲观失望等情绪反应，进一步导致生理的异常。通过健康教育可以满足患者的心理需求，消除患者及其家属的不良心理反应，帮助其树立战胜疾病的信心，学会自我心理保健的方法。

3. 发挥不可替代的治疗作用　健康教育是促使人们自愿地采用有利于健康的行为，消除或降低危险因素、降低发病率、伤残率和死亡率，提高生活质量的教育活动。它的最终目标将从"普及卫生知识"延伸到"建立健康行为"上来，减少和消除亚健康，使其达到最佳健康状态。现代医学证明，许多疾病与人们的不良生活方式和卫生行为习惯密切相关，要治疗这些疾病，最根本的办法不是靠药物，而是通过健康教育来改变患者的不健康行为。所以，健康教育更是一种行之有效的治疗手段。

（四）医院健康教育是促进人民健康水平提高的重要手段和途径

目前，绝大多数慢性疾病是由于社会、经济、环境和人们的不良行为和生活方式造成的，最切实可行和有效的办法是用教育的手段，传授人们卫生保健知识与技能，以提高群众的自我保健能力。同时，医院条件（特别是大医院）是患者多、床位少，若能重视医院健康教育，让慢性病患者掌握一定的疾病防治知识，就可以大大降低住院日数，提高病床周转率，同时减少慢性病患者的再住院率。这样，就可使医院在不增添任何设施，不增加任何床位的基础上，扩大容量，为更多的患者服务。

第 3 节　患者健康教育的内容与方法

患者健康教育是医院健康教育的重要内容，是以医院为教育基地，以患者及其家属为教育对象，通过医护人员有计划、有目的地将患者所患疾病的有关知识及护理方法传授给患者，使患者了解增进健康的知识和自我护理能力，改变患者健康行为和问题，使患者的行为向有利于健康方向发展的教育活动。

案例 8-3：健康教育在肾损伤患者护理中的作用

某医院自 2005 年 1 月至今，对 96 例肾损伤患者进行有计划、有步骤、有目的、有多种评价形式的健康教育活动，从其调查的结果我们得到什么结论呢？

1. 资料 2005 年 1 月至今，入住某科肾损伤患者共 96 例，男 40 例，女 56 例，年龄 10～70 岁，平均年龄 40 岁，其中合并骨盆骨折 20 例，胸部损伤 10 例，所有病例均经尿液检查、CT、彩超、排泄尿路造影确诊。

2. 方法 将患者随机分为两组，对照组 48 人，教育组 48 人，两组年龄、性别、文化程度、诱发因素、经济条件、身体素质差异无统计学意义，具有可比性。教育组根据年龄、性别、文化层次、接受能力，通过口头讲解、行为指导等形式传播有关医学知识，评估教育需求作出教育诊断，实施教育计划，然后评价健康教育内容是否适合教育对象，以便随时修订教育计划。而对照组则按常规进行简单的护理教育。

3. 结果 对患者相关知识以及并发症发生情况进行比较分析（见表 8-1、表 8-2）。

表 8-1 2 组患者肾损伤相关知识水平

组别	例数	好		中		差	
		例数	百分率（%）	例数	百分率（%）	例数	百分率（%）
教育组	48	20	41.7	22	45.8	6	12.5
对照组	48	10	20.8	17	35.4	21	43.8
χ^2 值		4.85					
P 值		<0.05					

表 8-2 2 组患者并发症发生情况

组别	例数	再出血		压疮		肺部感染		便秘		合计	
		例数	发生率（%）	例数	发生率（%）	例数	发生率（%）	例数	发生率（%）	例数	发生率（%）
教育组	48	5	10.4	0	0.0	3	6.2	6	12.5	14	29.2
对照组	48	9	18.7	2	4.2	10	20.8	14	29.2	35	72.9

注：2 组并发症发生率比较，χ^2=18.38。P<0.01。

问题：

1. 你认为患者健康教育的作用是什么？
2. 你认为患者健康教育的内容有哪些？
3. 你认为应当如何对患者进行健康教育？

一、患者健康教育的内容

患者健康教育的对象由于受不同教育的个体特征、不同病种、疾病的不同阶段等因素的影响，健康教育内容十分复杂。概括地讲，患者健康教育的内容应以健康为中心，围绕知、信、行三个中心环节，包括疾病防治及一般卫生知识的宣传教育、心理健康教育和健康相关行为干预三方面内容。

（一）疾病防治及一般卫生知识的宣传教育

传播卫生保健知识是健康教育者的一项主要任务，也是健康教育预期达到的第一层次的教育目标。由于疾病和健康问题的种类繁多，致病因素复杂，患者的个体差异，每一病种及其相关的健康问题均可组成一套完整的教育内容，如病因、危险因素控制、预防、治疗、康复、家庭护理、自我保健常识等。围绕医疗业务活动的教育内容主要有：就诊知识，各科常见疾病防治知识，各种流行病的防治知识，各种器械性治疗知识，各种检验、物理检查知识，合理用药知识，计划生育及优生优育知识，个人及家庭卫生常识等。

开展卫生知识宣传教育的基本要点是：充分利用开展医疗保健服务的场所和时机，针对教育对象需求，选择教育内容，用最易理解的语言和最易接受的方式传递给患者，既满足患者的健康信息需求，又赢得患者及其家属的信任和理解。

（二）心理健康教育

心理因素对疾病的发生、发展及转归有着重要的影响作用。良好的心理状态有利于调动患者的主观能动性，有助于稳定病情，延缓恶化，促进身心健康，提高患者的生存质量。在某些病情如肿瘤、神经精神疾患的治疗过程中，心理健康教育有其特殊的功效。因此，医护人员要研究患者心理，了解不同类型患者如急性、慢性、危重、濒死患者的心理问题和心理需要，制订具体的心理治疗、心理护理措施，给予必要的心理健康指导，使患者在治疗和康复的过程中始终处于最佳的心理状态。进行心理健康教育应掌握如下重点：

（1）教育患者正确对待疾病，帮助患者树立战胜疾病、早日康复的信念。

（2）针对不同类型患者心理特点和心理需求，介绍有关疾病防治知识和心理保健方法，消除异常心理和心理负担，提高自我心理保健能力。

（3）向患者家属及陪护人员进行保护性医疗原则教育，指导他们在精神上给患者以支持和鼓励，避免恶性刺激。

（4）对晚期患者及其家属开展临终关怀和死亡教育，使其正视病痛，正视死亡，提高生命质量和生活质量。

（三）健康相关行为干预

健康相关行为干预的目的就是在传播卫生保健知识的基础上，通过行为的干预与矫正，有计划、有目的、有针对性地协助患者或有特定健康行为问题的人学习和掌握必要的技能，改变不良行为习惯，采纳健康行为。行为干预主要采用行为指导和行为矫正的方法，其内容主要包括以下四个方面：

（1）矫正个人的不良心理反应引发的行为。如对冠心病患者进行解除压力的放松训练，以控制 A 型行为。对因悲观、绝望心理导致拒绝治疗，产生自杀动机的癌症患者进行心理咨询和指导。

（2）矫正个人不良的行为习惯和生活方式，指导患者及其家属学习和建立新的健康行为模式，以降低疾病或意外伤害的危险因素。如针对糖尿病患者的膳食指导、戒烟及减肥训练。

（3）指导患者及其家属学习和掌握新的技能，建立健康行为模式。如教新生儿母亲学会如何进行母乳喂养。

（4）实施从医行为指导，增强患者对医嘱的依从性。如与高血压病防治相关的从医行为包括：定期测量血压；发现病情变化及时就医；遵医嘱坚持药物和非药物治疗。

视窗 8-3：美国医院健康教育内容简介

1. 帮助病人提高自我保健意识　对首次入院和因生活方式不当致病的病人，帮助其认识生活行为与疾病的关系，提高自我保健意识。

2. 帮助病人提高自我保健能力　对经常住院的慢性病人和手术病人，交给其自我护理技巧，帮助病人学会伤口换药、皮肤护理、血糖监测、自我注射、功能锻炼及并发症预防等实用护理技术。例如为鼓励病人下床活动，采用带扶手和脚轮的输液架，病人可手扶输液架上厕所或散步。

3. 帮助病人建立健康行为，提高生活质量 例如对心脑血管病、糖尿病、哮喘或肿瘤等特殊疾病的病人，定期举办各种专题讲座，让病人及家属了解疾病常识，掌握控制疾病发展、预防并发症和减轻不适的方法，为病人提供教育资料，回答病人咨询，解决病人用药、饮食及生活方面的问题。

4. 开展康复训练、减肥训练、膳食指导、戒烟、戒酒、戒毒和药物滥用等内容的健康教育项目 可采取办培训班、自助小组、健康教育病床、咨询门诊等多种形式。由医生、护士及营养、心理、理疗、健康教育等多学科专业人员对健康教育对象进行行为指导或行为矫正。

二、患者健康教育的方式

与社区健康教育相比较，医院患者健康教育对象存在着更多的个体差异，他们面临的疾病或健康问题不同，每个人所处的心理状态和社会环境亦不同。为满足患者及其家属的不同需求，在诊疗过程中，健康教育必须采取多种形式、有计划、分对象、分层次地进行。根据健康教育实施场所的不同，患者健康教育大致可以分为门诊教育、住院教育和随访教育三部分。

（一）门诊教育

门诊教育（outpatient education）是指针对病人在门诊诊疗过程中实施的健康教育活动。门诊教育是医院重要工作内容之一。门诊病人就诊的特点是人数较多、流动性大，每个患者所患疾病各不相同，每个患者的职业、性别、年龄、生理、心理状况、文化程度、风俗习惯、对医疗的希望、需求等又各不相同。而且，门诊患者在医院停留的时间短，而停留的地方又相对不固定。因此，门诊健康教育一方面要针对门诊就医过程的主要环节，另一方面要针对病人的共性问题，简明扼要地实施健康教育活动。主要形式有候诊教育、随诊教育、咨询教育、门诊专题讲座及培训班、健康教育处方等。

1. 候诊教育 指在患者候诊期间，针对候诊知识及该科的常见疾病防治所进行的健康教育。候诊教育主要通过口头讲解、宣传栏、教育材料、广播等形式进行，有条件的医院可设闭路电视网进行教育。门诊是患者进入医院的第一站，患者怀着忐忑不安的心情来到医院，从挂号、分诊处就要仔细了解病情，并认真回答患者提出的各种问题。导诊护士要主动热情迎接患者，介绍医院环境，指明就医方向，消除患者对医院的陌生感；在患者候诊期间，分诊护士要为患者提供工作人员服务质量信息，主动介绍坐诊医师、教授情况，使患者相信医生会全心全意治疗他的疾病。通过及时通告各诊室疾病进展情况，使患者心中有数，并通过电视、录像、宣传栏等，介绍就医须知、各科方位、宣传疾病保健及防治知识等，使他们在候诊期间一方面可接受卫生保健知识，另一方面可减少候诊过程中的焦虑、紧张、烦躁心理，保持心情愉快，主动配合医生诊治。例如：上海市儿童医院新院根据孩子们的喜好，将浅显的健康知识融入卡通墙面画，在门诊外的区域开辟“健康角”，屏幕播放健康教育视频内容，潜移默化引导就诊的父母，从小培养孩子健康的生活习惯。华山医院、上海市第一人民医院尝试利用门诊大厅“I shanghai” wifi 网络推出掌上医院 APP 项目，使患者方便获取健康教育信息。

2. 随诊教育 指医生在治疗过程中根据患者所患疾病的有关问题对患者进行简短的讲解与指导。这种教育方法具有较强的针对性和灵活性，但不宜太详细，以免影响诊疗速度，造成候诊患者的不满。这是门诊健康教育最主要的、最经常的宣传教育方法，它不受时间、地点、设备等条件的限制，利用候诊、就诊、取药、进行各种治疗等机会，针对不同人群、不同对象、不同疾病的患者宣传不同的内容。原则上要掌握教育的针对性和通俗性，如对年轻孕妇要重点宣传科学育儿、妇女保健及营养卫生等知识；对老年人要宣传长寿之道、如何预防心脑血管疾病的发生、引起高血压的因素、高血压患者的饮食起居注意事项等；对青年人要宣传合理膳食、陶冶情操、肥胖的标准及危害性、体育锻炼对各种疾病的益处等等。

3. 咨询教育　包括院内单科专门咨询及面向社会人群的综合性咨询。内容跨度比较大，主要是由医护人员解答患者的提问。针对患者知识层次、掌握疾病知识及信息程度不同，对患者进行一对一指导，耐心、准确地回答并解释患者提出的问题，特别是对文盲、年老体弱、理解力差的患者，要给予有效、正确的指导。进行个别指导是所有教育方法中最有针对性、最受患者欢迎的方法。

4. 门诊专题讲座及培训班　以预约门诊形式定期将患有不同疾病的病人或需接受相同保健服务的人集中起来，进行有关疾病的系统讲座、行为指导或技能培训。适用于妇幼保健、老年保健及慢性病患者的门诊教育。近年来，各地医院创办了“哮喘之家”、“糖尿病健康中心”等形式，为慢性病患者提供了接受健康教育指导的固定场所，有计划地结合门诊治疗实施健康教育，深受广大患者的欢迎。例如：华中科技大学同济医学院附属荆州医院肿瘤中心借鉴国内外肿瘤防治的经验，创建了健康教育服务部门——抗癌俱乐部。该部门成为住院肿瘤患者相互交流的一个平台，激发了患者对健康知识的学习热情，提高了人群对肿瘤疾病的认识，人性化服务为医院赢得了较好的公众形象和社会影响。

5. 健康教育处方　指在诊疗过程中，把疾病的主要病因、常见症状、治疗原则和自我保健方法等知识以书面的形式告知患者，以使患者在接受治疗的同时能更好地做好预防保健。这种方法特别适用于有一定文化程度的慢性患者，他们久病后积累了不少医学知识，对健康教育的期望值也较高。健康教育处方已经作为一种有效的健康教育手段在我国各地医院普遍推广使用。

（二）住院教育

住院教育（inpatient education）是指患者在住院治疗期间接受的健康教育。根据患者住院时间较长，与医护人员接触多这一特点，有计划、有目的、有组织的进行健康教育活动。住院教育可分为入院教育、病房教育和出院教育几方面。

1. 入院教育　指在患者入院时医护人员对患者或家属进行的教育。主要内容包括病房环境、作息时间、探视制度、卫生制度、有关检查和治疗注意事项等。通常由护士和主管医生口头教育，也可通过宣传栏以及印发宣传手册等来进行。

2. 病房教育　指在患者住院期间进行的教育，是住院教育的重点。病房教育的常用方法有：口头交谈、举行同种患者咨询会、定期或不定期医患座谈会、卫生科普读物入病房、健康教育专题讲座、设置健康教育宣传栏等。也可采用闭路电视、电子屏幕、播放录像片等现代化电教手段。

3. 出院教育　指患者病情稳定或康复出院时所进行的教育。应针对患者的恢复情况，重点介绍医治效果、病情现状、巩固疗效、防止复发等注意事项，帮助患者建立健康的生活习惯。患者诊治结束准备离院前，护士应向患者及家属交代回家后的注意事项，介绍活动与休息的关系，有关锻炼方法，继续用药的用法、用量及预后保健，复诊时间及方法以及同医院联络的办法等。针对患者具体情况，对择医行为非常强烈的患者，他们一方面希望得到最好的专家、教授诊治，另一方面又希望能够保证其病情诊治的连续性，为此，应提前为患者预约好下次复诊的医师，解除患者的后顾之忧，使患者满意离去。

（三）随访教育

随访教育（discharge education）又称出院后教育，是住院教育的延伸和拓展，也是医院开展社区卫生服务的一项内容。其主要对象是有复发倾向，需长期接受健康教育指导的慢性病患者。随访教育是一个连续追踪的过程，主管医生通过书信往来、定期或不定期的家访、电话短信咨询、家庭病床甚至依托互联网平台等方式，针对病情发展，修订治疗方案，给病人以长期、动态的健康咨询和指导。

视窗 8-4：国内外医院的健康教育方法和形式

香港特别行政区的医院健康教育较内地发展迅速，当地政府十分重视对患者的健康教育，卫生署设置了中央健康教育组，并分别在香港、九龙、新界东、新界西设立了 4 个健康教育中心。部分中心设有投影厅，供病人上网的电脑室，先进的健身设备可供锻炼，模仿厨房和卧室的实景教育等；部分医院有专门的职业治疗师及心理治疗师，对患者及其家属进行康复与心理指导，专业指导不仅具体，而且有专门的场所。

玛丽医院是香港最早开展糖尿病教育的公立医院之一，其糖尿病中心在为患者提供全面、优质的医疗服务的基础上，还开展了别具特色的糖尿病健康教育工作。糖尿病中心的教育工作主要由糖尿病专科护士完成，教育针对的人群包括门诊糖尿病患者和住院患者，教育模式分为个体化教育和小组教育。通过健康教育和科学有效的管理，玛丽医院的糖尿病预防和诊治工作顺利而高效地开展起来，糖尿病慢性并发症的发生发展也得到减少和延缓，同时降低了医疗费用并积累了科学资料。

日本的医院健康教育以人为本，细致透彻，形式多样，内容具体如表 8-3 所示。在所有成文的宣传教育材料中，着重体现了对病人的尊重与关怀，虽然有详细的文书材料，护士们还是会充分运用交流的技巧，结合形（形体、姿态）、图（图画、图示）、声（语言、声音）、光（幻灯、多媒体）等全方位渗透的方法给病人讲解。在教会病人学会新的生活自理方法的同时，也教会病人家属。

表 8-3　日本医院健康教育宣传教育形式、内容与用途

形式	重点内容	主要用途
书册	医院概况	入院指南
处方	住院期间治疗检查注意点	给入、出院病人，交待检查，治疗要点
宣传栏	医护与家属相互交流内容	医患沟通
图画	检查的方法及注意要点	教会病人在检查时与医护人员的配合
图示	器具使用，康复训练要点	正确使用各器具
幻灯	卫生、病情、健康等常识	帮助病人理解与记忆
多媒体	各种检查的知识及过程	教会病人在检查时与医护人员的配合
商谈	由病人决定	解决病人的疑难问题
其他	体势语言等	交待检查、康复训练、形体姿态要求

第 4 节　医院健康教育的实施与评价

医院健康教育是一项涉及面广、专业性强，需要多部门合作的工作。因此，事先要有周密的计划、措施并确定评价效果和方法。

一、医院健康教育的组织实施

（一）开展医护人员健康技能培训教育

做好健康教育的关键是医护人员的健康教育技能及方式。实施健康教育不能千篇一律，医护人员在临床工作中要巧用健康教育的技能，根据不同层次的患者，采用不同的谈话技巧和教育方式，同时还必须掌握健康教育的程序，按程序有组织、有计划地开展健康教育，保证目标实现。掌握医患沟通技巧、知识灌输技巧，采用适当的教育方式都是做好健康教育的必要条件。通过开展健康教育技能培训，使医护人员树立“大卫生”的观念和医疗服务社会化的观念，自觉适应医学模式的转变，能积极、主动地担当起健康教育任务。

为提高医护人员的健康教育意识和技巧，应将健康教育纳入继续教育内容，有计划地对医护、医技人员进行培训。培训的内容应包括：①医院开展健康教育的意义、作用；②医院健康教育的内容；③医院健康教育的形式与方法；④人际传播和大众传播技巧及在医院健康教育中的应用；⑤医院健康教育的计划与实施；⑥医院健康教育的评价。

（二）组织管理

1. 建立医院健康教育管理机制　医院健康教育涉及医院的各个职能部门和各个业务科室，是一项社会性很强的工作，行政管理和组织协调极为重要。常见的院级管理机构是医院健康教育领导小组或医院健康教育委员会，下设办公室或职能科室。院级健康教育领导机构的主要任务是领导全院健康教育工作，制订和审定年度计划，对全院健康教育工作进行经常性的督促检查，主持健康教育工作的联席会议与协调会议，组织全院医护人员健康教育技能培训，协调院内和社会各部门关系，督促有关部门做好后勤保障工作。

2. 建立医院健康教育工作网络

（1）内部网络：由院内各业务科室和相关职能科室组成。医院的各业务科室是实施健康教育的基础单位，应由指定人员负责本科室的日常健康教育工作，形成院有人抓、科有人管的医院健康教育网络。各业务科室应在健康教育职能科室的指导下，完成以下工作任务：①按全院计划和要求，安排实施本科室的健康教育工作；②及时记录并总结健康教育工作情况，开展健康教育调查研究及效果评价工作。

（2）外部网络：由在健康教育工作中与医院密切相关的部门、社团、单位、社区组成，在职能和功能上互相补充、互相协作、互相促成。在外部网络中，医院与相关部门、单位、社团的关系是一种工作上的契约关系。

1）医疗卫生系统：与卫生系统的联系与协作，有利于发挥卫生系统各部门的优势，形成一定声势，取得健康教育的最佳效果。

2）社会：社会各部门的配合与支持是搞好社区健康教育和社会卫生宣传的必要条件。医院要与所辖社区学校、机关、街道建立密切的联系，并与大众媒体积极配合，形成以医院为中心的广泛的社会健康教育网络。

3. 建立医院健康教育工作制度　为保证医院健康教育工作程序化、规范化，医院应制订一套可行的工作制度或工作规范。这些制度应与全院的各项规章制度相结合，以达到整体科学管理的目的。

（1）将健康教育纳入院长目标管理及各科室、各级各类医护人员岗位责任制中。

（2）建立健全患者健康教育档案管理制度，如住院患者护理记录中的患者健康教育记录。

（3）建立健康教育活动登记、统计制度，完整记录健康教育各项活动的全过程。

（4）建立考核、评比和奖励制度。

4. 明确医院健康教育的职能职责

（1）根据上级主管部门下达的工作任务和医院实际，提出本院的健康教育工作计划，报院领导小组通过后，组织贯彻实施。

（2）负责全院健康教育工作的业务指导，组织经验交流，进行检查评比、汇总和总结。

（3）负责收集、制作、发放各类健康教育宣传品。

（4）建立、培养重点科室，选择重点病种、项目，开展健康教育工作研究、课题设计、实施和效果评价。

（5）负责对全院医护人员的健康教育技能培训。

（6）负责对社区和地段预防保健人员的健康教育技能培训，负责指导本院所属社区健康教育工作。

（三）实施步骤

医院健康教育应该是有计划、有组织、有目的的实施过程。其操作步骤可依次为：分析患者需求→进行教育诊断→拟定教育计划→实施教育计划→进行科学评价。

1. 分析患者需求 不同年龄阶段的患者对所学习的内容和手段有明显的区别，通过与患者和拟教育对象交谈及对疾病资料的分析，了解他们不同的特点及需要获得什么知识或技能，有利于在教育过程中激励患者学习的兴趣，调动患者参与学习的积极性，提高教育效率。分析内容主要有：①对所患疾病的相关知识的了解及技能水平；②患者有无学习动机；③学习者的学习能力如何；④学习环境，包括家庭及社区环境，促成与强化因素等。随着病情的发展与转归，医护人员应不断分析患者对信息的需求，调整教育内容和方法，确定教育的重点对象即目标人群。

2. 进行教育诊断 通过分析患者需求，作出进一步诊断。诸如：①患者尚缺乏哪些与疾病相关的知识与技能；②患者对所需知识的兴趣；③教育目标的影响及困难程度；④决定完成目标的先后顺序。

3. 制订教育计划 根据教育诊断而确定的教育目标，一般可分三种：认知（知）——对所需知识的知晓程度；情感（信）——健康相关态度的形成或改变程度；技能（行）——掌握和运用某些维护健康的技能的程度。在拟定教育计划时，还应考虑教育的时间、场合、内容、教育者及教育方法。

（1）教育时间：从患者进入院到离开医院期间，均为健康教育时机。

（2）教育场所：患者健康教育应在适宜的场所进行，以免使患者或家属感到不安或尴尬。

（3）教育内容：教育内容应根据患者的具体情况决定，确保其针对性。

（4）教育人员：患者健康教育是一个完整的教育系统，医院内的工作人员应根据患者和家属的需求，提供相应的健康教育。

（5）教育方法及工具：根据患者的特点，选择恰当的教育方法和工具，以增进教育的效果。

4. 实施教育计划 实施健康教育计划是很复杂的工作，也是一个复杂的过程。它包括的内容很多，涉及的方面也很多，其基本环节包括：制订时间表；做好质量控制；设立组织机构；安排培训工作人员和置备设备物件等。在实施教育计划过程中，为确保计划的顺利实施，应特别注意以下四点：

（1）注重信息的双向传播。

（2）适当重复重点内容。

（3）采取多种教育方法和方式。

（4）注重教育者的态度。

5. 评价教育效果 评价是教育的重要一环，“计划-执行-评价”是工作连续性的体现，经常对施教过程及阶段进行评估，可以及时修订、调整教育内容和方法，在教育的最后阶段，对患者的知、信、行的改变情况进行科学的效果评估。

总之，医院健康教育的 5 个步骤是连续、完整、动态的过程。这项工作做得越深入，越能体现“以患者需求为导向，为患者健康服务”的理念，越能更好地为患者提供优质的个性化健康教育服务。

二、医院健康教育的效果评价

评价指对计划的目标与客观实际情况进行的比较、评议。医院健康教育的效果评价是对健康教育计划进行全方位评价，其目的是随时修正计划的不足。评价工作并不一定要花很多时间、人力、物力，可随时进行。

（一）评价内容

1. 评价教育需求　就是指通过调查分析，了解教育对象需要什么知识或者获得何种技能的过程。评价内容应包括评价计划是否能满足患者的真正需要，有无遗漏；或者是当患者有多种需要时，是否由于时间的限制只考虑了对病情有较大帮助的需要，而忽略了解除患者疑虑的需要，导致无法取得患者的信任，降低患者的参与感等。

2. 评价教学方法　教学方法恰当与否直接影响到教育的成败。因此，应评价教学的时间与场合是否恰当、教育者是否称职、教学材料是否准确与通俗、教学方法是否正确以及教学进度、气氛是否适宜等。

3. 评价教育目标的实现程度　目标分为不同的层次，其前一个层次的目标是为了达到后一个层次目标所必需的。例如，对肥胖的高血压患者进行教育以促进其康复，其教育效果的评价顺序为：

效果 1（如知识的提高）→效果 2（如合理饮食）→效果 3（如体重控制）→效果 4（如血压控制）→效果 5（如冠心病发病率、死亡率）。在评价时可参照教育计划的目标，在计划的不同时期进行不同的评价。

（二）评价方法

1. 观察法

（1）直接观察法：直接观察法是一种较为复杂的行为测试法，它包括对人的精神活动、潜意识感觉和经验等观察。患者的健康行为可分为外显健康行为和内在健康行为。外显健康行为如遵医嘱服药、遵守医院规则、主动配合治疗、有良好卫生习惯、不吸烟、不酗酒等；内在健康行为可表述为情绪愉快、关系和谐、人格统一、自知之明、适应环境、健康投资等。要了解患者的真实行为，只有应用直接观察法。最难测试的行为是情感领域的问题，因为被测对象容易控制情绪，而使测试缺乏准确性。因此，行为观察最好在患者不知情的情况下进行。

（2）间接观察法：间接观察法是指借助可供观察参考的资料如电视录像、患者家属的描述和病历记录等进行的观察，它具有比较准确的优点。由于患者的真实的行为往往在无人监控的情境下发生，如观察者不在场，很难测试到。通过录像记录行为发生情况是比较理想的测试手段，但由于录像设备代价昂贵，很难普及应用。因此，比较适用的间接观察法是通过向家属或同室患者询问，或查看医疗记录来进行。

2. 直接提问法　直接提问法是直接面对面从个体获得信息的方法，主要用于对患者或患者的家属关于患者知识掌握程度的测评。既可以事先设计一份调查表，调查表中包括调查对象回答的对某一专题的所有问题，对每一项进行询问后将答案记录下来，也可以是首先对需要调查的问题列出提纲，由调查员依照提纲对调查对象进行开放式询问，询问完毕后再将结果记录下来。

3. 书面评分法

（1）知识测评：即用标准试卷进行测评。护士可根据教育计划要求，对患者必须掌握的知识，或应知、应会的内容设计测试问卷和评分标准。问卷试题分两类：一是目的性提问，包括多项选择题、真假判断题、配对选择题（连线题）；二是论题性提问，包括对健康问题的提问。根据评分的高低，分析教育效果，改进教育工作。

（2）技能测评：患者技能学习是一个复杂、连续的过程，它需要在护士的指导下，通过重复多次的操作演练，才能达到熟练掌握的标准。在对患者进行技能训练时，采用训练记录和书面评分法可以掌握患者学习的进度，提高学习效率。如教授患者自行注射胰岛素时，书面评分应列出该项操作应达到的标准和分值，如“无菌”、“剂量准确”、“部位正确”、“能发现错误并及时改正”等。

（3）质量测评：根据健康教育质量控制要求，建立健康教育普及率和合格率的达标标准，并用书面评分法确定抽检人数、抽检项目、抽检方法及评分标准，并据此对抽检科室进行质量评定。如要求健康教育普及率应达到95%，合格率达到90%，质控人员应以等量抽样比例抽查被检科室患者接受教育的情况，分别计算被检科室与总体样本的教育普及率和合格率，对教育质量作出综合评价。

（4）表格式评价：为便于随时评价患者教育效果，可将健康教育计划的有关部分列成表格。完成教育内容后，可在表格评价栏上直接打勾，评价患者对知识和技能的掌握程度。表格式评价方式参见表8-4。

表8-4 健康教育评价表

科别：　　床号：　　姓名：　　病案号：　　年　月　日

教育项目		教育时间	教育方式		效果评价			护士签名	患者签名
			讲解	示范	掌握	了解	未掌握		
入院教育	入院须知								
手术前后教育	1. 手术及特殊检查相关知识								
	2. 术前准备项目、意义、配合要点								
	3. 戒烟，深呼吸、咳痰、床上排便的方法及意义								
	4. 术后卧位、吸氧的要点及意义								
	5. 术后饮食方式、目的及注意事项								
住院教育	1. 疾病治疗、护理的目的及相关知识								
	2. 各种器械、药物治疗知识及配合要点								
	3. 各种检验意义、标本采集方法及配合要点								
	4. 正确服药方法、不良的反应及注意事项								
出院教育	1. 活动、休息等康复知识								
	2. 正确用药知识								
	3. 饮食、营养知识								
	4. 自我护理知识								
	5. 定期复查、随诊知识								

（三）评价指标体系

1. 建立评价指标体系的原则

（1）标准化：结合各项规范，将医院健康教育各个环节指标量化、标准化、制度化，明确具体内容、考核评价方法，以利于医院健康教育工作的规范化操作和考核。

（2）系列化：将医院健康教育指标结合实际，分为管理、就诊（门诊）、住院、出院、社会、考核评价等几大模块，涵盖医院健康教育工作的全部，以利于推动医院全方位开展健康教育工作。

（3）实用化：各项指标应具有操作性，因为各医院在管理及临床实际工作中有很大的差别，制订指标时要充分考虑各方面的实际。例如，有的医院临床健康教育工作由医师负责，有的则由护理人员负责，在此指标上就不要硬性规定责任人，只从患者角度列入各项指标。

2. 医院健康教育评价指标体系 医院健康教育的评价类似其他场所的健康教育评价，很多医院以国际标准化组织（ISO）质量管理思想为基础，通过建立一套医院健康教育的标准指标体系，推动了医院健康教育工作的深入、持续、科学的发展。为便于理论联系实际地学习，特收集《全国城市卫生检查评比标准》之医院健康教育相关指标供参考（表8-5）。

3.《全国城市卫生检查评比标准》医院健康教育相关指标

（1）门诊有健康教育阵地（有固定的健康教育专栏，定期更换，每年 4 次以上），有健康咨询、处方等多种形式的健康教育，得 0.5 分。

（2）每年对医护人员有健康教育培训（有培训档案，医护人员健康教育培训覆盖率达 90%），得 0.4 分。

（3）对住院患者有多种形式的健康教育（健康教育列入病区常规工作制度），得 0.2 分；患者相关健康知识知晓率达 80%以上，得 0.5 分。

（4）每年向社区群众开展健康教育活动 4 次以上（有工作记录），得 0.4 分。

表 8-5　××省健康教育示范医院评比标准

目标	内容及要求	分值	评分标准
组织管理目标（20 分）	1. 建立健全健教工作网络并发文执行。	5	网络不健全扣 5 分。
	2. 制订本院年度健教工作计划，落实经费，并发文执行，计划上报省健教所。	5	计划不规范扣 1 分；经费不落实扣 4 分；未发文执行扣 2 分；未上报扣 2 分。
	3. 用 PDCA 程序对健教工作实行目标管理。	10	未实行目标管理扣 10 分；无资料证明扣 5 分。
工作过程目标（40 分）	1. 每季度检查 1 次本院健教工作情况，并将检查结果通报全院。	3	少一次扣 2 分，无资料证明扣 1 分。
	2. 采取多种形式向职工和患者宣传示范医院的目的和意义，营造健教氛围。	3	达不到要求，酌情扣 1-2 分。
	3. 医院把健教纳入门诊、病区的医疗、护理服务之中，并加以规范。	5	未纳入扣 5 分，不规范扣 2 分。
	4. 在 5 月底前，医院对二级目标人群的培训率要达到 90%，培训教材可向省健教所征订，二级目标人群人手一册。	5	培训率下降 1 个百分点扣 2 分；教材达不到人手一册扣 3 分。
	5. 在门诊推广健教处方，病种不少于 6 种，数量不少于本专科门诊量的 50%。	5	少一病种扣 2 分；数量达不到要求扣 2 分。
	6. 在门诊和各病区设规范的健教专栏，门诊每两个月换 1 次，病区每季换 1 次。	5	专栏不规范扣 2 分；更换少 1 次扣 2 分。
	7. 每年开展健教大课堂活动不少于 4 次，病种不少于 2 种。	5	次数少 1 次扣 2 分；病种少 1 种扣 2 分。
	8. 每年在新闻媒体刊播卫生科普作品 20 篇。	3	少 1 篇扣 1 分。
	9. 在门诊适当地点配置电化健教设备（含电子触摸屏），每天播放时间不少于 4 小时。	3	无设备扣 3 分；时间不够扣 1 分。
	10. 在门诊适当地点设健教资料取阅处。	3	无取阅处扣 3 分；无健教资料扣 2 分。
效果目标（35 分）	1. 一级目标人群有关知识知晓率达到 70%。	10	下降 1 个百分点扣 2 分。
	2. 二级目标人群有关知识知晓率达到 90%。	10	下降 1 个百分点扣 3 分。
	3. 医院工作区健教氛围浓厚，环境整洁优美。	10	健教氛围不浓酌情扣 1.5 分；环境不优美扣 5 分。
	4. 医院工作区无吸烟行为。	5	发现 1 人吸烟扣 2 分。
资料目标（5分）	相关资料（包括文件、材料、照片、电子文件等）齐全、整理规范、真实可信。	5	达不到要求酌情扣 1.5 分。

注：1. 本标准评价方法采取听汇报、查资料、看现场、随机访谈、抽样测试等综合方法进行。
2. 本标准采用百分制，达到 90 分以上才能评为示范医院。
3. 每项扣分扣完为止，不计负分。

思 考 题

1. 现代医院将面临哪些挑战？
2. 医院健康服务的发展趋势是什么？

3. 患者需求的特点有哪些?

4. 你认为医院如何才能更好地开展患者健康教育?

5. 案例题：刘某，女性，50 岁，干部，大专文化。因发现左乳房包块、左乳头凹陷 1 周而入院。诊断为左乳腺癌。经过术前准备，进行了扩大根治术。术后，出现了手术区疼痛、左侧上肢轻度水肿等症状，给该患者造成严重的精神负担，导致精神焦虑。

根据本案例分析：

(1) 谈谈患者有哪些权利应当得到尊重?

(2) 试制订出此类患者的健康教育计划。

（首都医科大学　杨　佳）

第九章　学校健康教育

案例 9-1：

根据《中国学校卫生》2011 年 32 卷 1 期的一篇文章报道：目前我国青少年健康危险行为出现的种类和发生频率均有所上升（见表 9-1）。青少年时期形成的危险行为与不良生活方式，将影响其乃至成年期的健康和生活质量，造成直接或间接的损害，引起社会问题。

表 9-1　2008 年与 2004 年相比中学生主要健康危险行为发生情况

健康危险行为	2008 与 2004 相比上升率（%）	健康危险行为	2008 与 2004 相比上升率(%)
偏食	41.6	失眠	12.8
经常喝碳酸饮料	19.1	有离家出走意念	42.6
自行采取减肥措施	31.9	目前饮酒	35.9
较长时间看电视	41.2	曾使用过毒品	4.4
长时间玩电子游戏	12.4	长时间上网	11.4
骑自行车违规	55.5	醉酒	20. 3

问题：

1. 你认为儿童青少年时期为什么会增加这些健康危险行为？
2. 你认为儿童青少年的健康危险行为应采用什么办法来加以解决？
3. 你认为学校在干预儿童青少年健康危险行为中有哪些责任、优势和意义？

学校健康教育是国民健康教育的重要组成部分，是当今公共卫生领域一项关键的预防策略。WHO 前总干事中岛宏博士在第 14 届健康教育大会开幕式上指出："儿童青少年是一个非常重要而又最具可塑性的人群，他们形成了一个最大又最易影响的人群，为健康教育提供了一个创造健康未来的机会"。美国著名健康教育学者 Green 曾指出：学校健康教育的目的是发展学生从现在就开始处理、应对各种预期的健康挑战所必需的认知能力和行为技能。学校健康教育早已被认定是促进儿童青少年形成健康观念、增进健康的最有效手段之一，学校是开展健康教育最理想、最富潜力的场所。

第 1 节　学校与儿童青少年成长

一、儿童青少年成长的特点

儿童青少年正处在发育、求知、成长阶段，身体的外部形态、生理功能和心理社会行为都发生着巨大的变化，由幼稚逐渐发育为成熟，其成长经历相对于人类生命进程，可以说是一个波澜起伏、充满变化的过程，在这个过程中青春期发育时间最长，其表现充分显示了儿童青少年的成长特征。

幼儿期（early child period）亦称学前期，4～6岁。生活环境扩大，开始展现个性、情绪和行为特征。保健重点逐步从“养教并举”向“以教为主”过渡，提供有计划、有重点的早期教育。开展弱视、龋齿、五官疾病和寄生虫病防治，做好意外事故预防工作。

童年期（child period）亦称学龄期，6～12岁，进入小学阶段。学校、家庭并举，成为主要的影响环境；老师取代家长，成为儿童最尊崇的行为榜样。儿童无忧无虑，积极向上，是正面进行健康教育的最佳时机。良好的师生、同学间的人际交流，对其学业表现、自尊的建立、创造性的发挥有很大影响。施以心理辅导和健康教育相结合的方式，促进儿童从童年期向青春期的平稳过渡。

青春期（adolescence），约10～20岁，是个体从童年向成年逐渐过渡的时期，经历了小学高年级、中学乃至大学，是生长发育成熟的关键阶段。在青春发育期，男女学生身体形态、生理机能及第二性征等方面均发生了巨大变化，是性成熟阶段。与此同时，他们的心理也在发生着巨大的变化，是充满独立性和依赖性、自觉性和幼稚性错综复杂的矛盾时期。由于这种变化，使儿童青少年身心得到了全面发展；也由于这种变化，为他们在青春期历程中出现一些健康问题奠定了基础。

（一）形态功能发育

生长突增标志着青春期进程的开始。不仅表现为身高、体重的突增，身体宽度、围度等指标的快速增长；而且各内脏器官、系统的生理功能也发生相应变化。一般女生生长突增开始的年龄比男生早1～2年左右。这种身体形态、功能的变化既提高学生适应环境的能力，也为他们增强自我意识、独立意识、探索意识等创造了条件。

（二）性发育

在身体各个系统的发育顺序上，生殖系统发育最晚。从出生至青春期前，生殖系统发育处于相对静止状态；青春期开始，性腺及性器官才开始发育，第二性征出现，生殖能力达到成熟，同时身体形态、功能也发生了显著的变化，最后达到真正的两性分化，表现出男女学生各自特有的体型特征。

性发育的突出表现使青少年又兴奋又害羞，既神秘又好奇。青少年性意识开始觉醒，使男生格外逞强好胜，女生则更注重仪表容貌。男女学生间表面上相互不予理睬，而实际上都有相互交往的强烈愿望。青少年渴望了解性知识，通过多种渠道关注和涉猎性知识。然而由于许多家长和老师往往采取禁锢方式，不让他们涉及任何与性有关的内容，这就更加深了青少年对性的神秘感，使他们将探究行动带入非正常渠道，性意识的觉醒又会导致性欲的产生而引发性冲动。对这一阶段出现的各种欲念和冲动不予正确疏导，将会导致有些青少年沉湎于手淫自慰行为。若过渡手淫或习惯性手淫会使他们产生罪恶感或觉得自己道德败坏，自责自卑，日久容易出现难以摆脱的心理压力和心理矛盾，情绪极度紧张、焦虑、不敢与人交往等。还有些青少年对性过分敏感，表现为过分热衷于性诱惑，沉湎于性幻想，容易受淫秽书刊、录像制品的影响，出现早恋。甚至还有个别青少年不顾法律和道德约束铤而走险，发生攻击性性行为而陷入犯罪泥潭。

（三）心理发展

儿童青少年是一个相对幼稚、半成熟的时期，是独立性和依赖性、自觉性和幼稚性错综矛盾的时期。他们的抽象逻辑思维快速发展起来，学习的独立性、自觉性迅速增强，在集体活动和交往中表现出更大的独立性、主动性和积极性，并形成新的个性品质，如友谊感、义务感、纪律感等。儿童青少年的生长突增，使其成人意识增强；性成熟的发展，使其开始意识到两性关系等。此外，他们不仅关心和认识客观世界，而且关心和认识主观本身，渴望了解自己的内部世界，并且能够独立自觉地按一定目标和准则评价自己的品质和能力，对未来充满理想，积极地考虑和选择自己的生活道路，并初步形成了世界观。与此同时一些消极的心理行为也在滋生，如厌学、烦恼、孤独、自卑、挫折、嫉妒及逆反心理，说谎、追星行为等。

（四）学习生活环境的变化

随着社会经济、科学技术的发展，社会观念的变化，儿童青少年成长环境也表现出一些新的特征。大多数家庭对儿童青少年给予更多关照和希望，他们的物质生活条件得到很大满足，但由于学习压力使他们的精神生活相对贫乏。相反，有部分儿童青少年缺少家庭的温暖和关爱，生活条件较差，而承受较重的心理负担。儿童青少年主要成长过程是在学校渡过的，学校为满足家长和社会的期望，以及自身发展的需要，将学习业绩作为衡量儿童青少年成长的唯一标准。新的社会价值以及飞速发展的信息时代伴随着儿童青少年渡过他们早期的人生经历。

二、学校的功能与特点

学校是一种历史悠久的、广泛存在的社会组织，它始于人类知识及其传播的专门化要求，是有计划、有组织、有系统地进行教育教学活动的场所，是现代社会中最普遍的组织形式。从根本上说，学校教育是一种培养人的社会活动，通过对个体传递社会生产和生活经验，促进个体身心发展，使个体社会化。这是学校区别于其他社会组织的本质特征。在现代社会中，学校的这种本质是通过两种不同取向的功能而实现的：学校对个人发展的促进功能，是指学校根据社会对每一个人的基本素质要求和个人身心发展的基本规律以及不同的个性特征对受教育者所施加的影响；学校的选拔功能，是指学校根据一定社会价值标准和判断、评价其成员的模式对受教育者所作的鉴别。在现代社会中，学校的这两种功能是缺一不可的。社会发展的不同时期对学校功能的发挥提出的要求不是要哪一个不要哪一个的问题，而是如何在两种功能之间取得一种适度平衡，使教育的作用可以得到最大的发挥。因此学校的这两种功能是不能相互取代的。

对于一个成长中的个体来说，受教育是一个社会化的过程。个人起初只是一个具有生物性的个体，只有当这些自然属性在个体的社会发展中获得了社会的存在和发展的形式时，个体才转化为个人。在从个体转化为个人的过程中，为了获得社会生活所必需的种种社会特性，就必须掌握社会文化经验，确立一定世界观、信念和生活态度，这就要接受教育。

一般来说，学校是儿童青少年接受教育、发展技能的场所。然而，教育和健康密不可分，相互支持。可以说，教育是健康的先决条件，而健康是个体实现能力发展的必要前提和基础。世界上受教育水平越高的人，通常享受的生活质量也越高；而一个人拥有的健康无疑也保障了实现教育目标的可能。因此，学校不仅应具有发展学生学习能力的职能，还应肩负促进学生健康的功能，在学校完成教育目标的同时，还应成为学生获得健康的场所。

学校教育的特殊之处就在于它不仅是一种有益于学生成长的文化活动，而且是一种有意义的生活。它不仅能够使学习者懂得天上、地下、人间、宇宙、生命中的许多知识，而且能够开启学生的心智，使他们明白事理，拥有开阔的胸怀，善良而美好的心灵，坚定而高尚的信念和境界。学生们所经历的学习或受教育生活，不仅是他们年轻时重要经历，而且是他们自豪一生、愉快一生的资本和宝贵财富。学校教育对于人成长的意义，是因为它能够使人们脱离无知、野蛮和愚昧，使人们能够变得高尚、文明和通达。所以，学校教育的本质和核心价值，不在于它有用，而在于它的真正意义。

案例 9-2：

2009 年国家健康教育机构将贵州省兴义市小学、初中与高中学生 2832 人作为研究的对象，进行了 3 个月的麻风病健康教育培训：对学生免费发放麻风知识宣传单，在学校宣传橱窗中张贴有关麻风知识宣传画，使儿童青少年行为状况及健康水平有了很大改善。评价结果显示出：

麻风病是由麻风菌引起的，从健康教育前的19.28%上升到健康教育后的92.09%；麻风病是法定的传染病从健康教育前的5.83%上升到健康教育后的92.09%；麻风病是可以治愈的从健康教育前的10.10%上升到健康教育后的63.28%；麻风病由国家免费治疗从健康教育前的2.4%上升到健康教育后的94.95%；自己害怕麻风病者、麻风病人可以结婚生子及学校应开展麻风病健康教育等明显改善。从以上结果可见，贵州省兴义市中小学校所开展的学校健康教育取得了初步成效，学生健康知识、信念、行为出现明显变化，麻风病的认知及防治得到有效控制。

问题：

1. 你认为学校健康教育能产生什么作用？
2. 你认为学校健康教育对个人、家庭、社会有什么深远影响？
3. 你认为学校健康教育能否被社会接受并普及？

第2节　学校健康教育活动的重要意义及发展趋势

一、学校健康教育的意义

（一）学校健康教育是保证学生全面发展的重要条件

儿童青少年是接受教育、身心全面发展的良好时期。学校健康教育是贯彻中央关于推进素质教育精神，促进德、智、体、美、劳全面发展的组成部分。学校健康教育与素质教育倡导的“五育”关系密切，彼此构成我国独特的、完整的教育内容体系。

在德育教育方面，卫生道德是健康教育的重要内容。使学生从小树立讲卫生光荣、不讲卫生可耻的荣辱观，自觉维护公共卫生，养成良好的个人卫生习惯和生活方式，遵守卫生法规和道德规范。

在智育教育方面，学校健康教育也是文化知识的一种。对学生进行人类自我认识的认知教育，使他们懂得以科学的方法保护和增强自身的健康；通过心理健康教育，培养健全的人格，为他们聪明才智的充分发挥奠定良好基础。

体育和劳动在学校中是促使儿童青少年身心健康发展的积极因素。结合体育和劳动课开展健康教育，不但使他们从小养成热爱运动、主动参加的意识，而且可以加强安全与自我保健教育，促进体育和劳动对学生身心健康的作用。

美育是培养学生审美、爱好美和创造美的能力教育，与生活方式关系很大。帮助青少年自觉用健康美的尺度衡量自己的生活和行为，使美和健康两者和谐一致是学校健康教育的任务之一，给健康造成损害的美是不可取的。例如，有的女学生为了追求“体型美”以饥饿方法减肥、勒腰，结果损害机体的正常发育；有的男学生以吸烟行为为美，认为吸烟潇洒有风度，这些都是影响健康的不良行为，急需健康教育给予帮助。

（二）学校健康教育是实现全民基础保健的有效途径

儿童青少年是一生中接受能力最强、可塑性最大的年龄段，是形成“动力定型”的关键时期，他们较易形成良好的行为习惯和生活方式，并对其一生的行为及身心健康产生深远的影响。因此，做好学校健康教育是实现和促进全民基础保健、提高群体素质的有效途径。只有人人接受学校健康教育，才能从根本上提高整个国民的健康水平，促进人人健康。

（三）学校健康教育是影响家庭、社会和整个人群的治本措施

儿童青少年在家庭中占有一定地位。他们可以把在学校所接受的健康教育知识和技能以及建立的健康行为带到家庭、带到社会，促进家庭自我保健及卫生工作，有助于形成讲究卫生的社会风尚，从长远看会起到移风易俗的作用。

（四）学校健康教育是学校初级卫生保健工作的最根本措施

初级卫生保健的核心是使每一个个体都能得到基本的医疗保健服务，其首要内容是增强人们的卫生保健知识，提高对卫生保健服务的认同感。学校开展任何初级卫生保健工作，都要有学生的自愿配合，都要依靠他们健康知识的提高、技术的掌握和行为的改变才能取得实效。例如，目前学生中普遍存在的假性近视和近年来不断增多的儿童肥胖问题，多是由于缺乏正确的用眼知识和营养知识，或者由此引起的不正确的行为方式所造成。目前许多医学专家都主张从童年期开始就要预防成年期常见的严重慢性疾病，如心、脑血管疾病和某些癌症；从童年期就要知道吸烟、运动不足、不合理膳食等是以上这些疾病的危险因素而加以避免；从小就要学会选择健康文明的生活方式，这些都要依靠通过学校健康教育加以实现。学校健康教育为实现学校初级卫生保健奠定了基础。

二、我国学校健康教育活动的现状及发展

1991 年，国家教育部和卫生部共同发布的《学校卫生工作条例》规定，学校卫生工作的目标是提高学生的健康水平。学校卫生工作的主要任务是：监测学生健康状况；对学生进行健康教育，培养学生良好的卫生习惯；改善学校卫生环境和教学卫生条件；加强对传染病、学生常见病的预防和治疗。由此明确确立了学校健康教育在整个学校卫生工作中的地位。

为推动我国学校健康教育发展，促进学校健康教育的开展和规范，1992 年国家颁布实施了《中小学生健康教育基本要求》，针对我国国情，明确规定了中小学健康教育的目标与基本内容。1993 年又颁布了《大学生健康教育基本要求（试行）》。根据大学生现有实际情况和国家的要求，提出大学生健康教育的目标是增进大学生的卫生知识，使其进一步了解健康价值和意义，增强维护自身健康的责任感和自觉性，提高自我保健和预防疾病的能力。帮助大学生自觉选择健康的行为和生活方式，消除或减少危险因素的影响，从而促进身心健康，改善生活质量。

为适应我国社会的不断发展，2000 年国家技术质量监督局正式颁布《国家标准：中小学生健康教育规范（GB/T18206-2000）》，从国家技术规范管理角度，进一步改进和发展了《中小学健康教育基本要求》的内容。可以说这些文件是我国现有对学校健康教育的国家级指导性纲领。

随着国家一系列法规、文件的出台和相应的支持，我国学校健康教育蓬勃发展，全国各省、直辖市和自治区的各级种类学校纷纷开设健康教育课或者采用不同的形式，向在校学生开展健康教育，编写完成了各类学校健康教育的教材。1997 年教育部在北京、天津等 13 个省市抽取 52 所中小学校进行学校健康教育检查考评，结果显示被考评学校的健康教育开课率达 100%，学生健康教育教材拥有率为 100%，据初步估计，全国绝大多数省、自治区已在一定范围内开设了健康教育课，健康教育活动的覆盖率在大城市达到 90%，农村为 50%。

为适应时代进步的要求，2001 年 9 月，在全国第 9 次教育改革的《基础教育体系改革课程规划》中规定，健康教育在九年义务教育阶段不再作为一门课程单独设置，而是以学段划分整合到小学的思想品德与社会课、科学课、体育课；中学的历史与社会课、科学课、生物课、体育与健康课之中。2004 年 4 月，按照新的高中课程标准，体育课将成为向高中学生开展健康教育的主题课程，在高中课程的 3 年期间，健康教育内容被列为体育课程规定的七大系列之一，要求作为必修课，体育课被定名为“体育与健康课”。可以说，这一改革是一项探索发展健康教育与其他相关课程相互结合与渗透的尝试，无疑反映了我国基础教育改革对“健康第一”原则的认同。

2008 年教育部颁布的《中小学健康教育指导纲要》指出："学校健康教育是学校教育的一部分，学校管理者应以大健康观为指导，全面、统筹思考学校的健康教育工作，应将健康教育教学、健康环境创设、健康服务提供有机结合，为学生践行健康行为提供支持，以实现促进学生健康发展的目标。"随着《中小学健康教育指导纲要》和《教育规划纲要》的颁布，我国逐步明确了学校健康教育的发展方向，基本上确立了以"德智体全面发展"为指导思想，以世界卫生组织提出的"生理的、心理的、社会适应性以及道德的"四个元素健康理念为理论基础，以《中小学健康教育指导纲要》中提出的"健康意识与公共卫生意识，掌握健康知识和技能，促进学生养成健康的行为和生活方式的培养目标"为目标，以"健康行为与生活方式、疾病预防、心理健康、生长发育与青春期保健、安全应急与避险"为内容结构等四个领域构成的我国学校健康教育课程体系。

总之，目前我国学校健康教育正走着一条多元化发展的道路。各种以学校为基础的综合健康教育、营养健康教育、艾滋病预防、控烟、禁毒、心理健康、青春期教育等，涉及了健康教育的不同范畴和内容，多种有效的教育手段及模式的探索也不断涌现。

案例 9-3：

当前，全球艾滋病的形式十分严峻，已经引起全世界各国政府的高度重视。在我国，艾滋病也已呈逐年上升的趋势。不仅危及我国政治、经济、社会的发展，而且对世界其他各国的流行有着举足轻重的影响。2015 年 12 月 1 日是第 28 个"世界艾滋病日"。国务院防治艾滋病工作委员会办公室（简称国艾办）提出"行动起来，向'零'艾滋迈进"（英文主题为 Getting to Zero），主要针对流动人口、青年学生、老年人、被监管人员等重点人群进行宣传教育活动；并指出年轻的大中学生，不再是艾滋病防控人群中可"忽略"的群体。中国疾控中心性病艾滋病防治中心数据显示，近 5 年我国大中学生艾滋病病毒感染者年增 35%。青年学生艾滋病疫情主要以性传播为主，主要是男男同性传播。而相关报道指出，中学生对于 AIDS 传播途径、预防方式和感染症状的知晓率为 66.4%、56.6%和 48.3%。针对当前中小学生对艾滋病的知识了解较少，尤其是如何正确防护和预防艾滋病以及艾滋病的现状与危害进行研究。

截至 2015 年，中国近 50 万人感染艾滋病，在中国所有艾滋病病毒感染者中约 15% 为 15～24 岁的年轻人，且年轻男性的感染率在上升；截至 2015 年 10 月底，我国报告现存 15～24 岁的青年学生艾滋病病毒感染者和病人 9152 例。在新形势下，我们要进一步增强预防艾滋病的紧迫感、责任感、使命感，大力宣传普及艾滋病的科学知识，增强全民预防艾滋病的意识，提高自我保护能力，纠正不正确的思想（如艾滋病无法治愈，查出来也没有用，因而不愿意进行艾滋病病毒检测等）。通过宣传教育可以使可能的感染者减少担忧、早期接受观察治疗、及早采取健康的生活方式，延缓向艾滋病的发展以及早采取措施保护家人，防止将病毒进一步传播给他人。

问题：

1. 你认为为什么要进行针对艾滋病的学校健康教育？
2. 你认为学校艾滋病教育的主要活动内容有哪些？
3. 你认为学校应如何开展艾滋病健康教育工作？

第 3 节　学校健康教育的内容与方法

一、学校健康教育的概述

（一）学校健康教育概念

学校健康教育（school health education）是指通过学校、家长和学校所属社区内的所有成员的共同奋斗，给学生提供完整的积极的经验和知识结构。包括设置正式的和非正式的健康教育课程，创造安全健康的学校环境，提供合适的健康服务，让家庭和更广泛的社区参与，以促进学生健康。

学生健康知识的不断积累对树立和发展健康行为和认知能力至关重要。美国健康教育学家格林（L.W.Green）曾说过：学校健康教育是个人在学前、学校和学院中学到的学习经验的积累，以对付健康的挑战和学生今后若干年进一步学习所需的技能和认识能力。

学校健康教育学融汇了医学、心理学、教育学、行为学、哲学、社会学、美学、文学等多种学科的理论和技术，通过课堂内外多种形式的教育活动，把卫生知识和行为改变的技能传授给广大学生，使他们建立起健康概念，促使其掌握并运用科学的技术、技能，提高自我保健能力。通过把科学知识转化为儿童少年的健康行为，使学校人群中不健康的行为及不良的卫生习惯逐渐消失，达到促进学生健康的目的。

（二）学校健康教育与健康促进学校

随着健康教育的发展，人们逐渐认识到行为改变或建立并非孤立的现象，它在很大程度上取决于社会与自然环境的制约。于是健康促进就成为健康教育深化和发展的必然趋势。

WHO 第一届全球健康促进大会提出：健康促进是增进人们对自身健康控制能力并逐步改善其健康的过程。即健康促进要求的是充分调动所有的社会、政治、经济力量，改变人们的健康条件和物质环境，促使人们作出有利于健康的选择，维护和提高自身健康。

健康促进学校（health promoting school）是近年来在全球兴起的健康促进活动的重要组成部分。WHO 对健康促进学校的定义是：学校内所有成员为保护和促进学生健康而共同努力，为学生提供完整的、有益的经验和知识体系，包括设置正式的和非正式的健康教育课，创造安全、健康的学校环境，提供适当的卫生服务，动员家庭和更广泛的社区参与，以促进学生健康。

健康促进学校的含义较学校健康教育更为广泛，它要求家庭和社会共同参与到学校健康教育工作中来，要求倡导制定学校卫生政策，改善学校物质环境，加强学校与社区的联系，提供优良的卫生保健服务，从而为学校健康教育目标的实现奠定了坚实的基础。健康促进学校必将成为学校健康教育工作深入开展的先导和指南。

（三）学校健康教育的原则

国内外学者提出的学校健康教育原则有多种，但结合我国的国情和青少年学生的特点，在学校健康教育工作中应重点遵循以下几个方面：

1. 明确目标　任何健康教育项目和健康教育活动必须有明确的近期及远期目标，因为它是规划实施和效果评价的依据，如果缺乏明确的目标，整个规划将失去意义。目标一般包括：教育目标、行为目标和健康目标。

2. 突出重点　尽管健康教育是一项投入少、收效高的措施，但用于健康教育方面的投资在整个卫生资源中的比重仍然较低，如何把有限的资源用于学生最迫切的需求方面，体现在健康教育规划设计中就是要突出重点，有所侧重。切忌包罗万象，面面俱到。

3. 切合实际　学校健康教育内容的选取需有科学依据。在吸收新的信息时，要认真分析，辨别真伪。教学中不能为了提高学生的警惕性而有意夸大事实。教学方法与教学内容除应与受教育者的接受水平相一致，更重要的是要与儿童青少年迫切需要解决的健康问题相一致。

4. 生动活泼　学校健康教育的形式应生动活泼，激发兴趣。从心理学角度讲，兴趣是探求某种事物的主观倾向。兴趣有直接和间接兴趣之分，直接兴趣源于生动有趣的方法，而间接兴趣是人们有了学习的动机，可以说它是知识与行为的桥梁。对于儿童青少年，能引起直接兴趣的教学更能调动其学习的主动性。因此，学校健康教育要注意课内与课外结合、健康教育课程与其他课程结合、集体教育与个体辅导结合、理论与实践活动结合，发挥多渠道、多形式的综合作用，并采取儿童青少年喜闻乐见的教育方法，力争做到题材新颖，内容丰富，以及描述生动、比喻恰当、简单有趣的教学。此外教师的态度应当是积极的、鼓励的，避免消极的指责和处罚。

5. 多方参与 学校健康教育必须有家庭和社会各方面的配合才能更好地发挥作用。儿童青少年在学校获得的卫生知识、技能和正在形成的卫生习惯，需要在家庭中实践、保持和巩固。学校健康教育的任何一项举措和干预计划，没有家庭的支持很难收到明显效果。因此，学校应将有关健康教育培养计划、目的、要求及学生在校存在的不良行为和习惯及时告知家长，以赢得协同教育。此外，社会参与、政府支持、社区环境的改善、当地政策、规划的制定都会影响到学校健康教育的实践。学校健康教育不仅应纳入学校的整体教育规范中，还应与社区的卫生和教育计划相呼应。让学生感受到学校健康教育活动是自己生活、学习的组成部分。

二、学校健康教育的目标

（一）学校健康教育的目标人群

按学校健康教育目的和对象的不同，学校健康教育的目标人群可分为四级：

1. 一级目标人群 指中小学生群体，即通过健康教育要改变其行为的最直接目标人群。

2. 二级目标人群 包括授课教师和学生家长，他们是与学生有着直接的利益关系，能对学生行为产生重要影响的人群。

3. 三级目标人群 包括学校领导、有威望的长辈、崇拜的偶像等，他们受学生尊重和信任，他们是能对青少年的健康知识、态度和行业产生重要影响的人群。

4. 四级目标人群 包括各级政府领导、广播电视媒体等可以帮助创造有利于学生成长的物质和社会环境的人群。

（二）学校健康教育的目标

学校健康教育的三大基本目标是提高学生健康知识水平，树立健康信念和态度，采纳并形成健康行为和生活方式。在学校健康教育过程中，随着知识的增长，理解的加深，需求愿望的增大，逐步渗透到信念、价值观、意愿和自信心中，最终导致不良行为改变，健康行为的建立以及环境的改善，以促进健康全面发展。

总之，学校健康教育的目标应包括：

1. 提高学生健康知识水平 在学校以多种教育方式向他们较系统地传授健康知识是学校健康教育的主要形式，其目的是将学生的行为引向正确的方向，帮助学生破除无知和愚昧，抵制不良行为和习惯的影响，确立追求健康、珍惜生命、热爱生活的健康观念，并掌握各种卫生、保健、防病、体育锻炼等知识和手段，以正确的方法有效地维护自身健康。

2. 改善学生对待个人和公共卫生的态度 学生正确对待卫生保健的正确态度，是促使其将卫生科学知识转化为行为和习惯的动力，是健康教育取得预期目标的前提。学生对待卫生问题的正确态度是通过卫生知识的学习及受周围人的影响而逐步形成的。因此，我们必须抓紧生命早期这一有利时机，开展学校健康教育，使学生运用所掌握的健康知识，逐步形成正确的健康行为和生活方式。

3. 培养学生的自我保健意识和能力 当前，卫生保健观念正从依靠医疗机构的“依赖型”向依靠自己的“自助型”转变，自助型的核心就是培养个人良好的生活习惯和发展自我保健意识和能力。学校健康教育就是要启发学生理解自我保健是最佳的促进健康的方法之一，充分掌握个人身体特点和健康状况，树立正确的健康价值观念，激发学生主动学习健康知识和利用卫生保健服务的兴趣，指导学生掌握各项自我保健技能，在面对各种危险因素时能够做出正确选择。

4. 降低学生常见病的患病率及各种危险因素 儿童青少年正处在生长发育时期，往往由于不良的学习生活条件及某些不利的影响因素，易发生一些常见疾病，如近视、龋齿、沙眼、寄生虫感染、脊柱弯曲异常、营养失调、运动外伤等，这些疾病的发生大多与学生不良的学习和生活方式有关。因此，学校可通过健康教育及时普及各类常见病的有关防治知识，重视学生学习生活卫生，摒弃不良行为和生活方式，并结合学校定期体检以达到早发现、早矫治，降低常见病患病率的目的。

此外，一些引起成年期死亡的主要病因如：心脑血管疾病、恶性肿瘤、糖尿病、单纯性肥胖等在儿童青少年时期患病率虽低，但危险因素却普遍存在。学校健康教育的一个重要目标就是让学生懂得这些危险因素与疾病的关系，帮助他们从维护自身健康的角度出发，避免各种危险因素对儿童青少年的侵袭。

5. 预防各种心理卫生问题，促进心理健康发展　心理卫生问题是当前儿童青少年较普遍存在的健康问题。由于儿童青少年的年龄不同，被生理水平所制约的心理水平不一。因此学校健康教育应根据儿童青少年不同年龄阶段的心理发育水平，采用有针对性的教育及训练方法，有计划有目的地将心理发展知识传授给儿童青少年、教师和家长，培养儿童青少年健康的心理状态、健全的性格和顽强的适应环境与改善环境的能力。学校健康教育中的心理咨询和行为指导，对防治各种心理卫生问题和心理障碍、促进儿童青少年心理素质提高将发挥重要作用。

6. 培养良好的生活习惯，建立健康的生活方式，提高生长发育水平　儿童青少年的发育和健康与生活环境有密切关系。由于儿童青少年本人及其家长缺乏卫生保健知识，尤其是有关合理营养、平衡膳食，有规律的生活作息制度等方面的知识，导致偏食、挑食、睡眠不足、缺乏运动等现象普遍存在，在一定程度上影响了儿童青少年的发育水平和健康状况。学校健康教育的任务之一就是针对这些问题，引导并培养儿童青少年形成良好的生活习惯，建立健康的生活方式，使他们的发育水平和健康状况随着经济和生活条件的改善逐年提高，为终生健康奠定良好的基础。

三、学校健康教育的内容

学校健康教育的内容通常要依据学校健康教育的目标以及受教育者的年龄特点、社会文化背景等多种因素确定。《中小学生健康教育指导纲要》（教体艺［2008］12 号）提出中小学健康教育内容包括 5 个领域，即健康行为与生活方式、疾病预防、心理健康、生长发育与青春期保健、安全应急与避险。在进行学校健康教育时，必须有合适的教材。目前我国学校健康教育教材较多，内容广泛，各有侧重。根据儿童青少年生长发育的不同阶段，依照小学低年级、小学中年级、小学高年级、初中年级、高中年级 5 级水平，把 5 个领域的内容合理分配到 5 级水平中。5 个不同水平互相衔接，完成中小学校健康教育的总体目标。

（一）水平一（小学 1～2 年级）

1. 目标　知道个人卫生习惯对健康的影响，初步掌握正确的个人卫生知识；了解保护眼睛和牙齿的知识；知道偏食、挑食对健康的影响，养成良好的饮水、饮食习惯；了解自己的身体，学会自我保护；学会加入同伴群体的技能，能够与人友好相处；了解道路交通和玩耍中的安全常识，掌握一些简单的紧急求助方法；了解环境卫生对个人健康的影响，初步树立维护环境卫生意识。

2. 基本内容

（1）健康行为与生活方式：不随地吐痰，不乱丢果皮纸屑等垃圾；咳嗽、打喷嚏时遮掩口鼻；勤洗澡、勤换衣、勤洗头、勤剪指甲（包含头虱的预防）；不共用毛巾和牙刷等洗漱用品（包含沙眼的预防）；不随地大小便，饭前便后要洗手；正确的洗手方法；正确的身体坐、立、行姿势，预防脊柱弯曲异常；正确的读写姿势；正确做眼保健操；每天早晚刷牙，饭后漱口；正确的刷牙方法以及选择适宜的牙刷和牙膏；预防龋齿（认识龋齿的成因、注意口腔卫生、定期检查）；适量饮水有益健康，每日适宜饮水量，提倡喝白开水；吃好早餐，一日三餐有规律；偏食、挑食对健康的影响；经常喝牛奶、食用豆类及豆制品有益生长发育和健康；经常开窗通气有利健康；文明如厕、自觉维护厕所卫生；知道蚊子、苍蝇、老鼠、蟑螂等会传播疾病。

（2）疾病预防：接种疫苗可以预防一些传染病。

（3）心理健康：日常生活中的礼貌用语，与同学友好相处技能。

（4）生长发育与青春期保健：生命孕育、成长基本知识，知道“我从哪里来”。

（5）安全应急与避险：常见的交通安全标志；行人应遵守的基本交通规则；乘车安全知识；不玩危险游戏，注意游戏安全；燃放鞭炮要注意安全；不玩火，使用电源要注意安全；使用文具、玩具要注意卫生安全；远离野生动物，不与宠物打闹；家养犬要注射疫苗；发生紧急情况，会拨打求助电话（医疗求助电话：120，火警电话：119，匪警电话：110）。

（二）水平二（小学3～4年级）

1. 目标 进一步了解保护眼睛、预防近视眼知识，学会合理用眼；了解食品卫生基本知识，初步树立食品卫生意识；了解体育锻炼对健康的作用，初步学会合理安排课外作息时间；初步了解烟草对健康的危害；了解肠道寄生虫病、常见呼吸道传染病和营养不良等疾病的基本知识及预防方法；了解容易导致意外伤害的危险因素，熟悉常见的意外伤害的预防与简单处理方法；了解日常生活中的安全常识，掌握简单的避险与逃生技能；初步了解生命的意义和价值，树立保护生命的意识。

2. 基本内容

（1）健康行为与生活方式：读书写字、看电视、用电脑的卫生要求；预防近视（认识近视的成因、学会合理用眼、注意用眼卫生、定期检查）；预防眼外伤；不吃不洁、腐败变质、超过保质期的食品；生吃蔬菜水果要洗净；人体所需的主要营养素；体育锻炼有利于促进生长发育和预防疾病；睡眠卫生要求；生活垃圾应该分类放置；烟草中含有多种有害于健康的物质，避免被动吸烟。

（2）疾病预防：蛔虫、蛲虫等肠道寄生虫病对健康的危害与预防；营养不良、肥胖对健康的危害与预防；认识传染病（重点为传播途径）；常见呼吸道传染病（流感、水痘、腮腺炎、麻疹、流脑等）的预防；冻疮的预防（可根据地方实际选择）；学生应接种的疫苗。

（3）生长发育与青春期保健：人的生命周期包括诞生、发育、成熟、衰老、死亡；初步了解儿童青少年身体主要器官的功能，学会保护自己。

（4）安全应急与避险：游泳和滑冰的安全知识；不乱服药物，不乱用化妆品；火灾发生时的逃生与求助；地震发生时的逃生与求助；动物咬伤或抓伤后应立即冲洗伤口，及时就医，及时注射狂犬疫苗；鼻出血的简单处理；简便止血方法（指压法、加压包扎法）。

（三）水平三（小学5～6年级）

1. 目标 了解健康的含义与健康的生活方式，初步形成健康意识；了解营养对促进儿童少年生长发育的意义，树立正确的营养观；了解食品卫生知识，养成良好的饮食卫生习惯；了解烟草对健康的危害，树立吸烟有害健康的意识；了解毒品危害的简单知识，远离毒品危害；掌握常见肠道传染病、虫媒传染病基本知识和预防方法，树立卫生防病意识；了解常见地方病如碘缺乏病、血吸虫病对健康的危害，掌握预防方法；了解青春期生理发育基本知识，初步掌握相关的卫生保健知识；了解日常生活中的安全常识，学会体育锻炼中的自我监护，提高自我保护的能力。

2. 基本内容

（1）健康行为与生活方式：健康不仅仅是没有疾病或不虚弱，而是身体、心理、社会适应的完好状态；健康的生活方式（主要包括合理膳食、适量运动、戒烟限酒、心理平衡）有利于健康；膳食应以谷类为主，多吃蔬菜水果和薯类，注意荤素搭配；日常生活饮食应适度，不暴饮暴食，不盲目节食，适当零食；购买包装食品应注意查看生产日期、保质期、包装有无涨包或破损，不购买无证摊贩食品；容易引起食物中毒的常见食品（发芽土豆、不熟扁豆和豆浆、毒蘑菇、新鲜黄花菜、河豚等）；不采摘、不食用野果、野菜；体育锻炼时自我监护的主要内容（主观感觉和客观检查的指标）；发现视力异常，应到正规医院眼科进行视力检查、验光，注意配戴眼镜的卫生要求；吸烟和被动吸烟会导致癌症、心血管疾病、呼吸系统疾病等多种疾病；不吸烟、不饮酒；常见毒品的名称；毒品对个人和家庭的危害，自我保护的常识和简单方法，能够远离毒品。

（2）疾病预防：贫血对健康的危害与预防；常见肠道传染病（细菌性痢疾、伤寒与副伤寒、甲型肝炎等）的预防；疟疾的预防；流行性出血性结膜炎（红眼病）的预防；碘缺乏病对人体健康的危害；食用碘盐可以预防碘缺乏病；血吸虫病的预防（可根据地方实际选择）。

（3）心理健康：保持自信，自己的事情自己做。

（4）生长发育与青春期保健：青春期的生长发育特点；男女少年在青春发育期的差异（男性、女性第二性征的具体表现）；女生月经初潮及意义（月经形成以及周期计算）；男生首次遗精及意义；变声期的保健知识；青春期的个人卫生知识；体温、脉搏测量方法及其测量的意义。

（5）安全应急与避险：骑自行车安全常识；常见的危险标识（如高压、易燃、易爆、剧毒、放射性、生物安全），远离危险物；煤气中毒的发生原因和预防；触电、雷击的预防；中暑的预防和处理；轻微烫烧伤和割、刺、擦、挫伤等的自我处理；提高网络安全防范意识。

（四）水平四（初中阶段）

1. 目标　了解生活方式与健康的关系，建立文明、健康的生活方式；进一步了解平衡膳食、合理营养意义，养成科学、营养的饮食习惯；了解充足睡眠对儿童少年生长发育的重要意义；了解预防食物中毒的基本知识；进一步了解常见传染病预防知识，增强卫生防病能力；了解艾滋病基本知识和预防方法，熟悉毒品预防基本知识，增强抵御毒品和艾滋病的能力；了解青春期心理变化特点，学会保持愉快情绪和增进心理健康；进一步了解青春期发育的基本知识，掌握青春期卫生保健知识和青春期常见生理问题的预防和处理方法；了解什么是性侵害，掌握预防方法和技能；掌握简单的用药安全常识；学会自救互救的基本技能，提高应对突发事件的能力；了解网络使用的利弊，合理利用网络。

2. 基本内容

（1）健康行为与生活方式：不良生活方式有害健康，慢性非传染性疾病（恶性肿瘤、冠心病、糖尿病、脑卒中）的发生与不健康的生活方式有关；膳食平衡有利于促进健康；青春期充足的营养素，保证生长发育的需要；保证充足的睡眠有利于生长发育和健康（小学生每天睡眠时间 10 个小时，初中生每天睡眠时间 9 个小时，高中生每天睡眠时间 8 个小时）；食物中毒的常见原因（细菌性、化学性、有毒动植物等）；发现病死禽畜要报告，不吃病死禽畜肉；适宜保存食品，腐败变质食品会引起食物中毒；拒绝吸烟、饮酒的技巧；毒品对个人、家庭和社会的危害；拒绝毒品的方法；吸毒违法，拒绝毒品。

（2）疾病预防：乙型脑炎的预防；疥疮的预防；肺结核病的预防；肝炎的预防（包括甲型肝炎、乙（丙）型肝炎等）；不歧视乙肝病人及感染者；艾滋病的基本知识；艾滋病的危害；艾滋病的预防方法；判断安全行为与不安全行为，拒绝不安全行为的技巧；学会如何寻求帮助的途径和方法；与预防艾滋病相关的青春期生理和心理知识；吸毒与艾滋病；不歧视艾滋病病毒感染者与患者。

（3）心理健康：不良情绪对健康的影响；调控情绪的基本方法；建立自我认同，客观认识和对待自己；根据自己的学习能力和状况确定合理的学习目标；异性交往的原则。

（4）生长发育与青春期保健：热爱生活，珍爱生命；青春期心理发育的特点和变化规律，正确对待青春期心理变化；痤疮发生的原因、预防方法；月经期间的卫生保健常识，痛经的症状及处理；选择和佩戴适宜的胸罩的知识。

（5）安全应急与避险：有病应及时就医；服药要遵从医嘱，不乱服药物；不擅自服用、不滥用镇静催眠等成瘾性药物；不擅自服用止痛药物；保健品不能代替药品；毒物中毒的应急处理；溺水的应急处理；骨折简易应急处理知识（固定、搬运）；识别容易发生性侵害的危险因素，保护自己不受性侵害；预防网络成瘾。

（五）水平五（高中阶段）

1. 目标 了解中国居民膳食指南，了解常见食物的选购知识，进一步了解预防艾滋病基本知识，正确对待艾滋病病毒感染者和患者；学会正确处理人际关系，培养有效的交流能力，掌握缓解压力等基本的心理调适技能；进一步了解青春期保健知识，认识婚前性行为对身心健康的危害，树立健康文明的性观念和性道德。

2. 基本内容

（1）健康行为与生活方式：食品选购基本知识；中国居民膳食指南的内容。

（2）疾病预防：艾滋病的预防知识和方法；艾滋病的流行趋势及对社会经济带来的危害；HIV感染者与艾滋病病人的区别；艾滋病的窗口期和潜伏期；无偿献血知识；不歧视艾滋病病毒感染者与患者。

（3）心理健康：合理宣泄与倾诉的适宜途径，客观看待事物；人际交往中的原则和方法，做到主动、诚恳、公平、谦虚、宽厚地与人交往；缓解压力的基本方法；认识竞争的积极意义；正确应对失败和挫折；考试等特殊时期常见的心理问题与应对。

（4）生长发育与青春期保健：热爱生活，珍爱生命；青春期常见的发育异常，发现不正常要及时就医；婚前性行为严重影响青少年身心健康；避免婚前性行为。

（5）安全应急与避险：网络交友的危险性。

四、学校健康教育的实施途径及保障机制

（1）学校要通过学科教学和班会、团会、校会、升旗仪式、专题讲座、墙报、板报等多种宣传教育形式开展健康教育。学科教学每学期应安排6～7课时，主要载体课程为《体育与健康》，健康教育教学课时安排可有一定灵活性，如遇在下雨（雪）或高温（严寒）等不适宜户外体育教学的天气时可安排健康教育课。另外，小学阶段还应与《品德与生活》、《品德与社会》等学科的教学内容结合，中学阶段应与《生物》等学科教学有机结合。对无法在《体育与健康》等相关课程中渗透的健康教育内容，可以利用综合实践活动和地方课程的时间，采用多种形式，向学生传授健康知识和技能。

（2）各地教育行政部门和学校要重视健康教育师资建设，把健康教育师资培训列入在职教师继续教育的培训系列和教师校本培训计划，分层次开展培训工作，不断提高教师开展健康教育的水平。中小学健康教育师资以现有健康教育专兼职教师和体育教师为基础。要重视健康教育教学研究工作，各级教研部门要把健康教育教学研究纳入教研工作计划，针对不同学段学生特点，开展以知识传播与技能培养相结合的教学研究工作。

（3）各地应加强教学资源建设，积极开发健康教育的教学课件、教学图文资料、音像制品等教学资源，增强健康教育实施效果。凡进入中小学校的自助读本或相关教育材料必须按有关规定，经审定后方可使用；健康教育自助读本或者相关教育材料的购买由各地根据本地实际情况采取多种方式解决，不得向学生收费增加学生负担。大力提倡学校使用公用图书经费统一购买，供学生循环使用。

（4）要重视对健康教育的评价和督导。各地教育行政部门和学校应将健康教育实施过程与健康教育实施效果作为评价重点。评价的重点包括学生健康意识的建立、基本知识和技能的掌握和卫生习惯、健康行为的形成，以及学校对健康教育课程（活动）的安排、必要的资源配置、实施情况以及实际效果。各地教育行政部门应将学校实施健康教育情况列入学校督导考核的重要指标之一。

（5）充分利用现有资源。健康是一个广泛的概念，涉及生活的方方面面，学校健康教育体现

在教育过程的各个环节，各地在组织实施过程中，要注意健康教育与其他相关教育，如安全教育、心理健康教育有机结合，把课堂内教学与课堂外教学活动结合起来，发挥整体教育效应。

（6）学校健康教育是学校教育的一部分，学校管理者应以大健康观为指导，全面、统筹思考学校的健康教育工作，应将健康教育教学、健康环境创设、健康服务提供有机结合，为学生践行健康行为提供支持，以实现促进学生健康发展的目标。

五、学校健康教育的形式和方法

（一）学校健康教育的形式

利用信息传播开展学校健康教育工作是当前国内外健康教育发展的主要趋势。学校健康教育主要是针对学生群体的工作，是以解决他们的健康问题和培养他们的健康行为为目的。健康信息的传播可以帮助学生获得在健康问题上做出决定所需要的知识、意见和态度。如果所传播的信息能够让他们理解、认可、相信并接受，那么通过信息传播的教育就取得了巨大的成功，这也决定了信息传播教育必须采取多种形式，才能实现预期的教育目标。

目前，学校健康信息传播教育常用三种形式，即直接传播教育形式、间接传播教育形式和专题教育形式。

1. 直接教育形式 直接教育形式是学校健康教育最基本和最重要的途径之一，可针对受教育者的具体健康问题和特点，进行有针对性的知识、技能传授和强化教育，是促使受教育者改变信念、态度的有效教育形式。在学校健康教育中常用的直接教育形式有以下几种：

（1）健康教育课（lesson）：这是一种目前国内普遍采用的信息传播教育形式。其中以课堂讲述较为多见。课堂讲述以教师作为教学过程的主导者，负责依据教育学原则，主要以课本教材，或辅以一些实物、图片、幻灯等手段组成教学过程，是一种系统知识、技能传授方式。

（2）讲座（lecture）：是一个人或多数人传播信息的行为，如学术报告会、专题讲座等，是我国学校健康教育广泛采用的一种形式。

（3）健康咨询（health counseling）：即健康教育人员或卫生工作者为学生解答生活中的各种健康问题，帮助个人避免或消除心理、生理、行为及社会各种非健康因素的影响，以增加身心健康的水平。

（4）小组活动（group play）：以目标人群组成的小组为单位开展的健康教育活动。由于受教育者置身于群体中，受群体意识、群体规范、群体压力、群体支持的影响，而更易摒弃旧观念，确立新的态度和行为。

（5）个别劝导（individual inducement）：指健康教育工作者在健康教育活动中针对个别受教育者的具体情况，通过传播健康知识，传授有关的健康技能，说服其改变不健康状态及行为的过程，是健康教育工作的重要形式和主要手段。

（6）同伴教育（peer education）：同伴教育就是利用青少年的团伙倾向，首先对有影响力和号召力的青少年进行有目的地培训，使其掌握一定的知识和技巧，然后他们再向周围的青少年传播相应的知识和技能，甚至向更广泛的范围传播，以达到群体教育的目标。它的特点是教育者和被教育者之间没有代沟，教学形式打破了传统的以教师为中心的教育模式，取而代之的是平等交流的教学方式，加强了被教育者的参与热情和提高教育效果。同伴教育的活动形式多种多样，可以是朋友间的聊天、或是有组织的小组讨论。同伴教育的内容多是针对那些敏感问题，如性行为、性病、吸毒、控烟等危险行为。

2. 间接教育形式 随着科学技术的进步，各种媒介技术的发展，间接传播教育形式在学校健康教育工作中应用得越来越广泛。间接传播教育形式常利用四种媒介技术：大众媒介、视听手段、系统学习和教学电视。信息通过电视、广播、图表、标语、书籍、手册和教学设备传播。在学校健康教育中常采用的间接教育形式有：

（1）大众媒介（mass media）：大众媒介是健康教育工作强有力的工具。在四种媒介中，大众媒介不同于其他三种媒介技术，它的目标人群数量相对较大，信息相对简单完整。学校健康教育可充分利用大众传播媒介的各种教育形式，如订阅各种卫生报刊、杂志、丛书和卫生宣传画，组织收听收看卫生广播节目、卫生科教电视片、电影，开展“卫生科普游园”、“卫生知识竞赛”等生动活泼的宣传教育活动，紧密围绕各个时期学校的卫生工作任务，通过各种大众媒介的广泛传播，促进学生、教职工、家长及广大社区成员在知、信、行上不断向更加健康的方面发展。

（2）视听手段：视听手段与大众媒介具有一定的相似性，但两者之间存在着范围和综合性的差别。视听手段接触的是一个有限的靶人群，如某班级或某年级的学生。视听手段对其他教育方法如讲演、小组讨论、游戏或行为矫正等起到一种补充或加强作用。在学校健康教育中影视材料是使用最广泛的视听手段，对于不同主题、不同年龄人群，利用电影、录像传授有关健康知识是十分有效的。

（3）系统学习：指借助于教学仪器、试验和计算机而进行的学习方法，此方法能将有关材料安排到一个精心编制的连续过程中。系统学习可以提供一套完整的信息，如教学软件、模拟教具等，学生根据自己的不同情况掌握学习进度，除解答问题以外，一般不需要教师指导。系统学习的新发展是辅以计算机的辅助教学，学习者可以使用一个终端和计算机对话。当学习者的个体差异大，需要个别学习时，系统学习比较适合；当学习材料相对清楚或内容需要保密或不宜公开时，如性病、生殖生理等，这也是比较适宜的方法。

（4）教学电视：教学电视能够像系统学习一样，提供独立的指导程序，所不同的是教学电视常用于整个班级，而一些特制的教学节目可在全国或特定地区播放。许多专家认为教学电视在认知和心理思维活动技巧的研究中具有很多优点。

3. 专题教育形式 专题健康教育系指为预防某种健康或疾病问题，以及消除该病的致病因素或发病率而进行的健康教育形式。如青春期性健康教育、预防吸烟健康教育、艾滋病预防的健康教育均属专题健康教育范畴。专题健康教育是学校健康教育活动中经常使用的一种形式。

总之，在进行学校健康教育时，要根据学生的年龄特点、健康问题及健康行为的特点、影响健康行为各因素的特点来选择信息传播教育形式。而要使健康传播活动获得良好的效果，促使学生接受信息，转变态度和改变行为，就必须因人、因时、因地制宜，根据自身拥有的资源，选择和应用适宜的信息传播教育形式，而且必须综合运用各种教育形式，才能使健康教育达到预期的目标和要求。

（二）学校健康教育的方法

学校健康教育方法是为实现预期教育目标而采取的有系统、有组织的手段。然而，在校学习的中、小学生正值生长发育、体魄强健、精力旺盛时期，良好的自身状况往往使他们难以认识到在一个人健康时期采纳建立良好卫生习惯和行为对其一生的重要意义，缺乏对健康教育学习的积极兴趣和求知欲望。这些无疑给学校健康教育的开展带来一定的难度。

成功的学校健康教育就是要在这种特定的环境下，针对学生所具有的特殊情况，通过最有效的教学手段和方法，激发学生学习有关健康知识的兴趣和自觉意识，指导学生掌握具体实用的健康知识、技巧和才能，以实现所规定的教育目标。

1. 学校在开展健康教育时应考虑的因素

（1）学习的认知过程：受教育者在健康教育的学习过程中，都要经历获取信息、理解、分析并最终归纳综合的过程。因此，在进行健康教育时，就要运用各种有助于受教育者理解、应用、分析、综合及评价的方法，如采用游戏、角色扮演、小组活动、使用某些视听设备等，达到向学习者提供有关健康信息的目的。

（2）学习的情感因素：情感因素即是指学习者自身所具有的信念、态度和价值观，这些往往能够影响受教育者对提供信息的认识及接受水平。因此，在健康教育学习中要注意引入积极的学习过程，使受教育者的信念和态度受到影响，自觉反省原有的价值观念，并转向更有益于健康的方面。

（3）学习的心理动力因素：在健康教育中，利用各种演示或实践的机会，向受教育者分解、展示一些复杂的行为或技能，为学生提供决策、协商、处理各种关系、解决问题等练习机会，调动学习的内在动力，使他们能够较容易地理解、掌握有关的技能。

（4）学习的环境因素：由于健康教育不仅与个体有关，还涉及学校和社区的健康兴趣。因此，个体、学校以及社区环境的健康需求也会渗透到整个健康教育中，并由此影响学校健康教育活动。所以，一些健康教育学的专家建议，在学校开展健康教育时，还应针对个体、学校和社区三者的交叉兴趣，采取相应的教育方法，由此建立一个统一、和谐的学习环境。

2. 学校健康教育的教学方法 目前，学校健康教育常用的教学方法有以下几个方面。

（1）讲述：这是一种较为传统的教学方法。教师是教学过程的主导者，依据教育学原则组织学生学习过程，安排学习时间、内容和时间分配，并进行定期考评以检查教学效果。目前我国学校健康教育多采用这种方法。

（2）讨论：讨论即是让参与者围绕一个或数个问题发表见解的一种方法。这种方法的运用可以在全班进行，也可以在小组进行，可以穿插在课堂授课之中，也可以单独设立某个专题进行。该方法的目的在于激发各种观点的自由交换，允许每个参加者都能就某个主题公开坦诚地发表个人意见或倾听他人的观点。这种方法最大限度地调动了学习者的内在学习动力。

（3）头脑风暴（brain storm）：是指邀请学生或其他参加者自愿就某些问题做出迅速的应答反应。问题由教师或组织者提出。这种方法的优点在于有利于创造参与气氛，引起学生的思考和兴趣，提高学习效率。

（4）角色扮演（role play）：这种方法是通过让学生扮演某一情节中的不同角色，再现现实生活中的一些情景，使扮演者及观众均感到身临其境，仿佛直接参与到一个事件中去，从中受到启发。这种方法有利于发挥学生的兴趣和能力，促进他们的态度、信念及价值观念的转变，并培养彼此间的交流及合作精神。

（5）示范（demonstration）：即通过某些具体示范演示，让学生亲自体会并加深了解一些健康教育的内容。示范法不仅可以在教室里进行，也可以在与教育内容有关的实际工作场所进行。这种方法的优点在于可以使教学效果更加生动活泼，增加学生的兴趣，同时又学到了相应的技能。

（6）案例分析（case study）：即向学生介绍一个真实的事件或案例，请学生参与分析讨论。在进行案例分析时，鼓励学生根据自己具有的知识、技能及经验参与思考，展开交流。案例分析是目前最为常用的一种参与式教学方法。通过分析、讨论、评价具体的案例，促进学生的自我决策技能和解决问题能力的提高。

案例 9-4：

某市健康教育工作小组准备利用 1 年时间在市区内 10 所中小学开展一项《普及卫生知识、降低儿童少年结核病感染率》的健康教育活动。健康教育工作小组的主要工作计划是：

（1）由健康教育工作小组组织人员调查中小学生防治结核病感染的知识、态度、行为情况，结核病易感的不良行为。

（2）制订一个提高中小学生防治结核病感染的卫生知识、态度、消除不良行为的干预计划。主要包括：开展讲座活动，增加学生防治结核病的健康教育课时，组织两次结核病卫生知识竞赛的团队活动和一次传染病院的参观展览。

（3）在活动末尾，抽查 10 个班级的学生，测试其防治结核病感染的知、信、行变化，来评价此次结核病健康教育的效果。

他们的工作计划在送到上级健康教育机构审查时被退了回来，建议他们进行修改，使其更加完善。

问题：

1. 你认为该项健康教育工作计划存在哪些不完善的地方？
2. 你认为该项健康教育活动在实施干预过程中还应考虑哪些措施？
3. 你认为该项健康教育活动的评价设计存在什么问题？

第4节 学校健康教育的实施步骤及效果评价

一、学校健康教育工作的计划

（一）制订学校健康教育计划

学校健康教育所面对的目标人群是处于生命准备时期的儿童青少年，为了确保学校健康教育能取得预期的社会效益，在开展工作之前，必须对所实施的健康教育规划进行周密合理的设计，既要保证计划的科学性，更要体现计划的可行性。

制订学校健康教育计划要目标明确，重点突出，切合实际，并具有预见性和灵活性。计划可根据国家教委、卫生部门对学校健康教育与健康促进内容评估的规定，以及本地区儿童青少年实际健康需求和存在的健康问题，并考虑长远健康发展目标，制订出各校切实可行的行动计划。

学校健康教育计划设计是为计划的实施和评价服务的，在设计时应解决以下八个问题：①做什么，健康教育计划的内容和目标是什么；②为什么，开展健康教育的理由或原因及目的；③何时做，健康教育活动的日程计划与时间安排；④哪里做，健康教育活动开展的地点与范围；⑤何人做，实现计划的人力资源；⑥对谁做，健康教育计划的目标人群；⑦怎样做，计划实施的步骤、策略和技术；⑧预期结果，计划实施后取得的社会效益和经济效益。

学校健康教育计划设计的模式及程序可参考美国健康教育专家格林教授提出的PRECEDE-PROCEED模式。它是一个较为成功的理论模式，根据它可制订全面的计划，常被健康教育工作者作为计划设计和评价的指南。

（二）设立学校健康教育领导和组织管理机构

实施学校健康教育的单位，必须加强对决策层的开发，转变观念，提高对学校健康教育目的、意义的认识，树立信念，使决策者有决心把健康教育纳入学校的议事日程。必须成立由校长或其他主要负责人领导的健康教育工作领导小组，它由校德育处、教务处、少先队、共青团、学生会和学校医务室等部门组成，还应吸收社区领导及家长代表参加。定期召开会议，检查督促学校健康教育各项规划的实施情况，并对规划实施中出现的各种问题进行研究，以保证学校健康教育目标的实现。各部门都应有明确的职责与分工，实行目标管理。

二、学校健康教育工作的实施

学校应该为开展健康教育工作创造必要的条件，使学校环境有利于健康教育计划的实施、目标的实现，具体应做好以下几方面工作：

（一）制定学校健康教育政策

学校健康政策是顺利开展学校健康教育的保证，体现学校决策者的思维观念，并影响学校健康教育行动和资源利用。

学校健康政策内容包括：

（1）有关学生禁止吸烟、饮酒的政策；

（2）学校制定进行健康筛查的政策；

（3）学校制定在发生紧急情况所采取应对措施的政策；

（4）学校在保证男、女学生利用学校资源方面平等的政策；

（5）学校有关食品安全的政策；

（6）学校关于 HIV/AIDS 控制及其安全管理的政策；

（7）学校制定适合本地区情况和控制蠕虫或其他寄生虫病的政策；

（8）学校对急救有相应的政策和规划等。

假如学校已经颁布了某些方面的卫生政策，而这些现存政策没有全面地涉及健康问题，则应对其补充、增加和完善。

（二）创建学校健康环境

学校健康环境（school health environment）是激发和促进学生参与健康活动，主动培养健康意识的外部环境，它包括人际环境、事物环境和物质环境。

人际环境主要是指学校内师生间、同学间以及和其他工作人员间的人际关系是否密切协调，互尊互敬，尊师爱生，形成一种和谐的气氛。

事物环境是指校内各种活动和措施以及师生员工的健康状态。如课程的安排，制度的制定，课外活动，学校的安全措施、考试等。

物质环境是指学校的基础环境及自然环境。包括校址的选择，学校的建筑，操场的大小，教室采光照明、通风采暖、课桌椅，给水及排水设备，厕所，食堂，垃圾处理，学校运动设施等。

（三）设立学校卫生服务

学校卫生服务（school health service）是指学校或有关卫生服务机构向学生提供直接服务，并与学校建立合作关系，共同担负起学校卫生保健和教育的责任，是整个学校健康教育规划不可缺少的部分。它包括：学生发育监测，健康检查，牙齿检查，视力、听力检查，免疫接种和传染病管理，常见病和身体缺陷的纠正，突发性疾病的紧急服务，意外事故的应急措施，心理咨询以及为伤残学生提供必要的服务等。

（四）协调学校与社区关系

学校与社区关系是指学校与学生家庭之间的联系，以及学校与学校所在社区各组织、团体之间的联系。内容包括：学校积极地与当地社区建立联系，师生共同参与社区活动，向社区通报学校有关健康教育的规划、倡议等。在学校生活中，提倡家庭和社区的参与，如请家长参与学校食品政策的制定与实施、学校建设和体育活动等。此外，学校应积极争取社区大众的合作，争取社会舆论的支持。

三、学校健康教育工作的效果评价

学校健康教育评价（evaluation of school health education）是学校健康教育总体计划的重要组

成部分，他贯穿于整个计划的实施过程，是衡量学校健康教育计划的科学性、实用性、可行性等方面最重要、最客观的尺度。

（一）评价的原则

波勒克（Pollock）提出了学校健康教育评价的 7 条原则：

（1）评价应是连续的，与整个计划同步；

（2）评价应围绕着学校卫生计划中所有重要的方面；

（3）评价应关心结果、步骤和内容；

（4）评价应是合作性的，即有关人员都应参与，包括学生、领导、教师、医务人员、专家和社区代表；

（5）评价重点应放在计划的目标和目的上；

（6）评价应有一个长期计划；

（7）评价应收集资料和保存记录。

（二）评价的内容及指标

学校健康教育评价的内容除了知识、信念与态度、行为外，更要结合青少年发育旺盛的生理特点，把生长发育水平及健康状况作为重要的评价内容。

1. 健康知识的评价 即围绕所干预的内容及有关的知识进行书面测验，最常用的方法是问卷法。对低年龄儿童，可采用个别谈话的方式进行测验。群体评价指标以得分的及格率或测验平均得分作比较；个体以自身的前后得分情况来衡量。

2. 卫生保健信念的评价 学生的卫生信念是指他们对卫生知识、卫生保健设施、卫生行为所持的认识、观点和态度的概括。卫生保健信念有各种表现形式，评价指标涉及面较广，例如：健康教育活动的自愿参与率，卫生报刊的阅读率，对某些正确及不正确卫生行为的肯定或否定率等。

3. 健康行为的评价 健康教育的核心是对行为的干预，因此，健康行为变化的评价是学校健康教育评价的重要方面。可在日常学习生活中及家庭的联系中了解学生健康行为和行为的变化。评价健康行为的指标可采用：健康行为的形成率、不良行为的改正率等。

4. 生长发育水平及健康状况评价 通过定期的体格检查、身体素质的测验，与当地的生长发育标准、常见病患病水平进行比较，来衡量健康教育效果。

5. 公共卫生面貌的改善 是对学生信念及行为改进的一种间接评价，包括学生精神面貌和道德风尚的改变。如保护环境卫生的自觉性增强，成为义务宣传员；主动抵制不良行为等。评价指标依实际情况进行设计、选择。

（三）评价方法

目前采用的评价方法有多种，具体评价方法应根据评价目的予以选择。

1. 问卷调查（questionnaire survey） 是根据事先设计好的表格、问卷、量表等，由被试者自行选择答案的一种方法，是评价学生知识、态度和行为最常用的一种方法。目前，问卷试题通常采用三种形式：是非、选择、等级排列。

2. 行为观察（behavior observation） 是用于观察行为的最常用方法。通常采用自然观察法，即通过人的感官在没有人干预的情况下观察他人的行为，并把观察结果按时间顺序系统记录下来。在观察法中，应注意不能就某一孤立事件做出评判。

3. 自我评估（self-evaluation） 指学生自己向教师、保健教师或健康教育者报告个人与健康教育项目有关的认知、兴趣、态度、信念和行为。如报告吸烟、膳食、卫生习惯、锻炼等方面的情况。如有必要和可能时，辅以询问家长来核实自我报告的可靠性。

4. 个别交谈（personal interview） 指健康教育项目开展前后，由教师、调查人员与接受教育的对象面对面地交谈，直接了解他人行为及心理状态的方法。这是评估学生健康知识、态度与实际行为改进的必要步骤之一。应用时需注意要有周密的计划、有主题。

5. 家长访谈（teacher-parent interview）　采用召开家长会、与家长进行座谈或家访，以了解学生健康知识掌握和提高的情况，以及已养成哪些卫生习惯，还有哪些薄弱环节等，并可征求家长对健康教育实施的意见，以便正确做出有关学生健康行为的评估。

（四）评价中应注意的问题

学校健康教育评价是一项复杂而细致的工作，为使评价结果客观、准确，应注意以下两方面问题：

1. 评价中对照组的设置　在必须设立对照组的评价中，对照组的选择要合理，与实验组之间要有可比性。如果两组之间在未开展健康教育前就存在与评价内容有关因素的差异，这种评价研究就失去了意义。因此，在选择对照组时应慎重。

2. 评价时间　评价时间如果不当，往往对效果出现低估或高估，导致不同结论。如戒烟效果评价，年轻人起初受到教育激励，团体互动等影响，戒烟率可能较高，但随时间推延，戒烟率可能逐步下降，如果只在教育刚结束后评价一次，往往高估效果。解决的最好办法是多次重复评价，即可消除因评价时间不当而得出的错误结果。

思　考　题

1. 为什么说学校是开展健康教育最理想、最富潜力的场所？
2. 何为学校健康教育？开展学校健康教育具有哪些深远意义？
3. 如何保障学校健康教育的顺利实施？
4. 如何制订学校健康教育工作计划？
5. 在进行学校健康教育评价时，如何使评价结果客观、准确？
6. 学校健康教育如何更好地实现所规定的教育目标？
7. 案例题：某高等专科学校在毕业年级开展了一项《预防性病和艾滋病传播》的健康教育项目。分管健康教育工作的王老师在策划这个活动时采用了这样一种形式：他在每班挑选了 5 名男生和 5 名女生，并将他们集中培训，传授必要的知识和技术。这样的培训持续了 2～3 次，并要求他们在同学中广泛传播。之后，王老师向同学们说：我们的这个健康教育项目在全年级将正式展开。3 个月后，王老师随机抽取部分学生进行了问卷调查，以了解学生有关预防性病、艾滋病 KAP 情况，结果显示，预期目标基本实现。

根据本案例分析：

（1）王老师采用了哪种学校健康教育形式？

（2）为什么要采用这种教育形式？它有什么特点？

（包头医学院　关明杰）

第十章　工作场所健康教育

案例 10-1：

于××，男，23 岁，蚌埠某化工厂工人。于 1980 年 2 月 18 日中午感头晕、头胀、乏力、上腹部肌肉跳动。到厂医务室就诊，治疗后未见好转。继而出现食欲减退、恶心、嗜睡、全身无力、两手发抖、拿物不稳，遂送某医学院附属医院门诊部就诊。诊断为精神分裂症。建议该病员到精神病院治疗。患者未去，而症状逐渐加重，两眼视物模糊，并有复视现象，语言不清，走路不稳，跌倒数次，大小便失禁。至 2 月 26 日，同工段另 12 名操作工人因陆续出现类似症状不能上班，分别到各市级医院就诊，诊断有“精神分裂症”、“胃炎”、“神经衰弱”、“美尼尔征”等不尽相同。

工厂医师怀疑这 13 名病员的疾病系与车间毒物有关，遂向有关部门报告，并一起去该厂调查。该化工厂系用氯甲烷生产硅油，合成工段操作室面积 $12m^2$，内装有 6 个管道，经检查发现有 2 个阀门开关松开。当时正值严冬季节，室内门窗紧闭。随即测定室内空气中氯甲烷浓度为 $3000mg/m^3$（当时我国尚未公布氯甲烷的最高容许浓度规定 $40mg/m^3$）。该工段共有操作工 13 名，三班轮转，其中 4 名夜班操作工发病较重，均收住院。2 人在班上昏倒，大小便失禁；另 2 人严重头昏、不断出现恶心、呕吐。其余 9 名日班工人症状较轻。13 名操作工中男性 8 例，女性 5 例，年龄在 19～38 岁之间。

问题：

1. 工厂医师为什么怀疑这些病人与车间毒物有关？
2. 你认为调查出的哪些结果证实工人患病与工作环境有关？
3. 你认为工厂应该采取哪些措施改善工作场所环境，加强职业防护？

目前世界上就业人口约占全球人口的 50%，而就业年龄段为 20～60 岁，可见职业人群是人类社会最富生命力、创造力的宝贵资源，他们的健康状态，将直接影响国民经济、企业生存和社会发展。因此，加强职业防护、改善工作场所环境是经济可持续发展的重要动力。自 20 世纪 80 年代中期以来，健康促进的概念日益为人们所接受，并开始在不同人群集聚的地方加以实施。职业人群健康促进已成为职业医学的重要内涵。国内外的卫生学家都深刻认识到保护职业人群健康的关键，不在于治疗已经得病的工人，而在于对不良的工作场所进行干预，故职业人群健康促进又称工作场所健康促进。

1994 年 10 月，在我国北京举行了 WHO 职业卫生合作中心会议，进一步讨论并正式通过了“人人享有职业卫生保健”的宣言。鼓励各国政府部门制订特殊的职业卫生政策和计划，包括制订适宜的法规，建立相应的组织机构。在 WHO 颁布的全球工人健康规划中，明确提出职业卫生，特别是小型工业职业卫生必须与初级卫生保健相结合的方针。

第 1 节　工作场所与职业人群健康

一、工作场所及其特性

工作场所的类型非常多，且各自有不同的特点，因而存在职业人群特定的职业健康问题和人们普遍面临的健康问题。而职业人群是社会的中坚力量，其健康的维护直接关系到社会的生产力和创造力。因此以工作场所为基础的健康教育能非常好地发挥国家政策、财政及基础条件对职业人群健康行为促进的支持作用，并能最有效的针对特定职业人群的健康问题实施健康教育干预，可见工作场所是理想的健康教育干预场所之一。

（一）工作分类

工作，或称劳动、作业，是人们为创造使用价值所从事的活动，也可看作是为了一定的目的而从事的一切职业活动。它可分为体力和脑力劳动，前者是指以肌肉活动为主的劳动；后者是指以高级中枢活动为主的劳动。

脑力劳动也称信息性劳动，其明显特点在于通过感觉器官感受信息，经中枢神经系统加工处理信息，然后通过多种形式转化和输出信息。在这个过程中，人仿佛是一种“信息转换器”。脑力劳动多数是非重复性的，互不相同的，而且几乎没有明显规律可循。脑力劳动是抽象的或以抽象为主的，并具创造性的劳动。例如，科学研究、教学活动、技术革新和文艺创作中产生新思想，发明和发现新事物等，从产生和交付出新的信息这个意义上，它们属于人类最高一级的脑力劳动。航天航空指挥、飞机舰船驾驶、仪器仪表操作控制等需要高度集中注意力，及时分析处理数据和作出反应，也属脑力劳动。

过去，劳动者所从事的劳动大多属于体力劳动，劳动过程中有脑力劳动的成分，但比例较少，单纯的从事脑力作业的人也很少。随着信息化产业的发展，劳动者的作业方式发生了很大的改变，作业方式由过去单纯的体力劳动、脑体混合劳动逐渐向脑力劳动为主的作业方式过渡，使从事脑力作业的人员人数剧增。

随着科学技术的发展和社会的进步，工农业生产中大量繁重的体力劳动和职业危害较严重的工种将逐步地被机器和智能化机器所取代，体力劳动的比重和强度均不断降低，而智力和精神紧张的作业则日趋普遍。

（二）不同工作的特性

1. 劳动条件　包括以下几个方面。

（1）生产过程：物的变化过程，即由原料生产出成品的过程。生产工艺过程，它随生产技术、机器设备、使用材料和工艺流程变化而改变。

（2）劳动过程：人的操作过程，即在整个生产过程中每个环节的具体操作过程。劳动过程，它涉及针对生产工艺流程的劳动组织、生产设备布局、作业者操作体位和劳动方式，以及智力和体力劳动比例等。

（3）生产环境：工作者所处的环境，包括大自然和人工环境。工作环境，指作业场所环境，包括工艺过程建立的室内作业环境和周围大气环境，以及户外作业的大自然环境。

2. 职业性有害因素　在不良的劳动条件（生产过程、劳动过程、生产环境）中存在的可能危害职业人群健康和影响劳动能力的各种因素。

（1）生产工艺过程中产生的有害因素：生产工艺过程常常随着生产设备、使用的原料和生产工艺的变化而变化。按其性质分为：

1）化学因素：①有毒物质：金属及类金属、有机溶剂、有害气体、农药；②生产性粉尘：有机粉尘、无机粉尘、混合性粉尘被吸入肺内会导致尘肺；③在生产中接触到的原料、中间产品、成品和生产过程中的废气、废水、废渣等对健康均产生危害。有毒化学物质以粉尘、烟尘、雾、蒸气或气体的形态散布于车间空气中，主要经呼吸道和皮肤进入体内，其危害程度与毒物的挥发性、溶解性和固态物的颗粒大小等有关。毒物污染皮肤后，按其理化特性和毒性，有的起腐蚀或刺激作用，有的产生过敏反应。有些脂溶性毒物对皮肤局部虽无明显损害，但可经皮肤吸收，引起全身中毒。生产中有毒物质经消化道进入人体而引起中毒者较为少见，常由于毒物污染食物或吸烟等所致。

2）物理因素：①异常气象条件（如高温、高湿、低温、低湿、高气压、低气压）；②噪声；③振动；④非电离辐射（如可见光、紫外线、红外线、射频辐射、激光等）；⑤电离辐射（如 X 射线、γ 射线）等对人体均会产生危害。

3）生物因素：①病原微生物：炭疽杆菌、布氏杆菌、森林脑炎病毒等；②致病寄生虫：煤矿井下钩虫等。

（2）与职业有关的生活方式：①劳动组织和劳动制度不合理，劳动时间过长，脑力劳动与体力劳动比例不当，工间休息不当，倒班制度不合理等；②劳动强度过大、生产定额不当：安排的作业与劳动者生理状况不相适应；③个别器官或系统过度紧张：如视屏作业者的视觉紧张和腰背肌肉紧张，钢琴演奏家的手指痉挛等；④长时间处于某种不良体位或使用不合理的工具：如计算机操作人员、流水线工作人员如坐椅不适易产生颈、肩、腕损伤；长期操作手柄、轮盘等引起掌挛缩病；长期站立、行走引起下肢静脉曲张和扁平足；⑤精神紧张：客观需求与主观反应之间的一种失衡，由于不能满足需求就可能引起相应的功能性紊乱。

（3）社会经济因素：国民生产总值、财富分配、文化教育水平、生态环境、劳动立法、医疗卫生制度，都可以影响人群的健康。

上述各种有害因素随着产品种类、生产工艺过程和生产设备的不同有时单独存在，多数情况下几种职业性有害因素联合存在，它们的不同组合，构成不同的劳动条件，对劳动者健康产生不同的特殊影响。如粉尘、有害气体或蒸气，对呼吸道的损害，以致增加诱发职业性肺癌的危险。

二、工作场所与职业人群的健康关系

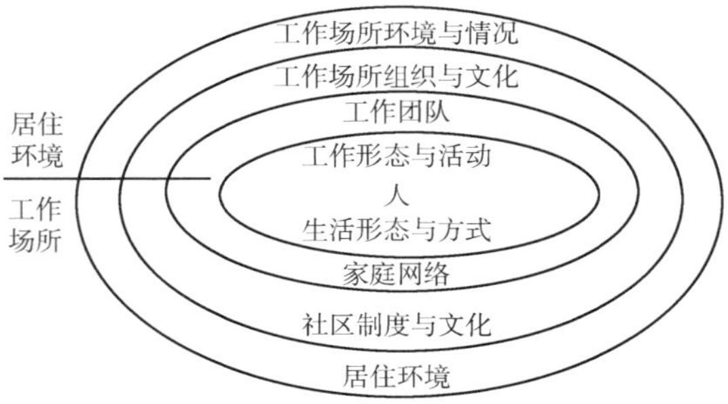

图 10-1　员工健康与工作场所及所居住地点中各种健康决定因素的交互关系

劳动是人类生存和发展的必需手段，劳动与健康本质上是相辅相成、相互促进的。然而，不良的劳动条件，可影响劳动者的生命质量，以至危及健康，导致职业性损害，工作场所与劳动者的健康息息相关（图 10-1）。

职业性有害因素对健康的损害主要包括：职业病、工作有关疾病和工伤。职业性有害因素能否对接触者造成健康危害，主要与接触方式、接触浓度（或强度）和作用时间有关。后两者是决定机体接触水平的主要因素。一般情况下，作用于机体的有害因素需要累积达到一定量时，才引起健康的危害。在接触的量相同时，因个体因素不同，如年龄、性别、遗传因素、营养状况、体质、生活方式、个人卫生、习惯等，个体的感受性与受损害的程度亦有差异。

（一）职业性有害因素的致病模式

职业性有害因素是否引发职业性病损取决于若干作用条件。只有当有害因素、作用条件和接触者个体特征三者联在一起，符合一般疾病的致病模式，才能造成职业性病损（图 10-2）。

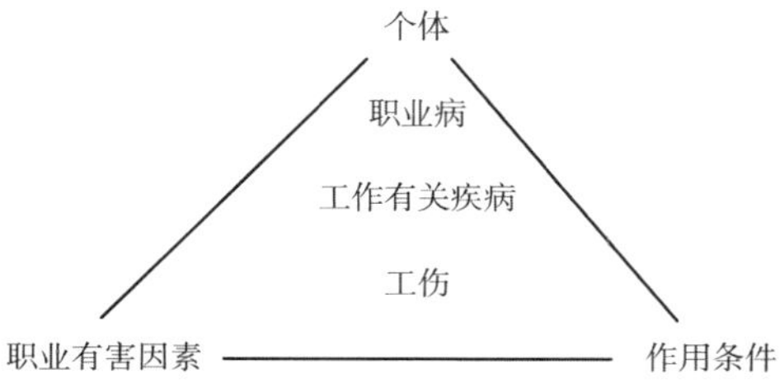

图 10-2　职业性病损的致病模式

（二）作用条件

作用条件是指工作者与上述职业有害因素的关系，包括：①接触机会：如在生产工艺过程中，经常接触某些有毒有害因素；②接触方式：经呼吸道、皮肤或其他途径可进入人体或由于意外事故造成病伤；③接触时间：每天或一生中累计接触的总时间；④接触强度：指接触浓度或水平。

后两个条件是决定机体接受危害剂量的主要因素，常用接触水平表示，与实际接受量有所区别。因此，改善作业条件，控制接触水平，降低进入机体的实际接受量，是预防职业性病损的根本措施。

（三）个体因素

在同一作业条件下，不同个体发生职业性病损的机会和程度也有一定的差别，这与以下因素有关：①遗传因素：如患有某些遗传性疾病或存在遗传缺陷（变异）的人，容易受某些有害因素的作用；②年龄和性别差异：包括妇女从事接触对胎儿、乳儿有影响的工作，以及未成年和老年工人对某些有害因素作用的易感性；③营养不良：如不合理膳食结构，可致机体抵抗力降低；④健康状况：如患有皮肤病，降低皮肤防护能力，患有肝病影响对毒物解毒功能等；⑤文化水平和生活方式：如缺乏卫生及自我保健意识，以及吸烟、酗酒、缺乏体育锻炼、过度精神紧张等，均能增加职业性有害因素的致病机会和程度。

这些促成职业病损产生的因素统称个体危险因素，存在这些因素者对职业性有害因素较易感，称为易感者或高危人群。

充分识别和评价各种职业性有害因素及其作用条件，以及个体特征，并针对三者之间的内在联系，采取措施，阻断其因果链，才能预防职业性病损的发生。

（四）职业性病损

1. 职业病　职业性有害因素作用于人体的强度与时间超过一定限度时，造成的损害超出了机体的代偿能力，从而导致一系列的功能性和（或）器质性的病理变化，出现相应的临床症状和体征，影响劳动能力，这类疾病统称为职业病。

2. 工作有关疾病　职业性有害因素还能使机体的抵抗力下降，造成潜在的疾病显露或已患的疾病加重，从而表现为接触人群中某些常见病的发病率增高或病情加重，这类疾病称为工作有关疾病。

例如高温作业工人中的消化道疾病；接触粉尘作业工人的呼吸道炎症；长期接触高温和噪声的职业人群高血压病的发生率增高；接触 CO、CS_2、氯甲烷等化学物质，可导致冠心病的发病率和病死率增高等。职业性有害因素不是工作有关疾病的唯一直接病因，只是该病发生发展中的许多因素之一，故不属于法定职业病范围。

此外，作用轻微的职业性有害因素，虽然有时不至于引起病理损害，但可引起一些体表改变，如胼胝、皮肤色素增加等，这些改变尚在生理范围之内，故可视为机体的一种代偿性或适应性变化，常称之为职业特征。

3. 职业性工伤　工人在生产劳动过程中因操作失误，违反操作规程，或防护措施不当而发生的突发性意外伤害，称职业性工伤。其工伤性质的确定及伤残程度评定，由国家指定的机构作出。

案例 10-2：

1998 年 4 月 13 日某蓄电池厂一青年女性因发作性腹绞痛经治不愈，辗转来到某职业病院，经查尿铅为 0.96μmol/L（正常为 0.39μmol/L 以下），以慢性铅中毒急性发作收入院。由此，该院于 1998 年 4 月 29 日—1998 年 4 月 30 日对该蓄电池厂职业危害情况进行了全面调查，结果令人震惊，发现铅中毒发病率达 61.11%。

1. 一般情况　该厂始建于 1984 年，起初为个体企业，1997 年被政府收编，成为乡镇企业，主要产品为汽车蓄电池极板，日产量为 5000 片。主要分成浇铸、球磨、调膏、化成 4 个车间，其中化成车间包括化铅、铸条、条板焊接、烘干、充电等多个工序，工人分工不十分明确。车间均为低矮平房，车间面积约 $8\times5m^2$，高 3m，工艺原始，开放生产，无任何通风排毒设施，个人防护用品仅有工作服、工作靴和普通纱布口罩，且常不穿戴。现有职工 62 人，其中男 15 人，女 47 人，均为农民合同工人。每日工作 8 小时，工作忙时三班倒，饮水、加餐在同一环境内。

2. 现场监测情况 本次调查现场监测铅烟、铅尘有害作业点共 10 个，其中铅烟作业点 6 个，浓度范围为 0.041～$0.254mg/m^3$（铅烟国际标准为 $0.03mg/m^3$），铅尘作业点 4 个，浓度范围 0.025～$0.385mg/m^3$（铅尘国际标准 $0.05mg/m^3$）。合格点只有 1 个，超标点 9 个，超标率 90%。

3. 职业性体格检查情况 共调查 62 人，受检率 100%。病史询问除 5 人有时腹部隐痛（其中 1 人有腹绞痛发作），无其他不适。尿铅增高者 33 人，为 0.40～2.10μmol/L，平均 0.87μmol/L（正常值＜0.39μmol/L）。根据 GB11504-89 国家诊断标准分级最后诊断为慢性中度铅中毒 4 例，慢性轻度铅中毒 1 例，铅吸收 28 例，总发病率 61.11%。发病年龄最小 17 岁，最大 60 岁，发病工龄最短 10 天，最长 14 年。

问题：

1. 你认为造成工人出现铅中毒和铅吸收的原因有哪些？
2. 你认为工厂针对体检结果应采取哪些紧急应对措施？
3. 你认为蓄电池厂应该采取哪些措施进行病因预防，杜绝类似事件发生？

第 2 节 工作场所健康教育的重要意义

一、工作场所的三级预防

世界上 40%～50%的人群受到工作相关因素的危害。每天有 33 万人在工作中受到损害，其中有 600 名死亡。工业化国家 30%～50%的劳动者抱怨心理紧张和工作负担过重；在发展中国家面临过重体力劳动的威胁和有毒有害作业的危害。因此，了解工作场所的环境因素，可以防止工人发生由其工作环境所引起的各种有害于健康的疾病；保护工人在就业期间免遭由不利于健康的因素所产生的各种危害；可以对职业性病损的罹受者进行早期检测、诊断和处理，促使其尽早康复。做到职业人群能够置身于一个能适应其生理和心理特征的职业环境之中，工作能适应于人，每个人都能适应其工作。

（一）工作场所的第一级预防

工作场所第一级预防又称职业性病损的病因预防，是从根本上杜绝危害因素对人的作用，即改进生产工艺和生产设备，合理利用防护设施及个人防护用品，以减少工作人员接触有害职业因素的机会和程度。

国家制订的工业企业设计暂行卫生标准（1956）和工业企业设计卫生标准（先后于 1962、1979 及 2002 年更新、修订公布），应作为共同遵守的接触限值或“防护”的准则，这对职业病预防常起到重要作用。对人群中处于高危状态的个体，可依据职业禁忌证进行检查，凡有该职业禁忌证者，不应参加该工作。

（二）工作场所的第二级预防

工作场所的第二级预防又称职业性病损的发病预防，是早期检测人体受到职业危害因素所致的疾病。第一级预防措施虽然是理想的方法，但实现所需费用较大，有时难以达到理想效果，仍然可出现罹受人群，所以第二级预防成为必需的措施。

其主要手段是定期进行环境中职业危害因素的监测和对接触者的定期体格检查，以早期发现病损，及时预防、处理。此外，还有长期病假或外伤后复工前的检查及退休前的检查。

定期体格检查的间隔期可根据下列原则而定：①疾病的自然演变、发病快慢和严重程度；②接触的职业危害程度；③接触人群的易感性。如使用特异及敏感的肺通气功能的检查或X线肺部摄片作为评价接触粉尘作业者的功能性和病理性改变的指标；采用心电图、脑电图和神经传导速度和听力检查等作为早期的特异性检查方法。

（三）工作场所的第三级预防

工作场所的第三级预防是在得病以后，合理康复处理。其原则有：①对已受损害的接触者应调离原有工作岗位，并予以积极合理的治疗；②根据接触者受到损害的原因，对生产环境和工艺过程进行改进，既治病人，又治理环境；③促进患者康复，预防并发症。除极少数的职业中毒有特殊的解毒治疗外，大多数职业病主要依据受损的靶器官或系统，用临床治疗原则，给予对症综合处理。特别对接触粉尘所致肺纤维化的病损，目前尚无特效方法予以逆转。所以处理原则，还在于全面执行三级预防措施，做到及时预防、早期检测、早期处理、及早康复。对接触粉尘者应大力劝阻吸烟。

二、职业健康保护的有关规定

WHO 提出的“人人享有职业卫生保健”的全球策略中指出，到 1995 年至少应有 70%的国家制订职业卫生保健规划，在有适宜的技术和就业者的参与下，使作业者能在工作场所或附近的卫生机构得到满足要求的卫生保健服务。

我国卫生部在 2002 年 3 月以第 22 号令发布了《职业健康监护管理办法》，并于 2002 年 5 月 1 号起施行。本管理办法共有二十五条，其中对用人单位的职工的职业健康检查的时间、内容、检查结果的处理作出了明确的规定，同时对职业健康监护档案的管理作出了要求。违反《职业病防治法》及本办法规定的用人单位、医疗卫生机构将受到有关的处罚。

视窗 10-1：基本职业卫生服务（BOHS）

1994 年 10 月北京 WHO 职业卫生合作会议。通过了“人人享有职业卫生保健”的宣言，鼓励各国政府部门制定特殊的职业卫生政策和计划，包括制定适宜的法规，建立相应的组织机构等，保证世界上所有工人，不分年龄、性别、民族、职业、就业形式或劳动场所的规模或位置，都应享有职业卫生服务。

1996 年第 49 届世界卫生大会。通过“人人享有职业卫生保健”全球战略。这个战略强调：职业卫生服务应在所有国家全面发展并最终覆盖所有劳动者，而不管经济部门、企业规模、行业、雇佣模式或原始的自我经营。

2002 年 WHO/EURO 法国南锡职业卫生合作中心大会。提出基本职业卫生服务的概念和提供普遍服务原则，这个概念与 WHO 初级卫生保健的概念相结合，即尽可能地将卫生保健带到人们生活和工作的每一处，即将职业卫生、放射安全作为公共卫生服务平等地提供给所有劳动者。

2003 年 12 月 ILO/WHO 第 13 届联合会议。提出 BOHS 并将此工作由 WHO、ILO 及 ICOH 合力推动实施。ICOH 制定了 BOHS 导则，它是为贯彻执行 ILO/WHO 关于发展基本职业卫生服务的决定的一系列新工具中的第一个关于职业卫生服务的文件。

我国卫生部在 2006 年推出基本职业卫生服务试点工作，既是贯彻实施《职业病防治法》，也是兑现“人人享有职业卫生保健”宣言的政府责任。中国向世界承诺到 2015 年达到所有劳动者享有基本职业卫生服务战略目标。

健康监护是通过各种检查和分析，评价职业性有害因素对接触者健康影响及其程度，掌握职工健康状况，及时发现健康损害征象，以便采取相应的预防措施，防止有害因素所致疾患的发生和发展。职业健康监护是近20多年来在职业卫生领域中开展起来的工作，属于第二级预防范畴。

职业健康监护是对职业人群的健康状况进行各种检查，了解并掌握人群健康状况，早期发现工人健康损害征象的一种健康监控方法和过程。结合生产环境监测和职业流行病学资料的分析，可以监视职业病及工作有关疾病在人群中发生、发展规律，疾病的发病率在不同工业及不同地区之间随时间的变化；掌握对健康危害的程度；鉴定新的职业危害、职业性有害因素和可能受危害的人群，并进行目标干预；评价防护和干预措施效果，为制订、修订卫生标准及采取进一步控制措施提供科学依据，达到一级预防的目的。

传统的健康监护是指医学监护，它是以健康检查为主要手段，包括检出新病例、鉴定疾病等。而职业性危害的病因是职业性有害因素，因此，仅仅发现职业病患者并不能达到控制病因和消除职业性疾病的目的。所以，健康监护的内容应包括接触控制（职业性有害因素的环境监测）、接触评定、医学检查（就业前和定期的健康检查、健康筛检以及职工工伤与职业病致残的劳动能力鉴定等）和信息管理等。

（一）职业健康检查

职业健康检查是为了及时发现劳动者的职业禁忌和职业性健康损害，根据劳动者的职业接触史，对劳动者进行有针对性的定期或不定期的健康体检。职业健康检查是落实用人单位义务、实现劳动者权利的重要保障，是落实职业病诊断鉴定制度的前提，也是社会保障制度的基础。

职业健康检查包括上岗前、在岗期间、离岗时和发生职业病危害事故时的应急健康检查。《职业健康监护管理办法》规定用人单位应当组织从事接触职业病危害作业的劳动者进行职业健康检查。职业健康检查应由省级卫生行政部门批准的从事职业健康检查的医疗卫生机构承担。

职业健康检查结果应当客观、真实，体检机构对健康检查结果承担责任。用人单位不得安排未经上岗前职业健康检查的劳动者从事接触职业病危害因素的作业；不得安排有职业禁忌的劳动者从事其所禁忌的作业；不得安排未成年人从事接触职业病危害的作业；不得安排孕期、哺乳期的女职工从事对本人和胎儿、婴儿有危害的作业。定期职业健康检查时，发现职业禁忌或者有与所从事职业相关的健康损害的劳动者，应及时调离原工作岗位，并妥善安置。对需要复查和医学观察的劳动者，应当按照体检机构要求的时间安排其复查和医学观察。

（二）职业健康监护档案管理

劳动者职业健康监护档案是劳动者健康变化与职业病危害因素关系的客观记录，是职业病诊断鉴定的重要依据之一，也是法院审理健康权益案件的物证。因此职业健康监护档案的内容应当满足连续、动态观察劳动者健康状况、诊断职业病以及职业卫生执法的需要，内容应当完整简要。《职业健康监护管理办法》把职业史、既往史、职业病危害接触史、相应作业场所职业病危害因素监测结果、职业健康检查结果及处理情况、职业病诊疗等有关资料规定为职业健康监护档案内容。用人单位应当建立职业健康监护档案，并按规定妥善保存好这些职业健康监护档案。劳动者有权查阅、复印其本人职业健康监护档案，在离开用人单位时，有权索取本人健康监护档案复印件，用人单位应当如实、无偿提供，并在所提供的复印件上签章。

（三）处罚

用人单位有下列行为之一者，由卫生行政部门责令限期治理，并根据情节严重或者造成健康损害后果处以不同数量的罚款：①安排未经职业健康检查的劳动者从事接触职业病危害的作业；②安排未成年工从事接触职业病危害的作业的；③安排孕期、哺乳期女职工从事对本人和胎儿、婴儿有危害作业的；④安排有职业禁忌证的劳动者从事所禁忌的作业的。

医疗卫生机构未经批准擅自从事职业健康检查的，由卫生行政部门责令立即停止违法行为，没收违法所得；并根据违法所得的数量处以不同数量的罚款；情节严重的，对直接负责的主管人员和其他直接责任人员，依法给予降级、撤职或者开除的处分。

三、工作场所健康教育的重要意义

（一）职业人群在社会发展中的地位

职业人群不仅是人类社会最富有生命力、创造力的社会资源，还是生产力。他们的文化素养、健康水平和社会适应能力都将直接影响人类社会进步和国民经济的发展，同时也影响着企业的生产效率、生存与发展。职业人群既要面对与一般人群相同的公共卫生问题，又要面对特殊的职业卫生问题，尤其那些从事有毒有害作业的人们，可能会因为职业因素对健康的影响而丧失正常的劳动能力，甚至生活自理能力。

据初步统计，我国乡及乡以上工业企业中，约有 4500 万职工接触各种有害因素，其中 45%为从事粉尘作业，20%为从事化学毒物作业，另有 30%主要从事物理性有害因素的作业。由于作业环境恶劣，新的职业病患者不断发生，目前全国每年上报的新病例约在 15000 例左右，其中主要是难以治疗的尘肺病。由于我国经济水平和科学技术水平的限制，那种理想和完美的劳动环境还十分少见，多数企业，尤其是工业企业还广泛存在着各种有害的职业因素。因此在工作场所对职业人群开展健康教育，将对促进国民健康水平的提高具有重要的现实意义。

作为农村职业卫生问题的重点是农药中毒。目前我国每年使用农药近百万吨，农村直接和间接接触农药的人口在 2.0 亿人以上。农药的运输、保管、使用都可能使人发生中毒。据统计，每年由于使用农药而中毒，加上意外伤害的农药中毒人数至少数以万计。至于因接触农药而产生的健康影响则更无确切资料。可见职业健康教育与健康促进活动，不仅要面向国有大中型企业，更要面向众多的乡镇企业和农村广大群众。

视窗 10-2：职业人群健康状况调查

随着我国社会转型、生活节奏加快及竞争加剧，职业人群职业压力大、工作负担重，职业人群健康状况令人堪忧，谢艺等对北京市西城区 6 类工作场所（国家机关单位、医院、学校、工厂、商场、科研院所）的 1784 名职工调查显示，被调查人群中患病率居前三位的疾病分别为超重与肥胖（35.6%）、颈椎病（16.9%）和脂肪肝（14.3%）；《中国居民膳食指南》知晓率为 45.2%、有主动锻炼行为的为 51.8%。刘敏等对北京市的公务员、科技人员和企业人员 3 类职业人群的健康状况和生活方式调查结果显示：三种职业人群慢性病患病率前 5 位的是：高血压（11.8%）、高脂血症（6.9%）、胃溃疡（3.0%）、贫血（2.8%）和心脏病（2.7%）。超重者占 31.5%、肥胖者占 10.4%，公务员中超重和肥胖率最高。公务员吸烟率最高为 33.4%，科技人员最低，为 22.4%。此外，精神、心理问题日益突出，呼吁职业人群关注自己的精神、心理健康问题，提高其精神、心理自我保健意识与调节能力。

（二）工作场所健康教育的概念及重要意义

工作场所健康教育指以教育、组织、法律和经济学手段，干预工作场所对健康有害的行为、生活方式和环境，以促进健康。它包含了企业管理的政策、法规和组织，职工的健康教育、积极参与改变不利健康的行为和环境以及加强卫生服务等。通过采取综合性干预措施，以期改善作业条件、增进健康生活方式、控制健康危险因素、降低病伤及缺勤率，从而达到促进职工健康、提高工作生命质量和推动经济持续发展的目的。其本质是行为和环境的双重矫正。

工作场所为实现健康促进的目标提供了良好的环境，工人几乎每天都聚集在同一地点并度过至少 1/3 的白天时间，而且已存在良好的沟通渠道，因而易于组织有关活动；工人们团结协作，相互影响的关系容易形成一致的行动，这可能是参加并坚持健康促进活动的强大促进因素；劳动力的相对稳定性（大多数工人在同一企业中供职的时间较长），也使得他们能持续参与健康促进的活动而受益。

（三）职业人群健康教育投入少产出高

工作场所需要健康促进，是因为健康的工人和健康的工作环境是一个国家最有价值的财富之一，劳动力健康的损害会消耗国家巨大的费用，经济损失可达到国民生产总值的 10%～15%。因此，健康的劳动力对于地区、国家乃至全球的社会和经济的持续发展极为重要。即使就某一具体的企业或雇主而言，对有职业病和工伤的工人所进行的治疗、康复和赔偿，其代价也极其昂贵，而减少这方面的开支以及生产力的改善所获得的回报更多。

人类社会的一切物质财富和精神财富都是由职业人群创造的。如果职业人群素质包括健康素质低下，生产力水平则不能迅速提高，因此在国际竞争中就将总是处于劣势。这种“低素质-低生产力”的恶性循环会使某些国家总是处于落后状态。职业人群医疗费用急剧的上涨也同样影响着国民经济和企业经济效益的增长，据报道，50 年代初美国的卫生总费用只占国民生产总值的 4.4%，而在 80 年代中期则增至 10.7%，1981 年企业对健康保险投资是 688 亿美元，而 1985 年则增至 1046 亿美元。1985 年因感染呼吸道疾病及外伤等所造成的工时损失则高达 3.3 亿个工作日。过高的医疗费用开支和因病伤缺勤所造成的经济损失，同样制约着发展中国家的经济发展，要想打破这种恶性循环，必须依靠发展教育和科学技术，同时也要靠发展卫生事业，特别是开展健康教育和健康促进活动，促进职业人群提高健康素质，提高生产力水平。因此，职业人群健康教育是一项投入少，成效大的工作。

此外，健康的工人和健康的工作环境还可美化企业的公共关系形象，提高其声誉，使员工的招聘变得更容易。另外，为改善雇员的福利所建立的组织（如工会），也有义务和权利为改善工人的健康状况和生活质量而努力。

案例 10-3：某工作场所的调查研究

1. 研究目的 提高职工身体素质，促进企业发展，开展职业的健康教育与健康促进工作，寻找主要问题和相应的干预措施。

2. 研究方法 现场观察、查阅有关档案材料、人群问卷调查与健康检查等。

3. 研究结果 调查结果，作业场所职业危害因素污染严重（见表 10-1）；职工的安全卫生知识水平和自我防护意识与技能不高；工作与生活中不良行为较多；职业有关疾病与职业伤害较严重。

4. 结论 职工自我保健能力和防护意识不强，总体健康水平不高。企业应针对存在的问题，采取强化管理机制，控制职业危害因素污染，改善作业条件，加强健康教育与健康促进，强化自我防护和保健意识，提高职工身体素质等综合性健康促进干预措施。

表 10-1 生产环境有害因素污染情况

	检测点次	浓度范围	平均值	超标率%
噪声（分贝）	23	83.7～110.9	96.6	56.5
电焊尘（mg/m^3）	14	1.6～76.4	11.8	28.57
矽尘（mg/m^3）	13	0.89～140.0	18.11	84.62

问题：

1. 你认为工作人员健康教育的内容是什么？
2. 你认为应该如何对工作人员进行健康促进教育？
3. 你认为要如何提高工作人员的职业生命质量？

第3节　职业人群健康教育的内容与方式

一、工作场所健康促进的概述

（一）工作场所健康促进与职业人群健康教育的概念

1. 工作场所健康促进　指从企业管理策略、支持性环境、职工参与、健康教育、卫生服务等方面，采取综合干预措施，以期改善作业条件、改变职工不健康生活方式、控制健康危险因素、降低伤病及缺勤率，从而达到促进职工健康、提高职工生命质量和推动经济可持续发展的目的。

工作场所的健康促进是由雇主、工人和社会共同努力以改善工人健康和幸福，是保持劳动力健康和增进工作生命质量的有效手段。它包括健康教育、疾病预防和健康保护三方面，而健康教育除一般教育外，重点突出职业健康教育，即职业卫生知识培训和法制化管理等，其目标主要包括：①创造一个有利于健康和安全的工作环境；②为劳动者提供重视、支持和保持健康的环境，使健康教育，健康预防和健康保护成为日常管理的一部分；③使工人能够控制和管理自己的健康；④使工人和雇主在这样的环境中共同参与该计划，从而完善健康的生活方式；⑤将健康促进的效益带入工人的家庭。

2. 职业人群健康教育　指通过提供知识、技能、服务，促使职业人群自觉地采纳有益于健康的行为和生活方式，它的本质是行为矫正。职业场所健康促进指以教育、组织、法律（政策）和经济学手段，干预职业场所的有关政策和环境，以促进健康。它包含了企业管理的政策、法规和组织，职工的健康教育、积极参与改变不利健康的行为和环境以及加强卫生服务等。

（二）我国的工作场所健康教育

国外，在20世纪70年代中期，工作场所健康教育就得到迅速发展，这主要是由于一系列的立法，促使雇主必须对雇员（甚至家人）的健康承担责任，否则有可能使其遭受极大的经济损失。在我国，由中国健康教育协会的领导和组织下，倡议并发起了“全国工矿企业健康促进工程”，标志着我国的工作场所健康教育进入了一个新时期。目前我国的职业卫生服务在公众生活中所起的作用比北美地区的还大；意识形态在经济、社会和政治体制中的中心位置，以及现有的两个平行而独立的医疗保健和职业病损伤研究体系，均对职业卫生工作提供了有利条件。但是，当前我国所面临的不是给在工作场所接触有害因素而导致健康损害的工人提供公费医疗，而是如何防止工人接触有害因素。另外，工作场所的吸烟和被动吸烟极其严重，而工作场所的健康促进可能是唯一有效的解决途径。因此，有政府一贯对劳动人民健康的关切、职业卫生法规和服务的进一步完善、产业结构的调整、工作条件的改善、工人素质和健康意识的提高以及对工作生命质量的追求，我国的工作场所的健康促进必将走向蓬勃发展。

二、工作场所健康教育的内容与方式

职业人群不仅面临与一般人群相同的公共卫生问题，还面临职业危害及职业性心理紧张等因素的威胁。促进职业健康是通过改善环境（包括具体的生活、工作环境和社会人文环境）和个人参与来提高职工的职业生命质量和社会状况发展的过程。

（一）职业人群健康教育

完整的职业人群健康教育应该包括职业健康教育和一般健康教育。为保护职业人群的健康和提高职工的职业生活质量，除了对职工进行一般健康教育外，还必须就影响职业人群健康的环境诸因素的内容进行教育（见表 10-2）。

表 10-2 职业人群健康教育内容及分类

职业健康教育	一般健康教育
生物学的	预防酒精及药物滥用
感染因子、致敏源、个人卫生	运动与适应
化学的	卫生服务利用
粉尘所致肺部疾病、化学中毒、个人防护	健康危险因素评价
物理的	高血压控制
辐射、高低温、噪声、个人防护	意外事故预防
生理的	心理健康咨询
紧张、疲劳、职业紧张控制	健康筛检
安全	合理营养教育
急救、事故预防、安全与卫生	退休职工生活质量
管理与立法	自我保健
职业卫生法规、卫生标准、管理者行为	紧张调节
	体重控制

（二）职业安全教育

职工的安全教育对于保护职工安全、维护国家、集体和职工本人这三者的利益非常重要，安全教育主要有三级教育、特种作业和经常性教育等形式。

1. 三级教育 是指对新参加工作的职工进行的入厂、进车间和岗位这三级教育。

（1）入厂教育：是对新入厂的职工（干部和工人）或调动工作的职工以及新到厂的临时工、合同工、培训和实习人员等，在分配到车间和工作地点以前要由厂方劳资部门组织，安全部门进行初步安全教育。内容包括国家有关安全生产方针政策和法规，安全生产的一般状况，企业内部特殊危险部位的介绍，一般的机械电气安全知识，入厂安全须知和预防事故的基本知识。经考试合格后，再分配到车间。

（2）车间教育：是在新职工或调动工作的工人在分配到车间后进行的安全教育。由车间主管安全的主任负责，车间安全员进行教育。教育内容有本车间的生产概况，安全生产情况，本车间的劳动纪律和生产规则，安全注意事项，车间的危险部位，危险机电设施、尘毒作业情况，以及必须遵守的安全生产规章制度。

（3）岗位教育：是指由工段、班组长对新到岗位工作的职工进行的上岗前安全教育。教育内容有工段、班组安全生产概况，工作性质和职责范围，应知应会，岗位工种的工作性质、机电设备的安全操作方法，各种安全防护设施的性能和作用，工作地点的环境卫生及尘源，毒源、危险机件，危险物的控制方法，个人防护用具的使用方法，以及发生事故时的紧急救灾措施和安全撤退路线。

三级安全教育时间不得少于 40 学时。工人经考试合格，领到安全操作证后，方可独立进行操作。没有经过三级教育并考试不合格者绝对禁止独立操作。

2. 特种作业教育 是指对接触危险性较大的特种作业人员，如电气、起重、焊接、司机、锅炉、压力容器等工种的工人所进行的专门安全技术知识培训。特种作业人员必须通过脱产或半脱产培训，并经过严格考试合格后，才能准许操作。这种培训至少每年一次。

另外，在新工艺、新技术、新设备、新产品投产前参加操作的岗位工人和有关人员也要按新的安全操作规程进行教育和培训。

3. 经常性教育　对职工应进行广泛的经常性安全教育，要在生产过程的自始至终坚持不断。一般的教育方法是班前布置、班中检查、班后总结，使安全教育制度化。重点设备或装置大修，应进行停车前、检修前和开车前的专门安全教育，安技部门应配合主管部门和检修单位进行教育，以确保安全检修。企业应集中力量确保安全检修。对重大危险性作业，作业前施工部门和安技部门必须按预定的安全措施和要求，对施工人员进行安全教育，否则不能作业。另外，还要进行必要的“离岗安全教育”、“复工安全教育”等等，以确保安全生产。

（三）职业卫生有关的健康教育

1. 职业卫生知识教育　通过各种形式的传播媒介、卫生服务和干预措施，使职工了解自己及其所处的环境、个人的生物学特征、环境因素对健康的可能影响等知识，参与环境和生产方式的改变，控制影响健康的危险因素，自觉地实行自我保健。

（1）改善劳动环境，治理职业有害因素，预防职业病的发生。几乎所有的工农业生产及科学研究过程中都会产生这样或那样的粉尘、化学毒物以及工作场所物理性有害因素，因此治理和预防有害因素的危害是目前职业卫生工作的重点，也是职业健康教育工作的重点。

（2）改变不良作业方式，预防有关工作疾病。不良作业方式一方面由客观的劳动生产所决定，同时也与个人主观的习惯有关。例如：长期站立作业如售货员、理发员、外科医生等，由于重力作用可引起下肢静脉曲张、痔疮、内脏下垂等，其他一些引起视力疲劳的作业、手动板机作业、强迫体位作业、搬运作业以及视屏作业等都可引起相应的某些疾病。因此，应通过健康教育，改变不良作业方式，预防有关工作疾病。

2. 职业心理健康教育　作业环境中除存在的生物性、化学性和物理性因素可致职业性病损外，劳动过程还可能存在精神及心理方面的不良因素，构成职业性紧张。职业性紧张不仅能引起神经症状，还是某些身心疾病的病因、诱因或促成因素。职业性紧张使自主神经功能或内脏功能发生变化，当这种变化是可逆性的生理反应时，称之为“心理生理反应”，当这种变化是持续性的或器官组织已发生病理改变时，则称之为“身心疾病”。国内一项对 6 省市职业人群进行的心理健康状况调查结果显示，该群体焦虑和抑郁状况较为严重，分别有 25.60%、23.52%和 1.58%的人处于轻度、中度和重度抑郁状态。与作业环境有关的导致不良心理发生的因素包括：工作超负荷、工作量不足、作业管理不善、职业缺乏保障、工作单调以及轮班制工作等。

由于目前激烈的社会竞争，常见的易引起职业性紧张的工作主要有：①长期从事重复、简单的作业，如各种流水线作业的工人；②长期与社会、家庭隔离的工作，如远洋航运，捕捞，天文观测与极地考察等；③经常面临突发情况、精神高度集中的工作，如外科医生、消防员、飞行员等；④企业、公司中层管理者；⑤工作环境中长期不良的人际关系；⑥职业变更或失业造成的心理恐慌等。

由 17 部委联合印发的 2008～2015 年全国精神卫生工作体系发展指导纲要等政策性文件中提出：“要针对不同地区、不同类别职工的具体情况制订适宜计划，定期开展职工心理健康教育、心理问题预防和疏导，缓解职工因工作、竞争、失业、家庭生活等带来的压力，切实维护职工的合法权益”。减轻或消除精神紧张的办法与措施应从多方面入手。首先要求企业的管理者采用先进的管理模式，合理地组织劳动与生产，正确地处理管理者与职工之间的关系，同时也要对职工不断地进行生产技能与思想认识的培训与教育，同时进行心理卫生的健康教育，即根据职工的心理生理特点，教育职工摆正自己的社会地位和角色，充分认识自己的能力、作用和价值，和谐地处理人际关系，使之感到劳动和工作成为人生的需求。对于精神或心理有异常表现者，应进行心理咨询、诊断和治疗，对于已有其他病症者也应尽快进行诊治。

3. 对缺乏医务照料职业人群的健康教育　1987 年 WHO 执行局 79 届会议指出：某些未包括在国家卫生服务范围内的职业人群，如农业工人、乡镇企业工人、未成年工人以及雇工等，应视为“缺乏医务照料的职业人群”，给予充分重视。

由于地理、交通、经济以及文化和风俗习惯等方面的原因，农业工人所能得到的医务照料远不及城市工人。但他们同样受到各种职业危害因素的威胁，如工伤、化学中毒和高温中暑等。除此还受到与农村特殊环境有关的“职业性危害”，如人畜共患疾病、破伤风、疟疾、丝虫病、血吸虫病、毒蛇及节肢动物咬伤等的威胁。同时由于农村职业人群文化程度低、构成广（包括男女老少）、生产方式落后且场所分散，难以实施成套的“健康教育规程”，通常是通过初级卫生保健加以贯彻。例如：①扩大基层卫生保健网的覆盖率，改善服务质量；②举办短训班，对基层卫生医务人员进行职业健康教育，以便对农业职业人群开展基本的职业卫生服务，并与初级卫生保健紧密结合；③通过农村新闻媒介及通俗读物对农业职业人群进行促进健康的教育。

随着乡镇企业的迅猛发展，粉尘、毒物等职业危害也日趋严重。由于生产设备及技术落后，企业管理水平低下，工作场所污染严重，空气粉尘及毒物浓度的合格率远低于市区国有企业。对乡镇企业职工的“健康促进活动”亦应与农村的初级卫生保健相结合。原则和方法与农业职业人群相仿。

4. 职业卫生法制教育 职业卫生法制教育与职业健康教育可互相促进。由于职业卫生问题是劳动者在从事某种工作过程中“被动”接受的，因此企业领导或组织者应对此负责。有关的法律法规已规定了企业负责人应当向工人说明有关职业危害，工人也有权知道其有害性，以保护自身的合法权益。但是如果工人和企业领导者缺乏职业卫生法律知识，就不可能真正了解各自的权利、义务和责任，如果企业领导或工人不知道存在着职业危害，则企业领导就不会按照有关法律法规的要求去改善劳动环境或劳动条件，也不会支持或重视环境测定和健康体检，企业职工也不会主动参与环境改造及健康体检。因此，职业安全卫生法规教育也应作为职业健康教育的重要内容之一。

（四）行为方式有关的一般健康教育

职业人群的健康不仅受职业因素的影响，同时也受到一般人群所暴露因素的影响，如生物因素、生活环境因素、个人行为与生活方式等因素，是社会各人群所共同面临的问题。一些公共暴露因素往往会加强职业因素的危害程度，因此，对职业人群也必须进行一般性健康教育。

1. 戒烟教育 吸烟是心脑血管病、呼吸道疾病及肺癌的重要危险因素，而某些职业因素恰好也是这些疾病的重要危险因素，当这些职业与非职业危险因素同时存在时，其危害效果将是协同作用，例如吸烟可刺激和破坏呼吸道黏膜，使之排出异物的功能下降，而粉尘也有类似的作用，因此粉尘作业工人如果同时又吸烟，则使吸入到肺泡的粉尘颗粒更难排出体外，因而可促进尘肺病的发生。此外，吸烟还可促使气管炎发病，如同时接触刺激性气体，则可使发病率增高，呼吸道症状也明显加重。职业流行病学还研究证明，吸烟可使从事铬、镍、铀、石棉作业工人肺癌增加几倍甚至十几倍。可见职业人群的戒烟教育非常重要。

2. 节制饮酒 过量饮酒与醉酒是导致工伤交通事故的重要原因之一。此外，由于一切有机化学毒物，也包括酒精，都要在肝脏进行分解代谢，因此饮酒可加重肝脏负担，更容易使其他化学毒物加重对肝脏的破坏作用，同时也可使中毒症状加重或更易引起中毒反应。所以，节制饮酒的教育对某些职业人群具有重要意义。

3. 营养与合理膳食教育 一些从事重体力劳动的职工，由于劳动强度过大，尚有营养不足的问题，因此应给予充分的营养。例如冶金、砖瓦等高温作业的人群，由于大量失去盐分和水分，此时应合理地补充盐和水以及维生素类等，否则会出现疲乏无力、食欲下降、睡眠困难等症状。此外，一些从事脑力劳动，又缺乏锻炼的人要防止食入过多，营养过剩。因此，要通过健康教育指导，使不同的职业人群有针对性地补充不同的营养并合理安排膳食。

4. 一般卫生习惯教育 经常洗手洗脸刷牙和洗澡，保持良好的卫生习惯，对某些人群则具有特殊意义。职业卫生学与毒理学研究结果表明，化学毒物进入体内的途径主要是呼吸道、消化道和皮肤。因此，不在有尘毒危害的现场吃喝、休息，可减少毒物进入体内的机会；接触铅等金属毒物的作业，经常洗手可以防止其从消化道吸收；农药、有机化合物、重金属、粉尘等可污染皮肤及衣物，经常清洗不仅可防止本人吸收中毒，也可防止给家庭成员带来危害；保持劳动现场清洁对预防尘毒污染也有明显效果。此外，金融业、售票员、售货员等经常接触现金货币者，其消毒洗手对防止肝炎等肠道病的传染是十分重要的。

三、工作场所健康教育的目标

职业人群健康促进已成为职业医学的重要内涵。国内外的卫生学家都深刻认识到保护职业人群健康的关键，不仅仅在于治疗有病的工人，而更应强调治疗有病的工作场所，故职业人群健康促进又称工作场所健康促进。而做好工作场所健康促进，目的在于提高职业生命质量。

（一）职业生命

WHO 将人类生命过程分为三个阶段：①生命孕育阶段，指从生命发生的一瞬间开始及儿童与青少年时期，实际上也可看作职业生命的准备阶段；②生命保护阶段（职业生命阶段），20 到 60 岁这段时期，是从事职业活动的最具活力的阶段，在整个生命过程中占有重要的地位；③晚年生命阶段；60 岁以上年龄阶段，这时期的健康和生存质量，亦与青壮年时期的职业生命质量密切相关，可视为职业生命阶段的“延续”。

（二）职业生命质量

职业生命质量的概念是指劳动者对工作的感受和职业对劳动者的身心效应，如职业满意度、身心健康和安全等。

人类职业生命质量不仅对个人健康有重要意义，并且与国家富强和民族兴旺有密切的关系。影响职业生命质量的因素包括：工作环境、补偿系统、个体权益、自主权、工作内容和内外社会关系等，特别是劳动组织的有效性能明显的影响职业生命质量。

职业生命质量与工作效果不仅是一种简单的因果关系，即通过提高职业生命质量来直接提高工作效率。而是一种更复杂的因果关系，职业生命质量可通过增进劳动者的交流、合作和工作能力，促进劳动者的参与和主动性，改善作业的人文环境，从而间接影响工作效果。

（三）提高职业生命质量的措施

“人人享有职业卫生”是 WHO 提出的全球策略，国家有关卫生机构，如疾病预防控制中心、卫生监督部门、职业卫生与职业病防治研究所等，为企业提供良好的、合格的职业卫生服务（包括生产环境监测、健康监护、危害控制咨询等），是提高劳动者职业生命质量的保证。职业人群的文化技术素养、身心健康水平、社会适应能力将直接影响人类社会进步和国民经济的发展，同时也影响着企业的生产效率、生存与发展。因此保护和促进职业人群的健康，提高职业生命质量，是实现人人享有卫生保健的重要组成部分。

1. 避免和减少因职业卫生和职业安全问题造成的健康损害　威胁职业人群的主要有害因素不仅有一些传统的职业性有害因素，如矽尘、化学毒物和某些物理因素，还有一些随高新技术与信息技术发展带来的新问题。全球经济一体化，大量国际企业的进入我国。因此，我国的职业卫生与职业医学应开拓全新的思路，努力探索前瞻性的控制策略，以避免和减少由于职业卫生和职业安全问题造成的对各类工作者的身心健康损害。

2. 要关注劳动者的精神卫生和心理卫生　需将生物-心理-社会医学模式应用到职业卫生和职业医学领域中，推动解决职业卫生和职业医学中的实际问题。我国经济体制转轨和全球性技术革新，对劳动者的知识、技能、竞争力、适应性和工作效率，都提出更高的要求。由此所致就业状态的不稳定性，角色更迭和人际冲突，使职业紧张成为当前职业卫生的突出问题。我国的职业紧张研究尚处于起步阶段，通过对“工作有关疾病”研究、行为功能测定和症状自评量表（SCL-90）分析发现，高度脑力负荷的科研人员，噪声环境作业人群、商业及其他第三产业人员，“外资”、民营企业员工的心理障碍因子，如强迫症、人际关系紧张、抑郁、焦虑、恐怖、偏执等的得分明显增高。所以，职业紧张亦正成为我国职业卫生和职业医学领域不容忽视的问题。

3. 关注“白领阶层”的职业健康问题 某些特殊职业人群，例如医务卫生人员等“白领阶层”的职业卫生与安全问题，他们在日常工作中所面临的职业性危害，包括化学的、物理的、生物的，以及工效学和心理学因素，在处理突发性公共卫生事件过程中则是首当其冲的“高危人群”。如何改善这一特殊职业人群的职业生命质量，是学科必须面对的课题。

4. 完善和提高劳动者自身技术素质是重要的保证 劳动者要在劳动过程中能主动参与和有自主权。除了有劳动组织的保证，劳动者权益的保护和补偿系统的设置外，对劳动者个体技术素质的培训和促进也是不可忽视的。劳动者的职业培训，不仅在上岗前，还需要体现在整个职业生命阶段中，使劳动者的知识和技能不断完善和提高，不但能适应生产过程变革和发展的需要，而且能主动地参与劳动，并进行创造性的劳动。

案例 10-4：评价在三资企业作业场所开展健康促进试点的效果

1. 方法 对某家三资企业职工开展 2 年综合干预措施，干预前后对职工知识、态度和行为进行调查，对作业环境进行检测。

2. 结果（见表 10-3） 企业管理人员职业卫生法律法规和基本知识平均成绩从 62.5 分提高到 93.2 分（$P<0.01$）。有毒有害从业人员职业卫生相关知识平均成绩从 48.5 分提高到 87.3 分（$P<0.01$）。从业人员职业健康体检、个人防护用品使用、执行操作规程等职业习惯均在 86% 以上，较干预前明显提高（$P<0.01$）。2005 年、2006 年有毒有害因素检测合格率达 82.1%和 90.5%，较干预前明显提高（$P<0.01$）。

表 10-3 干预前后有毒有害从业人员知识态度和行为变化 *n*（%）

项目	干预前（n=817）	干预后（n=797）
知识		
职业病防治法	335（41.0）	778（98.6）*
了解职业病危害因素基本概念	452（55.3）	771（96.8）*
了解自身岗位职业病危害因素情况	491（60.1）	707（88.7）*
了解职业病危害侵入人体途径	449（54.9）	667（83.7）*
职业危害可预防常识	281（34.4）	721（90.5）*
态度		
对个人防护用品作用的信念	558（68.3）	681（85.5）*
对准确执行操作规章意义的信念	456（55.8）	717（89.9）*
对不良生活习惯影响健康的观念	472（57.8）	651（81.7）*
行为		
上岗前职业体检	404（49.5）	709（88.9）*
定期职业体检	537（65.7）	689（86.4）*
个人防护用品使用率	439（53.7）	718（90.1）*
准确执行操作规程	525（64.2）	759（95.2）*
吸烟习惯	198（24.2）	115（14.4）*
饮酒习惯	214（26.2）	82（10.3）*
参加体育锻炼	89（10.9）	243（30.5）*

注：*表示 $P<0.01$

3. 结论　在三资企业中开展作业场所健康促进可有效提高职工职业病防治的相关知识，改变不良行为和生活方式，有效改善从业人员的作业环境，卫生部门应进一步发挥部门优势，积极推广作业场所健康促进的开展。

问题：

1. 你认为职工健康促进的有效方法是什么？
2. 你认为企业应如何干预职工健康，以促进职业场所的健康教育？
3. 你认为应该如何评价上述三资企业的行为。

第 4 节　工作场所的健康教育的效果评价

一、工作场所健康教育的计划设计

健康促进的基本出发点就是针对当前所存在的影响健康的行为危险因素，通过传播媒介的健康教育和干预措施来纠正不健康的行为，从而建立良好的生活习惯和作业方式，以促进自身和他人的健康。因此，行为矫正是健康促进的重要目标。要能很好地实施职业健康促进，首先需要对行为和环境有较为详细的了解，评估存在的主要健康问题和需求。由此可确定在职业人群中开展健康教育的目标，设计健康促进干预方案，以及实施、监测和效果评价的途径，从而构成一个完整的“系统工程”（图 10-3）。

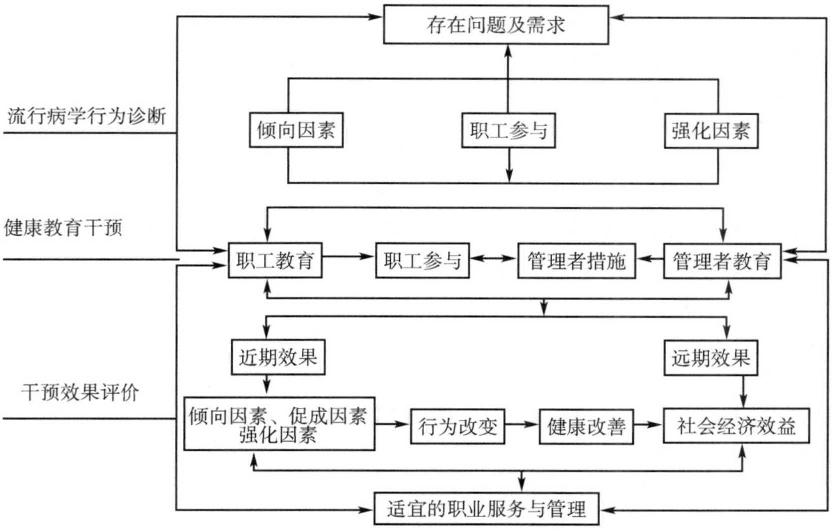

图 10-3　职业健康教育“系统工程图”模式

二、职业场所健康教育的实施

目前，职业人群的健康教育尚处于起步阶段，传统的职业卫生与安全仍占主导地位。开展此项计划的多数国家，多侧重于纠正个体的某一行为危险因素，而较少考虑各种因素的综合作用和采取综合性干预措施。我国有优越的社会主义制度，工矿企业有较严密的组织系统和广泛的社会协作基础，许多企业已具备开展全方位的工矿企业健康促进计划的条件。1996 年 7 月成立的“中国健康教育协会工矿企业健康教育委员会”，强调发挥各工业部委（局）、总公司及所属主管单位和总工会，以及计委、劳动、环保等相关机构，新闻媒介和企业自身的作用，逐步实施《中国工矿企业健康促进工程》，创造经验全面推广。

视窗 10-3：《全国健康教育与健康促进工作规划纲要 2005～2010 年》

贯彻落实《中华人民共和国职业病防治法》等法律法规，积极推进以“安全-健康-环境”为中心的“工矿企业健康促进工程”，倡导有益健康的生产、生活方式，减少和控制职业伤害、职业病及职业相关疾病的发生。

对工矿企业管理者和各种作业人群进行有针对性的安全与健康培训，新职工、女工、接毒接尘工人的岗前、岗位安全与健康培训率达到 100%；2010 年，大型企业管理人员和职工的职业安全与健康知识知晓率达到 90%以上，相关健康行为形成率达到 80%以上。

（一）提高认识，争取领导支持

职业健康教育与健康促进工作需要持续开展，尤其在作业环境改造过程中，企业要有足够的投资，且在一段时间内见不到效益，因此政府和企业管理部门往往积极性不高，这就需要对领导层进行教育开发，取得政府和主管部门的支持，争取政府将职业卫生问题纳入初级卫生保健考核指标和当地社会经济发展总体计划，这样才能从政策、法规及经费等方面得到支持。

（二）推广适宜技术，改善作业环境

职业健康水平的提高和职业病发病的下降，关键在于作业环境的改善及有害作业点的技术改造。因此在计划的实施过程中需要根据不同行业、不同作业的特点，在健康促进策略的指导下，实行跨部门协作，总结和推广各种适宜的治理技术。

（三）计划实施的主要原则

1. 生动而准确的原则 所谓生动指教育方法应具有艺术性，这样才能让职工容易接受；所谓准确指教育内容的科学性。由于职业卫生内容繁杂、特殊，从事健康教育者自己要首先充分掌握各种职业卫生知识和防护技能，才能准确有效地对职工实行指导。

2. 职业安全教育与健康教育相结合的原则 安全问题是企业突出的问题，许多职业安全与职业卫生问题往往交叉在一起，因此将职业安全教育与职业健康教育有机地相结合，将节约人力、物力、时间并收到良好效果。

3. 分类教育的原则 由于职业危害是在劳动过程中产生的，而工人又是“被动”接受的，因此国家有关法规规定了企业的责任。作为健康教育工作应掌握的原则是对职工既教育职业有害因素对健康的危害及防护措施，又避免过分强调职业危险因素的存在而影响正常的生产，而对企业一级，则应以健康促进的策略，促使企业严格执行国家的有关法规，积极改造劳动环境及条件，改进生产工艺，最大限度地减少职业危害对职工健康的影响，保护劳动者健康为主要目标。

（四）计划实施的具体办法

1. 对全社会广泛性职业健康教育 即通过电视、广播、书报、杂志等广泛传播有关职业卫生知识。政府官员、企业领导、普通群众都可随时随地收听、收看和阅读，完全可以“各取所需”，提高全社会职业健康知识水平。

2. 直接对企业的教育 根据不同行业或企业的职业卫生问题，可采用不同形式和不同内容对不同企业的领导和工人进行教育，其形式如：①宣传栏、漫画、宣传手册等；②有条件的大型企业可在车间休息室播放录像，或充分运用企业社区的闭路电视播放健康教育节目；③利用企业领导工作会议机会，发放宣传资料；④对新上岗或换岗工人要进行有关的职业卫生教育培训，使之一开始就掌握必要的自我防护技能；⑤医务人员随时教育也有很好的效果，可利用职业病患者在

住院、门诊时给予教育，然后通过他们再教育其他工人。

三、职业场所健康教育的评价

（一）评价的类型

职业健康教育的评价与其他健康教育活动的评价具有共性，可分为形成评价、过程评价、近期效果评价、中期效果评价，以及远期效果评价。

1. 形成评价　在职业场所健康教育计划执行前或执行早期对计划内容所作的评价。包括为制订干预计划所做的准备及计划设计所含各种要素，其目的是使计划更完善、更合理、更可行、更容易为职工所接受。

2. 过程评价　随时了解工作进程和控制工作质量，包括组织领导落实情况、教育方法、传播渠道、宣传培训材料的设计、选择及预试验等方面的质量和效果；相关的厂纪厂规政策的制定、出台和实施情况；健康教育的覆盖面；每次活动群众参与的数量和接受情况、满意程度；专项经费是否到位等。

3. 效果评价

（1）近期效果评价：主要评价企业职工知识、信念、态度的变化；健康知识的普及率。

（2）中期效果评价：主要评价职工行为和生活方式的变化，如健康行为的形成率；环境中危害因素的变化；卫生服务的完善和提高等，以及生产环境符合国家卫生标准的状况。

（3）远期效果评价：主要评定企业职工有关职业病的发病率、患病率、伤残率、死亡率等下降情况；职工人均期望寿命；职业生命质量的提高情况；干预投入、产出的成本效益分析和成本效果评价等。

（二）职业场所健康教育评价的指标体系

由于职业卫生是一项政策性很强的工作，具有本身的特性，因此作好职业场所健康教育评价的关键在于指标的选择及评定指标的权重大小。评价的指标大致可归纳为支持指标、工作指标和效果指标三类。

1. 支持指标

（1）领导支持：试点地区或企业重视，成立领导小组，制订实施方案。将厂矿企业的健康教育与健康促进工作纳入本地区或企业经济和生产发展计划，作为考评指标，认真组织实施。

（2）组织支持：企业内各部门配合，有各级健康促进网络组织，有专、兼职健康促进人员，有以法制保障为基本特征的健康教育服务体制。

（3）经济支持：企业保证健康促进和健康教育经费的投入，并逐年有所增长。

2. 工作指标

（1）企业领导、管理人员和技术工程人员接受职业健康教育（包括安全职业安全法规和职业危害防治知识）和一般健康教育的培训覆盖率。

（2）职工接受职业健康教育（包括职业安全法规和对职业危害的知情权）和一般健康教育（培养良好行为生活方式）的培训率。

（3）企业职工健康监护档案建档率。

（4）企业职工就业前体检和定期体检率。

（5）企业环境卫生监测率。

（6）建立健全有关工作场所健康促进的规章制度。

（7）厂区绿化覆盖率。

3. 效果指标

（1）近期效果：如企业领导职业健康教育和一般健康教育知识的知晓率；职工职业健康教育

和一般健康教育知识的知晓率。

（2）中期效果：如职工健康行为形成率（戒烟、体育锻炼、劳动防护用品的使用等）；职工健康监护合格率；厂区、公共场所、办公室、宿舍、食堂等卫生达标率（一般生活性环境监测）；工作场所环境监测合格率（尘、毒、噪声等有害因素的职业环境监测）。

（3）远期效果：如职业性病损发病率逐年递降率；职业病发病率逐年递降率；职工年均医药费；非职业性慢性病发病率（如高血压、糖尿病、肿瘤等病）。

（牡丹江医学院　林　英）

第十一章　家庭健康教育

案例 11-1：关注留守儿童

从 2015 年 5 月 8 日开始，几个孩子就都不去上学了。乡干部和老师多次家访，可大多吃了“闭门羹”。一个月后，悲剧发生了。2015 年 6 月 9 日晚，贵州省毕节市七星关区田坎乡的 4 名留守儿童在家中死亡——来自新华社等媒体的报道显示，4 名儿童是一兄三妹，最大的哥哥 13 岁，最小的妹妹才 5 岁，4 人系集体喝农药自杀，哥哥还留下了一封遗书（警方公布的遗书大概内容为：谢谢你们的好意，我知道你们对我的好，但是我该走了…）。目前，当地相关负责人已有 5 人被处理。

是什么把 4 个孩子推向了绝路？根据媒体报道可知，孩子父亲在外打工寄回的钱足以支撑他们的基本生活。对于 4 兄妹的悲剧，当地许多村民归结为是孩子们严重缺乏父爱母爱的结果。他们在家暴的环境里成长，性格孤僻。4 个孩子的爷爷奶奶已经过世，外公外婆年纪大了且距离较远无法照顾孩子。在母亲出走不知去向、父亲外出打工后，几兄妹就如同生活在与世隔绝的孤岛之上。

毕节 4 名留守儿童的离世，让留守儿童受到关注。农村留守儿童高度集中在川、豫、皖、粤、湘等劳务输出大省。以上五个省份留守儿童在全国留守儿童总量中所占比例达到 43.64%。重庆、四川、安徽、江苏、江西、湖南的农村留守儿童占该省农村儿童的比例已经超过 50%，平均 10 个儿童中，至少有 5 个儿童是留守儿童。

根据全国妇联发布的《我国农村留守儿童、城乡流动儿童状况研究报告》显示，现在我国有 6000 多万留守儿童和 3500 多万流动儿童。农民外出务工是我国留守儿童的一大成因。国家统计局 2016 年 1 月最新发布的数据，我国 2015 年全年农民工总量 27747 万人，比上年增加 352 万人，其中，外出农民工 16884 万人，比上年增长 0.4%。

青少年阶段是最需要父母关爱的阶段，可很多留守儿童却只能伴着‘亲情饥渴’而成长。据资料显示，留守儿童心理健康问题的检出率高达 57.14%，而且父母打工年限越长，孩子的心理问题越严重。他们中的一部分性格孤僻，自闭、自卑，心理问题不能及时疏导，意外伤害比例高，缺乏有效教育，社会认知与行为习惯存在偏差。

留守儿童不只是一群缺少父母照看的人，他们是这个时代的孤儿，他们的成长与中国的未来也息息相关。

问题：

1. 什么是家庭？
2. 健康家庭应具备的条件有哪些？

家庭是社会的细胞，是人类最密切的精神接触场所，是个人生活的重要处所。家庭中每位成员的心理、行为和生活方式等，在很大程度上受家庭环境的影响。同时，家庭是构成社会的基本单位。中国是世界上人口最多的国家，同时也是世界上家庭数量最多的国家。家庭规模、结构、类型这些特征随着外部环境的变化也呈现出多样性和复杂性。家庭的类型和生活质量密切相关，因此，开展家庭健康教育与家庭健康评估工作十分重要。

第1节 家庭概述

家庭是一种极为普遍的社会现象，存在于任何民族、国家和阶层。家庭是个体生存的具体环境，是人们在其中生活得最长久的社会组织，是构成社会的基本单位，其最基本的职能是通过人的生产与再生产来维持生命的延续和人类繁衍，以维持社会的存在。

一、家庭的定义、类型与特点

（一）家庭的定义

家庭是指在同一处居住的，靠血缘、婚姻或收养关系联系在一起的，两个或更多的人所组成的，由法律、习俗和伦理固定下来的、共同生活和彼此依赖的基本团体。现代意义的家庭除了强调婚姻关系和法定的收养关系外，也承认多个朋友组成的具有家庭功能的家庭，如同性恋家庭、同居家庭、群居家庭等。同时，也有人提出家庭是通过生物学关系、情感关系或法律关系连接在一起的一个群体。总之，家庭是以血缘、婚姻、供养、情感和承诺的永久关系为基础而建立起来的，有共同生活活动的基本群体。

家庭是人类生活的主要处所，人们习惯于家庭生活，主要的人际关系和最基本的生活经历都发生在家庭，日常生活饮食起居需要家庭，遇到事情更离不开家庭。家庭对健康的影响涉及家庭成员的生理、心理和行为的各个方面，是个人健康和疾病发生发展的最重要的背景因素。家庭成员的疾病和健康状况与家庭的生活方式、生活环境、人际关系密切相关。

（二）家庭的类型

家庭主要有3种基本类型：婚姻家庭、一方抚养子女家庭和非婚姻家庭。

1. 婚姻家庭 是按照婚姻家庭关系基本准则、具有合法婚姻关系的夫妇及其未婚或已婚子女组成的家庭。一般包括两类，第一种类型主要有核心家庭（由父母及其未婚子女组成）、主干家庭（由父母与已婚子女组成及其第三代组成）、联合家庭（由父母和几个已婚成家子女及其孙子女组成）等；另一类包括夫妻分居家庭、丈夫或妻子或父亲或母亲离家家庭、丁克家庭、继父母家庭、领养或抚养家庭等。

2. 一方抚养子女家庭 包括自愿单身领养、非自愿单身领养家庭、父母离异有孩子的家庭等单身、单亲家庭，随着改革开放的不断深入及城市化的发展，由于人口流动性增加、离婚率升高等原因，单身、单亲家庭等也呈上升趋势。

案例11-2：北大学生弑母案

2016年3月3日，福州警方发布了一则悬赏通告。通告称，2月14日情人节，警方发现一名女子谢天琴死在福州一所中学教职工宿舍内，其22岁儿子吴谢宇有重大作案嫌疑，警方悬赏万元缉捕。犯罪嫌疑人吴谢宇就读于北大，其作案后封死了教职工宿舍，将尸体放在床上，用塑料包裹十余层，并在缝隙中放入活性炭吸臭。此外，他还在房间内安装了监控，并且连接了电脑。吴谢宇弑母后，还以母亲名义贷款。死者谢天琴为福州教育学院第二附属中学的历史老师。一位学生称谢天琴很疼爱她的儿子，从小就以他儿子为荣。谢天琴丈夫前几年因病去世，只剩母子俩相依为命。据悉，犯罪嫌疑人吴谢宇曾是2012年福州一中高考状元，同年就读北大经济学院。公开资料显示，大一大二学年，其在北大均获取了奖学金。吴谢宇初中时便成绩优异。他初中就读于母亲所在学校。

北京大学官微通报称，“我们关注到网上流传的警方通告，对逝者表示痛惜，对家属表示慰问。目前警方正在对案件进行侦查，我们会积极配合并做好相关工作。”

据北大经济学院学生称，吴谢宇过去一年基本不怎么在学校，同学都在找他。他学习成绩很优秀，此前一直在考GRE，准备申请出国留学，但2015年年中开始便联系不上了。直至看到新闻才知道发生了这样的事，同学感到震惊。

问题：

以该类型家庭出现的问题为例，谈谈什么是理想的健康家庭关系？

3. 非婚家庭　包括同居家庭、同性恋家庭、享用同一居室的人组成的家庭、非亲属关系组成的家庭等不具备传统家庭形式的家庭，但也行使着类似的功能。非婚家庭在某些西方国家和我国一些城市、地区有明显上升趋势。

视窗11-1：

据央视新闻报道：国家卫生计生委2015年5月14日发布《中国家庭发展报告（2015年）》（简称《家庭报告2015》）显示，我国当前家庭小型化、多样化。家庭的不完整、父母外出，都对儿童和青少年造成重大影响。父母双方共同承担教育的比例只占11.7%，甚至有近三成的农村0到5岁儿童在调查期的近一个月之内没有见过父母。超过三分之一的中青年认为工作压力大，近十分之一的中青年认为工作与生活存在着较大或者极大的冲突。在生活不能完全自理的老年人中，近30%没有获得他人照料。

（三）我国家庭的特点

由于我国实施了多年的计划生育政策以及城乡居民生活水平不断提高，《家庭报告2015》调查的主要结果显示，当前，我国家庭发展呈现出以下几个特点。

1. 家庭规模小型化、家庭类型多样化　现在是以二人家庭、三人家庭是主体，由两代人组成的核心家庭占六成以上。同时，单人家庭、空巢家庭、丁克家庭也在不断地涌现。

2. 家庭收入差距明显　收入最多的20%的家庭和收入最少的20%的家庭相差19倍左右。

3. 家庭养老需求和医养结合的需求比较强烈　现在家里的老人养老靠自己和家庭成员。老年人养老最强烈的需求是健康医疗，特别是对社会化需求比较强烈。

4. 父亲在照料和教育儿童的过程当中发挥的作用、扮演的角色比较有限　父亲在这方面还有待于改进和提高。

5. 计划生育家庭的发展状况明显好于非计划生育家庭　总体比较而言，计划生育家庭比非计划生育家庭在经济发展方面、健康管理、代际互动等方面都明显有优势。

6. 流动家庭和留守家庭已经成为家庭的常规模式　据了解当前的流动家庭接近于20%，也产生一些留守儿童、留守妇女、留守老人。

7. 城乡针对家庭的社区公共服务差异明显　农村社区提供的各项公共服务比例明显低于城市社区，基础卫生设施亟待改进。

视窗11-2：

2015年11月11日，国家卫生计生委在京发布《中国流动人口发展报告2015》，这是官方发布有关流动人口的第6个年度报告。《报告》指出，“十二五”时期，我国流动人口年均增长约800万人，2014年年末达到2.53亿人。预测到2020年，流动人口将逐步增长到2.91亿，年均增长600万人左右。近九成已婚新生代流动人口是夫妻双方一起流动，与配偶、子女共同流动的约占60%。越来越多的流动家庭开始携带老人流动，户籍不在原地且离开户口登记地半年以上的60岁以上流动老人为1060.8万人。“我国人口发展已经从生育主导转向迁移主导，地区性人口变化主要是由于迁移流动。”

（四）家庭关系

从家庭的发展历史来看，健全的家庭关系主要有 8 种。

1. 婚姻关系 传统的家庭都是由成年男女通过合法的婚姻而建立的，姻缘是联结家庭的中心纽带。

2. 血缘关系 血缘关系是最古老的家庭关系，原始社会的氏族家庭就是一种血缘家庭，家庭总是以血缘关系而延续、扩展着。

3. 亲缘关系 家庭以婚姻关系、血缘关系为基础而发展亲缘关系，大家庭中的亲缘关系最为庞大和复杂，庞大的亲缘关系也提供了丰富的家庭内部资源。养子、养女、继父、继母、干爹、干妈、岳父、岳母、公公、婆婆等都是以亲缘关系为纽带而联结的家庭关系。

4. 感情关系 婚姻、家庭必须以感情为基础，有位伟人曾说过“没有感情的婚姻是不道德的婚姻”。婚姻、家庭一旦失去了感情色彩，便失去了灵魂和其应有的作用。家庭是一个避风港，而只有充满温馨和爱心的家庭才能成为避风港。

5. 伙伴关系（相伴相爱） 夫妻双方既是性生活配偶，又是生活中的伴侣。家庭中的伙伴关系是以感情、爱情为基础的，因此实际上是一种爱的伙伴。

6. 经济关系 家庭经济是社会经济积累与消费的重要形式，个人的经济发展与消费总是以家庭为单位的，家庭是社会最基本的经济消费团体。

7. 人口生产与再生产关系 人口生产是家庭独一无二的功能，虽然试管婴儿的研究已经取得成功，但任何其他的社会团体都不能承担这一功能。

8. 社会化关系 家庭是一个人社会化最重要的载体。家庭承担着培养合格的社会成员的责任，因此存在着榜样与模仿、教育与被教育、影响与被影响的关系。实际上，社会上存在着大量关系不健全的家庭，如单身家庭、单亲家庭、同居家庭、同性恋家庭等，关系不健全的家庭往往存在更多的问题。

二、家庭结构与功能

（一）家庭结构

家庭的内在结构包括权力结构、家庭角色、沟通类型和价值观四个方面。

1. 家庭权力结构 家庭的权力中心即为一家之主，它可以是约定俗成的，如父亲为一家之主，也可以是继承的，如传统的大家庭有长子在父亲去世后掌握家政大权的规定。随着社会的变迁，家庭权力中心的形成越来越受感情和经济因素的影响，而且封建专制的家庭权力形式正逐渐向民主、自由的家庭权力形式转变。

2. 家庭角色与沟通 对于所有家庭成员都存在传统的角色期待，如妻子和母亲的传统角色被认为是富于表情或感情的，包括生育、抚养子女、照顾老人、做家务、性活动、体贴丈夫、为儿童提供“女性”行为的模型。而丈夫和父亲的传统角色被认为是更有用的，包括挣钱养家、负责做出重要的决定、最终的权威性活动、在某种程度上照顾孩子和老人、抵御外力的侵袭、作为“男性”行为的模型。儿童的角色一直被认为是被动的，包括孝敬长辈、服从决定、学习技能、完成学业、帮助家长、实现父母的愿望等。家庭角色健康的关键点在于家庭内应有良好的沟通，幸福的家庭，必从良好的沟通开始。健康家庭能维持良好的交流关系，能相互提供感情上的支持，并一致应付困难，对内有共同的“家庭认同感”。夫妻作为家庭角色的核心主体，任何一方的行为，都会受对方的影响。如果一旦出现沟通不良等问题，就会导致各种婚姻家庭问题，引发各种婚姻家庭的矛盾冲突，甚至导致婚姻解体。

3. 家庭价值观 家庭的价值观是指家庭成员对家庭活动的行为准则和生活目的的共同态度或基本观念，它是一种非常微妙的东西，常常不在人的意识范围之内，却深深地影响家庭成员的感觉、思维方式和行为。每个家庭中的成员可以有自己的价值观，它们相互影响并形成家庭所共有的价值观。价值观的形成受传统观念、社会伦理道德和法律规范等因素的影响，也与个人品质、受教育水平、社会地位、经济状况、个人信仰等因素有关。一个家庭的疾病观、价值观直接关系到家庭成员的就医行为、遵医行为、实施预防措施、改正不良行为习惯等方面，因此对维护家庭健康至关重要。由于家庭的价值观直接关系到家庭健康教育的成败，因此健康教育工作者在开展家庭健康教育之前必须了解一个家庭的价值观，确认健康问题在家庭中的地位，才能同家庭一起制订出切实可行的健康教育计划，从而解决家庭中的健康/疾病问题。

（二）家庭功能

家庭作为将生物人转化为社会人的第一个社会基本单位，其功能是任何机构所不能替代的。家庭的功能有两个方面：对社会的作用和对家庭成员的作用，这两个方面有机地联系在一起。现代家庭的主要功能有以下几个方面。

1. 情感功能　家庭是建立在感情基础之上的，并以血缘和姻缘为纽带相结合，家庭成员的感情交流最为直接、频繁，也最为深厚。家庭成员通过相互理解、相互关怀与支持，以及共同的娱乐活动，调节心身、恢复体力，并增强家庭成员间的亲密程度。

2. 性爱与生殖功能　性爱功能体现在大多数人们通过建立家庭满足性欲，家庭在保证夫妻正常性生活的同时，又借助法律、道德和习俗的力量来限制家庭之外的各种性行为。生儿育女是家庭自产生以来所特有的功能，包括生殖和抚育两个方面。家庭生育子女、传宗接代的功能使人类种族和社会延绵不断。

3. 抚养和赡养功能　抚养是指夫妻之间以及家庭中同辈人之间的相互供养、帮助和救援，这体现了同辈人应尽的家庭责任和义务。赡养是指子女对家庭中长辈的供养和照顾，体现了下一代人对上一代人应尽的家庭责任和义务。

4. 经济、教育和社会化功能　家庭必须为其成员提供充足的物质资源，如金钱、生活用品、居住空间等。只有具备充足的经济资源，才能满足家庭成员的生理需要、接受教育、医疗保健、健康促进的需要。同时，家庭还具有把其成员培养成合格的社会成员的社会功能。童年期是社会化的关键时期，家庭中的亲子关系和家长的言传身教，对儿童的语言、情感、角色、经验、知识、技能与规范方面的习惯均起潜移默化的作用。

5. 健康照顾功能　通过家庭成员间的相互支持，可以抚养子女、赡养老人、保护家庭成员的健康，家庭成员生病时，能提供多方面的照顾。家庭照顾主要包括：提供适当的饮食、居住条件等物资资源，能够维持适合与健康的居家环境，有足够的维持个人健康资源，进行保健和病人的照顾，为病患伤残者提供家庭支持，当家庭某一成员出现严重健康问题（身体上或精神上异常引起病患或残疾）时，家庭会调动所有资源提供人力、财力、物力以及精神、情感等方面的支持。

（三）家庭健康

家庭健康是指能持续地为每位家庭成员保持最佳的健康状况和发挥最大的健康潜能提供资源、指导和支持，能够满足和承担个体的成长的家庭。健康家庭中每位成员都能感受到家庭的凝聚力，这种家庭的特点是家庭成员精神健全，相互间有承诺、有感情，并互相欣赏，积极交流，共享时光，同时，家庭有能力应对压力和处理危机。

1. 健康家庭模式

（1）临床模式，是指家庭系统在生理、心理、社会文化、发展及精神方面的一种完好的、动态变化的稳定状态，家庭没有功能失调或衰竭的表现。

（2）角色执行模式，认为家庭能有效地执行家庭功能和完成家庭发展任务。

（3）适应模式，认为家庭能有效地、灵活地与环境相互作用，完成家庭的发展，适应家庭的变化。

（4）健康幸福论模式，认为家庭能持续地为家庭成员保持最佳的健康状况和发挥最大的健康潜能提供资源、指导和支持。

这四个模式没有相互重叠，而是反映不同层次的健康家庭。

2. 健康家庭应具备的条件

（1）家庭给予各成员有足够的自由空间和情感支持，家庭各成员对某一角色的期望趋于一致。

（2）家庭成员有自己的健康观、疾病观等家庭价值观。并能用共同信奉的价值观来增进家庭成员的发展，共同面对挑战和共享平等发展机会。

（3）家庭有良好的交流氛围，家庭成员间交换信息清晰、具体、有效。

（4）家庭成员在进行家庭决策时体现民主和集中。

（5）家庭有健康的居住环境和生活方式以及有支持和关心的温馨氛围，家庭内的安全、膳食营养、运动、闲暇等是成员健康发展的重要基础条件。

（6）家庭能充分参与邻里间的互动，参与自愿组织、民间组织等活动，能充分运用社会网络，利用社区资源满足家庭成员的需要。

健康家庭受到家庭成员的知识、态度、价值、行为、任务、角色，以及家庭结构类型、沟通、权力等因素的综合影响。家庭成员保健知识、健康行为等与其健康状况呈正相关，而家庭婚姻、沟通、权力结构与经济状况等也与健康家庭密切相关。

因此，理想的健康家庭不等于每个家庭成员健康的总和。在评估健康家庭时，不能仅通过对家庭成员健康的评估来评定健康家庭，也不能只局限于个体的行为、态度、信仰和价值，而是要扩展到整个家庭系统。

第 2 节　家庭与健康

WHO 在《2000 年人人健康全球策略》中提出"健康首先从家庭、学校、工厂开始"。家庭结构完整、功能良好、成员间和睦、感情融洽的健康家庭可以促进成员的身心健康。家庭不仅是引发疾病的因素，也是开展卫生保健的最基本单位，了解家庭与健康的关系是健康教育学的重要内容之一。

一、家庭对健康和疾病的影响

家庭可以通过遗传、环境、感情、支持、社会化等途径来影响个人的健康，个人的疾患也可以影响家庭的各方面功能。

（一）遗传和先天的影响

人类每一个体都是一定的基因型与环境相互作用的产物，许多疾病都是通过基因而继承下来的，如血友病、地中海贫血、G-6-PD 酶缺乏症、白化病等。一些影响健康的生理或心理特性也受遗传因素的影响，家庭成员在这些方面经常有类似的遗传倾向。例如：研究表明，怀孕期间严重焦虑的母亲所生的婴儿有神经活动不稳定的倾向。

（二）对儿童发育及社会化的影响

家庭是儿童生理、心理和社会化成熟的必要条件。个人心身发育的最重要阶段（0～14 岁）大多是在家庭内完成的。儿童躯体和行为方面的异常与家庭病理有密切的关系。例如，长期丧失父母照顾与三种精神问题：自杀、抑郁和社会病理人格障碍有关。3 个月至 4 岁这段时间是儿童心身发育的关键时期，因此，这时期的父母亲情对儿童的影响也最深刻，健康教育人员应劝告家长尽可能避免在此期间与孩子长期分离，若不可避免，应采取一些必要的措施来减少儿童心灵上的创伤。随着目前我国离婚率的不断上升，单亲家庭日益增多，这给儿童的成长造成了很大的负面影响。

（三）对疾病传播的影响

家庭可以是导致疾病的场所。容易在家庭中发生传播的疾病多为感染性疾病和神经质。例如：Meyer 和 Haggerty（1962 年）的研究表明，链球菌感染与急、慢性家庭紧张有关。病毒感染在家庭中也有很强的传播倾向。Buck 和 Laughton（1959 年）的研究证实，有神经性疾患的人的配偶也有产生与他们自己相同的神经性疾患的倾向，尤其是在结婚第 7 年之后。患神经质母亲的孩子也处于患类似神经性疾患的危险之中。家庭在疾病发生、发展、治疗、转归中均存在影响。

（四）对成年人发病率和死亡率的影响

研究证实：对于成年人的大部分疾病来说，丧偶、离婚和独居者的死亡率均比结婚者高得多，鳏夫尤其如此。丧偶后的第一年中，寡妇或鳏夫的疾病死亡率明显升高。有研究表明，年轻鳏夫（25～35 岁）因多种疾病的死亡率都比对照的结婚组高 10 倍，而当他们再婚后，死亡率都低于普通对照组。良好婚姻对家庭成员的健康有保护力，至少对男性如此。

（五）对疾病恢复的影响

家庭是治疗疾病的良好场所，家庭的支持对各种疾病尤其是慢性疾病和残疾的治疗和康复有很大的影响。研究表明，很多疾病发生前都伴有生活压力事件的增多；家庭也常常影响慢性病患者对医嘱的依从性，如在糖尿病患者的饮食控制中，家人的合作与监督是最关键的因素；脑中风瘫痪病人的康复，更与家人的支持密切相关。

（六）对求医行为、生活习惯和行为方式的影响

1. 求医行为的影响　家庭成员的健康信念往往相互影响，一个成员的求医行为受另一个成员或整个家庭的影响。家庭的支持也常影响家庭成员求医的频度，若某一家庭成员频繁就医或过分依赖医生和护士，往往表示家庭有严重的功能障碍。

2. 生活习惯和行为方式的影响　家庭中的成员往往具有相似的生活习惯和行为方式，由于受模仿和从众心理的影响，一些不良的生活习惯和行为方式也常成为家庭成员的“通病”，明显影响家庭成员的健康。例如：父亲吸烟，儿子也容易吸烟等。

二、家庭生活周期

家庭生活周期通常是指家庭遵循社会与自然规律所经历的产生、发展与消亡的过程，通常经历恋爱结婚、怀孕、养育儿女、空巢、退休、丧偶独居等时期。家庭就如同人的一生一样，也需要经历幼年、青少年、成年、老年等发展阶段。每个阶段在生理、心理及社会等方面都会面临不同的问题。家庭生命周期的概念最早由乡村社会学家（Sorokin，Zimmermann and Galpin，1931；Loomis and Gamilton，1936）提出，用以描述家庭内所发生的一系列生命事件，其中最重要的就是婚姻、生育、子女离家与死亡。之后，此概念被大量引用修改，直至 1997 年，美国学者 Duvall 根据家庭的功能将家庭生活周期分为 8 个不同阶段：新婚期、第一个孩子出生、有学龄前儿童、有学龄儿童、有青少年、孩子离家创业、父母独处（空巢期）和退休（表 11-1）。实际上，家庭的生活周期是与个体的发育时期交织在一起的。然而，在一些特殊的场合，家庭并不经历生活周期的所有阶段，可在任何一个阶段开始或结束，如离婚和再婚，这种家庭往往存在更多的问题。家庭的生活周期一般可以根据家庭结构和每个家庭成员的客观资料来确定。

表 11-1 家庭生活周期及面临的重要家庭问题

阶段	时间	定义	家庭问题	保健服务重点
新婚期	2 年	男女结合	1. 性生活协调及优生咨询 2. 双方互相适应及沟通 3. 稳定婚姻关系 4. 适应新的亲戚关系 5. 准备承担父母角色	健康与优生咨询 生殖健康与性健康教育 家庭角色适应 家庭关系与家庭咨询 优育与孕期保健知识
第一个孩子出生期	2 年 6 个月	最大孩子介于 0～30 个月	1. 父母角色的适应 2. 经济压力问题 3. 生活节律变化 4. 养育和照顾幼儿的压力 5. 母亲的产后恢复	科学育儿与母乳喂养 计划免疫指导 小儿常见病预防 家庭消费与理财 母婴护理与产后恢复指导
有学龄前儿童期	3 年 6 个月	最大孩子介于 30 个月～6 岁	1. 儿童的心身发展问题 2. 安全保护问题	婴幼儿身心发育指导 环境安全和家庭急救知识
有学龄儿童期	7 年	最大孩子介于 6～13 岁	儿童的心身发展，上学问题，性教育问题，青春期卫生	儿童行为习惯、身体与心理健康教育
有青少年期	7 年	最大孩子介于 13～20 岁	1. 青少年的教育与沟通（代沟问题）、社会化 2. 青少年的性教育及与异性的交往、恋爱	防止意外事故 健康生活指导 青春期教育和性教育 恋爱与婚姻教育
孩子离家创业期	8 年	最大孩子离家至最小孩子离家	1. 父母与子女的关系改为成人与成人的关系 2. 父母感到孤独，父母应发展个人社交及兴趣	情感教育 心理健康教育与咨询 生理功能带来心理及精神问题指导
父母独处（空巢期）期	15 年	所有孩子离家至家长退休	1. 恢复仅夫妻两人的生活，女主人特别孤寂难过 2. 重新适应婚姻关系，与孩子的沟通问题，维持上下代的亲戚关系	心理压力疏导 劳逸结合与预防中年常见病 慢性病行为危险因素预防 生活与工作变化适应
退休期		退休至死亡	1. 经济及生活的依赖性高 2. 面临老年性各种疾病、心理变化、衰老、死亡（临终关怀、丧偶的适应）	卫生保健与生活照料能力 身心健康和社会功能调整 临终关怀教育

三、家庭健康教育和家庭生活周期健康教育

1. 家庭健康教育 就是以家庭健康为目标，对家庭成员进行有计划、有组织、有系统的教育活动，促使家庭成员自觉地采取有利于健康的行为和生活方式，消除和降低影响健康的危险因素，以达到预防疾病、促进健康，提高生活质量的目的。

2. 家庭生活周期健康教育 家庭环境直接影响身心健康，家庭成员的性格、生活习惯、心理状态将相互影响。性格孤僻、冷若冰霜的父母，很难培养出天真活泼的孩子。作为孩子首任老师的父母和长辈，必须加强自身修养，不断学习，掌握健康而正确的知识，在思想、道理、行为和生活方式等诸多方面成为子女的楷模，养成有规律的起居，早晚要正确刷牙，食后漱口，饮前便后要洗手、不挑食、不暴饮暴食、不随地吐痰、不吸烟、不酗酒，每天要坚持体育锻炼，生活要有规律等等，这些健康行为，在家庭成员的相互影响下，天长日久就会成为习惯，习惯成自然。家庭能及早发现健康问题，如疾病的先兆和早期症状，并对各种应急事件做出反映，同时家庭又是卫生保健系统中不容忽视的一部分。国外学者把病人、家庭和卫生保健系统地描述为“治疗三角”，三者间相互影响制约，当家庭成员支持医生的治疗方案时，就能促进病人的康复，反之就会阻碍疾病的治疗，可见

积极开展家庭健康教育，使每个家庭成员都掌握必要的保健知识，不仅有助于对疾病进行早防早治，而且有助于发挥卫生保健系统的最大效能，使人人享有初级卫生保健得到更好的落实。

第 3 节　不同家庭生活周期的健康教育

目前普遍将家庭生活周期分为 8 个阶段，每个阶段都有不同的家庭问题，针对不同的家庭问题，健康教育的内容也将是不同的。本教材重点讲述新婚期、围生期、学龄前儿童期、青春期、更年期及老年期的家庭健康教育问题。

一、新婚期及围生期

新婚期一般指从确定婚姻关系（结婚登记）到结婚后一年为新婚期。WHO 规定，围生期一般是指自妊娠第 28 周（即胎儿达到或超过体重 1000g，或身长达到 35cm）至出生后足 7 天之内的一段时间。这一时期健康教育的内容主要包括婚前、孕前、孕期、产时、产后保健。

（一）婚前、孕前保健（围婚期）

1. 婚前家庭健康教育　包括：开展婚前卫生咨询与指导，有关性卫生的保健和婚检教育；新婚避孕知识及计划生育指导；受孕前的准备、环境和疾病对后代影响等孕前保健知识；遗传病的基本知识；影响婚育的有关疾病的基本知识；其他生殖健康知识。进行婚前卫生咨询时，应当为未婚夫妇提供科学的信息，对可能产生的后果进行指导，并提出适当的建议。

视窗 11-3：出生缺陷“三级预防”

一级预防：指通过健康教育、选择最佳生育年龄、遗传咨询、孕前保健、合理营养、避免接触放射线和有毒有害物质、预防感染、谨慎用药、戒烟戒酒等孕前阶段综合干预，减少出生缺陷的发生。

二级预防：指通过孕期筛查和产前诊断识别胎儿的严重先天缺陷，早期发现，早期干预，减少缺陷儿的出生。

三级预防：指通过对新生儿疾病的早期筛查，早期诊断，及时治疗，避免或减轻致残，提高患儿生活质量。

婚前检查和指导是家庭优生的第一步，父母的健康是子女健康的基础和保证，婚检的内容为：全身检查、生殖器检查、遗传病和先天性疾病检查以及血型检查等。如果发现有痴呆、精神分裂症、遗传性疾病等的均应禁止结婚。对健康的双方，还要做好遗传咨询、婚后避孕和家庭生育计划的指导。

视窗 11-4：全国出生缺陷发生率持续升高态势正在得到遏制

中国现有 8.8 亿妇女儿童，拥有世界上规模最大的妇女儿童的群体。全国出生缺陷发生率持续升高态势正在得到遏制。1996～2011 年，我国围产儿出生缺陷发生率从 87.67/万上升至 153.23/万。国家针对孕前、孕期、新生儿等不同阶段，落实出生缺陷三级预防措施，实施了一系列重大公共卫生服务项目。监测数据显示，2012 年、2013 年全国围产儿出生缺陷发生率分别为 145.64/万和 145.06/万，比 2011 年降低 0.7 和 0.8 个千分点，出生缺陷综合防治初见成效，神经管畸形单病种发生率明显降低。

2. 心理健康教育　人们在热恋中，双方很容易沉溺于感情的漩涡之中，而婚后却是男女双方“互相发现”（特别是缺点）的暴露时期，这是许多新婚家庭普遍存在的问题，也是婚前心理准备不足的表现。生活充满矛盾，夫妻双方本来是在两个不同家庭成长起来的，长期养成的个性、处事、习惯会有很大差异，谦让是处理矛盾的一把钥匙。如果没有谦让作纽带，就难以做到互相理解。因此夫妻双方应该做到冷静的“心理反思”，对两人的性格差异、志向高低、爱好上的差别、事业心的强弱、品德的好坏、生活习惯上的不同等方面要有充分的认识和心理准备。

3. 生育时间的选择 有计划的生育是改善妇女和儿童健康状况的最有效的一种措施，怀孕次数多和怀孕间隔太短、高龄生育或生育年龄太小等因素造成了全世界大约三分之一的婴儿死亡。避免18岁以前怀孕，且怀孕间隔最少应为2年，这样才能显著地改善妇女和儿童的健康。从健康角度考虑，妇女在18岁以前是不能怀孕的，因为18岁以前的女性在生理上还未成熟，这时生育很容易出现早产儿和低体重儿，这些孩子又极易在第一年内死亡；同时，这时生育对母亲本身的健康危害也极大。因此，少女只有在发育成熟后，才能做母亲。而35岁以后，妇女怀孕与分娩的危险性又一次增加。若妇女大于35岁时怀孕，并且又是多次怀孕，这对她本人和未出生的孩子都更加危险。

4. 孕前保健 包括：医疗、保健机构应当为育龄妇女提供有关避孕、节育、生育、不育和生殖健康的咨询和医疗保健服务。医疗、保健机构应当为孕产妇提供下列医疗保健服务：为孕产妇建立保健手册（卡），定期进行产前检查；为孕产妇提供卫生、营养、心理等方面的医学指导与咨询；对高危孕妇进行重点监护、随访和医疗保健服务；为孕产妇提供安全分娩技术服务；定期进行产后访视，指导产妇科学喂养婴儿；提供避孕咨询指导和技术服务；对产妇及其家属进行生殖健康教育和科学育儿知识教育；其他孕产期保健服务。

（二）孕期、产期、产后保健

WHO在1998年提出“母亲安全”的宣传主题，“儿童优先”、“母亲安全”成为举世公认的准则。每个家庭以及全社会都来关心保护母亲。全面开展妇女生殖保健服务，加强对孕产妇产前、产时和产后的保健服务。每个家庭都应充分认识各种危险的先兆，以此来减少怀孕和分娩的危险。母婴保健技术服务主要包括：有关母婴保健的科普宣传、教育和咨询；婚前医学检查；产前诊断和遗传病诊断；助产技术；实施医学上需要的节育手术；新生儿疾病筛查；有关生育、节育、不育的其他生殖保健服务。

案例11-3：19岁女生校内产子意外身亡

2016年3月27日，早晨七点左右，在山东城建学院四号宿舍楼4516房间，一名女生被人发现趴在阳台上死亡，被发现时身边还有一名刚出生的婴儿。

学院宣传统战部孟部长向记者描述：“当天晚上她光说肚子疼，谁也想不到有这样的事。”这名女生为什么没有向同宿舍的舍友求救呢？孟部长说，因为放假的原因，该女生宿舍就只有她自己，但就在昨晚还有其他宿舍的同学去看过这名女生，两人一同上厕所时，这名女生还专门把同学给支开了。“发生这样的事家庭也很沉重，毕竟自己的孩子，现在都是‘一二四’这种家庭，带来一系列问题，学校也不愿意看到这个情况。”孟部长说。

19岁的花季少女，鲜活的一条生命，就因为对自己缺乏保护意识，就这样离开了，甚至连自己的孩子也没有保住。学校、家庭还有她身边的同学，如果有一个人了解到情况并且做好相应的保护措施，哪怕是一句提醒，可能悲剧就不会发生。

问题：

通过上述血的教训，如何理解WHO1998年提出的“母亲安全”准则？

1. 产前检查 初查于孕12周前一次，孕20～36周检查3～5次，凡可能出生有缺陷儿者应尽早终止妊娠以及每周（农村每月）检查一次，直到安全分娩。若发现有高危因素存在时，应及时检查并果断处理，加强监护与特殊管理。

2. 高危妊娠筛查 通过产前检查及时筛出高危因素，并立即进行监护和特殊管理，掌握其对母婴健康的危害程度，对高危孕妇进行专册登记，卡、册要逐项填写并及早转到上级医疗保健单位诊治。结合胎儿成熟度的预测和胎盘功能，选择对母儿有利的分娩方式适时分娩。凡属禁忌征者，尽早终止妊娠。

3. 产时保健　注意分娩先兆，认真执行接产常规，正确处理分娩并开展无痛分娩，提高接产质量，重点做好防滞产、防感染、防产伤、防出血、防窒息，加强对高危产妇分娩监护。家庭健康教育应宣传围生期的生理和心理卫生知识，促进孕妇身体和精神尽早恢复。

4. 新生儿保健　及时掌握新生儿健康状况，并进行重点监护，对出生 24 小时内的新生儿注意保暖，严密观察，正常新生儿应争取 6～12 小时之内抱奶，提倡并教育母亲母乳喂养。用母乳喂养的孩子较其他方式喂养的孩子患病少，营养不良也较少发生。出生后头 4～6 个月，只有母乳才是婴儿最好的食物和饮品；出生后应尽可能早地用母乳喂养婴儿，实际上每个母亲都能用母乳喂养她的孩子；为孩子产生足够的母乳、需要频繁吸吮刺激；母乳喂养应持续到婴儿出生后的第二年。人工喂养可能导致严重的疾病，甚至死亡，对无数儿童的生命和健康造成威胁，这在贫困地区尤为严重。

二、婴幼儿、学龄前及学龄期儿童期

1992 年，我国参照世界儿童问题首脑会议提出的全球目标和《儿童权利公约》，发布了《九十年代中国儿童发展规划纲要》。这是我国第一部以儿童为主体、促进儿童发展的国家行动计划。2001 年，国务院颁布了《中国儿童发展纲要（2001—2010 年）》，从儿童健康、教育、法律保护和环境四个领域提出了儿童发展的主要目标和策略措施。2011 年 7 月，国务院发布《中国儿童发展纲要（2011—2020 年）》（以下简称“纲要”），从儿童与健康、儿童与教育、儿童与福利、儿童与社会环境、儿童与法律保护等五个领域提出了儿童发展的主要目标和策略措施。纲要坚持儿童优先原则，保障儿童生存、发展、受保护和参与的权利，缩小儿童发展的城乡区域差距，提升儿童福利水平，提高儿童整体素质，促进儿童健康、全面发展。

儿童在其生长发育过程中要经历新生儿期、婴儿期、幼儿期、学龄前期和学龄期，这一阶段是人一生中体格、神经、精神等各方面生长发育最快的阶段，也是身心健康打基础的阶段，小儿免疫系统发育不健全，又缺乏独立生活和自我保护能力，只有通过系统的儿童保健工作，才能保证其健康成长发育。

（一）3 岁以下儿童保健

我国儿童保健是从出生到 14 周岁范围的系统保健。从易感儿童人群出发，重点应放在 7 岁以下的儿童，特别是新生儿和 3 岁以下的婴幼儿，这是降低儿童死亡率和提高期望寿命的关键。管理的重点应主要放在健康教育、营养指导、预防接种和传染病、常见病、多发病防治等方面。同时，应根据不同时期儿童的特点进行管理。3 岁以下儿童保健基本要点包括：

（1）从出生到 3 岁的孩子应当每月测量体重，若体重两个月不增加，一定是出了问题。

（2）孩子出生后的 4～6 个月内，母乳是这期间最好的食物。

（3）从 4～6 个月龄开始，孩子需在母乳之外添加其他食物。

（4）3 岁以下儿童每日需进餐 5 或 6 次。

（5）3 岁以下儿童的饮食需在家庭一般食物的基础上增加少量的植物油或动物油。

（6）所有的儿童均需要含丰富维生素 A 的食品。

（7）患病后，孩子需要补充额外的食物，以弥补其生病期间的生长损失。

（8）和孩子谈话、玩、表示爱抚，对孩子身体、智力及情感的发育必不可少。

（二）婴幼儿期和儿童期健康教育

婴幼儿期健康教育的主要对象依然是孩子的父母，以及托幼机构的领导和工作人员。其工作任务是帮助其掌握母乳喂养和正确添加辅食的知识和方法；促进婴儿感觉、语言和动作发育，初步形成信任感；按计划给孩子免疫接种；预防此期的常见病和传染病；教给孩子最基本的生理卫生知识、培养孩子的个人卫生习惯等。

（三）学前期健康教育

主要对象包括儿童、其父母、学校领导和教师等。家庭健康教育工作任务是继续增加孩子的卫生知识、培养和巩固良好卫生习惯；促进孩子的身心健康发展；预防和矫治常见病多发病。重点包括身体健康教育和心理健康教育两个方面。

1. 身体健康教育

（1）良好的饮食习惯：学龄前期是人一生中机体组织和器官生长发育最旺盛的时期，在这个关键期内，家长应该精心平衡儿童的膳食，饮食应定时、定量，不暴饮暴食。不挑食、不偏食，少吃零食，睡前不吃零食，尤其不应吃点心、饼干和糖果等甜食。不喝生水，少喝饮料，不吃腐败变质和质量不合格的食品。多食富含维生素、矿物质和微量元素的蔬菜和水果。

（2）良好的个人卫生习惯：饭前便后要洗手，茶杯、餐具、牙具、毛巾要专用，每日保证刷牙。勤洗澡，勤剪指甲，不用手咬指甲，忌用手揉眼。保持居室及环境卫生。按时作息，不蒙头睡觉，每天保证充足的睡眠时间。

（3）适度运动：合理地引导儿童进行体育锻炼，促进儿童机体的生长发育，提高机体对周围环境急剧变化的耐受性，增强机体对各种疾病的抵抗力，提高儿童对体力活动和智力活动负荷的耐受力，为儿童一生的健康奠定良好的基础。应该让孩子们每天保证 1 小时以上的室外运动，并形成习惯，坚持终生。

（4）预防疾病：意外伤害与感染是学龄前期儿童的主要健康问题。应教育父母注意家庭环境的安全、营养的均衡调配和养成良好的习惯。

2. 心理健康教育

儿童心理健康主要指儿童心理发展达到相应年龄组幼儿的正常水平，情绪积极、性格开朗，无心理障碍，对环境有较快的适应能力。学龄前儿童是人格发展的重要时期。模仿是儿童人格发展的最大特征，因此，父母的思想、性格和行为对这个时期的儿童具有重要意义，应提醒父母为儿童提供一个好的榜样和环境。家庭又是儿童实现社会化的最初场所，儿童早期的社会化行为首先是在家庭中获得的。家长在满足儿童各种需要的基础上，要帮助他们感知理解他人的情感，懂得在社会生活中与他人分享、合作，培养他们乐于帮人和善于助人，并在与人交往中认识自己和接纳自己。

（1）情感教育：父母对孩子无私的爱使孩子具有了安全感、信赖感和幸福感，这种深刻的情感体验是儿童健康心理的坚实基础。

（2）行为习惯的培养：孩子在成长的过程中，有许多习惯需要养成，如生活习惯、卫生习惯、学习习惯、劳动习惯等。良好的生活习惯是指儿童按照日常生活的秩序正常而有规律地饮食起居，生活有秩序有利于减少神经系统的负担，有利于保持愉快的心境。

（3）完善的个性品质：应从小培养孩子诚实、勇敢、努力、刻苦、做事认真负责、坚忍不拔、独立、自信、文明礼貌、遵守规则、关心他人、有同情心等良好的个性品质，良好的个性品质是家庭心理健康教育的核心。

三、青少年期

1965 年 WHO 将青春期的年龄范围定为 10～20 岁。由于种族、地理以及文化之间存在着很大差异，我国根据青少年生长发育的实际情况，一般将女孩从 9～11 岁开始到 17～18 岁，男孩从 11～13 岁开始到 18～20 岁划为青春期。处于青春期的青少年在身高、体重、体型（肌肉骨骼发育与脂肪分布）上发生重大变化，身体形象是青少年最敏感的焦点。同时，第二性征出现，性器官发育成熟与性功能开始出现（月经与遗精）。性器官的发育与第二性征的出现常令青少年不知所措，也容易引发心理上的困扰。因此，青少年期的家庭健康教育以体格发育和性教育为主。

（一）身心发育教育

1. 生理卫生知识教育　包括男、女第二性征出现及各个不同时期生长发育的特征及保护措施。如要经常更换内裤，保持外生殖器清洁，裤衩最好选用透气好的棉织品，要略微宽松一些。睾丸适合略低温度，若内裤过紧，会影响睾丸生精功能，日后影响生育能力。女性在青春早期，生殖系统发育尚未完全成熟，初潮以后一、二年内常会出现短期闭经或月经周期紊乱，有时可因环境变化、情绪波动、寒冷刺激或过重劳动等因素导致月经紊乱、闭经、痛经、经量过多或过少等情况，因此应重视经期卫生。

2. 心理健康教育　愉快的情绪，解除不必要的心理压力，现实的知觉，建立健康的人生观，良好的人际关系，正确的异性交往，不早恋，培养积极向上、乐观的情绪。

3. 生活方式　合理安排生活、工作和学习，要适当的运动，正常的娱乐和休息。养成良好的个人卫生习惯，包括口腔卫生、用眼卫生和写字、读书、站立的正确姿势，防止龋齿、近视眼和脊柱弯曲等。保证充足的睡眠，不吸烟、不酗酒　抽烟，注意体育锻炼和适当的劳动。

（二）性健康教育

随着社会的开放，外来文化的冲击，大众传媒的无孔不入使得处于青春期的孩子难以避免其影响。由于性问题的个别性与隐私性，在家庭中对孩子进行性健康教育是最好的途径。如果这些性知识不正确，那么后果不堪设想。青少年不良行为包括，性紧张行为如频繁遗精、手淫；情感方面如焦虑、抑郁、自杀倾向；性犯罪行为如猥亵、性攻击、卖淫等；性变态行为如恋物癖、异装癖、窥阴癖、暴露癖、同性恋等；不良社会品行方面如离家出走、吸毒、酗酒、吸烟、打架斗殴等。因此，家长首先要接受性教育，树立正确的性价值观。家长必须先认识到性教育是培养青少年健全人格，以适应社会和家庭生活的重要途径，才能以严肃而科学的态度来对待它，才能培养孩子对性的正确而又积极的态度。家庭中的性健康教育主要包括以下几个方面。

1. 性生理教育　向孩子传授科学的性知识，包括男女生殖器官的解剖、生理学知识；青春期发育的表现和卫生（第一和第二性征）；月经和遗精；生育过程；避孕和计划生育等知识。

2. 性心理教育　指导青少年认识性是人类正常功能，包括：解除少女对月经、少男对遗精的恐惧和忧虑；消除对性器官变化的担忧；克服性冲动的困扰等。

3. 性道德教育　性道德教育指社会道德和个人品质体现在男女两性间的道德规范和行为准则。青春期性道德教育是指青春期阶段联系和调整男女青少年之间关系的道德规范和行为准则。

4. 性美学教育　指导孩子明确自己的性角色，男女性心理特征，男女社会角色特征。使青少年懂得符合自己性角色的言谈、举止和健康的美，培养自信心和自尊心等。

案例 11-4：女排未成年运动员比赛时生娃放在绿化带后返场

2016 年 3 月 23～29 日，2016 年全国青少年 U18 女子排球锦标赛在浙江湖州长兴开赛，共有全国各地的 16 支青年队伍参加，长兴县体育中心为其中一个赛场。

不过，一则未成年球员早产婴儿的消息，却将本届 U18 女排全锦赛推到风口浪尖。一名负责比赛录像和技术分析的随队球员，于 23 日在长兴体育馆录制天津与河北技术录像时，中途腹痛在厕所生下了小孩，然后把小孩放在体育馆外的绿化带内，再返回到比赛现场继续录像。据了解，2016 年全国青少年 U18 女排锦标赛竞赛规程明文规定，运动员限于 1998 年 1 月 1 日以后出生。这也就是说，生下孩子的运动员可能还是个未成年人。由于涉及未成年队员，组委会出于保护个人隐私的角度出发，没有透露该队员的球队和姓名。

类似事件频繁出现，未成年人性教育以及道德教育应该更加受到重视。相关调查显示，高达 29.85%的女性首次性行为中未采取措施，59.38%的女性避孕措施不可靠，采用了安全期和体外射精的避孕法。正因避孕知识上的缺失，让未成年人性行为怀孕的概率高达 54.3%。而由于避孕措施缺乏，导致怀孕未成年少女反复人流者高达 50%。

调查还发现，未成年少女怀孕可能会严重影响少女的心理健康，甚至铸下大错。很多新闻报道案例显示，当未成年少女怀孕时，她们往往不知所措，背上“道德枷锁”。再加上缺乏社会网络和亲人的支持和关怀，各种“少女妈妈”捂死、溺死、掐死婴儿等触犯法律的事件时有发生。

大部分未成年少女在怀孕后，会选择做人工流产。在人工流产过程中，少女可能会出现大出血、感染、子宫穿孔等并发症，术后可能会发生妇科炎症以及由于激素变化使身体功能衰退，甚至导致终生不孕。而当母亲发育还未成熟时，因为缺乏蛋白质、维生素等营养，有可能影响胎儿的体质和智力，甚至导致畸形儿。

问题：

对于青春期少年，家庭性教育应如何干预?

在家庭中开展性教育可采用父母与孩子间的自然交谈、书面交流或给孩子提供相关书籍等手段进行。

四、中　年　期

我国的年龄划分一般以 40～59 岁为界，在此期间称为中年期，也称为老年前期。现代医学常把人体的生命过程以 45 岁来划分界线：45 岁以前为发育成熟期，45 岁以后为退缩期。中年人是社会的栋梁和财富的主要创造者，既承受着繁重的工作和家庭负担，更承受着各种紧张刺激与压力。由于较多地暴露于各种疾病危险因素。出现在老年时期的许多慢性疾病往往在中年时期即已开始发展，所以中年保健是保护生命的重要环节，中年期家庭健康教育应更多关注中年人身体及心理方面问题。

（一）中年人体质变化及心理变化

在人生的一生中，中年时期是最值得珍惜的时期，无论在事业上、思想上、生活上都比较成熟，是社会的中坚、家庭的骨干。但中年时期也是人的身体发生重要变化的时期，它既是青年的延续，也是老年的初期。表面上看中年人仍然年富力强，但内在的生理变化以及身体各脏器已经由成熟开始向衰退过渡，开始进入由盛趋衰的转折时期。

1. 中年体质变化　进入中年时期后，各种生理机能已开始衰退，主要表现以下一些特点。

（1）外形改变最为明显的是皮肤皱纹增加。

（2）应注意避免长时间地近距离用眼和低头作业，以免导致急性闭角型青光眼的发生。

（3）中年人头发易于脱落变得稀疏，有的人因部分头发脱落而形成秃发，有些人黑发变为灰白色。常常与遗传、环境、和营养状态等有关。

（4）肌肉力量下降，密质骨逐渐变薄，容易发生关节肌肉不适感，如腰腿痛，肩周围炎等。

（5）内脏器官的生理功能发生一些变化，主要体现为内脏器官储备力降低，适应能力和抵抗力减弱。血液胆固醇增加，血管逐渐硬化，高血压、心脏病、脑中风等血管疾病的发病率增加。消化功能和各种代谢率都有不同程度下降，包括消化液、胰岛腺分泌量减少，糖耐量差。肾脏功能开始减退，代谢的速度和膀胱的容量都有所减低。

2. 中年心理变化　人到中年，在知识方面以及实践经验均有了丰富的积累，对一些事物的认识和理解、判断和分析能力有了较大幅度的提高。中年是人生值得珍惜的时期，是人一生中最有成就的时期，其创造性思维已经达到人的一生中最发达的阶段。中年期也是向老年期过渡的时期，中年人具有自身独特的心理特征。

（1）心理相对稳定和成熟：中年人情绪稳定，情感理性化，人知、思维、意志、情感等行为基本定型，此时人的精神面貌具有一定倾向性和稳定性，对一些事物能够进行独立分析和判断，理解能力高度发展，思维能力日益完善。中年人具有较高社会准则、行为规范，他们已形成了固有的道德观念和人生准则，在待人处事方面表现得成熟而理智，能够担当起社会赋予的重任。

（2）生活能力独立、经济收入稳定：中年期是人的一生中事业最为鼎盛的时期，具有较高的生活能力和经济收入水平，能够担负起家庭重任，承担起对子女的教育和抚养责任。

（3）事业有成：中年时期人的精力充沛，经验丰富，自信且有毅力，而且对人生和生活的认识独特而有创造力。在此时期，他们常常被赋予重任，在单位担当领导职务或成为单位中各个部门的业务骨干。

（4）人生中的“多事之秋”：中年人承受着来自家庭、社会、事业等多方面的压力，尤其是一些事业有成的中年人，心理负荷会更加沉重，加之此时机体正慢慢地从鼎盛时期向衰退期过渡，因此会出现较多的心理障碍和身心疾病，所以常常把中年人的这一时期称之为“多事之秋”。

（二）中年心理问题及主要原因

1. 社会与家庭重负，导致身心疾病的出现　由于中年人处于“多事之秋”，这时处于家庭、社会和人际关系的矛盾之中，要同时兼顾家庭、事业，给自己带来较多的心理压力，会出现许多影响健康和生活质量的身心疾病。此时的许多中年人常常会有重事业轻健康的观念，使自己处于难以承受的重压之下。

2. 不重视自我保健，引发各种慢性疾患　随着生理功能的衰退，加之精神紧张、过劳、生活方式不健康，常常会引发如高血压、冠心病、高脂血症、糖尿病、溃疡病、癌症及脑血管疾病等各种身心疾病，严重影响生存质量。

3. 家庭内部矛盾　中年时期，人们要面临着对子女的抚养及对老一辈人的赡养及生老病死等事件，处于各种复杂的关系之中，不仅要处理好夫妻关系、亲子关系，而且会面临着周围人及其他亲朋好友的各种复杂关系。在处理这些关系等问题上耗费了中年人的大量精力，如果协调不好，会使他们陷入重重矛盾和深深的烦恼之中，严重者可导致身心障碍。

4. 经历更年期　中年人将经历更年期，此时人们会不自觉地表面出焦虑、多疑、敏感、抑郁、烦恼、和其他一系列的自主神经功能失调的征象。

（三）家庭健康教育对策

1. 保持健康的情绪、培养良好的个性　养成身心放松、乐观通达心态。情绪状态好，往往会思维敏捷，行动果断，不怕困难，精力旺盛，工作热情高。中年人在事业追求上要量力而行，切忌超过心理及生理极限，应知足常乐。

2. 劳逸结合，合理用脑，养成科学的生活方式　中年人长期处于高度压力之下，必将危害人们的健康，极易导致多种身心疾病的发生。中年人要防止过度疲劳，当脑力劳动强度大时，控制和减少无谓的社会应酬和夜生活，保持充分的休息时间，还要多参加各种各样的体育锻炼。

3. 正确对待，自主缓解心理压力　心理压力无时无刻地存在于我们的日常生活中，并已成为人生中固有的一部分。工作不适应、生活变迁、疾病、人际关系和经济问题、家庭和社会责任等等都可能形成心理压力。应增加社会交往，加强自我控制力，以积极的态度对待日常生活中出现的各种问题。

4. 自我心理调节

（1）对事物认知上的调节包括：①对社会角色变化认知上的调节。中年人一定要适时调整认知，接受已步入中年的现实，适时地调整作息时间，劳逸结合，张弛有度，忧乐适度，动静适宜，防止“超负荷”工作，透支体力及健康。②对家庭角色变化认知上的调节。主动创造家庭中的民主气氛和现代意识，使两代人之间求同存异，互相理解，改善家庭的气氛，保持家庭和谐。③对人际交往中角色认知的调节。中年人的社会地位及角色发生了很大的变化，从家庭的角度看，由于子女逐渐长大成人，因此，要充当好为人长辈的角色。在事业上中年人面临着地位的变化，或者工作变迁，新环境中人际关系需要在短时间内适应。

（2）情绪的自我调节：①采用各种心理应对方式来调节情绪；②采用肌肉放松训练来调整情绪；③通过自我诱导的瑜伽术来消除情绪上的波动，改善自主神经功能；④通过生物反馈训练，学会控制和改变自己的心理状态。

（3）生活行为的自我调节：中年人应当自觉改变自己不良的行为习惯和生活方式。做到生活有规律；摒弃吸烟、饮酒、服用镇静药等不良嗜好，建立健康的生活方式，如每天吃早餐，保证7-8小时充足的睡眠；坚持体育锻炼；控制体重。由于一些特殊原因需要变换工作内容或工作环境，这就需要从心理上来适应这种不可避免的环境变化。

案例 11-5：中年危机调查

“近四成中年人深陷中年危机”。近来一份覆盖中国六大城市的《中年危机调查》[《2013零点指标数据中年危机调查》，零点指标数据，2013 年]从情感、工作、健康、财务及人际圈五个维度对 30～50 岁城市居民进行全方位调研，数据显示处于 41～45 岁年龄的人群中，有近四成（38.9%）对“人到中年，危机四伏”的感触深刻，其中尤以婚姻和职场问题为甚。

婚姻情感问题为中年危机主因。大部分调查者表示婚姻生活平淡，仍有激情和恋爱感觉的婚姻仅占总数的两成不到（14.5%）。不少中年人形容自己当下的婚姻状况“枯燥无味，稳定得如一潭死水”。而女性对婚姻状态的负面感受明显要高于男性。专家分析，这些状况的形成往往由于中年男女身心变化的不同步所致。

别让“性”福影响幸福。然而，当男人渐感力不从心时，并不愿意积极面对自己的身体变化。他们或将 ED 归咎于自然衰老采取忍耐态度，或敷衍伴侣刻意疏远，或自寻偏方而不愿就医。这些处理方式不仅会惹来伴侣的猜忌，由此带来的心理失落感更会进一步影响男性身心健康，长此以往步入恶性循环，令婚姻亮起红灯，令幸福分崩离析。

中年阶段的夫妻，是守一份平淡，拥一份温暖。这份真情需要依靠夫妻之间长期、充分的彼此沟通和交流才得以长久“保鲜”。这不仅包括情感上的沟通，也包括亲密感的维系。而中年男性有了“幸福家庭”作为坚强后盾，自然会产生更大的动力应对来自事业等其他挑战，不至于“人到中年，危机四伏”。

问题：

以中年类型家庭为例，谈谈家庭健康教育对策？

总之，中年期健康教育的主要任务是针对中年人的常见病、多发病和将要在老年期发生的一些慢性疾病的行为危险因素、与各种职业有关的行为危险因素、中年人常见的身心问题以及这些危险因素和问题的影响因素，进行多层次、多方面、多种途径地开展工作，达到提高身心健康、提高生活质量的目的。健康教育的对象不仅仅是中年人本身，还应包括有关政府领导、工作单位负责人、社区负责人、社会服务机构人员、非政府组织人员、家庭和社区的其他成员等。这一时期还必须还要特别重视对中年妇女的健康教育。中年妇女担负各种社会赋予的角色，而且还比男性在人类生育和哺育下一代方面承担更多职责与压力。女性的解剖生理特征也使之易出现生殖健康（reproductive health）问题。妇女在社会生活诸多方面处于和男性不平等的地位，更容易遭到身心伤害，更需要支持和社会的关怀。

五、老　年　期

人口老龄化是世界人口发展的必然趋势，是人口转变的必然结果，是当今世界各国都要面临的一个严峻的挑战。随着我国20世纪中期出生高峰的人口陆续进入老年，本世纪前期将是我国人口老龄化发展最快的时期。人口老龄化给我国城乡社会及家庭发展带来了严峻的挑战，包括居家养老照料、医疗护理服务以及养老服务和医疗服务融合发展等问题亟待解决。

（一）相关概念

1. “老年人”　是指达到或超过老年年龄界线的人。1996年《中华人民共和国老年人权益保障法》（2012年12月28日修订）规定老年人是指六十周岁以上的公民，将60岁作为中国老年年龄的界线是合理的。国际上一般将15岁定义为未成年人界线，即0～14岁的人口均为未成年人口。在给出老年人和未成年人的年龄界线后，也就明确了成年人的年龄界线为15～59岁。

2. 人口老化　在总人口中，如果老年人口的比例不断提高，而其他年龄组人口的比例不断下降，这一动态过程称为人口老化；反之，如果老年人口的比例不断下降，而其他年龄组人口的比例不断上升，这一动态过程称为人口年轻化。

3. 人口老龄化　人口老龄化是指在社会人口的年龄结构中，60或65岁以上人口比重增加的一种趋势。

4. 老年人口系数　是指一个地区60岁以上（含60岁）或65岁以上（含65岁）人口的数量在该地区人口总数中所占的百分数。根据联合国标准，当一个国家或地区年满60岁及以上人口超过总人口数的10%或年满65岁及以上的人口超过总人口的7%时，则标志着这个国家或地区就成为老年型社会或老年型国家。20世纪80年代，几乎所有发达国家都进入老年型社会。

5. 人口老化问题　是指在总人口中，老年人口的比例不断提高，而其他年龄组人口的比例不断下降的动态过程给社会经济带来的调整问题。而老年人口问题是指老年人口这一特殊的群体给社会经济带来的问题。一个国家或地区的人口不论是老龄化还是年轻化，都会存在老年人口问题，即存在老年人口问题不一定存在人口老化问题，而存在人口老化问题则一定存在老年人口问题。

（二）我国人口老龄化特点

1. 我国已经成为老龄化国家，老年人口数量世界第一　根据《中国统计年鉴 2015》结果，我国人口的年龄结构已经进入老年型。截止到2014年年底，我国总人口数136782万人，比2013年末增加710万人。其中，60周岁及以上人口21242万人，占总人口的15.5%，65周岁及以上人口13755万人，占总人口的10.1%。

2. 人口老龄化的速度来势迅猛，高龄老年人口比重大　世界发达国家65岁及以上人口比重从7%上升到14%需要经历的时间为：法国115年，瑞典85年，美国60年，英国45年，日本25年。我国人口年龄结构从成年型转入老年型仅用了18年的时间。21世纪的中国将是一个不可逆转的老龄社会。从2001～2100年，中国的人口老龄化可以分为三个阶段。第一阶段，从2001～2020年是快速老龄化阶段，到2020年，老年人口将达到2.48亿，老龄化水平将达到17.17%。第二阶段，从2021～2050年是加速老龄化阶段，到2050年，老年人口总量将超过4亿。第三阶段，从2051～2100年是稳定的重度老龄化阶段。2051年，中国老年人口规模将达到峰值4.37亿。这一阶段，老年人口规模将稳定在3亿～4亿，80岁及以上高龄老人占老年总人口的比重将保持在25%～30%。

3. 未富先老矛盾凸显，经济发展压力增强　2001年，我国正式进入到老龄化社会，65岁及以上老年人口占全国总人口的7.1%，而当年人均GDP仅为1041.6美元，与发达国家存在较大差距，不及德国、英国和加拿大的1/20，仅为美国和日本的3%左右。2012年，我国人均GDP虽然大幅增长至6188.2美元，但与美国、日本、德国、英国等多数发达国家仍然存在较大差距，经济发展压力依然较强。大部分发达国家国家都是在物质财富积累达到一定程度后，才开始进入到人口老龄化阶段，因此，这些国家有足够的财力来解决老年人的养老问题。

4. 老龄化发展的不规则性和累积性，地区老龄化发展不平衡 我国3次生育高峰使人口猛增，实行计划生育后生育率下降。当高峰期出生的人口陆续进入老年时，老龄化速度加快，老龄化程度加深，并在一段时间内形成累计态势，其结果将是劳动年龄人口比重逐年递减，老年供养系数大幅度上升。我国不同地区人口老龄化发展不同。最早进入人口老年型城市行列的上海（1979年）和最迟进入人口老年型城市行列的宁夏（2012年）比较，时间跨度长达33年。

5. 农村老龄化程度远高于城市 在城市化和工业化过程中，农村青壮年人口大量流入城市，农村人口老龄化日趋严重。从不同地区的老龄化情况来看，由于以常住人口为基数，常住人口老龄化最严重的城市依次是重庆、四川、江苏、辽宁、安徽，上海排在第6位，北京排在第13位。而与之相反，中西部地区留守人口的老龄化现象更为突出，养老需求也更大。从人口流动来看，流动人口流入量最大的地区是广东、上海和浙江，流出最大的地区是河南、四川和安徽。

（三）人口老龄化带来的主要问题及原因分析

人口老龄化带来了两大问题：一是老年人口本身的问题，即老年人口的医疗、教育、赡养、学习、娱乐、劳动等问题。当前，医疗和赡养问题尤为突出。另一问题是未来的二十年内，老龄化的加速进行将对经济、科技、人口、社会发展等产生巨大的影响。一定程度的老龄化是实现人口转变的标志，实现人口零增长必经的途径，同时人口老龄化和高龄化的程度对人口也产生很重要的影响。

1. 社会养老保障覆盖率低 由于我国社会养老保险起步较晚，当前受益的老年群体还很有限。目前无论是在城市还是在农村，很多老年人都没有为自己的晚年做好充分的准备，而子女下岗更增加了老人的负担，削弱了家庭的经济供养能力。

2. 老年人空巢家庭逐渐增多 近些年来，农村的劳动力过剩，许多年轻人外出打工，造成农村老年人“空巢家庭”增加。在城市，子女或出国留学或异地工作以及住房条件的改善、分户，致使一些老年人居住在“空巢家庭”里，而以往与子女共同生活是我国老年人主要的居住方式。根据第六次全国人口普查所统计的我国老年人口家庭居住、健康照料供养状况报告，我国老年空巢家庭迅速增长，已占比达31.77%。

“空巢老人”急需要经济供养保障、医疗药费保障和生活照料保障。这也是我国目前老龄人口最需要解决的三大保障。受经济、社会条件的制约和认识水平的影响，老年人权益保障还存在许多薄弱环节，贫困、医疗、护理问题日益增多，代际关系也出现许多新问题。建立健全老年保障法律体系已经势在必行。

（四）老年人的生理特征

老年人的生理特征主要是衰老或老化，这是人类生命新陈代谢的必然过程和规律。衰老主要表现为内脏器官与组织的萎缩，细胞数量减少，再生能力降低和多种生理功能障碍。其特征有：

1. 外貌的老化 最明显的表现为头发变白，脱落。皮肤强性减弱，皱纹增加。眼睑下垂。老年性色素斑的出现。由于椎间盘萎缩和脊椎骨弯曲度增加，下肢变曲，骨质疏松等原因使老年人身高普遍下降。

2. 视力、听力减退 一般在50岁左右“老花眼”即出现，这是人的眼球和它的附属组织老化，晶体弹性减低所致。随着年龄的增长，“老视”将日益加深。老年人的听力下降也很明显，对高音的听力比对低音的听力减退为快，所以往往要大声才能使老年人听到。

3. 细胞组织萎缩 老化使脏器组织中的细胞数量减少，再生能力降低，组织器官都有不同程度的萎缩，以肌肉、脾脏、肝脏、肾脏等器官萎缩较明显。

4. 脏器功能下降 老年人的脏器功能都有不同程度的减退，一般可减少50%左右。心脏搏出量约减少40%～50%。主动脉内膜增厚，弹性减低。胸廓由扁平变为桶式，肺活量减到50%～60%左右，表现为“老年性肺气肿”。肾功能减低40%～50%。神经细胞是属于出生后不再进行分裂的细胞，一般40岁开始脑神经细胞迅速减少，70岁以上约减少30%，脑细胞减少使脑重量减轻，脑组织逐渐萎缩，常可导致老年人行动迟缓，智力衰退，记忆力下降等。

5. 免疫功能降低 随着年龄增长，老年人的免疫功能逐渐减退。具有免疫功能的胸腺萎缩，外周淋巴细胞减少，功能下降，抵抗力减弱。体液免疫功能表现为对外来抗原产生抗体的能力降低，而对自身抗原产生抗体的能力亢进，使老年人容易发生自身免疫性疾病。

老年人的衰老变化有明显的个体差异，不同器官和不同组织之间的退化程度也存在明显的差别。这与个人的体质、遗传、性格、环境、保养程度等因素有关。

此外，老年人新陈代谢功能减弱，性功能减退，眼老花，听力不同程度下降，皮肤老化，皱纹、白发增多，这些均属于生理改变。心理老化是心理失调的前兆，并阻碍其创造力及潜力的发挥，甚至会导致身心疾病。对此，我们应采取必要措施加以防范。

（五）保持和增进心理健康

心理健康与身体健康一样，可以通过锻炼和通过自己的努力而获得。对于老年人来说，在自己不断老化、功能逐渐衰退的时期，讲究心理卫生，使自己思想豁达、精神愉快、心胸开朗，避免精神不振、忧郁多愁、惊恐悲伤，这对延缓衰老是非常重要的。

1. 心情开朗，自我调适 首先要认识老年人虽体力渐衰，但生活和工作经历丰富。遇到不愉快的事，要冷静处理，始终使自己保持乐观情绪，随遇而安，知足常乐，善于运用心理卫生保健知识，化解矛盾，保持心绪平衡。

2. 自知自爱，积极进取 自知自己身体状况，既不盲目疑病，也不轻易言老，量力做力所能及的工作。爱惜自己，重视身心健康，珍惜自己的品德、荣誉，自尊、自信、自制。要保持向上精神，以百折不挠的意志和奋发进取的精神，朝着人生奋斗目标前进，驱除暮气。

3. 重视养生，锻炼身体 《黄帝内经》中说：“夫道者年皆百岁。”意思是懂得养生之道的人长寿。因此，要自强不息锻炼身体。因为人的心理活动以生理活动为基础，要延缓中年人心理衰老，通过体育锻炼，来保持生理活动的一定水平，是心理健康和长寿的重要途径。

4. 多动脑筋，永葆青春 人的衰老与大脑衰老密切相关，若大脑衰退，人的生理功能也将衰退，大脑对机体活动调节能力也开始下降，各种功能的减弱，容易导致心理老化。所以要养成求知欲望，多读书，做自己力所能及的事。勤学好动，保持青春热情，可防止忧郁症，使自己青春长驻。

5. 生活规律，劳逸适度 一个人的生活越有规律，大脑的活动也越有规律，进而保证心理活动的健康发展。如按时作息，劳逸结合，可保持最佳精神状态。老年人要避免酗酒、吸烟等不良恶习和嗜好摧残身心健康，也要防止过于安逸。

（六）老年人生活质量

从我国实际出发，生活质量目前在我国至少包括以下六个方面：物质生活、精神文化生活、生命质量（身心健康和社会功能）、自身素质、享有的权益和权利（人权、自由、机会等）、生活环境（包括社会、自然环境，或称生存条件下同）。这六个方面对一个人口的生活质量好坏都是不可或缺的。身体健康是生存和发展的自然基础，物质生活是生存和发展的物质基础，精神文化生活是生存和发展的精神支柱、思想境界和需求层次。前三方面是生活质量的前提或必要条件，后三方面可以说是生活质量的充分条件。

1. 物质生活方面 收入（或说经济保障）对所有人来说都是物质生活水平最有决定性的项目。对大多数老年人来说，老年人的物质生活状况从长远来看很大程度上取决于老年人的退休金、养老金、救济金等形式的收入能够同社会收入水平、物价等挂钩，老年人享受的公共福利待遇能“水涨船高”，共享社会发展成果。

2. 精神文化生活与身心健康方面 老年人大多数由于脱离原来工作岗位，思想境界常常自觉不自觉地脱离现实生活，做好正确的心理保健，调整期望值，培养自己心情开朗、乐观豁达的性格。心情好才能心理平衡，心理平衡才能生理平衡。此外，到老年期出现诸如配偶、子女、亲友及各种社会关系的丧失，解除孤独感就成为老年精神文化生活的一种特殊需求。同时利用社会活动提升自己的社会支持，使自身社会价值得到肯定和满足。

作为生活质量基础的老年人身心健康是许多老年人首要要求，是晚年生活质量的根本保证。优先和平等地享受医疗、在衰老甚至自理能力低下时得到照料、护理和康复是老年人最普遍和迫切的特殊需求。现在国内外普遍倡导的健康老龄化和积极老龄化以及健康的生活方式对老年期生活质量提高是至关重要的，也是一种生活的特殊需要。

3. 自身素质提高并充分享有各种权益、权利和平等机会 提高自身素质就是直接提升生活质量，在现实生活中，老年人的物质生活富裕而精神生活“贫困”并不罕见，这是低素质的表现。为提高老年人自身素质的养生保健、强身健体活动和老年教育创造良好的生活环境是老年人进入晚年的一种高层次需求。

老年人感到生活质量最差的莫过于受歧视、受虐待、受侵权，最宽慰的是受到尊重，有平等机会和自由选择的权利。老年人特别企盼对有关自己的事情拥有决定权、自主权。作为弱势群体，老年人对人权、自由选择、平等机会的追求是其他群体常常感受不到的。

4. 生活环境（或生存条件） 高生活质量需要有一个良好的社会环境和生态环境来保证，对所有人群都是一样的，但老年特别需要一个能使老年人有保障、受尊重、能实现自我价值的支持环境。这种支持环境包括人居环境、温馨的家庭环境、融洽的社会人际关系环境等。但更有决定性意义的是社会的政策、法律和道德环境。

我国1982年在干部离休政策中曾提出“老有所养、老有所医、老有所为、老有所学、老有所乐”，1996年写入《中华人民共和国老年人权益保障法》第三条，2000年又增加“老有所教”，这六个“老有”是我国提高当代老年人生活质量的对策依据，它包括老年人物质生活、健康保障、精神文化生活和参与社会等内容。其中在“老有所医”上要改革当前对老年人以治疗为主的模式转变为集预防、治疗、照料、护理和康复一体的模式。在制定社会政策时要用健康老龄化和积极老龄化的思维来指导提高老年人生命质量。

（七）健康老龄化

“健康老龄化”的概念是由WHO积极提倡。它是指老年人在晚年保持躯体、心理和社会功能的健康状态，将疾病或生活不能自理的时间推迟到生命的最后阶段。“健康老龄化”包括三个方面的内容：一是使老年人自身维持良好的生理、心理和社会适应功能，拥有较高的生活质量，力图把身体功能障碍的发生停止在生命最后阶段，使老年人口“无疾而终”；二是使老年群体中健康、幸福、长寿的老年人口占大多数，且所占比例不断增加；三是进入老龄化的社会能够克服人口老龄化所产生的不利影响，保持持续、健康、稳定的发展，为生活在其中的所有人的健康、富足、幸福的生活提供物质基础和保证。1987年世界卫生大会将“健康老龄化的决定因素”作为主要的研究课题。1990年，WHO把“健康老龄化”作为应付人口老龄化的一项发展战略。

（八）积极老龄化的问题

积极老龄化问题就是要把人的老化过程看成是一个积极面对的过程。WHO研究结果表明，尽管比较多的老人有些慢性病或其他的疾病，但这不表明他们就是伤残、就是负担，老龄人口当中只有不到20%的人需要在生活上照顾，而80%以上的老人是能够自己照顾自己的。85%以上65岁的老年人一般都会有一种或几种慢性病，而事实上慢性病和急性病是具有不同性质的，慢性病可以有效地被控制而不恶化，虽然不能根治，但并不能表明生活质量很差。带着这些慢性病积极健康地生活，以改善生活质量为主要目标。80%的老人是健康的，是正常的老化，全社会要推广老年人的正面形象，用“积极老龄化”来代替“健康老年”。整个社会都来关心、关爱老人，使他们都拥有一个积极、健康的晚年。

视窗 11-5：政府联手推动医养结合

2015 年 11 月，国务院办公厅转发国家卫生计生委、民政部、国家发展改革委、财政部、人力资源和社会保障部、住房和城乡建设部等 9 部门《关于推进医疗卫生与养老服务相结合的指导意见》(简称《指导意见》)，全面部署进一步推进医疗卫生与养老服务相结合，支持养老机构开展医疗服务，鼓励医疗卫生机构满足人民群众多层次、多样化的健康养老服务需求。这也是 2015 年 2 月 25 日，民政部、人社部、国家卫生计生委等 10 部委联合印发《关于鼓励民间资本参与养老服务业发展的实施意见》，希望发挥市场在资源配置中的决定性作用，逐步使社会力量成为发展养老服务业的主体之后，关于医养结合的又一个重磅文件。

《指导意见》明确了医养结合的 5 项重点任务。一是建立健全医疗卫生机构与养老机构合作机制。通过建设医疗养老联合体等多种方式，整合医疗、康复、养老和护理资源；二是支持养老机构开展医疗服务。养老机构设置的医疗机构，符合条件的可按规定纳入城乡基本医疗保险定点范围。鼓励执业医师到养老机构设置的医疗机构多点执业；三是推动医疗卫生服务延伸至社区、家庭。提高基层医疗卫生机构为居家老年人提供上门服务的能力，将符合规定的医疗费用纳入医保支付范围。到 2020 年，65 岁以上老年人健康管理率要达到 70%以上；四是通过特许经营、公建民营、民办公助等模式，支持社会力量举办非营利性医养结合机构；五是鼓励医疗卫生机构与养老服务融合发展。重点加强老年病医院、康复医院、护理院、临终关怀机构建设。

第 4 节　家庭健康教育的实施步骤及效果评价

一、家庭健康教育工作的计划

家庭健康教育是整个健康教育工作中不可缺少的重要环节，从现代化社会的发展趋势和家长素质教育的需求来看，目前家庭健康教育还存在一定的差距，主要有家庭健康教育工作整体发展不够平衡，社区家庭健康教育资源有待进一步开发，家庭健康教育的理论研究与实践指导相对滞后脱节，家庭健康教育工作经费投入不足等问题。家庭健康教育工作应在政府相关部门领导下，广泛宣传发动社会力量和广大群众共同参与家庭健康促进计划，注重发挥计划生育协会等非政府组织和群众团体的积极性，为各种社会资源参与家庭健康促进计划搭建平台。通过有效的途径，吸引更多的专家学者和志愿者参与家庭健康促进计划，为推广计划出力献策。

家庭健康教育计划的可行性直接影响到健康教育工作的成效。因此，在制订家庭健康教育计划前，必须对本地区的基线情况进行全面、详细地了解，然后综合各项情况，因地而异、有针对性地制订合理可行的健康教育计划。并在实施过程中及时对计划作出评估，总结经验和不足之处，从而不断增强制订健康教育计划的能力和水平。

二、家庭健康教育工作的实施

（一）家庭主要成员培训

要推动健康教育家庭化的形成，首先要培训家庭的主要成员，使受过培训的家庭成员能承担对其他成员进行健康教育的责任，能在长期的家庭日常生活中给其他家庭成员以教育、指导、影响和监督。

举办家庭主要成员健康教育培训班，可由社区行政部门负责组织召集，由卫生部门承担授课任务。也可采取社区行政部门与卫生部门共同组成健康教育委员会或领导小组，承担培训任务。

健康教育实践证明，家庭主妇是家庭保健活动的主角，也是妇幼保健工作的直接对象。通过妇联、计划生育管理网络，把家庭妇女组织起来，进行必要的卫生知识培训和行为指导，使她们成为家庭的保健员。

（二）通过竞赛树立家庭健康教育示范户

激励与竞赛是健康教育工作的有效方法。社区可以组织一些竞赛性活动，如以家庭为单位的健康知识竞赛、组织家庭健康教育考核评比活动。对于各种活动的优胜者给予适当的物质与精神奖励，还可以将家庭健康教育作为创星级文明户的内容之一，使家庭健康教育得以普及。

培养家庭健康教育示范户，可以在家庭健康教育考核评比等活动中，挑选出一些素质较高的家庭，作为家庭健康教育示范户，利用榜样的力量开展知识及行为的综合性健康教育活动。多数人都有崇善尚美的心态，只要在改变家庭环境面貌上下工夫，使周围人能感受到示范家庭环境逐步变美，有了让人感受到的好处，人们往往会产生模仿学习愿望，示范的作用就会逐步扩展。

（三）建立家庭健康教育小组

在培养示范户的基础上，通过把临近的几个家庭组成一个家庭健康教育小组，是一种既有组织而又比较自由的健康教育形式。一般以3～5户为宜，使一个家庭能容纳整个小组的成员，便于集中学习。在小组中有一户示范户带动大家，学习效果会更佳。

家庭健康教育小组的活动时间可以相对固定，如每周或每两周一次，具体时间可由小组成员共同协商决定。学习地点不一定固定在哪一家，每次的学习可在每户间轮流，既可以促进各家的健康状况，还有利于邻里之间交往，密切邻里关系。

授课人由健康教育小组成员轮流承担。这样，能促进每个成员在学中讲，在讲中学，提高学习效果。在要求别人做时，自己需先做到，也能促进不良行为的改变和健康行为的建立。社区健康教育工作者应将适当的家庭健康教育科普读物编印成传单或小册子等形式，提供给每个家庭。经济比较发达的地区，也可将健康教育科普报刊、书报推荐给每个家庭，使其能经常学习。

三、家庭健康教育工作的效果评价

评价工作是总结经验、吸取教训、改进工作的系统化措施。实施家庭健康教育监督、评价和强化工作是健康教育的重要工作。评价工作不只是在健康教育计划完成之后，而应在开始时就进行评价。贯穿整个健康教育过程的评价活动应该对健康教育工作起到正面的激励作用，使健康教育工作始终面对健康的挑战。

（一）评价的形式

按照评价的性质可分为形成性评价和总结性评价。

1. 形成性评价 是指家庭健康教育工作开始时和健康教育工作过程中对健康教育工作的评价。主要用于了解家庭居民的需求及对健康教育工作的反馈。同时对发现的问题、存在的矛盾以及失误、遗漏和不完善、不切实际的内容随时予以修订和调整。

2. 结性评价 是在健康教育工作计划告一段落时进行的全面评价，也是对整体健康教育工作的回顾和总结。不仅评价了健康教育计划完成后所取得的技术效益、经济效益和社会效益，而且对制订下一步家庭健康教育计划提供了有益的经验，有利于长远目标的实现。

（二）效果评价常用指标

家庭健康教育评价指标包括家庭健康教育参与率、覆盖率、家庭健康教育满意度、家庭成员对各种疾病防治知识的知晓率、青少年性知识知晓率、婚前检查率、母乳喂养率等。

（三）评价方法

家庭健康教育的评价方法包括家庭座谈会、家庭访问、问卷调查等。

思　考　题

1. 什么是家庭？家庭结构与功能有哪些？
2. 什么是健康家庭？家庭对健康和疾病的影响有哪些方面？
3. 家庭生活周期分为哪几个阶段？各阶段如何开展健康教育？
4. 家庭健康教育工作的效果评价内容有哪些？

（大连医科大学　周　令）

第十二章 高血压病的健康教育

案例 12-1：高血压病的健康教育

王某某，男，60 岁，身高 178cm，体重 78kg，退休在家，一次看电视中的健康节目后，自己购买了电子血压计测量血压。清晨测血压值为 130/85mmHg，中午测为 140/90mmHg，下午 4 点测血压为 145/88mmHg。王某某平时脾气暴躁易怒，喜饮酒。

问题：

1. 血压是什么？
2. 高血压是如何形成的？
3. 为什么王某某 3 次的血压值不同？
4. 人体通过哪些生理学机制调节血压？社会心理因素在血压的调节中有哪些作用？
5. 对他的这种情况，该如何进行健康教育？

我们生活在一个快速变化的环境。在整个世界，人口老龄化、城市化和全球化等造成的不健康的生活方式正威胁着人类健康。越来越多的富有和资源受限的国家都面临着同样的健康问题。这一转变的最引人注目的例子之一是，慢性非传染性疾病，如心血管疾病、癌症、糖尿病和慢性肺部疾病等造成的死亡率已经超过传染病，成为全球死亡率的主要原因。高血压是最常见的慢性非传染性疾病，也是心血管病最重要的危险因素。血压从 115/75mmHg 开始，随着血压的增高，心血管病的发生风险随之增加。全球每年由高血压并发症导致的死亡为 940 万例，其中半数死于心脏病和中风。

心脏的收缩、舒张交替进行，推动血液在心脏和血管组成的密闭循环系统内持续流动。血液在血管内流动时对血管壁造成的侧压力，叫血压。理想的血压是＜120/80mmHg。在未使用降压药物的情况下，非同日 3 次测量上肢血压，收缩压≥140mmHg 和（或）舒张压≥90mmHg 考虑为高血压。临床上将高血压分为原发性高血压和继发性高血压两大类。原发性高血压也称高血压病，目前确凿病因不清楚，可能与遗传、吸烟、饮酒、过量摄盐、超重、精神紧张、缺乏锻炼等因素有关，占所有高血压病人的 90%以上。目前，尚难根治，但是通过改变生活方式和合理的药物治疗能很好地控制，使患者在相当长的时间内处于无并发症状态。继发性高血压是指某些确定的疾病和原因引起的血压升高，占所有高血压病人的 5%～10%。

全球高血压患者 15 亿，全世界每五个成人中就有一例高血压，这种病症所导致的死亡人数约占所有中风和心脏病死亡人数的一半。据估计，全世界超过三分之一的 25 岁以上成年人，即大约 10 亿人，受到高血压的影响。许多人不知道自己有高血压，因为高血压并不总是伴随着症状，所以高血压在很大程度上仍然是一个隐藏问题。为了显示高血压防控工作的重要，2013 年 4 月 7 日是第 64 个世界卫生日，世界卫生组织首次把高血压作为世界卫生日主题，宣传主题是：防控高血压，预防心脑血管病。以此强调通过控制高血压，降低脑卒中和心血管病风险的重要性。

过去 50 年，我国曾进行过 4 次大规模高血压患病率的人群抽样调查。各次调查的总人数、年龄、诊断标准及患病粗率见表 12-1。虽然各次调查的规模、年龄和诊断标准不尽一致，但基本上较客观地反映了我国人群 50 年来高血压患病率的明显上升趋势。根据 2002 年调查数据，我国 18 岁以上成人高血压患病率为 18.8%，按 2006 年我国人口的数量与结构，估算目前我国约有 2 亿高血压患者，每 10 个成年人中就有 2 人患高血压，约占全球高血压总人数的 1/5。在我国高血压人群中，绝大多数是轻、中度高血压（占 90%），轻度高血压占 60%以上。《中国居民营养与慢性病状况报告（2015 年）》指出，2012 年我国 18 岁及以上成人高血压患病率达 25.2%，高血压患者人数至少 2.7 亿，每年 200 万人死亡与高血压有关。高血压是心脏病、脑卒中、肾脏病发病和死亡的最重要的危险因素，我国 71%的脑卒中死亡和 54%心肌梗死死亡与高血压密切相关。因心脑血管病导致的死亡占国民总死亡的 41%左右。

表 12-1　我国 4 次高血压患病率调查结果

年份	调查地区	年龄（岁）	诊断标准	调查人数	高血压例数	患病粗率（%）
1958～1959	13 个省、市	≥15	不统一	739 204	37 773	5.11
1979～1980	29 个省、市、自治区	≥15	≥160/95mmHg 为确诊高血压，140～159/90～95mmHg 为临界高血压	4 012 128	310 202	7.73
1991	30 个省、市、自治区	≥15	≥140/90mmHg 及 2 周内服用降压药者	950 356	129 039	13.58
2002	30 个省、市、自治区	≥15	≥140/90mmHg 及 2 周内服用降压药者	272 023	51 140	18.80

高血压患者知晓率、治疗率和控制率是反映高血压防治状况的重要指标。根据我国 2 次较大规模高血压患者知晓率、治疗率和控制率抽样调查（表 12-2）以及 15 组人群 1992～2005 年期间 3 次调查的变化（表 12-3），我国高血压患者总体的知晓率、治疗率和控制率较低。近年来，经过全社会的共同努力，高血压知晓率、治疗率和控制率有明显提高，但仍分别低于 50%、40%和 10%。农村低于城市；男性低于女性；经济欠发达地区低于较发达地区。而美国 1999～2000 年知晓率、服药率、控制率分别为 70%、59%和 34%。我国高血压病人知晓率低、服药率低、控制率低仍是防治高血压存在的 3 大难点。

表 12-2　我国 30 个省市高血压患者知晓率、治疗率和控制率 2 次调查结果

年份	年龄（岁）	调查人数	高血压人数	知晓率（%）	治疗率（%）	控制率（%）
1991	≥15	950 356	129 039	26.3	12.1	2.8
2002	≥18	272 023	51 140	30.2	24.7	6.1

表 12-3　1992～2005 年我国 15 组人群高血压患者知晓率、治疗率和控制率的变化（%）

年份	知晓率	治疗率	控制率	治疗者控制率
1992～1994	32.4	22.6	2.8	12.2
1998			5.2	19.2
2004～2005	48.4	38.5	9.5	24.0

我国高血压病这些年的持续上升趋势，已经引起政府、心血管专业人员和全国医务工作者的广泛重视。中华人民共和国卫生和计划生育委员会（原卫生部）将每年 10 月 8 日定为“全国高血压日”，以期使日益成为我国人民健康最大威胁的高血压病得到更有效地控制。

第 1 节　高血压病的行为危险因素

现在对于原发性高血压病的确切病因人们还不是很清楚，但研究结果表明高血压是综合因素的作用结果，除了种族、遗传、性别、年龄及社会经济因素之外，主要是由生活方式和行为所致，如高脂高热量高盐饮食、缺少锻炼的生活方式、酗酒、吸烟、肥胖、长期紧张刺激。绝经期后的妇女，糖尿病、肾脏病病人更易患高血压。控制高血压的策略和措施主要不是针对高血压病本身，而是针对影响高血压的行为风险因素，现将主要风险因素分述如下。

一、高盐和高脂饮食

1. 食用太多热量和脂肪的食物，而没有吃足够的水果和蔬菜 高脂高热量饮食是导致动脉粥样硬化和肥胖的重要因素，高脂肪食品是指含脂肪量高的食物。具体表现为油的成分就是各种饱和和不饱和脂肪酸，所以所有含油量高的和油炸过的食物都属于高脂肪食物。例如油炸食品、肥肉、动物内脏、奶油制品，植物中的核桃、芝麻、花生都属于高脂肪食物。如果想控制体内的脂肪不致过量，可以利用一些具有降脂作用的食物，“吃”掉体内脂肪。如葡萄、苹果、大蒜、韭菜、洋葱、冬瓜、胡萝卜、玉米、燕麦、牡蛎、牛奶、香菇及富含纤维素、果胶及维生素 C 的新鲜绿色蔬菜、水果和海藻，诸如芹菜、甘蓝、青椒、山楂、鲜枣、柑橘以及紫菜、螺旋藻等，均具有良好的降脂作用。过多食用高脂肪食品，而没有吃足够的蔬菜和水果，会使人容易肥胖，从而诱发高血压等各类疾病。例如：从第二次世界大战战死的美国士兵尸检显示，动脉硬化不仅普遍并且十分严重。据调查，2010 年中国儿童高血压患病率为 14.5%（其中男生 16.1%，女生 12.9%），且不同性别的高血压患病率均随年龄呈上升趋势。超重、肥胖、糖脂代谢异常、高血压家族史、出生低体重（<2.6 千克）、睡眠不足是少年儿童患高血压的危险因素。因此预防高血压病应从学龄前儿童抓起。

2. 高钠、低钾膳食 每天摄入少量（2～3g）食盐是人体维持生命的必须，但过量食盐摄入（>6g/d）会导致不良生理反应，其中最主要的就是升高血压。研究证明，钠盐摄入量与血压升高呈正比，严格控制钠盐摄入可有效降低血压。钾能促钠排出，钾的摄入量与血压水平呈负相关，而我国居民的膳食特点是高钠低钾。我国南方人群食盐摄入量平均为 8～10g/d，北方人群为 12～15g/d，均大大超过 WHO 推荐的 5g 的标准。我国人群每天钾的摄入量只有 1.89g，远低于 WHO 推荐的 4.7g。高盐膳食不仅是高血压发生的主要危险因素，也是脑卒中、心脏病和肾脏病发生发展的危险因素。每日摄入的食盐从 9g 降至 6g，可使脑卒中发病率下降 22%，冠状动脉性心脏病（冠心病）发病率下降 16%。2013 年 1 月 31 日，世界卫生组织发布新的食盐摄取指南，明确指出钠摄入过量或钾摄入不足都是导致高血压的风险因素。在大多数国家，平均人均盐摄入过高，在 9～12g /天之间。科学研究不断证明，在所有年龄组里人们只要适度减少盐摄入量就能够降低血压。而且不少研究表明，减少盐摄入量是最具成本效益的措施之一。

美国心脏协会、国家心肺血液研究所和美国食品药品监督管理局建议：“高血压病病人应将钠摄入量减至每天不超过 2g，对于没有高血压的人，应不超过 4g。”典型的中国饮食中包括大量的腌制食物以及含高钠质的酱油，因此，药物合并低钠饮食比单用药物更能降低血压。

3. 超重/肥胖 适当比例的体脂是人体生理活动之必需，过量的体脂会影响人们健康。身体脂肪含量与血压水平呈正相关。体内脂肪含量从轻度到中度增加为超重，重度增加为肥胖。肥胖者血液中过多的游离脂肪酸引起胰岛素抵抗、血三酰甘油水平升高和炎症因子增加等，造成机体损害。肥胖者患高血压和糖尿病的危险，分别是正常体质量者的 3.0 倍和 2.5 倍。身体越胖，心脏输出量就越大，血压就随之越高。

目前，国际通用的判断肥胖的简易指标是体质指数和腰围。腰围主要用于判断是否中心型肥胖或腹型肥胖。由于人种和文化的差异，不同地区其判断标准也不同。目前我国成人肥胖的判断标准是 BMI（body mass index，BMI）大于等于 28，超重的标准为 BMI 等于大于 24。腰围男性大于等于 85cm，女性大于等于 80cm。BMI 的计算公式是体重的公斤数除以身高米的平方。人群中体质指数与血压水平呈正相关，BMI 每增加 3kg/m^2，4 年内发生高血压的风险，男性增加 50%，女性增加 57%。我国 24 万成人随访资料的汇总分析显示，BMI≥24kg/m^2 者发生高血压的风险是体质量正常者的 3～4 倍。身体脂肪的分布与高血压发生也有关。腹部脂肪聚集越多，血压水平就越高。腰围≥90（男性）或≥85cm（女性），发生高血压的风险是腰围正常者的 4 倍以上。

随着我国社会经济发展和生活水平提高，人群中超重和肥胖的比例与人数均明显增加。在城市中年人群中，超重者的比例已达到 25%～30%。超重和肥胖将成为我国高血压患病率增长的又一重要危险因素。

二、紧张刺激过度，没有很好的缓解应对方式

（一）精神长期过度紧张

由于社会高速发展、工作节奏增快、竞争压力加剧、人际关系紧张，使社会群体普遍压力加大。长期过度的心理反应会明显增加心血管风险。引起心理压力增加的原因主要有抑郁症、焦虑症。人在紧张、愤怒、惊恐、压抑、焦虑、烦躁等状态下，血压就会升高，并增加心血管病风险。主要机制是：①情绪变化引起大脑皮层兴奋抑制平衡失调，交感神经活动增强，血管收缩，血压升高；②神经内分泌功能失调，诱发心律失常；③血小板活性反应性升高；④诱发冠状动脉收缩、粥样斑块破裂而引发急性事件。有心血管病史者，心理压力增加会使病情复发或恶化。

（二）压力管理方面薄弱

压力管理是个体采用有效的策略减轻甚至消除自己所承受的心理压力。现在社会生活节奏加快，人们受到一些挫折以后，基本上没有什么修养缓和的时间，只能睡一觉然后投入到明天的工作中。这样的生活持续下去，压力就会慢慢的积累，那些本来微小的压力积累起来就会造成前面说的严重问题。因此及时缓解和消除人们所承受的压力，对于他们的身心健康具有重要意义。现在大多数国家的政府、企业事业单位甚至个人都开始关注压力管理，都认为只有了解情绪，才能管理并控制情绪，发挥其积极作用。我国开展压力管理研究的时间并不长，在国内，压力管理研究尚处于萌芽状态。在理论上还处于跟踪外国研究成果的阶段，离形成自己的理论体系还有很长一段路。

三、不良行为生活习惯

1. 过量饮酒　高血压的患病率随饮酒量增加而增加。高血压患者中 5%～10%是由过量饮酒引起的。少量饮酒后短时间内血压下降，但随后会升高。大量饮酒刺激交感神经兴奋，心跳加快，血压升高及血压波动性增大。有大量证据表明，过量饮酒是心脑血管病、肾衰竭、2 型糖尿病、骨质疏松症、认知功能受损和老年痴呆等的危险因素。如果每天平均饮酒＞3 个标准杯（1 个标准杯相当于 12g 酒精），收缩压与舒张压分别平均升高 3.5 与 2.1mmHg，且血压上升幅度随着饮酒量增加而增大。重度饮酒者脑卒中死亡率比不经常饮酒者高 3 倍。

2. 吸烟　烟草中含 2000 多种有害物质，会引起交感兴奋、氧化应激，损害血管内膜，致血管收缩、血管壁增厚、动脉硬化，不仅使血压升高，还增加冠心病、脑卒中、猝死和外周血管病发生的风险。被动吸烟同样有害。婴幼儿尤其容易受到二手烟中有毒物质的侵害。孕妇主动或被动吸烟，烟草中的有害成分通过胎盘而直接损害胎儿的心血管系统，这种损害对下一代可能是永久性的。

吸烟可以在短期内使血压急剧升高，目前还不能确切肯定吸烟与慢性高血压的发病有关。但是，已有充足证据证明吸烟与心血管病有关。研究还表明，高血压病人戒烟后可大大降低并发心血管疾病的危险。另一方面，高血压病人若大量吸烟，则出现心脏病以及因心脏病致死的危险性大为增加。

3. 体力活动不足 世界卫生组织指出，缺乏体力活动已成为全球第四大死亡风险因素。据估算，目前每年全球因缺乏体力活动而致死的人数高达320万人，近10年间增长迅速。柳叶刀杂志发表一项研究称，每10个过早死亡中，就有1人死于运动量不足。研究表明，缺乏体力活动，至少会引起26种非健康状态或疾病的发生。缺乏体力活动是心血管疾病、糖尿病、高血压、肥胖和骨质疏松症等的主要危险因素。我国城市居民（尤其是中青年）普遍缺乏体力活动，严重影响心血管健康。根据中国心血管病报告，在10年间，我国男性总体力活动量减少了27.8%，女性减少36.9%。有研究估计，在中国5大慢病中，包括冠心病、中风、高血压、肿瘤和2型糖尿病，运动不足的贡献是12%～19%，仅此一项就消耗了中国15%以上的慢病医疗和非医疗的财政支出。体力活动是任何由骨骼肌收缩引起的导致能量消耗的身体运动。日常生活的体力活动可以分为工作，家务，体育运动，娱乐活动等。体力活动不足是高血压的危险因素。适量运动可缓解交感神经紧张，增加扩血管物质，改善内皮舒张功能，促进糖脂代谢，降低高血压，减少心血管疾病风险。

4. 缺少锻炼 WHO呼吁各国卫生部门重视人群缺乏锻炼的现象，号召人们加强体育锻炼，并提出了“体育锻炼让生命更有价值”的口号。WHO官员菲利普·德苏托·巴雷特指出，缺乏锻炼主要是指不能保证最低限度的体育锻炼，即成人每周150分钟的适度有氧运动或75分钟剧烈有氧运动，也可两者结合达到相同水平。缺乏锻炼对健康的不良影响十分长久，例如引发肥胖、心脑血管疾病、亚健康等。

有规律的体育活动的好处还不限于降低心脏病的风险，经常锻炼可以缓解精神紧张，增强体质和提高心肺功能。科学观察表明，心脏病发病率的降低与体育锻炼有关。美国斯坦福大学的流行病学家对17000人进行了一项研究，发现在一生都进行有规律的体育锻炼的人中，心脏病发作的次数要比好静少动的人少一半。运动原则应遵循：从小量开始，逐渐增加。循序渐进，持之以恒，坚持不懈。运动降压也已得到肯定，规律运动可使收缩压下降8～10mmHg，舒张压下降7～8mmHg。

5. 病人的依从行为不良 由于药物不能根治高血压病，只能控制血压，因此，要求病人持之以恒地使用药物治疗，切忌忽停忽用。特别是重度、中度病人，即使症状暂时有所缓解，也不能停止用药。如果，服药后出现明显的不适，可以换一种治疗药物。

但是，经常存在的问题是病人不能严格遵照医嘱坚持服药。有时因药物不良反应感到不适而停药，有时因原有症状消失而停药，这样使药物不能真正起到降压并维持较低或正常血压作用。因此，病人配合医务人员，坚持服药，坚持治疗和随访观察显得非常重要。病人的依从行为主要表现在对药物依从性和对医生多种非药物治疗建议的依从性。根据全国1991年的调查，检出高血压者中，服药率仅为24.77%。而其中能正规服药者则更低。估算2012年我国有高血压患者2.66亿，但治疗率和控制率分别低于40%和10%，原因是多方面的，重要原因之一是患者对高血压的认识不足，存在大量误区且治疗的依从性差。有调查表明，初诊高血压治疗一年的依从性仅为30%，严重影响了高血压的治疗率和控制率的改善。由此可见，目前病人的依从行为很不理想，药物的作用及疗效当然也值得怀疑了。经分析，病人的依从行为与其知识水平和血压控制程度均呈正相关。

四、高血压发病的其他因素及不可逆的危险因素

WHO还提出社会经济因素对于高血压的影响，这些社会因素会影响人们的健康，如收入，教育和住房，这其中就有不利影响的行为风险因素，例如，失业或担心失业可能会影响压力水平，反过来影响高血压。生活和工作条件水平条件的高低能影响高血压的及时发现和治疗，并可能妨碍并发症的预防。

高血压发病的不可逆的危险因素包括年龄、高血压家族史等。

第 2 节　高血压病的健康促进策略

案例 12-2：江苏省淮安市淮东社区卫生服务中心 2009 年 1 月～2010 年 1 月 60 岁及以上高血压患者规范化管理

以淮安市淮东社区卫生服务中心所管辖的 1068 例原发性高血压患者为研究对象，年龄 60 岁及以上，其中男 525 例，女 543 例。

一、管 理 方 法

（一）分级管理

按 2003 年世界卫生组织国际高血压联盟指南委员会（WHO-ISH）中的分级分层标准进行危险分层，然后进行分级管理。一级管理：低危的高血压患者，每 3 个月随访 1 次，全年不少于 4 次；二级管理：中危的高血压患者，每 2 个月随访 1 次，全年不少于 6 次；三级管理：高危的高血压患者，每月随访 1 次，全年不少于 12 次。随访中密切关注患者的病情，发现异常情况及时处理和转诊。随访后及时录入随访信息资料，分析慢病防治效果，根据存在的问题不断改进防治工作方法。

（二）具体方法

（1）由全科医师深入社区开展 1 次/周义诊，1 次/月健康教育讲座，进行面对面的宣教、指导。

（2）在中心内和 10 个社区利用宣传栏开辟高血压知识园地，用图片、板报、宣传图、放录像等教育模式，较全面的把高血压知识介绍给患者，每月开展 1 次高血压俱乐部活动与患者进行经验交流，慢病管理团队按分级分层的要求定期进行电话和上门随访。

（3）社区综合管理的具体措施包括：①饮食治疗：向患者讲解饮食治疗的重要性，进行饮食指导，合理搭配食物，提高患者合理膳食的积极性；②运动疗法：根据实际病情及身体状况选择适当的运动方法，控制运动量，以不引起身体不适为前提，并持之以恒；③心理指导：培养和建立患者对自己健康负责和高血压病可防可治的信念，积极配合医生的治疗，及时沟通与交流；④药物治疗：简单讲解降压药物的作用、不良反应及注意事项，指导患者科学服药降压药物，提高治疗效果，且综合考虑患者的经济条件，完备治疗方案；⑤生活方式指导：讲究个人卫生、戒烟限酒、生活规律；⑥并发症的预防：帮助患者掌握高血压并发症如脑卒中、冠心病等心脑血管疾病的病因、发展过程、危险因素及综合防治办法。

二、疗效评定方法

（1）评价高血压患者管理前后知晓率、血压控制率、服药依从性、全科医生管理的满意度等的变化。

（2）调查方式与频度：调查方式为分批、分组建立高血压健康档案并进行基线调查。调查分别在干预前（第 0 个月）、干预中（第 6 个月）和干预后（第 12 个月）各进行 1 次。

三、综合管理计划具备的条件

（1）地理学条件：居民居住相对集中，社区卫生服务中心交通便捷，医务人员有着良好的亲和力，患者的依从性程度较高。

（2）经济学条件：95%以上的社区居民已纳入“城镇职工基本医疗保险”和“城镇居民基本医疗保险”，对管理人员在管理过程中给予诊疗费用上的优惠和免费健康体检，很大程度上提高患者管理配合的积极性，利于高血压社区防治的连续性。

（3）慢性病管理队伍：临床医生均通过全科医师的转岗培训，均为内科医生，并在三级医院进修 1 年以上的经验，并有上级医院专家定期指导。

四、结　果

本调查显示，在健康管理1年后老年高血压患者能在较短的时间内提高对高血压相关知识的认识，规律运动、低盐饮食、控制体质量、提高服药依从性、定期测量血压，不断纠正不良的生活行为方式，使高血压可控性因素得到综合防治。

全科责任医师团队依靠人文、地理和技术的优势，发挥全科团队的协调作用，通过深入社区与社区居民建立朋友式的医患关系，从源头降低疾病的危险因素，使得全科医生管理的满意度明显提高，这种新型的、有效的社区综合干预模式对防控高血压疾病起到十分重要的作用。

问题：

从这个案例中我们可以看出什么？

高血压是各国面对的主要公共健康问题，也是慢性病防治的重点领域。到2010年，中国高血压患者已超过2亿，约占全球高血压总人数的1/5。据估计每年高血压及相关疾病造成的直接医疗费和间接耗费达3000亿元人民币。高血压是一种生活方式疾病，与不健康生活方式相关的危险因素和危险行为导致高血压发病逐年增加。通过健康教育可以增加人群高血压相关知识水平，纠正不良生活方式，提高高血压患者治疗和随访的依从性，因此，健康教育作为高血压防治的一项经济且有效手段，已在全球范围内得到认可和推广。截至2010年底各地已管理3553.8万高血压患者，社区高血压健康教育已成为我国高血压防治重要措施。

高血压的健康促进战略必须强调全人群、高危人群和病人相结合，以控制危险因素、早期诊断，早期治疗和规范性管理3个环节人手。

高血压的防治必须从以疾病为主导转向以健康为主导；从以病人为中心转向以人群为中心；从以医疗为重点，转向以预防保健为重点；以专科医生为主转向以团队管理为主。从以大医院为中心，转向以社区为中心；从重视疾病防治转向关注身心健康与环境的协调，坚持以人为本，以健康为中心。从卫生部门孤军作战，转向全社会共同参与，卫生工作者、学术研究团体、民间社会、私营部门、家庭和个人建立广泛的高血压防治联盟和统一战线。把高血压的综合防治与心脑血管疾病和其他慢性病的防治结合起来，制订高血压防治的健康促进规划，联合相关部门、学科开展工作。如美国建立国家高血压教育计划（NHBPLP）协作委员会，由39个主要专业、公立和志愿组织以及7个联邦机构组成。在美国国立心肺血液研究所（NHLBI）的管理下，主要的作用之一是发布指南并促进对高血压的知晓、预防、治疗和控制。自1997年预防、检测、评估与治疗高血压全国联合委员会（JNC）发表第6次报告后，已有许多大型临床试验结果发表。随后又组建新的委员会起草JNC第7次报告。这一措施很值得我国借鉴的。

2011年9月，联合国举行了由国家元首或政府首脑参加的预防和控制慢性非传染性疾病高级别会议，提出加强非传染性疾病（通常指心血管病、癌症、糖尿病、慢性阻塞性肺病等常见慢性病）的防控任务和要求。2012年5月，中华人民共和国国家卫生和计划生育委员会（原卫生部）等15个部委联合制定的《中国慢性病防治工作规划2012—2015年》明确指出，慢性病已成为我国重要的公共卫生问题。2013年，世界卫生组织首次把高血压防控作为世界卫生日的主题，强调要通过控制高血压来降低心脑血管病的危险，凸显了高血压防治的重要性。

健康教育作为一项投入少、产出大的工作，必须大力提倡。另外，如果没有合理的，科学的规划设计，也就无法对防治效果进行评估。所以制定规划是极为重要的。中国的国情和目前的疾病谱与西方不一样。我国高血压患者发生脑卒中的概率是心肌梗死的5倍（即5∶1），西方国家则是1∶1。我国治疗高血压的主要目标是预防脑卒中。降低血压水平是降低脑卒中发病危险的关键。在中国，80%～90%的高血压患者应在基层就诊，社区是高血压防治管理的主战场。高血压的防治主要策略概括起来应强调以下几点：

（1）把高血压病（包括慢性疾病）防治规划列入政府的议事日程，全面规划；

（2）开展以社区为基础的慢病综合性防治，把医疗服务与社会服务紧密地结合起来；
（3）完善社区健康服务可持续发展体系和服务；
（4）提高基层医务人员和护士防治高血压病防治水平；
（5）制定社区防治高血压病规划，实施病人的“三级管理”（见表 12-4）。

表 12-4　高血压防治参考方案

危险分组	防治措施	控制目标
低危组	非药物治疗 药物治疗 小剂量或常规剂量利尿剂或钙拮抗剂或 ACEI/ARB 或 β 受体阻滞剂 3 个月随诊 1 次 检测血压，危险因素	BP＜140/90 无新增危险因素
中危组	非药物治疗 药物治疗 常规剂量利尿剂或常规剂量钙拮抗剂或常规剂量 ACEI/ARB 或常规剂量 β 受体阻滞剂 小剂量利尿剂＋小剂量钙拮抗剂或＋ACEI/ARB 适量二氢吡啶钙拮抗剂＋ACEI 或 ARB，或＋小量 β 受体阻滞剂 2 个月随访 1 次 检测血压、危险因素	BP＜140/90 无新增危险因素
高危组	非药物治疗 药物治疗 利尿剂＋钙拮抗剂或＋ACEI 或＋ARB 氢吡啶钙拮抗剂＋ACEI 或 ARB，或＋ β 受体阻滞剂 小剂量利尿剂＋钙拮抗剂＋ACEI 或 ARB 1～2 周随访 1 次，病情恶化及时随诊 检测血压、危险因素	BP＜140/90 无新增危险因素

视窗 12-1：高血压的分类

目前，我国采用国际统一的 WHO/ISH 分类方法，根据非药物状态下患者收缩压和（或）舒张压水平，将之分为理想血压、正常血压、正常高值、1 级高血压、2 级高血压、3 级高血压、单纯收缩期高血压等。具体见表 12-5。

表 12-5　血压水平的定义和分类

类别	收缩压		舒张压
正常血压	＜120	和	＜80
正常高值	120～139	或	80～89
高血压	≥140	或	≥90
1 级高血压（轻度）	140～159	或	90～99
2 级高血压（中度）	160～179	或	100～109
3 级高血压（重度）	≥180	或	≥110
单纯收缩期高血压	≥140	和	＜90

注：①若患者的收缩压与舒张压分属不同级别时，则以较高的级别为准；②单纯收缩期高血压也可按照收缩压水平分为 1、2、3 级。

对于高血压的随访管理是这样规定的：一级管理：血压 1 级，危险分层属于低危的高血压患者；二级管理：血压 1 级，高血压危险分层属于中危的高血压患者；或血压 2 级患者；三级管理：血压 2 级以上，或合并 3 个以上其他心血管疾病危险因素或合并靶器官损害，存在相关疾病的，高血压危险分层属于高危的高血压患者。

第 3 节　高血压病的健康促进计划

案例 12-3：高血压健康教育规划模式

为建立有效的社区高血压防治管理模式，湖南省冷水滩区肖家园社区自 2009～2011 年，通过卫生行政主管部门和疾控部门的主导，利用本单位的卫生资源，进行组织管理、社区诊断、确定目标、制订计划、实施健康教育与健康促进等进行干预。

目标人群：采用随机抽样的方法从肖家园社区已建立的 15 570 人电子信息档案中随机抽取健康居民和≥35 岁高血压患者各 200 名为调查对象。健康人群：随机抽取不同年龄、不同文化和不同职业的居民 200 名，平均年龄（50±2.5）岁。其中男 89 人（44.5%），女 111 人（55.5%）；高血压患者：≥35 岁高血压患者 200 名，其中男 82 人（41%）、女 118 人（59%），平均年龄（57.5±2.1）岁。

调查方法：采用冷水滩区疾控中心编制的调查问卷，由经过培训的卫生专业人员在干预前后对调查对象进行面对面的调查。问卷内容包括一般情况、高血压危险因素、饮食和行为习惯等。对调查对象按照慢性病管理的体检表进行健康体检，检查内容包括身高、体重、腰围、血压等。测量血压要求在安静舒适的房间、采用标准汞柱式血压计（以每小格 2mmHg 为单位）检测。

干预措施：按照湖南省慢性病综合防控方案对高血压病进行干预管理，建立居民健康信息纸质档案和电子信息档案，对患有高血压的重点人群进一步做生化检测等相关检查和重点管理；随访干预，对已诊断、建档的高血压患者，每年提供四次随访（面对面、电话、自己就诊等方式），由社区慢病管理专业人员和门诊医生负责完成；健康教育与健康促进，每季度为普及高血压防治知识定点出墙报和健康知识讲座等。

具体做法：从 2009 年开始冷水滩区疾控中心根据《中共中央国务院关于深化医疗卫生体制改革的意见》精神，成立了慢病控制科，组织培训乡镇、社区等医疗防疫专业人员，指导他们开展工作，健康教育所为他们提供健康教育资料模板和核心信息；肖家园社区成立慢病控制领导小组，组织开展社区健康教育与健康促进活动，他们深入社区进行居民健康体检和建档工作，对 65 岁以上老人或患有高血压等慢性病人进行重点管理和随访制度。

效果评价：肖家园社区健康居民和≥35 岁高血压患者通过健康教育后其高血压相关知识知晓率分别 65.1%、51.3%，通过健康促进使他们的行为改变率分别达到 50.3%、40.8%，坚持规律服药 33.5%，血压控制率 25.5%（2002 年全国调查分别为知晓率 30.2%、服药率 24.7%、控制率 6.1%，相比之下提高了很多。

与创建湖南省慢性非传染性疾病综合防控示范区所要求的知晓率达到 70%以上、血压控制率达到 30%以上还有一定差距，因此开展社区健康促进必须以多部门联合，多层次干预和多手段并用的综合策略，采取多种健康教育形式和方法，来满足教育对象的不同需求。如针对该社区居民膳食用盐量＜8g 的居民只有 25%以下，两类人群在干预后差异无统计学意义（$P>0.05$），而人体对钠盐的生理需要量很低，成人摄盐 1～2g/d 足以满足生理需要，摄入过多的食盐，可导致高血压。

针对高血压患者服药率低、控制率低状况，对高血压患者要采取分三级管理：在一级干预中要加强健康教育，使他们自觉改变不健康的行为和生活方式，消除各种危险因素，必要时开健康教育处方；在二级干预中，要把高血压的早期症状作为教育重点，提高自我诊断和依从性；在三级干预中，定期随访观察，采取一对一的个体化指导，将患者血压控制在正常范围内，降低并发症的发生，提高其生活质量。

总之，冷水滩区疾控中心在社区高血压等慢性病管理过程中，采用健康教育与健康促进的干预模式是行之有效和值得推广的。

问题：

通过这个案例，请总结高血压病健康教育的程序？

制订高血压病健康促进计划不仅十分重要，而且是不可缺少的。计划不仅有利于明确防治目标，还有利于协同作战，不断完善计划，使防治工作逐步深化，如果没有计划也就无从评价我们的工作效果。因此，制订健康促进计划是健康教育专业人员的重要责任。规划必须有明确的目标，包括教育目标、行为目标和健康目标及规划目标。在计划执行过程中，应特别强调政府的领导，社区群众的参与，这是高血压病防治可持续发展的重要条件，单靠医务人员的积极性是难以奏效的。

一、建立慢性病防治领导组织

高血压的防治必须由政府牵头，协调社区各相关单位如街道（或乡）办事处、工青妇、老龄委、工商、驻社区单位及自愿者组织通力合作，为高血压防治提供有效的环境支持。

二、建立与发展社区卫生服务中心

把高血压的防治作为社区卫生服务中心的重要内容，包括高血压的筛检、建立健康档案，发展预防、保健、临床、康复、健康教育一体化服务。当前特别要重视对医务人员尤其是基层医务工作者和护士的培训，提高他们对高血压防治水平，扭转重治轻防、重科研轻科普的倾向，克服治疗工作不普及也不及时的现象。特别是广大农村地区，医疗条件不足，治疗效果也差。为使社区卫生服务中心实现可持续发展，必须给予政策支持和解决补偿机制。

三、根据健康教育的倾向因素，强化高血压健康教育

目前我国广大群众包括各级领导和知识分子对高血压与心脑血管病的预防保健知识普遍不足，不知自我保健之道，只有出现较重的病情才开始注意，甚至已经出现了高血压还不在乎，因此，普及知识是防治高血压的首要要素。包括医生、护士、药剂师、营养师、公共卫生人员、健康教育人员在内的各类医务人员，都有责任根据自己的专业知识，因地制宜对患者进行高血压相关知识的讲解教育。大部分高血压患者在基层医疗机构就诊，包括社区卫生服务中心（站）、卫生院、村卫生所、保健院、健康教育所等在内的基层医疗或健康管理机构是健康教育的主战场，基层医务人员是高血压健康教育的主力军。

高血压的健康教育目标要使广大群众，尤其高血压病人及其亲属认识到高血压是一种严重的疾病，如不及时有效地治疗可导致脑卒中、冠心病、肾病等严重后果；高血压目前还没有有效的方法根治，必须坚持按医嘱服药；相信对高血压进行正规治疗，不但可有效地降低血压，且可减少与高血压相关的疾病和死亡；使高血压病人知道高血压的危象，认识到血压的监测和定期随访的重要性；使广大群众和病人认识到高血压是可以预防的。针对不同的目标人群，提供相应的教育内容和行为指导，见表 12-6、表 12-7。

表 12-6 不同人群健康教育内容

正常人群	高血压的高危人群	已确诊的高血压患者
什么是高血压	什么是高血压	什么是高血压
高血压的危害	高血压的危害	高血压的危害
高血压是“不良生活方式”疾病	高血压的危险因素的内容	高血压的危险因素，什么是靶器官损害和临床并发症
哪些人容易得高血压	高血压伴心血管危险因素是危害	高血压患者为什么要分为低危、中危、高危组进行管理
高血压是可以预防的	如何纠正不良生活方式	高血压的非药物治疗内容：限盐、限酒、控制体质量、适量运动、缓解精神压力
什么是健康生活方式	如何减少心血管病的危险因素	常用抗高血压药物的种类、用法、注意事项、不良反应、禁忌证
定期监测血压的意义	要特别关注自己的血压，每月测 1 次	积极提倡患者家庭自测血压
关注自己的血压，成人每 2 年测 1 次	鼓励家庭自测血压	配合社区医务人员做好高血压分级管理，定期随访
		高血压患者要长期服药治疗，加强自我血压管理，以降低心脑血管病的发生危险

表 12-7 医务人员于不同阶段对高血压患者教育的重点内容

初诊时（诊断评估）	复诊时（明确诊断后）	随访时（长期观察）
高血压的危害	告知个体血压控制目标	坚持定期随访
高血压的危险因素	告知个体危险因素及控制	坚持血压达标
确诊高血压须做哪些检查	降压药可能出现的不良反应	坚持危险因素控制
家庭测量血压的方法	降压药联合应用的好处	如何进行长期血压监测
危险因素的控制	尽量服用长效降压药	如何观察高血压的并发症
	如何记录家庭自测血压数值	如何进行自我管理

四、健康教育的促成因素

（一）高血压普查与筛检

1. 普查 由于大量的高血压患者早期没有症状或症状不明显，因此在人群中筛检高血压是一项重要措施。

（1）健康成年人每 2 年至少测量 1 次血压，最好每年测量 1 次。

（2）充分利用各种机会进行筛查：①单位组织的健康体检或各类从业人员体检；②计划性的辖区内成人高血压普查或建立健康档案；③利用特定场所，如老年活动站、单位医务室、居委会、血压测量站等测量血压；亦可利用公共场所放置的公益性血压计测量血压；④ 医疗机构对≥35 岁患者实行首诊血压测量制度。

2. 易患人群的高血压筛查

（1）易患人群包括：①血压高值［收缩压 130～139 和（或）舒张压 85～89mmHg］；②超重［体质量指数（BMI）为 24.0～27.9kg/m^2］或肥胖（BMI≥28kg/m^2）；和（或）腹型肥胖：腰围≥90cm（2.7 尺，男），≥85cm（2.5 尺，女）；③高血压家族史（一、二级亲属）；④长期膳食高盐；⑤长期过量饮酒［白酒≥100ml（2 两）/d］；⑥年龄≥55 岁。

（2）易患人群一般要求每半年测量血压 1 次。

（3）提倡家庭血压测量。

（4）利用各种机会性筛查测量血压。

3. 初次血压升高者的处理 初次血压升高指第一次发现血压达到高血压诊断标准[即收缩压≥140mmHg 和（或）舒张压≥90mmHg］。如为重度升高［即收缩压≥180mmHg 和（或）舒张压≥

110mmHg］，排除其他干扰因素，并安静休息后，复测仍重度升高，可诊断为高血压。如为轻、中度升高［即收缩压≥140mmHg而<180mmHg；和（或）舒张压≥90mmHg而<110mmHg］者，建议4周内复测血压2次，均达到高血压诊断标准，则诊断为高血压；复测血压未达到高血压诊断标准者，则增加血压测量次数（每3～6月至少测1次）；对有条件者，进行动态血压或家庭血压测量。

（二）高血压的诊断与评估

1. 高血压的定义　在未用抗高血压药的情况下，非同日3次测量，收缩压≥140mmHg和（或）舒张压≥90mmHg考虑为高血压。患者既往有高血压史，现正在服抗高血压药，虽血压<140/90mmHg仍诊断为高血压。

2. 血压水平分级　≥18岁成人的血压按不同水平定义和分级见表12-4。高血压的诊断依据：目前，仍以诊室血压作为高血压诊断的依据。有条件的应同时积极采用家庭血压或动态血压诊断高血压。家庭血压≥135/85mmHg；动态血压白天平均值≥135/85mmHg，或24h平均值≥130/80mmHg为高血压诊断的阈值。

3. 按患者的心血管绝对危险水平分层

（1）影响预后的因素：影响高血压患者预后的因素包括：心血管病的危险因素、靶器官损害以及并存的临床疾患。对初诊患者通过全面询问病史、体格检查及各项辅助检查，找出影响预后的因素。各地在评估影响预后的危险因素时可根据实际情况将其分为“基本”要求和“常规”要求两个档次（表12-8）。

表12-8　高血压患者危险分层的检查评估指标

病史和体检（必查项目）	实验室检查项目及异常标准（尽可能检查的项目）
测量血压，分为1、2、3级	空腹血糖≥7.00mmol/L
肥胖：BMI≥28kg/m^{2}或腹型肥胖：腰围≥90（男）、≥85cm（女）	空腹血脂：总胆固醇≥5.7mmol/L，LDL-C≥3.3mmol/L；HDL-C<1.0mmol/L；三酰甘油≥1.7 mmol/L
年龄>55（男）、>65岁（女）	血肌酐≥115μmol/L（1.3mg/dL）（男），≥107μmol/L（1.2 mg/dL）（女）
正在吸烟	尿白蛋白 ≥300mg/24h
已知血脂异常	尿微量白蛋白30～300mg/24h，或白蛋白/肌酐≥22mg/g（2.5mg/mmol）（男），≥31mg/g（3.5mg/mmol）（女）
早发心血管病家族史（一级亲属，男55岁、女65岁以前发病）	
脑血管病（脑卒中、短暂性脑缺血发作）病史	心电图左心室肥厚
心脏病［冠状动脉性心脏病（冠心病）：心绞痛、心肌梗死、冠状动脉重建，心力衰竭］病史	眼底视盘水肿、眼底出血、X线胸片左心室扩大
周围血管病病史	超声颈动脉内膜增厚或斑块
肾脏病病史	心脏超声左心室肥厚
糖尿病	动脉僵硬度：PWV≥12M/S

（2）根据心血管总体危险量化估计预后：根据患者血压水平、现存的危险因素、靶器官损害、伴发临床疾患进行危险分层。将患者分为低危、中危、高危三层（表12-9、表12-10）。低危、中危、高危分层的主要内容如下。

表12-9　简化危险分层项目内容

高血压分级（mmHg）	危险因素	靶器官损害	临床疾患
1级：140～159/90～99	年龄	左心室肥厚	脑血管病
2级：160～179/100～109	吸烟	颈动脉内膜增厚或斑块	心脏病
3级：≥180/110	血脂异常	血肌酐轻度升高	肾脏病

续表

高血压分级（mmHg）	危险因素	靶器官损害	临床疾患
	早发心血管病家族史		周围血管病
	肥胖或腹型肥胖		视网膜病变
			糖尿病

表 12-10 根据心血管总体危险量化估计预后危险度分层表

其他危险因素和病史	血压（mmHg）		
	1 级高血压 收缩压 140～159 或舒张压 90～99	2 级高血压 收缩压 160～179 或舒张压 100～109	3 级高血压 收缩压≥180 或舒张压≥110
Ⅰ无其他危险因素	低危	中危	高危
Ⅱ1～2 个危险因素	中危	中危	很高危
Ⅲ≥3 个危险因素 靶器官损害或糖尿病	高危	高危	很高危
Ⅳ并存的临床情况	很高危	很高危	很高危

注：中国高血压防治基层指南中的高危包含《中国高血压防治指南 2010》 中的很高危。

低危：1 级高血压，且无其他危险因素；

中危：2 级高血压；1 级高血压并伴有 1～2 个危险因素；

高危：3 级高血压；高血压 1 或 2 级并伴有≥3 个危险因素；高血压（任何级别）并有伴任何一项靶器官损害（左心室肥厚、颈动脉内膜增厚、血肌酐轻度升高）；高血压（任何级别）并存任何一项临床疾患（心脏病、脑血管病、肾脏病、周围血管病、糖尿病等）。

（三）排除继发性高血压

5%～10%的高血压患者为继发性高血压。常见继发性高血压有：慢性肾脏病、睡眠呼吸暂停综合征、原发性醛固酮增多症、肾动脉狭窄、嗜铬细胞瘤、 皮质醇增多症、大动脉疾病、药物引起的高血压等。

五、高血压健康教育的社会动员

（一）争取领导的支持

高血压的防治需要得到各级领导的支持。关心与精心组织，鼓励群众或职工积极参与筛检，并安排一定时间让病人就诊。

（二）家庭成员

在健康教育干预计划中，应把家庭成员（主要是配偶、子女）作为教育对象，以促使其关心亲属、督促患者的行为。事实证明，这种方法是行之有效的，美国约翰斯霍普金斯大学 1982 年病例调查表明，得到家庭支持的病人血压控制率在 2 年内上升 11%。

（三）医务人员

对高血压患者进行教育，是医务人员义不容辞的责任。由于高血压是一种慢性疾病，高血压一旦发生，就需要终身管理。患者除了就诊时与医生有短暂的交流，大部分时间需要进行自我血压监测与管理。加强对高血压患者的健康教育，指导患者逐步掌握高血压的防治知识和技能，促其养成良好的遵医行为，以达到自觉地改变不良生活方式、控制危险因素、提高治疗依从性，提高降压达标率并减少并发症的发生，是医务人员义不容辞的责任。大部分高血压患者在基层医疗机构就诊，包括社区卫生服务中心（站）、卫生院、 村卫生所、保健院、健康教育所等在内的基层医疗或健康管理机构是健康教育的主战场，基层医务人员是高血压健康教育的主力军。

（四）中学生的知识与技能培训

对中学生开展高血压知识与技能培训不仅有利于提高年轻人对高血压的认知及其预防，而且更重要的是有利于在居民中普及高血压知识，对其家中的高血压病人能起很好的强化作用。

第 4 节　高血压健康促进规划及其评价

高血压健康促进规划实施后效果涉及面广，能导致多方面的变化，包括环境因素、倾向因素、促成因素、强化因素、行为、血压控制及心脑血管疾病的下降等。选择哪些指标作为评价指标，以及如何测量这些指标，该指标可能的变化程度等，在制定规划时都应该有明确的规定，即规划的目标。评价的内容就是衡量这一系列的规划目标是否达到以及达到的程度。一般要求选择的评价指标应该是明确的、可测量的、敏感的。如调查食盐的摄入量，如果我们仅询问被调查对象口味偏淡、中等、偏咸，是无法真实反映盐的摄入量的，应选择客观的可测量的指标。又如减肥可以导致血压下降，已证实两者之间存在一定的关系，因此体重作为一项可测量的指标是合理的和科学的；相反，血脂指标不如体重重要，是一项间接结果，且测量的代价大、不方便，也不敏感。

评价的内容与程序与其他项目是相似的，主要如下。

一、过 程 评 价

过程评价是评估我们从事高血压防治中实施各项活动的效率（不是效果），如办学习班、发放宣传资料、高血压病人的管理等各项工作的质量，这些工作是否按规划得以实施，实施的质与量如何？工作人员的责任心？群众的满意程度？这样的评估有利于我们改进工作中的不足，提高工作的效率。为了做好过程评估，应详细记录日常性的工作，记录的表格应统一、规范，便于分析统计。

二、效 果 评 价

效果的产生并非在同一时间，变化的程序首先是认知（知识、态度、信念 KAB）的变化，然后是行为的变化、血压的控制、并发症（心脑血管疾病等）的下降。效果评价又分成早期、中期和远期效果评价。

（1）早期效果评价：早期效果包括防治领导小组是否成立；防治网络是否形成；居民健康档案是否建立；三级管理是否完善以及居民与病人的认识是否提高。知识水平主要包括：高血压的危险因素及危害，高血压病的症状、高血压病危象、预防高血压病的措施；利用现有医疗保健措施的能力。信念、态度、价值观主要包括：相信高血压病是可以控制的；积极参与高血压病的防治。

（2）中期效果评价：主要包括行为的改变，如依从性行为，病人是否遵医持之以恒地服药，服药的质量；影响病人依从性的一些因素，如病人和家属对药物知识的掌握程度，是否按时就诊（随访），是否能够得到现有保健服务。非药物治疗（包括生活方式、限盐、减重、运动、放松和戒烟）对轻型高血压尤为有效，即使中、重型高血压除了服药之外，也必须坚持非药物治疗，其效果已经得到证实。

（3）远期效果评价：评估人群高血压的患病率和高血压病人血压控制率，生理指标包括血脂、血糖、胆固醇等。因为高血压病涉及多器官，控制其他因素如血糖、血脂对高血压也有很大作用。进而评估脑卒中、冠心病的患病率、死亡率的下降。

在评价过程中应邀请社区领导参加，调查结果及时向领导和群众汇报，使领导与群众完全以主人翁的态度积极参与高血压的防治是十分重要的。

视窗 12-2：基层高血压防治工作效果评估（《中国高血压基层管理指南》2014 修订版）

1. 评估的实施 ①考虑高血压的季节性波动因素，建议开展年度评估；②对管理的高血压患者群体进行管理效果评估；③评估可分层次进行：省市级/区县级/城镇社区医疗卫生服务中心（乡镇卫生院）/城镇社区医疗卫生服务站（村卫生室）/责任医师均可在相应工作范围进行管理效果评估。

2. 评估指标 评估指标众多，本《指南》提出三个基本评估指标。各地可以根据自身工作需要增加评估指标。鼓励通过抽样调查等方式，将高血压防治“三率”水平纳入社区高血压防治效果评价指标体系。

（1）基本指标：

1）管理率：是指某年龄段已管理的高血压患者人数占辖区该年龄段高血压患者总人数的比例。计算公式：管理率＝已管理高血压人数/辖区高血压总人数×100%。辖区高血压总人数的估算：辖区某年龄段常住（户籍）人口总数×该年龄段人群高血压患病率［通过当地居民普查或抽样调查获得，也可选用本省（全国）近期该年龄段人群高血压患病率指标］。

2）规范管理率：是指按规范要求（进行药物及非药物治疗并定期随访）实施规范管理的高血压人数占登记管理的高血压总人数的比例。计算公式：规范管理率＝规范管理的高血压人数/登记管理高血压总人数×100%。

3）管理人群血压控制率：是指接受管理的高血压患者中血压控制达标的人数占登记管理高血压总人数的比例。计算公式：管理人群血压控制率＝血压达标人数/登记管理高血压总人数×100%。血压控制达标是指收缩压 ＜140mmHg 和舒张压＜90mmHg，即收缩压和舒张压同时达标。血压达标可分为时点达标和时期达标两种评估方法：时点达标：指高血压患者最近一次血压控制在＜140/90mmHg 者；时期达标：指选定时期（一般选用 1 年）不同时段测量的血压值，同一患者 70%以上血压值控制在＜140/90mmHg 者。

（2）人群高血压防治“三率”指标：

1）高血压知晓率：是指辖区某年龄段居民诊断为高血压的患者中调查时知晓自己患高血压者的比例。计算公式：高血压知晓率＝知道自己患高血压的人数/高血压总人数×100%。

2）高血压治疗率：指高血压患者中近 2 周在服药的人数占整个辖区高血压患者总人数的比例。计算公式：高血压治疗率＝近 2 周在服用抗高血压药物的人数/高血压总人数×100%。

3）高血压控制率：是指血压控制达标的高血压患者人数占整个辖区高血压患者总人数的比例。计算公式：高血压控制率＝血压控制达标的人数/高血压总人数×100%。

范例：某社区医疗卫生服务机构辖区内共有成年居民 1 万人，全面普查体检查出高血压（包括正在服用抗高血压药物者）2000 例，其中 1000 例在检查时知道自己患高血压，500 例在近 2 周内正在服用抗高血压药物治疗，高血压患者接受检查时测量血压在＜140/90mmHg 者有 400 例。计算该社区人群高血压知晓率为 50%（1000/2000）；高血压治疗率 25%（500/2000）；高血压控制率 20%（400/2000）。

该社区全部高血压患者中 600 例已经接受高血压管理，管理人群中全年坚持治疗并完成规定随访要求的有 400 例，管理高血压患者中 300 例血压达标（＜140/90mmHg）。计算得出该社区高血压管理率为 30%（600/200），规范管理率 67%（400/600），管理人群血压控制率 50%（300/600）。

基层高血压防治工作效果评估一定要循序渐进，因地制宜，实事求是。切忌单纯追求理想化数字，要讲究管理质量和实际效果，逐步将高血压患者心脑血管事件发生变化作为评估防治管理效果的“硬指标”。

思 考 题

1. 高血压的定义是什么？
2. 高血压病的健康促进策略的主要方面有哪些？
3. 高血压疾病的行为危险因素有哪些？
4. 简述高血压非药物干预的主要内容。
5. 案例题：男性，61岁，渐进性活动后呼吸困难五年，明显加重伴下肢浮肿一个月。

五年前，因登山时突感心悸、气短、胸闷，休息约1小时稍有缓解。以后自觉体力日渐下降，稍微活动即感气短、胸闷，夜间时有憋醒，无心前区痛。曾在当地诊断为“心律不齐”，服药疗效不好。一个月前感冒后咳嗽，咳白色黏痰，气短明显，不能平卧，尿少，颜面及两下肢浮肿，腹胀加重而来院。既往二十余年前发现高血压（170/100mmHg）未经任何治疗，八年前有阵发心悸、气短发作；无结核、肝炎病史，无长期咳嗽、咳痰史，吸烟40年，不饮酒。

查体：T37.1℃，P72次/分，R20次/分，Bp160/96mmHg，神清合作，半卧位，口唇轻度发绀，巩膜无黄染，颈静脉充盈，气管居中，甲状腺不大；两肺叩清，左肺可闻及细湿罗音，心界两侧扩大，心律不齐，心率92次/分，心前区可闻Ⅲ/6级收缩期吹风样杂音；腹软，肝肋下2.5cm，有压痛，肝颈静脉反流征（＋），脾未及，移动浊音（－），肠鸣音减弱；双下肢明显可凹性水肿。

化验：血常规Hb129g/L，WBC6.7×10^9/L，尿蛋白（＋＋），比重1.016，镜检（－），BUN：7.0mmol/L，Cr：113μmol/L，肝功能ALT 56U/L，TBIL：19.6μmol/L.

根据案例分析以下问题：（1）试述案例中的疾病诊断及诊断依据。（2）需要与哪些疾病进行鉴别诊断？需不需要进一步检查，需做哪些检查？（3）分析案例中疾病的治疗原则和健康教育策略。

（潍坊医学院 李 伟 庄立辉）

第十三章　糖尿病的健康教育

案例 13-1：

某女，61 岁，体质指数 30.2 kg/m^2，喜欢吃肉及油炸食品。患有颈椎病、腰椎间盘突出症，行走困难，很少活动。患有高血压，2 型糖尿病 1 年，口服降糖药、降压药治疗。2008 年 7 月，就诊查空腹血糖、餐后血糖均正常，但血尿酸 460.4μmol/L，总胆固醇 7.42mmol/L，甘油三酯 1.71mmol/L，低密度脂蛋白胆固醇 4.82mmol/L。

问题：

1. 该妇女患糖尿病可能与哪些因素有关？
2. 这次就诊该妇女存在哪些健康问题？

第 1 节　糖尿病的概述

糖尿病是一种严重危害人类健康的慢性代谢性疾病，随着人民生活水平的提高，人口老龄化，生活方式改变，以及医学的发展，糖尿病的发病率呈快速上升之势。据世界卫生组织的有关资料显示，在 20 世纪 80 年代中期，全世界的糖尿病患者为 3000 万人左右，而 10 年后的 90 年代中期达到 1.2 亿人，本世纪初为 1.75 亿人；2012 年国际糖尿病联盟估计，目前全球有糖尿病患者 3.71 亿左右，其中 80%生活在中低收入国家；预计到 2030 年糖尿病患病人数将达到 5.52 亿，全球每 10 个成人中至少有一人患有糖尿病。而我国的糖尿病患病情况也与世界其他国家一样，呈现快速增长。1995 年中国成人糖尿病患病率仅为 2.5%，而 2001 年上升到 5.5%，2008 年已经高达 9.7%，中国成人糖尿病患者总数达 9240 万，可能已经成为糖尿病患者人数最多的国家。我国糖尿病患者不但数量众多，而且仅仅 30%的人得到明确诊断，在确诊的患者中只有 40%左右的人坚持治疗，而 60%的患者病情控制较差，仅仅 20%左右达到了糖尿病的控制标准。如果不采取有效措施，未来 20 年中国糖尿病负担将更加严重，40 岁以上人群中糖尿病患病率将增加到 2 倍，甚至 3 倍。现在糖尿病已成为继心血管疾病和肿瘤之后的第三大非传染性疾病，严重威胁人类的健康，成为我国严重的公共卫生问题之一。

一、糖尿病的发病机制简介

糖尿病是一组以慢性血葡萄糖（简称血糖）水平升高为特征的代谢性疾病群。高血糖的原因是由于胰岛素分泌缺陷和（或）胰岛素的作用缺陷，引起人体内胰岛素分泌的相对或绝对不足，从而导致糖类、蛋白质、脂肪代谢紊乱，引起全身多器官、多系统的慢性进行性病变，导致功能缺陷和衰竭，病情严重或应激时可发生急性严重代谢紊乱，如酮症酸中毒、高渗性昏迷等。

（一）糖尿病的分型

1999 年 WHO 糖尿病专家委员会公布了新的糖尿病分型，建议将糖尿病分为以下四个大类。

1. 1 型糖尿病（type 1 diabetes mellitus，T1DM）　有两种亚型。

（1）免疫介导 1 型糖尿病：这一型主要以青少年发病，患者在病程中胰岛功能逐渐减退，最终需要应用胰岛素治疗以控制代谢紊乱和维持生命。病因与自身免疫功能紊乱有关。

（2）特发性 1 型糖尿病：是在某些人种（如美国黑人和南亚印度人）的特殊类型。常有明显的家族史，发病早。

2. 2 型糖尿病（type 2 diabetes mellitus，T2DM）　本型占糖尿病的 95%，多见于成年人，发病比较缓慢，症状相对较轻，许多患者无任何症状，在健康检查或发生并发症、伴发病时才发现。多数患者不需要依赖胰岛素治疗维持生命，但在某些阶段需要胰岛素控制代谢紊乱。

3. 其他特殊类型的糖尿病　有 8 个类型数十种疾病。

（1）B 细胞功能遗传性缺陷：

1）青年人中的成年发病型糖尿病：是一种单基因遗传病。主要表现为：有三代或以上的家族发病史，且符合常染色体显性遗传规律；发病年龄小于 25 岁；无酮症倾向，至少 5 年内不需要用胰岛素治疗。

2）线粒体基因突变糖尿病：其主要特点是：母系遗传，家族内女性患者的子女都可能患病，而男性患者的子女均不患病；发病早，自身抗体阴性；常伴有神经性耳聋，或其他神经肌肉疾病的表现。

（2）胰岛素作用遗传性缺陷：包括 A 型胰岛素抵抗、脂肪萎缩型糖尿病等。

（3）胰腺外分泌疾病：包括胰腺炎、创伤、肿瘤、血色病等。

（4）内分泌病：包括甲状腺功能亢进症、肢端肥大症、醛固酮瘤等。

（5）药物或化学品所致的糖尿病：包括糖皮质激素、甲状腺激素、噻嗪类利尿药等引起的糖尿病。

（6）感染：包括风疹、巨细胞病毒等。

（7）不常见的免疫介导糖尿病：包括抗胰岛素受体抗体等。

（8）其他：与糖尿病相关的遗传综合征如 Down 综合征、Wolfram 综合征、卟啉病等。

4. 妊娠期糖尿病（Gestational diabetes mellitus，GDM）　指妊娠过程中初次发现的任何程度的糖耐量异常，不论是否需要用胰岛素治疗，也不论分娩后这一情况是否持续。不包括妊娠前已患的糖尿病病人。GDM 患者需要在 6 周以后复查，一部分妇女分娩后血糖恢复正常，有些在产后 5～10 年有发生糖尿病的高度危险。

（二）发病机制与分期

糖尿病的发病机制较为复杂，至今仍未完全弄清楚。

1. 1 型糖尿病　目前认为 T1DM 的发生可以分为 6 个阶段。

（1）第 1 期遗传学易感性：研究发现 T1DM 与人类某些特殊 HLA 类型有关，这些特殊的基因称为糖尿病的易感基因，T1DM 常常是由于多个易感基因的共同参与和环境因素的影响而发生。

（2）第 2 期启动自身免疫反应：某些具有易感基因的人，在一些环境因素如病毒感染而启动胰岛 B 细胞的自身免疫反应，损伤胰岛组织。目前已知柯萨奇病毒、腮腺炎病毒、风疹病毒、巨细胞病毒等与 T1DM 有关，病毒感染不仅可以启动自身免疫反应，而且直接感染损伤胰岛组织。

（3）第 3 期免疫学异常：这一期处于糖尿病发病前期，患者胰岛素分泌虽然仍能维持正常，但处于自身免疫反应活动期。

（4）第 4 期进行性胰岛 B 细胞功能丧失：胰岛素分泌功能下降，血糖逐渐升高，发展为临床糖尿病。

（5）第 5 期临床糖尿病：患者出现部分或典型糖尿病临床症状。

（6）第 6 期：患病多年后，胰岛 B 细胞完全破坏，胰岛素水平极低，失去对刺激的反应，糖尿病临床表现更明显。

2. 2 型糖尿病　目前认为 T2DM 的发生可以分为 4 个阶段。

（1）遗传易感性：一般认为 T2DM 的发生与遗传有关，但机理并不完全清楚，可能由于多个基因变异，在外界环境因素的作用下发生。

（2）胰岛素抵抗和 B 细胞功能缺陷：胰岛素抵抗和胰岛素分泌缺陷是引起 T2DM 的重要因素。胰岛素抵抗是指机体对一定量胰岛素的生物化学反应低于正常，导致机体组织对葡萄糖的摄取、利用或储存的效力减弱，同时对肝脏葡萄糖的输出的抑制作用减弱，引起血糖的升高。胰岛素分泌缺陷是指患者出现胰岛素分泌的第一分泌相缺失或减弱，第二胰岛素高峰延迟出现，引起机体对血糖的正常调节作用减弱。

（3）糖耐量减低（impaired glucose tolerance，IGT）和空腹血糖调节受损（impaired fasting glucose，IFG）和：IGT 和 IFG 是糖尿病前期，后者指其血糖高于正常，但低于糖尿病的诊断标准，主要原因是由于胰岛素的基础分泌能力以及肝脏对胰岛素的敏感性和控制肝葡萄糖输出异常。IGT 则与外周组织胰岛素的抵抗有关。

（4）临床糖尿病：患者出现血糖升高，达到糖尿病的诊断标准，可无明显临床症状，或逐渐出现各种临床群。

（三）自然病程

糖尿病的自然病程一般可分为 4 个阶段。

1. 血糖调节代偿 在一些糖尿病高危人群如肥胖等，要保持血糖正常，机体需要调节内分泌代谢，增加胰岛素的分泌。这一阶段没有临床症状，血糖和糖耐量都是正常的。

2. 糖调节受损 指血糖升高，但未达到糖尿病的诊断标准。这一期出现空腹血糖调节受损和（或）糖耐量减低。糖调节受损是由正常人向糖尿病患者发展的一个移行阶段，又称为糖尿病前期。

3. 糖尿病 这一阶段患者血糖升高已经达到或超过糖尿病的诊断标准，但未出现临床并发症或伴发病。

4. 糖尿病并发症或伴发病 这一阶段按照病情的严重程度分为二期。

（1）患者已经出现一种或数种并发症或伴发病，但无明显器官功能障碍。

（2）患者已经出现明显的功能障碍，是糖尿病的终末阶段。

糖尿病在其发展的自然病程中，不论其病因如何，都会经历上述的几个阶段，患者可以从不同的方向从一个阶段向另一个阶段转变。从糖尿病的自然病程可以发现，疾病可能在高血糖出现之前已存在很长一段时间，血糖也随病情的严重程度而变化，因此应将糖尿病的临床分型和自然病程结合起来考虑其发生和发展，如图 13-1。

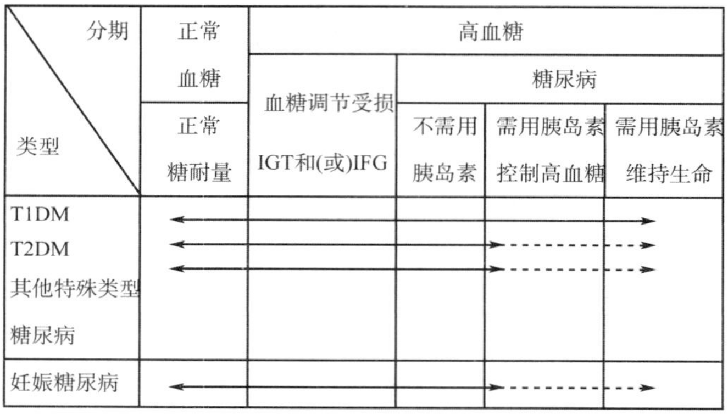

图 13-1 糖尿病分型与临床分期（WHO 专家委员会报告，1999 年）

二、糖尿病对人类健康的影响

糖尿病对人类机体的影响主要因为人体内胰岛素的生物活性或其效应绝对或相对不足，葡萄糖的利用减少，肝糖输出增多导致高血糖，同时脂肪合成减少，血中游离脂肪酸和甘油三酯浓度升高，蛋白质合成减少，分解代谢加速，引起氮负平衡，从而对人体产生一系列的损害，主要有以下几方面。

（一）代谢紊乱症状群

典型表现为“三多一少”，即多尿、多饮、多食和体重减轻。T1DM 患者起病较快，病情较重，症状明显；T2DM 病情相对较轻，症状不明显。有些患者可能出现皮肤瘙痒、视力模糊等表现。

（二）并发症与伴发病

相当一部分患者没有明显的代谢紊乱的表现，仅仅因为并发症与伴发病而就诊，才发现患有糖尿病。

1. 急性并发症

（1）糖尿病酮症酸中毒与高渗性非酮症糖尿病昏迷：是糖尿病最常见的急性并发症，也是引起糖尿病死亡的重要原因。

（2）感染：疖、痈等皮肤感染是糖尿病最常见的急性感染，其次是足癣、体癣等真菌感染，另外，糖尿病合并肺结核、尿路感染也比较常见。

2. 慢性并发症　糖尿病的慢性并发症可遍及全身各重要器官，有些并发症在就诊前就存在，其中，心脑血管并发症是糖尿病人死亡的主要原因。

（1）大血管病变：发生动脉粥样硬化，主要侵犯主动脉、冠状动脉、脑动脉、肾动脉等，引起冠心病、脑血管病变、肾动脉硬化等。而肢体动脉病变主要表现为下肢疼痛、感觉异常和间隙性跛行，严重者可导致肢体坏疽。

（2）微血管病变：微血管病变主要表现在肾、视网膜、神经、心肌组织，其中以糖尿病肾病和视网膜病变最为重要。糖尿病肾病是 T1DM 患者死亡的主要原因，而糖尿病视网膜病变主要见于病程超过 10 年的患者，是失明的重要原因。

（3）神经病变：糖尿病性神经病变以周围神经最为常见，首先出现肢端感觉异常，麻木、痛觉过敏等，后期出现肌力减弱甚至瘫痪。其次自主神经病变也比较常见，可引起胃肠、心血管、泌尿和性器官功能异常，患者出现瞳孔改变、排汗异常、直立性低血压，也可出现尿失禁、尿潴留、阳痿等。

（4）眼的其他病变：糖尿病除引起视网膜病变外，还可引起白内障、青光眼、屈光改变等。

（5）其他：如糖尿病足等。

（三）反应性低血糖

主要见于 T2DM 患者在餐后 3～5 小时血中胰岛素水平不适当升高，引起反应性低血糖。

（四）其他

如在健康体检或手术前检查时发现的高血糖，而无明显症状。

三、糖尿病的诊断标准

糖尿病的诊断标准是根据血糖水平来确定的，但正常与异常的分割点则是随着人类对糖尿病的认识和研究的不断深入而进行修正，目前最新的标准（见表 13-1）是 WHO 专家委员会 1999 年报告制定的。具体说明如下：

（1）糖尿病的诊断是依据空腹、任意时间或口服葡萄糖耐量试验（oral glucose tolerance test，OGTT）中 2 小时血糖值。空腹指 8～14 小时内无任何热量摄入；任意时间是指一天内任何时间，无论上一次进餐时间和进餐量；OGTT 采用 75 克无水葡萄糖为负荷，溶于水内口服。

（2）对于无急性糖代谢紊乱表现，仅仅一次血糖达到糖尿病的诊断标准者，必须在另一日按表中的三个标准之一进行复测核实。如复测结果未达到糖尿病的诊断标准，要求定期复测，直至明确诊断。

（3）对于急性感染、创伤或其他应激情况下出现暂时血糖升高，不能诊断为糖尿病，应在应激消除后复测。

（4）儿童的糖尿病诊断标准与成人一致。

（5）流行病学调查可采用空腹或 OGTT 中 2 小时血糖标准。最好进行 OGTT，如不能采用 OGTT，可单独采用空腹血糖，但二者不一致时取其较高值。

表 13-1　糖尿病及其他类型的高血糖的诊断标准（WHO 专家委员会报告，1999 年）

	血糖浓度（mmol/L）		
	静脉血浆	静脉全血	毛细血管
糖尿病			
空腹	≥7.0	≥6.1	≥6.1
和（或）服糖 2 小时	≥11.1	≥10.0	≥11.1
糖耐量减低（IGT）			
空腹（如有检测）	<7.0	<6.1	<6.1
和服糖 2 小时	7.8～<11.1	6.7～<10.0	7.8～<11.1
空腹血糖调节受损（IFG）			
空腹	6.1～<7.0	5.6～<6.1	5.6～<6.1
和服糖后 2 小时（如有检测）	<7.8	<6.7	<7.8

案例 13-2：

某女，57 岁，退休工人。有糖尿病家族史，患 2 型糖尿病 9 年，能管理饮食、坚持运动、口服降糖药治疗。2008 年年底就诊复查空腹血糖 7.8mmol/L，糖化血红蛋白 6.1%，肌酐 82mmol/L，肾小球滤过率 59.9ml/（min·1.73m^2）。

问题：

1. 该妇女血糖控制是否达标？
2. 该妇女还存在什么健康问题？

四、糖尿病的基本防治措施

糖尿病的病因和发病机制目前并不完全清楚，缺乏针对病因的治疗，主要采取综合治疗措施。

（一）糖尿病的基本防治原则

糖尿病的基本防治要坚持综合治疗、早期治疗、长期治疗、个体化治疗的原则。所谓综合治疗包括饮食、运动、药物、自我监测和健康教育；早期治疗指在 IGT 阶段就应该进行干预。

（二）糖尿病防治目标

糖尿病防治的基本目标不仅仅是纠正代谢紊乱，消除症状，防止和延缓并发症的发生，降低病死率，延长寿命，还应该把维持良好的健康和工作的能力，保障儿童的生长发育，提高生活质量作为重要的指标。经过综合治疗后血糖应达到控制标准（表 13-2）。

表 13-2　糖尿病综合控制目标（中国 2 型糖尿病防治指南，2013 版）

指标	目标值
毛细血管血糖，mmol/L	
空腹	4.4～7.0
非空腹	10.0
糖化血红蛋白，%	＜7.0
血压，mmHg	＜140/80
总胆固醇，mmol/L	＜4.5
高密度脂蛋白胆固醇，mmol/L	
男性	＞1.0
女性	＞1.3
甘油三酯，mmol/L	＜1.7
低密度脂蛋白胆固醇，mmol/L	
未合并冠心病	＜2.6
合并冠心病	＜1.8
体重指数，kg/m^2	＜24.0
尿白蛋白/肌酐比值，mg/mmol（mg/g）	
男性	＜2.5（22.0）
女性	＜3.5（31.0）
尿白蛋白排泄率，μg/min（mg/d）	＜20.0（30.0）
主动有氧运动（min/周）	≥150.0

案例 13-2 分析讨论：

该妇女血糖控制不达标，因空腹血糖（7.8mmol/L）＞7.0mmol/L。该妇女可能处于糖尿病肾损害 3 期，因肾小球滤过率为 59.9ml/（min·1.73m^2）。

（三）糖尿病的基本防治措施

国际糖尿病联盟提出了糖尿病现代治疗的五个要点：健康教育、饮食疗法、运动疗法、糖尿病的病情监测和药物疗法，这就是人们俗称的“五驾马车”，其中饮食疗法、运动疗法是糖尿病的基础疗法。要想达到理想的治疗效果，要这五匹马一起使劲，过去治疗 80%没有达标，就是我们仅仅依靠药物治疗，没有完全坚持综合治疗所致。

1. 糖尿病的健康教育　是重要的基本治疗措施之一。健康教育的对象包括糖尿病专业防治人员、医务人员、患者（及家属）和社会公众，具体方法后面专门描述。

2. 饮食疗法　是一项非常重要的基础治疗措施，无论哪种类型和哪个阶段的糖尿病患者都应该严格和长期坚持，只有在合适的饮食治疗的基础上，包括药物在内的方法才能发挥效果。

3. 运动治疗　糖尿病病人应该有规律的合适的运动。根据年龄、性别、体力、病情等不同情况，循序渐进和长期坚持。

4. 自我监测病情　除了动态观测血糖变化外，还有定期检查血脂水平，心、肝、肾功能和眼底情况变化，随时给予相应的治疗，达到表中的病情良好控制程度。

5. 药物治疗　治疗糖尿病的药物包括口服药物和胰岛素两大类。

（1）口服治疗药物：口服治疗糖尿病的药物主要有 4 大类。

1）促进胰岛素分泌剂：这一类包括磺脲类和非磺脲类，只适用于无急性并发症的 T2DM，不适用于 T1DM、有严重并发症的 T2DM、孕妇、哺乳期妇女、大手术的围手术期、儿童糖尿病和全胰腺切除术后等。

2）双胍类：这类药物主要通过提高外周组织对葡萄糖的摄取和利用，抑制糖原的异生和糖原的分解等机制来降低血糖。主要用于治疗 T2DM，尤其适用于肥胖患者，不单独用于治疗 T1DM，但如果 T1DM 在使用胰岛素的基础上，血糖波动较大，仍可以使用双胍类。双胍类禁用于酮症酸中毒、急性感染、肝肾功能不全，充血性心力衰竭，也不宜用于儿童、孕妇和哺乳期妇女。

3）α 葡萄糖苷酶抑制剂：这一类酶抑制剂可延迟小肠碳水化合物的吸收，降低餐后的高血糖。主要适用于 T2DM，特别适用于空腹血糖正常（或不太高）而餐后血糖明显升高者。

4）胰岛素增敏剂：本类药通过提高外周细胞对胰岛素作用的敏感性，减轻胰岛素的抵抗。可单独或联合其他口服降糖药物治疗 T2DM，尤其是胰岛素抵抗者。本类药不宜用于 T1DM、孕妇、哺乳期妇女和儿童。

（2）胰岛素治疗：主要适用于 T1DM、糖尿病酮症酸中毒、高渗性非酮症糖尿病昏迷和乳酸性酸中毒伴高血糖、合并重症感染和其他严重的并发症、需要外科治疗的围手术期、妊娠和分娩、T2DM 经饮食和口服降糖药治疗血糖未得到有效控制、全胰腺切除引起的继发性糖尿病。无论哪一种类型和阶段的糖尿病均必须在饮食疗法和其他综合治疗的基础上，进行病情监测，根据治疗反应适当调整胰岛素。胰岛素的主要不良反应有低血糖反应和胰岛素过敏。

6. 其他治疗 包括胰腺移植和胰岛细胞移植等。

第 2 节 糖尿病的影响因素

糖尿病按照其发病原因分为原发性和继发性两大类，目前，原发性糖尿病占绝大多数，但病因并未完全清楚，一般研究认为与生物遗传因素、病毒感染、自身免疫、个人生活方式的改变有明确的关系；而继发性糖尿病主要由于胰腺炎症、肿瘤、外伤、手术等引起胰岛的破坏引发胰源性糖尿病，其次由于内分泌功能紊乱如垂体生长激素分泌过多引起的垂体性糖尿病，皮质醇类激素分泌过多，可导致类固醇性糖尿病，但这些病因比较清楚的继发性糖尿病占极少数。

一、糖尿病的生物遗传方面影响因素

（一）遗传因素

引起糖尿病发生的原因是多种多样的，确切的病因仍不清楚，但是，流行病学研究发现，糖尿病的患者具有易感基因，在外界因素触发下才发病。首先，不同国家和地区之间 T2DM 患病率不同，如美国为 6%～8%，中国为 3.21%，而太平洋岛国瑙鲁高达 30%；其次，同一国家内不同民族间的患病率也不一样，如美国白人为 6%～8%，美国土著 Pima 人高达 50%。根据我国的调查糖尿病患者中有糖尿病家族史者为 1.47%～14.5%，平均为 6.5%，有糖尿病家族史者糖尿病的发病率比无糖尿病史者高 3～40 倍，其遗传度：T2DM 为 60%，T1DM 略低，为 40%～53%；双亲患糖尿病者其子代患病率在 28%～50%；孪生子女中双双患病者的比例高达 91%～100%。

T1DM 的易感基因定位在 HLA 区，目前已经确认了两个重要的易感基因，即 $IDDM_1$ 和 $IDDM_2$，分别构成了遗传因素的 40%和 10%。同时人体内也存在着一些保护性基因，阻止 T1DM 的发生，但这些基因的研究还不十分清楚。另外，由于同卵双生子患 T1DM 的一致性较低，以及环境因子对 T1DM 的影响较大，人们推测在遗传易感基因之外还存在一些获得性易感基因，在 T1DM 的发病中起了重要的作用。T1DM 的发生机制主要是具有这些遗传易感因子的个体，在环境启动因子的作用下，引起机体的自身免疫反应，导致选择性破坏胰岛 B 细胞，引起胰岛素合成绝对不足，一般简述为：

遗传易感因子

↓ 环境启动因子

免疫反应胰岛B细胞破坏

↓

T1DM

T1DM 的发病就是启动发病和阻止发病之间的平衡丧失。具有遗传易感基因的个体，必须有环境的启动因子，同时外界环境中也有环境保护因子。

T2DM 是常见的慢性病，有明显遗传倾向，但要准确地确定易感基因，目前仍然很困难，但通过遗传学和基因检测，找到了一些有关的表达基因，这些基因的表达也受环境因子如运动、膳食和肥胖等因素的影响，一旦遗传和环境因子两者具备，患者就会出现高血糖、胰岛素活性抵抗和分泌异常。

（二）生物因素

糖尿病的发生主要与病毒感染有关，T1DM 与病毒感染关系尤为密切。虽然，人们并没有找出多少病毒直接损害胰岛的证据，但通过流行病学发现，在一些地区病毒感染流行后糖尿病的发病率增高，以及在糖尿病患者群中某一病毒抗体阳性率或滴定度高于非糖尿病患者群，有研究人员将柯萨奇病毒接种给动物，引起了典型的糖尿病。

病毒主要是作为重要的环境因子启动具有易感基因的机体，发生自身免疫反应，或直接损害胰岛组织。病毒对胰腺损害的形式可能有：与胰岛 B 细胞表面受体结合；病毒直接进入 B 细胞内如风疹病毒；病毒核酸与 B 细胞基因结合，使 DNA 断裂。常见的病毒有：腮腺炎病毒、风疹病毒、柯萨奇病毒以及传染性单核细胞增多症病毒等。

（三）自身免疫

主要与 T1DM 有关。流行病学发现，糖尿病常常与一些自身免疫性疾病相伴，在慢性肾上腺皮质功能不全的病人中，糖尿病的发生率比正常人高 5 倍，糖尿病也常常与恶性贫血、甲状腺功能亢进症、桥本氏病、重症肌无力相伴。在 90%的 T1DM 患者血浆中发现一组自身抗体，主要有三种：胰岛细胞自身抗体（ICA），包括胰岛细胞胞浆自身抗体和胰岛细胞表面自身抗体，在新诊断的 T1DM 患者中，80%胰岛细胞自身抗体阳性，而 T2DM 患者中阳性率仅仅 1.5%～8.3%；胰岛素自身抗体和谷氨酸自身抗体。这些抗体与特定的补体结合激发自身免疫，导致胰岛 B 细胞的损害。

（四）其他生物学因素

靶细胞的胰岛素受体异常也是导致 T2DM 的一个因素。当病人肥胖时，靶细胞的胰岛素受体数目减少，与胰岛素的亲和力降低，结合力下降，出现胰岛素抵抗，这是成年肥胖者糖尿病发病的重要原因。另外，其他血糖调节激素的失调也有关。

二、糖尿病的个人行为与生活习惯方面影响因素

糖尿病的发生除了与生物遗传因素有关外，还与个人行为与生活习惯密切相关。其中，肥胖、体力活动不足、饮食等都是重要的因素。

（一）肥胖（超重）

肥胖是 T2DM 的最重要的易患因素。研究表明，体质指数（body mass index，BMI）与发生

T2DM的危险性呈正相关。据我国11个省市的调查发现，糖尿病和IGT的患病率随体重的增加而上升，超重者患糖尿病的风险为正常人的2.6倍，而肥胖者高达3.43倍。研究也发现肥胖的类型也与T2DM的发病率密切相关，腰臀比大者T2DM的发病率高，说明糖尿病的发生与向心性肥胖密切相关。我国11个省市的调查发现，糖尿病患者腰臀比平均为0.90，IGT患者平均为0.86，正常人为0.83，也支持糖尿病与向心性肥胖密切相关。肥胖持续的时间越长，其糖尿病的患病率也越高。

（二）体力活动不足

许多研究显示体力活动不足能够增加糖尿病发病的危险性，活动最少的人与最爱活动的人相比，T2DM的患病率相差2～6倍，这种现象存在于世界许多国家和地区的人群中。我国11个省市的调查也发现糖尿病患病率随着职业体力活动的加强而下降。有规律的体育锻炼能增加胰岛素的敏感性和改善糖耐量，因此，加强体育锻炼是预防糖尿病的重要措施。

（三）饮食因素

高能饮食是比较明确的T2DM的危险因素。日本的相扑运动员每天摄入能量达4500～6500千卡，比一般日本人（2500千卡）高很多，他们中40%最后发展为T2DM。摄取高脂肪、高蛋白、高碳水化合物和缺乏纤维素的饮食也与T2DM的发生有关。

（四）早期营养

有人研究提出生命早期的营养不良可以导致后来的代谢障碍和增加发生IGT和T2DM的危险。低体重的新生儿较其他体重的新生儿更易发生糖尿病，母亲营养不良或胎盘功能不良可能阻碍了胎儿胰腺B细胞的发育。

（五）妊娠

研究发现妊娠的次数与T2DM的发生有关。妊娠中三个月和末三个月，发现糖耐量异常，分娩后转化为正常称为妊娠期糖尿病，这些妊娠期糖尿病者患T2DM的危险性比其他妇女高得多。妊娠期糖尿病与后代患糖尿病的危险也有关。在比马印地安人中，如母亲在孕期发生糖尿病，其孩子有45%在20～24岁发生T2DM。

（六）其他

职业也与糖尿病有关，主要体现在职业的性质和劳动强度，一般来说体力劳动者的患病率低于脑力劳动者。年龄也与糖尿病有关，调查显示，在40岁以上人群患病率显著升高。在我国11个省市的调查发现，40岁以上人群的糖尿病和IGT的患病率分别是20～39岁人群的6.25和2.91倍。

案例13-1分析讨论：

该妇女患糖尿病可能与饮食不合理、体力活动不足、肥胖有关，因其喜欢吃肉和油炸食品，蛋白质、脂肪摄入过多；由于患有颈椎病、腰椎间盘突出症，行走困难，很少活动；体质指数（30.2kg/m^2）>28kg/m^{2}为肥胖。该妇女这次就诊发现存在混合型血脂异常和高尿酸血症，因血尿酸（460.4μmol/L）>360μmol/L为高尿酸血症；总胆固醇（7.42mmol/L）>6.22mmol/L，低密度脂蛋白胆固醇（4.82mmol/L）>4.14mmol/L，所以为混合型血脂异常。

三、糖尿病的环境方面影响因素

糖尿病的发生还与人体的周围环境有关，特别是一些药物与毒物可导致糖尿病的发生。引起胰腺损害的化学毒物如四氧嘧啶、链脲佐霉素可以直接破坏胰岛 B 细胞，导致胰岛素的分泌减少，国外有灭鼠药中毒致病的报道，如朝鲜发病 250 例，美国 30 例。现在人们常常用此方法制造糖尿病的动物模型进行科学研究。药物方面，一些药物如一些抗癌药本身就是毒物可能直接对胰腺产生损害，导致糖尿病的发生，而另一些药物如糖皮质激素类、利尿药、避孕药等具有升高血糖的作用。

四、糖尿病的社会经济方面影响因素

发达国家 T2DM 在社会经济地位低的人群中更常见，可能与其文化和卫生知识及保健水平有关。而发展中国家，在社会经济地位高或生活富裕的阶层更常见，可能与他们摄取更多的能量及饮食西化有关。

总之，糖尿病的发生是遗传与外界多种因素共同作用所致，无论 T1DM 或 T2DM 单由遗传因素和/或外界环境因素引起者仅占少数，95%是由遗传、环境、行为、生活方式多种因素共同参与和（或）相互作用引起的多因子病。具有遗传易感性的个体在外界因素如肥胖、体力活动减少、高能饮食等因素作用下，易于发生 T2DM；而在病毒感染，通过自身免疫，更易于发生 T1DM。

案例 13-2（续）:

进一步了解得知，患者因担心精白米面升高血糖，每天以玉米、杂豆等粗粮为主食，喝自磨鲜豆浆 600ml/d。

问题：

该妇女为什么并发肾损害?

第 3 节　糖尿病的健康教育内容与方式

在目前的医学水平下，人类无法根治糖尿病，因此，糖尿病是一种伴随患者终身的慢性疾病。如何使人们正确认识、了解糖尿病，提高对糖尿病综合预防的意识就是糖尿病健康教育的重要内容。目前，许多糖尿病患者因对糖尿病的无知付出了沉重的代价。我国大多数糖尿病患者在明确诊断以前，实际上已经在不知不觉中患病 7～10 年之久，更有甚者，有的已经出现失明、肾衰竭、截肢才来就诊。在已经明确诊断的患者中，仍有相当多的病人，不知道如何自我检测、如何治疗，有病乱投医，使病情得不到有效控制，出现严重的并发症。

一、糖尿病的健康教育方式

糖尿病的健康教育方式有多种多样，在实施时可根据健康教育的对象，采取灵活、生动的形式。一般健康教育采取以下几种方式。

（一）群体教育

糖尿病群体教育方法有多种多样。可通过广播、电视、报纸、杂志等大众传媒进行糖尿病的科普知识宣传教育。也可通过有计划、有组织、有系统的社会活动来开展糖尿病健康教育，如举办各种讲座、义诊等活动向群众宣传糖尿病的防治知识。

（二）个体教育

医生直接对病人的教育是最好的个体教育方式。医生对就诊的糖尿病患者除病情诊疗外，应针对病人的具体情况进行相关糖尿病防治知识教育。糖尿病病人也应该抽出一定时间阅读有关糖

尿病防治的科普书籍，掌握糖尿病的防治知识。

（三）社会化教育

由于糖尿病的健康教育是防治糖尿病的最有效的方法。花费小、收效大，成本效益最佳。因此糖尿病的健康教育，应该是在政府的领导下，社会各团体、企业、医生、病人等社会各种人士共同参与，形成糖尿病健康教育的社会化。

二、糖尿病病人的健康教育

糖尿病病人的健康教育是糖尿病综合防治的重要内容，是糖尿病治疗成败的关键因素。通过良好的健康教育可以充分调动患者的主观能动性，积极配合治疗，有利于病情的控制，防止并发症的发生，降低费用，减轻国家和个人的负担。

（一）健康教育的目的

让患者了解糖尿病的基础知识和治疗控制的目标，学会自我检测血糖；掌握饮食治疗的具体措施和体育锻炼的具体要求，正确使用降糖药物并知道注意事项；学会胰岛素注射的技术，从而在医务人员的指导下长期坚持自我治疗并达标；坚持随访，按需要调整治疗方案。同时，生活应规律，戒除烟和烈性酒，注意个人卫生，预防各种感染。

（二）糖尿病病人的健康教育内容

1. 心理健康教育 糖尿病患者在得知自己患病后，会产生一些不良心理反应，一是根本不接受患病的事实，长期不检查、不治疗、放任不管，这会加速糖尿病的发展，导致严重的并发症；另一种是精神高度紧张，经常改变治疗方案，病情一旦有反复，就悲观失望，对治疗失去信心，甚至放弃治疗。因此，心理健康教育就尤为重要。

（1）宣传糖尿病的基础知识：向病人宣传糖尿病的基础知识，让病人了解糖尿病的发生、发展和转归规律，使病人基本掌握糖尿病的自我防治、自我检测、自我护理，从而使患者与医务人员配合密切，控制好糖尿病的病情。

（2）心理辅导：首先要针对病人的思想状况，进行安慰、开导。既要让病人知道糖尿病的危害性，又不要让病人背上沉重的包袱。让患者明白糖尿病目前虽然不能彻底根治，但完全可以控制，做一个终身带病的“健康者”，使病人拥有一个良好的心态去面对今后漫长的治疗之路。

案例 13-2（续）分析讨论：

该妇女由于摄入过多的粗粮和杂豆，食物中优质蛋白含量过低，肾脏长期负担过重，从而导致肾损害。

（3）具体的防治方法指导：根据病人的病情、家庭经济状况、文化背景以及对药物的依从性等实际情况，为患者制订切实可行的防治方案。如合理的饮食、运动、检测和药物治疗等。

2. 制订量化合理的饮食治疗方案 饮食治疗是糖尿病最基本的治疗，鉴于病人需要长期治疗，对那些抽象的方案不易掌握，因此，医务人员必须根据患者的具体情况制订简单、具有可操作性的三餐饮食方案。在制订方案时要与运动治疗相结合，同时要考虑以下一些原则。

（1）因人而异的原则：饮食治疗必须充分考虑病人的病情、饮食习惯、生活方式、职业的运动量。

（2）营养要合理、平衡的原则：制订饮食方案时，要注意三大营养素的合理性，维生素、纤维素、矿物质要充足；要平衡食物的结构，三大热能物质碳水化合物、脂肪和蛋白质各占总热量的 55%～65%、25%～30%和 15%～20%。食物中谷薯、菜果、肉蛋和油脂四大类也必须平衡，不可偏废。

（3）食谱多样化，能长期坚持的原则：饮食治疗需要长期坚持，根据病人的实际情况，有意识地调整食物的种类和数量。食品的交换份法为糖尿病患者自我选择丰富多样的食谱提供了可能，患者可以根据食物交换表，自己调配喜欢的食品。建议患者做到：谷类食物中豆类和豆制品优先考虑，肉类食品要选择低胆固醇类，奶和奶制品以及蔬菜、水果应天天吃，不可缺少，多食用菌藻类（如蘑菇、海带、海藻等），坚果类（如花生、瓜子、核桃、松子等）因富含蛋白质、脂肪、热量和钙等多种营养素，应少而精。

（4）适当食用低血糖生成指数食品的原则：食用低血糖生成指数的食品可以获得充分的营养素，而血糖低于高血糖生成指数食品，这就为患者提供了一个更为科学的饮食治疗的选择方案。建议患者在食物交换份内选择低血糖生成指数食品，这既控制了热量的摄入，又不使血糖升高。

（5）正确对待"无糖食品"：一些糖尿病患者由于对糖缺乏科学的了解，谈"糖"色变，变成了"无糖主义"者，只吃无糖食品，如无糖饼干、无糖面包等，以为无糖食品没有糖，因此毫无顾忌，导致了病情不能有效控制。实际上无糖食品只是未加蔗糖或葡萄糖，但原有的糖类成分依然存在，如无糖面包里面中 100 克面粉仍然含有 76 克碳水化合物，也就是 76 克糖。实际上，糖是人体的重要能源，应占总热量摄入的 55%～65%，适量的碳水化合物仍然是人体必需的。

3. 制订合理的运动治疗方案　运动是治疗糖尿病的重要手段，适量的运动是治疗糖尿病所必需的，但运动量太大反而加重病情，而运动量太小又达不到治疗的最佳效果，因此。必须对糖尿病病人的运动进行量化，同时根据病人的年龄、性别、病情、个人的生活习惯和运动爱好为病人制订合理的运动方案。包括运动项目、运动强度、运动的时机、持续的时间和运动的频率等。

（1）运动治疗要进行监测：每个糖尿病病人的病情、自身的状况是不一样的，而运动的形式和方法也是多种多样的，要做到安全、有效运动治疗，就必须对运动的强度、运动量和运动的能力进行检测。运动的监测可以选用能量监测仪进行自动监测，也可以根据心脏功能进行评价，可以简单地以心率进行计算，即运动时心率每分钟应该达到 170-年龄，此外还可以心脏的功能能力、运动能力和靶心率进行计算。

（2）制订运动治疗方案的原则：安全是首先应该考虑的，糖尿病病人的运动在保证安全的前提下，达到适当的强度；其次是个体化，必须根据病人的具体情况，因人而异；最后是要具有操作性，便于长期坚持。

（3）运动强度和运动量：是糖尿病运动治疗的核心，为达到治疗的目的，运动强度必须达到中等强度，只有达到这种强度才能对肌肉产生适量的刺激，使肌肉活动旺盛，糖代谢活跃，增加糖向肌细胞内转移，胰岛素的敏感性增加，达到血糖降低的目的。一般来说中等强度的运动量指在有氧运动时，有效的运动心率在最高心率的 60%～80%，或达到最大耗氧量的 60%。

4. 药物治疗　由于糖尿病是终身带病，许多患者药物治疗要终身相伴，而治疗糖尿病的药物和治疗方法又多种多样，因此，患者对药物治疗知识的了解和掌握以及对药物治疗的依从性就尤为重要。

（1）增强药物治疗的基本知识：让病人了解治疗的每种药物的基本作用和功能，清楚每种药物的毒副作用及其临床表现，知道药物治疗有效和无效的表现以及何时复诊。

（2）掌握药物治疗方法和技巧：由于糖尿病病人大多数时间是进行自我治疗，因此必须教会患者掌握药物治疗方法和技巧，特别是进行胰岛素治疗的病人必须掌握胰岛素治疗的技巧。

（3）提高药物治疗的依从性：糖尿病患者要终身进行药物治疗，提高患者对药物治疗的依从性就尤为重要。影响病人药物治疗依从性的主要原因有：一是药物治疗时间太长，中间因各种原因治疗效果有波动，患者对治疗产生急躁、厌烦和怀疑，自行改变治疗；二是偏听偏信，被广告和他人误导而改变治疗；三是患者的自身素质和文化背景的影响，也可能改变治疗；四是治疗方案过于复杂或不当，患者无法自我治疗；五是患者的经济状况，无法坚持治疗。针对上述情况应该耐心细致进行宣传，让病人了解药物治疗，同时根据病人自身的经济文化状况，制订切实可行的简便、具有可操作性的药物治疗方案。

5. 病情监测 糖尿病患者需要随时对自己的病情进行监测，了解和掌握病情的变化，检测的主要指标有以下几项。

（1）空腹血糖和餐后血糖：这是最常用的检测指标，但是要特别注意餐后血糖的变化，有的病人空腹血糖正常，但餐后血糖不一定正常。

（2）糖化血红蛋白：主要是了解近 2～3 个月来血糖的控制情况。

（3）尿常规：了解尿糖、尿酮体和尿蛋白的情况。

（4）肝肾功能：掌握肝肾功能变化的情况，了解药物对肝肾功能的损害情况。

（5）血脂：高血脂也是糖尿病的重要表现，患者切莫以为血糖正常就万事大吉，其实血脂的紊乱也是糖尿病的重要表现。

（6）眼底：了解糖尿病视网膜病变，以利于早期治疗。

（7）身高、体重和血压的监测。

（8）其他并发症的监测。

三、糖尿病高危人群的健康教育

糖尿病高危人群是指那些具有潜在可能发展为糖尿病的人群，对这些高危人群进行健康教育和指导，使他们提高自我防病的意识，同时对这些高危人群也要采取筛查等措施，及时发现那些具有糖耐量减低、其他代谢异常，或具有胰岛 B 细胞损坏的免疫学指标及其他阳性指标的个体，并进行干预。

（一）高危人群的确定

下列人群属于高危人群。

（1）有糖尿病家族史者（父母或兄弟姐妹患有糖尿病）。

（2）曾经患妊娠糖尿病或妊娠葡萄糖受损，但分娩后正常的妇女。

（3）有出生巨大婴儿（体重>4 千克）史的妇女。

（4）血脂异常者，如甘油三酯升高，高密度脂蛋白下降的个体。

（5）肥胖者，尤其是向心性肥胖者。

（6）高血压、大血管病患者。

（7）从传统生活方式改变为西方生活方式的人，从农村迁居城市的人。

（8）从积极从事体力活动转向以坐着工作为主，并且体力活动明显减少的人。

（9）年龄大于 40 岁的人。

（10）T1DM 患者具有胰岛细胞胞浆自身抗体、胰岛素自身抗体和谷氨酸自身抗体等特征，以及拥有组织相容抗原相同的同胞兄弟姐妹；T2DM 患者同卵双胞胎的兄弟姐妹。

（11）较长时间使用一些特殊药物者，如糖皮质激素、利尿剂等。

（二）高危人群的教育内容

通过健康教育与管理，纠正和控制糖尿病的危险因素，降低糖尿病的患病率，同时提高糖尿病的检出率，及早发现和及时处理糖尿病。

1. 糖尿病的筛查 筛查的方法要根据实际情况而定，可选择选择性人群筛查和机会性筛查的方法。筛查的项目一般推荐用 OGTT，如果进行 OGTT 有困难时，可仅仅检测空腹血糖，但仅仅检测空腹血糖，有可能漏诊，另外毛细血管血糖检测仅作为筛查的预检。

2. 干预 研究证实 IGT、IFG 是 T2DM 最重要的危险因素，而在肥胖、有糖尿病家族史等高危人群则更为危险，而 T2DM 的发展过程要经过二个重要的阶段，一是从糖耐量正常演变为 IGT，在此阶段胰岛素抵抗起主要作用；二是从 IGT 进一步恶化为糖尿病，此阶段胰岛素抵抗和胰岛素分泌功能的损害都起了重要作用，而胰岛素抵抗来自遗传和环境因素的共同作用，饮食中摄入热量过多和体力活动减少引起的肥胖是 T2DM 流行的重要因素。通过对糖尿病高危人群的干预，能有效地减少来自环境因素的作用，有效地控制糖尿病的发生。干预分为生活方式干预和药物干预。

（1）生活方式干预：通过健康教育，宣传健康的生活方式，提倡适当运动，戒烟限酒，心理平衡。改变生活方式的形式可包括：主食减少 2～3 两/日；运动增加 150 分钟/周；体重减少 5%～7%。改变生活方式的目标应达到：使体重指数达到或接近 24，或至少减少 5%～7%；每日总热量至少减少 400～500 卡；使饱和脂肪酸摄入量占总脂肪摄入量的 30%以下；体力活动增加到每周 250～300 分钟。在中国大庆和瑞典 Malmous 的研究证实，通过强力的生活方式干预，可使 IGT 发生糖尿病的发病率分别减少 35%～50%和 50%；美国的 DDP 实验，研究对象为 3500 人，随访 3 年，结果发现，经过生活方式干预，糖尿病的发病率减低了 58%。这些研究结果不仅证明生活方式干预有效，而且这种中等强度的干预也易于人们接受，切实可行。另外通过改变生活方式在一定程度上能够改善血压、降低血脂。

（2）药物干预：虽然生活方式干预在预防糖尿病的发生中起着重要的作用，但在一部分 IGT 中效果较差，需要考虑进行药物干预，在国外研究证实，药物干预是有效的。哪些人群需要进行药物干预，什么时间开始进行药物干预，用哪些药物进行干预，药物干预要进行多久或是终生进行，所有药物干预的成本效益等问题都需要进一步研究。国外药物干预实验使用的药物有：二甲双胍、阿卡波糖、胰岛素增敏剂、奥利司他和格列齐特等。

四、一般人群的糖尿病健康教育

糖尿病问题不仅仅是患者个人的健康问题，而是一个牵涉社会各方面的公共健康问题，因此必须进行全社会动员，把糖尿病纳入慢性非传染性疾病实施综合防治，主要施行糖尿病的一级预防措施。健康教育的对象包括糖尿病患者家属、社会普通公众以及糖尿病的专业防治人员和医务人员。健康教育应该达到以下几个方面的目的。

（1）通过健康教育，提高全社会对糖尿病危害的认识，增强对糖尿病基本知识的了解。

（2）倡导健康的生活方式，加强体育锻炼和体力活动。

（3）提倡合理、平衡的饮食结构，戒烟限酒，限盐。

（4）预防和控制肥胖。

第 4 节　糖尿病健康教育的实施步骤及效果评价

糖尿病已成为一个严重危害人类健康的公共卫生问题，需要有社会各阶层的强力参与方能从根本上解决这个问题，为了动员社会各种力量参与解决糖尿病这个严重的人类健康问题，需要实施糖尿病的健康教育与健康促进。为了使这个工作顺利进行，必须有一个周密的计划，完整的实施策略以及对工作实施情况的评价。糖尿病健康教育的计划内容和步骤见图 13-2。

一、糖尿病健康教育工作的计划与步骤

糖尿病的健康教育是一个与医学密切相关的工作，具有强烈的专业特色，但糖尿病的健康教育不仅仅是一个单纯的医学工作，又是一个社会工作，为了促进糖尿病的健康教育顺利地开展，使医学工作与社会工作有机地结合起来，必须制订一个翔实、周密的糖尿病健康教育计划。该计划以社区综合防治为载体，以糖尿病的三级预防为策略，结合糖尿病的综合防治来制订。

（一）建立糖尿病的防治领导机构

糖尿病同其他常见的慢性病的防治一样，需要全社会的共同参与，因此，必须由政府出面，组织一个由有关部门参加的糖尿病防治机构，这个机构主要由社区挂帅，协调社区的各个单位、机关和企事业单位和卫生机构共同参与糖尿病的综合防治，为糖尿病的健康教育提供有效的环境支持。

（二）以社区卫生服务机构为依托

健康教育是社区卫生服务机构的六大功能之一，而糖尿病又是社区卫生服务慢性疾病管理的一种主要疾病，因此糖尿病的健康教育是社区卫生服务机构工作的重要内容。其主要工作有：建立糖尿病病人的健康档案，对高危人群的监测和筛查，在社区内开展各种形式的糖尿病基础知识宣传，大力提倡健康的生活方式，对糖尿病患者提供咨询和指导。为了使社区卫生服务机构成为糖尿病健康教育工作的有力执行者，必须对社区卫生服务机构的医务人员进行培训，提高他们的业务水平，转变他们重医疗轻预防和健康教育的观念，同时从政策上给予支持，资金上予以适当补偿。

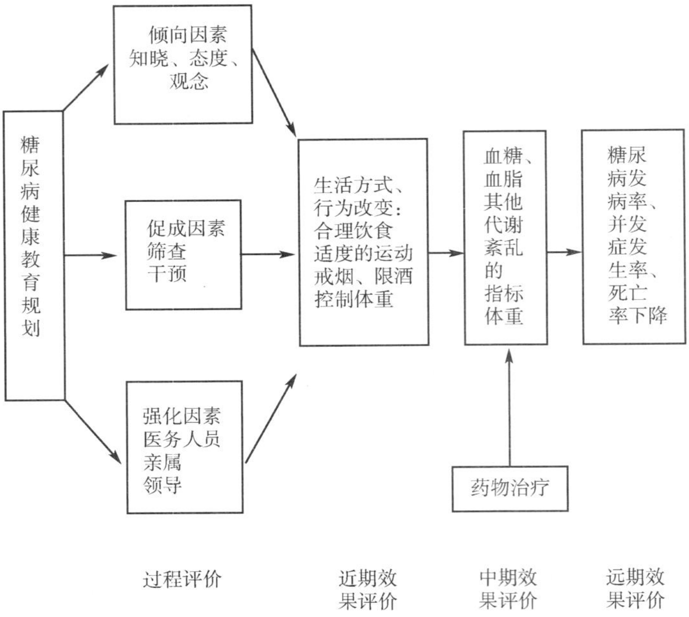

图 13-2 糖尿病健康教育计划的内容和步骤

（三）糖尿病健康教育的倾向因素

糖尿病健康教育的倾向因素主要是病人、高危人群和一般人群对糖尿病的观念、认识和态度，而目前我国普通老百姓对糖尿病的知识极为贫乏，就是糖尿病患者对糖尿病的理解也是不完整的，甚至是非常错误的，因此大力普及糖尿病防治知识是健康教育的重要内容。对糖尿病患者，应该让他们认识到糖尿病的严重性和可能出现的并发症，坚持综合治疗，严格按照医生的安排进行饮食和运动治疗，必须坚持按照医嘱服药，即使症状缓解也不能停药，不要听信广告和他人的误导宣传，自行更改治疗方案，同时也要让病人了解糖尿病治疗过程，药物的作用和副作用；另一方面，也要做病人的思想工作，让病人明白糖尿病目前虽然还不能完全根治，但通过综合治疗可以控制，只要治疗正确并能长期坚持，基本上不影响正常的工作和生活。让糖尿病的高危人群高度重视糖尿病发生的可能性，自觉定期进行筛查和监测，要让他们知道糖尿病的发生是一个连续的较长的过程，从 IGT 到糖尿病有相当长的一个过程，通过干预可以减少糖尿病发生的可能性，因此通过筛查来发现生理指标的异常尤其重要，而保持健康的生活方式是预防糖尿病发生最重要的方法。对于普通大众的教育，让他们知道糖尿病的高发病率以及糖尿病给人类健康带来的严重损害，使他们清楚糖尿病是可以预防的，而改掉不良生活方式，加强体育锻炼和体力活动，戒烟限酒，注意饮食营养和结构平衡，保持理想的体重，以及良好的心态和减少紧张刺激等都是预防糖尿病的最好方法。

（四）糖尿病健康教育的促成因素

糖尿病健康教育的促成因素主要体现在糖尿病的发现和糖尿病病人的管理。

1. 糖尿病的筛查　糖尿病的筛查分为人群筛查、选择性人群筛查和机会性筛查三种方法。人群筛查是指对社区内某一人群（如 40 岁以上）进行全部筛查，这种筛查虽然效果较好，但成本较高，实施难度较大；而机会性筛查是指一些高危个体自己到卫生保健机构进行检查，不需要动员和组织，因此花费的成本低，较易实施，但发现的阳性率低；选择性人群筛查是指对部分人群有选择性地进行筛查，如在已知的高危人群组中进行筛查。总之，应根据不同的人群和健康教育实施的具体目标而采取不同的方法。为加强筛查，尽量检出糖尿病，需要加强对非内分泌专科医生的培训，提高他们对糖尿病筛查的意识；将肥胖、高血脂、大血管病变等与糖尿病相关的疾病的住院患者列入糖尿病的常规筛查对象，充分利用各种机会加强糖尿病的筛查，将糖尿病的筛查纳入一些特殊的体检如干部体检和单位集中体检，以及一些固定的体检如出国体检、婚检、招工体检等的常规项目。筛查的指标比较多，但特异性、敏感性和成本不同，一般推荐使用 OGTT，如果进行 OGTT 有困难时，可仅仅检测空腹血糖，但仅仅检测空腹血糖，有可能漏诊。

2. 糖尿病的教育和管理　糖尿病是一种复杂的慢性终身性疾病，糖尿病的治疗是一项长期并随病程的进展不断调整的管理过程，糖尿病的管理包括：根据糖尿病的自然病程和病情变化调整治疗方案；帮助患者掌握糖尿病自我管理技巧；糖尿病并发症的监测与控制；糖尿病患者相关数据的系统管理。

（1）糖尿病教育管理组织：糖尿病教育管理组织人员有：内分泌医生、糖尿病专科护士、心理医生、其他专科医生、营养师、在政府与非政府组织中工作与糖尿病有关的人员。

（2）糖尿病教育管理组织的职责：有计划、有步骤地对糖尿病患者进行教育；制定符合当前糖尿病管理标准的管理手册，为糖尿病患者提供相关的信息；详细记录患者的病程、检查结果和治疗过程；对糖尿病管理进行监督和评估；对参加糖尿病管理的人员提供再教育。

（3）糖尿病教育管理组织的基本任务：及时调整糖尿病的教育管理方案，进行每年一次的并发症检查，糖尿病的教育，设立糖尿病的急症热线，组织心脏科、肾科、血管外科、产科的会诊。

（4）糖尿病教育管理的内容

1）初诊的糖尿病患者：糖尿病分型和治疗方案的确定；糖尿病相关病史、伴随疾病、生活方式和并发症的评估；糖尿病知识和自我管理技巧的评估。初诊患者应该掌握的糖尿病知识和自我管理技巧有：什么是糖尿病，它的危害性；适应新情况的能力；饮食控制、运动和戒烟的基本知识；药物的使用方法等。

2）复诊（至少被诊断 1 个月以后）患者：糖尿病治疗方案的评估和调整；对新诊断的糖尿病患者的继续评估（初诊记录）；长期患糖尿病的患者的常规评估（随诊断记录）；根据患者的具体情况对糖尿病的管理方案进行调整和并发症的治疗；复诊患者应该掌握的糖尿病知识和自我管理技巧：对糖尿病有更深入全面的了解；了解糖尿病的控制目标；知道如何制订个性化的糖尿病饮食和运动治疗方案；自我血糖监测、对检查结果的解释，如何根据血糖调整饮食和运动以及胰岛素治疗的用量，尿糖和尿酮的监测及意义；知道更多的口服降糖药和胰岛素的知识；了解糖尿病急、慢性并发症的防治和血管病变的危险因子；足部、皮肤、口腔的护理；妊娠、生病期间的对策；与糖尿病防治有关的卫生保健系统和社会资源的利用。

（五）糖尿病健康教育的强化因素

1. 医务人员 糖尿病的发现主要来自医院，而他们的糖尿病知识也主要来自各级卫生保健机构，他们最相信的仍然是医务人员。因此，医务人员在糖尿病的健康教育中起着重要的作用，但目前医务人员在这方面做得很不够，告诉病人的信息不全甚至是错误的，其主要原因一是他们的思想观念没有转变，仍是只重视医疗，轻预防保健和健康教育；二是许多医务人员（特别是非内分泌专科医务人员）掌握的糖尿病知识有限，普遍缺乏健康教育的能力与技巧。因此加强医务人员的培训，转变思想观念，提高他们健康教育和咨询的能力。同时有条件的医疗保健机构应该开设糖尿病专科门诊。

2. 家庭成员 在糖尿病的健康教育中，对家庭成员的教育也是非常重要的。糖尿病患者病后都有一定的思想压力，同时在生活上，特别是饮食方面需要特殊照顾，因此病人的家庭成员特别是配偶和子女应多给予关心、理解和支持。另一方面，由于糖尿病是一种慢性终身性疾病，需要复杂的综合性的终身治疗，患者在治疗过程中的依从性难免不会降低，这就需要家庭成员进行督促。患者的家庭成员还需要了解糖尿病的基本知识，掌握一些诸如胰岛素治疗等基本的技巧，配合病人进行自我治疗、自我监测。

3. 开发领导层 让各级领导知道糖尿病是一种非常常见的慢性疾病，而这种疾病又是可以预防的，为保护职工的健康，需要定期安排体检，以便尽早发现，及时预防和治疗。同时为职工安排适当的体育活动。对患病的职工要多关心、照顾，安排适当的工作，经济上给予支持。

二、糖尿病健康教育的实施策略

糖尿病对人类健康的危害是非常严重的，给社会带来的影响是巨大的，据统计我国无并发症的糖尿病患者，每年的人均医疗费用在1500元左右，有并发症的患者年人均高达2万元左右，而我国糖尿病患者高达9240万人，一年仅仅医疗费用就需要近千亿，因此，糖尿病的健康教育是一个具有巨大的社会效益和经济效益的综合系统工程。为了使糖尿病健康教育成功地实施，必须采取正确的策略。

（一）社区综合防治

由于糖尿病是一种终身带病的慢性疾病，患者绝大多数时间是在家庭和社区进行治疗，国内外的实践证明在社区内采取饮食、运动、合理药物和医生一对一的综合防治，会取得事半功倍的效果。社区综合防治，能够降低医疗费用，提高治疗效果，方便病人，提高社区卫生服务机构的积极性。

1. 社区诊断 社区诊断是社区综合防治的第一步，通过社区诊断能够发现糖尿病的高危人群，建立健康档案。在筛查的基础上能够发现空腹血糖受损、糖耐量减低和糖尿病患者，通过社区诊断能够掌握高危人群和患者的基本情况。

2. 社区综合干预治疗 主要由社区卫生服务机构来承担，其中，预防保健和健康教育是社区卫生服务的重要功能，社区卫生服务的性质就是以病人为中心，为病人提供持续性、综合性、连续性的服务，并且强调以个性化服务为主。社区卫生人员应该为每一个病人制订翔实周密的量化饮食和运动治疗方案，以及药物治疗方案，针对每一个病人进行糖尿病相关知识的健康教育，同时要定期上门对病人的综合防治进行督促。

（二）实施三级预防

糖尿病的三级预防策略被证明是一种成功的糖尿病预防手段。

1. 一级预防　主要策略是降低发病高危因子的水平。有两个主要策略。

（1）群体管理：目的是针对人群和群组的整体，减少发病高危因子的水平，包括环境控制，改变人们的生活方式和行为举止。

（2）高危个体管理：通过对高危人群进行健康教育和指导，提高他们自我防病的意识。主要采取生活方式干预和药物干预，重点是那些有糖耐量减低或其他代谢异常，以及具有胰岛 B 细胞损害的免疫学指标及其他指标异常的个体。

2. 二级预防　糖尿病的第二级预防是早期发现无症状的糖尿病病人和糖耐量减低的个体，以阻断其进一步发展为糖尿病，同时减少糖尿病并发症的危险性。二级预防包括筛查发现糖尿病病人和糖耐量减低者，并针对这些个体进行综合干预治疗。

3. 三级预防　糖尿病的三级预防是尽量早期发现糖尿病患者的并发症，只有早期发现、早期干预，才能推迟和防止并发症的发生，从而防止病人因并发症而致残、早亡。包括三个阶段：防止并发症的出现；防止并发症发展到临床可见的器官和组织病变；防止由于器官或组织衰竭导致的残废。

三、糖尿病健康教育工作的效果评价

糖尿病健康教育工作的效果评价涉及面广，影响因素多，供选择的指标也比较多，因此在制订规划时应该有明确的规定。

（一）选择评价指标的原则

评价指标的选择应该遵循以下原则。

（1）选择的指标与说明的问题一定要有明确的相关性；

（2）选择的指标一定要具有敏感性；

（3）选择的指标是可以测量的；

（4）选择的指标应该方便测量，并且花费不大。

（二）评价的内容与程序

1. 过程评价　是对糖尿病健康教育的效率评价，而不是对效果的评价。主要关注项目是否按计划的数量和质量进行，以便及时进行修正。其主要指标有：活动的执行率、活动的覆盖率、目标人群的满意度、活动费用的使用率等。评估的方法主要是查阅相关的资料，其次是目标人群的现场调查。

2. 效果评价　糖尿病健康教育的目的是通过改变人们的生活行为方式，预防和减少糖尿病的发生，延迟和减少并发症的发生，减少糖尿病所致残疾和早亡。效果评价实际上就是评价人群的认知、态度、观念和行为变化，以及糖尿病的发生和病情程度的变化，而这种变化需要较长的时间进行观察，因此效果评价包括早期、中期和远期效果评价。

（1）早期效果评价：糖尿病防治领导机构是否成立，并正常运转；糖尿病的管理制度是否完善，并严格执行；目标人群对糖尿病的知识水平是否有提高；目标人群对糖尿病的态度和观念的改善情况；居民的健康档案是否建立等。

（2）中期效果评价：主要是评价目标人群的生活方式和行为的改变。包括饮食结构的变化、适度运动、戒烟限酒、糖尿病病人依从性、是否自我监测、定期复查。

（3）远期效果评价：主要评价糖尿病的发病率、患病率、死亡率和并发症的发生率，以及与糖尿病有关的一些指标如血糖、血脂、肝肾功能等。

思 考 题

1. 糖尿病的主要危险因素有哪些?

2. 糖尿病高危人群有哪些?

3. 糖尿病的三级预防策略是什么?

4. 简述糖尿病的综合防治内容。

5. 案例题：张先生 65 岁，退休，身高 168cm，体重 78 公斤。一天，在家打麻将时突然视力模糊，邻居将其送到医院，经查为眼底动脉出血。进一步检查发现其空腹血糖 9.8mmol/L、餐后 2 小时血糖 17.5mmol/L，确诊为 2 型糖尿病合并眼底动脉出血。张先生喜欢抽烟、喝酒。五年前退休，当时体检发现：张先生空腹血糖 6.6mmol/L，体重 71 公斤。医生说他血糖偏高，建议他定期复查血糖，并且要戒烟、少喝酒、少吃油腻等高热量食物、适当锻炼，减轻或控制体重，但由于自己没什么不舒服的感觉，所以张先生没有当回事。退休后，闲着没事，除了抽烟、喝酒，就是打麻将；儿女也很孝顺，经常拿着好烟、好酒来看他，所以抽烟、喝酒就更甚了。你认为张先生患 2 型糖尿病的主要原因是什么？康复出院后，张先生怎样做才可能不复发或延缓复发时间?

（齐齐哈尔医学院　薛海峰）

第十四章　恶性肿瘤的健康教育

案例 14-1：肿瘤防治　健康教育先行

2012 年 9 月 7 日上午，央视网肿瘤频道上线启动仪式在央视网演播室举行。来自卫生部的领导、全国肿瘤防治领域的权威医院、专家以及相关企业、媒体参加了启动仪式。

中国健康教育中心、卫生部新闻宣传中心主任毛群安在启动仪式上表示，肿瘤已经成为当今社会的一种慢性疾病，极大地损害了人们的身心健康，也带来了沉重的经济负担。2010 年全国登记地区恶性肿瘤发病病例 315.7 万例。平均每天确诊 8474 人，每分钟约 6 人被诊断为癌症。按寿命 74 岁计算，中国人一生中罹患肿瘤的累积风险为 26.15%（男性）和 16.82%（女性）。世界卫生组织提出 30%以上的肿瘤是可以预防的，因此，健康教育已经成为我们国家防控肿瘤很重要的一个策略。通过向大众传播科普知识，倡导健康文明的生活方式，就可以起到减少肿瘤发病、减轻肿瘤所带来的危害的作用。毛群安主任也呼吁更多的力量参与肿瘤防治的科普宣传工作。

央视网健康频道主持人在活动现场采访了中国医学科学院肿瘤医院、北京肿瘤医院、天津肿瘤医院的专家，他们纷纷表示在肿瘤防控工作中，健康教育是首要且有长远影响的工作。中国医学科学院肿瘤医院石远凯教授表示，要将肿瘤诊断的关口前移，当务之急是要呼吁大众养成健康的生活方式，合理膳食，远离烟草。医院、专家和广大媒体要一起做好这方面的健康宣教工作。

天津市肿瘤医院王平院长在会上提到，近年来，放射治疗新技术、新设备层出不穷，肿瘤治愈率的大幅上升；但是同时放疗又是把双刃剑，给患者带来了许多副作用。如何正确选用诊疗技术，规范治疗并让医患双方获益是肿瘤诊疗努力的方向。

问题：

1. 什么是恶性肿瘤？
2. 恶性肿瘤的危险因素有哪些？
3. 恶性肿瘤对健康的影响。
4. 恶性肿瘤的健康教育有何意义？
5. 如何开展恶性肿瘤的健康教育？

第 1 节　恶性肿瘤的概述

肿瘤是指人体器官组织的细胞，在外来和内在有害因素的长期作用下所产生的一种以细胞过度增殖为主要特点的新生物。这种新生物与受累器官的生理需要无关，不按正常器官的规律生长，丧失正常细胞的功能，破坏了原来器官结构，有的可以转移到其他部位，危及生命。肿瘤可分为良性肿瘤和恶性肿瘤，恶性肿瘤又称癌症。恶性肿瘤从组织学上分为上皮性的癌和非上皮性的肉瘤及血液癌，临床上癌与肉瘤之比大约为 9∶1。《中国癌症预防与控制规划纲要》确定肺癌、肝癌、胃癌、食管癌、结直肠癌、乳腺癌、宫颈癌及鼻咽癌为我国癌症防治重点。肺癌是我国的第一大癌症，为癌症防治的重中之重。

美国疾病预防控制中心研究指出，如果美国男性公民不吸烟、不过量饮酒、采纳合理饮食和进行经常性锻炼，其寿命可延长 10 年。而美国用于提高临床医疗技术的投资每年数以千亿计，却难以使全国人口预期寿命增加 1 年。美国利用健康教育和健康促进，提高全体公民的健康意识，使癌症的预防和控制显现良好的效果，使癌症发病率上升的势头得到有效控制。

随着社会的进步和医学的发展，人口老龄化、乡镇工业化、居住城市化的加速，社会竞争压力的加大，环境污染的有害影响，我国疾病谱已发生了明显的改变，以感染性疾病和营养性疾病为主的疾病谱已逐渐被癌症、心脑血管病等所代替，特别是癌症的发病率呈不断上升趋势，以年均 3%～5%的速度递增。世界癌症报告估计，2012 年中国癌症发病人数为 306.5 万，约占全球发病的五分之一；癌症死亡人数为 220.5 万，约占全球癌症死亡人数的四分之一。癌症死亡在各类死因中的位次在城市和农村已分别占第一位和第二位，而且常常发生在 35～54 岁的最佳工作年龄，造成的直接和间接经济损失约 1500 亿元。不仅给家庭带来无法弥补的创伤，也给国家造成了巨大的损失，不能不引起全社会的高度重视。

据 WHO 预测，21 世纪恶性肿瘤将成为人类“第一杀手”，故癌症防治已成为全球性的卫生战略重点。根据 WHO 的《世界癌症报告》预示，到 2020 年全球范围内恶性肿瘤的发生率将再增长 50%，年发病率达 1500 万人。同时，该报告也提供了确切证据表明，多达三分之一的癌症是可以预防的。该报告号召各国政府、卫生官员和普通民众采取紧急行动，来预防 1/3 的癌症、治愈另 1/3 癌症，为其余 1/3 患者提供最佳的治疗。癌症防治的首要任务是开展健康教育，让人们了解致癌因素和促癌因素，自觉采取恰当防癌措施，掌握癌症的早期信号，争取早发现、早诊断、早治疗，以达到令人满意的效果。通过健康教育，借助已知的卫生知识，提高人们防癌、抗癌意识，树立癌症可防可治的信心，其意义远大于治疗。由于恐癌心理，癌症病人面对疾病的诊断往往烦躁、恐惧、焦虑，难以摆脱癌症带来的心身折磨，病程的冗长不适，接连不断的各项检查和治疗，使病人产生很大的心理压力，而且癌症病人往往受到社会上不正确的礼遇而心灰意冷，甚至悲观厌世。癌症病人这些特有复杂的心理问题及心理障碍，较其他疾病患者更加需要进行健康教育。用健康教育的方式改变世人对癌症病人的态度和认识更是一项迫切任务，面对癌症的威胁，病人及亲朋好友都渴望得到癌症防治的健康教育。因此，全面普及防癌健康教育对于做好癌症三级预防是十分必要的。

案例 14-2：

经科学家研究烟草中含有（7000）多种物质，3000 多种对人体有害物质，其中有 69 余种致癌物质（69 种为已知致癌物），其中最主要的是：一是尼古丁，它不仅能兴奋和麻醉神经，并可使肺的黏膜损伤，微血管痉挛血压升高肺楔压增高，久而久之会造成慢性支气管炎，肺气肿，肺心病，肺癌。二是烟草中的煤焦油，它具有显著的致癌和促癌作用，其中含有苯芘，亚硝胺、镉、砷等致癌物质，还有氰化物、邻中芬苯酚等促癌物质，两者相加加速了癌的发生。三是吸烟会在烟雾中含有 3%～6%的一氧化碳，一氧化碳吸入后进入血液中与氧争夺红细胞，一氧化碳与红细胞的亲和超过氧的 10 余倍，这样会使红细胞携氧能力下降，造成组织的缺氧，细胞凋亡加快。

英国、美国、加拿大三国对 100 万以上的人进行了大规模的对比观察，结果是肺癌的发生率吸烟为不吸烟的 10.8 倍，肺癌的年死亡率：不吸烟的为 12.3/10 万，每天吸 10 支以下的为 95.2/10 万，吸 20 支以上的为 235.4/10 万，比不吸烟的高 18.4 倍。

问题：

你认为吸烟对恶性肿瘤的发病有何影响？

第 2 节　恶性肿瘤的危险因素

随着对肿瘤的不断深入研究，对致癌因素有了较为深刻的认识。目前主要的致癌因素有：化学因素、物理因素、生物因素、机体自身因素。而癌症的发生与发展又是多方面因素综合作用的结果。WHO的《世界癌症报告》数据显示，癌症病人中“生活方式癌”所占比例高达80%，原癌基因的激活、抗癌基因丢失的外因来自于人们不健康的生活行为，常见的致癌因素和促癌因素包括吸烟、酗酒、吃霉变食物、性淫乱、少运动等。

一、行为及生活方式

行为及生活方式包含了社会经济、文化、行为、环境、风俗习惯、饮食、嗜好、人际交往、价值观念等各方面的因素。行为及生活方式与许多肿瘤的发生有密切关系。例如，吸烟除引起肺癌外，还可导致食管癌、口腔癌、咽喉癌等11种癌症。

（一）吸烟与被动吸烟

1. 吸烟　吸烟是危害人群健康最重要的危险因素之一，国内外大量流行病学研究认为，吸烟与人类的口腔、咽、喉、肺、食管、膀胱、胰腺、肝、肾等多种部位恶性肿瘤的发生都有一定的联系，经常吸烟者发生肺癌的危险性为不吸烟者的 28 倍左右，我国 40%肺癌归因于吸烟，Doll 和 Peto 估计癌症死亡中的30%可能与吸烟有关。

2009年四川大学华西医院王冬梅对近10年国内外29篇关于吸烟与肺癌关系文献的病例对照研究进行Meta分析。其结果显示吸烟与肺癌之间关联明显，合并的吸烟者患肺癌的OR值为5.75，95%可信区间为4.34～7.62，每日吸烟量1～10支/天、10～20支/天、20～40支/天和40支/天以上的合并OR值分别为1.97、5.20、7.46和15.14；吸烟持续时间20年以下、20～40年和40年以上的合并OR值分别为1.25、5.10和10.77；吸烟总量10包年以下、10～20包年、20～40包年和40包年以上的合并OR值分别为1.73、3.73、5.69和8.41；吸烟初始年龄15岁以下、15～20岁和20岁以上的合并OR值分别为3.31、7.21和4.74。

吸烟的危害程度与吸烟量大小、开始吸烟年龄早晚，吸烟持续时间长短有密切关系。吸烟量大、开始吸烟年龄早、吸烟时间长，则吸烟对肺癌的危险性更大，吸烟时间长短比吸烟量大小更重要，吸烟者开始吸烟年龄越早，肺癌死亡率越高。

2. 被动吸烟　被动吸烟对健康的影响，在1972年以后才引起人们的重视，国外有研究证明：如果在一个家庭内，丈夫吸烟，妻子不吸烟，经常在一起生活，那么，将来妻子得肺癌的机会比丈夫不吸烟的妻子要高一倍到三倍。丈夫吸烟量越大，妻子得癌的机会越大。如果家庭中有人吸烟，家里的孩子容易得支气管炎和肺炎。被动吸烟者的血、唾液、尿中尼古丁的代谢产物可替宁的水平显著高于无被动吸烟者，且尿中的含量水平还与暴露于被动吸烟的量有关。

（二）饮酒

饮酒与口腔、咽、喉、食管、肝脏、大肠尤其是直肠等部位癌症的发生有明显联系。队列研究表明，嗜酒者罹患和死于口腔和咽部癌症的危险性大于不嗜酒者，而且有剂量效应关系。饮酒又吸烟者可增加某些恶性肿瘤的危险性，二者对某些恶性肿瘤的发生有协同作用。例如：根据吸烟量的不同，大量饮酒者患上述癌的危险性比不嗜酒者高2～6倍，而大量饮酒和吸烟者其危险性较不吸烟不饮酒者高10倍以上。

（三）饮茶

茶叶是中国的主要饮料之一，其与癌症的关系近年来受到学者们的广泛关注。流行病学研究表明，喝绿茶可能有助于防癌。绿茶中丰富的茶多酚是其主要的活性成分，茶多酚具有许多生物活性和药理效应，如抗突变、抗肿瘤、抗炎、抗病毒及清除自由基的抗氧化等作用。刘爱民等人于2002～2005年进行的江苏省恶性肿瘤高发地区胃癌病例对照研究结果显示：饮茶为胃癌的保护因素（OR=0.4541，OR95%CI：0.3292～0.6263）。

（四）饮食习惯与营养摄入

饮食与癌症的关系曾引起人们的重视，如Higginson等提出摄入高脂肪食物可引发乳腺癌、直肠、胰腺和前列腺癌，Alnans发现高能量食品的摄入，能增加患乳腺、直肠、子宫内膜、膀胱、肾、卵巢、前列腺和甲状腺癌的危险。据估计，发达国家男性癌症的30%～40%，女性癌症的60%可能与饮食有关。饮食致癌的可能途径、方式大约有以下几种：

1. 天然食物或食品添加剂中存在致癌物 如大量的实验证明某些食品中存在一定量的亚硝胺，其中有的是食品中天然形成的，有的是生产过程需要添加的，人体可经消化道、呼吸道等途径接触这些致癌物。亚硝胺有强致癌作用，并不一定要长期慢性作用，而只需一次足够的"冲击量"即可诱发恶性肿瘤。亚硝胺前身（亚硝酸盐和二级胺）以稳定形式广泛存在于自然界中，特别在植物中亚硝酸盐很易由硝酸盐形成。过多使用硝酸盐肥料与土壤中缺钼都易造成植物中硝酸盐的积累。储存时间较长的蔬菜、水果中易存在高浓度的亚硝酸。

其他的致癌物如：食用色素中具致癌性的有二甲氨基偶氮苯（致肝、胆管、皮肤、膀胱癌）、邻氨基偶氮甲苯（致肝、肺、膀胱癌、肉瘤）、碱基菊燈（致肝癌、白血病、网状细胞肉瘤）等。香料及调味剂中具致癌作用的有黄樟素（致肝、肺、食管癌）、单宁酸（致肝癌、肉瘤）及甘素（即N-苯乙基脲）（致肝癌）。

2. 食物受致癌物污染 食用霉变食物可增加癌症发生的危险性，黄曲霉素污染是具有代表性的霉菌毒素污染，可使食用者肝癌高发。黄曲霉菌多污染米、麦、高粱、玉米、花生、大豆等粮食作物，产生黄曲霉毒。毒素有12种，其中AFB1致癌作用最强，在低剂量长时期作用下，几乎可使全部动物致癌。

3. 食物加工或烹调过程中产生致癌物 Nagao等最近从烘烤或油煎（炸）的肉和鱼类食品中分离出19种具有致突变的杂环胺类物质，其中10种能诱发大鼠发生乳腺癌，Bal等报道，烧鱼（碳化）、烟熏、盐渍、腌制的食品含有多种致癌物能促进胃、食管癌的发生。烟熏、炙烤及高温烹煮食物时由于蛋白质热解，特别在烧焦的鱼、肉类中可产生有致突变和致癌性的多环有机化合物。

4. 食物成分在胃肠道内形成致癌物 当胃肠道中细菌多时，细菌的代谢作用与硝酸盐的还原能力均加强，因此，当胃酸减少或缺乏时，胃内亚硝酸盐浓度增高，出现适于亚硝胺形成的胃内环境。

5. 营养缺乏时的间接致癌作用 长期摄入粗糙食物、缺铁、营养不足时发生食管癌和胃癌的危险性增加。而膳食中的硒是恶性肿瘤的保护因素，硒的平均摄入量、血硒水平、饮食中硒浓度均与发生恶性肿瘤的危险性呈负相关。

6. 营养过多的间接致癌作用 膳食中食物热量过高、纤维素过少，特别是脂肪总摄入量过高，可使乳腺癌、结肠癌、前列腺癌发病率增加。动物实验表明，高脂肪膳食又缺乏胆碱、叶酸、维生素B1及蛋氨酸时，可增强各种化学致癌物的致癌性。

二、环 境 因 素

国际癌症研究机构（IARc）根据对人类致癌物的标准列出了迄今为止对人类致癌的化学物共107种存在于人类环境中。环境中可能诱发癌症的因素是多方面的，包括物理因素、化学因素及生物因素三方面。

（一）化学因素

化学因素是指可影响肿瘤发生的外源性的化学物质。

环境污染有大气污染、水体污染和土壤污染。环境污染亦可分为物理污染和化学污染，本章主要讲述化学污染与肿瘤的关系，其主要是指某些污染物与恶性肿瘤的关系

1. 空气污染与恶性肿瘤

（1）大气污染与恶性肿瘤：大气污染中主要的致癌物有多环芳烃、氮氧化物、二氧化硫、粉尘

等。各类致癌物均有特异性。多环芳烃中具有代表性的有苯并（a）芘，该物质为重要的致癌物，暴露人群比普通人群发病率高十几倍。苯并（a）芘存在或产生于汽车尾气、粗制煤焦油、沥青烟气、木料烟灰及香烟烟雾中，其特点为小剂量即能使局部产生癌变。氮氧化物中与恶性肿瘤有关的主要有一氧化氮、二氧化氮。其来源主要是汽车尾气，致癌机制为增加了亚硝胺的来源，亚硝胺为亲肝物质，具有致癌性，亦可引起消化道等其他部位的肿瘤。二氧化硫是一种促癌剂，来自于火山爆发和煤燃烧等。致癌性的粉尘中最重要的为石棉。现在石棉是公认的肺癌的致癌物。另外粉尘引起的炎症亦是引起肿瘤的因素。

我国26个城市大气污染与居民死亡调查表明，工业发达的城市，居民肺癌标化死亡率高于非工业城市；市区高于郊县区；在排除吸烟和室内燃煤混杂因素的影响后，城市市区大气中苯并芘浓度高于相应对照区。

（2）室内空气污染与肿瘤：室内空气污染的主要来源有燃料、人类活动、建筑材料和装饰材料及来自室外的污染。人们在烹饪及采暖过程中产生的燃料产物是室内空气污染的重要来源。使用的燃料品种有煤、煤气、石油液化气、天然气、木柴、庄稼秸秆、杂草、畜粪等。这些燃料燃烧时，不同程度地产生有害物质，如二氧化硫、氮氧化物、一氧化碳、二氧化碳、烃类（包括BP等致癌性多环芳烃等）及悬浮颗粒物。烹调油烟也是室内污染来源之一。人类活动，吸烟是室内空气污染的一项重要来源。建筑材料和装饰材料的应用，使室内空气中污染物发生了很大的变化。其中特别值得注意的是甲醛和氡。甲醛用于房屋的防热、御寒、隔声和装饰，在此种材料中往往存在少量未完全化合的甲醛，可逐渐释放出来污染居室空气达到相当高的浓度。甲醛的致癌性在动物实验中已被证实。美国等国家已定出居室中甲醛的最高容许浓度为 0.12μg，并已禁止将脲醛泡沫塑料用作住宅的隔热材料。氡主要来自砖、混凝土、石块、土壤及粉煤灰预制体，有的地区室内氡含量相当高。20 世纪 80 年代以来，人们发现一些住房内氡的水平增高，有的地方报道平房和楼房一层室内氡浓度是室外的 5 倍，高层建筑氡浓度一般是室外的 2 倍。国外报道，估计在室内平均氡浓度为 $20Bq/m^3$ 的暴露下，英国人终身肺癌危险度为 0.3%，预计全国每年有 1750 人发生室内氡气暴露引起的肺癌。德国有 7%的肺癌死亡病人可归因于室内氡暴露。1988 年国际癌症研究机构已将氡列为人类致癌物。美国国家环保局推荐室内氡浓度为 4pCi/L。

2. 水体污染与恶性肿瘤　水污染主要指工业污水的排放污染了水源，农田污水灌田污染了农作物。水体污染与肿瘤的关系，国内外已有十多年研究历史，至今已完成的流行病学提供正相关可能是由于饮水中某些成分和癌症死亡率之间存在联系。水中的有机物中有致突变物质，如二苯肼、乙烯胺、氯乙烯等，可疑致癌物如苯、溴仿、氯丹等。促癌或助癌物如正癸烷、油酸、酚等。

3. 土壤污染与恶性肿瘤　据流行病学研究结果显示，土壤中某些元素的污染与癌症的发生有密切关系。有机废弃物质进入土壤中，可直接或间接的危害机体健康。有机废弃物质主要来自生活污染、工业废水、废渣以及农业方面的农药和化肥污染。以农药污染为例，常见的有有机磷农药、有机氯农药和有机汞农药，除了可以引起慢性中毒，还可影响机体酶系统，鉴于有机氯农药的严重危害，我国已于1983年开始停止生产，但其长远影响还有待消除。

案例 14-3：

1986年4月26日，前苏联乌克兰切尔诺贝利核电厂发生爆炸，发生严重的核泄漏。据报道当时21人当场死亡；最初估计受核辐射影响只有不到50个清洁工。实际上切尔诺贝利核电厂爆炸堪称 “历史上最严重的核事故”，据2006年乌克兰卫生部公布的数据，因为这起核爆炸事件，在乌全国4800万人口中，共有包括47.34万儿童在内的250万核辐射受害者仍处于医疗监督之下。而令人痛惜的是，当地新出生的孩子从生命形成的那一刻起就带有先天性疾病。其中，畸形、癌症、败血症已成为虐杀这些无辜儿童的主要杀手。

问题：

从这个案例看：你认为辐射对恶性肿瘤的发病有什么影响？

（二）物理因素

根据目前的研究，与癌症关系密切的物理因素主要是辐射，其中包括各种射线和核辐射。历史上比较著名的事例有广岛、长崎的原子弹爆炸和前苏联的切尔诺贝利核电站泄漏事故。高剂量的辐射致使乳腺癌发病率上升，辐射与癌症的关系越来越被重视。这方面的研究越来越多，人们对辐射因素的认识亦越来越深刻。辐射因素分为高剂量辐射和低剂量辐射。

1. 高剂量辐射 是指原子弹爆炸或核泄漏时造成的辐射，特点为辐射的剂量大、强度高、致癌性强。根据对调查资料的研究，广岛与长崎原子弹爆炸后的幸存者中，各种恶性肿瘤的发病率比对照人群高 4～20 倍。受照暴露三年后，白血病发病率增高，到第七年时达到高峰。根据有关资料记载，爆炸时受照者年龄越小，发生白血病的可能性越大。

2. 小剂量辐射 分为紫外线辐射、射频微波辐射、低频非电离辐射、电离辐射四种类型。

（1）紫外线辐射：主要是指波长 290 纳米以上的紫外线有致癌性，小于 290 纳米的紫外线被臭氧层吸收，未能达到地面，对人体并不产生危害。由于机体皮肤具有保护作用，因此短时间照射紫外线亦不会引起肿瘤的发生，只会引起皮肤的损伤。只有大剂量长时间照射才会引起恶性肿瘤的发生，而且多发生于基底细胞层，引起细胞癌变或细胞黑色素瘤。

（2）射频微波辐射：射频微波的主要接触者是雷达和电波发射台工作者。目前其致癌性还未能被完全证实。

（3）低频非电离辐射：低频非电离辐射在一定环境下能够影响细胞膜分子结构以及引起其他分子学改变。据有关资料表明，暴露较高的人群其发病的可能性比较高，暴露时年龄较小其发病的可能性就较高，暴露儿童中癌症和其他疾病发生的可能均较成人高。

（4）电离辐射：电离辐射与恶性肿瘤的关系比较密切，这是由于电离辐射的广泛存在，电离辐射中比较重要的有 X 射线和核医学工作中常见的射线。X 射线引起的肿瘤有白血病、乳腺癌和甲状腺癌。核医学主要应用于恶性肿瘤的治疗，其具有致癌性主要是由于它的副作用，但是由于其对恶性肿瘤的特异性比正常组织的特异性高，对正常组织的影响小，因此被广泛应用于恶性肿瘤的治疗中。

（三）生物因素

生物因素中与恶性肿瘤的发生关系密切的因素有真菌和病毒。人类肿瘤 1/7～1/6 与病毒有关，与恶性肿瘤关系密切的病毒有：人乳头状瘤病毒、EB 病毒、乙型肝炎病毒等。

1. 人乳头状瘤病毒 人乳头状瘤病毒（HPV）与人类肿瘤关系密切。HPV 是一种蛋白包被的双链 DNA 病毒，目前分型已超过 100 种，其中可致癌类型主要包括 16、18、31、33、35、39、45、51、52 及 58 型，全球大多数宫颈癌的致病型为 HPV 16（54%）和 18（13%）型。生殖道感染高危型 HPV 是当地妇女宫颈癌和宫颈上皮内瘤样变高发的主要危险因素，100%的宫颈癌患者的高危型 HPV 感染为阳性，高度病变中约 97%为阳性，低度病变中约 61.4%。与正常对象相比，HPV 感染的相对危险度在宫颈上皮内高度病变及癌症和低度病变中分别为 25.2 和 26.4。HPV16/18 型还可在口腔癌、舌癌、喉癌和食管癌等恶性肿瘤中检出。

2. EB 病毒 是 Epstein 和 Barr 于 1964 年首次成功地将 Burkitt 非洲儿童淋巴瘤细胞通过体外悬浮培养而建株，并在建株细胞涂片中用电镜观察到疱疹病毒颗粒，因此得名。EB 病毒通过人类唾液传播，有嗜人 B 淋巴细胞的特性，在人群中的感染率非常高，可达到 90%以上。与 EB 病毒感染相关的恶性肿瘤有：Burkitt's 淋巴瘤、霍奇金病（HD）、鼻咽癌（NPC）等。随着对 EB 病毒研究的进展，与其他癌症的相关关系逐渐被认识，其中相关性较强的有胃癌。EB 病毒阳性的胃癌患者有如下特点：男性多见、多发生于胃上部、伴有淋巴细胞中分化和低分化、腺癌多见。

3. 人类免疫缺陷病毒（HIV） HIV 感染后约有 20%～30%的可能性发生卡波西肉瘤（又称皮肤多发性、色素性皮肤血管肉瘤）（Kaposi，KS）。据美国报道同性恋艾滋病患者在 40 岁左右可能并发 KS。在老年人中因免疫低下或服免疫抑制剂后亦可能发生。HIV 感染还会发生淋巴瘤（约 3%），其中 90%为 B 细胞淋巴瘤，5%～10%为 T 细胞淋巴瘤。艾滋病病人合并淋巴瘤都是晚期表现。全身性淋巴瘤常发生胃肠道症状、肝细胞性阻塞症状和淋巴结肿大。中枢神经系统淋巴瘤发生在中枢神经内，用 CT 才能诊断，症状为神志紊乱、记忆丧失、偏瘫失语和癫痫等。

4. 乙型肝炎病毒　是与人类接触密切的嗜肝性病毒，2003-2013 年，我国病毒性肝炎平均发病率为 71.77/10 万，每年共发生约 134 万例。2013 年甲型肝炎（HAV）占 1.78%，乙型肝炎（HBV）占 76.92%，丙型肝炎（HCV）占 16.23%，还有其他型如戊肝（HEV）和庚肝（HGV）约占 5.07%。其中 H BV、HCV 和 HGV 均有慢性肝炎发生，累积约 1200 万例，每年死于肝病者估计为 30 万例，其中肝癌 11～15 万例。HBV 携带者患肝癌的危险性比正常人高 200 倍。

5. 真菌　真菌产生的毒素具有致癌性。现已明确的有黄曲霉毒素、杂色曲霉毒素、串珠镰刀菌素。黄曲霉毒素主要与肝癌有关，串珠镰刀菌素可增加肝癌和食管癌的发生率。

案例 14-4："到了，小孩……往上爬！"

一丝不挂，瘦得可怜——只有这样的孩子才能通过又黑又窄的烟道——8 岁的伦敦孩子正在发热的烟囱中清扫着煤灰。

"快些，当心，"主人警告说。多么凄惨。几年以后，那个清扫烟囱的孩子由于患阴囊癌而死去了。这是英国大作家狄更斯在世界著名小说《雾都孤儿》中对儿童烟囱清扫工悲惨生活的深刻描述。

1875 年，英国的一位叫波特的医生最先发表科学报道说：伦敦烟囱清扫工人的阴囊癌发病率特别高，他认为清扫工经常裸体工作，极少洗澡，浑身上下，尤其是腹股沟，积满油烟污垢，这种油垢就是阴囊癌的病因。他写道："……烟囱清扫工的生活十分悲惨，从少年开始就跻身于狭窄、尚留残热的烟囱中，环境令人窒息。成年之后大多很早死于疾病。"

问题：

从这个案例看：你认为癌症可能与哪些职业有关。

三、职业因素

在工作环境中长期接触致癌因素，经过较长的潜隐期（从接触开始至肿瘤出现的时间间隔）后患某种特定的肿瘤，称职业性肿瘤。能引起职业性肿瘤的致癌因素称职业性致癌因素，最常见的是化学致癌物和致癌因素未完全查明的某些生产过程。职业肿瘤在全部恶性肿瘤中仅占 1%～5%，男性较高。IARC（国际癌症研究中心）最新公布的人类致癌化学物质有 107 种，其中职业性的共 21 种。它们是砷化合物、石棉、双氯甲醚与工业品氯甲醚、甲醚、镉的氧化物、铬（铬酸盐生产工业）、赤铁矿采矿（氡）、芥子气、镍（镍精炼）、多环芳烃（烟炱）、沥青焦油、矿物油、煤焦油煤气、4-氨基联苯、金胺制造、联苯胺、β萘胺、氯乙烯、苯、异丙基油、镍和镍化合物、制靴鞋、家具制造和橡胶工业中某些工种。美国 NIC 曾列出 12 种癌症高发职业（表 14-1）。在所有的职业性肿瘤中，我国仅将下列 8 种职业性肿瘤列入职业病名单：联苯胺所致膀胱癌、石棉所致肺癌和间皮瘤、苯所致白血病、氯甲醚所致肺癌、砷所致肺癌和皮肤癌、氯乙烯所致肝血管肉瘤、焦炉逸散物所致肺癌、铬酸盐制造业所致肺癌。

表 14-1　NIC 规定的 12 种癌症多发职业

癌症多发职业	靶器官
煤矿工	胃
化学工作者	肝、淋巴结
铸造作业者	肺

续表

癌症多发职业	靶器官
纤维作业者	口腔、咽喉
报纸印刷工	口腔、咽喉
金属矿工	肺
焦炭副产品操作工	大肠、胰腺
镉制造作业者	肺、前列腺
橡胶工业生产过程、轮胎生产、轮胎干燥	膀胱、脑
家具工	鼻腔、鼻窦
制鞋（皮鞋）工	鼻腔、鼻窦、白血病
皮革工	膀胱

四、遗传因素

癌症是环境与遗传因素相互作用而引起的一类疾病，环境因素起主要作用，但遗传因素也起着一定作用，遗传因素是个体对癌症敏感性的主要原因，其在癌症的发生中仅起一小部分的作用，约占常见肿瘤的10%左右。常见的由遗传决定的肿瘤有乳腺癌、结肠癌、胃癌、视网膜母细胞癌、胚胎性肿瘤、神经纤维瘤、内分泌瘤、肾母细胞瘤等。例如：母亲或姐妹患有乳腺癌的妇女，其乳腺癌发病率比一般妇女高 3 倍，某妇女的母亲或外祖母在绝经前曾患双侧乳腺癌，该妇女一生中患癌症的风险可增高 50%，在 50 岁时的风险为 10%，而一般妇女在 50 岁时的风险为 1.5%。有遗传倾向的人包括：家族中有 3 个或 3 个以上的近亲曾患一种或多种癌症，两代人中都有癌症患者，家族中有人患癌年龄比一般人明显提前，家族中有人在几个部位发生两种以上原发癌等。

五、社会心理因素

（一）独特的感情生活史

美国学者劳伦斯·莱什研究了 500 多名癌症病人的生活史，发现 76%的病人具有同一类型的独特生活史。我国学者研究也发现家庭的不幸事件、工作学习紧张过度、人际关系不协调等这些独特的生活史大多影响或决定了病人以后的精神状态并可导致癌症的发生。儿童时期父母早亡、离异、不和睦、长期分离，成年后再遭挫折、丧偶、事业失败、理想破灭、难以宣泄的悲哀和持续紧张压力引致绝望都是导致癌症的重要社会心理因素。生活中的巨大精神刺激引起的恶劣情绪往往是癌细胞的“激活剂”。

（二）负性生活事件

巨大的精神冲击一般发生在癌症发病前 1 年左右。据 1902～1957 年 55 年间 75 篇有关肿瘤病因及发病率研究报告发现，影响癌症发病的重大生活事件一般都先于癌症起病前 6～8 个月。另据乳腺癌患者的大量观察也证实了生离死别的忧郁、悲伤和焦虑多出现在发生癌症前 1 年左右。

（三）个体的性格特征

据研究发现具有 C 型个性特征者患恶性肿瘤者较多。C 型个性特征表现为性格内向、怪僻、时而小心翼翼，时而情绪冲动，多愁善感，要求的目标忽高忽低。我国学者研究发现具有下列性格特点者易患癌症：①多愁善感，精神抑郁者；②易躁易怒，忍耐性差者；③沉默寡言，对事物态度冷淡者；④性格孤僻，脾气古怪者。长期处于孤独、矛盾、失望、压抑状态，是促进恶性肿瘤生长的重要因素。

其他与恶性肿瘤相关的因素还有机体免疫状态、相关疾病史、药物因素等。总而言之，机体内恶性肿瘤的产生是各方面因素综合作用的结果。防治癌症应针对致癌因素进行。

案例 14-5:

近年来，癌症的发病率不断增加，据日本国立癌症研究中心的一项调查显示，被诊断为癌症的患者一年里自杀的几率是未患癌症者的 20 倍之多，癌症患者自杀多为抑郁症所致，这种抑郁的状态主要体现在三个方面。首先表现为情绪低落，不喜欢说话、与人交流。

心理专家指出：过重的经济负担，尤其是病程较长、治疗手段复杂、治疗费用昂贵的癌症病人，心理负担会相对更重一些。社会与家庭的不理解，以及病人本身的心理应对能力等，也是引起癌症病人抑郁的因素。癌症病人的自杀有很多原因。但主要还是精神上和肉体上的双重折磨，还有部分是因为经济因素。

问题:

从这个案例看：你认为开展肿瘤病人的健康教育有哪些作用。

第 3 节　恶性肿瘤的健康教育内容与方式

一、恶性肿瘤病人的健康教育

在所有的疾病中，癌症是人们认为最可怕的一种。有些癌症病人不能正确地认识癌症，不能正确地认识自己的病情，看到重症患者承受着巨大的折磨，以为得了癌症就意味着死亡。因此，医务人员在患者确诊入院时，在整个治疗过程中，直至患者临终时，对恶性肿瘤病人实施健康教育，使病人正确地对待疾病，从而积极配合治疗，这对恶性肿瘤的治疗来说是至关重要的。

（一）入院期病人的健康教育

入院期的健康教育主要是对病人的心理评估及心理支持：癌症病人的心理反应，一般都会经历震惊、否定、忧郁、对抗、独立与适应 5 个阶段。常见的心理障碍是焦虑、抑郁情绪。抑郁发病率约为 10%～15%。焦虑发病率国内报告为 30%，国外报告为 11%～80%，两者并存者约占 37.6%，焦虑与抑郁情绪对机体免疫功能有抑制作用，不利于癌症病人的治疗。医护人员应进行心理健康教育，以达到恢复健康心态的目的。做到：①医务人员应用礼貌性语言，热情介绍环境及规章制度，以消除病人陌生感和恐惧感；②采用观察法、交谈法、询问法评估病人的人格特征及社会文化背景；③倾听病人诉说，探讨生活方式改变的应对方法；④当病人采取回避情绪时，应顺应病人个性，以稳定情绪，减少应激；⑤耐心讲解各种检查的目的、方法及注意事项，在检查过程中，医务人员表情要镇静、自然。不要随意议论或是流露出惊奇的表情，加重病人的不良情绪反应。

（二）手术期病人的健康教育

1. 术前教育　术前教育以减轻术前焦虑，提高手术适应能力为目的。

（1）向患者讲授各种术前检查的目的和意义，可能出现的不适感，使患者了解检查的全过程，以便配合。

（2）在讲解手术相关知识的基础上，同步进行手术适应行为训练，主要包括心理疏导，简单介绍麻醉、手术方式及对身体的影响。由于手术切除范围大，特别是根治性手术，常影响机体或肿瘤所在器官的正常功能，甚至导致患者自我形象紊乱。术前向患者及家属讲明手术对挽救生命的必要性，使其理解并接受手术方式。同时指导术后补救措施，如直肠癌术后人工肛门的自我护理及排便控制，乳腺癌术后义乳的佩带等。

（3）饮食指导：鼓励患者进食高蛋白、高热量、高维生素食物，但胃肠道手术患者应少食高纤维食物。让患者知道禁食的目的是防止腹胀，避免吻合口瘘。

2. 术后教育 介绍术后常见症状和应对措施，讲解术后止痛，卧位活动，饮食要求和留置各种导管的意义。戒烟酒，个人卫生处理和有关配合动作指导，如深呼吸、有效咳嗽排痰、肢体活动、练习床上排便等，重点放在行为训练上。

（三）放疗期病人的健康教育

1. 放疗知识教育 在放疗前，多数病人对“放疗”缺乏正确的认识，治疗前应简明扼要的向病人及其家属介绍有关放疗的知识，放疗中可能出现的副作用和要配合的事项。并在门诊及病房备有供病人阅读的通俗易懂、图文并茂的放疗宣教手册。开始治疗前陪同病人到放疗科参观，并说明放疗时工作人员不能留在室内的原因，但仍可在操作台监测，消除患者紧张、恐惧的心理，坚定信念，积极配合治疗。

2. 保护照射野皮肤 照射前应向病人说明保护照射野皮肤对预防放射性皮炎的重要性。如选用全棉柔软内衣，避免粗糙衣物摩擦；照射野可用温水和柔软毛巾轻轻沾洗，局部禁用肥皂擦洗或热水浸浴；局部皮肤禁用碘油、酒精等刺激性消毒剂，避免冷热刺激如热敷、冰袋等；照射区皮肤禁作注射点；忌用化妆品外涂，不可贴胶布，因氧化锌为重金属，可产生二次射线，加重皮肤放射性损伤，照射区皮肤禁涂氧化锌，同时禁止剃毛发，禁用电剃须刀，防止损伤皮肤造成感染。夏日外出要防止日光照射。

3. 饮食指导 放疗在杀伤肿瘤细胞的同时，对正常组织也有不同程度的损伤，副反应较多，如引起黏膜损伤、骨髓抑制、白细胞减少等等。加强营养对促进组织的修复、提高治疗效果及减轻毒副反应有着十分重要的作用。在食品的调配上，注意色、香、味，少量多餐，为病人创造一个清洁舒适的进食环境。加强对病人及家属营养知识宣教或者提倡“超食疗法”，即在放疗间歇期间，给予浓缩优质蛋白质及其他必需的营养素，以迅速补足病人的营养消耗。放疗期间鼓励病人多饮水，每日3000ml以增加尿量，使因放疗所致肿瘤细胞大量破裂、死亡而释放出的毒素排出体外；减轻全身放疗反应。

（四）化疗病人的健康教育

1. 心理指导 向病人或家属讲解手术后化疗的目的是巩固手术治疗效果，杀灭残余肿瘤和微转移灶，防止术后复发和短期内转移。要告诉病人尽管化疗是一个非常痛苦的过程，但为了与癌症对抗，就一定要正视现实，充满信心，积极配合治疗。

2. 化疗知识教育 向患者解释清楚恶性肿瘤化疗的必要性与重要性，让他们了解化疗的基本知识，并详细介绍化疗药物的正确用药方法、剂量、时间、不良反应、注意事项及保存方法等，使其对实施的药物治疗有充分的思想准备。可将治疗癌症的有关知识编写成手册或卡片，让患者阅读，以增强患者对恶性肿瘤的认识。

3. 防止感染 一般化疗药物对人体的骨髓有不同程度的抑制作用，导致有效血细胞数量减少而引起一系列的临床并发症，如：感染、贫血、出血等。因此，病人要避免接触传染源，减少到人多的地方，养成良好的生活习惯，勤洗手、勤更换衣裤，保持口腔、皮肤、会阴、肛周部位的清洁。保持室内空气清新、阳光充足、环境整洁。当体温升高38℃以上、出汗、寒战、咳嗽及咽痛时，应考虑发生感染，立即报告医生和护士，及时用药，防止感染继续扩散。

4. 饮食指导 多数化疗药物可以导致胃肠道反应。表现为恶心、呕吐、食欲减退、嗅觉及味觉异常或改变。这种反应发生持续时间不等，一般两天至一个月左右，反应程度有轻有重，因个体差异而不同。应让病人保持正确的认识，努力调节好自我情绪，病人应少食多餐，进食的速度要慢。可指导和督促病人家属，改善烹调技术，更换食品的花样，选择清淡、富有营养、易于消化的食品，如牛奶、鸡蛋、豆腐等，避免吃太热、刺激性强的食物，进食环境应清洁、整齐、安静、舒适，以减少不良刺激，有利于促进病人的食欲。同时适当增加活动也可达到增进食欲的目的。

5. 自体形象改变后的心理调试与应对　化疗药物的副反应还可引起脱发或出现蝴蝶斑，特别是女性病人很难接受。告诉病人这些是化疗期间的暂时现象，经过一段时间后蝴蝶斑会自然褪去，脱掉的头发也会重新长出来，同时可让病人用假发、化妆来改变自我形象，但重要的是指导病人调节自我心态，正确对待。

6. 减轻腹泻和便秘　有些化疗药物可以影响小肠黏膜的细胞，造成腹泻或便秘。腹泻时嘱病人多喝水，吃无刺激的食物，如米饭、面包等，为了避免出现便秘，应指导和督促病人养成定时排便的习惯，在病情允许的情况下，适当活动，多吃高纤维食物，如水果、蔬菜、粗粮等。

7. 防止口腔溃疡　化疗药物还可以导致口腔黏膜的改变，引起口腔溃疡，因此，病人应保持口腔清洁，每天睡前、晨起、餐后及时刷牙、漱口，要使用软毛牙刷，必要时用漱口液含漱每日3～5次，一旦发生口腔溃疡，可给予涂碘甘油等，促进溃疡面的愈合。

8. 战胜疲劳　化疗期间病人可能会感到比平时更易疲劳，病人每天可进行一些体力消耗较小的活动，如在他人的陪伴下散步、打太极拳等，在睡前做一些能使自己轻松的事情，比如热水泡脚、喝杯热牛奶、听听轻音乐等，以减轻疲劳。

（五）康复期病人的健康教育

病人经过一段时间治疗后，病情得到缓解，可以出院。但仍担心会不会复发或是治愈的可能。因此，又会出现焦虑及幻想等。

1. 出院指导　告知病人按时复查的意义和方法。治疗之后有复发、转移倾向是中、晚期恶性肿瘤的特点，早期发现，及时处理复发、转移也是提高恶性肿瘤疗效的重要途径，同时治疗措施也存在各种并发症，所以治疗后定期复诊，及时处理可能出现的病情非常重要。一般一年内1～2个月一次，一年后2～3个月一次，如果出现病情突然变化、特殊不适或其他问题应随时就诊，以便发现问题及时处理。

2. 用药指导　恶性肿瘤的治疗重在规范化，抗肿瘤药物的用法有其特殊性，规范化用药是取得良好效果的关键，所以患者出院后切勿乱用药，一定要按照医生的医嘱定量、定时服用。出院带药，不可随意更改药量和服药时间，同时注意有可能发生的副作用。

3. 心理指导　塑造自强、自信的人格，情绪乐观，生活安排得丰富多彩，建立良好的人际关系，增强调整心理平衡的能力。如果精神上高度紧张，情感上过于脆弱，情绪易于波动等都会引起食寝不安、身体抗癌能力下降，导致病情恶化。同时还要争取社会支持系统，减少外因刺激，尤其是病人亲属、朋友应理解、体贴、关心病人，给予温暖和信心，有利于疾病转归。

4. 日常生活指导　生活要有规律，既不要长期卧床，也不要过度劳累。无论作息时间、学习、娱乐都要有规律。规律的生活可使机体处于正常的工作状态，这样，肿瘤的复发、转移也就无机可乘。

5. 饮食指导　癌症病人在康复期要设法增进食欲，饭菜要清淡可口、荤素搭配、粗精兼食，既不能单调乏味又不可过于油腻，以易消化吸收为宜。进食时要环境轻松、心情愉快、不偏食、不过多忌食，更不要暴饮暴食。

6. 运动指导　要进行适当的体育锻炼，增强了体质也就自然增强了抗癌能力。病人可根据自身情况，选择散步、慢跑、打太极拳、习剑、游泳等活动项目，运动量以不感到疲劳为度。

（六）晚期病人的临终关怀

根据国内外调查资料显示，晚期癌症病人基本需求有三条：保存生命、解除痛苦、无痛苦地逝去。虽然随着科学的进步和治疗手段的改进，最大限度的延长癌症患者的生命应是可能的。但是，在晚期癌症患者中，疼痛的比例高达 70%～80%，疼痛应成为晚期癌症患者首要解决的问题。

美国学者正库伯勒-罗斯把晚期临终病人心理活动分为五个阶段，即否认期、愤怒期、协议期、绝望期、接受期，从而逐步进入死亡。大部分临终病人呈负性心理、悲观失望、情绪消沉，回避现实，有被遗弃感和失落感，因此，对晚期癌症病人要加强心理治疗和护理，对其进行安抚、同情、体贴和关心，因势利导地使其心理获得平衡，从而正视现实，珍惜有限的生命，使其自身的生命得到升华。

1. 主动、积极解决病人疼痛、厌食、躯体移动障碍等问题 对临终癌症病人给予同等的关怀与支持、赋予其希望。

2. 尽量满足晚期癌症患者的社会需求 尽力满足病人每一个微小的愿望，诸如事业上的未尽心愿、治疗疾病的经济问题、解决单位及同事间的未了事宜、家庭中急待处理的问题、良好的医患关系以及自己逝后的事情等等，对上述诸多社会需求，都要给病人一个圆满的切实可行的答复，以稳定其情绪，使病人能以良好的心态面对现实，积极配合治疗，体面且有尊严地走完人生的最后之路。

3. 积极开展死亡教育 死亡教育是实施临终关怀的一项重要内容，包括对晚期癌症病人及其家属的教育问题，其目的在于帮助濒死病人树立正确的死亡观，突破对死亡的恐惧和不安，学习“准备死亡，面对死亡，接受死亡”，达到让生命“活得庄严，死得尊严”。对临终病人家属进行死亡教育的目的在于帮助他们适应病人病情的变化和死亡，帮助他们缩短悲痛过程和时间，减轻悲伤程度，认识自身继续生存的社会价值和意义。死亡教育的内容是非常广泛的，诸如死亡标准、死亡价值、死亡态度、死亡时机、死亡地点、死亡方式以及死后丧事服务等等。

4. 促成其获得心理平衡 协助病人完成人生的计划与人生意义的追求，让病人感到他人与社会对自己的关心。尽量提供其独处发泄的机会，运用倾听或沉默等技巧为病人提供表达内心疑惑与焦虑的机会。提供安静、舒适的病区环境，避免不良刺激。

案例 14-6:

某医院医学心理科来了一位年龄接近 50 岁的女患者。她一脸愁苦地告诉心理科的医生，她怀疑自己得了癌症。据这位患者介绍，有很长一段时间，她老觉得心慌、出虚汗，睡眠不好，全身都痛。担心自己得了什么病，她先后到多所三甲医院进行全身检查，前前后后花了近一万元，检查结果都显示其没有器质上的毛病，医生叫她放心，回去好好休息即可，但这位女患者就是不放心。心理医生在与患者交谈后得知，这位女患者 5 年前脑部蛛网膜下腔出过血，这一经历令患者产生极度的恐惧，总担心自己会得病。

问题：

从这个案例看：你认为要怎样对肿瘤高危人群开展健康教育。

二、恶性肿瘤高危人群的健康教育

（一）恶性肿瘤的高危人群

恶性肿瘤的高危人群主要是指那些具有某种内在因素、容易发生恶性肿瘤的高度危险的人群，以及长期受某种致癌环境威胁的人群。总体来说，这类人群患某种恶性肿瘤的几率相对较高，但是不同恶性肿瘤的高危人群是不一样的。恶性肿瘤的高危人群多指以下几种人群：

1. 癌症家族和有遗传倾向的人群 许多常见的恶性肿瘤，如乳腺癌、胃癌、肠癌、肝癌、食管癌和白血病，往往有家庭聚集现象。这些具有家庭性的恶性肿瘤，往往发病年龄早，且有多发倾向。某些染色体异常、有遗传性疾病的人群，也易患恶性肿瘤。如 21 号染色体畸变患者，其发生急性白血病的几率，可能是正常儿童的 15～30 倍。

2. 年龄超过 50 岁的人群　虽然任何年龄均可发生肿瘤，但总体来讲，肿瘤的发病高峰在 50 岁以上，从 20 岁到 60 岁，常见肿瘤的发病每 10 年要增加 27 倍。

3. 接触某些致癌物的人群　如长期吸烟人群，易患肺癌、胃癌；喜食过热饮料与汤类，或常食刺激性强及粗糙食物的人群，易患食管癌；长期酗酒者，则易患食管癌和肝癌等等。还包括被迫暴露在致癌物的环境中，主要是指职业癌，如石棉矿、铀矿工人以及染料工人等。

4. 患有与癌有关的慢性病人群　长期患有慢性胃炎，特别是萎缩性胃炎者；子宫颈炎、宫颈糜烂者；乙型、丙型肝炎者；以及皮肤慢性溃疡等患者，后期部分病例较易恶变成癌。

5. 个体特殊易感人群　精神长期处于抑郁、悲伤、痛苦、焦虑、自我克制和十分内向的人群，易患各种癌症。

6. 治疗后的肿瘤患者　肿瘤的三大疗法：手术、放疗和化疗很难彻底消灭体内肿瘤细胞，残存的肿瘤细胞在一定条件下可造成复发或转移。另外放射线和化学药物本身又是致癌因素可以造成其他肿瘤的发生，如恶性淋巴瘤患者化疗后继发白血病等。

7. 有癌前病变的人群　在肿瘤的发展过程中，有一些病变是肿瘤发生的前期阶段，其癌变几率比正常组织要高得多，称为癌前病变。癌前病变是不稳定的阶段，具有双向转化的特点。这些癌前病变包括很多，如结肠息肉、萎缩性胃炎、肝硬化、乳腺不典型增生、宫颈白斑、糜烂和息肉，以及口腔白斑等。

对于高危人群的健康教育是提高人们对于恶性肿瘤早期症状的重视，正确理解肿瘤的早期“危险信号”，以达到早发现、早诊断的目的。

（二）恶性肿瘤的筛查及早期发现

早期发现癌症是很重要的，因为只有早期诊断才能及时、彻底地治疗。恶性肿瘤早发现的措施为筛查。

1. 常见恶性肿瘤的早期症状

（1）乳腺、皮肤、舌和身体其他部位有可接触的、不消退的、有逐渐长大趋势的肿块。

（2）疣或黑痣明显变化，如颜色变深、迅速增大、瘙痒、脱毛、渗液、溃烂、出血等。

（3）持续性消化不良。

（4）吞咽不适，吞咽食物时哽咽感，疼痛、胸骨后闷胀不适、食管内异物感。

（5）耳鸣、听力减退、鼻塞、鼻出血，抽吸、咳出的鼻咽分泌物带血，耳前、颈部肿块。

（6）女性阴道不规则出血：月经期不正常的大量出血，月经期外或绝经后不规则的阴道出血，接触性出血。

（7）持续性声音嘶哑、干咳、痰中带血。

（8）大、小便习惯的改变，原因不明的大便带血及黏液或腹泻、便秘交替。原因不明的血尿。

（9）久治不愈的伤口或溃疡。

（10）不明原因的进行性体重减轻。

以上症状虽然是恶性肿瘤的“危险信号”，但并不是肿瘤所特有的，因此，一旦出现上述症状，应及时到医院就诊，以明确诊断。

2. 重视癌前病变　恶性肿瘤的发生是一个逐渐演变的过程，人体某些器官的一些良性病变容易出现细胞异常增生，易演化为癌，这些异常增生具有癌变倾向的病变称为癌前病变。常见癌前病变有：

（1）黏膜白斑：多发生在口腔、食管、外阴、宫颈等处。特别是白斑变粗糙，有突起或糜烂等情况发生时。

（2）慢性子宫颈炎或子宫颈糜烂等。

（3）老年性日光角化症，多发生于面部及手臂部。

（4）多发性家族性结肠息肉病：胃肠道，单发或多发的腺瘤样息肉，或有可能恶性变的其他病变。

（5）经久不愈合的慢性溃疡。

（6）乳腺囊性增生，或有可能恶性变化的乳腺良性肿瘤等。

（7）食管黏膜上皮增生。

（8）色素性干皮病。

发现以上这些疾病，都需要及时治疗，定期复查，以便及早发现恶性癌变。

3. 如何早期发现恶性肿瘤

（1）经常性自我检查：自我检查是指随时注意自身健康状况有无任何变化。绝大多数恶性肿瘤都有新生肿块。在健康教育过程中，可利用图片等形式向公众介绍自我检查的方法。如：①自我检查颈部是否两侧对称，有无增粗或发现肿块，可早期发现甲状腺肿瘤；②女性须经常自我检查乳腺，观察两侧乳房是否对称，有无肿块，乳头是否发现内陷，有无渗血或异常分泌物等等，常可以早期发现乳腺癌肿；③女性还应该注意阴道有无不规则流血，有无异常分泌物，常可发现女性生殖系统肿瘤；④早晚平躺在床上时，可以双膝屈起进行自我腹部检查，用双手同时触摸左右上下腹部，随着呼吸的起伏检查腹部有无可疑肿块，常可能早期发现腹部的肿瘤。此外，还应经常注意身体其他部位有无可以摸到的肿块，或不愈合的溃疡等。这些简易的自我检查常是早期发现癌症的重要方法之一。

（2）定期体检：每年定期到医院进行一次全面体格检查，可以掌握自己的健康状况，也能早期发现一些肿瘤，有时为了更好地明确是否患有某种肿瘤，还须进行一些特殊检查，如B超、内窥镜、X线等检查。以下给出我国推荐的恶性肿瘤早期发现体检方案（表14-2），此方案是参照美国癌症协会的推荐并结合我国的实际情况制定的。这个方案虽然也属于在无症状人群中进行的早期发现，但不同于专业的癌症筛查，可由社区全科医生与日常的保健工作结合起来进行，方便又省力，因此颇受好评。

表14-2 恶性肿瘤早期发现体检推荐方案

检查方法	性别	年龄（岁）	期限
乙状结肠镜	男、女	≥50	每3～5年
直肠指诊	男、女	≥40	每年
宫颈刮片及盆腔检查	女	≥18，有性生活者	每年或由医生酌情决定
子宫内膜活检	女	≥绝经期高危妇女①	绝经期
乳腺自检	女	≥20	每月
乳腺临床检查	女	20～39 ≥40	每3年 每年
乳腺摄片	女	35～39 ≥40 ≥50	摄片一次备查 每1～2年 每年
肿瘤标记物检查	男、女	高危人群	由医生酌情决定
健康咨询②	男、女	20～40	每3年
癌症检查③	男、女	≥40	每年

注：①肥胖、不育、不排卵、子宫异常出血或用雌激素治疗

②包括饮食及营养、日光暴露、戒烟、危险因素、性生活、环境及职业接触

③包括检查淋巴结、甲状腺、睾丸、前列腺、卵巢、口腔及皮肤等

（摘自：刘桂珍主编，现代健康教育学）

（3）恶性肿瘤的筛查：癌症筛查是指在健康人群中针对某一种癌症所做的特殊检查，其目的在于早期发现癌症，在转移之前就能予以治疗，可减少癌症死亡。筛查通常不能肯定是否患癌，

检查结果通过进一步检查和实验以明确诊断。

最广泛用于妇女的两种筛查是查子宫颈癌的巴氏阴道细胞学检查（Pap 检查）和乳腺癌的乳房 X 线摄影。

我国癌症筛查推荐方案见表 14-3。

表 14-3　癌症筛查推荐

癌种	筛查方法	检查频率
肺癌	胸部 X 线检查	不建议做常规检查
	痰细胞学检查	
直肠和结肠癌	大便隐血检查	50 岁后每年一次
	直肠检查	40 岁后每年一次
	乙状结肠镜检查	50 岁后每 3～5 年一次
前列腺癌	直肠检查和血液前列腺特异抗原检查	50 岁后每年一次
宫颈、子宫、卵巢癌	盆腔检查	18～40 岁，每 1～3 年一次，以后每年一次
宫颈癌	巴氏（Pap）阴道细胞学检查	18～65 岁，每年一次，当连续 3 次正常，在医生指导下可减少检查，大多数 65 岁以上妇女检查常少一些
乳腺癌	乳腺自检	18 岁后每月一次
	乳腺体检	18～40 岁每 3 年一次
		40 岁后每年一次
	乳腺 X 线摄影	35～40 岁间检查一次作基础，40～49 岁每 1～2 年一次，50 岁后每年一次

注：具体每种恶性肿瘤的筛查方案请查阅相关书籍。

三、一般人群的针对恶性肿瘤的健康教育

对一般人群进行防癌教育主要是为使公众对癌症有所认识并能够接受防癌措施而进行的宣传教育。教育人们树立防癌意识、纠正不良的习惯、养成正确的生活方式、树立战胜癌症的信念。对一般人群的健康教育主要针对恶性肿瘤的一级预防的措施。一级预防是对病因的预防。

（一）改变不良的行为习惯

1. 控制吸烟　吸烟可引起恶性肿瘤早已成为定论，但全世界的烟民仍是有增无减，因而要加大戒烟的宣传教育。目前许多国家都采取了一定的措施，例如限制吸烟的广告，公共场所不许吸烟，在香烟的包装上必须注明吸烟对健康有害的字样等，都说明许多国家对此已经给予了足够的认识。改变不良的自身行为还有不良的性行为和思想行为，洁身自好，树立健康的思想亦可降低或杜绝某些癌症的发生。

2. 饮酒适度　饮酒已作为一种文化现象普遍存在。少量饮酒对机体的危害并不大，但若大量长期饮酒则可引发恶性肿瘤，尤其是既饮酒又吸烟，会明显加强吸烟的有害作用。因此，教育人们少量饮酒或不饮酒对防癌是重要的。

3. 合理膳食结构　是指合理摄入各类营养素和微量元素，三大营养素要补足适量，同时要控制好微量元素的量，尤其是具有抗癌作用的微量元素如铜、锌、铁、钼、锰等。对于致癌性微量元素铬、镍、砷、镉等要限制其最高摄入量，同时要摄入抗衰老抗氧化的维生素类物质，对致癌性物质进行对抗，从而保护机体不受有害元素的损害。具有抗氧化作用的维生素有：维生素 E、维生素 C、维生素 K、维生素 A。另外。膳食中的纤维素亦具有抗癌作用，主要是预防消化道的肿瘤，如结肠癌，胃癌等。

4. 改变不良的饮食习惯 控制饮食主要是控制地方性和习惯性的不健康饮食，例如少吃或不吃油炸、烟熏食品，腌制食品，霉变食品等，以及高盐、高脂、高糖等不良饮食要加以控制和进行广泛的宣传教育。

5. 预防恶性肿瘤的饮食原则

（1）少吃脂肪、肉类和使身体过于肥胖的食物。体重超过正常标准的人，有近半数易患癌症。

（2）不能吃霉变的花生米、黄豆、玉米、油脂等粮油食物。

（3）多吃新鲜的绿叶蔬菜、水果、菇类等，以增加体内的维生素，抑制癌细胞的繁殖。

（4）多吃含维生素 A 和 B 的食物，如肝、蛋、奶等以及胡萝卜，可减少肺癌的发生。

（5）多吃粗纤维食物，如胡萝卜、芹菜、莴苣等蔬菜，可减少癌的发生。

（6）少吃盐腌制品、亚硝酸盐处理过的肉类、熏制食物及泡菜等，可减少胃癌的发生。

（7）少喝含酒精的饮料，以防喉癌、食道癌。

（8）适当控制热量的摄入，可明显降低直肠癌的发病率。

（9）合理进补能提高人体免疫功能的某些滋补品，如人参、蜂王浆、苡仁米等，有直接抑癌的功效。

（10）少用辛辣调味品，如肉桂、茴香、花椒、肉蔻等，过度食用这些食物有可能促进癌细胞的增生，从而加速癌症的恶化。

（二）改善环境污染

加强环境保护意识，改善环境污染，改善人们的暴露情况，可降低某些癌症的发病率。控制环境污染，要健全各级监督机构，加强执法力度，改善环境污染情况，使人类的居住环境、生产环境和自然环境都有益于机体的健康。

（三）加强职业保护意识

在一般情况下人很少能接触大量的辐射，而长期大量接触的多为职业人群、核爆炸时的幸存者。控制辐射主要是控制职业接触、加强管理，工作期间注意防护，改善工艺过程，降低辐射的暴露率，以降低癌症的发生。

（四）适度运动，注意个人卫生

经常参加运动可以促进人体血液循环和新陈代谢，增强机体抵御癌症的免疫功能。

注意个人卫生，养成良好的卫生习惯，如饭前便后要洗手，餐具要消毒等，可防止乙型肝炎，进而降低肝癌的发生。

（五）保持良好的情绪

日常生活中应保持良好的精神状态，生活中应积极克服悲伤、焦虑、痛苦、急躁的情绪，尽最大努力增加生活和工作中的欢乐，少几分忧愁，多几分潇洒。学会公开表达自己的情绪，养成胸怀宽广，不计较事的品格。

第 4 节 恶性肿瘤健康教育的实施步骤及效果评价

一、恶性肿瘤的健康教育工作的计划

（一）医院实施恶性肿瘤健康教育的计划

1. 医院恶性肿瘤健康教育计划的制订 在医院中开展恶性肿瘤的健康教育，首先要了解患者及其亲属对疾病的认识程度，根据病人的生理、心理特点，制订出健康教育的目标、内容和施教的方法等。

2. 医院实施恶性肿瘤健康教育计划的队伍 医院中实施恶性肿瘤的健康教育主要依靠从事恶性肿瘤医疗活动的医务工作者，包括医生、护士及相关的工作人员，其中医生和护士是最主要的健康教育人员。

3. 医院中健康教育人员的培训 当今知识的更新速度奇快，有相当一部分医务人员的知识更新要落后于时代。另外，由于我国现有的医务人员中有很大一部分肿瘤知识贫乏，对癌症的发现和治疗认识不足，贻误了治疗的良机。因此，对在岗医务人员进行肿瘤知识的教育在我国具有重要的地位。在医务人员中开展恶性肿瘤防治知识的教育将为我国的肿瘤防治打下坚实的基础。

（二）社区实施恶性肿瘤健康教育的计划

社区中主要是针对一般人群、恶性肿瘤高危人群及恶性肿瘤康复期患者进行健康教育。

1. 社区恶性肿瘤健康教育计划的制订 通过社区诊断，确定社区需重点防治的恶性肿瘤病种，针对不同的恶性肿瘤设计具体的健康教育计划。设计社区防癌健康教育计划的原则为：从社区实际出发，有明确的目标和指标，突出重点，有质量控制和反馈系统。

2. 建立社区恶性肿瘤健康教育队伍

（1）社区恶性肿瘤健康教育专业队伍：具体有各级健康教育专业单位、医疗卫生保健机构、医药卫生科研单位等，是防癌健康教育的骨干。

（2）各级爱卫会、初级卫生保健机构和社区卫生服务协调机构：负责组织发动、协调和检查督促社区内防癌健康教育工作。

（3）社区部门：在社区中广泛动员各部门参与防癌健康教育活动，如发挥新闻、影视、广播和出版等宣传部门的专业优势，出版通俗易懂的防癌健康教育读物，开辟防癌健康教育专栏和专题节目等；教育部门组织指导学校开展防癌健康教育等。

（4）群众队伍：在社区开展防癌健康教育时，要注意发展和培养群众中的积极分子，及时对他们进行业务培训，使他们掌握必要的防癌健康知识和技能以及一些工作方式、方法，以便发挥他们在群众中的宣传作用。这也是防癌健康教育群众化和社会化的要求。

3. 社区恶性肿瘤健康教育人员的培训 健康教育人员的培训应遵循以下原则：理论和实践相结合，注重指导实践的原则；从实际出发，采取多渠道、多形式和多途径培训的原则；普及与提高相结合的原则；注重质量和效益的原则。

培训方法：可采用多种方式进行培训，如可举办各种常见肿瘤专题讲座、讨论会、座谈会和信息交流活动等。

二、恶性肿瘤的健康教育工作的实施

（一）医院中恶性肿瘤健康教育工作的实施

由于病人个体间的差异，相同的教育方式不一定产生相同的效果。因此，健康教育常因人而异，根据病人的特点，可分别采用以下几种不同的教育方式：

1. 计划性教育 对有共同问题的病人进行有计划、循序渐进的群体教育。把疾病的有关知识传授给病人，使其了解疾病的发生发展、预防以及不同阶段的注意事项，从而达到最佳心理状态，配合医护治疗。

2. 随机性教育 针对不同个体、不同时期、不同健康问题和心理状态，给予有效地、正确地指导。如对文盲、阅读、理解能力差的病人应进行一对一的指导。而对文化水平高的病人则可行书面阅读教育形式。

3. 口头讲解 医护人员通过语言交流与沟通，根据教育计划的内容，对病人及家属进行讲解和宣教，并对提出的问题进行有针对性的解释，增加病人对癌症的理性认识。

4. 书面教育 通过编写病人手册，观看录像、宣传板报等使病人尽快掌握医学知识。

5. 示范教育 术前为病人示范手术体位、功能锻炼的方法。如甲状腺手术的伸颈体位，食道癌、肺癌术后咳嗽技术的演示等。

6. 经验交流 对同种癌症病人康复后经验介绍，病人易于接受、效果最好。Fawzy 等人曾主持了一项癌症病人集体心理教育，结果显示，不仅改善病人情绪，还提高了应对疾病的技能和生活质量，在一定程度上提高病人的免疫功能和延长病人生存时间。有些医院在借鉴国内外同行肿瘤防治经验的基础上，创建了健康教育服务部门——抗癌俱乐部，取得了较好的效果。

除以上措施之外，还可以采取知识讲座、广播宣教等形式在医院进行健康教育。还应注意，在对患者进行健康教育时，让家属一起听，把知识传授给患者及其家属，使患者得到更好的照顾。

（二）社区中恶性肿瘤健康教育工作的实施

在社区中可选编合适的健康教育教材和配备适当的设备，采取丰富、多彩、群众喜闻乐见的形式进行健康教育。

1. 语言教育 使用语言进行健康教育是最简便、最有效的常用方法之一。又可分为个别教育和群体教育两种。

（1）个别教育：如个别谈话、健康咨询等均属个别教育的形式。其特点是规模小，针对性强。个别教育是医务人员与病人、或与群众之间就有关恶性肿瘤预防知识进行解答的最直接的一种形式，并可针对咨询者的个体特点开具健康教育处方。

（2）群体教育：可采用报告会、定期请专业人员举行讲座、授课、座谈会等形式。这些方式的特点是规模大、听众较多。如果能妥善安排效果也会很好。

2. 图文教育 图文教育形式多种多样，主要有卫生标语、健康教育传单、健康教育小册子、卫生课本、卫生板报和墙报等。它们共同的特点是能灵活地适应不同的对象和环境。

3. 其他形式 如形象教育、影视教育、多媒体和计算机网络教育等。

三、恶性肿瘤的健康教育工作的效果评价

恶性肿瘤健康教育评价是对整个恶性肿瘤防治工作健康教育的全过程进行质量和效益的客观认定过程。目的在于保证恶性肿瘤知识传播的效果，使恶性肿瘤健康教育计划实施的各个环节自始至终向着项目的总体目标有序、高效地进行。

（一）评价步骤

恶性肿瘤健康教育评价是对恶性肿瘤健康教育的全过程进行评价，包括对早期计划设计的评价、中期实施过程诸环节的评价和结局的综合评价等三个方面。其步骤为：熟悉恶性肿瘤健康教育方案，设计评价方案，建立评价指标，确定资料收集方法，整理分析资料，制作评价总结。

（二）效果评价常用指标

包括恶性肿瘤健康教育参与率、健康教育满意度、人群对恶性肿瘤防治知识的知晓率、人群恶性肿瘤防治观念形成率、恶性肿瘤健康教育知识提高率、恶性肿瘤病人寿命健康教育前后比和社区恶性肿瘤发病率等。

（三）评价方法

恶性肿瘤健康教育的评价方法主要有座谈会、家庭访问、问卷调查、恶性肿瘤防治知识测

验等。

（四）效果评价内容

1. 基线调查　在进行健康教育前应对教育对象（病人、家庭、社区）的基本情况、对恶性肿瘤的认识及知识需求和来源、对癌症病因和早期症状的认识、对癌症预防措施和预后的认识、生活和卫生习惯、参加癌症定期体检的意愿等进行基线调查，以便掌握健康教育对象的健康教育需求，确定健康教育的项目，使健康教育工作具有针对性，为恶性肿瘤健康教育工作效果评价提供基础资料。

2. 阶段性评价　在恶性肿瘤健康教育每完成一个相对独立的阶段，就应对这个阶段的效果进行评价。评价内容主要是了解健康教育对象意识提高的程度、消除恐癌情绪、对癌症可防可治的认识程度，目标人群参与改善环境因素、自觉纠正不良卫生习惯的程度、各类癌症高危人群接受癌症筛查的自觉程度等。通过阶段性评价结果决定下一阶段的计划实施。

3. 终末评价　是对整个恶性肿瘤健康教育计划实施情况进行全面的评价，也就是对上述各类评价的综合以及对各方面资料作出总结性的概括。它全面反映了健康教育计划的成败。评价内容主要包括反映恶性肿瘤健康教育计划实施的情况和所取得的成效；目标人群对恶性肿瘤可防可治的认知程度、参与集体防癌计划实施的程度、纠正不良生活习惯的程度；管理机构和网络运作是否正常、是否适合于总体目标的要求等。通过终末评价对整个健康教育计划的完成情况、对成本—效益等作出总的判断，以总结经验、吸取教训，为今后的健康教育计划提供准确的科学依据。

思　考　题

1. 试述恶性肿瘤的行为危险因素。
2. 试述恶性肿瘤的环境危险因素。
3. 试述医院中应如何对恶性肿瘤患者开展健康教育？
4. 试述社区中应如何开展恶性肿瘤的健康教育？
5. 案例题：宫颈癌是女性生殖器官最常见的恶性肿瘤。根据国际癌症研究署（IARC）估计，2012 年全世界约 53 万例宫颈癌新发病例，占所有女性肿瘤的 12%，死亡病例达 27.5 万。其中，85%的发病和死亡病例发生在发展中国家。

在多数国家的妇女中，宫颈浸润癌发病率在 20 岁以前很低，20～29 岁开始增长。我国妇女宫颈癌发病率在 25 岁以下处于较低水平，在 25～40 岁呈持续大幅度上升。我国城市妇女宫颈癌发病率在 45 岁达到顶峰后缓慢下降，农村妇女宫颈癌发病在 55 岁左右出现峰值。其发病原因尚不十分清楚，但专家研究认为可能与早婚、早孕、多产、卫生习惯不良、性生活开始早，性伙伴多，病毒感染等因素有关，尤其是在 18 岁以前就开始性生活的女性。近几年来，宫颈癌的发病年龄有明显的年轻化趋势，原因与女性生活习惯的改变、婚前性行为呈低龄化趋势关系密切。据文献报道，我国青少年目前性成熟年龄普遍比 20 世纪 70 年代提前 3～5 岁，在 21 岁的年轻人中，80%有过婚前性行为。早期手术是宫颈癌主要的治疗方法。

请根据本案例分析：①宫颈癌的高危人群有哪些？②针对宫颈癌的高危人群应该怎样进行健康教育？③宫颈癌对患者的心理可能有哪些影响？④针对宫颈癌患者应该如何开展健康教育？

（大连医科大学　李晓枫）

第十五章　传染病的健康教育

案例 15-1：结核病防治状况

1970 年以后的 20 年，全球忽视结核病控制——因发达国家结核病控制效果良好，人们盲目乐观地认为消除结核病指日可待，因而放松结核病防控工作，削减机构、人员和经费，导致发展中国家结核病防控工作支持力度不够。1993 年，WHO 宣布全球结核病进入紧急状态，并号召各国政府和非政府组织行动起来，与结核病的危机进行斗争。1995 年，WHO 确定每年的 3 月 24 日为世界防治结核病日。1998 年，WHO 提出遏止结核病全球性伙伴合作。2000 年 3 月 24 日在荷兰阿姆斯特丹召开 22 个结核病高负担国家部长级会议，提出阿姆斯特丹宣言：结核病已不再仅属于卫生界关注的事，已经成为严重的社会问题。2013 年 11 月，巴西、俄罗斯、印度、中国和南非的卫生部长们在南非开普敦发表声明，同意加强合作，改进系统以更好地发现和治疗结核病患者，改善结核病药物供应，以及联合研发新药物和疫苗。2014 年世界防治结核病日之际金砖国家共同呼吁采取联合行动抗击结核病。

世界卫生组织发布了 2015 年度报告，估算 2014 年全球共有 960 万结核病新发病例，发病率为 133/10 万。全球 22 个结核病高负担国家估算的发病总数为 800 万，占全球发病总数的 83%，发病率为 176/10 万；发病数居前三位的国家分别是印度（220 万）、印度尼西亚（100 万）和中国（93 万）。2014 年全球共有 150 万人因结核病死亡。

中国传染病监测信息系统肺结核报告发病数近几年均位居甲、乙类传染病的第二位，呈逐年下降趋势。2010 年报告发病数为 99.1 万，2014 年已降至 88.9 万，报告发病率从 2010 年的 74.3/10 万降至 2014 年的 65.6/10 万，4 年间共下降了 11.6%，年递降率达 3%。但是，中国仍是全球 22 个结核病高负担国家之一，2014 年估算的发病数为 93 万，占全球的 10%，占 22 个高负担国家的 12%，发病数据 22 个高负担国家的第 3 位，估算的发病率为 68/10 万，居全球 22 个高负担国家的第 21 位。

中国在 2010 年开展了第五次全国结核病流行病学调查，结果表明：全国 15 岁及以上人群中活动性、涂阳和菌阳肺结核的患病率分别为 459/10 万、66/10 万和 119/10 万，与 2000 年相比有所下降，活动性肺结核患病率年递降率为 0.2%，涂阳肺结核患病率年递降率为 9.0%。疫情的分布不平衡。农村地区高于城镇，西部地区高于中部和东部地区。

这些数据提示：①看似被控制的传染病，可能在忽视的情况下重新挑战人类；②医药研究的进步可能带来耐药传染病现象加重；③传染病可能成为国家社会问题，全球社会问题。

案例 15-2：2015 年 11 月全国法定传染病疫情概况

2015 年 11 月（2015 年 11 月 1 日 0 时至 11 月 30 日 24 时），全国（不含港澳台，下同）共报告法定传染病 519 285 例，死亡 1639 人。其中，甲类传染病中鼠疫和霍乱均无发病、死亡报告。乙类传染病中传染性非典型肺炎、脊髓灰质炎、人感染高致病性禽流感和白喉无发病、死亡报告，其余 22 种传染病共报告发病 285 086 例，死亡 1634 人。报告发病数居前 5 位的病种依次为病毒性肝炎（112 185 例）、肺结核（88 115 例）、梅毒（37 275 例）、血吸虫病（10 481 例）和淋病（9 300 例），占乙类传染病报告病例总数的 90%。同期，全国共报告丙类传染病发病 234 199 例，死亡 5 人。其中丝虫病无发病、死亡报告，报告发病数居前 3 位的病种依次为手足口病、其他感染性腹泻病和流行性腮腺炎，占丙类传染病报告病例总数的 94%。

这些数据提示：传统的传染性疾病发病在我国仍然占统治地位

问题：

1. 你认为为什么在生物医学高度发展的情况下，人类不仅要面对新发传染病的威胁，也依旧无法阻挡像结核病这类传统传染病的危害？

2. 你认为除了研发消灭病原体的药物之外，传染病的控制还需哪些措施？

3. 你赞同“传染病可能成为国家社会问题，全球社会问题”这种说法吗？

传染病肆虐人类的历史不下数千年，对人类健康的危害不言而喻。随着人类社会的全面发展，人类生活卫生条件的改善、抗菌素的应用和免疫疫苗的不断问世，使传染病对人类生存和健康的威胁有所减轻。然而，20 世纪末开始，全球传染病发病率大幅度回升，流行、暴发事件不断，一些被认为早已得到控制的传染病卷土重来，同时又新发现了数十种传染病。WHO 总干事在《1996 年世界卫生报告》中提出：“我们正处于一场传染性疾病全球危机的边缘，没有一个国家可以躲避这场危机。”因此，传染病的预防和控制仍是世界各国乃至全球的一个突出重点。在社会民众中，由于传染病的传染性，不少人对传染病谈“疾”色变，进而对传染病患者产生了排斥心理，这种现象不利于传染病的预防和控制。促进民众对传染病的了解，促进民众科学、理智地对待传染病，最终才能促进传染病的预防和控制。

第 1 节　传染病概述

一、传染病发病机制简介

传染病是由各种病原微生物（如病毒、细菌、真菌、支原体、衣原体等）感染人体所引起的一组具有传染性的疾病。传染病有如下基本特征：①有病原体：每种传染病都有其特异的病原体，比如结核病的病原体是结核杆菌，流行性出血热的病原体是汉坦病毒，SARS 的病原体是新型的冠状病毒，等等。②有传染性：病原体从宿主排出体外，通过一定方式，到达新的易感染者体内，呈现出一定传染性，其传染强度与病原体种类、数量、毒力、易感者的免疫状态等有关。③有流行病学特征：主要表现为具有流行性、季节性、地方性等方面。

（一）传染病的发生与发展

传染病的发生和发展都有一个共同的特征，就是疾病发展的阶段性。发病机制中的阶段性与临床表现的阶段性大多是相互吻合的，但有时并不相符，例如在伤寒第一次菌血症时还未出现症状，第 4 周体温下降时肠壁溃疡尚未完全愈合。

1. 入侵门户　病原体的入侵门户与发病机制有密切关系，入侵门户适当，病原体才能定居、繁殖及引起病变。如痢疾杆菌和霍乱弧菌都必须经口感染，破伤风杆菌必须经伤口感染，才能引起病变。

2. 机体内定位　入侵成功并取得立足点后，一些病原体在入侵部位直接引起病变（如细菌及阿米巴痢疾）；有一些病原体在入侵部位繁殖，分泌毒素，在远离入侵部位引起病变（如白喉和破伤风）；有一些病原体进入血循环，再定位于某一脏器/靶器官引起该脏器/靶器官的病变（如流行性脑脊髓炎和病毒性肝炎）；还有一些病原体则经过一系列的生活史阶段最后在某脏器/靶器官中定居（如蠕虫病），每个传染病都具有其规律性。

3. 排出途径　排出病原体的途径称排出途径，这是病人、病原携带者和隐性感染者具有传染性的重要因素。一些病原体的排出途径是单一的，如痢疾杆菌只通过粪便排出；有些则是多个的，如脊髓灰质炎病毒既能通过粪便又能通过飞沫排出；还有一些病原体则存在于血液中，虫媒叮咬或输血注射后才离开人体（如疟疾）。病原体排出体外持续时间有长有短，因此不同的传染病有不同的传染期。

（二）组织损伤的发生机制

组织损伤及功能受损是疾病发生的基础。在传染病中导致组织损伤发生的方式有下列三种：

1. 直接侵犯 病原体借助其机械运动及所分泌的酶（如溶组织阿米巴原虫）直接破坏组织，或通过细胞病变使细胞溶解（如脊髓灰质炎病毒），或通过诱发炎症过程引起组织坏死（如鼠疫杆菌）。

2. 毒素作用 许多病原体可以分泌毒力很强的外毒素选择性地损害靶器官（如肉毒杆菌的神经毒素）或导致机体功能紊乱（如霍乱肠毒素）。革兰阴性杆菌分解后产生的内毒素可激活单核-巨噬细胞分泌肿瘤坏死因子和其他细胞因子导致发热、休克及播散性血管内凝血等现象。

3. 免疫机制 许多传染病的发生机制与免疫应答有关。有些传染病能抑制细胞免疫（如麻疹）或直接破坏T细胞（如艾滋病），更多的病原体是通过变态反应导致组织损伤，其中以Ⅲ型（免疫复合物）免疫反应（见于流行病出血热等）及Ⅳ型（细胞介导）免疫反应（见于结核病、血吸虫病等）为常见。

（三）重要的病理生理变化

1. 发热 发热常见于传染病，但并非传染病所特有。外源性致热原（病原体及其产物、异性蛋白、大分子化合物、免疫复合物、药物等）进入体内，激活单核-巨噬细胞、内皮细胞、B淋巴细胞等，后者释放内源性致热原如白细胞介素-1（IL-1）、IL-6、TNF、干扰素等。内源性致热原通过血循环刺激下视丘体温调节中枢释放前列腺素 E_2。后者把衡温点提高，使机体产热超过散热引起体温上升。

在发热开始以后，机体醛固酮分泌增加，导致氯和钠的潴留。中枢神经系统感染时，往往由于机体抗利尿素分泌增加而导致水分潴留。

2. 急性期改变 创伤、感染、炎症等过程所引起的一系列急性期机体应答称为急性期改变。它出现于感染发生后几小时至几日。

（1）蛋白代谢：肝脏合成一系列急性期蛋白，如C反应蛋白（急性感染的重要标志）等。血浆内急性期蛋白浓度增高引起血沉加快。糖异生作用加速，能量消耗，肌肉蛋白分解增多，进食减少等均可导致负氮平衡与消瘦。

（2）糖代谢：糖原异生作用加速及内分泌影响，导致葡萄糖生成加速，血糖升高，糖耐量暂时下降。新生儿、营养不良患者，或肝衰竭患者，糖原异生作用可下降而导致血糖下降。

（3）水电解质代谢：急性感染时，氯和钠因出汗、呕吐或腹泻丢失，又因机体抗利尿素分泌增加、尿量减少、水电潴留，因而导致低钠血症，一般至恢复期才出现利尿。由于钾摄入减少和排出增加而导致钾的负平衡。吞噬细胞被激活后释放出的介质导致铁和锌由血浆进入单核-巨噬细胞系统，故持续感染可导致贫血。由于铜蓝蛋白分泌增多导致高铜血症等等。

（4）内分泌改变：在急性感染早期，随着发热开始，由促肾上腺皮质激素所介导的糖皮质激素和酮固醇在血中浓度升高，其中糖皮质激素水平可高达正常的2～5倍。但在败血症并发肾上腺出血病例可导致糖皮质激素分泌不足或停止。

另外，在急性感染早期，胰高血糖素和胰岛素的分泌有所增加，血中甲状腺素水平在此期因消耗增多而下降，后期随着垂体反应刺激甲状腺素分泌开始升高。

视窗 15-1：中国历年世界防治结核病日主题

2000 年：动员全社会共同关注结核病。

2001 年：积极发现、治愈肺结核病人。

2002 年：遏制结核，消除贫困。

2003 年：人类与结核病，DOTS 治愈我的病，也能治好你的病。
2004 年：控制结核病，让每一次呼吸更健康。
2005 年：防治结核，早诊早治，强化基层。
2006 年：防治结核，坚持不懈。
2007 年：结核流行广泛，控制从我做起。
2008 年：控制结核，人人有责。
2009 年：控制结核，人人有责——关注农民工，共享健康。
2010 年：遏制结核，健康和谐。
2011 年：遏制结核，共享健康。
2012 年：在我们的有生之年消灭结核病。
2013 年：你我共同参与，消除结核危害。
2014 年：你我共同参与，依法防控结核。
2015 年：你我共同参与，依法防控结核——发现、治疗并治愈每一位患者。
历年主题共通点：强调控制结核病的重要性，强调全社会、全员动员！

二、传染病对人类健康的影响

（一）旧传染病的威胁没有消除

17 世纪下半叶到 20 世纪上半叶，传染病肆虐着人类的健康，是造成人类死亡的重要原因，因其能在人群中相互传播，引起暴发流行，给社会造成巨大危害。随着人类社会精神文明和物质文明程度的发展和提高，人们生产、生活和卫生条件的改善，生物医学的发展，特别是抗生素及其他特效疗法的出现，使长期威胁着人类健康的许多急、慢性传染病在一定程度上得到了有效控制，传染病死亡率在许多国家已退居次要地位，有些传染病甚至绝迹。如 WHO 于 1980 年正式宣布全世界消灭了天花。

但是，旧传染病的威胁并没有解除，如案例 15-1 中数据显示，结核病死灰复燃后，仍在世界上一些国家（包括中国）高度流行，并成为人类的疾病负担。疟疾是全球最严重的虫媒传染病，全世界每年約有 3.5 億新增病例，造成約 200 萬人死亡。全世界每年约有 3.5 亿新增病例，造成约 200 万人死亡；在拉美、非洲、东南亚一些国家和中国的台湾地区，蚊虫传播的登革热随着气候变暖而越发猖獗；在巴西，2015 年 1 月至 9 月间就发现约 143 万名登革热患者，其中 709 人不治身亡。

（二）新发传染病构成新的社会威胁

新发传染病是指人群中新出现，或已经出现，但发病率或地理分布迅速增加的传染病。随着环境的变化、行为生活方式的改变（如滥用抗生素）等，新的传染病不断出现，影响着人类的生活，全世界新发现的病原体及相关传染病已近 40 种，让全人类始料不及，防不胜防。在过去 40 年发生了一系列新发传染病：埃博拉、马尔堡出血热、艾滋病、严重急性呼吸道综合征（SARS）、甲型流感 H5N1、产 Vero 毒素大肠埃希菌 O157、中东呼吸道综合征冠状病毒（MERS-CoV）等。如，20 世纪 80 年代，艾滋病在全球出现，并迅速传播，由于其症状隐匿，潜伏期长，传播方式与特殊生活方式关系密切，又因目前尚无根治方法和有效免疫措施，导致其社会危害巨大。2002 年年底，SARS 突如其来，来势凶猛，尽管各国迅速采取了严格防范措施，但短短几个月内波及全球 30 多个国家和地区，该病发病急，疗效难确定，病死率高，对社会造成的影响前所未有。2012 年首次发现疑由骆驼身上的病毒引发的中东呼吸综合征后，2015 年年底疫情虽在韩国结束，但在其发源地——沙特阿拉伯、阿联酋、卡塔尔等国依旧肆虐。2014 年 2 月埃博拉病毒疫情爆发于西非，并肆虐西非国家两年之久。

世界新发传染病在我国流行的已有 14 种：艾滋病、SARS、肠出血性大肠杆菌 O157：H7、O139 霍乱、军团病、空肠弯曲菌肠炎、莱姆病、丙型肝炎、庚型肝炎、戊型肝炎、汉坦病毒、B 组轮状病毒腹泻、禽流感和巴尔通体感染。另外，一些以前世界其他国家流行过，我国未发生的传染病，也随着我国国际交流步伐的加快，近 40 余年在我国各地不断出现了输入性病例。如登革热，自新中国成立以来，很长一段时间几乎未见，但在 1978 年，广东省佛山市发现了首例病例，该年登革热在佛山市和广州市发生了中等程度的流行，以后几乎每年都在广东、广西、海南三省发生不同程度的流行。同时，中国还存在其他新发传染病传入的可能，包括埃博拉出血热、西尼罗病毒、尼帕病毒。

总之，再发和新发传染病已构成对全人类的威胁，主要表现为以下五个方面：

1. 对人类生命的威胁 传染病对人类生命的威胁比起战争，有过之而无不及。据报道，预计到 2011 年全球艾滋病死亡人数将超过 8000 万；结核病每年导致 300 万人死亡；因食用被传染性疾病污染的食物，每小时有 1150 人丧生。另外，传染病严重影响了无数人的生命质量。

2. 公众对国家总体管理功能的态度 传染病大面积传播、流行时，将造成公众对国家总体管理功能的不信任。

3. 对国家经济的影响 传染病的严重流行，导致医疗保健费用增多，加重国家负担；传染病还可使强壮劳动力减少，外来投资减少，造成国家经济损失惨重，国内生产总值降低等。

4. 对国家社会功能的发挥和社会秩序的影响 疾病的发生和流行会给很多人特别是患者造成极大的精神压力，造成一些患者及其家庭成员在思想和生活上很难恢复正常。如艾滋病和埃博拉病。

5. 对地区社会稳定的影响 传染病传播可能成为地区动荡的催化剂，传染病可严重削弱武装部队和执法队伍的能力，降低工人的生产能力，导致国内和国家之间的关系紧张。另外，生物战威胁或恐怖主义威胁中，传染病防控具有一定的战略因素。

三、传染病基本防治措施

（一）传染病的流行过程

传染病在人群中的发生，发展和转归的过程，称为传染病的流行过程。传染病的流行必须具备三个基本环节，即传染源、传播途径和人群易感性。三个环节必须同时存在，方能构成传染病流行，缺少其中的任何一个环节，新的传染就不会发生，不可能形成流行。同时，传染病的流行还要受到社会因素和自然因素等多方面因素的作用及影响。“三环节”为传染病流行提供了可能性，而社会因素和自然等因素则是决定传染病流行能否形成的动因。

1. 流行过程的基本环节

（1）传染源：传染源是指体内有病原体生长、繁殖，并能不断向体外排出病原体的人和动物。

1）病人：在大多数传染病中，病人是重要的传染源，然而处于不同病程的病人，传染性的强弱有所不同，一般在临床症状期其传染性最强。

2）病原携带者：是指感染了病原体无临床症状但能排出病原体的人，一般分为潜伏期病原携带者、恢复期病原携带者和健康病原携带者三种。病原携带者不易被发现，具有重要流行病学意义。

3）动物传染源：受感染的动物、传播疾病的动物称为动物传染源。自然疫源性传染病的传染病往往为野生动物，如鼠疫、钩端螺旋体病、流行性出血热等病。

（2）传播途径：指病原体从传染源排出后，侵入新的易感宿主前，在外环境中所经历的全部过程。一种传染病可通过一种或多种途径传播。主要包含四种传播方式：

1）经水与食物传播：病原体借粪便排出体外，污染水和食物，易感者通过污染的水和食物受染。肠道传染病如霍乱、伤寒、痢疾、甲型及戊型肝炎等主要经此传播。

2）经空气、飞沫、尘埃传播：传染源通过咳嗽、喷嚏、谈话排出的分泌物和飞沫中含有病原体，被易感者吸入而受感染。呼吸道传染病如流感、流脑、麻疹、百日咳、白喉等，均可经此途径传播。

3）经虫媒传播：病原体在昆虫体内繁殖，完成其生活周期，通过不同的侵入方式使病原体进入易感者体内。蚊、蚤、蜱、恙虫、蝇等昆虫为重要传播媒介。如蚊传疟疾、丝虫病、乙型脑炎、蜱传回归热、虱传斑疹伤寒、蚤传鼠疫、恙虫传恙虫病。其中，病原体在昆虫体内的繁殖周期中的某一阶段才具有传染性的称生物传播，如血吸虫。病原体通过蝇、蟑螂等机械携带传播给易感者的称机械传播，如菌痢、伤寒等。

4）接触传播：有直接接触与间接接触两种传播方式。直接接触传播指传染源与易感者接触而未经任何外界因素所造成的传播。皮肤接触、性交、输血、静脉吸毒等都可导致病原体的传播，如乙肝、丙肝、艾滋病、性病、狂犬病、疟疾、皮肤炭疽等。间接接触传播又称日常生活接触传播，是指易感者接触了被传染源的排泄物或分泌物污染的日常生活用品而造成的传播。被污染的手在间接接触传播中起着特别重要的作用。例如，接触被肠道传染病患者的手污染了的食品，经口可传播痢疾、伤寒、霍乱、甲型肝炎；儿童玩具、食具、文具可传播白喉、猩红热；便器可传播痢疾等；动物的皮毛可传播炭疽、布鲁菌病等。

（3）人群易感性：对某种传染病缺乏特异性免疫力的人称为易感者。对某种传染病缺乏免疫力、容易感染的人群称为易感人群。人群作为一个整体对某种病原体容易感染的程度为人群易感性。易感人群的多少，对传染病的发生和流行往往有很大影响。新生儿增加，部队的新兵入伍，易感者的集中或进入疫区，均使得人群中易感者增加，这易引起传染病流行。人工免疫、病后获得免疫、人群隐性感染可使人群易感性降低，传染病不易流行或带来传染病终止流行。

2. 流行特征

（1）强度特征：传染病流行过程中可呈散发、暴发、流行及大流行。

（2）地区特征：某些传染病和寄生虫病只限于一定地区和范围内发生，自然疫源性疾病也只限于一定地区内发生，这些传染病因具有地区特征，又被称为地方性传染病。

（3）季节特征：指传染病的发病率随季节的变化而升降，如季节性的发病率升高。

（4）职业特征：某些传染病与人群的职业有关，如炭疽、布鲁氏菌病等。

（5）年龄特征：如某些传染病，尤其是呼吸道传染病，儿童发生率高。

（二）传染病的基本防治措施

传染病基本防治措施可分为疫情未出现时的经常性预防措施，疫情出现后的防疫措施和治疗性预防措施三种。

1. 经常性预防措施

（1）对外环境中可能存在的病原体进行的预防措施：①改善饮用水条件，实行饮水消毒；②结合城乡建设，搞好粪便无害化、污水排放和垃圾处理工作；③建立健全医院及致病性微生物实验室的规章制度，防止致病性微生物扩散和院内感染；④在医疗保健机构也应大力贯彻《食品卫生法》以及进行消毒、杀虫、灭鼠工作。虽然上述工作主要由卫生防疫及环境监测部门牵头执行，但临床医师也应积极配合。

（2）预防接种：又称人工免疫，是将生物制品接种到人体内，使机体产生对传染病的特异性免疫力，以提高人群免疫水平，预防传染病的发生与流行。

1）人工自动免疫：是指以免疫原物质接种人体，使人体产生特异性免疫。免疫原物质包括处理过的病原体或提炼成分及类毒素。其制剂可分为活菌（疫）苗、死菌（疫）苗和类毒素三种。活菌（疫）苗由免疫原性强而毒力弱的活菌/病毒/立克次体株制成。如结核、鼠疫、布鲁菌活菌苗，脊髓灰质炎、流感、麻疹活疫苗。其优点是能在体内繁殖，刺激机体时间长，接种量小，接种次数少。但由于不加防腐剂，当被污染时杂菌易生长。一般必须冷冻保存。死菌（疫）苗是将免疫性强的活细菌（病毒等）灭活制成。优点是勿需减毒，生产过程较简单，含防腐剂，不易有杂菌生长，易于保存；缺点是免疫效果差，接种量大。也有将菌体成分提出制成的多糖体菌苗，如流行性脑膜炎球菌多糖体菌苗，其免疫效果较一般菌苗为好。类毒素是将细菌毒素加甲醛去毒，成为无毒而又保留免疫原性的制剂，如白喉、破伤风类毒素等。

2）人工被动免疫：是指以含抗体的血清或制剂接种人体，让人体获得现成的抗体而受到保护。由于抗体半衰期短，不超过 25 天，因而很难保持持久而有效的免疫水平。主要在有疫情时使用。其制剂有免疫血清和免疫球蛋白两种。免疫血清包含抗毒素和精制抗毒素两种，前者是用毒素免疫动物取得的含特异抗体的血清，后者是指从中提出的丙种球蛋白有效免疫成分。精制抗毒素含异种蛋白少，可减少过敏反应的发生。免疫血清主要用于治疗，也可作预防使用。免疫球蛋白（丙种球蛋白及胎盘球蛋白）由人血液或胎盘提取的丙种球蛋白制成。可作为麻疹、甲型肝炎易感接触者预防接种使用，但不能预防所有传染病，更不能作为万能治疗制剂滥用。

3）被动自动免疫：只是在有疫情时用于保护婴幼儿及体弱接触者的一种免疫方法。兼有被动及自动免疫的长处，但只能用于少数传染病，如白喉，可肌注白喉抗毒素 1000～3000 单位，同时接种精制吸附白喉类毒素。

4）计划免疫：计划免疫是根据传染病疫情监测结果和人群免疫水平的分析，按照科学的免疫程序，有计划地使用疫苗对特定人群进行预防接种，最终达到控制和消灭相应传染病的目的。

目前我国计划免疫主要是“七苗防九病”，即卡介苗、脊灰疫苗、百白破三联疫苗、麻疹疫苗和乙肝疫苗，主要预防结核病、脊髓灰质炎、百日咳、白喉、破伤风、麻疹和乙型肝炎。另外，卫生部规定在流行性乙型脑炎、流行性脑脊髓膜炎流行地区，要加种这两种疫苗。

2007 年，我国政府提出把计划免疫增加到 15 种病，除已有 7 种病外，决定增加甲肝、流脑、乙脑、风疹、腮腺炎等传染病，而且疫苗费用全部由中央政府出资。

（3）防护措施：在某些疾病流行季节，对易感者可采取一定防护措施，以防止受感染，如应用蚊帐或驱避剂防止蚊虫叮咬，以预防疟疾、丝虫病、乙型脑炎等感染；在进入被血吸虫病污染的“疫水”中时，可在皮肤裸露部位涂擦防护剂（如含 2%氯硝柳胺的脂肪酸涂剂），或者穿用氯硝柳胺浸渍过的布料缝制的防蚴裤、袜，以避免尾蚴感染。

（4）携带者的检查措施：有很多传染病均有病原携带者，其危害程度不同，应按病种在该地有目的地检查携带者。可以在新兵入伍、新生入学时的健康检查中发现。也可以从恢复期病人、病人密切接触者中追踪发现到病原携带者。特殊职业，如儿童机构、饮食行业及水厂工作人员、炊事人员，应进行定期检查，确定是否为携带者。一些携带者，如乙型肝炎病毒携带者现在尚无满意的治疗方法，对携带者及其密切接触者要加强卫生教育，正确认识携带状态对周围人群的可能危害，自觉养成良好卫生习惯并接受必要的防护措施。

（5）健康教育：平时的健康教育对预防传染病非常重要。如养成饭前、便后洗手，不随地吐痰等卫生习惯。也可以针对不同病种按照季节有计划、有目的地宣传传染病的症状及防治方法，达到普及卫生常识、预防疾病的目的。

2. 防疫措施 是指疫情出现后，采取的防止扩散、尽快平息疫情的措施。

（1）对传染病病人的措施：关键在于早发现、早诊断、早报告、早隔离。

1）早发现、早诊断：健全初级卫生保健体系，提高医务人员的业务水平和责任感，普及人民群众的卫生常识是早期发现病人的关键。诊断可包括三个方面：临床、实验室检查及流行病学资料。临床上发现具有特征性的症状及体征可早期诊断，如麻疹的科氏斑、白喉的伪膜等。但有时应有实验室诊断，才较为客观、正确，如伪膜涂片查出白喉杆菌。在传染病诊断中，流行病学资料往往有助于早期诊断，如传染源接触史、既往病史和预防接种史等。此外，年龄、职业和季节特征对传染病的早期诊断也有重要参考价值。

2）传染病报告：疫情报告是疫情管理的基础，也是国家的法定制度。因此，迅速、全面、准确地做好传染病报告是每个医务人员重要的法定职责。

A. 报告的种类：根据《中华人民共和国传染病防治法》（简称《传染病防治法》）规定的传染病分为甲类、乙类和丙类，共三类39种。

甲类2种，包括：鼠疫、霍乱。乙类传染病26种，包括传染性非典型肺炎、艾滋病、病毒性肝炎、脊髓灰质炎、人感染致病性禽流感、甲型H1N1流感、麻疹、流行性出雪热、狂犬病、流行性乙型脑炎、登革热、炭疽、细菌性和阿米巴性痢疾、肺结核、伤寒和副伤寒、流行性脑脊髓膜、百日咳、白喉、新生破伤风、猩红热、布鲁氏菌病、淋病、钩端螺旋体病、雪吸虫病、疟疾。丙类传染病11种，包括：流行性感冒（简称流感）、流行性腮腺炎、风疹、急性出血性结膜炎、麻风病、流行性和地方性斑疹伤寒、黑热病、包虫病、丝虫病除霍乱、细菌性和阿米巴性痢疾、伤寒和副伤寒以外的感染性腹泻病、手足口病。。

上述规定以外的其他传染病，根据其暴发、流行情况和危害程度，需要列入乙类、丙类传染病的，由国务院卫生行政部门决定并予以公布。

B. 报告制度：疾病预防控制机构、医疗机构和采供血机构及其执行职务的人员发现上述传染病疫情或者发现其他传染病暴发、流行以及突发原因不明的传染病时，应当遵循疫情报告属地管理原则，按照国务院规定的或者国务院卫生行政部门规定的内容、程序、方式和时限报告。任何单位和个人不得隐瞒、谎报和缓报传染病疫情。传染病疫情报告实行首诊医生负责制，医生发现传染病时，要按规定逐项填写传染病报告卡片。军队医疗机构向社会公众提供医疗服务时，发现上述规定的传染病疫情时，应当按照国务院卫生行政部门的规定报告。

责任报告单位和责任疫情报告人发现甲类传染病和乙类传染病中的肺炭疽、传染性非典型肺炎的病人或疑似病人时，或发现其他传染病和不明原因疾病暴发时，应于2小时内将传染病报告卡通过网络报告；未实行网络直报的责任报告单位应于2小时内以最快的通讯方式（电话、传真）向当地县级疾病预防控制机构报告，并于2小时内向所辖网络直报单位寄送出传染病报告卡。

对其他乙、丙类传染病病人、疑似病人和规定报告的传染病病原携带者在诊断后，实行网络直报的责任报告单位应于24小时内进行网络报告；未实行网络直报的责任报告单位应于24小时内向所辖网络直报单位寄送出传染病报告卡。

县级疾病预防控制机构收到无网络直报条件责任报告单位报送的传染病报告卡后，应于2小时内通过网络直报。法定报告人发现甲类传染病或疑似病人应以最快方式逐级报告给同级卫生行政部门及上级卫生防疫专业机构。

3）早隔离：将病人隔离是防止扩散的有效方法。隔离期限依各种传染病的最长传染期，并参考检查结果而定。详见附录15-1。

（2）对接触者的措施：接触者是指曾接触传染源或可能受到传染并处于潜伏期的人。对接触者进行下列措施可以防止其发病。

1）应急预防接种：潜伏期较长的传染病，可对其接触者进行自动或被动免疫预防接种，如麻疹暴发时对儿童接触者可注射麻疹疫苗，对体弱小儿可注射丙种球蛋白或胎盘球蛋白。

2）药物预防：对某些有特效药物防治的传染病，必要时可用药物预防。如服用喹哌、增效磺胺甲氧吡嗪或青蒿素等预防耐药性疟疾，用青霉素或磺胺药物预防猩红热，用强力霉素预防霍乱，等等。药物预防最好只用于密切接触者，不要普遍投药，防止滥用药物。

3）医学观察：对某些较严重的传染病接触者每日视诊、测量体温、注意早期症状的出现。

4）隔离或留验：对甲类传染病的接触者必须严加隔离（霍乱老疫区的接触者是否隔离，需根据当地情况而定），在医学观察同时还需限制行动自由，在指定地点进行留验。（一些传染病的隔离、留验期见表15-1）

表 15-1 各种传染病的病原体、潜伏期及隔离期

病名	病原体	传播途径	潜伏期	隔离期	接触者观察期	备注
百日咳	百日咳杆菌	飞沫	一般 7～10 日，最短 2 日，最长 21 日	40 日	21 日	百白破疫苗预防 病后持久免疫
猩红热	溶血性链球菌	飞沫、间接	一般 2～5 日，最短数小时，最长 12 日	7 日	7 日	没有疫苗 病后无持久免疫，可屡次患病
白喉	白喉杆菌	飞沫、间接、被污染食物	一般 3 日，最短 1 日，最长 7 日	症状消失后 30 日；或症状消失后两次鼻咽分泌物培养连续阴性	7 日，隔日喉拭培养一次	百白破疫苗预防 病后持久免疫
流行性脑脊髓膜炎	脑膜炎双球菌	飞沫	一般 2～3 日，最短 1 日，最长 7 日	症状消失后 3 日，但不少于病后 7 日	7 日	流脑疫苗预防，保护期 3 年 病后可持久免疫
结核病	结核杆菌	飞沫、被污染食物				卡介苗预防 病后持久免疫
麻疹	麻疹病毒	飞沫	一般 10～14 日，最短 6 日，最长 21 日	出疹后 5 日解除隔离，合并肺炎延长 5 日	21 日，经人工被动免疫者 28 日	麻疹疫苗预防 病后持久免疫，二次发病极少见
水痘	水痘－带状疱疹病毒	飞沫	一般 13～17 日，最短 11 日，最长 24 日	全部皮疹干燥结痂	21 日	水痘疫苗预防，保护期 10 年以上 病后持久免疫
流行性感冒	流行性感冒病毒	飞沫	一般 1～3 日，最短数小时，最长 4 日	症状消失	3 日	流感疫苗预防，保护期不足 1 年。感染后可获对同型病毒的免疫力，一般 8～12 月，不超过 2 年
流行性腮腺炎	腮腺炎病毒	飞沫	一般 18 日，最短 4 日，最长 21 日	腮腺消肿后一周	21 日～30 日	麻风腮疫苗预防 病后持久免疫
风疹	风疹病毒	飞沫	一般 18 日，最短 14 日，最长 21 日	出疹后 5 日	一般不检疫	麻风腮疫苗预防 病后有较持久的免疫力
非典型肺炎	变种冠状病毒（SARS 病毒）	飞沫	一般 4 日，最短 1 日，最长 25 日	病程中隔离治疗	至少 10 日	一般来说治愈者有免疫力
禽流感	禽甲型流感病毒	呼吸道	一般 2～4 日，最短 1 日，最长 7 日	隔离治疗	医学隔离观察一到两周	对同型病毒免疫力
细菌性痢疾	痢疾杆菌	粪口	一般 2～4 日，最短数小时，最长 7 日	症状消除后一周或两次粪培养阴性	7 日，饮食业人员进行一次大便培养	痢疾疫苗预防，保护期 1 年 普遍易感，免疫力不持久
伤寒	伤寒杆菌	粪口、接触、虫蝇	一般 10～14 日，最短 5 日，最长 40 日	体温正常后 15 日	15 日，饮食业人员、保育员做 1 次细菌检查	伤寒 Vi 多糖疫苗预防，保护期 1 年 病后获较稳固免疫力
霍乱	霍乱弧菌	粪口、接触、虫蝇	炭疽 1～3 日，最短数小时，最长 7 日	症状消失后 6 日，隔日大便培养连续 3 次阴性	隔离 5 日，医学观察，粪检	霍乱菌苗保护期 3～6 个月 病后免疫力不持久
甲肝	甲肝病毒	粪口	一般 30 日，最短 15 日，最长 45 日	病后 30～40 日	45 日	甲肝疫苗预防，保护期一般 6～7 年 病后可获较持久的免疫力，非终身免疫

续表

病名	病原体	传播途径	潜伏期	隔离期	接触者观察期	备注
戊肝	戊肝病毒	粪口	一般 40 日，最短 10 日，最长 60 日	病后 30～40 日	45 日	病后有一定免疫力，但持续时间较短，多数病人在康复后 5～6 个月抗体消失
脊髓灰质炎	脊髓灰质炎病毒	粪口	一般 7～14 日，最短 3 日，最长 32 日	发病起 40 日	20 日	脊髓灰质炎疫苗预防 感染后对同型病毒有较持久的免疫力
乙型肝炎	乙肝病毒	血液、体液	一般 60～106 日，最短 28 日，最长 160 日	至 HBSAg 转阴	45 日	乙肝疫苗预防，一般保护期在 5 年以上
乙型脑炎	乙脑病毒	血液、体液	一般 10～14 日，最短 4 日，最长 21 日	体温正常	不需检疫	乙脑疫苗预防 多次隐性感染或病后有较高免疫力
狂犬病	狂犬病毒	自然疫源性	一般 20～90 日，最短 10 日，最长 1 年以上	病程中隔离治疗	接触病人不检疫 被狂犬或狼咬伤者进行医学观察	人用狂犬病疫苗预防，保护期半年 被狂犬或狼咬伤者最好在 24 小时内（越早越好）注射免疫血清及狂犬病疫苗
流行性出血热	汉坦病毒	自然疫源性 媒介：黑线姬鼠和褐家鼠虫媒、呼吸道、接触、消化道	一般 14 日，最短 7 日，最长 46 日	发热退	不检疫	病后可获持久免疫力
登革热	登革病毒	自然疫源性 媒介：埃及伊蚊	一般 6 日，最短 5 日，最长 8 日	起病后 7 日	不检疫	感染后对同型病毒有免疫力，并可维持多年，对异型病毒也有 1 年以上免疫力
传染性单核细胞增多症	EB 病毒	口鼻密切接触、飞沫、输血传播	一般 10 日，最短 5 日，最长 15 日	隔离至症状消失	一般不检疫	病后持久免疫，二次发病罕见
艾滋病	人类免疫缺陷病毒（HIV）	血液、母婴传播、性接触	一般 15～16 日，最短 9 日，最长 660 日	病人及病毒感染者均应隔离至病愈	医学观察 22 个月	分泌物应严密消毒，不能献血、性接触和接吻
黄热病	黄热病毒	自然疫源性 媒介：埃及伊蚊	一般 3～6 日，最短 3 日，最长 13 日	发病之日起一周	医学观察 2 周	隐性感染或病后均能获得持久免疫力
流行性斑疹伤寒	普氏立克次氏体	自然疫源性人虱传播	一般 10～12 日，最短 5 日，最长 23 日	彻底灭虱后，隔离至体温正常后 12 日	灭虱，检疫观察 15 日	病后持久免疫，二次发病极少见
恙虫病（丛林斑疹伤寒）	恙虫病立克次体	自然疫源性 媒介：恙螨幼虫	一般 10～12 日，最短 4 日，最长 21 日	不隔离	不检疫	感染后只获得对原株病原体的免疫力，免疫期仅持续数月，最长达 10 个月

续表

病名	病原体	传播途径	潜伏期	隔离期	接触者观察期	备注
布氏杆菌病	布氏杆菌	自然疫源性接触、消化道、吸入	一般14日，最短7日，最长1年以上	隔离至临床症状消失	不检疫	病后有一定免疫力
鼠疫	鼠疫杆菌	自然疫源性媒介：鼠蚤直播接触、飞沫	一般2～5日，最短1日，最长8日 肺鼠疫一般1～3日，最短数小时，最长3日	腺鼠疫隔离至淋巴肿痊愈，肺鼠疫隔离至临床症状消失，痰连续培养6次阴性	检疫9日	鼠疫疫苗预防接种可获一定免疫力 病后持久免疫
炭疽	炭疽杆菌	自然疫源性接触	一般1～5日，最短12小时，最长12日	皮肤炭疽隔离至创口痊愈，痂皮脱落为止。其他类型患者隔离至症状消失，分泌物或排泄物连续培养2次阴性	医学观察8日	感染后有较持久的免疫力，但有再感染的例子
钩端螺旋体病	致病性钩端螺旋体	自然疫源性接触	一般10日，最短2日，最长8日	隔离至症状消失	不检疫	病后可得较强的同型免疫力
回归热（虱传）	回归热包柔体	自然疫源性媒介：体虱、头虱、臭虫	一般7～8日，最短2日，最长14日	彻底灭虱，隔离至体温正常后15日	不检疫，彻底灭虱，医学观察14日	病后免疫力短暂，1年后可再感染

（3）对动物传染源的措施：有经济价值的动物如家畜若患有危害不大的传染病时，可以由兽医部门进行隔离、治疗。对家畜的输出应建立必要检疫制度，防止瘟疫蔓延。疫区的家畜、畜产品或动物原料必须经过检疫才准允外运。

对绝大部分染病的野生动物无经济价值时，采取杀灭措施，如鼠类可以杀灭。有些传染病的动物尸体应焚烧、深埋，如患炭疽的动物尸体。

（4）对疫源地污染环境的措施：疫源地环境污染因传染病传播途径的不同而采取的措施也不相同。地段医师或基层单位的医务人员尤应注意。肠道传染病主要是由于粪便污染环境，故措施的重点在污染物品及环境的消毒。呼吸道传染病由于通过空气污染环境，其重点在于空气消毒、个人防护（戴口罩）、通风。虫媒传染病措施重点在杀虫。经水传播传染病的措施重点在改善饮水卫生及个人防护。

消毒是指消除和杀灭环境中病原体的一种措施，分为预防性消毒（详见表15-2）和疫源地消毒两种。疫源地消毒指对现有或曾有传染源的疫源地进行的消毒，目的是杀灭由传染源排出的病原体，分为随时消毒和终末消毒。随时消毒指在现有传染源的疫源地对其排泄物、分泌物及所污染的物品及时进行消毒，以迅速将病原体杀灭。终末消毒指传染源痊愈、死亡或离开后，对疫源地进行一次彻底的消毒。需要进行终末消毒的主要疾病为：①肠道传染病，如霍乱、伤寒、副伤寒、痢病、病毒性肝炎、脊髓灰质炎等；②呼吸道传染病，如肺鼠疫、肺结核、白喉、猩红热等；③动物传染病，如炭疽、鼠疫等。

表15-2　预防性消毒的常用方法

消毒方法名称	具体操作内容
日光消毒法	一般的衣服、被褥、床单等在太阳光下连续曝晒6小时，并将衣物定时上下翻动，即有较好的消毒效果。对于抵抗力较强的病原体，则必须连续曝晒3～5天才能取得良好的杀菌效果。

续表

消毒方法名称	具体操作内容
空气消毒法	①通风 可在晨起后、晚睡前，打开房间窗户通风，每次至少 30 分钟。②紫外线灯 根据房间大小，备用一定大小的紫外线灯管，消毒时间为每次照射 20 分钟，每日 2～3 次。照射时需要消毒的物品暴露在外，照射距离小于 1.5m，人立即走出被消毒的居室。
煮沸消毒法	将碗筷等餐具及衣物、床单等放入水中，煮沸 20～30 分钟。使用煮沸消毒法时，要注意水面应超过被消毒的物品，并一定要持续煮沸 20 分钟以上。
洗涤消毒法	用刷子蘸肥皂将手彻底洗刷干净，然后用流动水冲净，或用香皂、药皂擦洗双手后，再用流动水冲净，则可清除手上绝大多数病原体。
浸泡消毒法	一般病人使用的餐具，可用 3%～5%高锰酸钾溶液浸泡 20～30 分钟，再冲洗干净；病人使用的便器，可用 3%的漂白粉液浸泡 2 小时，再用水冲净晾干；病人穿用的衣物，可放在沸水中煮 15 分钟，也可用 1%～3%的漂白粉液或 2%～5%来苏儿溶液浸泡 1～2 小时，再用水冲净晾干。

3. 治疗性预防　正确并及时地治疗病人，可以尽早中止传染过程，降低传染源作用，有时还可防止传染病病人（如伤寒、疟疾等）形成病原携带者。

除上述措施外，还可对出入疫区人员、物资和交通工具实施卫生检疫。经省、自治区、直辖市政府决定，可以对甲类传染病疫区实行封锁。封锁大、中城市的疫区或者跨省、自治区、直辖市的疫区，以及封锁疫区导致中断干线交通或者封锁国境的，应由国务院决定。

第 2 节　传染病的影响因素

传染病在人群中流行既是生物学现象又是社会现象，流行过程又受自然因素与社会因素的影响。

一、传染病的生物遗传方面影响因素

病原体是传染病的必要条件，每一种传染病都有相应的病原体。病原体自身的生物特点与传染病的发生和流行有关。由于各种原因（如滥用抗生素，破坏生态环境）引起病原体变异，可使原先只在动物间流行的疾病危及到人类，成为人类新发传染病（如禽流感）；病原体变异也可使人类的免疫力对其失效，人群普遍易感（如流行性感冒）；病原体变异也不利于疫苗的研制；这些都不利于传染病疫情的控制。

传染病的发生也与个体的健康状况、免疫力、免疫应答特点等生物遗传因素有关。比如由于各种原因造成免疫低下的人对结核病的易感性大大增高；接种乙肝疫苗后能产生抗体的人对乙肝具有免疫力，反之，则对乙肝易感。

二、传染病的卫生服务方面影响因素

卫生服务是指卫生机构和卫生专业人员为了防治疾病，增进健康，运用各种卫生资源和手段，有计划、有目的地向个人、群体和社会提供必要服务的过程。健全的医疗卫生机构，完备的服务网络，一定的卫生经济投入以及合理的卫生资源配置，均对传染病的有效控制有促进作用。相反，如果卫生服务和社会医疗保障体系存在缺陷，就不可能有效地防治传染病，促进人类健康。主要表现为以下三个方面：

（1）公共卫生服务组织体系设置、功能是否完善对促进或抑制传染病传播起着重要作用。公共卫生体系应急能力的提高，不能仅停留于应急目标的体制建设，而应该通过加强常规体制建设，提高常规体制职能效果，使其具备足够的应急能力，在任何情况下都能很好地处理紧急事件。这就要求我们一方面要全面加强公共卫生组织体系建设，建立健全能够服务于各种公共卫生需要的公共卫生组织体系，尤其是农村预防保健网络的建设、农村公共卫生服务职能的加强。同时，公共卫生机构放权要适度，突出公益目标，确保政府意志的实施。另一方面要促进公共卫生机构之间的协作与配合、统一组织和管理等。

（2）公共卫生服务与医疗服务之间的协调性也对传染病的有效控制有影响。如基层医疗服务和公共卫生服务是否采取协调的体制。很多公共卫生服务和最基本的医疗服务之间关系非常密切，通过综合性服务体系提供服务，防控结合，可以大幅度提高医疗卫生干预的绩效。同时，可以大幅度降低组织与运行成本。另外，各级医疗服务体系的相关防控能力、公共卫生信息收集和健康教育意识及能力水平也影响着传染病的控制情况。只有医疗体系的公共卫生意识和能力得到提高才能配合进行传染病的防控。

（3）现代医学实践对传染病的流行存在着影响。自二十世纪六、七十年代以来，传染病不再是美国等许多国家的医学研究重点，医学轻视了传染病。抗生素的过量和随意使用使病原体发生变异，变异菌株的抵抗力、毒性、感染力增强，威胁力增大。而且，原有抗生素对复发和新发传染病无效力。此外，输血和侵入式治疗等现代医学和相关实践，使得人们受病毒和细菌病原体感染的机会大大增加。

此外，卫生服务工作条件对医护人员的传染病发生存在影响。工作条件恶劣将导致医护人员发生传染病概率增加。

三、传染病的环境方面影响因素

环境包括自然环境和社会环境两部分。

（一）自然环境因素

自然环境即生态系统，是人类赖以生存的物质基础，它包括地理因素与气候因素。

地理因素对传染病的流行很有影响，例如，我国嗜盐菌食物中毒多见于沿海地区；血吸虫病在我国南方 13 个省、市、区呈沿水系地理分布状况；丝虫病在我国未基本消灭之前，主要分布在黄河之南 15 个省、市、区，不同丝虫虫种（班氏丝虫与马来丝虫）的地理分布也很有差异。

气候因素不仅对人群活动、动物宿主和媒介昆虫的孳生繁殖有明显影响，对环境中的游离性病原体的存活时间也有作用，也因此对传染病的流行存在影响。有流行病学意义的气候因素包括气温、降水量、湿度、风速与风向等。如气温、湿度和雨量与疟疾、流行性乙型脑炎的流行明显相关。因为这些气候因素对蚊媒孳生繁殖及病原体（疟原虫）在蚊体内增殖和生活周期有直接影响。夏秋季节暴雨引起洪水泛滥，居民与带有钩端螺旋体的猪、鼠粪尿污染的水体接触，而导致钩端螺旋体病爆发。例如，20 世纪 60 年代初我国某些地区在洪水之后出现的成批的“无名高热”、“病因不明的视力减退症”患者，经过调查，证实多与洪水泛滥时居民接触含有钩端螺旋体的“疫水”，饮用被污染的水源而引起肠道传染病流行有关。也有报道，雨量对湖洼地区野鼠型流行性出血热发生与流行相关。风可作为传染病病原体和昆媒传播的载体，故风向、风速对某些传染病的传播和分布也有影响。

近年来，全球气候有变暖的趋势，这一方面改变了虫媒的地区分布，增强虫媒繁殖的速度与侵袭力，缩短病原体在人体外的繁殖时间，使虫媒性新发传染病频发；另一方面，可影响经食物和水传播的传染病的流行，如霍乱。此外，全球气候变暖也可使亚热带流行的传染病北移，使原本没有亚热带传染病的地区出现新疫情。

（二）社会环境因素

社会因素包括生产、生活条件，经济、文化、职业、宗教信仰、风俗习惯、人口密度、人口移动、社会动荡和社会制度等。

不同生产环境和生产方式对传染病发生有明显影响。农民下水田插秧、收割、捕鱼、摸虾或打湖草而感染血吸虫病；菜农在用未经处理的新鲜人粪施肥的菜地里赤脚、徒手劳动可感染钩虫病；牧民接产患布鲁菌病的母羊所产出的羊羔可感染布鲁菌病；我国南方冬季兴修水利，民工在野外简易工棚中留夜而感染流行性出血热；我国东北地区伐木工人在林区劳动而感染森林脑炎；砍伐森林、修建水坝等人类活动改变了自然界的生态体系，导致了全球气候变暖的加剧和气候恶化，都对传染病控制不利。

居住条件、营养水平、饮食卫生等生活条件因素对传染病存在影响。居住拥挤、室内卫生设施不佳均可导致呼吸道及肠道传染病的传播。营养水平低下可导致人体免疫力下降，从而增加传染病的易感性。

风俗习惯、宗教信仰、文化素养等因素也可影响传染病流行过程。例如，我国有些地区居民喜欢吃生的或半生的水产食品，如蝲蛄、鱼、肉、蟹、毛蚶等，而引起肺吸虫病、华支睾吸虫病、甲型肝炎等病发生。在早期推行全球消灭天花计划及近期实施消灭脊髓灰质炎的计划过程中，某些国家个别地区发生了宗教势力干扰免疫接种计划的事例，因而对当地的灭病计划也有一定的影响。

自然灾害、经济贫困、战争或内乱、人口过剩或人口大规模迁移、城市衰败等因素也可导致传染病流行。

社会制度，如传染病预防控制的方针、政策、规划、计划、办法等同样影响着传染病的发生和发展。一个国家的预防普及到位，传染病控制率就高。出现传染病后，国家能够采取有效控制传染源、切断传播途径、保护易感者的措施，就能迅速中止传染病的蔓延。社会群众的精神文明状况，如群众道德健康意识的水平对传染病的传播也有影响。新中国成立以来消灭与杜绝了烈性传染病的流行，并降低了呼吸道传染病发病率，显然与优越的社会主义制度有关。

另外，快速城市化给致病微生物提供了繁殖场所，促进传染病的发生和流行。全球化使传染病的传播速度加快、范围扩大。

四、传染病的个人行为与生活习惯方面影响因素

个人行为以及生活习惯与传染病的关系也不容忽视。首先，不健康的生活方式和习惯行为是许多传染病发生的主要原因。以霍乱、痢疾、伤寒、副伤寒、甲肝为主的肠道传染病的发生与人类粪便的管理不妥（如粪便没经过无害化处理）、食物制作和饮食习惯不卫生密切相关。饮用不卫生的水和生吃、半生吃近海海鲜引起的霍乱、伤寒、副伤寒的流行仍屡有发生。例如 1988 年，上海市民因食不洁毛蚶引起的甲肝大流行；2004 年宁波市的伤寒、副伤寒流行与生吃牡蛎、毛蚶有关；2005 年嘉兴市的霍乱流行与不洁水源和不洁饮食有关，等等。

其次，不良行为与生活习惯会使各种传染病更易流行，反之可有效地切断传播途径，控制传染病的发生和流行。因此，要注重个人卫生，养成良好的生活习惯，以保持个人健康。在传染病流行时期，保持个人健康不被传染已不仅仅只是私事，因为自己染上疾病还可能传给别人；同时，注意保持清洁卫生的公共环境，也不仅仅只是公事，因为公共环境不清洁、不卫生，会导致传染病发生和流行，也必将损害个人健康。

第 3 节　传染病的健康教育内容与方式

在案例 15-1 及历年世界结核病日主题中看出：世界及各个国家均认识到传染病流行的预防和

控制是全球、全社会、全民众的事情。这种认识应该扩大到全社会和全民众。因此，传染病的预防和控制工作离不开健康教育。为有效地预防和控制传染病的发生和流行，要求人们了解影响传染病发生和流行的自然因素和社会因素，要求人们理解实施预防控制措施的必要性，掌握传染病预防控制的最佳时机及方法，有一定的健康知识水平和自我保护能力。根据健康教育对象，可分别针对传染病病人、传染病高危人群和传染病一般人群的特征来选择合适的健康教育内容和方式。

一、传染病病人的健康教育内容与方式

（一）传染病病人的健康教育内容

1. 有关传染病的卫生知识 通过教育，应该让病人理解自身所患传染病的相关知识，如病原体、传播途径、病程、隔离期限等，还应让病人明白及时就诊的重要性，明白遵医嘱和对其进行有效治疗、隔离的必要性。及时就诊、及时有效治疗不仅可以促进其身体痊愈，还可避免其成为“健康”的带菌者；而隔离不仅有益于保护他人，还有利于自身的治疗。同时还应该进行病人家属的教育，这样不仅可提高传染病病人的环境支持，还可以让家属代替医护人员监督病人，提高病人的遵医性，并且可以通过教育加强病人家属自身的正确防护。几种常见传染病的病原体、潜伏期、隔离期等见附录 15-1。

2. 传染病病人公共卫生道德教育 很多传染病的发生和流行与不良的公共卫生行为有关。因此，这方面的教育也十分重要，通过教育促使大家养成良好的公共卫生道德行为，改变不良公共卫生行为和习惯，减少传染病的发生与流行。

（1）肠道传染病病人：肠道传染病是一组经消化道传播的疾病。常见的主要有细菌性痢疾、霍乱、伤寒、细菌性食物中毒、甲型肝炎等。肠道传染病病人的病原体从病人和病原携带者的粪便、呕吐物中排出，污染周围环境，再通过水、食物、手、苍蝇、蟑螂等媒介经口腔进入胃肠道，在人体内繁殖、产生毒素引起发病，并继续排出病原体再传染给其他健康人。肠道传染病病人除须严格执行隔离制度外，还需注意：①勤洗手：肠道传染病病人的手很容易受污染，然后，通过污染食物或其他物品传给健康人；②衣物、用具、食具要洗净，煮沸消毒；③大便及呕吐物经消毒后再倒入粪坑。

（2）呼吸道传染病病人：病原体从呼吸道感染侵入、传播而引起的疾病称为呼吸道传染病。病原体主要包括病毒、致病菌和支原体、衣原体等。其中病毒主要有流感病毒、呼吸道合胞病毒、腺病毒、鼻病毒、冠状病毒、人肠道病毒（埃可病毒）、新型肠道病毒、单纯疱疹病毒、水痘-带状疱疹病毒、流行性腮腺炎病毒、风疹病毒、麻风病毒、天花病毒；致病菌主要有百日咳杆菌、白喉杆菌、乙型溶血性链球菌等；此外还有肺炎支原体、肺炎衣原体、立克次体及军团菌等病原体。呼吸道传染病病人应注意做到：①勤洗手：呼吸道传染病患者的鼻涕、痰液等呼吸道分泌物中含有大量的病原体，有可能通过手接触分泌物直接传染给健康人或通过手污染其他物品传染给健康人，因此应特别注意手的卫生；②不要随地吐痰：痰液污染环境中的尘埃，进入健康人的呼吸道可造成感染；③衣物、用品、口鼻分泌物和痰液要消毒；④避免到人群密集的地方活动，接近别人或谈话时应戴口罩，咳嗽、打喷嚏时应用手帕掩住口鼻。

（3）血源性传染病病人：可经过血液或血制品感染及传播的传染病称为血源性传染病，如乙肝、丙肝、丁肝、艾滋病等。这类病人应该注意：①接受介入性治疗或手术治疗前自觉进行相应传染病病原体的血清学检测，以杜绝或减少医源性传播；②使用有可能造成创伤的生活用品或工具时，自觉与他人分开使用；③避免与他人发生可能造成体液交流的行为，如不能避免应尽量让对方采取防护措施。

自然疫源性传染病是指病原体在自然界中的动物间传播，在一定条件下传给人的疾病。主要包括鼠疫、流行性出血热、钩端螺旋体病、狂犬病、布氏菌病、炭疽、斑疹伤寒、流行性乙型脑

炎、黑热病、疟疾、登革热、血吸虫病等。这类传染病传播途径复杂，该类病人公共卫生道德教育内容可根据各种疾病传播途径的特点在以上内容中选择。

（二）传染病病人的健康教育方式

任何一种疾病的病人都可以分为来就诊的病人和未来就诊的病人两大部分，传染病也不例外。所不同的是传染病由于其传染性的特点，未来就诊的病人往往成为隐蔽的传染源，不仅对自身健康不利，还对他人健康造成危害。

对于来就诊的传染病病人的健康教育主要采取医患之间的人际传播。在病人就诊或住院时，抓住病人和家属的心理特点在进行口头教育的同时给予发放健康教育材料和（或）发放健康教育处方等：①健康教育材料：将各种主要传染病的主要的相关卫生知识内容分别制定成册，遇到病人时有针对性的进行发放和教育；②健康教育处方：将各种主要传染病的主要健康教育内容，如行为指导、饮食指导等制定成处方形式。面对具体病人时，再根据具体情况进行增减后对病人进行教育。

未就诊的传染病病人是传染病传播、流行的隐患。对于这一类病人，可以通过健康教育宣传栏、电视宣传、广播宣传、网络宣传、健康教育材料发放等方式让其明白传染病病人的职责，促进其主动就医，或在他人的劝导下就医。

二、传染病高危人群的健康教育内容与方式

所谓高危人群是指由于某些人群具备与某种传染病传染源的高接触，和/或对某种传染病易感性高，决定了这部分人群中发生某种传染病的危险性比较高。如，丙型肝炎的高危人群是指那些经常接触血液或血制品者，包括血友病患者、静脉注射毒品的吸毒者、骨髓或肾移植患者、血液透析患者、心外科患者以及经常经皮注射的患者。乙型肝炎的高危人群是指那些对乙肝病毒无抵抗力、易被乙肝病毒感染的人。在一线工作的传染病工作者都是特定传染病的高危人群，如非典期间，工作在一线的医务人员均是非典的高危人群。

对高危人群的健康教育，最好要进行流行病学及危险因素的调查研究，明确他们的高危因素，根据结果，对这部分人群采取可行的、针对性的教育和干预措施。教育高危人群如何保护自己和如何寻求治疗。

（一）传染病高危人群的健康教育内容

1. 尽量避免高危行为，不能避免者应加强防护。

（1）针对肠道传染病：要做到：①勤洗手：手很容易接触污染源，使自身受感染；②避免接触被污染的衣物、用具、食具等；③避免接触病人的大便及呕吐物；④进行污染物消毒时，做好自身的隔离防护；⑤发生可疑接触，应及时进行免疫接种。

（2）针对呼吸道传染病：要做到：①勤洗手：手很容易接触污染源，使自身受感染；②进行污染物消毒时，做好自身的隔离防护；③接近病人或谈话时应戴口罩；④发生可疑接触或免疫力低下者，应及时进行免疫接种，如年幼体弱及患病者若接触麻疹病人，5 天内进行被动免疫可免于发病，5～9 天内进行则仅能减轻病情。

（3）针对血源性传染病：要做到：①对病人进行介入性治疗或手术治疗时，应做好自我防护，避免伤到自己，如戴手套等；②吸毒者尽量避免采用静脉吸毒，或避免与他人共用注射器；③避免与他人共用有可能造成创伤的生活用品或工具；④避免进行可能与他人发生体液交流的行为，如不能避免应采取自我防护措施；⑤如果发生暴露，应立即进行局部处理，由近心端向远心端挤压受伤部位，尽可能挤出损伤处的血液，同时用流动水冲洗伤口，再用碘酒、乙醇消毒，并到医疗机构询问；若是暴露于乙肝病毒污染物，还应到医疗机构接种丙种免疫球蛋白。

（4）针对自然疫源性传染病：要做到：①必须进入疫区或在疫区工作的人员应做好自我防护，如在血吸虫病疫区，没有防护不要接触疫水；②在疫区工作的人员应定期进行预防性服药；③发生可疑接触应及时进行免疫接种。

2. 定期检测相应病原体的血清学指标 高危人群应该定期进行相关传染病病原体的血清学检测，以早期发现不自觉感染产生的后果，进行早期治疗。如乙型肝炎高危人群应定期检查乙肝两对半，等。

（二）传染病高危人群的健康教育方式

组织高危人群，开展讲座，进行统一培训是传染病高危人群健康教育的重要方式，另外也可以结合大众传播媒介扩大教育面，加强教育效果。对高危人群调查研究后，举行针对性强的讲座和培训可提高健康教育的效果。

三、一般人群的针对传染病的健康教育内容与方式

（一）一般人群传染病健康教育内容

1. 有关传染病的卫生知识

（1）有关传染病的基本知识：即各种传染病的一般临床特点、流行病学特点、主要危害、必要的疫情及预测预报情况等，使大家对传染病引起警觉且具备一般和必要的预防知识。

（2）控制传染源的知识：动物源性及虫媒传染病传染源的控制知识和方法，如鼠源性传染病中鼠疫、流行性出血热等疾病，要向群众宣传鼠的危害，以及灭鼠的方法，使群众自觉参与灭鼠等。传染病患者和带菌者作为传染源，要进行隔离和管理知识的教育，促进人民群众提高警惕，自我防护。

（3）切断传播途径的知识：针对不同类型传染病传播途径，教给大家相应的预防知识，如消化道传染病，采取“三管一灭”（管水、管饮食、管粪便、灭苍蝇）措施，防止病从口入；又如性传播疾病，主要教育大家洁身自爱，注意避免不良性行为等。

（4）提高人群免疫力的知识：主要是普及计划免疫与预防接种的知识。计划免疫、预防接种可提高人群对一些传染病的抵抗力。我国自开展计划免疫以来，在传染病的控制方面取得了可喜的成绩。

2. 正确对待传染病患者 注意教育人民群众正确对待传染病患者：①不能轻视常见、多发传染病病人；②不能对常见、多发传染病患者持麻痹心态，应该积极做好个人防护；③避免对病死率高、少见传染病和感染者的恐惧倾向。如对待痢疾病人，隔离意识差；对艾滋病感染者或患者，恐惧害怕，这些都应该加以引导和教育。

3. 常见种类传染病卫生知识健康教育内容 根据传播途径，传染病可分为肠道传染病、呼吸道传染病、血源性传染病和虫媒传播及自然疫源性传染病。

（1）肠道传染病：预防肠道传染病的关键是把好“病从口入”这一关，要注意饮食和饮水卫生，养成良好的卫生习惯，做好预防工作：①讲究个人卫生，养成饭前便后洗手的习惯；②不喝生水，菜要烧熟煮透，生吃蔬菜水果要洗净，吃剩的菜要放在冰箱里过夜，食用时应重新回锅加热；③贮存食品或加工食品时，都应该生熟分开，需冷藏的食品，一定要冷藏；④对碗筷等餐具应经常煮沸消毒；⑤不要食用腐败变质、油脂酸败、霉变、生虫、混有异物或色、香、味、形感官性状异常的食品，不要食用污秽不洁或未清洗干净的各种水果，也不可将霉变食品煮沸烧透后再食用；⑥采购食品要严格把好质量关，不要购买或食用无产地、厂名、生产日期、保质期限、配方或主要成分等标识的定型包装食品或超过保质期的食品；⑦不要食用无《卫生许可证》者制售的或手提、肩挑等流动摊贩销售的，或未采取防蝇、防尘等防护措施销售的，或未使用专用售

货工具销售的各种直接入口食品；⑧不要使用非食品级包装袋或用塑料“垃圾袋”包装的各种直接入口食品；⑨不要食用从未食用过或认识不清的蕈类、鱼类、野菜和野果；⑩一旦发生肠道传染病症状应及时就医等。

（2）呼吸道传染病：由于冬春季寒冷，人们有更多机会集中在室内，以及寒冷降低了呼吸道的抵抗力，增加了传染机会，因此冬春季要特别注意呼吸道传染病。预防措施主要包括：①经常开窗通风，保持室内空气新鲜：每天至少 2 次，每次至少 30 分钟；②勤洗手：可能通过手接触病人的分泌物或被病原体污染过的物品而感染，因此应特别注意手的卫生；③多喝水：特别是秋冬季气候干燥，空气中尘埃含量高，人体鼻黏膜容易受损，要多喝水，让鼻黏膜保持湿润，不仅有效抵御病毒的入侵，还有利于体内毒素排泄，净化体内环境；④要坚持体育锻炼和耐寒锻炼，适当增加户外活动，但雾天不要晨练，否则会影响人体肺部的气体交换；⑤补充营养，适当增加维生素的摄入；⑥生活有规律、保证睡眠、不吸烟、少饮酒，并注意保暖防止感冒，提高自身的免疫力；⑦流行季节少到或不到公共场所，避免与病人直接面对面交谈，尤其是儿童、老人及孕妇，若不能避免则应采取适当防护，如戴口罩等；⑧进行免疫预防 流行季节前可进行相应的预防接种，如接种流感、肺炎、麻疹、流行性脑脊髓膜炎等疫苗预防相应的呼吸道传染病；⑨孩子出生后要按照计划免疫程序进行预防接种。

（3）血源性传染病：这一类传染病主要靠切断血液中潜在的、具有传染性的病毒因子、被病原体污染的血液、体液、分泌物、组织器官以及其他感染性材料来预防：①尽量避免输血或接受其他血制品；②避免躯体的任何伤口暴露于被污染的材料；③发生暴露后，立即进行局部处理，由近心端向远心端挤压受伤部位，尽可能挤出损伤处的血液，同时用流动水冲洗伤口，再用碘酒、乙醇消毒，并到医疗机构询问；若是暴露于乙肝病毒污染物，还应到医疗机构接种丙种免疫球蛋白；④孩子出生后要按照计划免疫程序进行预防接种。

（4）虫媒传播及自然疫源性传染病：大部分虫媒传杂病和某些自然疫源性传染病，有较严格的地方性和季节性。虫媒传播及自然疫源性传染病的预防和控制的重点与其他传染病有所不同，重要的手段是切断或消除传播途径，并通过多种途径改善与提高人群免疫力，保护易感人群：①任何一个单位或个人一旦发现虫媒传染病疫情都要及时向疾病预防控制机构和有关机构报告；②对家养动物，可用圈养、改善管理条件和免疫接种或药物预防等科学管理办法；③做好个人及环境清洁卫生：可利用天然或合成的杀虫药剂，以不同的剂型（粉剂、乳剂、油剂、悬浮剂、颗粒剂、缓释剂等），通过不同的途径（胃毒、触杀、熏杀、内吸等）毒杀、驱避或引诱媒介节肢动物，即化学防制；或采取清除孳生水体或集中捕捞卵块、幼虫和蛹等物理防制的方法消灭传播媒介；④避免接触具有传染性的动物，避免未防护进入疫区；野外执行任务或在森林、草原地区驻扎时，应做好个体防护；不危害野生动物，倡导生态文明，倡导科学、健康、环保的行为方式和消费方式；⑤发现病死禽畜要报告，不加工、不食用病死禽畜；⑥通过免疫接种和药物预防来提高自身免疫力和抗病能力。

（二）健康教育方式

主要采取波及面广的大众传播媒介形式进行教育，如：通过卫生报刊、社区宣传画、社区健康教育专栏、广播电视、电影、电视公益广告、商品的外包装等。在时机方面可根据传染病的流行季节特点，在流行季节前，每年的有关卫生日，进行健康教育，发放健康教育材料等。

同时，可结合日常的预防保健、传染病防治和计划免疫工作，由医务人员向居民进行宣传教育。如在计划免疫时，除了疫苗接种的知识教育外，还可根据儿童家属的心理特点进行教育。地方医疗机构还可设立健康教育咨询门诊和电话。

另外抓住一般人群中的重点人群进行重点教育，可收到事半功倍的效果，如为重点人群发放健康教育处方。重点人群包括在校学生及医院的门诊、住院患者，饮食等服务行业从业人员等。

第 4 节 传染病健康教育的实施步骤及效果评价

传染病健康教育工作的计划、实施及评价是一个连续的过程，缺一不可。

一、传染病健康教育工作的计划

传染病健康教育工作计划的制订一定要建立在传染病健康教育诊断的基础上。即要确定优先干预的传染病种类、干预项目涉及人群、影响特定人群特定传染病发生和流行的倾向因素、促成因素和强化因素，了解干预项目的资源分布状况，然后将目标细化到知、信、行层面，如表 15-3。

表 15-3 某农村结核病健康教育项目计划目标分解

总体目标	具体目标		
	危险因素	行为影响因素	细化目标定义
到2010年当地人群结核病死亡率从9.8/10万下降到6.2/10万。	不接受治疗、不及时接受治疗。（病人）	不知道什么是结核病。不知道结核病需要或可以治疗。不知道要到哪里治疗。不知道什么时候该去治疗。（倾向因素） 周围人说结核病不需要治疗。（强化因素） 经济困难。附近没有相应的医疗机构。（促成因素）	结核病相关知识知晓率从 30%上升到 85%。（知） 结核病治疗机构的知晓率从 30%上升到 90%。（知） 结核病免费治疗对象知晓率从 25%上升到 80%。（知） 结核病需治疗的认同率从 45%上升到 88%。（信） 提高当地医疗机构结核病防治的可及性。（行） 治疗率从 50%上升到 85%。结核病及时就诊率从 30%上升到 75%。（行）
	中断服药。（病人）	不知道结核病服药需要持续多久。药物有副作用，不能长期服用。（倾向因素） 经济困难。抗结核药物肝、肾副作用大。（促成因素）	结核病规范服药知识知晓率从 305%上升到 90%。（知） 减轻抗结核药物副作用方法知晓率从30%上升到 75%。（知） 规范服药率从 25%上升到 90%。（行）
	与结核菌阳性的肺结核病人同住。（高危人群：家属）	不知道结核病会传染。不知道空气会传播结核病。不知道怎么进行空气消毒。不知道该怎么自我防护。（倾向因素） 以往别人也这么做。（强化因素） 房屋小，没有多余的房间。（促成因素）	对结核病传播途径的知识知晓率从20%提高到 90%。（知） 室内空气通风率从 35%提高到 85%。（行） 自我防护率从 20%提高到 85%。（行） 与结核菌阳性的肺结核病人分布率从40%上升到 85%。（行）
	与结核菌阳性的肺结核病人直接面对面交谈（一般人群）	不知道结核病会传染。不知道空气会传播结核病。不知道该怎么进行防护。（倾向因素） 采取防护措施，别人会议论你假正经。（强化因素）	对结核病传播途径的知识知晓率从20%提高到 90%。（知） 对正当防护行为的认同率从 25%提高到 90%。（信） 自我防护率从 20%提高到 85%。（行）

将目标细化到知、信、行层面后，对各个细化目标进行归纳，将在资源运用、活动安排上有共同点的细化目标整合成一个个干预目标，如将表 15-3 中结核病相关知识知晓率、结核病治疗机构的知晓率、结核病免费治疗对象知晓率、对结核病传播途径的知识知晓率等有关结核病防病、治病的知识层面的目标（都可以运用制作健康教育材料，发放及解释教育内容的方法来达到效果）归纳成一个干预目标——提高对象的结核病防病、治病知识水平。然后根据每一个干预目标制订干预计划。计划内容包含：干预目标、资源分布状况（可用资源、须动员的资源）、干预方法、干预活动（活

动内容、人员安排、活动地点、时间安排、干预对象、注意事项及经费预算），概要如表 15-4。

表 15-4　提高结核病防病、治病知识水平干预计划

干预目标	结核病防病、治病知识知晓率从 15%提高到 90%。
资源状况	已有可用资源：村广播室、村所在地医务人员、村民志愿者、村公告栏、村造纸厂。 须动员的资源：村及村所在乡镇领导干部的政府行为支持（成立健康教育负责小组）。
干预方法	医患传播、讲座、广播、公告栏、宣传单、张贴画、墙体广告。
干预活动	1. 医务人员结核病防治培训（两次）培训人员：市防疫机构专业人员；培训内容：我国现代结核病防治策略，结核病防治措施；培训地点：村委活动室；培训对象：村所在地医务人员；培训时间：2006 年 3 月～4 月，周末；经费预算：培训费 600 元，材料印刷费 100 元，预计从结核病防治专项经费支出。 2. 广播（20 次）广播人员：经培训的医务人员甲；广播内容：结核病防病、治病知识；地点：村广播站；对象：所有村民；时间：2006 年 4～6 月隔天进行，傍晚（20～30 分钟）；经费预算：电费、劳务费由村财政支出；注意事项：根据村民反馈情况，内容可重复。 ……

二、传染病健康教育工作的实施

传染病健康教育计划是传染病健康教育干预工作的依据，因此，在健康教育工作计划实施前，一定要对计划本身进行评价，使其具备最佳的科学性、可行性、完整性等。传染病健康教育工作计划的优劣，最终要落实到健康教育工作实施上来，由实践来评价计划的质量。传染病健康教育工作实施的好坏直接关系到传染病预防良好行为的形成率的高低，因此，在传染病健康教育工作的实施过程中，一定要把好质量关。

（一）制定传染病健康教育干预活动实施进度表

在每个干预目标计划中的干预活动实施前，还应该制作具体的实施进度表，记录实际活动进行的具体时间、内容、负责人、地点、经费使用情况等，可增加备注栏填写实际活动与计划安排的出入、活动效果及各方面的反馈意见等，作为效果评价的依据，如表 15-5。

表 15-5　医务人员培训活动实施进度表

实施时间	活动内容	负责人	活动地点	经费使用	备注
2006-03-05	我国现代结核病防治策略	***	村所在地学校多媒体室	劳务费 300 元	耽误 45 分钟，因村委活动室没有多媒体投影设备，临时更换地点。所有培训对象都参加，反映培训效果良好。……
2006-03-18	结核病防治措施	***	村所在地学校多媒体室	劳务费 300 元	所有培训对象都参加，反映培训效果良好。……

（二）传染病健康教育项目实施的注意事项

1. 地方政府领导的动员　传染病的防治工作是一项复杂的社会系统工程，需要地方政府的领导和支持，需要强有力的行政干预措施，还需要有关部门的配合和协作。因此，在健康教育项目计划实施之前一定要再次做好地方政府领导的动员工作。得到政府领导支持的健康教育项目，计划的实施才会顺利。

2. 传染病健康教育对象人群的动员　没有群众的参与和支持的健康教育项目犹如空中楼阁。传染病健康教育的主要对象是人民群众，因此在每一个健康教育干预活动计划实施前，都要进一步做好干预对象的动员工作，确保计划顺利进行，提高干预对象的参与性。

3. 传染病健康教育实施人员的培训 健康教育实施人员的水平直接影响到教育效果。通过培训确保实施人员掌握正确的相关知识，提高实施人员教育水平，统一不同实施人员进行的同一干预活动的实施程序等。

4. 传染病健康教育工作实施过程中注意及时对各个环节进行评价 一方面，过程评价可以起到对工作各个环节的监督作用，提高健康教育实施的质量。另一方面，及时评价可以及时发现计划的漏洞，环节问题的症结，及时进行完善，也可以为后期的效果评价提供客观、丰富的数据。

5. 传染病健康教育内容的反复宣教 传染病健康教育内容多涉及人们的日常细节生活行为习惯，如勤洗手、不随地吐痰等，不容易引起人们的注意和重视。另外，由于传染病的传染性，还要对人们进行公共卫生道德教育，人们也常对这部分内容持“事不关己”的心态。鉴于上述这些特点，对目标人群进行传染病健康教育时，应该利用不同时机，说明其中利害关系，循循善诱，不断重复健康教育内容。重复可以正向强化知-信效果，这种效果的存在，加上人们的某些生活经历——如医务人员的“预言”在具有类似行为的个体身上实现了，认为事不关己的事情突然发生在某个亲人身上等，可能促使行为改变的产生。

6. 建立传染病健康教育工作项目和健康教育干预活动的责任制 每个项目有专项负责人，每个活动有活动负责人，责权分明。

三、传染病健康教育工作的效果评价

传染病健康教育工作的效果并不是在同一时间产生，而是要经历知-信-行各个阶段的变化，由行为的变化带来传染病流行的变化和传染病死亡率的变化。其中知识、信念、态度的变化称为早期效果，行为的变化称为中期效果，传染病流行和传染病死亡率的变化等称为远期效果。

（一）传染病健康教育工作效果评价的评价指标

1. 传染病健康教育工作早期效果评价指标

（1）传染病健康教育工作网络的状况：如传染病健康教育工作小组/网络是否成立，传染病健康教育专人负责制是否成立等。

（2）传染病相关知识的知晓：传染病相关知识主要包括各种传染病的病原体、传染源、传播途径和易感人群的知识，发生各种传染病可疑接触后的应急处理知识，各种传染病隔离检疫制度的知识，各种传染病治疗特点及注意事项的知识。如痢疾病原体的知晓率，水痘传播途径知识的知晓率，被犬、狼咬伤后应急处理知识的正确率，免疫低下人群接触麻疹病人后的处理知识的正确率，非典隔离知识的知晓率，结核病规范治疗知识的知晓均分，等等。

（3）传染病相关知识和传染病健康行为的态度和信念：如被犬、狼咬伤后应该接种人用狂犬疫苗的认同率，水痘具有传染性的认同率；血源性传染病病人对不与他人共用剃须刀信念的持有率，结核病病人不直接面对他人打喷嚏的赞同率，等等。

2. 传染病健康教育工作中期效果评价指标

（1）非传染病病人日常健康行为：如不食腐烂水果行为的形成率，食用不洁毛蚶行为的流行率，不捕食野生动物行为的形成率，与结核病病人分开住行为的改变率，鼠疫疫区工作人员接种鼠疫疫苗行为的形成率，等等。

（2）传染病病人就医和遵医行为：主要包括传染病病人的及时就医行为、公共卫生道德行为和对其他医嘱的依从性。如出血热病人及时就医行为的形成率；麻疹病人不去公共场合行为的形成率，结核病病人不直接面对他人打喷嚏行为的改变率；非典病人隔离治疗依从行为的形成率，结核病人规范服药行为的形成率，等等。

3. 传染病健康教育工作远期效果评价指标

（1）传染病病人生理和心理健康：生理指标如乙肝病原携带者两对半，结核病人痰涂结果，等等；传染病病人心理健康，如乙肝病人 SCL-90 症状自评，结核病病人社会支持评定，等等。

（2）传染病流行与死亡：如结核病患病率，麻疹发病率，流脑流行控制率，结核病治愈率；鼠疫死亡率，结核病死亡率，等等。

（3）传染病并发症：如麻疹并发肺炎发生率，伤寒并发肠出血/肠穿孔发生率，肺结核病人自发性气胸发生率，等等。

（4）传染病病人生活质量：主要包括病人自身感觉到的生活质量的评价和可能影响病人生活质量的政策、环境卫生评价，后者是传染病健康教育的健康促进目标。如传染病病人生活质量指数，非典隔离治疗病人生活满意度指数；地方公共卫生资源配置比例的改变，地方卫生机构构成的改变，地方环境卫生状况的改变，等等。

（二）传染病健康教育工作效果评价的方法

传染病健康教育工作的效果评价应建立在基线调查的基础上。通常，健康教育评价以健康教育工作实施前的基线水平作为价值标准，进行纵向评价；也可以公认标准或他人先例作为价值标准，进行横向比较。为保证可比性，传染病健康教育基线调查与效果评价调查的调查内容和调查方法应该一致，进行横向比较时也需注意各自调查内容、调查方法及调查人群背景的比较。

1. 查阅文献、档案历史资料　可以通过查阅文献资料获得公认标准或他人在同一领域的事例；通过查阅地方人口统计资料获得地方传染病流行、死亡的数据等。

2. 问卷调查

（1）现成的调查量表：如传染病健康教育远期效果评价中的病人心理健康、生活质量、生活满意度等的评价可以用现有的相应量表进行评价。

（2）自制问卷：传染病健康教育对象的人口学状况，传染病相关知识、信念、行为状况及其影响因素，传染病并发症发生状况等的资料一般需要通过自制问卷投入调查后获得。如某农村结核病相关知识调查问卷，见表 15-6。

表 15-6　某农村结核病相关知识调查问卷

结核病相关知识调查问卷

调查时间：2006 年______月______日　调查员：______________　调查表编码：______________

您的姓名：__________________　您的家庭详细住址：______________________________

注：非常感谢您的参加与支持，本次调查资料仅用作科研，不做个案分析。请放心在问题后的最佳选项的数字上打“√”或在______上填写正确数据。

一、一般情况

1.1 您的性别：　①男　②女　1.2 您的年龄：______周岁

1.3 您的文化程度：

①文盲或半文盲　②小学　③初中　④高中或中专　⑤大专及以上　⑥不详

1.4 您的职业：

①农民　②职工　③打工　④个体、经商　⑤在校学生　⑥其他______

1.5 您的婚姻状况：

①未婚　②已婚且配偶健在　③丧偶　④离婚

1.6 您的家庭年平均纯收入：________元。

1.7 通常，您家去乡镇卫生院需要：________分钟。

1.8 通常，您家去县结核病防治所需要：________分钟。

1.9 您目前参加的医疗保障形式（可多选）：

①自费　②公费医疗　③合作医疗　④基本医疗保险　⑤劳保医疗　⑥商业医疗保险

续表

二、结核病相关知识调查

2.1 您认为肺结核是怎么引起的（单选）：

①细菌　②重体力劳动　③遗传　④不知道

2.2 您认为下列哪些属于肺结核病的症状（可多选）：

①咳嗽、咳痰　②午后低热　③咯血或血痰　④全身乏力或消瘦

⑤腹痛　⑥发高烧　⑦不知道

2.3 您认为肺结核病具有传染性吗：

①有　②无（转 2.5）

2.4 您认为肺结核病传染途径有（可多选）：

①咳嗽、吐痰　②打喷嚏　③共用餐具　④通过血液

⑤皮肤接触　⑥不知道

2.5 您认为结核病可以治愈吗：

①可以治愈　②不能治愈　③不知道

2.6 您知道正规治疗结核病需要多长时间吗：

①6 或 8 个月　②2～4 个月　③4～6 个月　④不用治疗　⑤不知道

2.7 您知道儿童接种下列哪种疫苗对结核病有预防作用：

①卡介苗　②麻疹疫苗　③伤寒疫苗　④白百破三联疫苗　⑤不知道

2.8 您知道国家对哪些类型的结核病人提供免费药物治疗：

①初治涂阳病人　②复治涂阳病人　③重症初治涂阴病人　④复治涂阴病人　⑤不知道

2.9 您是通过何种途径获得结核病知识的（可多选）：

①报刊　②广播、电影、电视及录像　③学校教育

④卫生宣传（如张贴画、宣传单、卫生展览等）　⑤亲友告知　⑥ 医生的讲解

思　考　题

1. 试述针对传染病的流行过程，传染病的基本防护措施包括哪些？
2. 试述传染病健康教育在传染病防控工作中的地位。
3. 试述传染病病人教育的主要内容包含哪些？
4. 试述传染病一般人群健康教育的主要内容包含哪些？
5. 试述传染病健康教育工作实施过程中应该注意什么？
6. 案例题：某农村家庭，孙辈有四个孩子，分别介于 4 岁到 7 岁之间，于 2007 年 8 月到 12 月，逐一患了水痘。家人带最后患水痘的孩子到姑姑家玩时，有人提出水痘有传染性，又了解到患者姑姑的孩子均未患过水痘，也未接种过水痘疫苗时，提议应该注意隔离。结果，姑姑以“每个小孩都患过，而且不在同一时间发生，有的都相隔了近一个月”的理由否认了水痘的传染性，认为这是每个孩子都要患的病，并认为该病不严重，即使传染了也没关系，因此拒绝了对患者的隔离，也拒绝对自己的孩子采取防护措施。三周后，患者的表姐（姑姑的女儿）也患了水痘，但患者的家人对“水痘具有传染性”还是半信半疑，理由是患者都已快痊愈了。

根据本案例：①你认为，这家小孩个个相继患上水痘的原因是什么？②你认为应该怎么做才能改变这种现象？③你认为针对该案例应该怎么进行健康教育才能改变这家人的态度和行为？

（福建医科大学　江巧瑜）

第十六章　性病、艾滋病的健康教育

案例 16-1：

2012 年 11 月 13 日知情人将这样一个故事通过微博呈现在大家面前：

小峰，25 岁，天津人，他是艾滋病病毒的感染者，不幸的是他又得上了肺癌。因为艾滋病他被天津肿瘤医院拒之门外，院方在入院诊断一栏写有，“流行病检查结果：HIV（+），患者不适合手术治疗，出院，于外院继续治疗”。感染艾滋病不会让他死，现有的治疗条件和手段都可以让他很好生存下去，但是患有肺癌，对他来讲反倒是比艾滋病要严重很多的疾病。面对天津市肿瘤医院的拒绝，小峰随后又立即转进了北京地坛医院。然而，作为一所艾滋病定点收治医院，地坛医院并没有胸外科，不具备做肺癌手术的资质，而无法进行救治，所以建议他求助天津卫生防疫部门，再做进一步的协调。小峰回到天津后，又找到了第三家医院，在入院上交病历时，更改病例，隐瞒感染 HIV 的事实，2012 年 11 月 12 日，小峰终于获得手术机会。在术后第一时间，小峰向医生说出了实情。然而，这事后的告知给院方带来的是恐惧和排斥，手术后他被医护人员敬而远之。根据《艾滋病防治条例》第 41 条，医疗机构不得因就诊的病人是艾滋病病毒感染者或者艾滋病病人推诿拒绝或者拒绝对其他疾病进行治疗。

问题：

从上述案例看：你认为该案例反映了当前我国艾滋病防控工作中的哪些问题和困难?

性传播疾病（sexually transmitted diseases，STD）是由多种不同类型病原体引起，主要经性接触进行传播。艾滋病（acquired immune deficiency syndrome，AIDS）是一种危害性极大的性传播疾病，由人体免疫缺陷病毒（human immunodeficiency virus，HIV）引起，已经在全球范围内蔓延。艾滋病危害人类健康，产生沉重的经济负担，并严重地制约了社会的发展。目前尚无特效治疗艾滋病的药物，疫苗研制也尚未成功，而艾滋病的传播与人类行为密切相关，健康教育被公认为当前预防控制艾滋病传播的主要手段。

第 1 节　性传播疾病概述

性传播疾病，亦称“性病”，传统观念是指通过性交行为传染的疾病，主要病变发生在生殖器部位。世界卫生组织（WHO）对性传播疾病的定义为：以性行为接触或类似性行为接触为主要传播途径的、可引起泌尿生殖器官及附属淋巴系统病变，也可以导致全身主要器官病变的一类疾病。STD 是一组流行广泛、传播迅速的疾病，近数十年来，通过性传播的病原体及其所引起的综合征日益增多。性病的危害不仅能引起两性个体生殖器官病变、侵犯其他脏器，甚至导致死亡，而且还在于它们能败坏社会风气，阻碍经济发展，导致社会的不安定和危及人类的繁衍生息。STD 已成为世界性的社会问题和公共问题，被认为是危害人群健康的主要疾病之一。

一、病　原　体

随着 STD 概念的外延，很多能够通过性接触传播的疾病均被纳入 STD 范围，如病毒性肝炎等。目前已知 30 余种包括细菌、病毒、真菌、寄生虫在内的病原体可引起 STD。较常见引起 STD 的病原体及其所导致的疾病如表 16-1 所示。

表 16-1 STD 的病原体及病种

病原体	相关疾病及临床表现
细菌性感染	
苍白螺旋体	梅毒 男女两性：硬下疳、梅毒疹、全身淋巴结肿大、心血管系统、神经系统、眼、皮肤黏膜及骨关节损害 女性孕产期：流产、早产、死胎 新生儿：死胎、先天梅毒
淋病奈瑟菌	淋病 男性：尿道炎、前列腺炎、精囊炎、附睾炎等 女性：尿道炎、宫颈炎、尿道旁腺炎及直肠炎等
沙眼衣原体	衣原体感染 男性：尿道炎、前列腺炎、附睾炎、睾丸炎、不育 女性：宫颈炎、子宫内膜炎、输卵管炎、盆腔炎、不孕或异位妊娠 女性孕产期：流产、早产、死胎及产后盆腔炎 新生儿：结膜炎、新生儿肺炎
杜克雷嗜血杆菌	软下疳 男女两性：生殖器溃疡、急性腹股沟淋巴结炎
克雷伯菌属	腹股沟肉芽肿 男女两性：生殖器部位的丘疹、水疱、脓疱，伴有剧痒
解脲支原体	非淋菌性尿道炎
人型支原体	宫颈炎、盆腔炎
病毒性感染	
人类免疫缺陷病毒（HIV）	获得性免疫缺陷综合征（AIDS）
单纯疱疹病毒（1 型、2 型）	生殖器疱疹 男女两性：外生殖器或肛门周围群簇或散在的小水疱，伴有腹股沟淋巴结常肿大、发热、头痛、乏力等全身症状。
人类乳头瘤病毒	生殖器疣 男女两性：初起为细小淡红色丘疹，顶端稍尖，后逐渐增大加多，呈乳头样、鸡冠状或菜花样突起，生殖器和肛周为好发部位
传染性软疣病毒	传染性软疣 男女两性：有蜡样光泽的丘疹或结节，顶端凹陷，能挤出乳酪状软疣小体
巨细胞病毒	巨细胞病毒感染症 男女两性：肝、脾和淋巴结肿大、皮疹、支气管炎或肺炎、肝炎等
甲型、乙型、丙型肝炎病毒	甲型、乙型、丙型病毒性肝炎
真菌感染	
白色念珠菌	念珠菌病 男性：龟头炎或包皮龟头炎 女性：阴道炎、阴部糜烂、溃疡 儿童：口咽炎
原虫感染	
阴道毛滴虫	滴虫病 男性：尿道炎、膀胱炎、前列腺炎和附睾炎等 女性多见：常伴泡沫样分泌物，可引起尿道炎，可致膀胱炎、前庭大腺炎
寄生虫昆虫侵袭　疥螨	
疥螨	疥疮
阴虱	阴虱病

WHO 将性病分类为四级：①一级性病：艾滋病；②二级性病：梅毒、淋病、软下疳、性病性

淋巴肉芽肿、腹股沟肉芽肿、非淋菌性尿道炎、性病性衣原体病、泌尿生殖道支原体病、细菌性阴道炎、性病性阴道炎、性病性盆腔炎；③三级性病：尖锐湿疣、生殖器疱疹、阴部念珠菌病、传染性软疣、阴部单纯疱疹、加特纳菌阴道炎、性病性肝周炎、瑞特氏综合征、B 群佐球菌病、乙型肝炎、疥疮、阴虱病、人巨细胞病毒病；④四级性病：梨形鞭毛虫病、弯曲杆菌病、阿米巴病、沙门氏菌病、志贺氏菌病。我国重点防治的性病有 8 种，具体包括：淋病、梅毒、艾滋病、非淋菌性尿道炎（或宫颈炎）、生殖器疱疹、尖锐湿疣、软下疳和性病性淋巴肉芽肿。

二、性传播疾病流行概况

（一）全球流行趋势

2000 年世界卫生组织公布 STD 估计数，世界上每天有 100 万人感染性病，每年有近 4 亿新病例，其中包括 8900 万衣原体感染，6200 万淋病，3000 万人类乳头瘤病毒感染，2000 万生殖器疱疹，1200 万梅毒及 700 万软下疳。性病的流行资料显示，性病全球分布的差别很大，不同国家、地区和时期，性病流行情况很不相同。近年来，由病毒感染引起的性病日益常见。在一些西方国家，病毒性性病已超过细菌感染引起的性病。据统计，美国每年的 STD 新病例中约有 1/4 是 10～19 岁的青少年；女性新发盆腔炎感染中大多数是由于衣原体感染、淋病或细菌性阴道炎未治疗或未彻底治疗而导致的病情恶化，其直接后果就是异位妊娠和输卵管损伤导致的不孕；异位妊娠是美国孕妇在第一产程中死亡的首位原因，9%的妊娠相关死亡是由它引起的。美国每年由治疗 STD 及相关并发症所导致的直接经济损失就达 130 亿美元。STD 对发展中国家造成的影响更大。撒哈拉以南的非洲国家有 30%～80%的妇女和 10%～50%的男性感染单纯疱疹病毒，单纯疱疹是发展中国家生殖道溃疡的首位病因；在资源贫乏国家，人乳头瘤病毒感染导致每年约有 50 万例宫颈癌的发生，其中死亡 24 万例；由乙型肝炎病毒感染引起的慢性肝炎和肝硬化、肝癌则主要在亚洲和撒哈拉以南非洲国家流行；每年由于母亲淋球菌和沙眼衣原体感染未得到治疗所导致的新生儿眼部感染造成 4000 名新生儿失明。STD 及其并发症所导致的社会经济费用巨大，在许多发展中国家 STD 已成为患者寻求医疗服务的前十位原因，显著消耗国家的卫生资源和家庭收入。

（二）中国流行趋势

性病流行是我国突出的社会问题之一。建国前，我国性病流行猖獗，1949 年前后，估计全国约有性病病人 1000 万左右。新中国成立后，党和政府十分重视性病防治工作，采取了一系列措施，性病特别是梅毒的发病率迅速下降，在 1964 年，我国宣布基本上消灭了性病。1977 年再次出现淋病病例，性传播疾病死灰复燃，当时全国只有个别省市有零星报告，到 1988 年全国 30 个省、市、自治区均有性病报告。1981～1988 年增长迅速，年均增长 124.3%，随后增长速度趋于稳定、缓慢。1991～2000 年我国性病疫情继续呈上升趋势，年均增长 19.3%。2001～2003 年我国性病报告数连续出现下降趋势，2001 年全国累计报告 8 种性病数比 2000 年下降了 7.2%，是开展病例报告以来首次下降。2002 年全国累计报告 7 种 STD（艾滋病除外）较 2001 年下降了 6.2%，2003 年累计报告 7 种性病（HIV/AIDS 病例除外）数较 2002 年下降了 2.0%。以上流行趋势仅反映的是报告的性病情况，由于各种原因各地存在着大量的漏诊和漏报。中国 CDC 性病麻风病防治技术指导中心的调查结果显示，性病实际发病数是报告数的 10～20 倍。世界卫生组织估计，我国每年实际新发性病例数为 1600 万～2000 万。我国性病病种以淋病为主，依次为尖锐湿疣、非淋菌性尿道炎、梅毒和生殖器疱疹等。其中，淋病发病的增长速度渐减，有的地区已出现负增长；而非淋菌性尿道炎、梅毒、尖锐湿疣和生殖器疱疹增长幅度较大。据 2005 年中国疾病控制中心统计，中国感染性病人数有 70 万。性病在我国正在迅速蔓延，目前已跃居为第二大常见传染病。

三、性传播疾病流行的影响因素

（一）生物学因素

STD 病原体种类繁多，人群普遍易感，既无先天免疫也无持久的获得性免疫，同时感染多种 STD 病原体；患病后易反复发作，也可能迁延不愈，时隐时现，间歇性排菌；至今，尚无人工免疫方法也无可靠的化学预防办法，这些都是 STD 在全球绵延不断、发病率高居不下的生物学基础。例如 STD 中发病率最高的淋病，占 STD 每年总发病数的 52%～70%，在各种法定报告传染病中发现率仅次于痢疾和肝炎居第三位。广州市 1996 年淋病报告病例数首次超过肝炎，居各种传染病的首位。由于淋球菌的生物学特性，导致淋病的临床表现复杂，50%～80%淋病患者为轻症或不典型感染，无明显的临床症状而易被漏诊、漏报增大了流行范围。

（二）社会因素

性传播疾病是一类比较典型的社会病，在其发生、发展、预防以至消灭的各个过程中，社会因素均起着重要作用。社会制度、文化及道德观念等因素均可对性病的流行造成影响。

当前经济迅速发展、城市化进程加快了人口流动，高密度的人口和大量流动人口为 STD 传播提供了机会。2014 年，我国流动人口总量达 2.45 亿，主要向人口密集的地区集中，流动人口中绝大部分是性活跃人群。另外，旅行是 STD 蔓延的运河。旅游的含义已经远远超出了传统概念，凡是跨国的人员移动都被称作“国际旅行”。世界上每年跨国旅行者达 4.5 亿，其中包括至少 110 万 HIV 感染者，其他各种 STD 患者更是无法估计。人口的高度集中和大量迁徙、流动为 STD 传播和扩散提供了机会。

近年来，随着对外开放，西方社会的物质文明进入我国。但与此同时，西方社会的腐朽东西，特别是“性自由”、“性解放”的思潮也随之传入我国。不少青年人受这种思潮的影响任意放纵自己的性行为，从而成为传播性病病原体的媒介。加上商品经济大潮的冲击，一切向钱看思潮的影响，以及各种黄色书刊的泛滥成灾，这部分人的道德和人生观念发生了变化，并因此而失去了生活的准则，从而不能抵御形形色色的诱惑，有的甚至出卖肉体和灵魂，因而罹患并传播性病。嫖娼卖淫是 STD 蔓延的主要社会条件。妓女和嫖客的检出率很高，感染率高低与性伴侣数目成正比。吸毒人数增加，静脉药瘾是 STD 通过血液传播的一种主要方式，也是我国 HIV 感染的一个重要途径。

另外，我国受传统观念影响，谈“性”色变，人们普遍缺乏性病防治知识，正因为如此有的人患了性病自己也不知道，有的人患了性病也不及时治疗，有的人治疗中稍见好转便自行终止。这些都为性病的进一步扩散、传播提供了机会。

案例 16-2：

患者男，35 岁，因“右侧胸背、上肢起红斑、水疱伴疼痛 4 天”前来就诊。4 天前右侧胸背部出现红斑、水疱、大疱，疼痛剧烈，逐渐发展至右上肢，不能触碰，1 天前开始发热，体温 38.4℃，遂来就诊，门诊以“带状疱疹”为诊断收入院。患者发病以来无咳嗽，无腹痛、腹泻，精神尚可。既往体健，无输血、献血史。体格检查：体温 38.6℃，脉搏 92 次/min，呼吸 20 次/min，血压 110/80mmHg，消瘦。系统检查未见异常。皮肤科检查：右侧前胸至肩胛背部、上臂见大片水肿性红斑，其表面有集簇成群的黄豆至蚕豆大水疱及脓疱，可见坏死，皮损呈带状分布，未超过前后正中线。追问病史，既往有性乱史。

问题：

1. 性传播性疾病传播的主要途径包括哪些？
2. 该患者除一般对症治疗外还应注意哪些问题？

第2节　艾　滋　病

艾滋病全称为获得性免疫缺陷综合征，是由人体免疫缺陷病毒，又称艾滋病病毒，它是以引起T细胞免疫功能缺陷为主的免疫防御系统方面的疾病。艾滋病病毒本身并不会引发任何疾病，但是它对T淋巴细胞有特殊的亲和力。当艾滋病病毒附着于T淋巴细胞后，该细胞便成为带有病毒遗传信息的感染细胞，从而使人体的免疫系统丧失对病原生物的防御能力和对肿瘤细胞的免疫监测作用，直到无力抵御外来的一切感染，致使许多艾滋病病人在短期内死亡。

艾滋病流行状况严重，已经严重威胁人民群众的身体健康，并直接或间接阻碍了国民经济和社会的进步。由于HIV的变异极其迅速，难以生产特异性疫苗，且至今无有效治疗方法，因而健康教育被公认认为当下预防艾滋病传播最有效的手段和最得力的措施。

一、病毒学特征

HIV是造成人类免疫系统缺陷的一种病毒。HIV的靶细胞是免疫细胞，包括T细胞、巨噬细胞和树突状细胞，因而可严重破坏人的免疫功能，最后使人死于机会性感染。艾滋病患者一个显著的病理学特点就是T细胞数量显著下降。HIV通过破坏人体的T淋巴细胞，进而阻断细胞免疫和体液免疫过程，导致免疫系统瘫痪，从而致使各种疾病在人体内蔓延，最终导致艾滋病。HIV对外界环境的抵抗力较弱，病毒离开人体后，常温下只可生存数小时至数天，HIV在外界环境中的生存能力较弱，对物理因素和化学因素的抵抗力较低。对热敏感，56℃处理30分钟、100℃20分钟可将HIV完全灭活。巴氏消毒及多数化学消毒剂的常用浓度均可灭活HIV。如75%的酒精、0.2%次氯酸钠、1%戊二醛、20%的乙醛及丙酮、乙醚及漂白粉等均可灭活HIV。但紫外线或γ射线不能灭活HIV。但是HIV具有迅速变异能力，病毒的外貌经常发生改变，有许多的亚型。迄今为止全球流行的HIV根据血清学反应和病毒核酸序列测定可分为HIV-1和HIV-2两型病毒，HIV-1进一步可分为M、O、N三组，M组内又可分为A～J 10个亚型，HIV-2至少有A～F 6个亚型。

二、艾滋病的传播途径

艾滋病病毒侵入机体后，主要存在于人的体液中，如血液、精液、阴道分泌液、乳汁、唾液、泪液、尿液和汗液等，而具有传播意义的只有血液、精液、阴道分泌液、乳汁，其他体液因含艾滋病病毒的数量甚低，不足以构成传染。已经证实的艾滋病传染途径主要有三个方面：

（一）性接触传播

性接触是HIV传播的最常见方式，全球的艾滋病病毒感染者大约70%～80%是通过性接触传播的。HIV经性传播的途径可分为同性传播和异性传播两类。

1. 异性间传播　指与感染HIV的异性进行阴道性交、肛门性交或口腔性交均可引起HIV传染，这种传播方式是引起艾滋病流行的最重要原因。

2. 同性间传播　与感染HIV的同性进行肛门性交、口腔性交均可引起HIV传染。其中感染HIV比例最高的是肛交，其次是阴道性交，相比之下口交的危险性最小。

性接触传播与许多因素有关，如性伴数、性伴的病毒载量、同时感染其他性病、性接触方式、性行为的角色、是否有阴道流血以及使用安全套与否等。无保护的性接触是性病、艾滋病最主要的传播途径，既可在异性间传播，也可在同性间传播。

（二）血液传播

经血液传播的形式有：①使用被 HIV 污染的血液或血液制品，以及类似情况下的接受 HIV 感染者的组织和器官；②静脉药瘾者共用受 HIV 污染的、未消毒的针头及注射器；③医疗器械消毒不彻底或不消毒，如口腔科器械、接生器械、外科手术器械、针刺治疗用针消毒不严密或不消毒；④共用某些生活用具，如与感染者共用牙刷、和他人共用刮脸刀、剃须刀及理发、美容（如文眉、穿耳）、文身等的刀具也可造成艾滋病的血液传播。

（三）母婴垂直传播

也称围产期传播，即感染 HIV 的母亲在妊娠后，病毒通过胎盘传染给胎儿，或通过分娩、母乳喂养将病毒传染给婴儿的过程，母婴垂直传播的概率为 30%。这种传播方式在发展中国家较高，非洲高达 15%～40%，在发达国家中其母婴传播约为 5%～10%，我国的 HIV 感染者中有 0.4%是通过母婴传播的。

（四）非传播途径

与 HIV 感染者日常性的接触和共同工作不会感染艾滋病，至今没有任何证据表明艾滋病病毒能通过空气、水、食物、土壤、人与人之间的日常生活接触传播。与 HIV 感染者共用交通工具、电话、电脑以及其他公用设备不会感染艾滋病；与 HIV 感染者近距离交谈、握手、拥抱、礼节性接吻不会感染艾滋病；与 HIV 感染者共同就餐或共用餐具、水源不会感染艾滋病；咳嗽、打喷嚏不会感染艾滋病；淋浴设备、游泳池和海里游泳不会感染艾滋病；吸血昆虫 （蚊子等）叮咬也不会感染艾滋病。

三、艾滋病临床分期

从感染 HIV 到发生 AIDS 有一个完整的自然过程，临床上将这个过程分为三期：急性感染期、无症状感染期、艾滋病期。不是每个感染者都会出现完整的三期症状，但每个阶段的患者在临床上都可以见到。三个时期不同的临床表现是一个渐进的和连贯的病程发展过程。

（一）急性感染期

HIV 侵袭人体后对机体的刺激所引起的反应，表现为发热、皮疹、淋巴结肿大，还会发生乏力、出汗、恶心、呕吐、腹泻、咽炎等，部分感染者出现急性无菌性脑膜炎，表现为头痛、神经性症状和脑膜刺激征。急性感染初期，虽然感染者体内有 HIV 存在，并具有感染性，但血清检测中尚不能检测到 HIV 抗体，被感染 2 周至 3 个月后，血清 HIV 抗体可呈现阳性反应，临床上将这个长短不等的、相对健康的、无症状的潜伏期称为窗口期。

（二）潜伏期

指的是从感染 HIV 开始，到出现艾滋病临床症状和体征的时间。AIDS 的潜伏期长短不一，一般认为成人潜伏期为 8～10 年。感染者在该时期可以没有任何临床症状，但潜伏期不是静止期，更不是安全期，病毒在持续繁殖，具有强烈的破坏作用。这时，病人已具备了艾滋病的最基本特点，即细胞免疫缺陷，只是症状较轻而已，主要临床表现为：淋巴结肿大、全身症状及感染症状。HIV 感染者在这个漫长的带毒过程中是 AIDS 重要的传播源。

（三）艾滋病期

是艾滋病病毒感染的最终阶段，此时期免疫功能全面崩溃，病人出现各种严重的综合病症，直至死亡。此时期具有三个级别特点：严重的细胞免疫缺陷，发生各种致命性机会性感染，发生各种恶性肿瘤。

视窗 16-1：艾滋病的发现及世界艾滋病日

1981 年 6 月，加州有 5 个健壮的男性青年罹患了卡氏肺囊虫肺炎。这是一种罕见的肺炎，通常都发生在免疫系统衰弱的患者中间。于是，这 5 个年轻小伙子的疾病引起了当地医学界的重视。调查发现，这 5 个青年都有同性恋史。同年 7 月又有报告发现 26 例卡波氏肉瘤病人，随后又不断发现新的相同病例，这预示着一种新的传染病开始流行。此后，美国疾病控制中心又发出新的公报，列举了另外 10 例类似的怪病，其中有两例罹患了一种罕见的皮肤癌——卡波济氏肉瘤，或称为皮肤多发性出血性肉瘤。

1982 年 9 月美国疾病控制中心正式将这类疾病命名为获得性免疫缺陷综合征。

1985 年 6 月，一位阿根廷游客患病入住协和医院不久后死亡，后被证实为中国境内出现的第一例艾滋病。

12 月 1 日为世界艾滋病日，旨在提高公众对 HIV 病毒引起的艾滋病在全球传播的重视。世界艾滋病日的标志是红丝带，它代表了关心，这一标志被越来越多的人佩带，用来表示他们对 HIV 和艾滋病的关注，关心那些活着的 HIV 感染者，关心那些已经死去的病人，关心那些受艾滋病影响的人。红丝带原意为一种希望的象征，象征疫苗的研究和治疗感染者的成功，象征 HIV 感染者生活质量的提高。红丝带代表着一种支持，支持 HIV 感染者，支持对未感染者的继续教育，支持尽全力去寻找有效的治疗方法、疫苗，支持那些因艾滋病失去至爱亲朋的人。

四、艾滋病流行趋势

（一）全球流行趋势

1981 年首先在美国报告首例艾滋病人，1982 年正式命名，由其有强烈的传染性和高度的致命性，引起了人们极大的恐惧。目前已成为毒害面最广的全球性卫生问题，至今尚无特效治疗方法。在 20 世纪 80 年代初，艾滋病尚鲜为人知。短短三十几年时间，已迅速传遍全世界，造成广泛流行。对人类生命、社会经济发展构成严重威胁。据联合国艾滋病规划署与世界卫生组织在 2001 年 11 月 29 日发表报告称，从首宗艾滋病发现至今 20 年里，全世界已有 2000 万人死于艾滋病，另有 4000 万人染上艾滋病病毒，并正以每天感染 1500 人的速度蔓延。仅 2005 年度全世界新增艾滋病病毒感染者就达 500 万。艾滋病已成为人类第四大杀手。2010 年全世界存活 HIV 携带者及艾滋病患者共 3400 万，新感染 270 万，全年死亡 180 万人。每天有超过 7000 人新发感染，全世界各地区均有流行，但 97%以上在中、低收入国家，尤以非洲为重。另一方面，全球艾滋病流行在一定方面有所抑制。联合国儿童基金会发布报告指出，2005 年至 2013 年，全球 15 岁以下少年儿童新感染艾滋病病例减少了 50%以上。但根据目前趋势，要在 2015 年达到少年儿童感染艾滋病人数比 2009 年减少 90%的目标仍难以实现。报告同时指出，虽然 2013 年全球艾滋病相关死亡人数比 2005 年下降约 40%，但在 10 岁至 19 岁这一年龄段，艾滋病相关死亡人数不降反升。尤其在非洲，艾滋病仍是导致青少年死亡的头号杀手。2013 年，全球约有 210 万名 10 岁至 19 岁青少年携带艾滋病病毒，其中 80%生活在撒哈拉以南非洲地区。同时，艾滋病母婴阻断项目效果明显。艾滋病母亲所生儿童的艾滋病感染率有了明显下降，从 2009 年的 35%降至 2012 年的 7%。

（二）中国流行趋势

我国自 1985 发现的第一例艾滋病病人截止到 2015 年 6 月 30 日，累计报告艾滋病感染病例 715051 例，死亡 169300 人。我国艾滋病流行分为 3 个时期：①第 1 个时期（1982～1988 年）散发期：全国只报告 19 例 HIV 感染者，多为散发，分布于沿海各大城市，多为外籍公民或海外华人，只在浙江有 4 例血友病患者因应用污染的进口第Ⅷ因子而被感染；②第 2 个时期（1989～1994

年）为局部流行期：1989 年 10 月在云南西南边境瑞丽吸毒人群中发现 146 例 HIV 感染者，系从境外传入，此后在德宏州的几个市县局部流行，其他省份仅吸毒人群中偶有 HIV 感染者发现；③第 3 个时期（1995 年至今）为广泛流行期：此期全国报告 HIV 感染者人数迅速上升，一方面由于云南省吸毒人群中 HIV 感染流行地区明显扩大至全省各州，并且迅速传入新疆、广西及四川等地，另一方面，1995 年起在我国中部一些地区的有偿供血员中发现为数不少的 HIV 感染者，主要是地下采血（浆）点的供血员，这些人流行性很大，传播 HIV 感染的危险性较强，同时，全国各地在性病患者、暗娼、归国人员中以性接触传播 HIV 的例数逐年增加。

目前我国成人艾滋病病毒感染不到 0.1%，但疫情分布于 31 个省份，而且报告感染数字上升趋势明显；累计报告艾滋病人数增长显著，尤其是自 2001 年以来，已经进入艾滋病发病和死亡高峰。根据 WHO 统计，目前中国艾滋病病毒感染者占总人口的比例虽然很低，但感染人数在亚洲位居第 2 位，在全球居第 14 位。性传播已经成为艾滋病传播的最主要渠道，性传播造成的新增 HIV 病毒感染人数占比 1985～2005 年间的 11.6%增至 2015 年的 92.5%，成为 HIV 病毒最主要的传播途径。其中，男男同性性行为传播数据从 0.3%激增至 27.2%，增长近 91 倍，而同时期的异性性行为传播增长为 6 倍。中国的艾滋病感染者已经不再局限于传统高危人群，而逐渐延伸至普通人群。

我国青年是中国艾滋病防治工作的重点，15～24 岁的年轻人感染群体增长显著，已成为中国艾滋病防治工作的重点。2011 年到 2015 年，我国 15～24 岁大中学生艾滋病病毒感染者年均净增长率达 35%（扣除检测增加的因素），且 65%的学生感染发生在 18～22 岁的大学期间。2014 年，全国 15～24 岁年龄段新增报告艾滋病人数为 1.5 万多人。值得注意的是，在 15～24 岁的群体中，以男男同性恋为主的 HIV 流行特点也表现明显。在 15～24 岁群体中，通过性传播感染艾滋病的占到 96%，男男同性传播占到 57%。年轻人群体 HIV 高发的主要原因，在于年轻一代处在更开放、便利的性接触环境中，对性的态度更加开放，但缺乏对性知识、保护措施的了解，并不真正知道感染艾滋病的严重后果，因此造成了现在感染人数剧增的严峻局面。

第 3 节　艾滋病健康教育的内容和原则

艾滋病不单单是一种生物学疾病，也是一种社会问题。艾滋病在世界范围内未能得到遏制不仅是生物原因，更重要的个人行为与生活方式问题。目前艾滋病尚无疫苗，有一定的治疗方法，但是治疗费用很高，治疗效果仍不理想。因此，防治艾滋病主要是靠全社会的健康教育与健康促进措施。当前健康教育与健康促进，是实现早期预防、免除患者痛苦、减轻经济压力、节约卫生资源、营造和谐社会环境最经济有效的措施。

一、艾滋病健康教育的内容

（一）艾滋病是严重危及社会稳定与人类健康的疾病

艾滋病是目前死亡率极高的传染病，对个人、家庭和社会有着极其严重的危害性，主要体现在：

1. 普遍易感性　对于 HIV 来讲，人不论种族、年龄及性别，对艾滋病病毒普遍易感，均有可能通过艾滋病的传播途径而感染。艾滋病的流行趋势正由高危人群转向一般人群，所有社会成员的健康和生命都将受到艾滋病的威胁。

2. 威胁的长期性　艾滋病的潜伏期长，从感染到发病短者约 6 个月，长者可达 10 年甚至更长。潜伏期大多没有什么症状或仅有轻微的类似感冒的症状，这些感染者，在未发病前看似健康人，而且 70%以上的感染者自己并不知情。因此可在漫长的潜伏期通过艾滋病的传播途径传染给他人。

3. 控制与治疗的困难性　世界各国政府与科研、医疗机构已投入巨资用于艾滋病疫苗和治疗药物研制，但是由于艾滋病病毒的多型性和变异性极大，所以疫苗研制极为困难。目前，已经研制出的一些药物能在某种程度上缓解艾滋病病人的症状和延长患者的生命，但是药物价格昂贵、用药复杂、副作用大且无法彻底治愈。

4. 资源的消耗性　艾滋病不但消耗卫生资源，花费医疗费用，同时对国民经济造成直接或间接的影响。虽然就全球而言，HIV 使人患病和失去劳动力不可能影响整个劳动力市场，但在局部地区（如某些撒哈拉非洲国家）由于有大量的 HIV 感染者/AIDS 病人，将严重影响劳动力的供给，从而减少了劳动力对经济的贡献。在泰国，由于感染 HIV 而导致生产力损失，到 2000 年已达到 73 亿～85 亿美元，如果加上失去的全部工资和额外收入，全国将达到 150 亿～200 亿美元。

5. 社会的毁灭性　艾滋病主要集中在青壮年人口中，而这些青壮年是社会的生产者、家庭的抚养者、国家的保卫者。艾滋病削弱了社会生产力，减缓了经济增长，降低了人均出生期望寿命，民族素质下降，国力减弱。社会的歧视和不公正待遇将许多艾滋病人及感染者推向社会，造成社会的不安定因素，使犯罪率升高，社会秩序和社会稳定遭到破坏。

（二）艾滋病是可以预防的“行为性疾病”

艾滋病作为一种病死率极高的严重传染病，它的传播和行为密切相关，主要通过一些特定的行为进行传播，如危险性行为、吸毒行为。目前尚无治疗艾滋病的特效药物，也无成熟的疫苗，但是通过对艾滋病的高危人群进行健康教育和行为干预，提高认识水平，规范其日常生活中的行为，避免不必要的病毒传染，可达到预防和控制艾滋病的流行的目的。因而，健康教育被认为是当前最有效控制艾滋病传播的措施和手段。

（三）艾滋病传播途径的健康教育

1. 性传播途径预防　性生活是人类生活的重要组成内容，在给人类带来愉悦、帮助人类繁衍的同时，也给人类增添了许多烦恼，其中包括艾滋病、性病的传播。近年来一些性病学专家、防艾工作者在总结了预防艾滋病经验基础上，提出了预防艾滋病的 A、B、C 三原则：

（1）A—Abstinence（禁欲）：如若人们不进行性活动，感染性病、艾滋病的机会就会大大降低。性活动是人类的基本需要，也是人类繁衍的基础，所以禁欲基本是无法实现的.那么 A 做不到就应该是 B。

（2）B—Be faithful（作忠诚的人）：对不能禁欲的人，要做到夫妻双方或有性伴侣关系的双方相互忠诚，即通过忠于一个伴侣或者降低性伴侣数量来提高性行为的安全性。这不仅符合人类对爱情美好的期望，也符合预防艾滋病的要求。但忠诚原则有效的前提是任何一方都不是感染者。如果 B 做不到那就需要 C。

（3）C—Condom（安全套）：在性活动过程中，正确、全程使用安全套被称为有保护的性行为。安全套并不是百分之百的安全保障，因为在安全套没有遮盖的部位如有皮肤破损，仍可感染性病、艾滋病。安全套必须要正确使用，否则非但不能发挥它的预防作用，反而制造假象蒙蔽人。安全套属一次性物品，使用一次后即不能再使用，每次用完后应打结丢弃，而且在性交的全过程中都应使用安全套。因为除了安全套之外，其他的避孕措施只有起避孕作用，不能预防性病、艾滋病的感染。

2. 血液传播途径预防

（1）避免不安全注射或输血：避免使用血液或血制品，必须使用时，要使用经艾滋病抗体检测的血液和血制品；避免不必要的静脉注射，使用一次性或经过严格消毒的输液器；大力宣传和提倡无偿献血，坚决杜绝贩血和卖血，加强血液管理和检测，以保证用血安全是预防血液传播的重要措施。

（2）远离毒品，抵制毒品：严厉打击贩毒吸毒行为，大力开展吸毒危害的宣传，让广大群众尤其是青少年认识到吸毒与感染艾滋病的关系及其危险性，远离毒品；已有毒瘾者应采取劝导或强制的办法进行戒毒；未戒毒或未彻底戒毒者应尽量不要静脉吸毒或采用一次性注射器；吸毒成瘾者还可以使用美沙酮替代疗法等来降低危害。

（3）远离生活中可能感染艾滋病的危险因素：不与他人共用牙刷、剃须刀等用品；加强对各服务行业如理发美容厅、澡堂、酒店和洗脚城等的管理，所用器具必须经过严格消毒，不到消毒不严格的理发店、美容院剃须、修脚、文身等。

3. 母婴垂直传播途径预防

（1）预防育龄妇女感染 HIV：妇女可以通过不洁性生活，血液制品、吸毒等各种途径感染 HIV，并再经母婴途径传播给下一代。加强健康教育及社区服务、使大多数妇女摒弃不健康的性行为；并通过多途径、多方法，使广大妇女能够较全面地掌握自我保护的知识与技能；健全全国 AIDS 以及性病的检测网，早期发现并治疗性病、艾滋病。这是有效地防止 HIV 母婴传播的根本措施。

（2）预防感染 HIV 的育龄妇女非意愿妊娠：妇女应了解自己和配偶的感染状态，建议使用安全性行为方式，防止非意愿妊娠；如有妊娠意愿，通过咨询使他们认识到妊娠、分娩及产后哺乳有将 HIV 传染给胎/婴儿的风险，考虑做好准备应付可能出现的困难及为孩子的未来订好计划，帮助他们对未来生育做出知情决定。

（3）预防孕产期艾滋病母婴传播：将感染 HIV 的孕产妇纳入孕产期保健系统管理中，接受预防艾滋病母婴传播综合干预措施；感染了 HIV 的孕妇要在专业医生的指导下，进行孕期和产时抗病毒治疗。抗病毒治疗可以降低母体血液中的病毒载量，减少艾滋病毒通过胎盘、宫颈和阴道发生母婴传播。住院分娩时，避免产科损伤性操作，尽量缩短产程，避免强宫缩，缩短胎膜的早破时间。

（4）人工喂养：对艾滋病病毒感染母亲所生婴儿，提倡人工喂养，避免母乳喂养，杜绝混合喂养，最大限度地减少通过喂养导致的母婴传播，并保障儿童正常生长发育。

（5）产后婴儿随访：婴儿 12 个月应进行艾滋病病毒抗体检测，结果阴性则排除感染，纳入正常儿童保健；阳性者继续追踪随访，至 18 个月再次进行艾滋病病毒抗体检测，结果阴性排除感染，纳入正常儿童保健；结果阳性婴儿转入当地艾滋病综合防治系统。按照正常计划免疫程序给予预防接种。如果婴儿出现艾滋病临床症状，除不接种卡介苗外，应按照正常预防接种程序接种其他疫苗。

（四）消除歧视，减少恐惧

艾滋病患者的歧视是指对 HIV 感染者从个体和群体水平上的偏见、排斥、羞辱和歧视等心理及行为。这种歧视使 HIV 感染者在医疗卫生服务、就业、教育、住房等方面不能享有同他人平等的待遇。不仅给艾滋病群体的生活和心理带来严重影响，干扰艾滋病的预防和治疗，加大了控制艾滋病传播的难度，同时间接地促进了艾滋病的流行。2014 年 7 月，第 20 届国际艾滋病大会举办方发布了一项声明，确认非歧视政策是经实践证明应对 HIV 并开展有效公共健康计划的基础。

当前，公众对艾滋病普遍存在恐惧和歧视心理，恐惧和歧视关键是对艾滋病知识的不了解。因为艾滋病是一种不可治愈性和高病死率的传染性疾病，公众对艾滋病产生的恐慌心理，容易对艾滋病患者产生歧视与排斥；另外，艾滋病传播途径的特殊性，人们习惯把其和一些特定的行为方式，如卖淫嫖娼、男男性行为、注射吸毒等联系在一起，无形中艾滋病就被“污名化”了，不愿意与 HIV 感染者接触，这样更增加了偏见、隔阂和认知错误，导致歧视现象的进一步深化。

我国 2006 年 3 月 1 日起实施的《艾滋病防治条例》和 2008 年 1 月 1 日起施行的《中华人民共和国就业促进法》均对艾滋病病毒感染者享有平等就业等权利作了明确的规定。以科学、准确的艾滋病防治知识为基础，向公众客观、真实、正面报道艾滋病相关情况，克服公众对艾滋病的恐惧心理，关心、帮助、不歧视 HIV 感染者，为艾滋病防治工作营造良好的社会舆论氛围。

（五）教育艾滋病高危对象自愿咨询检测

艾滋病自愿咨询检测（HIV voluntary counseling testing，VCT）是指人们在经过咨询后能够对个人行为和检测结果做出明智选择的过程。开展 VCT 工作是很有必要的。艾滋病的潜伏期可达 10 年甚至更长，在高危行为后和潜伏期内的感染者、病人及家属需要面对心理、生理、医疗救治和预防等各种问题。VCT 是及早发现艾滋病病毒感染者和艾滋病病人的重要策略，通过鼓励那些曾发生过高危行为的人尽早自愿地接受VCT服务，根据检测结果采取措施避免自己被感染或感染他人，又有利于国家能及早发现疫情，采取更有针对性的防治措施，更好地控制性病、艾滋病。

艾滋病自愿咨询检测工作的原则为：

1. 自愿原则 是VCT服务中应遵循的基本伦理准则。咨询员在向求询者提出有关HIV检测的建议后，必须向其提供有关HIV检测的全面信息，使他们对HIV检测有全面的了解，即艾滋病自愿咨询检测应建立在“知情同意”的基础上。“知情同意”可采取口头或书面形式，但须使用对方能够理解的语言和文字表达。在求询者获得准确、全面信息的基础上，自主作出是否检测的选择。咨询员应给求询者充分考虑和选择的时间和自由。

2. 保密原则 是取得受检方信任、做好VCT工作的前提。凡提供VCT服务的机构应预先制定周密的保密措施和职责，必须在咨询门诊（室）的环境布置、咨询过程、检测报告、转介服务、档案记录和计算机信息等各个管理与服务环节中均注意保护求询者的隐私。例如，未经求询者同意不得将其姓名、检测结果和有关个人、家庭、工作、治疗、求助、转介等情况透露给他人。

3. 尊重原则 维护求询者人格与自尊，以平等态度看待求询者。咨询员应尊重求询者的感受、文化、传统习惯、价值观等，不因求询者的职业、性取向、文化程度、经济地位或处境遭遇等歧视对方，不把自己的价值观强加于对方，不对求询者进行道德评判。在开展VCT活动中应始终贯穿这一原则，根据求询者的个人特征和需求提供适合其需要的服务，营造消除歧视和关爱他人的社会环境。

4. 提供信息原则 无论求询者是否做检测以及结果如何，都应利用求询者前来寻求帮助的机会，根据求询者需求为其提供有关HIV检测、治疗、预防感染和传播、改变危险行为、促进安全套使用等信息。使VCT充分发挥在指导个人改变危险行为、促进艾滋病预防控制工作的作用。

5. 受益原则 应确保VCT活动有利于促进求询者的健康。在提供VCT服务过程中，应确保求询者在求询过程中个人的利益不受伤害，并从中得到有益于他们的服务。例如对HIV检测阳性者及其他有需求的求询者应尽可能提供支持性咨询、特殊需求咨询和相关转介服务等。

二、艾滋病健康教育实施原则

实施艾滋病健康教育可以控制艾滋病大范围传播和流行，目前已得到政府、学者和多数民众的认可。在实施艾滋病健康教育的过程需掌握的原则有以下几方面：

（一）加强国家对艾滋病防治工作的领导与协调

由于艾滋病不仅是一个卫生问题，更是一个社会问题，艾滋病防控工作是一项艰巨、复杂和长期的社会系统工程。各级政府应当把艾滋病控制列入国民经济与社会发展规划中，加强工作领导、保证经费投入、协调各部门职能。

一直以来，我国政府都非常重视艾滋病预防和控制工作，建立了国务院防治艾滋病/性病协调会议制度，成立了国家预防与控制艾滋病专家委员会。在各级政府的支持下，卫生部门协同其他有关部门在政策制定、疫情检测、专业人员培训、宣传教育、科学研究和国际合作方面均开展了卓有成效的工作。但还需清醒的认识到，我国正处于艾滋病流行的快速蔓延期，任务相当艰巨，机会稍纵即逝，如果不采取有力措施，可能造成艾滋病大范围的流行。在国务院印发的《中国预防与控制艾滋病中长期规划（1998—2010年）》中提出，艾滋病防治工作总目标及近期和远期防治工作目标，强调了建立政府领导、多部门合作和全社会参与的工作机制，从根本上以社会联动的手段从艾滋病防控的各个环节入手。

（二）完善艾滋病防控的法律、法规、政策

预防控制艾滋病是一项政策性很强、涉及社会许多方面的一项工作，需要以法律、法规及政

策为依据。法律、法规、政策具有国家强制性、规范性、普遍适用性、可操作性特点，而且有调整、指引和教育的功能，具有突出的不可代替的作用。在艾滋病防治工作中政策、法律法规的建立和执行发挥着重要作用：①通过立法明确 HIV/AIDS 为法定传染病，需要上报，是国家、政府和民众能够对所在地区、国家乃至全球 HIV/AIDS 流行情况有所了解，政府在此基础上预测本国 HIV/AIDS 流行趋势，制定相应对策；②通过立法可以保护艾滋病感染者和病人及其家属的权利和义务，使其能在生理和心理上得到应有的社会支持，主动寻求诊治，避免 HIV/AIDS 在人群中进一步传播扩散；③通过立法还可以规定某些 HIV/AIDS 高危行为为非法行为，从而减少这些行为的发生，以控制 HIV/AIDS 在人群中的传播。

自从 1985 年我国发现第一例艾滋病病例以来，我国出台了大量关于艾滋病方面的法律、法规、规章及规范性文件，在一定程度上遏制、减低了艾滋病的蔓延范围和速度。艾滋病感染者和患者享有《宪法》所赋予的基本权利外，对目前我国管理、控制艾滋病所依据的法律、法规主要有：《中华人民共和国传染病防治法》、《中华人民共和国传染病防治实施细则》、《中华人民共和国国境卫生检疫法》等。除此之外，各部地方还出台了对于艾滋病管理和控制的地方性规章和防治条例。但上述有关法律、法规的某些条款在解释和操作方面还有待进一步完善。

2004 年国家出台了“四免一关怀”政策，这一政策是政府对艾滋病患者和艾滋病病毒感染者的救助和避免歧视的策略，体现了对 HIV 感染者和艾滋病人的人文关怀。我国的艾滋病患者主要是集中在弱势群体和边缘群体，如：农民、吸毒者及个人生活不检点者等。许多人发病后无力医治，政府有责任完善对艾滋病人的社会物质保障体系，保障艾滋病患者基本权利的实现。如果控制艾滋病流行的有效措施得不到真正落实，将会给个人和社会带来严重的后果，成为威胁国家安全、民族兴衰、社会稳定和经济发展的重大问题。

视窗 16-2：

我国防治艾滋病“四免一关怀”政策

针对我国艾滋病防治的严峻形势，为加强艾滋病防治工作，维护正常经济社会秩序，遏制艾滋病流行蔓延，营造一个关爱、不歧视艾滋病感染者和病人的环境，我国政府于 2003 年出台了预防艾滋病的“四免一关怀”政策。

“四免”是指：

一、为农村居民和城镇未参加基本医疗保险等医疗保障制度的经济困难的艾滋病病人免费提供抗病毒药物；

二、在全国范围内为自愿接受艾滋病咨询检测的人员免费提供咨询和初筛检测（包括酶联免疫吸附试验和快速试验）；

三、为感染艾滋病病毒的孕妇提供免费母婴阻断药物和婴儿检测试剂；

四、地方各级人民政府要通过多种途径筹集经费，开展艾滋病遗孤的心理康复工作，为其提供免费义务教育。

“一关怀”是指：国家对艾滋病病毒感染者和患者提供救治关怀，各级政府将经济困难的艾滋病患者及其家属，纳入政府救助范围，按有关社会救济政策的规定给予生活补助；扶持有生产能力的艾滋病病毒感染者和患者从事力所能及的生产活动，增加其收入。

（三）动员全社会力量参与，加大健康教育和行为干预的广度和深度

艾滋病是一种“行为性”疾病，在预防、控制、治疗等方面都有其特殊性和复杂性，针对艾滋病有关的社会行为因素，动员全社会力量参与预防艾滋病的健康教育，可取的巨大成果。

1. 拓展广度，全民普及防艾教育 既往由于社会公众对于艾滋病了解不够或是误解，曾一度制约艾滋病防控工作的开展。当前，我国艾滋病仍呈现低流行态势，在部分重点地区出现高流行

趋势，且疫情逐步从高危人群向一般人群扩散，防治工作形势还相当严峻。积极开展大众宣传，让人们更好地认识了解艾滋病，全社会动员起来共同遏制艾滋病，进一步推动防治工作的深入开展，营造有利于艾滋病防治的社会环境，减少艾滋病对个人、家庭、社区和社会的影响，阻断艾滋病从高危人群向一般人群的传播。

2. 科学地开展高危人群、重点人群的健康教育与行为干预　在对高危人群、重点人群实施健康教育时要注意知识、技能的针对性，并从目标人群的实际情况出发，增加知识的深度以及目标行为的可操作性，并不断探讨和总结不同人群的宣传教育模式和行为改变模式，增加健康教育和行为干预的科学含量。如对美沙酮维持治疗、吸毒人群的针具交换以及卖淫妇女的安全套使用等这些降低危害的治“标”措施如何提高实际效果。

3. 反对歧视，营造良好的艾滋病防治的社会氛围　防治艾滋病，关键要做到走出艾滋病恐惧，战胜无知和偏见。公众对艾滋病的恐惧和逃避比艾滋病本身更为可怕。多年来，我国政府领导多次看望艾滋病患者并慰问其家庭成员，与他们亲切握手交谈，为消除艾滋病歧视做出了表率。通过健康教育活动，加大宣传力度，提高广大人群的艾滋病防治知识和对艾滋病的正确认识，消除不必要的恐惧，才能创建一个和谐宽松的社会环境。同时，对于艾滋病病人应给予更多的理解、爱与尊重，使其享有作为普通公民婚姻、就业、就医、入学等基本权利，防止发生自我歧视和报复心理。

（四）制订艾滋病健康促进规划，把艾滋病的防治工作纳入科学管理

在执行艾滋病防治工作中必须制订规划，确定目标人群、工作内容、评价指标以及协作单位，将艾滋病防治工作纳入科学管理体系，并使其可持续发展。

UNAIDS 对艾滋病的预防提出了若干建议，可供有关人员在制订艾滋病控制规划时参考。这些建议包括：

（1）政府必须在艾滋病处于低流行水平时、真正流行开始之前，在艾滋病预防方面给予投入，这种投入无论从经济角度还是社会角度考虑都是非常必要的。

（2）必须优先考虑如何使人们保持安全的生活方式的问题，而传递给公众的信息对确保资金投入、维护公众支持、减少对艾滋病患者和 HIV 感染者的歧视都是必要的。

（3）艾滋病的预防方针应针对 HIV 传播的途径和新的感染最可能发生的地区。

（4）监测系统必须快速而有效，从而及时发现新的艾滋病流行。

（5）应该为 HIV 感染者设计专门的、针对性强的干预措施。

（五）广泛开展 HIV/AIDS 的监测

我国的艾滋病监测包括常规监测、哨点监测、行为监测和专题调查等。中国自 1985 年 6 月发现第一例艾滋病患者开始，即建立了艾滋病疫情报告系统。艾滋病常规监测为被动监测，HIV 感染者的漏报较为普遍，只能部分反映艾滋病疫情。哨点监测由于是选择某些高危人群，对其进行定点、定时及定量的监测，能较准确地反映该类人群 HIV 感染率变动趋势。在卫生部疾病控制司领导下，由卫生部艾滋病预防与控制中心牵头，各省卫生防疫站参与，1995 年起在全国 23 个省份建立了 42 个 HIV 监测哨点，对 4 类高危人群（性病患者、吸毒人群、暗娼及长途运输司机）进行了 HIV 感染监测，每年开展两轮，每个哨点采集 400 人份血清。目前我国现有国家级艾滋病监测哨点 247 个，省级监测哨点 400 个，基本覆盖了性病患者、吸毒人群、暗娼、长途运输司机、孕产妇、男同性恋者等高危人群和重点人群。

第 4 节　性病、艾滋病健康教育的具体实施与效果评价

艾滋病作为一种“行为性”疾病，健康教育是公认最有效的预防和控制的方法。格林（PRECEDE）模式的引进，使我国的艾滋病健康教育事业得到蓬勃发展，无论在管理形式，还是

在教育内容，均有了很大突破。PRECEDE 提示我们，在制订教育计划前，要进行“需求评估”。即先从分析目标人群的生活质量入手，寻找目标人群的健康问题及引起这些问题的原因，然后有针对性地制定健康教育对策，最后加以实施与评价。

一、性病、艾滋病健康教育计划的设计

在进行性病、艾滋病预防与控制健康教育计划设计时，首先采用如社会诊断、流行病学诊断、行为诊断和环境因素诊断等方法进行需求评估，了解目标人群中普遍存在哪些问题、目标人群已掌握了哪些知识、还欠缺什么，掌握健康教育活动的重点和难点。然后再来制订健康教育计划的目的和策略，使健康教育活动能够有的放矢地进行。

（一）社会诊断

主要是通过社会诊断来评估性病、艾滋病对人群健康、人们的生活质量存在哪些影响；了解社会范围内有关性病、艾滋病预防的健康教育是否已开展，教育的内容有哪些，已做了哪些工作，人们对这类疾病的知识、信念、态度和行为的理解与实践如何；与性病、艾滋病有关的医疗保健服务、政策法规、社会福利如何；在性病、艾滋病预防与控制中还存在什么急需解决的问题等。同时，还要鼓励和动员有关协作部门、社区成员等，共同参与这项健康教育计划，使社会诊断更能准确地反映目标人群的需求。

（二）流行病学诊断

通过流行病学诊断，确定性病、艾滋病的流行概况，划分出高、低和非常低流行区域，同时确定这类疾病在不同年龄、性别、文化程度、职业、种族等特征上的流行分布情况；明确性病、艾滋病流行的影响因素如人口流动、人们在性病、艾滋病预防与治疗方面的知识、性观念、性行为等，以便确定哪些是高危人群、重点人群和一般人群，以进行流行病学的病因推断。

（三）行为诊断

在流行病学诊断的基础上运用行为诊断，明确影响性病、艾滋病流行的行为危险因素。通常可以将这些行为危险因素分为两类：预防行为和感染后有关行为。预防行为，即预防性病、艾滋病传播的行为，包括目标人群的性行为、多性伴侣或同性恋行为、安全套使用行为、吸毒行为以及其他与性病、艾滋病预防有关的行为等。感染后有关行为，即感染了性病、艾滋病后的行为，包括患者的求医行为、咨询行为、性行为、家庭和社会支持行为或歧视行为等。明确这些行为，制定有针对性的干预策略和措施，以减少对个人、家庭和社会的影响。

（四）环境因素诊断

通过对环境因素进行评估，确定与性病、艾滋病流行和感染有关的环境因素，如卫生资源使用情况、卫生服务提供和利用情况，安全套市场供应和发放地点布局情况，有关法律法规的制定，以及财政、教育、社会福利等所能提供的支持。明确性病、艾滋病健康教育促成因素，为健康教育工作顺利进行奠定基础。

（五）制订健康教育计划的目标与策略

在上述一系列诊断评估的基础上，确定所发现的健康问题、行为问题及原因，制订切实可行的性病、艾滋病健康教育总目标，将总目标细化为教育目标、行为目标、健康目标和政策/环境目标等具体目标，明确达到各具体目标所要采用的干预内容和策略，以保障健康教育总目标得以真正实现。

二、性病、艾滋病健康教育计划的实施

性病、艾滋病健康教育计划的实施是、性病艾滋病防控工作的主体部分，依据性病、艾滋病健康教育计划逐步开展具体的健康教育与健康促进干预活动，保质保量实现计划目标。实施健康教育计划的过程是非常复杂的，内容涉及多方面：包括干预的策略和手段、工作进度的安排、人员的培训、设备物品和健康教育材料、经费预算等。这个过程需要社会各部门的相互配合，以便更加合理有效地利用各项资源，达到预防和控制性病、艾滋病的目的。

此外，为了保证健康教育计划的顺利进行，还需要在计划实施的过程中加强监测与过程评估，通过对项目活动进行动态的观察与测量，及时识别活动中潜在的问题，必要时采取纠正措施，确保项目活动达到预防和控制性病、艾滋病的最佳效果。而对于计划实施进行监测和评估者需由健康教育者、专家、协作部门、目标人群代表等共同组成。

三、性病、艾滋病健康教育的评价方法

性病、艾滋病健康教育计划的评价旨在明确实施性病、艾滋病健康教育的效果与预期目标进行比较，确定健康教育计划的价值，帮助决策者做出正确的判断。评价贯穿于健康教育项目的始终，效果评价指标是评价中一个重要问题。

在进行效果评价时选择适当的评价指标非常重要，按照计划的目标，性病、艾滋病健康教育的效果评价可从以下几方面进行：

（一）评价教育目标实现效果的指标

教育目标包括有关性病、艾滋病方面的知识增加、态度的转变以及技能的提高。常用评价指标有：

1. 性病、艾滋病知识知晓率　指在重点或一般人群中进行性病、艾滋病调查，知晓合格人群在调查总人群中所占比例，以了解重点人群（如性工作者、同性恋者和嫖娼者）和一般人群（如社区居民、学生等）对性病、艾滋病方面知识的知晓程度。其计算式为：

$$\text{性病、艾滋病知识的知晓率}=\frac{\text{一般人群（重点人群）知晓合格人数}}{\text{一般人群（重点人群）调查总人数}}\times 100\%$$

2. 性病、艾滋病知识测验及格率　指在进行性病、艾滋病有关问题的测验中，回答合格的人群在参加测验的总人群中所占比例，以了解重点人群和一般人群对性病、艾滋病知识真正掌握的程度。其计算式为：

$$\text{性病、艾滋病知识测验及格率}=\frac{\text{一般人群（重点人群）中测验性病、艾滋病知识及格人数}}{\text{一般人群（重点人群）被调查总人数}}\times 100\%$$

3. 预防性病、艾滋病的信念持有率　指相信能够通过一定的干预手段来预防和控制性病、艾滋病传播的人群在被调查总人群中所占的比例。其计算式为：

$$\text{预防和控制性病、艾滋病的信念持有率}=\frac{\text{持有相信性病、艾滋病能预防和控制信念的人数}}{\text{被调查者总人数}}\times 100\%$$

（二）评价行为目标实现效果的指标

行为目标包括安全套的使用率的提高、性伴侣人数减少、贩吸毒人数减少以及戒毒的实施情况等。

1. 行为改变率 指一定时期内改变某特定性行为的人群在观察开始时有该行为人群中所占的比例。其计算式为：

$$行为改变率=\frac{一定时期内改变某特定行为的人数}{观察期开始时有该行为的人数}\times 100\%$$

2. 安全套正确使用率 指能正确使用安全套的人数占接受教育的总人数的比例。培训前后分别计算该指标，可比较安全套使用技能是否得到提高。其计算式为：

$$安全套正确使用率=\frac{培训前（后）能正确使用安全套的人数}{接受培训的总人数}\times 100\%$$

（三）评价性病、艾滋病健康教育总目标实现效果的指标

健康教育的总目标是通过公众的健康状况的好转来进行评价，由于社区人群中艾滋病感染率较低，短时间内几乎不能看出艾滋病感染率的变化，因而可用性病的发病率来代替观察艾滋病的感染率。在评价总目标通常的评价指标有：

1. 性病、艾滋病感染率 是指接受检查的人群中性病、艾滋病感染者所占的比例。其公式为：

$$性病、艾滋病感染率=\frac{感染性病、艾滋病病原体的人数}{受检总人数}\times 100\%$$

2. 性病、艾滋病发病率 指一定时期内，一定范围人群中（如一般人群或重点人群）中性病、艾滋病新发生病例出现的频率，表示这一时期内性病、艾滋病流行的强度。其计算式为：

$$性病、艾滋病发病率=\frac{该期间内新发生的性病、艾滋病病例数}{一定时期内可能发生性病、艾滋病的平均人数}\times 100\%$$

事实已经证实行为与性病、艾滋病传播之间存在一定的关系，在进行健康教育的总目标效果评价时，可用行为目标代替。

思　考　题

1. 性传播疾病的主要传染源有哪些？
2. 艾滋病的流行有何特点？
3. 如何针对传播途径进行艾滋病的预防？
4. 预防和控制性病、艾滋病的健康教育计划如何实施？
5. 案例题：张某，50岁，女性，某县农村村民，因家里子女有四个，最小的儿子如今正在读职业学校，为了支付儿子学费，张某不得已到城里找工作。几经周折，终于在某宾馆找到一份工作--专门负责洗碗洗菜。在一年一度的从业人员健康体检中，被查出RPR阳性（梅毒血清筛查试验），后经当地疾病控制中心确诊为早期潜伏梅毒患者。张某起初不知梅毒是何病，当被告知是性病，即俗话说的"花柳病"后，觉得无脸见人。就诊中的张某问："我不是风流人，哪弄来的这种病？"咨询员亲切地问："阿姨，我相信您不是风流人，您有什么事？我们会为您提供帮助的。"张某吞吞吐吐地说："几个月前我将宾馆的旧浴巾收起了两条自己平时用，是不是浴巾弄出的问题？"咨询员说："一般不会的。梅毒传播主要是经性交、母婴垂直感染、经血感染三种途径，经间接途径传播可能性极小，而且需要一定条件。如梅毒患者刚用过的湿浴巾你接着使用。否则无法使您感染。您经常回家吗？老伴患过梅毒吗？与老伴房事的时候使用避孕套吗？"张某苦笑了一下，说："结扎都扎掉了，还戴什么东西？我不常回家，三四个月回去一趟，回去要打几十元车票，省一个是一个。"咨询员说："最后一次跟老伴在一起是什么时候？""大约三月前。"咨询员说："您目前已被确证是梅毒，首先我建议您带老伴到当地正规医院去验血

查一下，最好同时接受规范治疗。同时要避免夫妻之间相互传染，造成久治不愈。并且至少要随访 2 年。第一年每隔 3 个月复查一次，第 2 年每隔 6 个月复查一次。治疗后还有什么困难我们随时提供帮助，好吗？”

问题：

（1）张某是如何感染上梅毒的？

（2）性病、艾滋病咨询应该注意哪些问题？

（内蒙古医科大学　巴特尔　王艳玲）

第十七章　心理问题的健康教育

案例 17-1：

世界卫生组织发布的《2014 年精神卫生地图集》中指出，全世界每 4 个人中就有 1 人可能面临精神健康的困扰；在患有严重精神疾病的人中，约有 75%的患者得不到任何治疗。全球范围用于精神卫生的资源，包括财政以及人力资源，仍然处于非常低的水平：全球卫生人力中从事精神卫生工作的人只占 1%，近半数世界人口生活在每 10 万人拥有不到 1 位精神科医生的国家；低收入和中等收入国家每年的人均精神卫生支出还不到 2 美元；目前全球有 68%的国家，已经制订了与精神卫生相关的政策或计划；半数国家已具备单独的精神卫生法，但实际上这些政策或法规大多难以落实。

据统计数字表明，我国各类精神疾病患者人数已过亿，至 2014 年年底，全国已登记在册严重精神障碍患者 430 万人。每 10 万人仅拥有 17.1 张精神病床位，每 10 万人仅拥有 1.49 名精神科医师。中国公众对焦虑症、抑郁症等常见精神障碍的认知率低、社会偏见和歧视广泛存在，讳疾忌医多，科学就诊少，进一步影响了精神卫生疾病的防治效果。部分地区严重精神障碍患者的发现、治疗、随访、管理工作不到位，家庭监护责任难以落实，贫困患者无法得到及时有效的救治。

问题：

1. 你认为精神疾病是否可以预防？降低精神疾病发病率、患病率的最好的措施是什么？
2. 你认为导致心理问题产生的原因是什么？
3. 你认为应如何改善公众对心理问题的认知水平？

随着医学模式的转变人们认识到：健康是个体身体、心理和社会功能的一种平衡状态，人们要实现完满的健康状态，不仅要身体健康，还要心理健康及提高自身的社会适应能力。身体健康是心理健康的基础，心理健康是身体健康的保证和动力。但现实生活中人们重视身体健康优于心理健康，人们往往只重视锻炼身体，提高身体健康水平，而不注意培养健康的心理。这种片面的健康观已经带来了许多不良的后果。我国正处于社会转型期，各种社会矛盾增多，竞争压力加大，人口和家庭结构变化明显，严重精神疾病患病率呈上升趋势。与此同时，儿童和青少年心理行为问题、老年性痴呆和抑郁、药物滥用、自杀和重大灾害后受灾人群心理危机等方面的问题也日益突出。据卫生部门统计，近年来我国各类精神疾病患者人数由 10 年前的 5.4%上升到目前的 15%左右，而大部分患者并没有得到有效的诊断和治疗。心理问题已成为重大的公共卫生问题和突出的社会问题。可见，维护心理健康也日益成为广大群众日常生活的需要，心理健康问题也已成为专业工作者包括健康教育工作者的主要研究领域。

第 1 节　心理健康与心理问题

一、心理健康及其标准

（一）心理健康的概念

心理健康，也称心理卫生或精神卫生。国内外学者就心理健康的定义与内涵从不同角度进行阐述，目前对心理健康的定义还没有完全统一的说法。第三届国际心理卫生大会（1946 年）对心理健康的定义为："所谓心理健康是指在身体、智能以及情感上，在与他人的心理健康不相矛盾的范围内，将个人心境发展成最佳的状态"。这个定义把心理健康放在与他人比较中来界定。也就是说，如果一个人与其他人相比较，符合同龄阶段大多数人的心理发展水平，这个人的心理状况就是健康的。反之就是不健康。

第六十六届世界卫生大会（2013 年），通过《2013～2020 年精神卫生综合行动计划》，该行动计划中对精神卫生概念化为"一种健康状况，个人实现自身能力，能够应对生活中的正常压力，能够开展有成效和有成果的工作，并能够对社区做出贡献"。

心理健康有广义与狭义之分。广义的心理健康是指一种高效而满意的、持续的心理状态，个体在此状态时，能在社会环境中健康地生活，保持良好的情绪状态，适应社会生活变化节奏，能与人正常交往，与社会保持和谐，能最大限度地发挥自身的潜能。狭义的心理健康是指为了减少行为问题和精神疾病的发生而采取的各种策略和措施，如采取积极有益的教育和措施，维护和改进人们的心理状态以适应当前和发展的社会环境。前者是从宏观上要求人应该达到的可能状态；后者是对未出现的或可能出现的异常行为进行预防与抵御。

以往的心理健康的研究大多属于狭义层面，偏重于心理疾病和不健康的一面。20 世纪 70 年代人本主义理论的兴起，使心理健康的含义更加全面，心理健康不再意味着没有心理疾病，还意味着个人的良好适应和充分发展。心理健康的中心任务是着力于人类心理健康的维护，而不是心理疾病的治疗。

（二）心理健康的标准

心理健康是一个相对的概念，缺乏身体健康那样精确的客观指标，主要是定性的观察。心理健康的标准是从优秀的心理品质中总结出来的具有代表性的特征。不同的心理学家对于心理健康的标准有着不同的看法，其中美国心理学家马斯洛（Maslow）和米特尔曼（Mittelmann）提出的心理健康 10 项标准得到了较多的认可，被认为是心理健康最为经典的标准：

（1）有充分的适应能力；

（2）充分了解自己，并对自己的能力作恰当的估计；

（3）生活目标、理想切合实际；

（4）与现实环境能保持良好的接触；

（5）能保持人格的完整与和谐；

（6）具有从经验中学习的能力；

（7）能保持良好的人际关系；

（8）能适度的宣泄情绪和控制情绪；

（9）在不违背集体意志的前提下，有限度地发挥个性；

（10）在不违背社会规范的情况下，能适当地满足个人基本需求。

我国的一些学者对成人心理健康提出以下五条标准：

1. 智力正常 包括分布在智力正态分布曲线之内者及能对日常生活做出正常反应的智力超常者。正常智力是人一切活动最基本的心理前提。如果智力缺陷，则社会化的过程难以进展，心理发展水平必然受到影响，难以独立生存。

2. 情绪良好 情绪健康是心理健康的核心标准。包括能够经常保持愉快、开朗、自信的心情，善于从生活中寻求乐趣，对生活充满希望。虽然也有悲、忧、哀、愁等负性情绪的体验，但能够并善于调整，具有情绪的稳定性。常说的情商便体现了这一能力。

3. 人际和谐 人际和谐是心理健康不可缺少的条件，是获得心理健康的重要途径。包括乐于与人交结，既有稳定而广泛的人际关系，又有知己的朋友；在交往中能以尊重、信任、理解、宽容、友善的态度与人相处，能分享、接受和给予爱和友谊。一个人的人际关系状况最能体现和反映他的心理健康水平。

4. 适应环境 适应环境是心理健康的重要基础。环境适应能力包括正确认识环境的能力和正确处理个人与环境关系的能力。心理健康的人是环境的良好适应者，他对自身所处的环境有客观的认识和评价，始终使自己保持良好的社会适应性。

5. 人格完整 心理健康的最终目标是培养健全的人格和保持人格的完整，包括人格的各个结构要素不存在明显的缺陷与偏差；具有清醒的自我意识，不产生自我同一性混乱；以积极进取的人生观作为人格的核心，有相对完整的心理特征等。

心理健康的标准是一种理想的尺度，它不仅为我们提供了衡量心理是否健康的标准，而且为我们指明了心理健康水平努力的方向。每一个人在自己现有的基础上作不同的努力，不断发挥自身潜能，都可以追求心理发展的更高层次。

视窗 17-1：世界精神卫生日

"世界精神卫生日"是由世界精神病学协会（World Psychiatric Association，WPA）在 1992 年发起的，时间是每年的 10 月 10 日。创设世界精神卫生日的目的，旨在提高公众对精神卫生问题的认识，促进对精神疾病进行更公开的讨论，鼓励人们在预防和治疗精神疾病方面进行投资。

2015 年世界精神卫生日的主题是："心理健康，社会和谐"。旨在号召全社会积极参与精神卫生工作，共同承担防治责任和义务，推动形成理解、接纳、关爱精神障碍患者的社会氛围，保护和促进公众心理健康。

由英国医生编制的，用于社区人群筛查和评定非精神疾病的心理健康自我评定问卷，已通过国内大量使用和验证，适用性强。

（1）干什么事情都不能专心；

（2）因心烦而睡眠少；

（3）感到在各种事情上都不能发挥作用；

（4）对一些问题没有能力做出决断；

（5）总是处于紧张之中；

（6）感到无法克服困难；

（7）从日常生活中不能感兴趣；

（8）不能够面对困难；

（9）感到不高兴和心情压抑；

（10）对自己失去信心；

（11）认为自己是无用的人；

（12）所有的事情都感到不值得高兴。

判断标准：肯定答案每题 1 分，总分≥4 分，说明心理健康已经出现问题。

二、心理问题及发生机制

人的心理问题会出现在心理现象的不同方面。人的心理现象表现为心理过程和个性（人格）两方面。心理过程包括认知过程（感觉、知觉、注意、记忆、思维、想象等）、情感过程（喜、怒、忧、惊、恐等）、意志过程（有意识地确定目标、克服困难、调节行为等）；个性包括个性倾向性（需要、动机、信念等）、个性特征（能力、气质、性格）、自我意识（自我认知、自我体验、自我控制）。

人的心理活动是非常复杂的，现实中没有一个人可以说是一生都保持完全心理健康状态。人体内外环境存在着各种影响人心理健康的因素，而有害因素会导致人的心理活动出现不同程度的损伤，出现心理活动的偏离、进而丧失正常的心理活动而出现异常心理活动。

（一）心理问题

人的心理的“正常”与“异常”之间没有明确的严格的界限，两者之间在某些情况下可能有本质的差别，但在更多的情况下又只是程度的不同。也就是说，人的心理是一个由“正常”逐渐向“异常”、由量变到质变的渐变的连续过程（见图 17-1）。可见，人的心理问题普遍存在，只是程度不同。

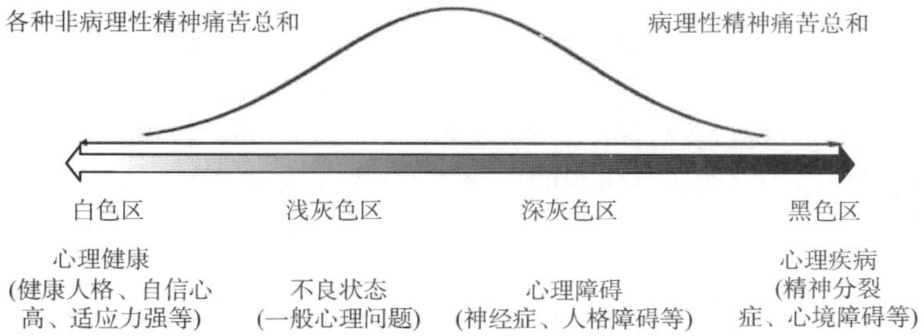

图 17-1　心理问题的程度与范围

心理问题等级划分从健康状态到心理疾病状态一般可分为 4 个等级：健康状态（白色区）→不良状态（浅灰色区）→心理障碍（深灰色区）→心理疾病（黑色区）。

心理问题依据严重程度可分为：一般心理问题、心理障碍和心理疾病。心理健康状态和一般心理问题属于正常心理，心理障碍和心理疾病属于偏离正常的异常心理。

1. 一般心理问题　日常生活中常见的心理问题。由各种生活、人际关系压力等而产生心理冲突、心理困惑、心理烦恼。每一个正常的人在特定情景下都可能产生不同的心理问题，往往持续时间较短、情绪反应仍在理智控制之下，能照常工作学习及人际交往，可主动调节或通过专业人员帮助恢复常态。

一般心理问题的特点是：①持续时间较短。一般在一周以内能得到缓解。②社会功能影响比较小。一般都能完成日常工作学习和生活。③能自己调整。大部分通过自我调整如休息、聊天、运动、钓鱼、旅游、娱乐等放松方式能使自己的心理状态得到改善。小部分人若长时间得不到缓解，可通过寻求心理医生的帮助得到调整。

一般心理问题可以发生在人生的各个年龄阶段，不同年龄阶段有不同的特点。

（1）婴幼儿（0～3 岁）常见的心理问题：养育方式不当所带来的心理发育问题，如言语发育不良、交往能力和情绪行为控制差等。

（2）学龄前儿童（4～6 岁）常见的心理问题：难以离开家长、与小伙伴相处困难。处理不好，易发生拒绝上幼儿园以及在小朋友中孤僻、不合群等问题。

（3）学龄儿童（7～12 岁）常见的心理问题：学习问题（如考试焦虑、学习困难、注意力障碍等）、情绪问题（情绪不稳定、紧张焦虑、孤僻、恐怖等）、品行问题（偷窃、说谎、逃学、攻击行为等）、不良习惯（习惯性抽搐、吮指、咬指甲、遗尿、口吃、偏食等）。

（4）青少年（13～18 岁）常见的心理问题：学习问题、人际交往问题（如学校适应不良、逃学）、情绪问题、行为问题（如恃强凌弱、自我伤害、鲁莽冒险）、与性发育期密切相关的问题（如吸烟、酗酒、药物依赖、网络成瘾、过早性行为、离家出走、违法犯罪、自杀等）。

（5）中青年（19～55 岁）常见的心理问题：与大学生有关的问题，如环境适应、人际交往、恋爱、升学就业等；与工作相关的问题，如工作环境适应不良、人际关系紧张、就业和工作压力等带来的问题；与家庭相关的问题，如婚姻危机、家庭关系紧张、子女教育问题等。

（6）中老年（55 岁以上）常见的心理问题：退休适应、与子女关系、空巢、家庭婚姻变故、躯体疾病等带来的适应与情感问题。

2. 异常心理 关于异常心理的概念，迄今尚未达成共识。国内多数学者认为，异常心理是指个体的心理过程和心理特征发生异常改变，大脑的结构或功能失调；或是指个体无法按照社会规范或以适宜的方式适应日常生活要求，而表现出的心理、行为的偏离。

判断一个人的心理是否异常很难找到一个统一公认的判断标准。不同的学者、从不同的角度与经验，在不同的学科领域中，按照不同的标准去看待心理的正常与异常，各有自己不同的区分方式。我国学者较常用以下几种判断标准对心理正常与异常进行区分。

（1）内省经验标准：以经验作为判断心理正常或异常的标准时主要包括两个方面。一是指个体的主观体验：即个人感觉到自己的焦虑、抑郁、说不出原因的不适感或无法控制自己的行为；但是有人却不能觉察而没有任何反应，如亲人丧亡时无一点悲伤或忧郁感，这种情况反而是心理异常的表现。二是观察者根据自己的经验对被观察者个体的心理与行为处于正常或异常状态进行判断。这种判断是目前精神科医生最常用的方法，由于经过专业教育和临床实践，大致形成相近的标准，判定结果基本一致。但仍有少数存在分歧，甚至截然相反。故这种判断有很大的主观性和局限性。

（2）生物学标准：通过比较和分析，确认是否存在异常心理现象和行为，同时经躯体检查能否找到相应的生物学改变，以此来确定心理正常与否。但对于因社会心理因素起主导作用而产生的异常心理如神经症等，该标准无法判断。

（3）统计学标准：对普通人群的心理特征进行测量的结果常常呈正态分布，绝大多数人都在均值附近，只有少数人（5%）处在正态分布曲线的两端，被视为“异常”。判断一个人的心理正常与否是以其心理特征偏离均值的程度来决定。这种标准也存在缺陷，如智力超常的人在人群中占极少数，处在正态分布的一侧尾端，但不能认为这些人是异常的。

（4）社会适应标准：个体能否适应社会准则、伦理道德、风俗习惯等社会要求，能否达到人与生活环境的协调一致，以及当出现违背上述准则和规范的言行时，是否能做出公众所理解和认可的解释等，以此来判断个体心理正常还是异常。该标准不是一成不变的，受时间、地域、习俗、文化等因素的影响而差异较大。

心理的表现多种多样，可以是严重的，也可以是轻微的。据世界卫生组织估计，在同一时期，人群中大约有 20%的人存在着不同程度的心理异常。迄今为止，尚没有统一的分类标准。目前在医学临床诊断上使用的精神疾病分类方法有三种：①世界卫生组织颁布的《疾病及有关健康问题的国际统计分类》（International Statistical Classification of Diseases and Related Health Problems ICD），简称国际疾病分类，已修订到第十版即 ICD-10；②我国中华精神科学委员会制定的《中国精神疾病分类方案与诊断标准》（Chinese Classification and Diagnostic Criteria of Mental Disorders CCMD），现使用第三版，即 CCMD-3；③美国精神医学会编写的《精神疾病诊断与统计手册》（Diagnostic and Statistical Manual of Mental Disorders，DSM），现使用第五版，即 DSM-Ⅴ。三种分类方法的疾病分类见表 17-1，可见三种分类的疾病类别并不完全相同。

表 17-1 CCMD-3、ICD-10、DSM-Ⅴ的病类比较

ICD-10	CCMD-3	DSM-Ⅴ
1.器质性，包括症状性精神障碍	1.器质性精神障碍	1.神经发育障碍
2.使用精神活性物质所致的精神和行为障碍	2.精神活性物质或非成瘾性物质所致的精神障碍	2.精神分裂症谱系及其他精神病性障碍
		3.双相及相关障碍
3.精神分裂症、分裂性障碍及妄想性障碍	3.精神分裂症（分裂症）或其他精神病性障碍	4.抑郁障碍
4.心境（情感）障碍		5.焦虑障碍
5.神经症性、应激相关的及躯体形式障碍	4.心境障碍（情感性精神障碍）	6.强迫及相关障碍

续表

ICD-10	CCMD-3	DSM-Ⅴ
6.伴有生理功能紊乱及躯体因素的行为综合征 7.成人人格与行为障碍 8.精神发育迟滞 9.心理发育障碍 10.通常起病于童年与少年期的行为和情绪障碍	5.癔症、应激相关障碍、神经症 6.心理因素相关心理障碍。 7.人格障碍、习惯与冲动控制障碍、性心理障碍 8. 精神发育迟滞与童年和少年期心理发育障碍 9. 童年和少年期的多动障碍、品行障碍、情绪障碍 10.其他心理障碍和心理卫生情况	7.创伤及应激相关障碍 8.分离障碍 9.躯体症状及相关障碍 10.喂食及进食障碍 11.排泄障碍 12.睡眠-觉醒障碍 13.性功能失调 14.性别烦恼 15.破坏性、冲动-控制及品行障碍 16.物质相关及成瘾障碍 17.神经认知障碍 18.人格障碍 19.性欲倒错障碍 20.其他精神障碍 21.药物所致的运动障碍及药物其他不良反应 22.可能成为临床关注焦点的其他情况

异常心理包括心理障碍和心理疾病（精神疾病）。

心理障碍在严重程度上属于轻度异常心理，是个体由于受到自身及外界因素的影响，心理状态的某一方面（或几方面）发展的超前、停滞、延迟、退缩或偏离。主要包括为神经症（神经衰弱、焦虑症、强迫症、恐惧症、疑病症、癔症等）、人格障碍（偏执性人格障碍、分裂型人格障碍、强迫型人格障碍、表演型人格障碍、自恋型人格障碍、回避型人格障碍、攻击型人格障碍等）、性心理障碍（性身份障碍、性取向障碍等）、创伤后应激障碍（PTSD）等。

心理疾病，也称精神疾病，属于严重异常心理。是由于个人及外界因素引起的个体强烈的心理反应，明显的躯体不适感，是大脑功能失调的外在表现。患者出现认识、情感、动作行为、意志等心理活动均出现持久的、明显的异常；社会功能损害大，不能正常生活、学习、工作；动作行为难以被一般人理解，在病态心理支配下，有自杀或攻击、伤害他人的动作行为；自知力缺陷、对自己的精神症状丧失判断力，拒绝治疗。常见的心理疾病有精神分裂症、心境障碍、分裂样精神病等。

（二）发生机制

在心理问题研究中，心理学界各种理论学派分别以不同的观点探讨和阐述了心理问题发生的机制。现将几种主要的理论模式介绍如下：

1. 心理动力学理论　19 世纪末由奥地利的精神病学家弗洛伊德创立的经典精神分析理论及其后的现代精神分析理论的各流派，统称为心理动力学理论。经典的精神分析理论有潜意识理论、心理发展阶段理论、人格结构理论、焦虑论、焦虑与自我防御机制等，现代精神分析理论有客体发展理论与自我心理学理论等。

（1）潜意识理论：在经典分析理论宣传早期，弗洛伊德认为人的心理是由意识、潜意识和前意识层次组成。

意识：是指在任何时候都被知觉到的心理现象，如感知觉、注意、记忆、思维、想象及各种情绪体验等。意识服从现实原则，只有符合社会规范和道德观念的心理活动才能进入意识层面，个体调节进入意识的各种印象，压抑着心理活动中原始的本能冲动和欲望。

潜意识：又称无意识，是指在人的心理结构的深层，不能被人意识到的心理层面，正常人的大部分心理活动都是在潜意识层面展开的，并受到潜意识的驱动。潜意识的主要内容是不被客观现实、道德理智所接受的各种本能的冲动、欲望和要求，因不符合道德、现实和社会文明，不能进入意识被个体所察觉的心理活动。

前意识：介于意识和潜意识之间，包括所有当时意识不到，但提高自己集中注意或他人提醒可以进入意识层面的心理活动。主要功能是起到警戒作用，不允许潜意识的本能冲动直接进入意识层面。

人的心理活动中的意识、潜意识、前意识之间保持一种动态的平衡。潜意识之中的各种本能冲动或动机、欲望一直都在积极活动之中，有时还很急迫，力求在意识的行为中得到表现。但因其是为社会道德、宗教法律所不能容许的冲动，所以当其出现时，就会在意识中唤起焦虑、羞耻感和罪恶感，因而加以抵抗，进行压抑。被压抑在潜意识中的冲突是心理异常的动力性原因。

（2）人格结构理论：弗洛伊德在心理地形学的基础上，发展了人格结构理论。他把人的结构分为三个层次：本我、自我、超我。

人格的三种构成本我、自我、超我之间不是静止的，而是互相交换的。自我在超我的监督下，按现实可能的情况，只允许来自本我的冲动有限的表现。在一个健康的人格之中，这 3 种结构的作用必然是均衡、协调的。本我是求生存的必要的原动力；超我在监督、控制主体按社会道德标准行事；而自我对上按超我的要求去做，对下吸取本我的动力，调整其冲动欲望，对外适应现实环境，对内调节心理的平衡。如果这 3 种力量不能保持这种平衡，则将导致心理失常的产生。

（3）人格发展理论：以性欲论为基础的人格发展阶段说是弗洛伊德经典精神分析理论极为重要的部分，也是经典精神分析理论区别于新精神分析理论的主要标志。弗洛伊德认为，以性欲为基础的种族保存的本能背后有一种潜力，叫做力比多，又称性力，它是一种力量、一种本能。这种存在于潜意识中的性本能是人类一切心理和行为发生的基本动力，是决定个人和社会发展的永恒力量。当然，他所谓的性不仅包括了同生殖器官有关的狭义内容，而且具有更广泛的内涵，包括了与生命得以延续和发展有关的内容。他将个体从出生到性成熟的性心理的发展划分为 5 个阶段（见表 17-2）。

表 17-2　弗洛伊德性心理发展阶段及其特征

阶段	年龄（岁）	特征描述
口唇期	0～1	性本能的主要区域在口唇，婴儿从吸吮、咀嚼、咬等口唇活动中获得快感与满足。这种方式使婴儿依赖于母亲，加强了母婴关系，从而获得了安全感，也是人格发展中信任与自信的重要源泉
肛门期	1～3	自发排便时满足性本能的主要方法。此期儿童要接受排泄大小便的训练，快感表现为忍受和排便。此时儿童的心理发展与形成自主控制和攻击有关，同时也逐步建立起与父母的关系。
性器期	3～6	愉快来自性器官的刺激，此期儿童能分辨两性、在行为上开始出现性别之分；产生对异性双亲的爱恋和对同性双亲的嫉妒。儿童模仿同性父母，使之内化为自己人格的一部分。
潜伏期	6～12	此期的儿童性欲倾向受到压抑，对性缺乏兴趣，性冲动转移到学习和充满活力的游戏活动中。快感主要是对外部世界的兴趣，如学习、体育、与同辈人的集体活动等。

弗洛伊德认为，每个阶段的性活动都可能影响人的人格特征，甚至成为今后发生心理疾患的根源。成人人格的基本组成部分在前三个阶段已基本形成，所以，儿童的早年环境、早期经历对一个人其后的心理发展是至关重要的。一般人遵循着发展阶段走向成熟，但儿童在发育过程中会遇到一些特殊的情绪冲突，即被压抑着的性冲突，只有在冲突被解决后，儿童才能成熟，成为健康的成人。性心理的发展过程如不能顺利进行，停滞在某一发展阶段，或个体在受到挫折后从高级的发展阶段倒退到某些低级的发展阶段，就可能导致心理的异常，成为各种神经症、精神疾病产生的根源。

（4）客体关系理论：为现代精神分析理论的主流，主要代表是梅拉尼·克莱因、奥托科·科恩伯格。

克莱因、科恩伯格的客体关系理论强调母亲与婴儿的亲密关系对心理健康的影响。客体关系是指人与人之间的关系，客体关系中的客体是指由特别意义的人或事，是一个人的情感或内驱力的投射对象或目标。在婴儿的养育过程中，母亲是婴儿的最重要的客体，母亲与婴儿形成了错综复杂的客体关系，儿童人格组织是外部客体（如母亲）与客体关系内化的结果。科恩伯格认为理解人格结构的关键是母婴关系，早期健康的客体关系使个体获得一个整合的自我、有力的超我和满意的人际关系。早期不良的母婴关系会导致矛盾的自我状态和多种不同程度的成人心理障碍。

2. 行为学习理论　行为主义是由美国霍普斯金大学的心理学教授华生（J.B.Watson）创立的西方心理学的一个流派。行为主义的基础理论的主要来源有三个方面：经典条件反射理论、操作性条件反射理论、社会学习理论，这三种理论的共同特点就是学习。

行为主义理论认为，除了遗传和成熟的有限作用外，人的行为都是经后天学习、模仿而形成的，学习是获得行为和改变行为的主要途径。强调外在环境和学习过程，认为一切行为都是学习的结果，包括正常的行为、变态行为及其心身反应模式。根据学习的基本规律，可以解释、预测和控制个体行为的获得、维持和消退。不良行为是错误的学习、不适当的条件联系或学习能力缺陷的后果。通过对学习各环节的干预或重新学习，可以矫正不良行为。利用该理论通过教育和训练来矫治与心理社会相关的疾病取得了一定的成效。

3. 人本主义理论　人本主义心理学是在美国兴起的一种心理学流派，代表人物有马斯洛、罗杰斯等。

（1）马斯洛的需求层次理论：马斯洛（Maslow A.）认为人类行为的心理驱动力不是性本能，而是人的需要。他把人的需要分为两大类七个层次。第一类需要：包括生理需要、安全需要、归属与爱的需要和尊重的需要，这些属于匮乏性需要，具有类似本能的性质，是人的基本生存需要，为人和动物所具有。第二类需要：包括认识需要、审美需要、自我实现需要，这些属于成长性需要或存在需要，为人类所特有，是一种超越了生存满足之后发自内心的渴求发展和实现自身潜能的需要。马斯洛认为，长期处于基本需要缺失状态的人会产生心理疾病，而缺失性需要的满足则可以避免疾病；成长性需要得到满足可以促进人的心理健康和个人成长，需要受到挫折会导致无意义感和空虚感。

马斯洛认为，精神疾患可以看作是病人没有能力认识并满足自己的需要，没有能力达到心理健康状态，因此精神疾患是一种匮乏性疾病。

（2）罗杰斯的自我理论：罗杰斯（Carl Rogers）认为，人有一种与生俱来的实现倾向，这种实现倾向不仅要在生理、心理上维持自己，而且要不断增长和发展自己。有关自我概念的理论把自我（self）与自我概念（self-concept）作了区分。自我就是一个真实的我，自我概念是一个人对自己的主观知觉和认识。当自我与自我概念的实现倾向一致时，人就达到了一种理想状态，即达到了自我实现。自我得到的经验、体验与自我概念冲突矛盾时，自我概念受到威胁产生了恐惧，通过防御机制否认和歪曲自身的经验、体验。当经验、体验与自我的不一致有可能被意识到、直觉到时，焦虑就产生了。一旦防御机制失控，个体就会产生心理失调。发挥潜能的自我实现是个体的最高动机。如果在良好环境中，个体能发挥潜能而达到自我实现；若遭遇挫折和干扰，就会导致心理和行为的错乱。

4. 认知理论　认知心理学主要研究人类认识的信息加工过程，并以此来解释人类的复杂行为。认知学派认为，人的情绪、行为受学习过程中对环境的观察和解释的影响。不适宜的情绪、行为产生于错误的知觉和解释。所以，改变人的情绪、行为，就要首先改变人的认知。在大多数情况下，情绪、行为和认知是相伴而生的，认识可以改变情绪、行为，情绪、行为也可以改变认识。人们发现，认知作为理性心理部分，对人的情绪、情感、动机、行为，有较强的调控作用。

认知心理学中艾利斯关于情绪障碍的 ABC 理论认为：情绪不是由某一诱发事件本身所引起的，而是由经历了这一事件的个体对这一事件的解释和评价所引起的。在 ABC 理论的模型中，A 是指诱发事件；B 是指个体在遇到诱发事件之后产生的信念，即他对这一事件的解释和评价；C

是指在特定情景下，个体的情绪及行为结果。该理论认为信念是行为的核心。合理的信念会引起人们对事物适当的、适度的情绪和行为反应，不合理的信念会导致不适当的情绪和行为反应。当人们坚持某些不合理的信念，长期处于不良的情绪状态中时，最终将会导致情绪障碍。人们所持有的不合理的信念主要有 3 个特征，即绝对化要求、过分概括化和糟糕至极。绝对化要求是指人们以自己的意愿为出发点对某一事物怀有认为其必定会发生或不会发生这样的信念。这种信念通常是与“必须”和“应该”这类字眼联系在一起的。比如“我必须获得成功”，“别人必须很好地对待我”等等。怀有这样信念的人极易陷入情绪困扰。过分概括化是一种以偏概全、以一概十的不合理思维方式，包括对自己和对他人的不合理评价。糟糕至极是一种认为如果一件不好的事发生将是非常可怕、非常糟糕、是一场灾难的想法。每一个人都或多或少会有不合理的思维与信念，而那些具有严重情绪障碍的人，具有这种不合理思维的倾向更为明显。

5. 心理生物学理论 心理生物学研究内容主要涉及心理活动的生物学基础和身心作用的生物学机制。

美国著名生理学家坎农与其弟子巴德等提出的情绪丘脑学说理论认为：情绪的控制中枢在丘脑，丘脑一方面传递情绪冲动至大脑皮层产生情绪体验，另一方面通过自主神经系统影响外周血管活动和内脏功能。如果不良情绪长期反复出现，就会导致躯体疾病的发生。

加拿大生理学家塞里（Han Selye）提出著名的应激学说，认为应激是机体对各种有害因素进行抵御的一种非特异性反应，表现为一般适应综合征，分为三个阶段：①警觉期：机体开始觉察到外界应激源的刺激，开始唤醒机体的生理、心理机能来准备对抗应激源的刺激。若机体处于持续的有害刺激，又能渡过第一段，则会转入下一段。②抵抗期：充分调动生理、心理机能来对抗应激源的刺激，如果应激源的强度弱或很快消失，机体可以恢复到正常水平，如果应激源的强度很大或持续时间过长，就会进入下一时期。③衰竭期：持续、过强的刺激超出了机体的适应范围，机体就会表现出适应不良的情况，出现焦虑、头疼、血压升高等一系列症状，甚至发生身心疾病直至死亡。

心理生物学理论模式认为异常心理是由遗传、躯体疾病、生理和生化改变，病毒和细菌及药物影响等生物学因素影响而形成的，但并非所有异常心理皆可找到生物学证据，因此这个理论模式有很大的局限性。

三、心理问题的危害性

儿童时期心理行为问题与障碍对儿童的健康及其成年时期的健康都会带来危害。各种故意伤害行为（如青少年暴力行为）和非故意性伤害行为（如违反交通规则等）是儿童青少年的重要死亡原因。儿童青少年时期的吸烟、饮酒等行为和静坐少动的生活方式往往延续至成人期，显著增加成年后的吸烟、酗酒等成瘾行为的发生，而酗酒又是导致车祸、暴力行为和自伤的主要影响因素之一。缺乏体育锻炼、静坐少动的生活方式、高糖、高脂、高盐膳食结构，不食或少食蔬菜水果的饮食行为等是成年期疾病（肥胖、心脑血管疾病、2 型糖尿病、癌症等）低龄化的原因。青少年毒品滥用、网络成瘾、不安全的性行为等健康危害行为，给个人健康带来严重损害，还导致一定的社会问题，如青少年吸毒不仅增加暴力犯罪、HIV 感染和患性传播性疾病的风险，社会也付出了巨大代价。

精神疾病对患者的社会生活能力和劳动生产力的损害是巨大的，它所导致的心灵痛苦一点也不亚于躯体疾病导致的痛苦，患者除不能为国家正常创造财富外，往往还需要大量的资金进行医疗看护并消耗过量的社会资源。世卫组织的一项研究认为，在 2011 年至 2030 年，精神障碍将在全球累计导致高达 16.3 万亿美元的经济产出损失。

精神障碍患者发生残疾和死亡的比率格外高。如严重抑郁症和精神分裂症患者与一般人群相比，由于常常得不到治疗的身体健康问题（例如癌症、心血管病、糖尿病和艾滋病毒感染）和自杀，过早死亡的可能性要高40%至60%。

精神疾患经常对癌症、心血管病和艾滋病毒感染/艾滋病等其他疾病造成影响并受到其影响，如抑郁症使人易患心肌梗死和糖尿病，而这两者都会转而提高发生抑郁症的可能性。

精神疾病发病多起于青壮年，患者没有稳定工作，加上该病治疗难度大，易迁延不愈，需要花费较大一笔治疗费用，常常使个人和家庭坠入贫穷，患者往往生活在脆弱情景之中并可遭受社会排斥和被边缘化。精神病患者无自知、自理能力，还需他人照顾、护理，给家庭带来沉重经济及精神负担。严重的精神疾病患者由于精神异常，会产生影响社会治安与工作秩序的行为，成为影响社会安定的因素之一。此外，精神疾病有可能给患者及其亲属带来社会歧视、自罪感等间接的不利影响。随着经济的快速发展和社会竞争的加剧，精神疾病对人类健康和社会可持续发展的危害将会越来越严重，也会影响到社会稳定与和谐。

第2节　心理问题的影响因素

案例17-2：

2015年6月，国家禁毒委员会发布《2014年中国毒品形势报告》显示，中国吸毒人员总量持续增长，并呈低龄化、多元化趋势。截至2014年底，全国累计发现、登记吸毒人员295.5万名，实际吸毒人数超过1400万。其中，35岁以下青少年占在册吸毒人员总数的57.1%。在2014年新发现的48万名吸毒人员中，18岁以下吸毒人员1.8万名，18岁到35岁吸毒人员占近7成。吸毒群体由过去的无业人员、农民、个体经营者、外出务工人员为主逐渐向企业事业职工、自由职业者、演艺界人士甚至公务人员等人群扩散。此外，滥用合成毒品人员累计登记人数首次超过滥用传统毒品人数。毒品的社会危害日益严重。截至2014年底，仅全国在册登记吸毒人员已死亡4.9万名。全国每年因吸毒造成的直接经济损失高达5000亿元。因吸毒引发的侵财性违法犯罪案件多发，自杀自残、伤害他人、毒驾、袭警抗法等极端肇事肇祸现象时有发生。

近年来，因为吸食新型毒品导致精神失控而引发的暴力犯罪和公共安全事件也屡见不鲜。有研究表明，吸食冰毒等新型毒品，对大脑神经细胞产生直接的结构性损害，出现急慢性精神障碍，约八成的吸食者即使停用8～10年，仍然有不同程度的精神分裂症状，因为大脑中枢神经受损，脑神经细胞坏死，结果导致记忆力衰退，出现变态人格，暴虐无道，无法正常的学习和工作，甚至有的连生活自理都会有很大的障碍。

问题：

以吸毒为例试分析药物依赖对身心健康的影响？

心理健康和精神疾病与躯体健康和躯体疾病一样，是由生物、心理和社会因素以及它们之间的相互作用而决定的。生物、心理和社会因素影响着人生发展的各个阶段。各因素之间的良性作用是心理健康的保护因素，反之则是发生心理卫生问题的危险因素；当危险因素作用达到一定程度，会导致精神疾病的发生。通过消除危险因素、加强保护因素可以预防精神疾病的发生，促进精神健康。

一、生物遗传因素

影响心理问题发生的生物学因素包括年龄、性别、遗传、产前产后的发育情况、躯体疾病和成瘾物质等。

（一）基因与心理问题

基因是核酸分子中储存遗传信息的基本单位，不同的基因表达组成不同的个体，在个体表现出不同的心理行为。许多学者通过对双生子的研究证实了基因与生物体正常行为的关系。双生子的研究发现，同卵双生子在许多行为性状方面有着很高的一致性，即使部分同卵双生子在出生后即被分开抚养，他们之间仍有很高的一致性。早期的双生子研究认为基因是行为性状的决定因子。近期的研究认为心理行为受遗传和环境因素的双重作用，不同的心理行为受遗传因素作用的大小不同。

基因不仅可以影响正常生物个体的行为变异，而且与许多疾病的发生密切相关。当正常的基因因为诱变剂的存在而发生突变时，突变基因可以严重地影响机体，导致行为性状的改变。这是因为基因的突变在细胞生物学水平上使正常的功能改变而导致疾病的发生。关于基因突变导致机体发病的模式有三种：一是单基因模式，即单个基因的突变导致疾病发生的现象，如部分精神分裂症患者、儿童失神癫痫等；二是寡基因模式，即几个基因共同作用导致某种疾病的易感性升高而发病的现象，大多数的精神疾病被认为符合寡基因模式；三是多基因模式，即多个基因相互作用而起病，但每个基因的作用是微小的，甚至于这些基因中的单个基因可以在正常个体表达。只需具备多个基因中的几个即可以发病而无需多个基因全部具备。多数精神分裂症和双相性情感障碍符合多基因模式。

（二）躯体疾病与心理问题

人的心理活动是对客观现实的反映，客观现实是心理的源泉，脑是产生心理活动的物质基础。只要人的大脑正常，就会对外界的客观现实有正常的心理反应，如大脑发育不全或受到损伤，其心理反应也会出现问题。脑发育不全的人表现为心理发展水平明显落后于正常人群；颅脑疾病如颅脑损伤、脑血管疾病、颅内肿瘤、脑变性疾病等是引起脑器质性精神障碍的主要原因，特别是脑的弥漫性损害和位于额叶、颞叶、胼胝体、基底节和边缘系统的病变更易引起精神障碍。

感染与心理行为也有关。全身感染、中枢神经系统感染和其他系统感染均可引起精神障碍，如败血症、流行性感冒、伤寒、肺炎、脑膜炎、神经梅毒以及获得性免疫缺陷病等。但随着人类急性传染病被控制，由急性传染病引起的精神障碍已很少见到。近年来性传播（如艾滋病）和注射毒品引起的感染侵袭中枢神经系统导致的精神障碍受到关注。

各系统内脏器官疾病如慢性肺功能不全、高血压、动脉硬化、肝功能不全、肾功能不全、内分泌疾病、代谢疾病、结缔组织疾病等都可出现精神障碍。在农村，有机磷农药使用不当是引起精神障碍的常见原因；冬季煤炉或木炭取暖导致一氧化碳浓度过高，常易中毒并遗留严重精神障碍。

（三）药物与心理问题

现代医药学认为，药物大多能产生两种效应：生理效应和心理效应。药物通过其药理作用来达到治病的目的，此为药物的生理作用；药物还可以通过其非生理作用，在病人的心理上产生良好的感觉，加速疾病的康复，此为药物的心理效应。如某些药物通过生物化学作用影响人的记忆、情绪、思维等心理现象，药物对人产生的暗示作用（如安慰剂的作用），病人由于长期用药疗效甚微而产生焦虑不安的恐惧心理和抗药心理，有些特殊药物（如兴奋剂、致幻剂）可控制人的行为，阿托品、异烟肼、皮质类激素等医用药物可引起精神障碍；苯、有机汞等易挥发性物质和重金属均可引起中毒，出现急性或慢性精神障碍等。

使用药物所导致的药物依赖行为及撤去药物后可引起的戒断症状的现象称为药物依赖性，也称药物成瘾。能够导致药物依赖的药物有阿片类（如海洛因、吗啡、美沙酮、哌替啶等）、精神兴奋药（如苯丙胺、安非他明、可卡因等）、致幻剂（如麦角酸二乙酰胺等）等。

药物依赖包括精神性依赖和身体依赖性。精神依赖性亦称心理依赖性，是药物对中枢神经系统作用所产生的一种特殊的精神效应。用药者对药物产生异常强烈的渴求感，不顾一切地寻觅和使用，重复体验和享受“欣快感”，避免断药后的身心折磨，这种心理依赖往往终生难忘。身体依赖性也称生理依赖性，是药物长期作用于人体，使人体机能产生适应性改变，形成一种在药物作用下的新的平衡状态。一旦停掉药物，生理功能就会发生紊乱，出现一系列严重反应，称为戒断症状。它是一种反跳现象，常表现为与药物原来作用相反的效应。在现有的毒品中以海洛因等阿片类毒品产生的危害最大，吸食此类毒品后成瘾性强，戒断症状严重，戒断后复吸率高，并且成为传播艾滋病的高危人群。

视窗 17-2：成瘾行为

成瘾行为是指不是由于医疗需要，个体出现强烈的、连续的或周期性的求得使用某种"有害物质"的行为。这类"有害物质"是可使易成瘾者产生强烈欣快感和满足感的物质或行为，被称为致瘾源。致瘾源主要有两大类，一类是物质致瘾源：主要包括处方药滥用（如止咳药水、曲马多、复方甘草片等）、阿片类药物（如吗啡、杜冷丁、美沙酮、丁丙诺菲等）、新型毒品（如K粉、摇头丸、冰毒、麻古、五仔等）、传统毒品（如海洛因、黄皮、大麻）、安眠药（如安定、舒乐安定、三唑仑、阿普唑仑等）、酒精、烟草等；另一类为精神致瘾源：如网络、电子游戏、赌博、刺激性小说、武打电影等。目前世界精神病学界已经普遍认为成瘾性疾病尤其是毒品成瘾是一种慢性复发性脑疾病。成瘾一词也逐渐被依赖所取代。

成瘾行为有两个重要特征：

1. 进入体内的"致瘾源"（人工合成的或天然的）已成为成瘾者生命活动中的必需部分，由此产生强烈的心理、生理、社会性依赖。

（1）生理性依赖：已参与到体内形成循环、呼吸、代谢、内分泌等生理活动过程中，以适应烟、酒、药品等本来是额外的需要。

（2）心理性依赖：成瘾行为已成为完成智力、思维、想象等心理过程不可缺少的关键因素。

（3）社会性依赖：进入某种社会环境或某种状态时，就必须出现该行为。如吸烟成瘾者不吸烟就无法进行正常的社会活动。

2. 一旦停止"致瘾源"的应用，将立即引起戒断症状。如焦虑、空虚、无聊、无助、不安、嗜睡、流涎、绝望等，是一种生理和心理的综合改变。一旦恢复成瘾行为，戒断症状将完全消失，同时产生超欣快感。成瘾者会不择手段去获得"致瘾源"，有一种不可抗拒的力量强制地驱使人们连续使用该物质，而且有逐渐加大剂量的趋势；对个人和社会都产生危害。

（四）生物年龄对心理行为的影响

从发展心理学的角度看，从出生到死亡是一个精神活动的连续体，在连续体的不同发展阶段，心理活动有其各自的特征。对一般心理活动来说如此，对心理问题和心理障碍来说也是如此。无论就心理问题的性质还是表现方式上都有差异。对于学龄前儿童来说，心理障碍可能由一个恐怖电影镜头的惊吓产生，但很少由于小孩子打架引起，但成人完全不同。儿童受刺激后，很易泛化，这是由于其大脑皮层功能尚未完善，内抑制能力较差，认知水平低，不易分化。所以儿童心理问题很容易转化为心理障碍，而成人则不然。由于儿童的情感表达没有成人那样高度语言化和内心压抑，所以心理障碍更多以行为障碍为主，如多动、缄默、多余动作或退缩行为等。

老年人的心理习惯之一是倾向回忆往事，不愿展望未来，曾经坎坷的老年人情绪方面多沉闷低沉。老年人的心理需要多数比较现实，要求眼下有事可做，特别是刚刚离开工作岗位的离退休人员；由于社会交往的减少，孤独感是造成老年人心理问题和心理障碍的原因之一。

二、心理因素

影响心理问题发生的心理因素包括人的认知、个性、应对方式和情绪特点等。

（一）认知与心理问题

认知因素致病是指对事物的理解、概念的使用、推理的逻辑和自我认知在内的偏差与失误所造成的心理问题和心理障碍。

个体对生活事件的认知评价直接影响着个体的应对活动和心身反应。认知评价是指个体对遇到的生活事件的性质、程度和可能性的危害情况作出的估计。Folkman 和 Lazares（1984）将应激下的认知评价分为初级评价和次级评价。初级评价是个体在某一生活事件发生时立即通过认知活动判断其是否与自己有利害关系。如果判断事件与自己无关，则不采取任何行动；如果评价事件积极有利，则会导致愉快、振奋的情绪；如果评价为威胁，存在潜在危害，个体出现紧张。次级评价是指一旦初级评价得到事件与自己有利害关系的判断，个体立即会对自己的能力做出估计。如果次级评价判断是可以有效应对的，个体会做出"问题关注应对"，其应对策略是针对事件或问题的（应激源），在这种情况下，紧张事件不会引起应激反应或者不会引起强烈的应激反应；如果次级评价的当事人判断自己无法有效地应对事件，则往往引起"情绪关注应对"，其应对方式是指向自身，可导致应激反应的发生。

应激的心理反应可以涉及心理行为的各个方面，如可使人出现认知偏差，行动刻板，缺乏自信心；情绪上出现焦虑、恐惧、抑郁、愤怒等反应；行为上出现逃避与回避、退化与依赖、敌对与攻击、药物滥用等反应。适度的刺激和心理应激，有助于维持人的生理、心理和社会功能的平衡，可以消除厌烦情绪，动员全身潜能，激励人们投入行动，适应环境，提高工作和学习效率。频繁、强烈而突发过度的应激可造成机体唤醒障碍（唤醒不足或过度），耗损过度，适应能力减弱，使心身功能和社会活动障碍，作业能力受损，工作、学习效率下降，引发事故和车祸等。持久和慢性应激，使机体处于适应不良和易感状态，耗竭机体储备，神经内分泌功能紊乱，免疫功能下降，导致心身疾病，引发精神障碍。应激引起的适应不良可造成个体认知上的悲观预测，社会适应功能下降，出现行为障碍。面对新的应激表现过度反应和退缩反应，是导致自杀、物质滥用及依赖的主要原因之一。对于某些精神疾病具有易感素质的人，则在一些并不特别强烈的应激影响下也会发病。

（二）人格与心理问题

人格是指个体在适应社会生活的成长过程中，经遗传与环境交互作用形成的稳定而独立的心理结构。一个人的人格表现在知、情、意等心理行为的各个方面，气质和性格是人格的重要部分。人格是人的心理行为的基础，是影响人的身心健康的关键性因素之一。

个体在社会化过程中逐渐养成的人格特征异于常人时，形成了人格异常。主要的人格异常有：偏执性人格异常、分裂样人格异常、反社会型人格异常、强迫型人格异常、表演性人格异常、依赖型人格异常、回避型人格异常、自恋性人格异常、边缘型人格异常等。人格异常者所具有的心理特征开始于儿童青少年时期，在成人后继续存在。人格异常者并未脱离现实，虽在客观上显示出其社会适应困难，但并不因自己的行为偏差感到焦虑不安。

英国伦敦大学艾森克教授（H.J.Eysenck）及其夫人（B.G.eysenck）编制的艾森克人格问卷（EPQ）由 P、E、N、L 4 个量表组成，主要调查内外向、神经质或情绪的稳定性、精神质 3 个维度。研究结果表明：神经质特征突出的人容易产生各种神经症性障碍；精神质特征突出者容易产生精神分裂症等精神病性障碍。

三、社会文化因素

人类生活在社会环境中，社会文化因素可影响心理问题的发生。精神卫生和精神疾患的决定因素不仅包括个人特征（例如是否有能力控制自己的思想、情感、行为以及与他人的交往），而且包括社会、文化、经济、政治和环境因素（例如国家政策、社会保护、生活水平、工作条件以及社区的社会支持等）。

家庭是社会的组成细胞。家庭经济状况、家庭结构、家庭气氛、教养方式等对心理行为有着重要的影响。濒临破裂、离异或重组的家庭，如果家庭缺乏和谐温暖气氛，教养方式不当，常造成亲子情感淡漠，儿童易出现离家出走、打架斗殴、少年犯罪等各种心理行为问题。

随着社会变革、人口流动加快、社会角色增多、社会交往扩大和生活节奏加快所形成的高张力、高强度、高效率的刺激，超限刺激着人们的心灵，从而导致人们心理疲劳，产生各种不适应感。随着竞争机制被引入社会生活的各个领域，日益激烈的竞争在给人们以机会充分展示自己潜能的同时，也给人们带来了更多的挫折和失败，出现对社会适应不良。社会支持的薄弱难以发挥缓解个体心理压力、增进个体心理健康的作用。对于那些心理承受力低、应对调整能力不强的人来说，更容易产生心理失调。

社会动荡、战争、种族歧视、暴力犯罪、政治迫害以及贫困等社会压力，对心理健康可造成严重损害。如纳粹集中营幸存者中的集中营综合征，越南战争退伍军人中的创伤后应激障碍以及强奸受害者的急性应激障碍和精神障碍等。突发性公共危机处置不当亦会造成民众心理恐慌等。

语言、风俗和习惯的改变也会导致产生心理行为问题。最常见的是“文化性迁移”，即从一种语言环境或文化背景进入到另外一种语言环境或文化背景中，小到社区、城市，大到民族、种族和国家。在这种情况下，个体将面临一种生疏的生活方式，以适应新的情况。如果适应不良，轻者造成自我迷茫、困惑、苦闷、迷失、烦躁、失眠或日夜颠倒、不善于与人交往，难以融入新环境、情绪不稳，冲动任性，注意力不集中等；重者容易诱发各种心理障碍和心理疾患，甚至出现各种犯罪或自卑、自杀倾向。

第 3 节　心理问题的健康教育内容与方式

案例 17-3：

林某，男，28 岁，未婚。26 岁那年，父亲突然病逝，给林某造成了不小的打击，偏偏祸不单行，与他交往了一段时间的女友提出分手，双重打击使得他患上了精神分裂症，住院治疗一段时间后康复出院。但是周围的朋友、邻居都对他敬而远之。好心人给他介绍对象，但是女方听说他曾经患过精神分裂症而都拒绝跟他交往……。他觉得现在人们都戴着有色眼镜看他，精神分裂症患者的标签让他感到压力很大。

问题：如果你是该社区的心理健康工作者

1. 对于社区中的精神疾病恢复期的人，你如何予以帮助和指导？
2. 如何在社区开展心理健康教育，改变居民对精神病患者的错误观念？

心理健康教育是根据个体不同年龄阶段的心理特征和心理发展规律，采取各种行之有效的、有针对性的活动，帮助对象人群或个体保持心理健康，从而更好地适应社会，健康地成长和发展。心理健康教育不仅包括帮助受教育者维持正常的心理状态，也包括帮助已出现了不良心理状态及不健康者及时摆脱不良的心理状态，帮助实现心理疾病的预防、治疗康复，以达到提高心理健康水平的目的。

心理健康教育的功能主要有三个方面。

1. 调试性功能　针对已经产生心理问题的个体，提供具体的有针对性的心理健康教育措施，使个体学会调节和适应，重新认识自己和环境，改变原有不良的态度和行为，帮助其及时摆脱不良的心理状态。

2. 预防性功能　指为个体和团体提供“防患未然”的心理健康教育措施，使其掌握应对心理危机的方法，减轻心理压力，坚强地面对生活中的各种挫折，主动适应环境。

3. 发展性功能　指心理健康教育能帮助不同年龄阶段的个体有效解决一些心理问题，顺利完成各阶段的心理发展任务，提高心理成熟度，促使身心得到全面和谐的发展，增强个体适应学习、工作、生活的能力。

心理健康教育内容与方式应根据不同心理健康状态的人的需求，有针对性地选择。根据心理健康状态将人群分为三类，即心理疾病（精神疾病）患者、心理问题高危人群、一般人群。

一、精神疾病的健康教育

精神疾病患者因为患病及康复后不能进行正常的学习、就业和承担责任，从而影响其社会价值的实现；也可能由于社会歧视等原因而丧失学习、就业机会，“游离”于社会之外。就家庭成员而言，精神疾病患者的影响不仅仅是涉及经济、医疗及照顾的负担，同时也还包括诸如精神付出、忍受社会歧视等方面的问题。而对于出现的上述问题，传统精神疾病医院治疗方法往往缺乏行之有效的解决方案。精神疾病患者的治疗已开始由单纯的医学药物治疗模式逐步转向医学-心理一社会的综合模式，对被确诊患有精神疾病者应采取“重病治疗在医院，康复治疗在社区”的服务模式。

精神疾病的健康教育内容主要是：

（一）提高精神疾病患者的医疗依从性

被确诊患有精神疾病者应及时接受正规治疗，遵照医嘱全程不间断按时按量服药。患者家属在病人治疗过程中起着重要的作用。应告知患者家属不愿意接受治疗、不正确治疗或不规律服药的患者，会导致病情延误、难以治愈，并易复发。

（二）发挥缓解期、恢复期精神疾病患者在治疗中的主观能动性

采用适当的心理治疗，发挥患者在治疗中的主观能动性，增强其战胜疾病的信心，帮助患者提高对自身疾病的认识，可以有效巩固疗效。

（三）精神疾病患者的康复训练

利用精神卫生专业机构、社区康复体系对精神疾病患者进行康复服务。开展生活自理能力、社会适应能力和职业技能等方面的训练，以减少残疾和社会功能损害、促进康复、防止疾病复发，帮助其重新建立与社会、家庭成员及家庭周围环境接触的能力。

（四）利用社区和家庭支持系统，提高居民对精神疾病的认知

社区居民和家庭成员尽量为患者提供一个和谐、友好、随和的气氛，营造良好的社会交往、社会尊重的环境。每天给患者安排一系列有益的活动及工作，如参加一定的社会活动及家务劳动，搞好个人卫生、进行体育锻炼，与社会保持适当的接触。鼓励、教育患者要看到以后美好的前景并树立信心，战胜疾病。

由于大多数人对精神疾病认识不足，对患者缺乏应有的理解和同情，偏见与歧视现象较严重，致使一些精神疾病康复者不能顺利回归社会大家庭，产生了强烈“病耻感”。一些患者和家属虽然具有一定的精神卫生知识，认识到疾病的性质，多数人也宁可自己忍受痛苦而不愿寻求精神科医生的帮助，害怕因“精神病”而受歧视，结果延误了治疗，病情加重。要使人们认知到精神疾病是可以预防和治疗的。倡导全社会消除对精神疾病患者的歧视，使精神疾病患者在痊愈后拥有平等求学和就业的机会。精神疾病患者和躯体疾病患者一样，也是疾病的受害者，应得到人们的理解和帮助。

二、心理问题高危人群的健康教育内容

在世界卫生组织发布的《2013～2020 年精神卫生综合行动计划》中所使用的“弱势群体”这

一术语，是指因所接触的情景和环境而变得脆弱的个体或者成群个体（与之相对的是固有弱质或者缺乏能力）。弱势群体可（但不一定）包括贫穷家庭的成员、慢性疾病患者、遭受虐待和被忽视的婴儿和儿童、初次接触物质使用的青少年、少数民族、土著人群、老年人、遭受歧视和人权侵犯的人、同性恋、双性恋和变性者、囚徒以及面临冲突、自然灾害和其他人道主义紧急情况的人及失业青年等。这些个人和社会群体所处的地位可能会有发生精神卫生问题的显著更高风险，可看作是心理问题的高危人群，易发生心理行为问题和精神障碍。

我国《全国精神卫生工作规划（2015—2020 年）》中指出：要针对学生、农村妇女和留守儿童、职业人群、被监管人员、老年人等重点人群分别制订宣传教育策略，有针对性地开展心理健康教育活动。

心理问题高危人群的健康教育重点是开展多种形式的精神卫生宣传，增进公众对精神（心理）健康及精神卫生服务的了解，提高自我心理调适能力。在心理卫生问题发生初期，通过提高高危人群对心理问题的认知，早发现、早诊断、早治疗，控制疾病，降低危害。心理卫生问题多种多样，维护心理健康的方法也五花八门。在诸多的问题中情绪、人际交往问题尤为突出。下面主要介绍不良情绪及人际交往健康教育的内容及方式。

（一）不良情绪健康教育内容与方式

1. 认识不良情绪的危害　情绪伴随人的终生。喜、怒、哀、乐、悲、恐、惊等各种情绪渗透于人们的一切活动中。不良情绪影响人的心理平衡和行为适应。流行病学的研究发现紧张的生活事件（如战争、空袭、迁居到不同社会文化和地理环境中、生活方式和社会地位的改变等）可以导致高血压、溃疡病等心身疾病的发病率明显增加。动物实验也十分支持不良情绪的致病作用。

2. 改变不良的思维方式　ABC 理论告诉我们，相同的事件，正是由于每个人对它的不同解释，才产生各自不同的情绪。ABC 理论中对这事件的解释和评价是一副“眼镜”，每个人实际上都是戴着一副无形的眼镜在看待周围的事物，透过自己独特的视角——“眼镜”，每个人看到的世界都不会完全一样。我们的各种情绪，无论积极的，还是消极的，都取决于我们通过自己的“眼镜”看到的世界。因此，要摆脱消极的情绪，就要改变自己的“眼镜”，即要改变自己的思维方式，学会弹性思维、辩证地思维。要主动调整认识上的偏差，多从光明面看问题。当你以积极乐观的态度、以合理的认知来面对现实，诸多烦恼就会离你而去，痛苦和不幸也就会大打折扣。

3. 宣泄压力，调节情绪　不良情绪只有通过合理的途径进行宣泄之后才能化解，即所谓的“泄压”；反之，积郁不良情绪，实际是在不断“加压”，最终将导致精神崩溃。泄压的方法主要有：

（1）倾诉：当心中烦闷、痛苦、忧虑、悲伤时，不妨找亲朋好友倾诉一番，或者以写日记的方式向自己倾吐，也可去找受过专门训练的心理咨询人员，与他们来探讨情绪方面的问题。许多人都有这样的体会，在遇到一些令人气愤或伤心的事时，特别想找人一吐为快，当你把心中想说的话说出来之后，情绪也就会平静许多。

（2）倡导健康地排解不良情绪：在国外有一些“宣泄中心”，想宣泄自己情绪的人就可以去宣泄中心发泄不良情绪。当你情绪难以抑制实在想发泄的时候，不妨找个空旷的地方大喊大叫几声，或者摔打一些不会损坏的东西，如枕头、靠垫等，或者痛痛快快地哭一场。当然要注意合理宣泄，切勿将自己的一腔怨气或怒火宣泄在无辜的人身上，这样只会适得其反。

（3）转移：情绪不佳时，要学会理智地克制自己，强迫自己积极行动起来，转移自己的注意力。如外出散步、逛街、打球、看书、听音乐、看电视等，都有助于平静自己的情绪。切忌情绪低落时便一蹶不振，什么事都不想干，结果导致在情绪的陷阱中越陷越深。

（4）放松：当你感到紧张、焦虑、烦恼、郁闷时，可采用放松的方法来调节自己的情绪，如肌肉放松法、呼吸放松法、情景放松法等。

（5）言语暗示：积极的暗示既可用来减轻不良情绪的困扰，也可用来激励自己。如考试失利时，用“胜败乃兵家常事”、“失败是成功之母”来告慰自己，从而摆脱懊丧、焦虑的情绪；当你情绪激动、怒火中烧时，不妨提醒自己“冷静些”、“生气是拿别人的错误来惩罚自己”；进入考场心慌意乱时，可暗示自己“别紧张”、“相信自己”等。

4. 培养健康情绪 情绪与个体需要是否得到满足有关。如果需要得不到满足，就会产生消极、否定的负性情绪。因此，可以通过调整目标，建立起理想与现实尽可能一致的生活目标，使个体需要尽量得到满足，增加愉快生活的体验。另外，培养幽默感。当一个人处在尴尬的情景中时，以幽默的态度应付，可以使一个本来紧张的情况变得比较轻松，使一个窘迫的场面在幽默中消逝。

（二）人际交往问题的健康教育内容与方式

人具有社会性。人从出生时的自然人，在社会化过程中通过与人的交往逐渐成为一个社会的人。“水能载舟，亦能覆舟”，一个人的幸福和才智来自人际交往，一个人的痛苦和不幸也离不开与人的交往。所以，人际交往是人才发展的载体，也是人生沉浮的关键。

人际交往问题的健康教育内容与方式主要有：

1. 把握人际交往的原则 人际交往过程中常因不能掌握交往的原则导致人际交往障碍。人际交往的原则主要有：①平等原则：平等是交往的基础，是建立良好人际关系的前提。每个人都有自尊和被人尊重的需要，在人际交往中要平等待人。②互利原则：要求人们在交往中双方都能得到好处。③信用原则：在交往中诚实守信，言行一致。④相容原则：人与人之间总是存在差别，这就需要求同存异，相互容纳，才能正常交往与相处。⑤赞扬原则：在人际交往中，要善于发现并且鼓励赞扬对方的优点与长处，礼貌相待，才能相互促进与提高。

2. 增加人际吸引力 在日常生活中，每个人随时都要与各种各样的人交往，建立起各种形态的人际关系。人的心理适应主要是人际关系的适应。许多心理问题的根源往往来源于不良的人际关系。良好人际关系的目标是达到人际吸引。人际吸引是指在人际交往过程中所形成的对他人的一种特殊形式的社会态度。产生人际吸引的因素包括：①邻近吸引：在具有满足他人需要的情况下，交往双方空间距离越小、越相近，容易相互了解，导致心理上、情感上的接近，彼此间越容易相互吸引；②相似吸引：交往双方或几方在年龄、地位、社会角色、能力、兴趣、态度等方面越相似，彼此越能相互吸引；③互补吸引：当沟通双方的需要和满足正好成为互补关系时，会产生强烈的吸引力；④外表吸引：仪表风度是一张有效的通行证，那些漂亮、有气质、风度翩翩的人容易被人接纳；⑤人格吸引：具有较好人格特征的人容易产生人际吸引，人们一般都喜欢真诚、热情、正直、开朗、尊重他人、有责任感、谦虚、理智、友善的人，讨厌虚伪、冷淡、自私、嫉妒、固执、骄傲、自卑、贪婪、庸俗的人；⑥能力吸引：人们一般喜欢那些能力较强的，特别是有特殊才能而又偶尔出现一些差错的更有吸引力；⑦情感吸引：人们总是愿意和那些喜欢自己、尊重自己的人交往。

与人际吸引相对的概念是人际排斥。这是一种彼此认识失调、情感冲突、行为对抗的人际关系。表现为交往的双方或多方离心离德、勾心斗角、互不配合、明争暗斗等，必然导致交往中断，关系难以维系。

3. 改变认知 人际交往出现障碍后所表现的情绪困扰多半是由于自己的某些不合理的思维和信念所应起的。通过咨询和训练，使当事人能够科学地进行逻辑思维与分析，改变不合理的信念。

4. 调控情绪 情绪伴随人的终生，驾驭情绪是成功交往的关键。情绪是人际交往中极其重要的心理因素，它通过对人的认知和行为的影响对交往产生调控作用。情绪可以使人们的人际认知（是个体在与周围人的交往中对自己、他人及自己与他人相互关系的认知）染上浓厚的主观色彩。当人们对自己或他人做出不同的认知和评价时，就会在交往中做出不同的行为反应。对于自己肯定的对象，人们总是有强烈的交往动机，在交往中表现的积极主动；对自己否定的对象，人们往往避而远之，表现的消极被动。对自我情绪的了解、表达和监控，在很大程度上可以改善人的心理适应能力。如果任自己的消极情绪肆意泛滥，不仅不利于自己的身心健康，而且还有碍于与别人的交往，导致人际关系不协调甚至破裂；这反过来又会使自身的不良情绪恶化，从而形成恶性循环，严重阻碍个人的发展和成功。因此，必须注意把握好自我的情绪，莫让情绪牵着你的鼻子走。因此，当你愤怒的时候，要注意学会合理地宣泄与控制；当你悲伤的时候，要努力提醒自己正视现实、客观地评价自己所处的境遇，增强自信；当你烦躁的时候，梳理一下令你烦躁的事件，冷静地正视并加以控制。

5. 掌握沟通技巧　我们生活在一个沟通的时代，每天都要从事各种各样的沟通，人际沟通在人际交往中起着重要的作用。如果与他人沟通得不好，就会在别人的误解、向别人解释和被别人疏远中度过。如夫妻沟通不畅导致家庭矛盾，它会成为离婚的重要原因；亲子沟通不畅导致亲子关系紧张，儿童会出现各种心理行为问题；同事间沟通不畅，就会陷于人事纠纷之中，感到干什么事都不顺，总是障碍重重。因此，良好的沟通可保持协调的人际关系。

有效沟通的技巧包括：

（1）认真倾听：人们沟通的目的就是要获取信息和情感，而倾听正是获得信息的渠道，也是了解他人的重要手段。听是交流的一半，注意和善于倾听的人，永远是善于沟通、深得人心的人。每个人的成长与发展，都要依赖于有效地接受和处理各种信息的能力，所以养成注意和善于倾听的习惯，在一定程度上将会有利于我们自己获得幸福和成功。

（2）善于应用委婉、幽默、赞美的语言沟通技巧：委婉是社会生活中被广泛而频繁使用的交流技巧。不论在日常生活还是政治生活中，都可能遇到各种各样的委婉言语。这些言语使人们在表达相同的意思时更含蓄、动听，尤其在谈到激动和敏感的事情，以及拒绝对方时，更能让对方接受。幽默能使紧张的精神放松，释放被压抑的情绪，避免刺激和干扰，摆脱窘困的场面，消除心身的某些痛苦，保持和增进心理健康。得到欣赏是人的一种心理需求，而赞美是一种不用花钱而又很有效的奖赏，恰到好处的赞美是拉近心理距离的妙方之一。

（3）恰当的非语言沟通技巧：非语言包括无声的动姿（手势、眼神与注视方向、面部表情等）、无声的静姿（静态体语）、有声的类语言（语音、语气、语调等）、时空语（时间、地点等）。非语言在沟通中可以起到支持、修饰或否定语言行为的作用。有时可以直接表达语言行为，甚至表达相互语言难以表达的情感内容。如真诚的微笑是接纳的信号，沟通的桥梁。自然微笑可以打破僵局；轻松的微笑可以淡化矛盾；坦然的微笑可以消除误解。若要令人接纳和喜爱，就要奉献出你真诚的微笑。

（4）及时感谢：感谢他人对自己的关心、爱护和帮助。懂得感谢的人是具有爱心的人，不懂得感谢的人是对人冷漠的人，是不懂人情世故的人。感谢对于多数人来说是需要学习的。在感谢别人时，诚恳的态度是很重要的。感谢要发自内心，不卑不亢。只有感谢才能使沟通形成良性的循环。所以要养成感谢的习惯。

视窗 17-3：《2013～2020 年精神卫生综合行动计划》

第六十六届世界卫生大会，通过《2013～2020 年精神卫生综合行动计划》。

行动计划的愿景：精神卫生受到珍视、促进和保护，精神疾患得到预防，受这些疾患影响的人能够全范围地履行人权并及时获得高质量、文化上适当的卫生保健和社会照护以促进康复。所有这一切都是为了达到最高可能的健康水平，并在不受污名和歧视的情况下充分参与社会和工作活动。

整体目标：促进精神健康，预防精神疾患，提供照护，加强恢复，促进人权并降低精神障碍患者的死亡率、发病率和残疾发生率。

行动计划的目标：①加强精神卫生的有效领导和管理；②在以社区为基础的环境中提供全面、综合和符合需求的精神卫生与社会照护服务；③实施精神卫生促进和预防战略；④加强精神卫生信息系统、证据和研究。

三、一般人群心理问题的健康教育内容与方式

广泛动员社会力量，通过大众传播、人际传播等各种传播方式，普及心理健康和精神疾病防治知识，使人们了解心理健康的重要性，了解心理问题给人们带来的身心危害，掌握心理调适的技能及心理求助的渠道。使人们认识到心理问题就像躯体疾病一样，如果及时发现、及时调适，能及时恢复到正常状态。

不同的人群心理健康教育的内容和方式不完全相同，下面就社区、学校和职业场所的心理健康教育内容与方式简述如下：

（一）社区心理健康教育

传统的心理卫生服务主要依靠专科医院的服务来进行，目前单纯依靠专科医院的资源已经不能满足我国居民对心理健康服务的需求，因而开展社区心理健康教育与服务，建立以社区心理健康教育与服务组织为平台的心理健康教育与服务体系，对满足我国社区居民的心理健康教育与服务的需求，提高我国人民的群体健康水平具有重要意义。

社区心理健康教育是指根据人的生理、心理特点，运用有关的心理教育方法和手段，提高社区成员的心理健康水平，培养社区成员良好的心理素质，促进社区成员身心全面和谐发展及整体素质优化和全面提高的一种教育活动；而社区心理健康服务则主要是指在社区服务工作中，运用心理科学的理论和原则保持与促进人们的心理健康，即通过讲究心理卫生，培养人们的健康心理，从而达到防治心身疾病的目的。两者的宗旨都是促进人的正常发展，培养人的健全人格，预防各种心理障碍，消除引起心理压力和各种不良心理的因素，解决一些尚处在萌芽状态的心理卫生问题，避免这些问题可能带来的不良后果，解决居民日常生活中的一些心理难题及精神疾病患者的康复等。

社区心理健康教育内容与方式：

1. 开发社区领导，强化社区行动 动员开发社区行政领导重视和支持心理健康教育。社区心理健康教育应作为一个有机组成部分，纳入社区服务和社区发展规划之中，把心理健康教育看作是社区卫生服务的重要内容之一。发动社区力量，利用社区现有人力、物力资源，促进公众参与心理健康工作，增进自我帮助和社会支持，提高解决心理健康问题的能力。

2. 建立社区精神卫生服务及监测网络 以现有的社区卫生服务网络为依托，拓建社区精神卫生服务网络。建立社区居民心理健康档案，为开展不同人群、不同心理健康需求的群体开展有针对性的心理健康教育提供基础资料。将精神疾病患者康复工作纳入社区卫生服务体系，依靠基层医疗卫生机构，在精神卫生专业机构技术指导下，建立社区重点精神疾病患者档案，开展定期随访、家庭病床和护理、常规康复等工作。

3. 培训专业人员 社区工作者是社区心理健康教育工作的灵魂，要重视对社区卫生人员的专业培训，提高社区心理健康教育工作者的专业能力和服务水平，保证社区成员能享受到专业的心理卫生咨询和指导。

4. 开展心理健康教育，发展个人技能

（1）开展经常性心理卫生知识宣传工作，营造促进心理健康社区氛围。通过各种传播途径，在社区对不同年龄阶段的社区成员有针对性地开展心理健康教育与咨询服务，使人们在社会化进程中得到良好的心理卫生知识教育，培养其健康的人格，增强其心理防御能力，提高居民的心理健康水平。

（2）加强重点人群心理行为问题干预，减少精神疾病发生。高度重视儿童、青少年心理行为问题的预防与干预，将提高儿童、青少年心理健康素质作为一项重要工作来抓，使学生心理行为问题得到及时发现和恰当处理。对妇女特有心理行为问题和精神疾病进行研究，积极制定对策，

进行综合干预，特别是孕产期妇女的心理保健和孕产妇常见心理行为问题的识别及处理工作，减少产妇产后不良心理反应发生率。积极开展老年心理健康宣传，普及老年性痴呆、抑郁等精神疾病的预防知识；针对老年人特点和面临的问题，开展心理咨询活动并提供有效的支持和帮助，切实提高老年人生活质量。开展重大灾害后受灾人群心理应激救援工作，评估受灾人群的精神卫生需求，确定灾后精神卫生干预的重点人群，提供电话咨询、门诊治疗等危机干预服务，降低灾后精神疾病发生率。

（3）提高精神疾病患者参与社会生活的能力。充分发挥社区卫生服务体系在精神疾病患者治疗与康复中的作用，动员社区力量对精神疾病患者开展各种形式的职业技能训练，安排适当工作，提供一定的福利待遇，使其能够获得基本生活保障。使患者在康复期能够维持合理治疗和康复指导，提高其参与社会生活的能力。

5. 充分发挥传统媒体和新媒体作用，开展丰富多彩的社区文化活动　充分发挥传统媒体和新媒体作用，广泛宣传“精神疾病可防可治，心理问题及早求助，关心不歧视，身心同健康”等精神卫生核心知识，引导公众正确认识精神障碍和心理行为问题，正确对待精神障碍患者。开展有益于居民心理健康的各种文体活动。如以心理健康为主题的联欢会、心理剧、知识竞赛和演讲赛，播放励志电影等；有条件的社区可以成立心理健康活动中心，在社区活动中心分设心理宣泄室、心理训练室、心理娱乐室、心理图书室等，并添置用于心理宣泄，放松训练等专业化的服务设备。通过开展丰富多彩的社区文化活动，增加社区人员的互动，提高社区成员的心理健康水平。

社区心理健康教育的特点：

（1）社区心理服务和心理干预的重点是增强社区中居民个体的心理防御能力，发展和提高人们及时调试心理状态的能力，使其心身机能处于良好状态。

（2）社区心理服务的工作重点为预防心理疾病的出现（初级预防）和心理症状的早期干预（二级预防），而不是心理障碍的治疗（三级预防）。

（3）由于个体与其所处的环境是相互作用、相互影响的关系，因此，社区心理工作者只有把个体的行为与家庭、学校、邻里、社区等其行为发生的社会系统联系起来，才能更好地理解个体的行为。

（4）社区心理工作者不仅为部分人提供直接服务，还要向社区的公众群体广泛传播相关的知识和技能，他们的服务不仅能对个人和小群体产生直接影响，也能对组织、社区乃至整个社会产生广泛的直接或间接的影响。

（二）学校心理健康教育

心理健康问题也是当前儿童青少年较普遍存在的健康问题，预防各种心理卫生问题，促进儿童心理发展是学校心理健康教育的重要任务。根据儿童青少年心理发育的有关知识，按照儿童青少年不同年龄阶段的心理发育水平，采用有针对性的教育及训练方法，有计划有目的地将心理卫生知识传授给儿童青少年、教师和家长，培养儿童青少年健康的心理素质、健全的人格和顽强的适应与改善环境的能力。

学校心理健康教育的内容与方法：

1. 对学生普及心理卫生知识　通过心理教育课、板报、咨询、行为指导等形式，对学生进行心理健康教育。使学生了解其心理发展的特点，掌握心理调适的技能，了解出现心理问题时的求助方法，促使其心理健康发展，潜能得到充分发展。

2. 改善家庭环境　对儿童青少年要用发展的观念进行心理健康教育。儿童从家庭到入托、入学、升学、走向社会等过程，易产生一系列心理卫生问题，既需要家长有充分的思想和知识准备，也需要家长在儿童青少年出现心理行为问题时的配合和参与。举办家长学校，传授儿童青少年生长发育、心理发展的知识，主要的心理卫生问题及影响心理健康的因素，科学的教养教育方法等，将非常有利于为儿童青少年身心的健康成长创造良好的家庭环境。同时也有利于早期发现儿童青少年中的心理卫生问题，及时采取干预矫治措施，以获得最佳干预效果。

3. 开展教师心理健康维护，改善学校环境 只有心理健康的教师才能为学生的心理健康创造良好的环境，培养出心理健康的学生，促使学生全面发展。对教师进行心理健康维护，提高教师的心理素质和心理调适技能，使教师能够在面对学生时是一种积极、健康的心理状态，同时用发展的观点对待学生，并具有早期发现学生心理问题的能力。

4. 建立心理健康教育中心，培训学校专职心理指导教师 建立基层心理卫生服务队伍，在学校配备专职或兼职的心理教师。定期邀请专家进行专题讲座或选送教师外出培训，帮助专业人员调整、充实知识结构，提高有关儿童青少年心理发展和保健的知识、技能水平、对心理行为问题的识别能力等。

5. 开展生活技能教育 生活技能中的各种能力，如正确认识自我，与他人相处、同理能力等，是青少年心理素质提高的标志，通过开展生活技能训练和教育，提高学生的心理社会能力，有效防治身心疾病。

（三）职业场所的心理健康教育

在目前激烈竞争的社会环境中，当个人的主观愿望（如工资、待遇、地位等）与客观环境所能提供的发生矛盾，或个人素质（如体力、知识、技能等）与工作对本人所提出的要求（如工作负荷、复杂性等）不相适应，而个人又无力控制或更改时，就会造成心理紧张，即职业精神紧张。随着经济体制的转轨，职业紧张问题将日益突出。因此，作业环境中除存在生物性、化学性和物理性因素可致职业性疾病外，劳动过程中还存在精神及心理方面的危害因素。这在知识经济时代尤为突出，包括与作业环境有关的不良因素，如工作超负荷、工作量不足、作业管理不善、职业缺乏保障、工作单调以及轮班制工作等，这些都可引发相应的心理和生理的不良反应，还可表现为行为方面的改变，如作业能力下降，过度吸烟、酗酒和滥用药物，以及人际关系紧张等。这些反应还可导致某些慢性疾病，如高血压、溃疡病、失眠以及免疫系统功能下降。

职业精神紧张是造成缺勤和劳动力素质低下的重要原因。因此，应在职业场所开展心理健康教育。职业场所的心理健康教育内容与方式主要有：

1. 开发领导，为职工创造安全、满意、愉快的工作环境 使领导者认识到先进的管理模式、合理地组织劳动与生产、管理者与职工之间良好的关系等对维护职工心理健康的重要性。同时也要对职工不断地进行生产技能培训与教育，提高职工的技术水平，避免职工因知识、经验或技能不足导致的心理紧张而产生的心理问题，为职工的心理健康维护制订措施。

2. 对职工开展心理健康教育、普及心理卫生知识 通过充分认识自己、了解自己的能力、作用和价值，摆正自己的社会地位和角色，提高抵抗心理压力和心理自我调节能力。使职工认识到心理问题对健康的危害，对于心理有异常表现者，应尽快进行心理诊断、咨询或转诊。

3. 开展丰富多彩的职工业余活动 近年来有些国家的工厂企业及工会组织开展了“控制心理紧张的教育规程”，把健康教育、身心锻炼控制等融为一体，使参与者在身心方面都得到松弛。调查表明，通过此项教育的职工，应付紧张的能力得到增强，就诊次数减少，医疗费用降低。

第4节 心理问题健康教育的实施步骤及效果评价

一、心理问题的健康教育工作的计划设计

（一）社会诊断

通过社会诊断了解目标人群的文化水平、风俗习惯、生活满意度等情况以及人们对于心理问题健康教育的需求状况；并动员社区人群参与到心理健康教育活动中来。

（二）流行病学诊断

通过流行病学诊断，了解社区人群存在的心理问题有哪些？各种心理问题在人群中的分布状况如何？哪项心理问题是社区人群最为关切的或对社区心理健康影响最严重的？

（三）行为环境诊断与教育生态诊断

通过行为和环境诊断了解引起心理问题的行为因素有哪些？哪些是重要的、可以干预的行为因素；通过教育生态诊断进一步明确倾向因素、促成因素和强化因素，为制定健康教育策略提供依据等。

（四）管理与政策诊断

通过管理与政策诊断，明确在社区范围内有关心理问题的健康教育是否已经开展，做了哪些工作；与心理问题有关的医疗保健服务、政策法规和制度如何；组织和管理网络建立情况如何；社区及卫生服务系统有无心理健康教育的服务机构及人们利用情况。

（五）确定计划目标

在健康教育诊断的基础上，确定开展心理健康教育的优先项目，并制定切实可行的心理问题健康教育的总目标和具体目标。

我国《全国精神卫生工作规划（2015～2020年）》中的总目标和具体目标是：

1. 总体目标 到2020年，普遍形成政府组织领导、各部门齐抓共管、社会组织广泛参与、家庭和单位尽力尽责的精神卫生综合服务管理机制。健全完善与经济社会发展水平相适应的精神卫生预防、治疗、康复服务体系，基本满足人民群众的精神卫生服务需求。健全精神障碍患者救治救助保障制度，显著减少患者重大肇事肇祸案（事）件发生。积极营造理解、接纳、关爱精神障碍患者的社会氛围，提高全社会对精神卫生重要性的认识，促进公众心理健康，推动社会和谐发展。

2. 具体目标 到2020年

（1）精神卫生综合管理协调机制更加完善。省、市、县三级普遍建立精神卫生工作政府领导与部门协调机制。70%的乡镇（街道）建立由综治、卫生计生、公安、民政、司法行政、残联、老龄等单位参与的精神卫生综合管理小组。

（2）精神卫生服务体系和网络基本健全。健全省、市、县三级精神卫生专业机构，服务人口多且地市级机构覆盖不到的县（市、区）可根据需要建设精神卫生专业机构，其他县（市、区）至少在一所符合条件的综合性医院设立精神科。积极探索通过政府购买服务方式鼓励社会力量参与相关工作。

（3）精神卫生专业人员紧缺状况得到初步缓解。全国精神科执业（助理）医师数量增加到4万名。东部地区每10万人口精神科执业（助理）医师数量不低于3.8名，中西部地区不低于2.8名。基层医疗卫生机构普遍配备专职或兼职精神卫生防治人员。心理治疗师、社会工作师基本满足工作需要，社会组织及志愿者广泛参与精神卫生工作。

（4）严重精神障碍救治管理任务有效落实。掌握严重精神障碍患者数量，登记在册的严重精神障碍患者管理率达到80%以上，精神分裂症治疗率达到80%以上，符合条件的贫困严重精神障碍患者全部纳入医疗救助，患者肇事肇祸案（事）件特别是命案显著减少，有肇事肇祸行为的患者依法及时得到强制医疗或住院治疗。

（5）常见精神障碍和心理行为问题防治能力明显提升。公众对抑郁症等常见精神障碍的认识和主动就医意识普遍提高，医疗机构识别抑郁症的能力明显提升，抑郁症治疗率在现有基础上提高50%。各地普遍开展抑郁症等常见精神障碍防治，每个省（区、市）至少开通1条心理援助热线电话，100%的省（区、市）、70%的市（地、州、盟）建立心理危机干预队伍；发生突发事件时，均能根据需要及时、科学开展心理援助工作。

（6）精神障碍康复工作初具规模。探索建立精神卫生专业机构、社区康复机构及社会组织、家庭相互支持的精神障碍社区康复服务体系。70%以上的县（市、区）设有精神障碍社区康复机构或通过政府购买服务等方式委托社会组织开展康复工作。在开展精神障碍社区康复的县（市、区），50%以上的居家患者接受社区康复服务。

（7）精神卫生工作的社会氛围显著改善。医院、学校、社区、企事业单位、监管场所普遍开展精神卫生宣传及心理卫生保健。城市、农村普通人群心理健康知识知晓率分别达到70%、50%。高等院校普遍设立心理咨询与心理危机干预中心（室）并配备专职教师，中小学设立心理辅导室并配备专职或兼职教师，在校学生心理健康核心知识知晓率达到80%。

（六）制定健康教育策略

在计划目标确定之后，根据健康教育的目标、对象人群的特征、环境条件和可得资源等选择最佳的达到目标的健康教育策略。常用的策略包括信息交流、技能发展、社会行动等。

1. 确定目标人群 根据计划目标确定目标人群。目前我国心理卫生工作的重点人群是儿童和青少年、妇女、老年、灾后人员、职业人群和被监管人群。如计划的目标是预防学生心理卫生问题，教育的主要对象应该是学生、家长、教师、学校及教育系统的领导。学生是一级目标人群，家长及老师是二级目标人群，而学校和教育系统的领导等是三级目标人群。

2. 信息交流策略 针对目标人群比较关切的心理问题进行知识宣传，如发放相应的纸质材料；开展专题讲座；利用微博、微信等公众客户端进行相关问题的知识传递及互动。健康教育讯息要具有科学性、针对性，还要贴切、通俗易懂、重点突出、讯息量适中、形式趣味化，能吸引目标人群并能利用有效渠道传播。

3. 技能发展策略 在人们掌握相应的心理健康知识的基础上，发展其促进心理健康的行为和技能，如让目标人群学会如何识别自身的心理健康问题，出现心理问题时如何进行自我调适等。可以通过个别指导、操作示范、案例分析、同伴教育等方式来开展活动，学习相应的技能。

4. 社会行动 结合世界精神卫生日开展相应的社会活动，引起公众对心理健康的关注，并普及常见的心理卫生知识，让公众了解如何获得心理咨询和帮助。

二、心理问题的健康教育工作的实施

（一）制订心理健康教育项目实施时间表，实施干预策略

按照心理健康教育计划设计的要求，制订具体的实施时间表。把具体的时间、地点、工作内容、人员、经费预算等项目综合起来，制订一个综合的计划执行表。在制订时间表的过程中要做到时间和资源的合理分配，尽量避免出现时间、人员、资源等冲突的情况。严格按照实施时间表来执行各项干预策略和活动。

（二）建立相应网络系统，创造支持环境

由政府牵头，协调文教、卫生、民政、残联、共青团、妇联、老龄委、社区街道居委会等多部门通力合作与管理。调动社会各界参与精神卫生工作的积极性，鼓励并支持单位、团体、个人以多种形式提供资助和志愿服务。建立健全精神卫生法律、法规和相关政策，为精神卫生工作的可持续发展提供政策保障。

建立以精神卫生专业机构为主体，综合性医院为辅助，基层医疗卫生机构和精神疾病社区康复机构为依托的精神卫生服务体系和网络。利用网络开展心理健康教育工作。

（三）心理健康教育专业人员培训

按照心理健康教育项目的计划要求开展多层次、多方面心理卫生专业人员培训。对精神卫生专业人员、综合性医院和基层医疗卫生机构从事心理卫生工作的专业人员开展知识、技能培训，提高其服务能力。

（四）保障心理健康教育项目所需物资

心理健康教育项目的顺利开展除了需要有组织机构、经费和人员的保证之外，还需要有物质条件的保证，物质条件是实施人员和机构借以达到实施效果的阶梯。如果要进行讲座，就需要有相应的教学设备，办公设备等，此外还要根据具体项目的要求提供特殊的设备物件，比如传播材料、医疗设备、交通工具等。要注意相关物资的使用、协调与管理，尽量避免浪费。

（五）贯彻严格的质量控制措施

在心理健康教育项目实施全程要贯穿质量控制措施，保证开展心理健康干预活动与计划要求相一致，向着目标实现的方向前进。比如心理健康干预活动是否按时间进度表进行、是否按时完成；干预活动是否覆盖了预期的人口，质量是否达到了技术要求；工作人员是否接受了培训，经费使用情况等。

三、心理问题的健康教育工作的效果评价

心理问题的健康教育与其他内容的健康教育一样，必须根据现有的人力、物力、经费，科学合理地进行计划设计，并进行效果评价，以了解健康教育计划的目标与设计、实施的进度与质量、近期效果、中远期效果等方面的情况。

（一）形成评价

1. 评价目的及指标　了解目标人群的心理健康状况；心理卫生知识水平、态度、行为的状况；对心理健康教育的认可程度；目标人群的文化程度、已有知识的来源（媒体可及性）等；传播材料、测量工具预试验与完善情况等。常用的指标为心理健康知识知晓率、心理行为问题和精神疾病总患病率、心理行为问题识别率、某心理问题常见症状和预防知识知晓率等。

2. 评价方法　文献检索、档案查询、专家咨询、专题讨论小组等。

（二）过程评价

1. 评价目的及指标　了解心理健康干预项目活动是否按计划进行，目标人群对干预活动的反应等内容。常用指标有干预活动覆盖率、干预活动暴露率、目标人群满意度、资源使用情况等。

2. 评价方法　查阅档案资料、目标人群现场调查等。

（三）效应评价

1.评价目的及指标　比较项目执行前后目标人群心理卫生知识、态度、行为等倾向因素的变化情况；个人心理保健技能、环境条件、卫生资源、服务等促成因素的变化情况；同伴的评价、家人的理解、社会公德、公共舆论等强化因素的变化情况。常用的指标有心理卫生知识合格率、信念持有率、行为改变率等。

2. 评价方法　查阅档案资料、目标人群现场调查等。

（四）结局评价

1. 评价目的及指标　了解心理健康教育项目结束后，目标人群心理健康状况乃至生活质量的

变化。常用指标有心理问题患病率、生活质量指数、生活满意度、环境和政策情况等。

2. 评价方法 查阅文献、档案资料、目标人群现场调查等。

（五）总结评价

对心理健康教育项目的全部资料进行总结性概括，全面反映心理健康教育项目的成功之处与不足，为今后的项目制订和决策提供依据。

思 考 题

1. 试述心理健康及其标准。
2. 试述心理问题的主要影响因素。
3. 试述精神疾病的健康教育内容。
4. 试述社区心理健康教育的特点。
5. 案例题：有甲乙两个人一起走在路上，迎面碰到一个认识他俩的人，但对方没与他们打招呼，径自走过去了。甲对此是这样想的："他可能正在想事情，没注意到我们；就算是看到了我们而没理我们，也可能有什么特殊的原因"；而乙的想法却是："他可能是故意这样做的，就是不想理我，就是看不起我。他凭什么这么对待我?!"这样他们两个人的情绪及行为反应就会不同，甲可能觉得无所谓，该干什么还继续干自己的；而乙则可能怒气冲冲，以至无法平静下来做自己该做的事情了。

根据本案例试分析：①同一个事件为什么两个人的情绪反应不同？②如果乙需要你的帮助，应给予哪方面的指导帮助？

（济宁医学院 李 晶 顾怀婷）

第十八章　控制吸烟的健康教育

案例 18-1：

1948 年英国“流行病学之父”理查德多尔（Richard Doll）爵士与 Austin Bradford Hill 爵士对伦敦多家医院的650名男性患者进行问卷调查，发现吸烟与肺癌之间存在密切联系。当时80%的英国男子吸烟，吸烟被当作一种正常的、对健康无害的嗜好。之后 Richard Doll 建立起长达 50 年的英国男医生吸烟队列研究。2004 年公布的研究结果显示：每 3 位男性吸烟者中约有 2 位将因吸烟而过早死亡；与从不吸烟者相比，吸烟者平均寿命至少缩短 10 年。吸烟医生的肺癌年死亡专率是不吸烟医生肺癌年死亡率的 40 倍。1965～1995 年，英国香烟销量由 1500 亿跌至 800 亿支，1990 年中年男性吸烟率比 1950 年减少了一半。英国男医生吸烟率首先下降，带动了公众吸烟率的下降。35～69 岁的人群中因吸烟死亡的人数也减少了大约 50%，从每年 8 万人下降到 4 万人。在 60、50、40 或 30 岁戒烟的人，期望寿命分别增加了 3、6、9 和 10 岁，戒烟的效果非常明显。

20 世纪 90 年代中期，Richard Doll 研究团队又发起英国女性吸烟人群队列研究，纳入 130 多万名 20 世纪 40 年代出生的女性，持续随访 12 年。2012 年公布的研究结果显示，研究对象中共有 66489 人在 50～80 岁之间死亡，其持续吸烟者总死亡率为从不吸烟者的 3 倍[95%CI: 2.883.07]。女性每日吸烟量＜10 支，其总死亡率为从不吸烟者的 2 倍（95%CI 为 1.91～2.04）；每日吸烟量＞20 支，因慢性阻塞性肺病（COPD）死亡的风险为从不吸烟者的 60 倍，因肺癌死亡风险为从不吸烟者的 36 倍，因冠心病死亡风险为 6 倍，因脑卒中死亡风险为 4 倍。与从不吸烟者相比，长期吸烟女性平均寿命缩短 11 年。与男性相比，女性吸烟对部分疾病的死亡风险更高。令人欣慰的是，如果女性吸烟者在 30 岁以前戒烟，则其几乎可完全避免因吸烟所致的超额死亡风险。

问题：

1. 吸烟可增加哪些疾病风险？
2. 戒烟有什么好处？个体和群体的戒烟行为干预策略有哪些？

案例分析：吸烟是一种成瘾性行为，烟草的健康危害具有潜在性、隐蔽性和滞后性特点，不易引起吸烟者和社会人群的理性认同和自觉行为改变。科学认识烟草危害、合理干预吸烟行为可有效控制吸烟的危害。

第 1 节　吸烟的健康危害

吸烟是当今世界严重危害健康、缩短人类寿命的紧迫问题。据 WHO 统计，目前全球约有 11 亿吸烟者，每年有 600 多万人死于吸烟相关疾病。如吸烟流行状况得不到有效控制，2030 年以前烟草每年将导致 800 多万死亡。中国烟民 3.16 亿，我国每年吸烟导致的死亡人数超过 100 万，疾病经济负担超过 2000 亿元。但大多数人还没有意识到吸烟危害的严重性。如果烟草流行趋势得不到有效扭转，到 2020 年，中国因吸烟而造成的死亡人数将上升到每年 200 万，到 2050 年，这一数字将达到 300 万。

一、烟草的主要有害成分

烟草燃烧时释放的烟雾中含有7000种化合物，其中包括尼古丁、一氧化碳、烟焦油、胺类、腈类、醛类、酚类、氮氧化物、多环芳烃、杂环族化合物、羟基化合物、重金属元素、有机农药等。其中有69种为已知的致癌物，它们会引发机体内关键基因突变，正常生长机制控制失调，最终导致细胞癌变，发生恶性肿瘤。据国外分析，烟雾中各种有毒物质的浓度远远超过工业许可阈值，而后者是先进工业国家规定工人接触有害气体的最高浓度。在一般通风不良而吸烟者又较多的地方，每毫升烟雾里含烟尘颗粒可达50亿个，是平常空气尘埃微粒的5万倍。一氧化碳浓度可超过工业允许值840倍。下面介绍几种被认为对人体最有害的成分。

（一）尼古丁

尼古丁，又称烟碱，是烟草中含氮生物碱的主要成分，在烟叶中的含量为1%～3%。它是一种无色透明的油质挥发性液体，能迅速溶于水与酒精中，90%通过口、鼻、支气管黏膜和肺被人体吸收，很快进入血液，仅需要7.5s即可到达大脑。

尼古丁对中枢神经和自主神经系统均可产生作用，低剂量有兴奋作用，使人产生欣快感，有抗焦虑作用，高剂量则有抑制和麻痹作用。尼古丁刺激交感、副交感神经节和肾上腺，使心脏和其他组织释放儿茶酚胺，使心率加快、血管平滑肌痉挛，血压升高，加重心脏负荷，易促发冠心病。尼古丁可刺激胃酸分泌，促进溃疡病的发生。

尼古丁有剧毒，从一支香烟中提炼出的尼古丁可毒死一只小白鼠，从一盒香烟中提炼出的尼古丁可毒死一头牛，40～60mg纯尼古丁可毒死一个人。由于烟叶质量和加工工艺不尽相同，每支香烟中的尼古丁含量在1.5～3mg。吸烟时，约25%的尼古丁被燃烧破坏，5%残留在烟头内，50%扩散到空间，真正被人体吸入的尼古丁有20%，所以一般的吸烟者不会发生急性中毒死亡的现象。但随着吸入的增多，尼古丁对人体的损害作用也日益增加。

实际上，尼古丁最大的危害在于其成瘾性。烟民对烟草的渴求来源于尼古丁的成瘾性。尼古丁在血浆中的半衰期是30分钟，当体内的尼古丁水平降低，吸烟者会感到烦躁不适、恶心头痛等不舒服的感受，渴望通过吸烟使体内尼古丁恢复到下降前水平，形成了烟瘾，进一步增加了烟草的危害。

（二）一氧化碳

一氧化碳是一种无色无味的气体，每支香烟燃烧时可产生20～30ml的一氧化碳。一氧化碳与血红蛋白的亲和力比氧与血红蛋白的亲和力大250倍，当人们吸入较多的一氧化碳时，一氧化碳与血红蛋白结合形成大量的碳氧血红蛋白，而氧和血红蛋白大大减少，造成组织和器官缺氧，进而使大脑、心脏等多种器官产生损伤。一氧化碳还可与尼古丁产生协同作用，使血液胆固醇含量增加，促进动脉粥样硬化的发生。

（三）烟焦油

烟焦油是一种棕黄色的黏性树脂，是香烟燃烧时产生的多种物质的混合，主要物质为多环芳烃化合物、酚类和芳香类化合物。多环芳烃是致癌物，苯并芘是烟焦油中最主要的致癌物质，吸入体内的烟焦油微粒聚焦在支气管壁上和肺泡中，在3,4-苯并芘的长期不断的作用下，极易引发肺癌。酚类及其衍生物是促癌物。烟焦油还能降低肺上皮细胞的保护功能，使黏液分泌失去控制，过多的黏液使纤毛上皮细胞活动减低，甚至失去效用。同时，还会损害巨噬细胞吞噬外来物质的功能，导致免疫力的破坏。

（四）放射性物质

香烟中的放射性物质主要来自于种植烟草时大量施用的含铀磷肥。一般来说，香烟中放射性物质含量是粮食中的 20 倍，是蔬菜和水果中的 30 倍。香烟中所含的放射性物质，可释放出高能量射线，直接杀伤人体组织细胞。每天吸一包半香烟的人，其肺部一年所受到的放射线量，累积起来相当于接受 300 次胸部 X 线透视。在香烟释放的放射性物质中，杀伤力最大的是放射性钋，其放射出的 α 射线能量大，电离能力强，能轻易摧毁活细胞中的遗传因子，杀死细胞或将其转化成为癌细胞。吸烟者从每一支烟中吸入钋的量比不吸烟者高 30 倍。

二、吸烟的健康危害

众多科学证据表明，吸烟和二手烟暴露严重危害人类健康。世界卫生组织（WHO）统计数字显示，全世界每年因吸烟死亡的人数高达 600 万，其中吸烟者死亡约 540 万，即平均每 6 秒钟有 1 个吸烟者死亡，现在吸烟者中将来会有一半死于吸烟相关疾病；因二手烟暴露所造成的非吸烟者年死亡人数约为 60 万。如果全球吸烟流行趋势得不到有效控制，到 2030 年每年因吸烟死亡人数将达 800 万，其中 80%发生在发展中国家。吸烟者的平均寿命要比不吸烟者缩短 10 年。

（一）主动吸烟和被动吸烟

吸烟分为主动吸烟和被动吸烟两种，被动吸烟即二手烟暴露，指不吸烟的人暴露于烟草烟雾环境并吸入空气中香烟烟雾的过程，这种烟雾称为环境烟草烟雾，又称二手烟。

主动吸烟和被动吸烟吸入的烟雾成分不同。吸烟所散发的烟雾分为主流烟雾和侧流烟雾两种。吸烟者直接吸入体内的烟雾，70%被吸收，称为“主流烟雾”，30%被吐出，称为“呼出烟雾”。烟草直接燃烧产生的烟雾，称之为“侧流烟雾”。二手烟是呼出烟雾和侧流烟雾的总称。二手烟的主要成分是侧流烟雾，侧流烟雾的燃点 400℃左右，远低于主流烟雾的 900℃，很多物质燃烧不充分，有害成分比主流烟雾更高。

我国每 10 个非吸烟者中就有 7 人暴露于二手烟。家庭、公共场所和工作场所是二手烟暴露的主要场所，妇女和儿童是被动吸烟的主要受害人群。90%的被动吸烟女性是在家庭中接触“二手烟”的。20～59 岁的男性在公共场所和工作场所接触“二手烟”的比例最高。很多人认为只要吸烟人数少，房间面积足够大，被动吸烟的危害就可以减至最低，甚至没有危害。但是，科学表明被动吸烟并不存在“安全暴露”水平。

（二）吸烟的健康危害

吸烟对健康的危害主要表现在两方面。一是烟草烟雾中的有害物质造成的健康危害，二是吸烟者对烟草中成瘾物质的成瘾性和依赖性。

英国和美国的大型前瞻性研究表明，吸烟者的死亡率高于终生不吸烟者 2～3 倍。青少年时开始吸烟者至少 50%最终死于吸烟相关的疾病。有资料表明，与不吸烟者相比，吸烟者患冠心病的风险增加 2～4 倍，患肺癌的风险增加 13～40 倍，由于慢性阻塞性肺疾病导致死亡的风险增加 12～13 倍。90%以上的肺癌，约 1/3 的其他肿瘤，20%～80%的主要慢性疾病如冠心病、脑卒中、慢性阻塞性肺病是由吸烟引起的。早在 20 世纪 90 年代，中国医学科学院的回顾性研究报告就指出，在我国有四分之一的吸烟者因吸烟而死亡，3000 万 29 岁以下的中国男性中约有 100 万人死于与吸烟有关的疾病。在与吸烟有关的疾病死亡中，慢性阻塞性肺部疾病占 45%，肺癌占 15%，食管癌、胃癌、肝癌、结核猝死和缺血性心脏病占 5%～8%。医学研究表明，肺癌、心脑血管病、冠心病等 25 种危及生命和健康的疾病都与吸烟有关，通过戒烟可以预防或降低这些疾病的患病危险。

1. 主动吸烟的危害

（1）致癌作用：吸烟是肺癌最主要的原因，其危险程度与每天的吸烟量、持续吸烟时间、烟草中的焦油和尼古丁含量有直接关系。烟焦油内大量的致癌物和促癌物（多环芳烃类化合物、砷、苯、亚硝胺等）附着在呼吸道上，长期刺激下可引起呼吸道各个部位的癌症，以肺癌为主，吸烟者发生口腔、喉、食管癌的概率也显著高于不吸烟者。排泄焦油的器官，如肾、膀胱等患肿瘤的概率也明显增加。据全国疾病监测系统报告，近年来，我国肺癌死亡每年以 4.5%的速度上升。自从 1950 年英国流行病学家 Doll 和 Hill 发表《吸烟与肺癌》的回顾性调查以来，全球范围内已有大量流行病学研究证实，吸烟是导致肺癌的首要危险因素。因肺癌死亡的患者中，87%是由吸烟（包括被动吸烟）引起的。吸烟与肺癌的发生呈明显的剂量–效应关系，每日吸烟量越多，肺癌的发病率越高。2005 年 1 月 25 日发表在 Brj Cancer 上的研究报告（作者为英国牛津大学 Radcliffe 学院 Doll 等人），对英国 34 439 名男性医师 50 年（1951 年 11 月至 2001 年 11 月）观察研究显示：11 种癌症（肺癌、胃癌、食管癌、胰腺癌、膀胱癌、肾癌、粒细胞白血病、肝癌、口腔癌、喉癌、口咽和下咽癌）的死亡率与吸烟显著相关。烟瘾大者（大于等于 25 支/天），其肺癌死亡率是不吸烟医师的 25 倍。

（2）对心血管系统的危害：每年世界上有 1700 万人死于心脏病，是世界首位死因。其中近 80%发生在中低收入国家。烟草使用及二手烟暴露是心血管病的主要病因。全球心血管疾病导致的死亡中，约 10%归因于烟草使用及二手烟暴露。烟草对心血管健康的危害早已被确认，然而，吸烟者在这方面的知识还很缺乏，中国 46%的吸烟者不知道吸烟可导致心脏病，70%的吸烟者不知道吸烟会导致中风。烟草中的尼古丁能使心率加快，血压升高。烟草中的一氧化碳能使血红蛋白携氧能力下降，增加心脏负担。尼古丁和一氧化碳损害血管壁，使脂肪在管壁沉积，使血管变厚变硬，以致狭窄阻塞，心律不齐，最终导致冠心病的发生。营养脑细胞的脑动脉血管硬化，血管壁弹性减弱，可诱发脑血管破裂出血；由于管腔变窄，可诱发脑血栓形成和脑栓塞，导致脑卒中。吸烟者高血压、冠心病、脑血管病及周围血管病的发病率均明显升高。对于心脑血管疾病来说，吸烟不仅是其中的一个危险因素，而且与其他危险因素（如高血压、高胆固醇）有协同作用。研究证明，吸烟与高血压、高胆固醇的联合作用比各个危险因素单独作用的风险更大。统计资料显示，冠心病发病率吸烟者较不吸烟者高 3.5 倍，冠心病死亡率前者较后者高 6 倍。心肌梗死发病率前者较后者高 2～6 倍。心血管疾病死亡人数的 30%～40%由吸烟引起，死亡率的增长与吸烟量成正比。吸烟者发生中风的危险性是不吸烟者的 2～3.5 倍，如果吸烟和高血压同时存在，中风的危险性就会升高近 20 倍。吸烟还可导致外周血管疾病——坏疽。

（3）对呼吸系统的危害：慢性阻塞性肺病（chronic obstructive pulmonary disease，COPD）是吸烟引起的主要疾病之一。吸烟可使纤毛功能受损、脱落，致使痰液及有毒物质不能有效排出，细菌容易孳生繁殖，长期的刺激可引起慢性支气管炎和慢性呼吸道阻塞，进一步发展为肺气肿、肺心病等。估计 80%～90%的慢性阻塞性肺病是由吸烟引起的。1984 年美国卫生总署报告，COPD 的死亡率与每日的吸烟量呈明显的剂量关系，并与开始吸烟的年龄、吸入深度有关。

（4）对消化系统的危害：烟草中的尼古丁刺激胃酸分泌，导致胃粘膜血液循环流量减少，降低胃粘膜的抗病能力，促进溃疡病的发生。病例对照研究发现，吸烟者胃溃疡与十二指肠溃疡的发病率高于不吸烟者。

（5）对生殖系统的危害：吸烟会造成男性生殖系统功能的改变，使精子发育不正常、活力减弱，导致男性阳痿，影响男性性功能。吸烟男性不育症的发生机会高出不吸烟男性 6 倍。吸烟对妇女的危害更甚于男性，吸烟妇女可引起月经紊乱、受孕困难、宫外孕、雌激素低下、骨质疏松及更年期提前。

（6）对神经系统的危害：烟草中的尼古丁对神经系统有暂时的兴奋作用，随即产生持续的麻痹作用。长期大量吸烟，会造成神经元细胞通透性和神经细胞膜兴奋性发生改变，并能引起神经紊乱，出现记忆力衰退、注意力分散、反应迟钝和失眠多梦等中毒症状。

2. 被动吸烟的危害 2004 年二手烟导致全球 43 万人死亡，其中超过 87%死于缺血性心脏病。另外，流行病学调查表明：丈夫吸烟的女性，其肺癌患病率为丈夫不吸烟者的 1.6～3.4 倍。据国际性的抽样调查证实，吸烟致癌患者中的 50%是被动吸烟者。

（1）母亲吸烟对胎儿的影响：研究证明，孕妇吸烟其婴儿出生体重平均减少200g。吸烟妇女产下低体重出生儿的概率增高。特别需要指出的是，孕妇吸烟会给胎儿带来很大危害。因为孕妇吸烟，易发生宫外孕和前置胎盘；同时烟焦油能引起人体内染色体畸变和基因突变，从而造成遗传物质的变化，引起流产、早产、死产及先天性畸形等。

（2）被动吸烟对儿童的影响：WHO和美国疾病控制与预防中心（CDC）开展全球青少年烟草调查，在1999年至2005年期间采访了132个国家中13至15岁的学生。调查结果显示：43.9%的学生在家中接触二手烟草烟雾，而55.8%在公共场所接触二手烟雾。被动吸烟对儿童健康的危害，涉及儿童生长发育的各个阶段。胎儿期母亲的主动或被动吸烟，出生后的被动吸烟都能引发儿童疾病，如婴儿猝死综合征、急慢性呼吸系统疾病、急慢性中耳疾病等，诱发或加重哮喘，影响肺功能的发育，影响大脑的发育。流行病学调查显示，被动吸烟儿童的感冒、肺炎、支气管炎、哮喘发病率均高于无被动吸烟的儿童。

（3）被动吸烟对成年人的影响：对健康成人不吸烟者，被动吸烟会引起呼吸道症状。主要表现为眼刺激、头痛、鼻部症状、咳嗽以及过敏反应。这主要是由于环境烟草烟雾会对个体的眼结膜、鼻腔、咽喉以及下呼吸道黏膜产生刺激作用所致。被动吸烟对人体的危害有可能比过去意识到的严重得多。1981年日本和希腊报告，与吸烟者结婚的非吸烟女性患肺癌的危险性增加。随后，美国和其他国家的许多研究也发现了这种联系：同吸烟者生活在一起的妇女因被动吸烟患肺癌的危险性是其他妇女的2.6～6倍。加利福尼亚环境烟草保护局得出结论：总体上30%的冠心病危险是由于暴露于被动吸烟。美国心脏协会心肺及危机处理分会报告：ETS暴露增加了心脏病危险，同时也是心血管疾病发生和死亡的可预防原因。1998年英国烟草与健康科学委员会也得出相同结论。

世卫组织总干事陈冯富珍博士说，“证据很明确，接触二手烟草烟雾没有安全的水平”，“许多国家已采取行动。我敦促所有尚未开始行动的国家立刻采取这一重要的步骤，通过法律要求所有室内工作场所和公共场所100%无烟以便保护所有人的健康。”

三、烟草使用的社会影响

案例18-2：

1984年美国烟草总销售额为287亿美元，烟草税收35亿美元，但与烟草有关疾病和死亡造成的损失却高达537亿美元，这个数字是烟草总销售额的1.8倍。北京大学中国经济中心所做的《中国吸烟成本估算》研究成果显示，以2005年数据为例进行的测算，吸烟导致疾病的直接与间接成本总和为2275.48亿～2870.71亿元之间，占2005年GDP的1.15%至1.57%。而同期国家烟草专卖局举行新闻发表会公布的数据显示，2005年烟草行业实现工商税利超过了2400亿元，其中实现工商税金1590亿元。简而言之，吸烟成本已超过了烟草行业的税收贡献，烟草行业创造的工商税利已经远远不能抵消其所造成的社会成本。

问题：

1. 烟草使用对社会造成了哪些影响？
2. 如何权衡烟草使用对社会影响的利与弊？

案例分析：烟草使用对社会造成的影响有两方面：一是社会人群健康的代价；二是烟草销售的利税收入，如何看待烟草使用造成的社会影响是一个国家或地区实施烟草控制政策的原动力。

烟草使用的社会影响要综合考虑社会既得利益与潜在利益损失之间的关系。

（一）烟草使用的人群健康危害

据WHO估计，烟草在全世界成人中造成十分之一的死亡。2005年，烟草造成540万人死亡，或平均每6秒造成一人死亡。如吸烟流行状况得不到有效控制，预计到2030年，每年吸烟所致的死亡人数将增加到800多万，且这些死亡中近80%将发生在低收入和中等收入国家。烟草使用的后果是为国民健康带来极大损害，烟草使用导致的巨大代价可以用疾病、痛苦和家境窘迫来衡量。而烟草使用是全球主要的公共卫生问题之一，是可预防的主要死亡原因。

（二）烟草使用使社会经济蒙受巨大损失

美国疾病预防控制中心（CDC）表示，美国每出售一盒香烟，就要在医疗保健和生产成本上付出7美元的代价，其中每盒卷烟给美国造成的医疗开支为3.45美元，由吸烟引起的早死而造成劳动生产率损失为3.73美元。烟草税收在中国占举足轻重的地位：2011年烟草行业实现卷烟税利总额7529.56亿元，同比增加了 1382.89亿元，增长率为22.5%。上缴国家财政6001.18亿元，同比增长22.82%。中国烟草销售增长势头短时间内获得逆转的压力巨大。但烟草经济效益是以公民健康损失为代价的。烟草税收的经济效益将消融在医疗、劳动力损失等社会支出的巨大成本之中，除了治疗烟草所引起疾病的卫生费用以外，烟草使人在处于生产能力最高的时期死亡，从而使家庭失去挣钱的人，使国家丧失健康的劳动力，国民经济因卫生保健费用增加和生产力下降而受到严重影响。

各政府都担心烟草控制措施会造成不利的经济后果：由于需求减少和非法活动增加导致税务收入降低；减少烟草生产、种植和零售部门的就业机会；提高价格致使吸烟者陷入贫困。世卫组织前总干事布伦特兰博士说，“控制烟草的理由是健康，而不是经济论点，但却往往以经济论点来阻挡烟草控制政策。”

（三）烟草与贫穷有无法逃避的联系

多项研究显示，在一些低收入国家的贫穷家庭中，家庭总开支有多达 10%用于烟草。这意味着这些家庭可用于食品、教育和卫生保健等基本项目的钱较少。除了直接影响健康，烟草会导致营养不良、卫生保健费用增加以及过早死亡。虽然近年来，不少高收入国家烟草使用下降，但在中低收入国家烟草使用正急剧上升，尤其集中在男性。据WHO估算，全球有超过2/3的烟民存在于发展中国家。世界银行发现，贫困者较富有者更容易吸烟。所以贫困者面临与吸烟有关的疾病和早逝的风险也更大。烟草对死亡和疾病的作用已得到了很好的证实。但是，烟草加剧贫困却没有得到足够多的重视。同时，烟草在种植过程中会与农作物抢占土地、肥料、农膜等农业资源，全球至少1/4的火灾是由吸烟引起。1987年发生于大兴安岭的森林火灾就是由烟头引起，造成不可估量的损失。

四、烟草使用的流行情况

人类吸烟已有悠久的历史。烟草原产于美洲，15世纪哥伦布发现新大陆的同时也发现了印第安人的吸烟习惯，后来烟草便传到了欧洲乃至全世界。吸烟最初在上层社会流行，19世纪下半叶随着卷烟机的出现，导致卷烟价格大幅度下降，吸烟很快扩散到各个阶层，成为人类的普遍行为。20世纪，德国的一家保险公司发现，吸烟者一旦吸上就会产生依赖性，尽管很多人相信吸烟有害健康的论断，但吸烟者队伍并没有轻易地减少，这对控烟工作提出了严峻的挑战。

（一）全球烟草使用流行情况

全世界共有13亿烟民，其中男性烟民10亿，女性3亿。各国如不加强控烟，2025年全球烟民将超过17亿。男性吸烟（占所有男性的47.5%）比妇女（10.3%）更为常见。在今天活着的13亿吸烟者中，有6.5亿人可能因烟草而死亡，其中半数在35岁至69岁之间死亡。

绝大多数发展中国家吸烟率明显上升，超过10亿或84%的吸烟者生活在发展中国家。1990～1992年，发达国家成人平均每年每人消耗纸烟2590支，显著高于发展中国家（1410支），但这种差距在缩小。如 1970～1972 年发达国家是发展中国家的 3.33 倍，1980～1982 年缩小到 2.44 倍，1990～1992 年只有 1.84 倍。在发达国家中，15 岁以上的男性有 1/3 吸烟，而第三世界国家差不多是 1/2。在发达国家中，女性吸烟者人数和男性差不多，在第三世界国家，有 10%的女性吸烟，但这个比例在不断加大。到 2030 年，70%的烟草致死病例将发生在发展中国家。自 60 年代初，美国就大力宣传戒烟，政府制定有关法律，至今，美国成人的吸烟率已由 42%下降至 25%，已有约 5000 万烟民戒烟，使该国上升的男性肺癌发病率得到遏止。据 WHO 总干事马勒 1988 年宣布：加拿大已有 550 万人戒烟，英国已有 1000 万人戒烟，美国当时有 4000 万人已经戒烟。目前，发达国家的吸烟率每年以 1%左右的速度下降，而第三世界国家的吸烟率每年以 1%～2%的速度上升。

（二）国内烟草使用流行情况

中国是人口大国，也是烟民大国。《2015 年中国成人烟草调查报告》显示：中国 15 岁以上成人吸烟率为 27.7%。其中男性吸烟率为 52.1%，仍然维持在高水平，女性为 2.7%，中国的烟民数量达 3.16 亿，大约 7.4 亿不吸烟者遭受被动吸烟的危害。城市和农村人群中接触二手烟的比例分别为 49.7%和 54.0%。我国烟民开始吸烟的年龄提前，年轻人吸烟率呈上升趋势。在医疗机构和学校，吸烟的男职工比例甚至高于 50%，中国已经成为全球男医生吸烟率最高的少数几个国家之一。

第 2 节　吸烟行为及其影响因素

不吸烟可以避免很多致死性疾病的发生风险，而戒烟的好处也是显而易见的，本节针对避免吸烟行为发生和戒烟行为产生的相关内容进行深入介绍，以便为个体和群体进行控烟健康教育，为寻求有效的烟草控制措施提供依据。

一、吸烟行为的产生机制及形成过程

（一）吸烟行为产生的机制

吸烟行为的形成是多因素所致，包括社会因素、心理因素、生物因素，最主要的还与烟草中的尼古丁成瘾有关。吸烟会令人上瘾，是吸烟行为固化和难以改变的主要原因。就像海洛因和可卡因一样，烟草内的尼古丁已被公认为是令人上瘾的化学物质。当吸烟时，体内尼古丁水平上升，会令人产生短暂的愉悦，而停止吸烟一段时间，他们会因体内尼古丁减少而感到不适，表现为烦躁、头痛、暴躁、失眠和精神难于集中等，产生所谓的戒断症状。久而久之，吸烟者从心理和生理上对烟草使用产生依赖。

烟草的生理依赖性决定于烟中所含的尼古丁。尼古丁可兴奋神经肌肉系统中的烟碱样受体（N_1 和 N_2 受体）。N_1 受体主要存在于支配心血管系统的交感神经元和主要支配胃肠道、泌尿系统、呼吸道的副交感神经元上。N_2 受体存在于骨骼肌终板膜上。兴奋 N_1 受体，引起心率增快，血管收缩，血压升高，肾上腺髓质释放儿茶酚胺（CA），胃肠道蠕动加强，胃酸及消化腺分泌。兴奋 N_2 受体，引起四肢、躯干骨骼肌肌力增强，紧张性升高，引起呼吸肌收缩加强，肺通气量增多。CA 分泌入血，可兴奋 α 及 β 受体，进一步加强上述作用，CA 作用于脑中 α_1 受体，引起精神活动增加，作用于脑中 α_2 受体，可起到镇静作用。所以，吸烟者吸烟后可以提神、镇静、解除疲劳，自觉情绪振奋、肌力增强，久之产生生理依赖性。

（二）吸烟行为的形成过程

吸烟行为的形成过程可以分为以下几个阶段：

1. 诱导阶段 当人与香烟偶尔接触时，会初步尝到甜头，如手拿烟卷的自我陶醉的成就感、欣快感等，这些对吸烟者有强大的吸引力，但在终止接触后不会有明显的戒断症状。

2. 形成阶段 在内外环境的共同作用下，吸烟行为不断重复，直到产生依赖。初期吸烟者常有羞耻感、畏惧感和自责心理。多数吸烟者有戒烟愿望，但是难以忍受戒断症状。而戒断症状带来的痛苦会对吸烟行为起到正反馈作用，使吸烟行为程度加剧。此时若及时矫治，容易戒烟，但当尼古丁依赖已经建立，矫治难度将增加。不成功的戒烟次数愈多，吸烟行为恢复后的超常欣快感愈明显。

3. 巩固阶段 吸烟行为已经巩固，并整合为生命活动的一部分。吸烟者此时对各种促使其戒烟的措施有强烈的心理抵抗。一旦烟瘾发作，宁愿不吃、不喝、不睡也要吸烟。

4. 衰竭阶段 吸烟使躯体受到严重损害，社会功能也发生不同程度的缺失。

二、吸烟行为的影响因素

吸烟行为的形成受社会、心理和生理因素的多重复杂影响。

（一）社会学因素

1. 同伴影响 很多青少年的吸烟行为是在群体相互交流的社会化过程中发生的。青少年吸烟受“亚文化”社交圈的影响，一个人同吸烟亚文化接触时间越长、关系越密切，亚文化群体行为准则就可能对青少年行为影响产生主导作用。对吸烟行为的干预不仅需要帮助人们获得正确的信息，识别群体文化压力，并且需要教一些自信和拒绝的技巧。

2. 烟草可获得性影响 烟草产品种类繁多，价格不等，人们收入水平和烟草价格是影响可获得性的两个重要因素。有研究表明，当人们收入水平不变的情况下，随着烟草价格的提高，烟草可获得性降低，烟草使用量会下降。青少年和穷人对烟草价格变化的敏感性更高。

3. 亚文化影响 不同的文化现象对于成瘾行为起到了社会润滑作用。例如，我国民间以烟待客，历史悠久。香烟可以作为人际关系的黏合剂，即使不相识，一支烟就可以拉近距离。亲朋好友聚会，求人办事，联系工作，用烟作媒介就变得灵活多了。这些吸烟行为是为了满足社会交际的需要。控烟的根本问题之一在于扭转社交亚文化。

4. 家庭影响 吸烟行为有家庭聚集现象，即家庭成员在吸烟行为上的相似程度显著大于非家庭成员。美国研究发现，父母吸烟家庭的孩子，其吸烟率比不吸烟家庭者高 1.5 倍，若家中还有年长兄弟姐妹吸烟，其吸烟率还将增加 1 倍。这一现象的产生并不取决于父母对吸烟的态度，而在于他们不良的榜样作用。学习的早期形式之一是模仿，模仿学习的对象往往是家庭成员。同时，家庭成员有共同的遗传基因，也可以解释家庭聚集性。

5. 传播媒介因素 媒体宣传与广告效应在吸烟行为的形成中起到了不可低估的作用。有些媒体借助吸烟表现一定的社会形象和人物风度。各种形式的香烟广告和影视作品中英雄人物吸烟镜头对青少年产生强大的诱导和负面影响。

（二）心理学因素

尼古丁有明显的正性强化、负性强化作用。吸烟行为的形成是操作性条件反射建立的过程。烟草中所含的尼古丁物质是非条件刺激物，入血引起非条件反射效应。条件刺激物是吸烟的操作性动作。吸烟操作过程不仅可解除尼古丁水平下降引起的戒烟综合征，即负性强化，同时也可出现正性强化作用，如兴奋、提神等。吸烟操作动作这一条件刺激与烟中尼古丁入血的非条件刺激效应结合，即为强化。经多次、长时间操作与强化建立并巩固了吸烟行为，即成为习惯。

此外，依赖型人格的人更容易吸烟成瘾，这些人性格内向，不愿与人沟通，意志薄弱，无主见，易随大流，控制不了自己的行为，好争强、易激惹。具有依赖型人格的吸烟者为满足吸烟后提神、镇静、解除疲劳的生理作用，避免戒断症状，更容易产生吸烟渴求，属于易成瘾者。现代社会生活节奏加快，竞争激烈，生活紧张刺激增多，使人们应激增加，以上社会环境促使易成瘾者希望借助吸烟行为获得暂时的内心安宁。有的易成瘾者借助吸烟来调整情绪、镇静、解除疲劳，提高工作效率。研究表明，吸烟者通常比不吸烟者表现得较为焦虑和敏感。

（三）生物学因素

生物学因素的影响体现为尼古丁的作用机制，与中枢神经系统的尼古丁受体结合，激活中脑多巴胺神经元，释放兴奋性神经递质多巴胺，让人神经、肌肉兴奋性增加，产生愉悦的感觉。人体内多巴胺能神经通路不仅是种族保存相关行为（如饮食行为、性行为）的神经解剖学基础，也是介导奖赏、动机、学习等活动的通路，是与成瘾性行为形成有关的重要神经通路。生理依赖性是指尼古丁对吸烟者的脑、神经系统作用后产生的生理变化，以致必须此成瘾物持续地存在体内，才能避免发生戒断症状，从而产生对烟草的生理依赖。

三、戒烟行为

（一）戒烟的好处

科学研究发现，吸烟者在戒烟后其体内器官会发生一系列有益的变化：戒烟 20 分钟内：血压、脉搏降至正常，手足温度恢复正常；戒烟 8 小时：血液中一氧化碳水平降至正常，血氧水平恢复正常；戒烟 24 小时：心脏病发作概率下降；戒烟 48 小时：神经末梢开始再生，嗅觉和味觉能力增强，行走变得轻松；戒烟 72 小时：支气管不再痉挛，呼吸大为舒畅，肺活量增加；戒烟 2 周～1 个月：血液循环改善，肺功能增加 30%；戒烟 1～9 个月：咳嗽、鼻充血、疲劳、气喘等症状减轻，呼吸道纤毛再生，清洁肺和降低感染的能力增强；戒烟 1 年：冠心病的危险性降为吸烟者的一半；戒烟 5 年：肺癌死亡率比吸烟者下降 40%，心肌梗死发病率几乎降低到不吸烟者的水平；戒烟 10～15 年：肺癌、喉癌、口腔癌、膀胱癌的发病率降至不吸烟者的水平，冠状动脉硬化的危险与不吸烟者相同。戒烟能明显地降低冠心病的急性发作和中风的进一步发展。

吸烟者任何时间戒烟都不算晚，而且如果吸烟者能在 40 岁以前戒烟，死于烟草相关疾病的危险性将下降 90%，几乎与不吸烟者相近。

（二）戒断症状

戒烟的最大障碍来源于烟草戒断反应。尼古丁成瘾者戒烟时会出现烟草戒断反应，即吸烟者停止吸烟后数十分钟到数小时后便开始感到想吸烟，并出现心神不宁、烦躁不安、甚至头痛、恶心、腹部不适、精神萎靡、注意力难以集中等症状，这就是烟草戒断症状。

归纳起来，戒断症状有以下几方面的主要表现：①吸烟渴求；②唤醒：包括焦虑不安、睡眠障碍、易激惹和注意力不集中；③抑郁：包括抑郁心境和情绪不良；④代谢降低，心率减慢（平均每分钟减慢 8 次）；⑤食欲增加，一些人戒烟后体重会增加 2～3 公斤。

戒断症状产生的原因是吸烟尼古丁成瘾者。烟草中尼古丁含量为 0.5%～8%，吸烟时尼古丁经呼吸道黏膜吸收，长期吸烟者其体内尼古丁会维持在一个较高的水平。一旦停止吸烟体内的尼古丁水平下降，吸烟者感到种种不适。

一般情况下，戒断症状可在停止吸烟后数小时内开始出现，在戒烟最初 14 天内最为强烈，之后逐渐减轻、消失。大多数戒断症状持续约 1 个月左右，部分患者对吸烟的渴求可能会持续 1 年以上。

（三）戒烟行为

大量研究表明，戒烟可降低或消除吸烟导致的健康危害。任何人在任何年龄戒烟均可获益，且戒烟越早、持续时间越长、健康获益越大。在开展控烟活动时，应使广大公众及吸烟者深刻认识吸烟与二手烟暴露对健康的危害，促使人们努力创建家庭、单位和公共场所无烟环境，并鼓励吸烟者积极尝试戒烟。但是，有研究表明我国烟民成功戒烟的比例仅有 14.4%。

戒烟意愿是吸烟者本人成功戒烟的基础。《烟草控制规划（2012～2015）》实施三年后的调查结果显示，吸烟者中有 39.6%的人有戒烟意愿，这一比例远低于控烟先进国家。同时戒烟是相当困难的，很多吸烟者在戒烟成功之前平均会尝试 6～9 次戒烟，说明仅凭吸烟者个人毅力很难戒烟，其戒烟成功率一般不到 3%（所谓戒烟成功指的是吸烟者在戒烟后 1 年内不再复吸）。尤其是已经罹患烟草依赖性疾病者，需要卫生计生人员进行临床的专业化戒烟干预。

四、烟草依赖性疾病

（一）烟草依赖性疾病的概念

吸烟可以成瘾，称为烟草依赖。烟草依赖不是“习惯”，而是一种慢性、高复发性、成瘾性神经精神疾病，其本质是尼古丁依赖。WHO 已将烟草依赖作为一种疾病列入国际疾病分类范畴（ICD-10），编码为 F17.2，称为烟草依赖综合征。

烟草依赖常表现为躯体依赖和心理依赖两个方面。躯体依赖表现为停止吸烟或减少吸烟量后，吸烟者将会产生一系列不易忍受的戒断症状，包括焦虑不安、抑郁、唾液腺分泌增加、注意力难以集中、睡眠障碍等，部分戒烟者还会出现体重增加。心理依赖俗称“心瘾”，表现为主观上强烈渴求吸烟。烟草依赖者约占吸烟者的 30%～90%。虽然不是所有吸烟者都会产生烟草依赖，但吸烟者一旦发展为烟草依赖者则很难戒除吸烟。许多吸烟者知道吸烟的危害，并有意愿戒烟，但因烟草依赖而不能控制吸烟行为，部分烟草依赖者甚至在罹患吸烟相关疾病后依旧不能彻底戒烟。

（二）烟草依赖性疾病的临床表现

吸烟者对尼古丁产生依赖后，躯体上表现为耐受性增加和戒断症状，行为上表现为失去控制，具体内容如下：

1. 吸烟的耐受性增加 多数吸烟者在开始吸烟的一段时间内烟量并不大，但随着烟龄增加，每日吸烟量逐渐增多，甚至超过 60 支/日，这是一个非吸烟者完全无法耐受的。

2. 停用后出现戒断症状 吸烟者停用烟草后因体内尼古丁水平的迅速下降，一天内便可出现戒断症状，包括渴求、焦虑、抑郁、不安、头痛、唾液腺分泌增加、注意力不集中、睡眠障碍、血压升高和心率加快等，部分患者还会出现体重增加。戒断症状在停用烟草后的前 14 天内最为强烈，大约 1 个月后开始减弱，但一些患者在特定环境下对烟草的渴求会持续 1 年以上。

3. 吸烟行为失去控制 多数烟草依赖患者知道吸烟的危害，并有意愿戒烟或控制吸烟量，但经多次尝试后往往以失败告终，部分吸烟者甚至在罹患吸烟相关疾病后仍不能控制自己，无法做到彻底戒烟。

（三）烟草依赖性疾病的诊断

在过去一年内体验过或表现出下列六条中的至少三条就可以诊断为烟草依赖综合征：

（1）对吸烟的强烈渴望或冲动感；

（2）对吸烟行为的开始、结束及剂量难以控制；

（3）当吸烟被终止或减少时出现生理戒断状态；

（4）出现烟草耐受表现，必须使用较高剂量的烟草才能获得过去较低剂量即可获得的吸烟感受；

（5）因吸烟逐渐忽视其他的快乐或兴趣，在获取、使用烟草或从其作用中恢复过来所花费的时间逐渐增加；

（6）不顾吸烟的明显危害性后果而固执地吸烟，如过度吸烟引起相关疾病后仍然继续吸烟。

（四）烟草依赖程度的评估

吸烟成瘾者的烟草依赖程度可根据临床烟草依赖评定量表进行评估。常用的评估量表包括：

1. 法氏烟草依赖评估量表（Fagerström test for nicotine dependence，FTND） 该量表包含6个问题，每个问题的答案选项分别被赋予不同分值，以累积分值评估烟草依赖程度，总分最高为10分，≥7分评为重度烟草依赖（表18-1）。

2. 吸烟严重度指数 该评估仅使用了FTND量表中的2个问题："晨起醒来后多长时间吸第一支烟？"和"您每天吸多少支烟？"，每个问题的答案选项分别被赋予不同分值，以累积分值评估烟草依赖程度。总分最高为6分，≥4分评为重度烟草依赖（表18-2）。

烟草依赖评估量表和吸烟严重度指数的累计分值越高，说明吸烟者的烟草依赖程度越严重，该吸烟者从强化戒烟干预，特别是戒烟药物治疗中获益的可能性越大。

表18-1　Fagerström烟草依赖评估量表

评估内容	0分	1分	2分	3分
1.您早晨醒来后多长时间吸第一支烟？	>60分钟	31～60分钟	6～30分钟	≤5分钟
2.您在禁烟场所能忍住不吸烟吗？	能	不能		
3.您认为哪一支烟您最不愿意放弃？	其他时间	早晨第一支		
4.您每天抽多少支卷烟？	≤10支	11～20支	21～30支	>30支
5.您早晨醒来后第一个小时是否比其他时间吸烟更多？	否	是		
6.您卧病在床时仍旧吸烟吗？	否	是		

注：积分0～3分为轻度依赖；4～6分为中度依赖；≥7分提示高度依赖

表18-2　吸烟严重度指数

评估内容	0分	1分	2分	3分
1.您早晨醒来后多长时间吸第一支烟？	>60分钟	31～60分钟	6～30分钟	≤5分钟
2.您每天吸多少支卷烟？	≤10支	11～20支	21～30支	>30支

注：≥4分为重度烟草依赖

（五）烟草依赖性疾病的治疗

已罹患烟草依赖性疾病的吸烟者需要专业化戒烟干预。目前能够明显提高长期戒烟率的有效治疗方法，包括：戒烟的简短建议、药物治疗、戒烟咨询及戒烟热线。

美国公共卫生署颁布了有关烟草使用和依赖治疗的新版临床实践指南。该指南推荐了7种能够有效增加长期戒烟效果的一线临床戒烟用药，主要是尼古丁替代疗法（NRT）的戒烟药，共有5种：尼古丁咀嚼胶、尼古丁吸入剂、尼古丁口含片、尼古丁鼻喷剂和尼古丁贴剂。另外，还有2种非尼古丁类戒烟药：酒石酸伐尼克兰片和盐酸安非他酮。

目前我国已经批准使用的一线戒烟药物包括：NRT类药物（尼古丁咀嚼胶、尼古丁吸入剂、尼古丁口含片、尼古丁鼻喷剂和尼古丁贴剂）和非尼古丁替代药物（盐酸安非他酮缓释片和伐尼克兰）两类。NRT类药物为非处方药，可在药店自行购买；盐酸安非他酮缓释片和伐尼克兰为处方药，需由医生开具处方后在药店或医院购买。所有戒烟药物均应在专业戒烟医生的指导下使用。

戒烟药物可以有效缓解戒断症状，辅助有戒烟意愿的吸烟者提高戒烟的成功率。不是所有的吸烟者都需要使用戒烟药物才能成功戒烟，但医生可以向每一位希望获得戒烟帮助的吸烟者提供有效戒烟药物的信息。相关戒烟药物的使用方法可参照《中国临床戒烟指南》（2015版）。

第 3 节　烟草控制措施

案例 18-3：

就全球范围而言，至今已掀起过两次反烟草高潮。

第一次始于 17 世纪初，导因是 1602 年吸烟的伦敦大主教病死，人们认为他是过量吸烟中毒致死。1604 年，英国政府制定禁烟法，对吸烟、售烟者处以刑罚，并且把烟草关税增加 40 倍，强力阻止烟草传播。俄国、瑞士、日本，土耳其等国家也都曾发布禁烟令，可是这些措施非但没有禁止吸烟，反而吸烟的人数与日俱增，并刺激了烟草生产的日益发展。

第二次控烟浪潮源于 1951 年，英国的 Doll 和 Hill 以英国男医生为对象开展的“吸烟与健康”研究项目，得出吸烟与肺癌之间存在因果关系的结论。1962 年，英国皇家内科医学院发表了人类历史上著名的医学报告，用大量临床实例证明“吸烟是导致肺癌的主要原因”，直接推动了现代控烟运动的发展。自 20 世纪 80 年代初以来，世界卫生大会几乎每年都要作出关于控烟工作的决议。1980 年，WHO 在世界卫生日发起戒烟运动，提出“要吸烟还是要健康，由你选择”。1980 年定为国际反吸烟运动年。1988 年 4 月 7 日这一天被 WHO 确定为第一个“世界无烟日”。从 1989 年起，“世界无烟日”改为 5 月 31 日，因为第二天是国际儿童节。2003 年 5 月 21 日，第 56 届世界卫生大会上，世卫组织 192 个成员国通过了第一个限制烟草的国际性条约——《烟草控制框架公约》(FCTC)。这是人类公共卫生领域和控烟史上的一座里程碑，它标志着烟草控制已经走向以国际法为依据的全球控烟运动，反烟草浪潮席卷全球的每一个角落。

问题：

1. 为控制烟草危害，国际社会采取了哪些控烟措施？
2. 我国采取了哪些控烟措施？

（一）各国烟草控制运动

1. 控烟法令　近几十年来，世界各国都采取了较为严厉的烟草控制法令。

（1）英国：英格兰地区从 2007 年 7 月 1 日起在公共场所全面实施“禁烟令”，禁令规定，在封闭的公共场所如电影院、酒吧、公交车、地铁站等均禁止吸烟，违者将面临 50 英镑罚款，而这些场所的运营者如果不阻止吸烟行为，将被处以最高 2500 英镑的罚款。英国的烟盒基本都在正面约一半的面积上印有大大的白底黑字“吸烟会要命”，或是印有一个大大的骷髅头，或是令人难受的有关肺癌的图片。除了这些正面的戒烟压力外，英国一些地方还对愿意戒烟的人采取了“胡萝卜”政策，苏格兰邓迪市为戒烟者提供每周 12.5 英镑的补贴。到 2015 年，英国所有超市、商场、商店全面禁止把烟草产品摆上柜台。

（2）美国：美国政府是从 20 世纪 60 年代中期开始进行禁烟运动的，70 年代初，国会通过了规定卷烟包装上标明警示、禁止广播电视做烟草广告、宣布全国 6800 多个政府机关内禁止吸烟等法律。1974 年州政府相继颁发了若干控烟法律。到 2006 年，有 34 个州（67%）制定了相关的法律；5 个州禁运卷烟，29 个州的法律包括接触烟草最小年龄要求、航运、商贩许可证及相关问题、税收和惩罚等规定。美国国会 2009 年通过法律授予美国食品和药品管理局（FDA）管制烟草制品生产、营销和销售的权限。2013 年 11 月，纽约市不得向未满 21 岁人群出售香烟的法案由市长布隆伯格签署生效，这一法案将有效阻止年轻人在其最容易上瘾的年纪尝试吸烟，也是对禁止在酒吧、饭店、停车场、公共空间和城市海滩吸烟禁令的强化。

（3）法国：20 年来法国先后推出多项公共场所禁烟法令，还提高烟草税，使卷烟价格直线上涨，10 年翻了一倍多。目前，在法国最普通的卷烟也要 6 欧元左右，其中近 65%是烟草税，还有 19.6%是增值税，烟厂到零售商的利润空间只有 15%多一点。

（4）澳大利亚：从 1999 年至 2003 年的 5 年间，澳大利亚有 26 项立法与烟草控制有关，这些法律法规涉及减少烟草需求、减少烟草供应、健康教育、价格措施等烟草控制内容。

（5）加拿大：加拿大自 1987 年起就开始禁止为香烟做广告，1990 年起加拿大所有客机开始禁止吸烟。每年开展“无烟星期三”运动。20 年来，加拿大吸烟率下降了 26%之多。

（6）意大利：1985 年，世界上第一部《严禁吸烟法》在意大利诞生。这是意大利政府向人类文明社会做出的表率。

（7）爱尔兰：2004 年 3 月，爱尔兰成为世界上第一个立法建立无烟工作场所的国家，无烟化的范围包括所有的办公室、餐厅、酒吧和旅店等公共场所。

此后，挪威的无烟立法也开始生效。新西兰、西班牙、乌拉圭等 12 个国家也相继开展了创建无烟工作场所和无烟公共场所的工作。

（二）限制烟草的全球性公约 ——《烟草控制框架公约》

1. 烟草控制框架公约的出台过程 为了遏制烟草在全球的流行，WHO 在 1996 年 5 月召开的第 49 届世界卫生大会上，各成员国达成了建立世界烟草控制框架公约（Framework Convention on Tobacco Control，FCTC）的协议。1999 年第 52 届世界卫生大会决定着手制定烟草控制框架公约及相关议定书，同时决定成立由所有成员国参加的政府间谈判机构和框架公约工作组。从公约的提出、修改、谈判、听证，前后共经过漫长的 8 年，召开了不下十次国际会议。该文本共分 11 部分，由 38 条条款组成。文本对烟草及其制品的成分、包装、广告、促销、赞助、价格和税收等问题均作出明确规定。2003 年 5 月，在日内瓦召开的第 56 届世界卫生大会上，该公约获得一致通过。这是 WHO 首次动用其《组织法》第十九条所规定的权力来制定的一份国际法律文书，它是 WHO 的第一份全球性公共卫生公约，也是针对烟草的第一个世界范围的多边协议，其目的在于对全球的烟草和烟草制品予以限制。《烟草控制框架公约》于 2005 年 2 月 27 日正式生效，并随即对首批 40 个已批准该条约的国家产生法律强制力。截至 2014 年 12 月，全世界 180 个国家批准了该《公约》，覆盖世界人口 90%。该公约一旦签署生效，各成员国都必须把公约内容融入本国法律，对烟草的生产、销售、税收、广告等多方面进行限制。

公约生效后，各缔约国须严格遵守公约的各项条款，要求从生效之日起 3 年内必须在香烟盒上标注“吸烟危害健康”的警示语，在 5 年内完全禁止烟草广告、烟草促销和宣传活动。此外，各缔约国必须严格按照约定大幅度提高烟草价格和税收、打击走私，禁止向 18 岁以下未成年人出售香烟，并对自动售货机进行必要改造，通过立法禁止在公共和工作场所吸烟，保护不吸烟者免受被动吸烟的危害等。

2. 《烟草控制框架公约》中的最佳烟草控制策略——MPOWER

2008 年 2 月 7 日，世界卫生组织发布了《2008 年全球烟草流行报告》（简称《报告》），总结了 179 个成员国控烟履约的现状和经验，提出了能有效控制烟草流行的 MPOWER 策略，是世界控烟实践的有效经验总结。六个字母分别代表不同的策略措施。

（1）Moniter：监测烟草使用与预防政策。必须加强对烟草使用及其影响的评估。当前，全球大约一半的国家（包括三分之二的发展中国家）仍不具备关于青少年和成年人烟草使用的基本信息，对于烟草相关疾病和死亡等烟草流行其他方面的数据也十分缺乏。良好的监测工作可以提供关于某个国家烟草流行水平的信息，为针对性地制定控烟政策提供依据，对于逆转烟草流行有重要意义。

（2）Protect：保护人们不接触烟草烟雾。呼吸清洁的空气是每个人的基本权利。无烟环境对于保护非吸烟者和鼓励吸烟者戒烟都很重要。只有全面禁止公共场所和工作场所吸烟，才能保护人们免受二手烟的危害，并帮助吸烟者戒烟。乌拉圭是第一个 100%无烟的国家，业主违法罚款 1000 美元，第二次违法监禁 3 天。实际上，任何国家，无论其经济水平如何都可以实施有效的无烟化法律。

（3）Offer：提供戒烟帮助。全球 13 亿吸烟者，其中绝大多数都已对烟草成瘾，导致戒烟成功率很低。目前，只有 9 个国家能提供全面的治疗烟草依赖性疾病的服务，仅覆盖全球人口的 5%。各国必须制定规划，为那些希望摆脱烟瘾的吸烟者提供有效且成本较低的临床戒烟干预措施。

（4）Warn：警示烟草危害。利用烟草包装警示烟草危害。烟草包装作为一种信息载体，其外观可以给消费者很多信息。清晰明了的健康警告能够提高人们对健康风险的意识和更强烈的戒烟欲望。《公约》对烟草包装上的健康警语标识提出了明确的要求。

（5）Enforce：执行禁止烟草广告、促销和赞助的规定。烟草企业每年在全球斥巨资进行广告、促销和赞助活动。只有全面禁止烟草广告、促销和赞助的方式，才能有效减少烟草消费，保护人们免受烟草企业营销手段的诱惑，尤其是可以保护青少年避免进入吸烟行列。

（6）Raise：提高烟草税。提高烟草税收从而提高烟草价格，是减少烟草使用的最有效的手段之一，特别是组织年轻人吸烟有重要作用。有证据表明，烟草价格提高 70%就能预防全球四分之一的烟草相关死亡。而目前全球只有四个国家的烟草税率到达了零售价格的 75%以上。五分之四的高收入国家烟草税率在零售价格的 51%～75%之间，这一比例在中低收入国家还不到四分之一。中国卷烟税率约为零售价格的 40%。

MPOWER 战略成为遏制烟草流行的强有力对策，为各国描绘了一个控烟履约的路线图，帮助其履行对《公约》所承担的责任。世卫组织 2013 年发布的针对 14 个发展中国家控烟履约排名中，泰国在保护人们免受二手烟、提供戒烟帮助等几方面均名列榜首。泰国除了增加香烟税这一主要限制措施之外，泰国政府从多年前开始采取的在烟盒上增加警示图案的做法收到了非常大的成效，泰国政府最近又增加了 10 幅新的警告图案，同时将之前图案占据烟盒 55%的面积扩大到现在的 85%。2015 年，世卫组织发布《全球吸烟趋势报告》称，“无烟”正成为全世界新规范。

3. 我国的控烟工作 烟草成瘾正在成为中国人健康面临的第一杀手，但在中国控烟仍是一项艰难的工作。从 20 世纪 80 年代后期，我国逐步开始控烟，相继颁布了许多控烟法令，许多地方政府纷纷出台有关禁止在公共场所吸烟的地方性法规。2003 年 11 月 10 日，中国政府正式签署了《烟草控制框架公约》，成为第 77 个签约国，中国控烟行动已经融入国际社会的控烟工作之中。2005 年 8 月 28 日全国第十届全国人大常委会第十七次会议审议通过《烟草控制框架公约》，成为第 89 个批约的国家。2006 年 1 月 9 日，《烟草控制框架公约》在我国正式生效。2006 年 10 月，卫生部成立了履行《烟草控制框架公约》领导小组，并设立领导小组办公室。2008 年 5 月 1 日，出台了《北京市公共场所禁止吸烟范围若干规定》之后，中国多个奥运举办城市颁布了创建无烟公共场所和工作场所的法规。2009 年，中国卫生部和其他四部委要求在整个医疗卫生系统全面禁烟。在 2011 年 3 月，经全国人民代表通过的十二五计划也呼吁“在公共场所实施全面禁烟”。中国原卫生部于 2012 年发布了首个针对吸烟危害的报告。2013 年 12 月，中共中央办公厅和国务院办公厅发出通知，禁止党和政府工作人员在公共场所吸烟，以便为民众树立良好的榜样。2014 年，相关部门着手开展保护人们免受二手烟危害以及禁止各种形式烟草广告、促销和赞助行为的立法工作；接下来将面对增加卷烟税、改进卷烟包装上的健康警告以减少烟草消费的挑战。历经 30 年，虽在控烟履约工作取得了阶段性进展，局部有所突破，但全局性工作仍举步维艰。目前，我国男性人群的吸烟率居高不下。我国控烟工作起步晚，相关法律、法规有待于进一步完善和有效实施，控烟履约能力建设亟待加强，需要采取立法、行政、经济、大众传播和社会活动等多种措施推动，同时更离不开全民控烟意识的提高和全社会的共同参与。

第 4 节　控烟健康教育

我国作为世界上最大的烟草受害国，之所以在控制吸烟问题与先进国家存在明显差距，主要原因之一是公众对吸烟危害健康的科学事实缺乏深刻认识。控烟健康教育以健康知识传播、健康观念形成以致实现健康行为转变的一系列工作需要进一步细化目标人群，明确工作侧重点。

一、吸烟者的健康教育内容与方式

对吸烟者进行健康教育的主要目的是帮助其戒烟。

（一）吸烟者的健康教育内容

烟草的有害成分；吸烟的健康危害；被动吸烟的危害；吸烟对社会、经济的影响；戒烟的好处；戒烟方法；控烟相关的法律法规，如《在公共交通工具及等候室禁止吸烟的规定》,《中华人民共和国未成年人保护法》明确规定，任何人不得在中小学、幼儿园、托儿所的教室、寝室、活动室和其他未成年人集中活动的室内吸烟，以及《烟草控制框架公约》的内容。

（二）吸烟者的健康教育方式

帮助吸烟者戒烟是综合性控烟措施中的一个重要内容。要使吸烟者自觉改变吸烟行为是十分艰巨、细致和复杂的工作，必须要有针对性。我国已经组织各方面专家，针对这类人群制定了《中国临床戒烟指南》，指南中提出了详细的、可操作性的实用戒烟策略。包括如何正确使用尼古丁替代物；如何设计动员吸烟者尽快采取戒烟行动的方案等。

1. 吸烟者戒烟经历的阶段　吸烟者戒烟一般要经历无戒烟打算、考虑戒烟、准备戒烟、采取戒烟行动、维持戒烟状态或复吸等阶段。许多人在彻底戒烟之前可能会反复重复以上过程。所以，处于不同阶段的吸烟者需要不同的建议和处理。

（1）没有戒烟打算阶段：大约 40%的吸烟者没有戒烟愿望，其比例大小取决于当地开展控烟的程度。这些吸烟者从未考虑戒烟问题。一般来说他们偏爱吸烟，对提出戒烟问题有反感。这时给予过多的戒烟劝告可造成逆反心理而达不到预期的目的。这一阶段应普及吸烟对健康危害的知识，提高他们对吸烟危害的认识，让吸烟者对吸烟行为感到恐惧、焦虑、担心等，产生戒烟愿望。干预策略是提供信息，提高认知。

（2）打算戒烟的阶段：大约有 40%的吸烟者，知道吸烟的危害想戒烟，但又担心戒烟会带来许多不良后果，因此处于犹豫不决阶段。这时需要帮助吸烟者充分认识吸烟的危害，开诚布公地和吸烟者讨论吸烟的利弊，启发自我意识和自我评价，认真听取吸烟者的意见，有充分时间考虑是否戒烟，让吸烟者自己做出选择。用这种方法让吸烟者产生戒烟的动机，主动戒烟，称之为“引发动机式交谈”，而不是用传统的教育手段，告诉吸烟者应该做什么，不应该做什么。干预策略是提高认知，激发动机。

（3）准备戒烟阶段：只有 20%的吸烟者决定戒烟，要求他们做出承诺，使他们的行动得到监督。干预策略是提供方法，鼓励尝试，环境支持。

（4）行动阶段：对于已经开始戒烟的人，这阶段需要为他们提供更积极的干预方法，帮助克服戒断症状并给他们更多的支持，目的是为吸烟者提供戒烟及巩固戒烟成果的方法。干预策略是支持鼓励，加以强化，环境支持。

（5）维持阶段：建立社会支持网络，取得家庭成员、同事和朋友的支持，对家庭、工作场所的戒烟行为给予奖励，或举办戒烟竞赛，形成一种以不吸烟为荣的社会风气。干预策略是继续支持，不断强化，预防复发。

2. 帮助吸烟者戒烟的步骤 这里介绍一种戒烟三步法。

（1）第一步：戒烟准备 这个阶段要使吸烟者充分了解吸烟的危害和戒烟的好处。寻找戒烟的障碍，明确吸烟的激发期和制订合理的戒烟计划。戒烟计划：

1）找出生理激发期：生理方面诱发吸烟和烟瘾发作的时间场合。

2）找出心理激发期：让吸烟者自己查找，在怎样的状态或心情下最想抽烟。高兴、烦闷、受挫折、驾驶、生气、无聊等。

3）让吸烟者自己尽可能多地列出戒烟的理由及戒烟的好处，越具体越好。

4）选择戒烟的日期：选择空闲的一天作为自己戒烟的第一天，不要选择繁忙的工作日、休假日、或其他庆祝日和纪念日。

5）给自己一些适当的奖励：如果你能够整天不接触烟了，那么承诺自己一些奖励，如果能坚持六个月，那就好好奖励自己一下。

6）寻找一位支持者：寻找一位不抽烟的朋友或亲人作为戒烟的支持者，在困难的时候可以从他（她）那里获得帮助或鼓励。

7）寻找替代品：吸烟者以往每天手上和嘴上都会多次重复吸烟的动作，戒烟之后，或许一下改变不了这个习惯性的动作。所以需要选择一些替代品来帮助改变这些习惯，如口香糖、牙签等针对嘴上的习惯，铅笔、勺子、火柴棒等可针对手上的动作习惯。

8）签一份戒烟的协议：吸烟者与自己签订一份戒烟协议，以督促自己取得戒烟的成功。

（2）第二步：开始戒烟 戒烟的有效方法有三种：逐渐减量戒烟法、突然停止法，以及尼古丁替代疗法。后一种方法是近年发展起来的，它可以帮助患者克服戒烟产生的不适症状。

1）逐渐减量戒烟法：逐渐减少每天吸烟的数量，使体内的尼古丁含量逐渐降低。这样，戒断症状的出现会轻微一些。减量可以每天递减 1～2 支烟，直到完全戒掉。

2）突然停止法：某一天突然停止吸烟，体内尼古丁水平会急剧下降，吸烟者可能会有一系列不适症状出现。大多数人在一周之内渡过生理依赖期。突然停止法对戒烟者的自控能力要求较高。在伤风、感冒没有吸烟欲望时戒烟，也是比较有效的方法。

3）尼古丁替代疗法（NRT）：是当前世界上应用广泛且被临床研究证实的有效戒烟方法之一，得到世界卫生组织的认可和推荐。NRT 的主要治疗原理是以非香烟的形式，提供部分原来从香烟中获得的尼古丁，而治疗量的尼古丁远远低于从香烟中的获得量。该法既可以减轻戒烟时出现的戒断症状，提高戒烟的成功率，又能避免吸烟产生的有害物质（如一氧化碳和焦油）对身体的毒害。NRT 使戒烟的成功机会增加近 1 倍以上。目前市场上的尼古丁替代疗法产品有多种形式，包括戒烟贴、戒烟糖、喷鼻剂、吸入剂等。患者可根据自己的烟量大小选择适合自己的产品。

（3）第三步：坚持戒烟 使用一些有效的辅助方法来帮助保持戒烟的顺利进行。其中重要的是远离诱惑，尽量避免去激发吸烟心理的场所。多做运动，饭后到户外散步，经常做深呼吸，对戒烟的坚持都是有利因素。另外，寻求亲属或朋友的帮助，想象一些轻松的气氛，可以使戒烟者顺利渡过戒烟初期的不适应期。坚持戒烟至少要在半年以上者才可以称戒烟成功。

3. “5A”和“5R”法戒烟帮助 对于愿意戒烟者，采用“5A 法” 帮助吸烟者戒烟，即“询问 （Ask）、建议 （Advice）、评估 （Assess）、帮助 （Assist）和安排随访 （Arrange）”。

采用“5R”法增强吸烟者的戒烟动机。“5R”法的内容包括：相关（Relevance）：使吸烟者认识到戒烟与其自身和家人的健康密切相关。危害（Risk）：使吸烟者认识到吸烟的严重健康危害。益处（Rewards）：使吸烟者充分认识到戒烟的健康益处。障碍（Roadblocks）：使吸烟者知晓和预估戒烟过程中可能会遇到的问题和障碍。反复（Repetition）：反复对吸烟者进行上述戒烟动机干预。

4. 提高临床医师戒烟干预效果的措施

（1）强调戒烟应彻底；帮助吸烟者总结戒烟经验教训并制订戒烟计划。

（2）控制吸烟欲望：改变与吸烟密切相关的生活行为习惯；建立补偿行为，借用饮水、咀嚼无糖口香糖等替代物。

（3）处理戒烟中可能遇到的问题　处理戒断症状：针对吸烟者的主诉可以采取相应措施，如：做深呼吸，散步；减少工作负担；保证充足睡眠；“我总想吃东西”——多吃一些蔬菜、水果进行替代，不要吃高热量的零食。

（4）限酒：在戒烟期间饮酒会降低戒烟成功率。

二、吸烟高危人群的健康教育内容与方式

吸烟的高危人群，是指容易成为吸烟者的人群。约有 80%的经常吸烟者都是在 18 岁前的青少年时期开始吸第一口烟的。在 14、15 岁的少年儿童中也常有吸烟行为发生。由于青少年处于十分发达的烟草工业的包围之中，他们对广告宣传、有烟草商赞助的各种文体活动等市场营销活动的易感性，再加上家长、教师等成年人和同伴的榜样作用影响，他们对烟草具有高度的可获得性和可接受性。因此，青少年是吸烟的首要高危人群。另外，具有依赖型人格的人，好奇心强、模仿心强、逆反心理强的人，追求享受的人，家庭成员或朋友中有吸烟的，也是吸烟的高危人群。

（一）吸烟高危人群的健康教育内容

对于吸烟高危人群的健康教育，主要目的就是预防他们吸烟。对于青少年的教育内容是：吸烟是坏习惯，吸烟有害健康，会给你造成不良形象；吸烟影响美容；被动吸烟对健康的影响；拒绝敬烟的方法；学校控烟的法律法规，如《中学生行为规范》,《中华人民共和国预防未成年人犯罪法》等，加强宣传，创造良好的控烟氛围。

（二）吸烟高危人群的健康教育方式

坚持开设健康教育课，举办控烟教育讲座，办控烟教育专栏，健康小报、展板等，利用黑板报、校园广播等宣传禁烟法规，通报吸烟状况，介绍吸烟对健康的危害，对社会的不良影响。加强教师的培训工作，提高教师对控烟工作的认识，增强责任感和使命感。建立学校、家庭、社会三结合的控烟网络，在净化学校环境的同时，将控烟活动逐步延伸到家庭、社会。呼唤社会监督，通过宣传，让更多的人知道学校是无烟学校，共同为学生创造优美舒适的学习环境，关心学生的健康成长。预防青少年吸烟一直是全球控烟的重点和难点，因此这方面的策略及措施也比较多。

1. 烟税和价格政策　随着《烟草控制框架公约》的生效，烟草产品提税已经成为全球烟草业的一个主要趋势。全球烟税水平正在迅速提高，其目的之一在于增加政府财政收入，第二就是通过烟草增税大幅度提升烟草零售价格，减少烟民消费。全球的控烟经验表明，连续地提高烟税进而提高烟价是控制烟草消费最有效的单一措施。税收的提高增加了政府税收收入。更重要的是它确实降低了烟草消费，特别是减少了年轻人和穷人的消费。芬兰研究表明，标化了其他影响吸烟的因素之后，提高 10%烟价，可以使烟草消费量下降 3.5%。许多国家的经验表明，青少年对烟草的价格非常敏感，大幅度提高烟税可减少青少年烟草消费量。如在美国，烟价增长 10%，一般香烟消费下降 4.2%，而青少年的香烟消费则下降 14%。在 1980～1984 年，英国卷烟价格提高了 26%，烟草消费量下降了 20%。对 22 个经合组织国家的 26 年数据分析表明，提高香烟价格、禁止烟草广告和严格的卷烟警语，在减少烟草消费方面起着重要的作用。中国的吸烟者多数是低收入群体，价格低廉的烟草占据主要市场。因此，增加税收迫使烟草涨价是控烟的最佳途径。

2. 全面禁止烟草广告和促销活动　烟草广告是烟草公司推销产品及争取新烟民，特别是青少年的重要手段。烟草广告把吸烟与成功、放松、体育运动、成熟、时髦等联系在一起，容易误导青少年吸烟。研究表明，青少年吸烟的 1/3 原因归结为烟草广告的影响。因此，全面禁止烟草广告和促销活动是面对烟草商严重挑战所不可缺少的措施。挪威自 1973 年开始全面禁止烟草广告，

排除其他影响吸烟的因素，烟草消费量减少 9%。我国已出现不少无烟草广告城市，全面禁止烟草广告已作为我国创建卫生城市的必要条件之一。为履行 WHO《烟草控制框架公约》，中国从 2011 年起全面禁止烟草广告及相关的促销赞助活动。

3. 健康警语 早在 1977 年，瑞典政府规定在烟盒上必须写明健康警语。瑞典、冰岛、加拿大、澳大利亚、挪威、法国等都要求用醒目的警语。香港规定卷烟包装上须注明焦油量和烟碱量，健康警语须以白底黑字印于卷烟盒包的顶部。加拿大要求烟盒上必须标明香烟燃烧时释放出的有毒物质的含量，还要在烟盒正面的 50%印上新的警语和图片。一份来自土耳其的研究报告提出，健康警示在 6 年中使该国的消费量下降了大约 8%。南非于 1994 年使用了措辞严厉的警示语后，香烟消费量大幅度下降。在比利时的利赫特费尔德，外包装上介绍与吸烟有关疾病的香烟被摆在柜台上出售，以提醒人们吸烟有害健康。香烟制造商把“反抽烟”的照片印在所有烟盒上，这些图片强调，抽烟有害健康，会给身体造成严重后果，例如病态的牙龈、肺部的癌变等。近年来，比利时各种禁烟措施成效显著，烟民比例几乎呈直线下降趋势。烟盒警语对提高吸烟者对吸烟危害的认识，降低吸烟率有很大的作用。来自澳大利亚、加拿大和波兰的证据说明，只要这种警示字体大且显著，包含有震撼性的言辞和具体的实证信息，与烟民决定戒烟或减少吸烟关系密切。

4. 禁止向未成年人销售烟草及制品 制订禁止向学生及儿童等未成年人出售香烟的政策。WHO《烟草控制框架公约》明确规定禁止向 18 岁以下未成年人售烟。此类政策在很多国家都已经严格地实施。我国《中华人民共和国预防未成年人犯罪法》（2013）第十五条，《中华人民共和国未成年人保护法》（2013）第三十七条，都禁止向未成年人售烟，《中学生日常行为规范》等也禁止未成年人吸烟，可是这些法律法规并没有得到很好的落实，青少年吸烟依然是严重的公共卫生问题。

5. 建立无烟区 建立无烟区的目的是有效地保护不吸烟者免受二手烟的危害。目前绝大多数国家都采用这一措施。尤其是 20 世纪 80 年代以来逐渐得以加强。如加拿大于 1998 年制定的《不吸烟者权利法》，新西兰 1991 年的《无烟环境法》，泰国 1992 年的《不吸烟者健康保护法》，严格限制室内公共场所、工作场所、交通工具、学校、医疗卫生机构吸烟。1997 年，全国爱卫会、卫生部等部门发布了《在公共交通工具及等候室禁止吸烟的规定》，自该年 5 月 1 日起，在城市的公共汽车、出租车、地铁、轮渡及客运索道和缆车上，都要禁止吸烟。现在，很多国家禁止吸烟的公共场所已从公共交通工具、电影院、展览馆、购物中心、银行、学校、医院等，逐步扩展到办公场所，包括政府办公楼、公司的写字楼等，又进而扩展到大众餐饮娱乐场所，包括餐厅、酒吧、夜总会、按摩院等。全面无烟法律是最有效的控烟策略之一，也是保护非吸烟者免受二手烟危害的唯一途径。它可以极大地降低或消除在主要公共场所的二手烟暴露。这对吸烟者和非吸烟者的健康都有好处。此外，全面的无烟法律可促进公众支持禁烟令，降低人们对吸烟的社会接受程度。这样的法律还有助于营造一种不鼓励吸烟的社会氛围，减少吸烟的机会，鼓励吸烟者考虑并尝试戒烟。

三、一般人群的控制吸烟健康教育内容与方式

（一）一般人群的控制吸烟的健康教育内容

对于一般人群的教育内容是：吸烟有害健康；被动吸烟对健康的危害；为了你和他人的健康请不要在公共场所吸烟。公共场所禁止吸烟法的主要内容：吸烟与健康任你选择；吸烟与气管炎、肺癌、冠心病有关；烟草像鸦片勿尝苦果。对于妇女的教育内容是：吸烟影响儿童和胎儿健康；不受被动吸烟的毒害是妇女和儿童的权利；妇女应劝丈夫不吸烟。

（二）一般人群的控制吸烟的健康教育方式

对于一般人群（公众）可利用报纸、电视、广播、杂志、广告、传单、挂图、投影等多种传

播渠道宣传不吸烟的好处。同时，需要通过健康教育与健康促进的手段促使一般人群（公众）尽可能不吸烟。

第5节　控制吸烟健康教育的实施步骤及效果评价

任何一项健康教育与健康促进规划都是由设计、实施和评价三部分组成的，三者之间互相制约，密不可分。控烟的健康教育与健康促进工作也不例外。

一、控制吸烟的健康教育工作的规划设计

任何工作、项目、规划的成功都离不开科学的规划设计。规划设计将为控制吸烟的健康教育与健康促进工作打下坚实的基础。

（一）社区诊断

通过流行病学及有关定性定量的基线调查，进行社区需求评估。确定吸烟在该社区的流行病学特征。

（二）确定优先项目

影响吸烟行为的因素有哪些，哪些因素应该而且可以干预，哪些因素应优先考虑。

（三）确定规划目标

即通过规划的实施要达到的总目标和具体的目标。总目标：通过控制吸烟的健康教育，使与吸烟有关的疾病如肺癌、冠心病、慢性阻塞性肺病等的发病率下降，寿命延长，提高生活质量。具体目标：通过控烟健康教育的实施，人群对于吸烟的知识、态度、行为有所改变，吸烟率下降。如通过某社区青少年控烟计划实施1年后，使15～22岁青少年的吸烟率由计划执行前的50%下降至30%，两年后下降至20%。

（四）干预策略的制定

在具体制定控烟干预策略时，首先要明确干预措施的目标人群，才能确定干预重点，制定针对性强的干预措施。当前中国控烟策略的目标人群主要是三类人群，即青少年，被动吸烟者（尤其是妇女儿童）和吸烟者。第二是制定控烟干预的内容和方法，干预的内容应按照规划目标有的放矢地进行。第三是确定规划实施的时间、范围及步骤等。

二、控制吸烟的健康教育工作的实施

随着《烟草控制框架公约》在我国正式生效，制定、实施、强化综合性的烟草控制政策和规划在我国深入开展。

（一）控烟策略

控烟的总策略可以按渥太华宪章提出的健康促进五大策略（或称为五大行动领域）来进行设计，即包括制定公共卫生政策，建立支持环境，加强社区行动，发展个人技能及调整卫生服务方向这几方面。当然针对不同地区、不同人群的具体策略应该有所不同侧重。

1. 制定公共政策　在综合性国家控烟规划和政策中，首先要求政府把制定法规置于优先位

置。制定控烟健康教育和公共信息规划，包括戒烟规划都是十分重要的。实践证明，控烟工作是极其复杂和艰巨的工作，仅有健康教育而没有政策支持是难以奏效的。反之，只有政策而没有健康教育，政策也难以贯彻。

2. 创造支持环境 加强在学校、工作场所、公共场所、医院、家庭和社区环境中开展的各种健康教育活动，包括进行大众传媒宣传、控烟动态报道、发送专刊和传单、学校控烟教育、控烟知识竞赛等。例如结合建立健康促进学校的活动和健康促进家庭，保证儿童和青少年在一个无烟的环境中生活、学习和成长。

3. 加强社区行动 动员政府、关键人物、公众人物、知名人士、爱国卫生委员会、传媒、教育、商业、税务、医生、教师、学生、家长、妇女、烟民广泛支持和学习，开展无烟单位、无烟家庭、世界无烟日等活动。吸烟虽然是个人行为，但受着多种因素的影响，健康行为的养成必须得到家庭和社区成员多方面的积极支持与配合。

4. 发展个人技能 介绍戒烟技巧，开展控烟技能的教育，让青少年掌握自觉抵制吸第一口烟的诱惑，并能掌握避免被动吸烟的有关知识和技能。

5. 调整卫生服务方向 例如结合卫生服务体制改革，利用创建健康促进学校的机遇制定和贯彻预防青少年吸烟的综合措施等。

（二）控烟健康教育的干预措施

1. 加强部门协调，动员社会参与 建立政府领导、多部门合作和社会各界广泛参与的机制。各部门都对控烟给予重视和合作，才能使公共场所禁止吸烟法得以出台和实施。

2. 控烟执法和立法 首先要使现有的立法得到落实和贯彻。进一步加强对《烟草控制框架公约》的宣传，加大公共场所禁止吸烟的立法和执法力度，采取有效的干预措施，促进控烟工作的深入开展。

3. 通过大众传媒广泛开展控烟健康教育 通过长期、反复使用简要的信息进行宣传来提醒与敦促吸烟者戒烟，降低吸烟率。改变相互敬烟的社会习俗。

4. 举办骨干培训班 强调领导、教师、医务人员的广泛参与，他们的控烟效果易在群众中产生榜样作用，辐射面广，在全社会控烟中起强化作用。

5. 充分利用世界无烟日等时机，大力开展控烟活动 卫生部门和政府、社区、学校等联合行动，举行大规模的控烟宣传，营造控烟工作强大的舆论氛围。组织戒烟，开展有奖戒烟竞赛。

6. 开展社区控烟活动 成立社区控烟领导小组，利用新闻媒体，广泛进行控烟宣传；办公室内张贴醒目的"禁止吸烟"标志，来客不敬烟，不设烟具。在社区公共场所设置醒目的禁烟标志；社区内售烟柜台不得向未成年人售烟；社区公共场所禁止张贴烟草广告；举办戒烟学习班，进行戒烟方法指导；开展无烟居委会，无烟一条街，无烟家庭活动，举办有奖戒烟竞赛。

7. 开展学校控烟活动 成立控烟机构，明确目标，责任落实到人。创建无烟学校领导小组与教导处、政教处、工会等各部门相互协调，将控烟、戒烟工作与全校的教学、德育、纪律等工作相互渗透、相互促进，形成有机统一体；广泛宣传、全面动员，形成舆论氛围。在校园内，利用课堂、宣传栏、板报、广播、讲座等形式，深入开展有关吸烟危害健康的宣传；为学生做《烟草控制框架公约》有关条款规定的专题讲座；贯彻学生不吸烟、老师在校不吸烟的规定；在各公共场合张贴"禁止吸烟"标示牌，严禁吸烟；利用世界无烟日，组织全校师生，开展创建无烟学校的签字仪式。

8. 开展单位控烟活动 提高认识，加强领导，成立单位控烟组织，结合健康教育规范化建设工作，把控烟工作纳入单位规范管理，建立控烟工作长效管理机制；利用各种传媒，大力开展吸烟有害健康的控烟教育；贯彻在会议室、工作场所、公共场所禁止吸烟的规定，在各公共场合张贴"禁止吸烟"标示牌；举办戒烟学习班，开展有奖戒烟竞赛。

9. 开展医院控烟活动 在医院建立控烟组织，开展控烟活动；制作"吸烟有害健康"的宣传板、宣传资料，张贴宣传标语、宣传画；在医疗单位内各公共场所有明显的禁烟标志，有专（兼）职人员负责管理和监督控烟工作；开设戒烟门诊、戒烟热线，推广行之有效的戒烟方法；医生中开展戒烟活动，领导和医务人员带头不吸烟；医务人员劝导吸烟者戒烟，对吸烟者给予忠告和帮助。医务人员特别是临床医生是对吸烟者进行戒烟干预的最佳人选，但只有不到15%的吸烟者在看医生时得到医生对其戒烟的支持。

三、控制吸烟的健康教育工作的效果评价

控制吸烟的健康教育工作评价是全面监测控烟计划执行情况，控制计划实施质量，确保控烟计划实施成功的关键性措施，也是评估控烟计划是否成功，是否达到预期效果的重要手段。评价的内容与程序与其他项目相似，主要如下。

（一）形成评价

形成评价是指在控烟规划执行前或执行早期对规划内容所作的评价。包括为制定控烟干预规划所做的需求评估及为规划设计和执行提供所需的基础资料。形成评价使控烟规划更完善、更合理、更可行、更容易为群众所接受。具体内容包括目标人群的各种基本特征，如控烟有关的知识水平、态度、相关行为、健康状况、健康教育的可及性等；控烟干预策略、措施的可行性：如目标人群的文化程度、媒体可及性、传播材料发放系统、资源等；控烟健康教育的预试验与完善。

（二）过程评价

过程评价是评估控烟健康促进工作中实施各项工作的效率，包括监测、评估控烟工作中各项活动是否按计划要求进行；计划实施是否取得预期效果；及时发现计划执行中的问题，从而有针对性地对计划以及干预方法、策略等进行修订，使之更符合客观实际，保证计划执行的质量和目标的实现。

1. 过程评价的主要内容　包括发放吸烟有害健康的宣传材料，在各公共场合张贴“禁止吸烟”标示牌，举办戒烟学习班，开展有奖戒烟竞赛等各项工作是否按计划进行，是否适合教育对象，质量如何；目标人群是否按计划要求参加控烟健康教育活动，存在的主要问题及原因；信息反馈系统是否健全；为做好过程评估，应详细记录日常工作，记录的表格应统一、规范、便于统计分析。

2. 过程评价的指标

（1）控烟健康教育活动的类型、次数、每次持续的时间以及目标人群的满意度等。

（2）控烟健康教育材料的拥有情况

$$\text{控烟健康教育材料的拥有率}=\frac{\text{拥有控烟健康教育材料的人数}}{\text{目标人群总人数}}\times 100\%$$

（3）控烟健康教育的覆盖情况

$$\text{控烟健康教育活动的覆盖率}=\frac{\text{参加控烟健康教育活动的人数}}{\text{目标人群的总人数}}\times 100\%$$

（4）目标人群的参与情况

$$\text{控烟健康教育活动的暴露率}=\frac{\text{实际参加控烟健康教育活动的人数}}{\text{应该参加控烟健康教育的人数}}\times 100\%$$

（5）控烟工作执行情况

$$\text{控烟项目活动执行率}=\frac{\text{该时段已执行项目活动数}}{\text{该时段应执行项目活动数}}\times 100\%$$

（三）效果评价

效果评价是针对控烟健康教育项目活动的作用和效果进行评估。根据干预变化的时效性，可分为近期、中期和远期效果评价。

1. 近期效果评价 近期效果评价主要是对知识、信念、态度、价值观的变化进行评估。

（1）评价内容：

1）倾向因素：在控烟健康教育工作前后目标人群的有关烟草知识水平的变化，如烟草的有害成分，吸烟及被动吸烟对健康的危害，戒烟的好处，对控烟措施的态度等。信念、态度、价值观的变化如确信吸烟有害健康，吸烟是可以戒除的，积极参加控烟工作。

2）促成因素：实施控烟健康教育所需要的政策、环境、条件、服务、技术等方面的变化。如领导及关键人物的思想观念是否转变，是否制定有关控烟的政策、法律，各级领导对控烟的参与程度，是否为控烟的开展创造了支持性环境等。

3）强化因素：与目标人群关系密切的人如亲属、朋友，社会舆论等对目标人群采纳促进健康行为的支持程度在项目前后的变化。

（2）评价指标：主要包括控烟知识知晓率，控烟知识合格率，控烟知识平均分数，健康信念形成率等。

$$\text{控烟知识知晓率}=\frac{\text{知晓（正确回答）控烟知识的人数}}{\text{被调查的总人数}}\times 100\%$$

$$\text{控烟知识合格率}=\frac{\text{控烟知识测试达到合格标准的人数}}{\text{被测试的总人数}}\times 100\%$$

$$\text{控烟知识平均分数}=\frac{\text{被调查者控烟知识测试得分之和}}{\text{被调查测试的总人数}}$$

$$\text{健康信念（态度）形成率}=\frac{\text{形成某信念（态度）的人数}}{\text{被调查的总人数}}\times 100\%$$

2. 中期效果评价 中期效果评价主要是指目标人群的行为改变，比如吸烟率下降，戒烟率提高，公共场所无烟率提高，吸烟者在公共场所不吸烟的比例提高，烟草销售量下降等。

3. 远期效果评价 远期效果评价是对控烟健康教育项目计划实施后产生的远期效应进行评价。包括目标人群的健康状况、生活质量的变化。健康状况的主要评价指标有：肺癌发病率、死亡率，冠心病的患病率和死亡率，慢性阻塞性肺病的发病率和死亡率，其他疾病的发病率、患病率、死亡率，平均期望寿命、潜在减寿年数等在实施控烟健康教育与健康促进前后的变化。生活质量的测量可以运用以下工具：生活质量指数、美国社会健康协会指数、日常活动量表、生活满意度指数等。

思 考 题

1. 为什么说吸烟是当今世界最严重的社会问题?
2. 试述吸烟对健康的危害。
3. 试述控制吸烟的干预策略。
4. 案例题：在医学生中实施吸烟行为团体干预法五年效果评价

北京医科大学从 1988～1993 年反复研究提出了“吸烟行为团体干预法”后，及时制订了 1994～1999 年控烟工作计划，以新生入学教育为切入点，每年在新生入学教育时开设控烟教育课，实施吸烟行为团体干预法。经 5 年实践，于 1998 年 12 月作终期评价，获满意效果。1988、1991、1995、1998 年学生吸烟率分别为 30.0%、26.7%、22.5%和 5.0%，特别是男生吸烟率分别为 58.6%、50.4%、

42.5%和 8.8%，均呈明显下降趋势。医学生的“吸烟行为团体干预法”是一种综合性的控制吸烟行为的健康促进模式。这一方法对医学生更新观念，增进吸烟危害健康的知识，转变态度，改变行为大有帮助。

根据案例你认为：①对医学生的吸烟行为干预有什么意义？②如何评价吸烟行为团体干预法的效果？

5. 案例题：对戒烟行为的干预研究

戒烟干预项目往往由于人们的参与率太低而收效不大。Velicer（1995 年）等发现：在人群中无戒烟意识、考虑戒烟和准备戒烟的比例一般是稳定的，在自然状态下，吸烟者中约有 40%的吸烟者无戒烟意识；40%考虑戒烟；20%准备戒烟。但是在中国 1996 年全国吸烟行为的流行病学调查中发现，在中国的吸烟者中，60%的吸烟者没有戒烟打算，17%的吸烟者打算戒烟，25%的戒烟。其中 1/3 戒烟者维持了 6 个月，进入了维持阶段，13%的人戒烟失败，出现复吸。显然中国的大多数吸烟者还没有意识到烟草的危害和没有打算戒烟。

从上述案例看：你认为①为什么我国吸烟者不打算戒烟的比例比国外要高？②怎样对无戒烟意识、考虑戒烟、准备戒烟、开始采取戒烟行动的人进行戒烟干预？

（山西医科大学　韩　颖）

参 考 文 献

包家明. 2014.护理健康教育与健康促进[M].北京：人民卫生出版社.

常春. 2010.健康教育与健康促进[M].第 2 版，北京：北京大学医学出版社.

常春．2005.健康教育中的行为理论[J]．中国健康教育，21（10)：739-741.

陈世蓉．1998.妇幼健康教育学[M]．北京：科学出版社.

程繁银，周令，梁玉红. 2005.健康教育学[M].大连：大连出版社.

程红群. 2007.结核病的流行趋势与防控策略[J].中华护理杂志，42(7)：670-672.

邓明珍. 2010.大学生心理素质教育[M].北京：化学工业出版社.

樊富珉，王建中. 2006.当代大学生心理健康教育[M].武汉：武汉大学出版社.

傅华，李枫. 2003.现代健康促进理论与实践[M].上海：复旦大学出版社.

傅华．2003.预防医学[M]．第 4 版．北京：人民卫生出版社.

高燕. 2003.护理礼仪与人际沟通[M].北京：高等教育出版社.

顾瑜琦，胡佩诚. 2006.健康心理学[M].北京：中国医药科技出版社.

顾湲. 2001.全科医学概论[M].北京：人民卫生出版社.

国家卫生部. 2012.中国吸烟危害健康报告.

贺伟. 2008.健康教育[M].第 2 版，北京：科学出版社.

胡俊峰，侯培森．2005.当代健康教育与健康促进[M]．北京：人民卫生出版社.

黄建始. 2006.美国的健康管理：源自无法遏制的医疗费用增长[J].中华医学杂志， 86（15)：1011-1013.

黄敬亨，邢育健. 2011.健康教育学[M].第 5 版.上海：复旦大学出版社.

黄敬亨. 1999.社区健康促进的现状与展望[J].中国健康教育，15（3)：9-10.

黄敬亨．2002.健康教育学[M]．第 3 版．上海：复旦大学出版社.

黄萍. 2010.为糖尿病患者提供个体化健康教育案例分析[J].中华全科医师杂志，9（8)：549-550

季成叶. 2010.现代儿童少年卫生学[M]. 第 2 版，北京：人民卫生出版社.

姜润生,初炜. 2006.社会医学[M].北京：科学出版社.

教体艺［2008］12 号《中小学生健康教育指导纲要》.

冷晓红. 2006.人际沟通[M].北京：人民卫生出版社.

李鲁．2000.社会医学[M]．第 2 版．北京：人民卫生出版社.

李兴民，王朋旭．2000.现代行为医学[M]．北京：军事医学科学出版社.

李长宁，黄相刚. 2015.全国健康教育机构能力建设现状分析[J].中国卫生人才，(5)：78-81.

梁万年. 2006.全科医学概论[M].第 2 版，北京：人民卫生出版社.

梁震宇. 2006.社区卫生服务工作指南[M].北京：化学工业出版社.

刘桂珍．2005.现代健康教育学[M]．北京：高等教育出版社.

刘克俭，顾瑜琦．2003.行为医学[M]．北京：科学出版社.

刘民. 2008.艾滋病性病流行病学[M].北京：北京大学医学出版社.

卢祖洵,姜润生. 2013.社会医学[M].北京：人民卫生出版社.

卢祖洵. 2003.社会医学[M].北京：科学出版社.

吕姿之．1998.健康教育与健康促进[M]．北京：北京医科大学、协和医科大学联合出版社.

吕姿之．2002.健康教育与健康促进[M]．第 2 版．北京：北京医科大学出版社.

马骁. 2004.健康教育学[M].北京：人民卫生出版社.

马骁. 2012.健康教育学[M].第 2 版.北京：人民卫生出版社.

彭文伟. 1999.传染病学[M].北京：人民卫生出版社.

石嘴山网. 2013. 社区健康教育. http://www.nxszs.gov.cn/zoujinsizuishan/shehuishiye/68756.htm

田本淳. 2005.健康教育与健康促进实用方法[M].北京：北京大学医学出版社.

王冬. 1995.自我保健医学[M].上海：上海科学技术文献出版社.

王陇德. 2007. 中国居民营养与健康状况调查报告之一 2002 综合报告［R］. 北京： 人民卫生出版社.

卫生部心血管病防治研究中心. 2012. 中国心血管病报告 2012[R]. 北京：中国大百科全书出版社.

吴春容. 2003.全科医生社区发展技能(9)——如何做好社区健康教育[J].中国全科医学，10(6)：876-878.

熊正南. 2005.社区健康教育[M].长沙：中南大学出版社.

徐裴,刘志敏,杨小林. 2009.医院健康教育的发展及其模式探讨[J].中国健康教育，25(11)：847-850.

杨秉辉. 2001.全科医学概论[M].北京：人民卫生出版社.

杨国安. 2007. 健康教育与健康促进在突发公共事件中的作用. http://anewsuny.blog.sohu.com/29570980.html

杨晓丽，孙宏伟. 2015.医学心理学[M].北京：科学出版社.

姚树桥，杨彦春. 2013.医学心理学[M].北京：人民卫生出版社.

喻东山. 2008.烟草戒断的评价和治疗[J].四川精神卫生，21（4）：248-250.

詹思延. 2012.流行病学[M].第 7 版，北京：人民卫生出版社.

张福义. 2007.传染病的预防措施[J].中华临床医学研究杂志,13(11)：1601-1602.

张宏，盛林，王淞. 2012.浅谈中国化健康管理[J].中国初级卫生保健，26(9)：1-2.

郑振佺，霍建勋. 2008.健康教育学（案例版）[M].北京：科学出版社.

中国高血压防治指南修订委员会. 2011.中国高血压防治指南 2010[J].中华高血压杂志， 19(8):701-7438.

中国高血压患者教育指南编撰委员会. 2013.中国高血压患者教育指南[J].中华高血压杂志，12(21):1123-1149.

中华人民共和国国家卫生和计划生育委员会. 2014. 金砖国家呼吁联合行动，推动全球抗击结核病进展. http://www.nhfpc.gov.cn/gjhzs/s3582/201403/5bd10be7379348a88abaaa102d80ec87.shtml

中华人民共和国国家卫生和计划生育委员会. 2015.中国临床戒烟指南.

中华人民共和国国家卫生和计划生育委员会. 2005. 2015 年 11 月全国法定传染病疫情概况. http://www.nhfpc.gov.cn/jkj/s3578/201512/bb9e0361c842451d816cd09308a7b3de.shtml

中华人民共和国卫生部疾病控制司. 2006. 中国成人超重和肥胖症预防控制指南[M]. 北京：人民卫生出版社.

中华医学会糖尿病学分会. 2014.中国 2 型糖尿病防治指南（2013 年版）[J].中华糖尿病杂志，6（7）:447-498

中华医学会心血管病学分会，中华心血管病杂志编辑委员会. 2011.中国心血管病预防指南[J]. 中华心血管病杂志，39(1):3-22.

周北凡. 1993.膳食与心血管病[M]／ 周北凡，吴锡桂. 心血管病流行病学及人群防治. 北京：人民卫生出版社.

周燕琴，赖玉琇. 2012.大学生心理健康教育[M].北京：北京理工大学出版社.

admin-nbcdc. 2014. 社区健康教育. http://www.nbcdc.org.cn/cat/cat697/con_697_19789.html

Appel LJ,Chanmpagne CM,Harsha DW, etal. 2003.Effects of comprehensive lifestyle modification on blood pressure control: main results of the premier clinical trial[J].JAMA, 289(16):2083-2093.

Mathers CD, Loncar D. 2006.Projections of global mortality and burden of disease from 2002 to 2030. PLoS Med，3(11):e442.

Öberg M, Jaakkola MS, Woodward A, etal. 2011.Worldwide burden of disease from exposure to second-hand smoke: a retrospective analysis of data from 192 countries. Lancet， 377(9760):139-46.

Sacks FM, Svetkey LLP, Vollmer WM, etal. 2001. Effects on blood pressure of reduced dietary sodium and the dietary approaches to stop hypertension (DASH) diet[J]. NE ngl JMed, 344(1) ：3-10

World Health Organization. 1999.Definition, Diagnosis and Classification of Diabetes Mellitus and its Complications. Part 1: Diagnosis and classification of diabetes mellitus. 1-59

World Health Organization. 2012. WHO global report: mortality attributable to tobacco. Geneva (CH): World Health Organization. [cited 16 March 2012]. Available at

World Health Organization. 2016. 2015 年全球结核病报告. http://www.who.int/tb/publications/global_report/zh/

中英文名词对照

A

艾滋病自愿咨询检测　HIV voluntary counseling testing，VCT

安全套　condom

案例分析　case study

B

把关人　gate-keeper

本我　id

并发症　complication

不满意　dissatisfaction

不适　discomfort

C

超我　superego

成本-效果分析　cost-effectiveness analysis，CEA

成本-效益分析　cost-benefit analysis，CBA

城市社区　city community

传播　communication

传播技巧　communication skills

传播媒介　communication media

传播效果　communication effect

传播者　communicator

创新扩散理论　diffusion of innovation，DI

刺激　stimulus

促进健康的行为　healthy-promoted behavior

长期丧失父母照顾　parental deprivation

D

大众传播　mass communication

大众媒介　mass media

动机　motivation

动机冲突　motivation conflict

F

反馈　feedback

反馈技巧　feedback skills

肥胖　obesity

符号　symbol

父母亲情　parenting

G

高危人群　high-risk population

高血压　hypertension

个别交谈　personal interview

个别劝导　individual inducement

过程评价　process evaluation

H

耗散结构理论　dissipative structure theory

患者健康教育　patient health education

获得性免疫缺陷综合征　acquired immune deficiency syndrome，AIDS

J

疾病预防　disease prevention

计划行为理论　the theory of planed behavior，TPB

继发性高血压　secondary hypertension

家庭　family

家庭功能　family function

家庭健康　family health

家庭健康教育　health education in family

家庭结构　family structure

家庭生活周期　family life cycle

家长访谈　teacher-parent interview

健康城市　health city

健康传播　health communication

健康传播材料　health communication materials

健康促进　health promotion

健康促进学校　health promoting school

健康道德　health ethics

健康管理　health management

健康教育　health education

健康老龄化　healthy aging

健康相关行为　health-related behavior

健康信念模式　health belief model，HBM

健康信息　health information

健康咨询　health consultation

健康咨询　health counseling

讲座　lecture

交往　association

角色扮演　role play

接纳 acceptance
结局评价 outcome evaluation
紧张刺激 stress
紧张和应对互动模式 transactional model of stress and coping
紧张相关疾病 stress-related disease
禁欲 abstinence
精神质 psychoticism
静坐生活方式 physical inactivity

K

客体 object
客体关系理论 object relation

L

联合国艾滋病联合规划署 United Nations, Acquired Immune Deficiency Syndrome，UNAIDS
临床健康教育 clinical health education

M

门诊教育 outpatient education
免疫缺陷病毒 human immunodeficiency Virus, HIV
模糊性 fuzziness

N

农村社区 rural community

P

评价 evaluation

Q

前意识 preconsciousness
潜意识 unconsciousness
青春期 adolescence
躯体化患者 patients with somatization disorder
劝服 persuasion
群体传播 group communication

R

人格异常 personality disorder
人际传播 inter-personnel communication
人际关系 interpersonal relationships
人际认知 interpersonal consciousness
人际吸引 interpersonal attraction
认同 approval
认知 cognition
认知不协调 cognitive dissonance
认知评价 cognitive appraisal

S

熵 entropy
社会病理人格障碍 sociopathic personality disorder
社会健康 social health
社会认知理论 social cognitive theory, SCT
社会网络和支持理论 social network and support theory
社会网络和支持理论 social network and support theory
社区 community
社区 community
社区发展 community development
社区建设理论 community building theory
社区健康促进 community health promotion
社区健康教育 community health education
社区卫生服务 community health service, CHS
社区组织 community organization
神经质 neurosis
神经质 neuroticism
生活方式 life style
生活方式 life style
生物-心理-社会医学模式 biopsychosocial medical model
生物医学模式 biomedical model
生殖健康 reproductive health
示范 demonstration
受传者 audience
顺势医疗 homeopathy
随访教育 discharge education

T

同伴教育 peer education
童年期 child period
头脑风暴 brain storm
突发公共卫生事件 public health emergency

W

危害健康的行为 health-risky behavior
危险行为 risk behavior
危险因素 risk factors
围生期 The perinatal period
稳态 homoeostasis
问卷调查 questionnaire survey
无形的杀手 a silent killer

X

行为 behavior
行为观察 behavior observation
行为矫正 behavior modification
行为因素 behavior factor

吸烟 smoke
小组活动 group play
效果评价 effectiveness evaluation
效应评价 impact evaluation
胁迫控制 coercive control
心理动力学理论 psychodynamic theory
心理健康 mental health
心理健康教育 mental health education
心理神经免疫学 psychoneuroimmunology
心身医学 psychosomatic medicine
心脏病 heart attacks
信念 beliefs
信念医疗 belief in medical treatment
信息 information
形成评价 formative evaluation
性病 venereal disease，VD
性传播疾病 sexually transmitted diseases，STD
性传染性疾病 sexual transmitted infectious，STI
学校健康环境 school health environment
学校健康教育 school health education
学校健康教育评价 evaluation of school health education
学校卫生服务 school health service
血压 blood pressure
讯息 message

Y

亚健康状态 sub-healthy
药物成瘾 addiction
药物依赖性 drug dependence
一般适应综合征 general adaptation syndrome，GAS
医学模式 medical model
医院健康促进 hospital health promotion
医院健康教育 hospital health education
异常心理 abnormal psychology
意识 consciousness
幼儿期 early child period
诱导控制 induction control
诱发事件 activating events
预试验 pre-testing
原发性高血压 essential hypertension

Z

整体医疗 integrating medicine
知-信-行理论 knowledge, attitude, belief and practice, KABP 或 KAP
中风 stroke
中介 intermediary
忠诚 faithful
住院教育 inpatient education
注意 notice
自我 ego
自我保健 self health care
自我传播 intra-personnel communication
自我概念 self-concept
自我观察 self observation
自我开放 self-disclosure
自我评估 self-evaluation
自我预防 self prevention
自我治疗 self treatment
自主控制 autonomous control
总结评价 summative evaluation
组织传播 organizational communication
遵医行为 compliance behavior